戦国三代の記

真田昌幸と伍した芦田（依田）信蕃とその一族

市村到

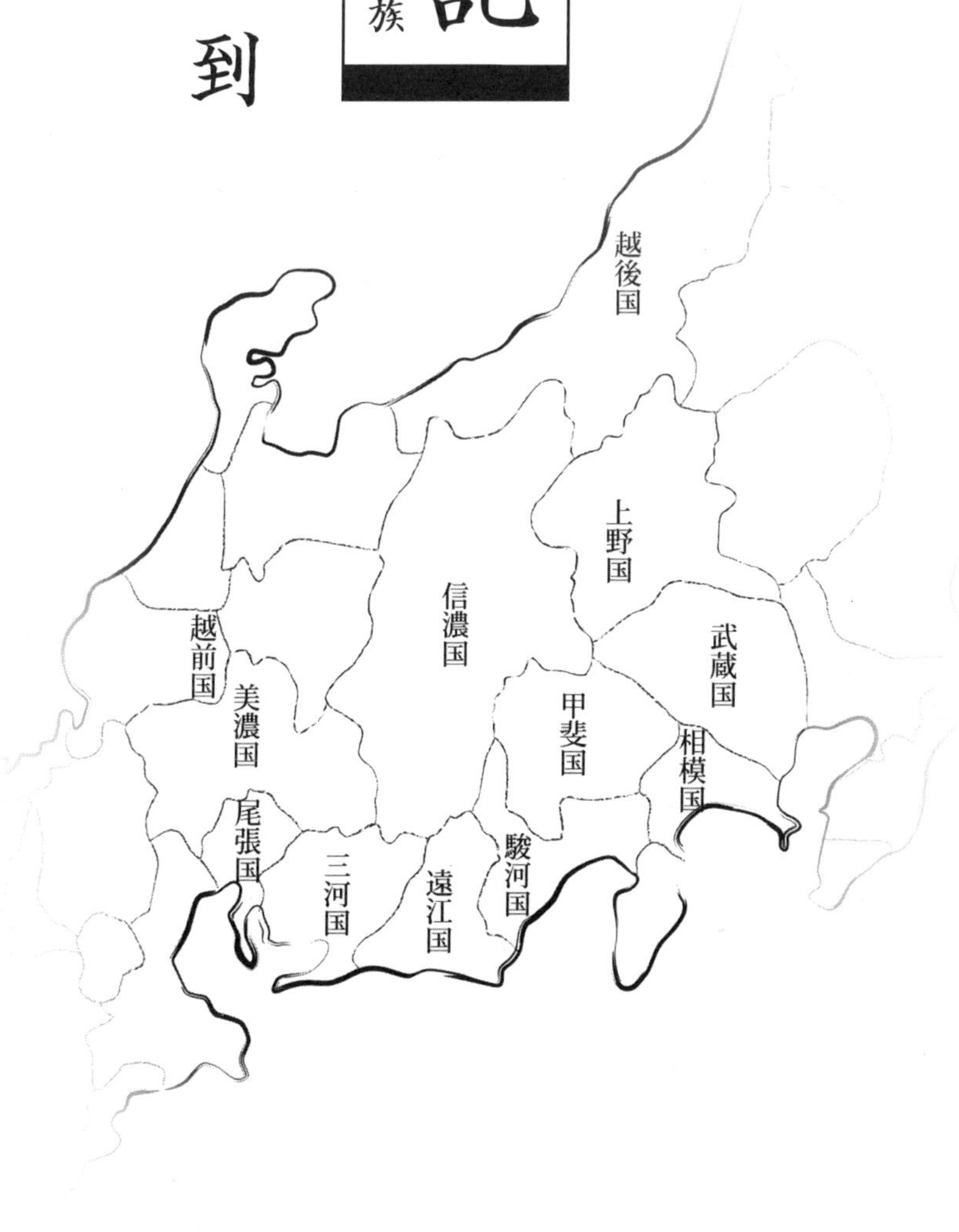

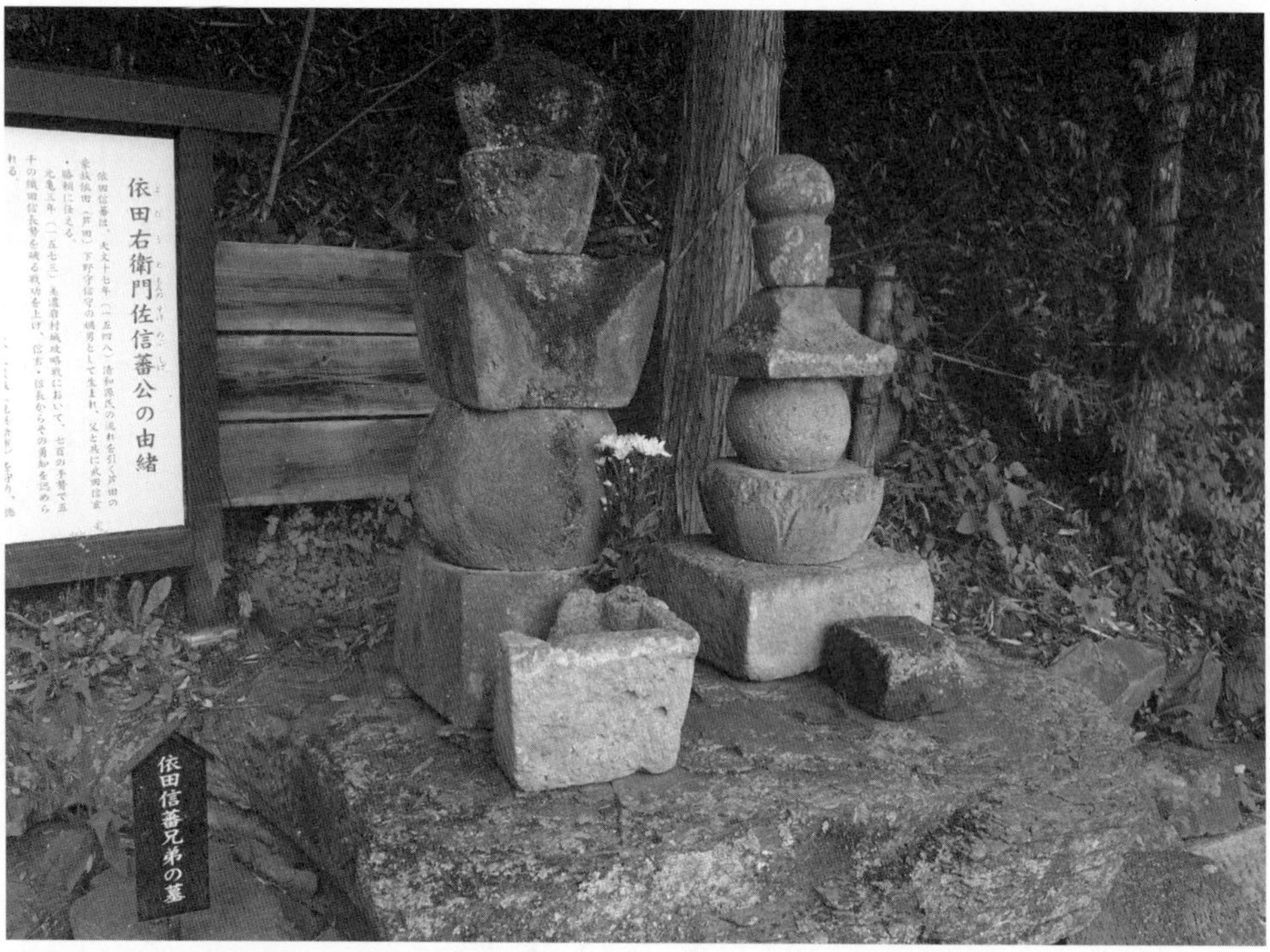

写真：芦田（依田）信蕃兄弟の墓
佐久市田口蕃松院にある。

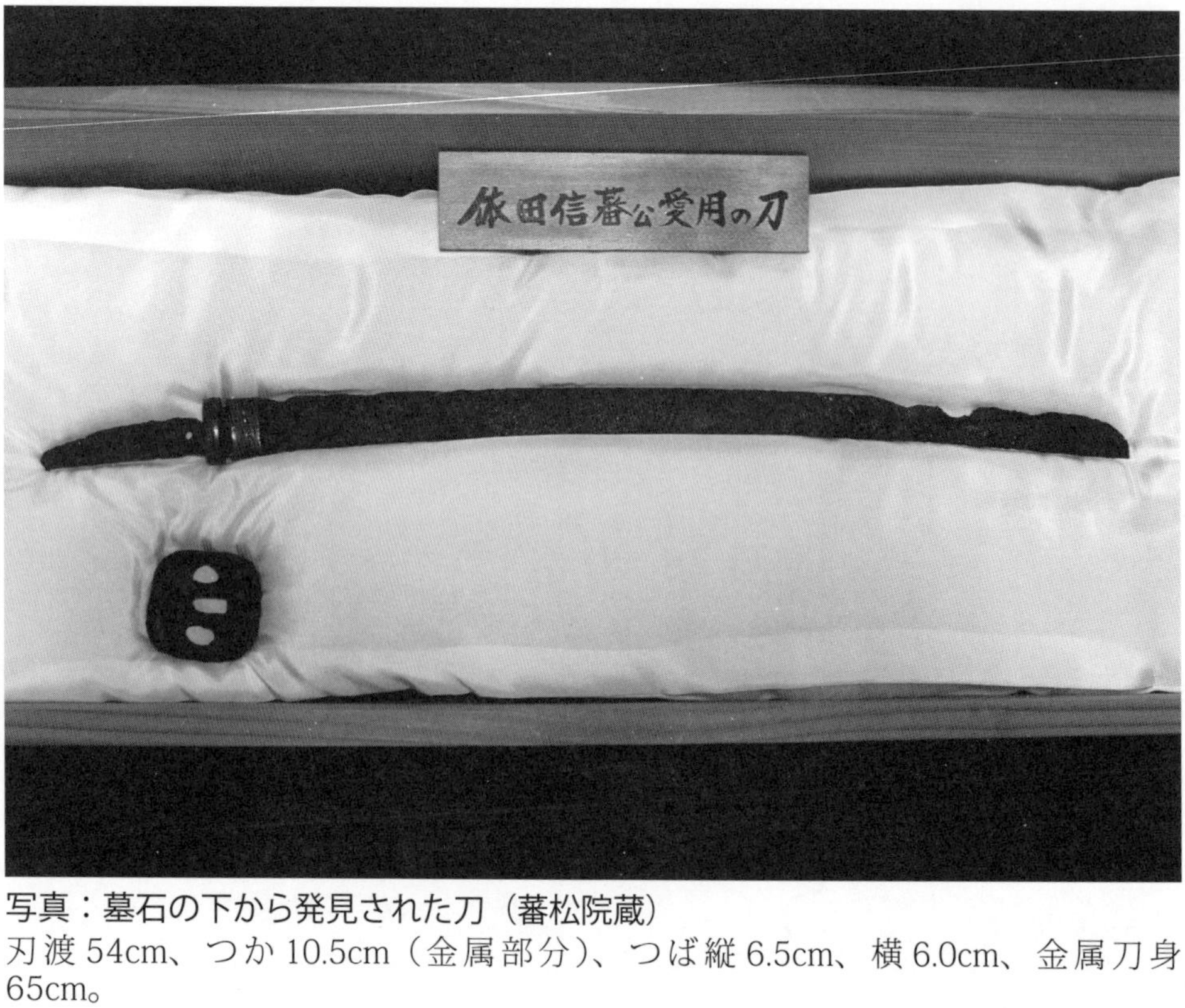

写真：墓石の下から発見された刀（蕃松院蔵）
刃渡 54cm、つか 10.5cm（金属部分）、つば縦 6.5cm、横 6.0cm、金属刀身 65cm。

はじめに——信蕃（のぶしげ）、柏坂峠に鐘の旗を立てる

天正十年六月二日未明、本能寺の変起こる。明智光秀の謀反により織田信長は倒れた。この時、徳川家康は堺にいたが、その知らせを受けて、世にいう決死の伊賀越えを敢行し、九死に一生を得る。この時、脚力（影の者）をして**芦田（依田）信蕃**に書状を送り、「早く甲信の間に旗を揚げ、両国をして平均せしむべし」とあった。これにより依田信蕃は、信長による武田狩りの追及から逃れて潜んでいた遠州二俣の山奥小川の里を発し、甲斐國に入ろうとした。また、家康は本多弥八郎正信をして、信蕃に「すみやかに甲信に入り、旧交の士を集め、その勢を合わせて、両国をして全く麾下に属すべし」との仰せを告げた。且つその證として金の采配を信蕃に送った。ここにおいて、信蕃は甲州柏坂峠に鐘の旗を立て、近郷の士を招いた。「峠のあの旗は芦田殿の旗よ」と、来たり集まる武田旧臣は三千余人に及んだ。芦田（依田）信蕃は、この兵を具して信濃國の居城春日村に帰り……。

柏坂峠に立てられた鐘の旗こそ、武田・徳川・織田・北条・上杉の間でその名を知られた信州佐久の**芦田（依田）信蕃**（のぶしげ）の旗であった。峠に鐘の旗を立てたその瞬間から、信蕃のまさに凝縮された天正壬午（ミズノエウマ）十年（一五八二）における戦いの日々が展開されることになる。本書は、戦国時代末期の武田・徳川・織田・北条・上杉・豊臣の抜き差しならぬ戦いの日々を、芦田（依田）**信蕃**を中心に、その父信守、子の康國・康眞に関わる芦田氏（依田氏）三代の視点から描いたものである。『芦田記』（依田記）の記述に基本的に従いながら、「注解・解説」という形式をとりつつページが進むため、内容が重複したり、時の流れが前後して展開されることもある。また、内容が多岐に及びすぎたり蛇足と感じられる箇所については、飛ばし読みして前へ進んでいただきたい。

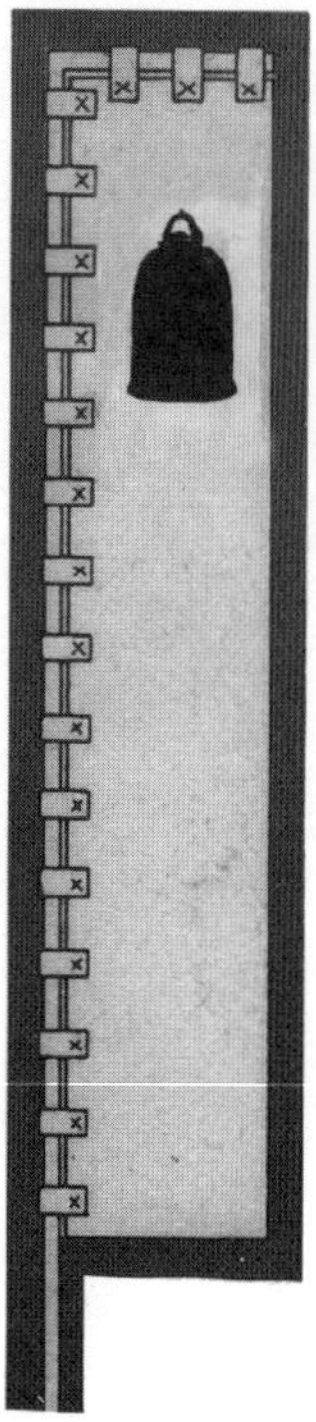

目次

記述上の留意点――読み進めるに際して

『蘆田記』（信濃史料叢書〈下巻〉所収）、**『依田記』**（新編信濃史料叢書第八巻所収・小県郡長門町清水佐左衛門所蔵本に拠る）、**『依田先祖記』**（神奈川県湯河原町芦田川家所蔵本・小諸市立図書館所蔵本）等を照合した。

ア **『蘆田記』**（芦田記）と**『依田記』**では若干異なるが、原文は主に漢字だらけで普通の現代人にとっては極めて難解なものであり、読み下し文にしてみたが、筆者の力量不足から、その解釈に誤りがある可能性があり、忌憚のないご指摘をいただければ、より真実に近づけるという意味でありがたい。原文は現代仮名遣いに読み下し文に句読点を付け、できるだけ常用漢字に重要な固有名詞等はゴシック体（太字）にした。また、「蘆田」の文字表現の多くの箇所は平易に「芦田」とした。

イ　語尾で「○○候」の現代語での表現は、本来は「○○です」「○○でした」「○○しました」となるべきではあるが、〈要旨〉の部分では「○○た」「○○であった」「○○した」と表現した場合もある。

ウ　各一つ書きの記述は次のような構成にした。――⑴各一つ書きの内容を短く表わした表題（タイトル）を付けた。⑵表題の上の○内の数字は、始めから何番目の一つ書きかを表わす。一つ書きの内容によっては、さらに段落に分け、表題を付けた。⑶『蘆田記』（依田記）の原文に仮名を交えて読み下し文にした。⑷その要旨をさらに数個の箇条書きにした。⑸注解では見出しを付けて解説を加えた。

エ　**原文は前半前段と前半後段の内容は重複している部分がかなりある。**あくまでも「原文の筋と内容を忠実に現代語で説明する」という趣旨のため、**後段で再度取り上げている内容もある**ことをお許しいただきたい。

オ　『蘆田記』（依田記）に掲載されている内容の最終は（奥書以外では）㉟の康眞への家康書状「重陽の節句に康眞が祝儀を送ったことに対する返礼」であるが、本書では『寛政重修諸家譜』の康眞の項に述べられている康眞に関する内容を加えて、注解の中で紹介した。

カ　注解が少々横道へそれたり、詳細すぎると読者が判断された場合には、飛ばし読みしていただきたい。

キ　ことわり書きのない写真や図は、筆者の撮影・作図である。

芦田（依田）氏三代の概要

本書で扱っている「芦田（依田）氏三代」の人物とその事跡を、前もって時系列に沿って8～16ページに、芦田下野守**信守**～芦田（依田）右衛門佐**信蕃**～松平修理大夫**康國**・松平右衛門大夫**康眞**の順に記述してあります。本書の内容把握の一助としていただきたい。

1　芦田下野守信守（のぶもり）

文献上、信守は「依田」で呼ばれることはあまりない。「芦田」、それも「芦田下野（しもつけ）」と記述されていることがほとんどである。但し、約一世紀前に滋野系「芦田下野守」なる人物が存在したが、それとは別系統である。天文十年（一五四一）、武田信虎・諏訪頼重・村上義清の三将が小県郡の海野氏・祢津氏を攻めたが、その帰途諏訪頼重は立科の芦田城へ寄り、「**主なき体（てい）**」の芦田城から幼少（十三、十四歳）の**芦田信守**を諏訪へ連れ去った。信守は諏訪氏の上ノ原城下に人質としての日々を送るが、翌年諏訪頼重は信玄に滅ぼされているので、短期間であったと思われる。信守が武田氏の臣下となったのは十六、十七歳頃の天文十三年（一五四四）である。信玄の命により小田井城の小田井又六郎兄弟へ降伏勧告に赴くが拒否され、そればかりか小田井氏が芦田領に乗り込み乱暴狼籍をはたらいた。信守の訴えにより、この年信玄が出撃し小田井城を攻め滅ぼす。その後、信守は信玄の出兵に従い、各地に転戦する。信濃国内、上野国〈群馬県〉、武蔵国〈埼玉県、東京都〉、相模国〈神奈川県〉、駿河国〈静岡県〉、遠江国〈静岡県〉、美濃国〈岐阜県〉など、武田信玄麾下の**信濃先方衆の百五十騎の侍大将**として信玄のいくつかの合戦にその名がみえる。『芦田記』（依田記）以前の歴史諸文献にその活躍の様子

写真：二俣城天守台（この写真は後世の城跡）

が認められ、また、後世の合戦図などでは、旗印とともに、その布陣や姿が描かれている。

芦田下野守が武田の先方衆の侍大将として参加した武田氏の合戦については、合戦そのものの年月や史実の詳細にやや疑問がある事項もあるが、列挙してみると――佐久郡小田井城へ武田氏の名代で降伏勧告に赴くが拒否される（小田井城の戦い）、戸石城の戦い、内山城攻め、笛吹峠合戦（上州信州境）、上田原の戦い、塩尻合戦（塩尻峠・勝弦峠の戦い）、海野平合戦、保福寺合戦、坂城の陣（長尾景虎に備える）、時田（常田）合戦、川中島の戦い、上州箕輪城の戦い、上州浄法寺（鬼石町、現藤岡市）に居住し、上州と武州の境の御（み）嶽城（たけじょう）主として北条氏に備える、北条領国や今川領国への信玄の侵入に従い転戦の日々、武州滝山城の戦い、北条氏の居城相州小田原城攻め、相州三増峠の戦い、駿州蒲原城（蒲原城攻城戦、薩埵峠の戦い、薩埵の浜の戦い、蒲原城の守備）の攻防戦、濃州上村合戦、遠州只来城や遠州飯田城の攻略戦、遠州二俣城攻城戦、二俣城籠城戦（城主として徳川軍の包囲猛攻に耐える）など場数が多い。

『甲陽軍鑑末書』に「信州先方侍大将**足田下野、浮勢の頭**也」とある。浮勢の任務の一つに、敵城を攻め取った場合、その城の守りとして、その番手衆として充てたのである。このことからも芦田下野守信守・信蕃父子が、**遠州二俣城**の城主となって守備を任されることになったのである。信守は、籠城中といえどもたびたび城外へ討って出て、和田ケ島砦の焼き討ち等に成果をあげている。しかし、天正三年六月十九日に城中で病死している。病死については敵方の文書にもそのように述べられているので、事実であろう。

2 依田右衛門佐信蕃（のぶしげ）

文献上、信蕃は「芦田信蕃」「依田信蕃」両方の呼ばれ方をしているが、県外の文献では「芦田」と称されることが多い。天文十七年（一五四八）佐久郡芦田郷に生まれる。幼名源十郎、数え二歳の時、父芦田下野守信守は本拠を佐久郡春日郷に移したので、信蕃が芦田に在住したのは意外にも一年余であったことになる。父芦田下野守信守は武田軍の信濃先方衆の侍大将として各地を転戦するが、信玄への臣従の証人（人質）として**幼名源十郎（信蕃）**は、武田氏の信濃国の拠点である諏訪郡高島城（古高島城、茶臼山城）に送られていた。始めは判明しないが、十代の半ばすぎまでと推定される。

十八歳頃には、父信守とともに上野国浄法寺（地名）に居住し、神流川（かんながわ）の対岸の武蔵国御嶽城を守っている。信守・信蕃父子はそこに腰を落ち着けるつもりで、信蕃は信守に命じられて現在の藤岡市の根岸に築城を開始していたが、三回にわたる信玄の駿河侵攻や北条領国侵攻に従軍して、以後各地に転戦し、上州に根を張ることはなかった。信玄軍の鉢形城攻め、滝山城攻め、小田原城包囲戦、蒲原城攻撃に転戦している。落城させた駿河**蒲原城**の守備についていたのは信蕃二十三歳の頃である。その後、美濃国岩村城下「上村（かんむら）の戦い」、遠州二俣城の攻城戦に参加し、三方ケ原の戦いでは証人として信玄旗本軍の中で徳川軍と戦っている。父信守が遠江国**二俣城**の城主として守備を任せられると、長篠の戦いで勝頼軍を破って勢いの増した徳川軍の猛攻に耐え抜いた。父の病死後、城主として智略・武略を尽くして信蕃は、勝頼の三度にわたる開城命令を確認した上で、二俣城を明け渡した。この時の城主としての戦いぶりと、城の明け渡しの見事さが、家康をして感嘆させた。その直後は、同じ遠江国高天神城の守備についている（信蕃二十七歳の頃）。また、上杉謙信没後の越後国御館の乱の際に勝頼に従軍し、小出雲の陣や居多ケ浜の合戦で活躍している（信蕃三十歳）。その後、**駿河国田中城**の城主として守備する間、民政や治水等にも力を注いでいる。周囲の武田諸城が徳川によって次々と落とされる中、天正七年から天正十年まで田中城で徳川軍の猛攻に孤軍奮闘対抗した。武田氏滅亡が必定である状況となり、武田の重臣穴山梅雪の書状が届き、やむを得ず家康に田中城を開け渡している。天正十年三月一日のことである。

甲斐へ侵入する織田軍、東へ向かって彷徨する勝頼一行、各地で離反蜂起する旧武田の臣の群れがうごめく混乱の甲斐国を南から北へ縦断し、信蕃は本拠地佐久春日城へ帰還し、織田の将である森長可のいる小諸城へ行く。二子（竹福丸・福千代）が人質として小諸城に連れ去られていたからである。そこで、森長可の勧めで信蕃は、織田信忠の陣のある上諏訪を目指

写真：信蕃が城主として守り続けた田中城
土塁を外から見る。

す。途中、家康からの飛脚（密使）により、諏訪へ行くと信長による武田遺臣の断罪から免れることができないことを知らされ、信長の追及から逃れ、急きょ甲斐国市川大門にて家康に臣従する。信蕃は家康の支援によって遠州二俣の奥の小川の里に隠れ棲んだ。

経過すること二カ月余、天正十年（一五八二）六月二日に本能寺の変が起こった。家康からの急使の知らせを受けて、信蕃は甲斐・信濃両国を徳川へ引き付ける使命を帯びて、甲斐国柏坂峠に旗を挙げ、武田旧臣を募り佐久へ帰還する。北条との神流川の戦いで敗れた織田の将滝川一益と小諸城で対面し、本国伊勢へ退却する一益の去った小諸城から、佐久の諸将に徳川帰属の働きかけを始めるが、北条氏直の大軍の前に、小諸城から春日城に撤退を余儀なくされる。信蕃によって徳川へなびき始めていた諸将は皆北条方となってしまった。北条の大軍が春日城へ攻め寄せ、信蕃は春日渓谷の奥、蓼科山中の三澤小屋に籠もる。大軍に攻められながらも、地の利を得た三澤小屋から出撃しゲリラ戦を展開する。北条の城代大道寺政繁のいる小諸城を攻めて軍功をあげるなど、北条との間に攻防を繰り返す。空手形に等しいとはいえ、家康から佐久郡・諏訪郡を宛てがわれたのはこの頃のことである。この間に信蕃は、かの真田昌幸を徳川家方につけさせる。自分の宛てがわれた諏訪郡までをも昌幸に提供しようとする信蕃の人柄と誠意が、表裏比興なる者と言われた昌幸を動かしたのである。また、信蕃は三澤小屋から出没し、甲斐国若神子に陣する北条氏直の大軍への佐久を通過する糧道をことごとく断った。兵站の延びきっていた北条軍は家康と和睦し、甲斐から引き上げざるを得なくなった。上野国は北条へ、甲斐国と信濃国は徳川へという和睦条件であった。

一方、三澤小屋から頻繁に小諸城を攻め、小諸城への糧道にあたる小諸加増城や現御代田町の小田井城を攻めて城主を討ち取ったり、また、春日城を占拠していた北条源五郎を攻め、望月城へ逃れて籠もっていた彼を討ち取ったりと、成果を挙げていたが。北条撤退の時点から信蕃の佐久郡統一作戦は急速に進展する。①千曲河畔塩名田の戦いで岩村田大井氏を敗走させ、②岩村田城を落として大井美作守を臣従させ、③前山城を落とし伴野氏を滅ぼし、④高棚城の志賀与左衛門を戦わずして降伏させ、⑥金井砦の市川某を攻め、上州南牧へ逃亡させると、⑤佐久の多くの小領主達は、降参し自ら信蕃のもとへ出仕してきた。⑦田口城の相木市兵衛依田能登守は、信蕃の勢いに怖れて城を捨てて北条方の上州へ逃亡し、さらに小田原の北条氏のもとへ逃れた。こうして佐久郡は十一月には、ほぼ信蕃の下に治まった。佐久郡三万三千貫（石高換算五万二千石余）という実質的な戦国大名の座に就いたのである。佐久一郡を治める大名になった者は信蕃以外にはいない。十二月、信蕃は田口城南麓に新館を構え、譜代の臣に加えて出仕してきた諸将をも招いて「追鳥狩り」をし、閏正月には「新年の祝賀」を催した。信蕃らしいところは、新旧の臣を別け隔てなく遇したといわれていることである。まさに絶頂の時であった。

ところが、急転直下、彼にとって運命は急変することとなる。天正十一年二月二十日、家康からの軍監柴田康忠を伴って田口城から、平定直前までになった佐久郡を一望し、「未だ降伏しない岩尾城を明日は芦田軍だけで落としてみせるから、観戦だけしていてもらえばよい」と伝えてしまう。……。はたして、岩尾城の戦いで攻城を焦ったか、二月二十二日、大将自らが前線に出た。鉄砲で至近距離から狙撃され重傷、翌朝陣没（天正十一年〈一五八三〉二月二十三日）する結果となってしまった。数え三十六歳。次弟源八郎信幸（三十四歳）も死亡。三弟善九郎信春がなんとか持ちこたえて軍を統べた。三月八日、岩尾城将大井行吉は岩尾城を明け渡した。――信蕃、法名「蕃松院殿節叟良筠大居士」「**田口城下に葬る。のち、この所に嫡子の小諸城主松平康國が一寺を建立して蕃松院という。寺領二十石を寄せる**」と文書にある。

3　松平修理大夫康國

文献上、康國は「芦田」で記述されることはほとんどない。「依田」も少ない。「松平康國」という呼び方の文献がほとんどである。父信蕃がほぼ佐久郡を平定しながらも命を落としたが、信蕃の活躍を大いに認めていた徳川家康は信蕃の遺児竹福丸に「松平」の姓と家康の片諱「康」を授けて松平康國とし、大久保忠世を後見とした。まもなく北条方の大道寺政繁は、小諸城から本領の上野国松井田へ去っていった。ここに佐久郡の平定は完遂し、康國は小諸城主となった。本領の佐久郡六万石＋駿河で二万石＋甲斐で二万石＝計十万石の領主となった。同心衆を定め依田四十七騎を従兄弟の依田肥前守信守に託して、勝間反り砦（臼田稲荷山城）に配備した。天正十三年（一五八五）、康國は信蕃供養のため田口館跡に父の法名を付けて、蕃松院（ばんしょういん）を建立した。

天正十三年（一五八五）八月の、第一次上田合戦では、小諸城は徳川軍駐留の拠点となった。康國の松平軍は上田攻めに六隊あるうちの先隊となって活躍、康國は神川の堤で「鐘の纏（まとい）」を立て、徳川軍総崩れを防いでいる。翌天正十四年康國は検地を実施し、「佐久郡貫高帳（信州佐久郡之内貫之御帳）」を作成し、家康に提出している。天正十五年（一五八七）

十一月二十八日、大久保忠隣の娘が、康國に嫁すために三河を出発している。天正十六年（一五八八）、康國は**家康**の上洛に供奉したり、秀吉の草津温泉行きに茶店を設置して接待したりしている。やがて、豊臣・徳川と北条氏が不和になり小田原合戦となった。この動きに乗じて、佐久を追われて北条に亡命していた**相木能登守**（依田市兵衛昌朝、元田口城主）と**伴野刑部**（貞長、元前山城主の嫡子か）が北条の支援を得て、旧領奪還を図って佐久郡相木谷に侵入蜂起した。その報を受けた松平康國は弟康眞とともに即刻軍を発し、勝間反ノ砦で集結し、現小海町卒頭坂を越え、相木城、白岩城を即座に落とし、東に逃れるのを追って、木次原で合戦し、ぶどう峠から栗谷（野栗谷）まで追跡した。伴野刑部を討ち取り、相木能登守は北条方へ再度逃げ帰った。ここで佐久郡の実質的な戦国時代は全て終わったといってよい。康國は家康経由で**秀吉から感状**を授かっている。

写真：康國ら北国軍が攻略した松井田城本郭

この**相木白岩合戦**の直後、松平康國は碓氷峠を越えて小田原合戦の北国軍に合流し、松井田城を攻撃する。松平軍単独で**西牧城**を落とし、松井田城攻略後、再び単独で**石倉城**を落とした。しかし、石倉城の受け取りの際に信用していた降将にだまし討ちに遭い落命する。（天正十八年〈一五九〇〉四月二十六日、享年二十一）

4　松平右衛門大夫康眞

文献上、康眞は「芦田」「依田」で記述されることはない。初期は「松平」で記述されている。天正十四年（一五八六）四月、福千代丸は家康から松平姓と片諱「康」を授かり康眞（康勝・康寛）と名乗る。初陣の相木白岩合戦をはじめとして兄康國と行動を共にする。（松井田城攻め～西牧城攻め～石倉城攻め）。**石倉城**で兄康國が城将寺尾左馬助・吉井の長根縫殿助に騙し討ちにあった時に、即座に対応し、手傷を負いながらも奮戦し敵を討つ。五月、兄康國の跡を継いで**小諸城主となる**ことを家康から許される。北国軍の一翼を担い、武蔵国**鉢形城・八王子城**・相模国**津久井城・大磯城**の攻撃に加わる。津久井城の受け取りの際の書状には、本多忠勝、鳥居元忠、平岩親吉などと同格で名を連ねている。小田原城落城後の七月十三日、豊臣秀吉は知行割りを発令し、家康に北条旧領の関東を与え、家康配下の信濃諸将も関東へ移ることとなった。康眞は七月に小諸城から、いったん上州松井田城に滞在し、八月になって祖父芦田下野守信守・父芦田右衛門佐信蕃がかつて腰を落ち着けたことのある上州**緑野郡藤岡**に移った。家臣団だけにとどまらず、岩村田の商人やゆかりの深かった寺社をも含めた町ぐるみの大移動となった。藤岡市には現在でも岩村田町、芦田町、岩村田地蔵尊、平尾大明神などがあり、また、芦田氏ゆかりの寺社がいくつか存在する。主な直参の家臣は「**芦田五十騎**」と称した。天正十八年（一五九〇）、**康眞**は**佐久郡春日郷の春日館跡に兄康國の冥福のために康國寺を開基**した。開山は**天外大雲**（祖父芦田下野守の四弟）であった。

天正十九年（一五九一）、家康は東北の九戸一揆討伐のために陸奥国に出陣するが、家康配下の康眞も出陣し、宇都宮～**水沢城**（岩手県）～**三の狭間**（はざま）（宮城県）～**岩手澤**（宮城県）の道路の改修～**名生城**（めうじょう）（宮城県）の破却などで存在感を発揮した。天下が治まってからは、家康の**江戸城**の築城（文禄元年〈一五九二〉）、秀吉の**京都伏見城**（文禄二年〈一五九三〉）の築城や地震後の修復、**二条城**築城の普請を命じられ、その成果を認められる。その間、「松平康眞」として家康や秀忠の上洛に供奉したり、秀吉に謁見したりすることが幾度かあり、時の天下人や権力者から一目おかれていた。また康眞は、家康・秀忠に重陽の節句の**祝儀を献ずる**など、礼節や律儀さを重んじたところは芦田依田氏の家風の現れであろう。そのつど、家康や秀忠から祝儀の答謝があったようである。『蘆田記』（依田記）本体でふれている内容はここまでである。

以降は『寛政重修諸家譜』康眞の項によるが、ここに紹介しておきたい。――慶長四年（一五九九）**石田三成が家康の命を狙っている**という巷のうわさがあり、**康眞は伏見城大手の櫓を守備**する（六月）、再び三成不穏の動きを察した康眞は自身の病をおして、**単騎で大坂に駆けつけ**たりもした（九月）。家康は苦痛をしのんで馳せ参じた康眞の忠烈な行動を喜んだ。

ところが、急転直下、今までの全てを失ってしまう一件が勃発した。慶長五年（一六〇〇）一月、康眞は**家康のお供で**

大坂におもむき、**囲碁の勝負での席で旗本小栗三助を斬り殺してしまう。**康眞は高野山蓮華定院に入り謹慎する。一命は救われたが**藤岡藩は改易領地没収となる。**この時康眞二十七歳、（十年間存続したのみの藩であった）。その年の秋、関ヶ原の戦いの際に、会津の上杉景勝の押さえの役を家康次男結城秀康が仰せつかったが、康眞はその**秀康預けとなった。**関ヶ原の戦い後の知行割りで、秀康が越前福井藩主となって結城姓から松平姓になったこともあり、康眞は「松平」の姓をはばかって、母方の姓「**加藤**」を名乗るようになった。越前では賓客扱いで、**大野郡木ノ本**（このもと）に陣屋を構えて**光徳寺**を建立する。松平秀康没後、康眞は剃髪して加藤四郎兵衛宗月を名乗った。**大阪の陣**の時に出陣し、琵琶湖の西岸まで進軍したが、（室の父親である大久保忠隣が幕府から罰せられた直後であることから）参陣を断念するように幕府から指示があり、やむをえず福井へ戻り一揆勃発に備えて大野城を守備する。元和十年（一六二四）、加藤宗月は木ノ本から**福井の屋敷**へ移った。

写真：藤岡芦田城本丸北大土塁外の大空堀
埋められて工場が建ち、現在はさらに住宅地。

写真：越前木ノ本（このもと）光徳寺跡

写真：現在木ノ本光徳寺

さらに寛永八年（一六三一）、文武両道で忠烈な人柄とそれまでの功績を認められて、とうとう**福井城代**となった。この年から二十三年間城代であった。承応二年（一六五三）、戦国時代の生き証人ともいえる**加藤宗月こと康眞**は卒した。**享年八〇歳**という当時とすれば希なる長寿であった。

写真：康眞（加藤宗月）が城代となった福井城

写真：福井城跡には福井県庁が建つ

『蘆田記』（依田記）の構成

この芦田（依田）氏の由来記ともいえる文書は『蘆田記』（『芦田記』）とも『依田記』ともいわれる。構成上、三つの部分に分かれている。「前半の前段」の部分は、信蕃の次男である康眞（執筆当時の名は加藤四郎兵衛宗月）が最初に提出した文であり、「**依田信蕃の事跡を時の流れに従って**」述べている。「前半の後段」は「**家康の甲斐・信濃攻めに関係する信蕃の戦いの詳細**」を記している部分であり、寛永二十年（一六四三）未七月□日に再提出した部分である。後半は、それから二カ月後の寛永二十年未九月二十日に追加して再々提出した文章で、「**信蕃・康國・康眞が秀吉・家康・秀忠から授かった朱印状・判物・書状等の書き上げ**」で、報告内容の証拠として提出した部分である。

以上のことを分かりやすく記述すると『芦田記』（依田記）の内容の構成は左記のようになる。

前半	前段	最初に提出した書状	依田信蕃の事蹟を時の流れにしたがって述べている。
	後段	尾張徳川家の要請で再提出した書状	家康の甲斐・信濃攻めに関係する信蕃の戦いの詳細。
後半		証拠の書状をもとに書き上げて再提出した書状	報告内容の証拠として提出した書き出し。

なお、『芦田記』（依田記）の構成の右のような分析や、後半部書き上げの文書については、『長野県立歴史館研究紀要第18号』（二〇一二・三）所収の山崎会理氏の論文『「依田記」成立の背景と由緒書への転換の可能性について』に教えていただいたことが大きいことを記しておきたい。

それぞれの一つ書きの内容が分かりやすいように、タイトルを付けてみると下記の①～㉟のようになる。

○の中に数字があるが、基本的には「一つ書き」を節とした時の番号であるが一つ書きの内容によっては、さらに段落に分けた方が論じやすいので、表題と順番を示す「○の中に数字」を付けてある。なお、（　）内は前述の節の部分と内容で一部重複する場合である。

《前半の前段》**最初に提出した書状**

……依田信蕃の事跡を時の流れにしたがって述べている。

「依田常陸介一代の儀、御聞きなされたき由仰せ越され候えども、誰もしかと存ぜず候、我等承り候通り書き付け申し候」

① 信蕃の出生と名乗り
② 諏訪高島城へ人質、上州武州境の浄法寺・御嶽城に在城
③ 信玄の駿河遠征時に蒲原城攻略に参戦し後に守備
④ 美濃上村の戦いと三方原の戦い
⑤ 遠州二俣城主としての籠城戦
⑥ 遠州高天神城を守る
⑦ 御館の乱で武田勝頼の越後出兵に従軍
⑧ 駿州田中城主としての守備
⑨ 信長の「武田遺臣狩り」から逃れ、家康に臣従、遠州二俣奥に隠棲
⑩ 本能寺の変後に甲州柏坂峠で旗揚げ、信州へ帰

る。

⑪ 小諸城で滝川一益と対面し、本拠春日へ帰還
⑫ 三澤小屋へ籠もり北条氏に抗戦、甲州若神子で家康と対陣する北条の糧道を断つ。
⑬ 佐久郡平定へ向けて諸将を降す。
⑭ 岩尾城攻防戦で狙撃され銃弾に倒れる。
⑮ 信蕃の嫡子竹福丸、小諸城主となる。

「佐久郡城々どもは、午十月末より極月中旬までのうち、依田右衛門佐責め落とし、または、敵降参にて出仕申し納め候。大久保七郎右衛門遣わされ候儀、翌年三月のことに御座候。これは右衛門佐討死の後、拙者兄、その節十四歳にて御座候故、萬事七郎右衛門申し付け候。」

《前半の後段》**尾張徳川家の要請で再提出した書状**

……家康の甲斐・信濃攻めに関係する信蕃の戦いの詳細。

「右の分ばかりにては、委細聞こし召し分かられ難く候はん間、具さに書き付け仕り候」

⑯ 真田昌幸を徳川の味方につけさせる。
⑰ 千曲川河畔塩名田の戦いと岩村田城攻略（⑬と一部重複）
⑱ 前山城を攻略し、伴野氏を滅ぼす。
⑲ 高棚城を策略で降す（⑬と一部重複）
⑳ 小田井城攻略、佐久の諸将が信蕃に次々と臣従（⑬と一部重複）
㉑「追鳥狩り」
㉒ 新年の祝賀
㉓ 岩尾城攻めに焦り、鉄砲で狙撃され落命（⑭と一部重複）
㉔ 松平康國、後見人大久保忠世とともに佐久郡仕置へ（⑮と一部重複）
㉕ 佐久郡平定なる（⑮と一部重複）

「拙者忰の時分に候て何の途方も御座無く候つれども、家中の年罷り寄り候者ども物語、毎度承り置き申す通り申し上げ候。以上。

寛永弐拾年未七月日」

《後半》証拠の書状をもとに書き上げて再提出した書状

……報告内容の証拠として書状の書き上げを提出。

「先日、古き義、書き付け差し上げ奉り候ところに、大納言様御被見に入り、御不審の義、晴れなされ、御満足成りなされ候旨、御意の由仰せ下され、かたじけなき仕合に存じ奉り候。」

㉖家康宛行状（あてがいじょう）（信蕃へ）……家康が佐久郡・諏訪郡を与える旨（⑫⑬⑯と重複）

㉗家康書状（信蕃へ）……前山城の城番は伊那衆に、また相木城の守備兵を減らす旨を指示（⑱と重複）

㉘家康判物（康眞へ）……家康、「松平」の姓と「康」の諱を授ける。（⑮㉔と重複）

㉙秀吉書状（家康へ↓康國へ）……相木白岩合戦に康國が勝利した報告に対しての感書

㉚秀吉朱印状（康國へ）……康國が西牧城を攻略したことに対する感状

㉛家康判物（康眞へ）……康國の後継者として康眞を認める書状

㉜秀吉朱印状（康眞へ）……佐竹義重の妻子が上洛するに際しての指示

㉝秀忠書状（康眞へ）……伏見城の普請を康眞が分担したことに対して慰労する書状

㉞秀忠書状（康眞へ）……豊臣秀次切腹についての秀忠と康眞の書簡のやりとり

㉟家康書状（康眞へ）……重陽の節句に康眞が祝儀を送ったことに対する返礼

「……写し上げ申し候。以上。
御書共凡十通
寛永弐拾年未九月廿日」

《奥書》

……「私に追加」として後世の関係者によって加筆されているが、誤謬が目立つ。

写真：千曲川の北に岩尾城

芦田三代の名乗り

「芦田三代」としたが、本書では「信守——信蕃——康國・康眞」の事蹟について記述することにする。芦田依田氏三代の名前は、複雑で、しかも文書や歴史書によって交錯しており、明確な判別がなかなか困難である。名前は、襲名によって同じ名前が使われていたり、後世の解釈の誤りによって別人に同名が使用されていたり、同一人物にいくつもの名前が実際に使われていたりしている場合があるからである。

〔信守〕——**芦田下野守信守**と称される場合が多い。
太郎次郎、吉之進／従五位下下野守、下総守／幸成、幸貫、幸政、幸致、信吉

〔信蕃〕——**依田右衛門佐信蕃**と称される場合が多い。
源十郎／従五位下右衛門佐、常陸介／幸政、幸致、幸正

〔康國〕——**松平修理大夫康國**と称される場合が多い。
竹福丸、源十郎、源六郎／従五位下松平修理大夫／幸正、幸平

〔康眞〕——**松平右衛門大夫康眞**（一応康眞（やすざね）としておくが、名乗りが多岐にわたる）
福千代、新六郎／従五位下松平右衛門大夫／幸平、幸正、康寛、康貞、康勝、康直、康正／加藤四郎兵衛、加藤宗月

また、はなはだしい誤謬の例として、史書によっては信守・信蕃・康國を「**下総守**」としている場合もある。この場合は信守の「**下野守**」が正しい。

蘆田依田宗家の家系図

蘆田依田氏の系図については、先人の研究がいくつかあるが、いずれもこれといった決め手があるとはいい難い。長源寺蔵『依田家譜』などの上州（群馬県）の史書には、後閑城や板鼻城の依田氏と蘆田依田氏と結びつけている例もある。本書では、『寛政重修諸家譜』（一方、『寛永諸家系圖伝』は系図に明らかな誤りもあり参考にできない）や『系図纂要』『姓氏家系大辞典』『芦田氏系譜』『北佐久郡誌』『丸子町誌』『立科町誌』『安中市誌』『もう一人の真田〜依田右衛門佐信蕃』を参考に筆者が試案としてまとめてみた。

清和天皇の三代の後胤多田満快から、さらに下って為真（為実）が信濃国小県郡依田庄を本拠として依田氏を名乗ったが、木曽義仲の旗揚げ挙兵の本拠地となり、後ろ楯となったことから、義仲没後は源頼朝からにらまれ、依田氏は飯沼氏を名乗っていたこともあるが、唯心が依田姓に復した。その後、本拠を佐久郡芦田郷へ移し、芦田氏を名乗った。

なお、嫡流だけが蘆田（芦田）を名乗り、傍系は依田を名乗っている。以上、本書を読み進む際の人間関係の目安として、23ページに掲げた芦田家系図を利用していただきたい。完全なものではないので、誤りや新たなことを御教示いただければ幸いです。

広く一般には、芦田備前守光徳が小県郡依田庄から佐久郡芦田郷へ本拠を移して、初めて「蘆田（芦田）氏」を名乗った芦田家祖とされている。彼の戒名は「光徳寺殿海雲良儀大居士」である。また、彼以前の家系図上の人物については、不特定であり、彼以降の「光徳――光玄――孝玄――義玄――信守――信蕃――康國――康眞」については、ほぼ特定さ

写真：芦田光徳の墓（信州立科町光徳寺墓地）

「光徳院殿海雲**良**儀大居士」
芦田宗家の戒名には「良」がある。

れているという認識が高い。ところが、『寛政重修諸家譜』には、備前守光徳の存在はなく、彼の戒名は、その子である滿春（光玄）にあてられている。また、「信濃國佐久郡蘆田邑にうつり住せしより、蘆田を稱號とし、子孫これを稱するものあり」と最初に記されている人物は、十数代前の右衛門佐経光としている。しかし、十数代もこの間にあったということは、理論的には有り得ないことであることを指摘しておきたい。最も新しい専門誌である平成二十三年度長野県立歴史館春季展の『武士の家宝～かたりつがれた御家の由緒～』4ページにある芦田家系図でも、主として『寛政重修諸家譜』の説明に拠っている。つまり、『寛政重修諸家譜』では光徳の事蹟は経光に、光徳の戒名は滿春（光玄）として記述されているのである。芦田備前守光徳は誰か明確にされてはいないことになる。

また、下野守信守の兄弟関係については、不明瞭ではあるが『寛政重修諸家譜』及び市川武治氏著『もう一人の真田～依田右衛門佐信蕃』を参考にまとめてみた。名を上げた人物は主として右衛門佐信蕃の事蹟に関わって名前が出てくるので、その存在はある程度確認できるが、内匠頭康貞については不明である。

写真：芦田氏初期の五輪塔群
佐久立科の光徳寺旧地（龍田地籍）から発掘された。現光徳寺の裏に安置されている。

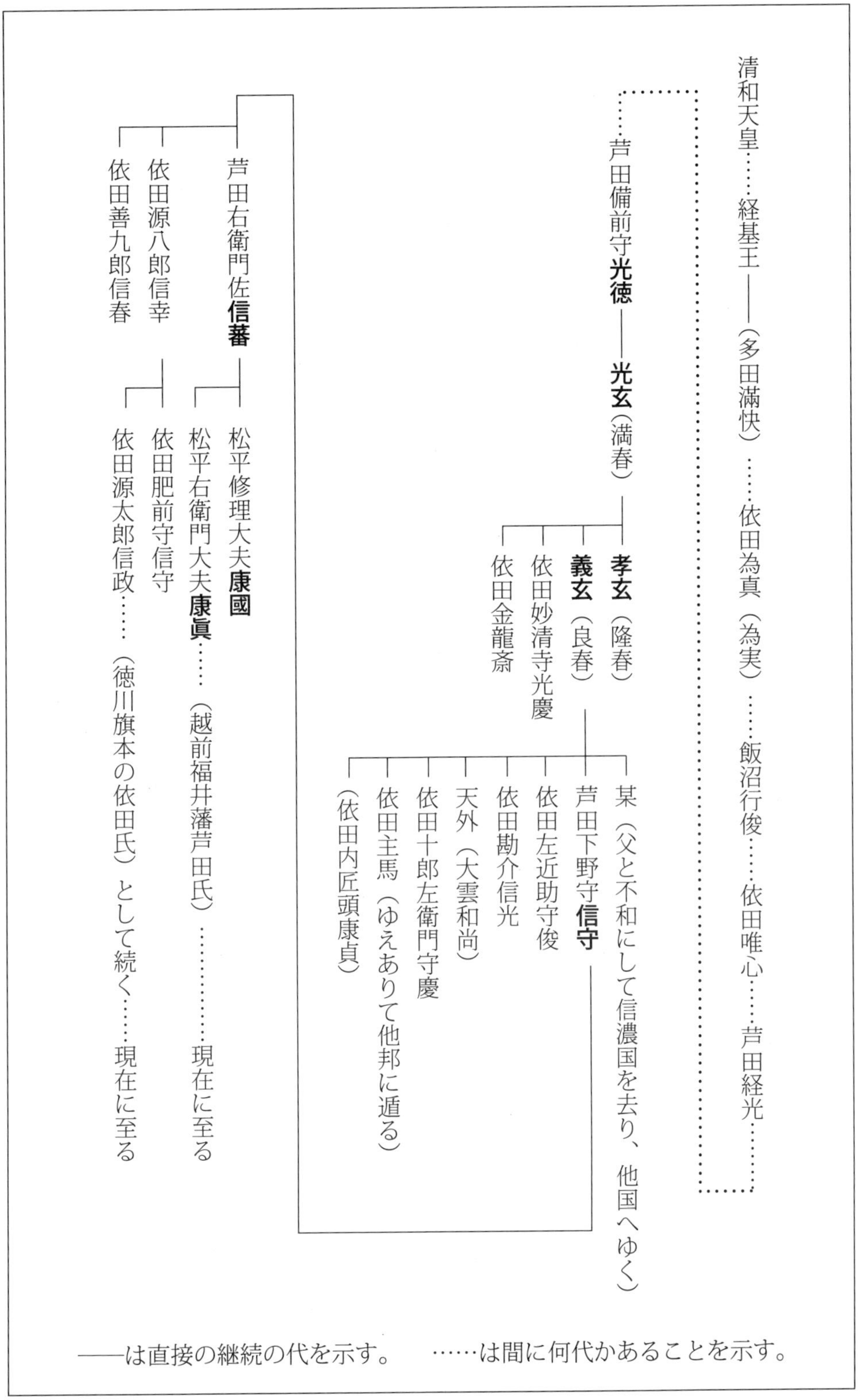
清和天皇……経基王――（多田満快）……依田為真（為実）……飯沼行俊……依田唯心……芦田経光……
芦田備前守光徳――光玄（満春）
孝玄（隆春）
義玄（良春）
依田妙清寺光慶
依田金龍斎
某（父と不和にして信濃国を去り、他国へゆく）
芦田下野守信守
依田左近助守俊
依田勘介信光
天外（大雲和尚）
依田十郎左衛門守慶
依田主馬（ゆえありて他邦に遁る）
（依田内匠頭康貞）
芦田右衛門佐信蕃
依田源八郎信幸
依田善九郎信春
松平修理大夫康國
松平右衛門大夫康眞……（越前福井藩芦田氏）…………現在に至る
依田肥前守信守
依田源太郎信政……（徳川旗本の依田氏）として続く……現在に至る
――は直接の継続の代を示す。　……は間に何代かあることを示す。

図：蘆田依田氏の系図

1 前半前段

武田勢力最前線での活躍と天正壬午（みずのえうま／じんご）の乱の中で

①芦田信蕃の出生と名乗り

一、

依田常陸介一代の儀、御聞きなされたき由仰せ越され候えども、誰もしかと存ぜず候。我等承り候通り書き付け申し候。常陸介義、**天文七年**戊申年出生、若名**源十郎**、その後**右衛門佐**、また、天正九年に**常陸介**に成り申され候。名乗りは**信蕃**に御座候。

〈要旨〉

・**依田常陸介**一代のことは、聞きたいと仰せ越されましたけれども、誰もしかとは存じません。私が聞き承った通りに、ここに書き付け申します。

・常陸介は、**天文七年**（一五四八）戊申年出生、若名**源十郎**、その後**右衛門佐**、また、天正九年に**常陸介**になった。名乗りは**信蕃**（のぶしげ）であった。

〈注解〉

『蘆田記』（依田記）は、「依田常陸介一代の儀、御聞きなされたき由仰せ越され候えども、誰もしかと存ぜず候。我等承り候通り書き付け申し候。」で始まっている。ここで「我等」「拙者」とは、著者である康眞（やすざね）（信蕃の次男、後の加藤四郎兵衛宗月）のことである。

この文章の出だしからすると、筆者は自分よりも上位の人物の要請に答える形で記述を進めていくことになる。提出先は、後述に「大納言様」とあったり、康眞の娘の嫁いだ竹腰氏との関係からして、尾張大納言義直であるというのがもっとも妥当である。（長野県立歴史館研究紀要第十八号所収『「依田記」成立の背景と由緒書への転換の可能性について』〈山崎会理著〉』参照）

《信蕃が活躍した事蹟の領域》

『依田記』の前半の主人公常陸介は、**天文七年**（一五四八）戊申年生まれで、若名（仮名）は**源十郎**、その後**右衛門佐**、また、天正九年に**常陸介**となった。名乗り（実名）は**信蕃**（のぶしげ）である。「信」の字は武田氏から通字を授与されたものであろう。残っている文献によると、「右衛門佐」（官途名）から「常陸介」（受領名）となり、後に再び「右衛門佐」と名乗っている文書が多いとされている。信蕃は「ノブシゲ」よりも「シンパン」という言い方の方が現代の信州佐久では馴染みであるが、よほどの歴史に興味ある人でないかぎりは、その存在さえ知られていないのが実態である。しかし、戦国末期の信州佐久の武将で武田氏（信玄・勝頼）の臣下として、幾多の合戦に活躍し、城を任され、智略・武略を尽くしての忠烈な武勇の軌跡は、大いに注目に価する。また、武田氏滅亡後は、その人物を大いに認めていた徳川家康に取り立てられ、特に家康の甲斐・信濃戦略には、なくてはならぬ存在であった。

　その事跡は信州信濃国のみならず、甲斐国（山梨県）・上野国（群馬県）・駿河国（静岡県）・遠江国（静岡県）さらには武蔵国（埼玉県）・越後国（新潟県）・美濃国（岐阜県）にまで及んでいる。そこは、武田信玄・勝頼、徳川家康、織田信長、今川氏、北条氏、上杉氏などが躍動した領域である。歴史の中央舞台ともいえる場所で彼らと関わる中で、その存在と実力が認められ、活躍しているのである。これらの地域の図書館を訪れれば、芦田・依田信蕃に関わる文書・史書・書籍が必ずあるほどである。特に「依田信蕃」の名が古文書や歴史書に認められる量は、圧倒的に静岡県が多い。その多くは信蕃が遠州二俣城、駿州田中城の主将としての籠城戦で、家康軍を向こうに回しての兵の掌握とその智略を駆使した辛抱強い戦いぶりが際立っていたこと、また、その間にも民政や人心にも意を注いだことによると思われる。上野國（群馬県）藤岡市では、父下野守信守と右衛門佐信蕃が永禄年間に武田氏の対武蔵國国境を守る役目を担って浄法寺地域の領主であったこと、また、康眞が天正十八年（一五九〇）から十年間、藤岡藩主であったことによる事蹟が多いからである。越前國（福井県）にも、その来歴を示す書籍がかなりある。加藤四郎兵衛宗月こと康眞が、始めは松平秀康の食客待遇で、後にその力量を認められ、城代家老にまでなったことによる。康眞を始祖とする越前芦田氏（芦田宗家）は、江戸時代を通じて福井藩家老を何人も輩出して、確かな足跡を残しているからでもある。

　ある意味では、信州で特筆される真田氏（昌幸や信幸であ

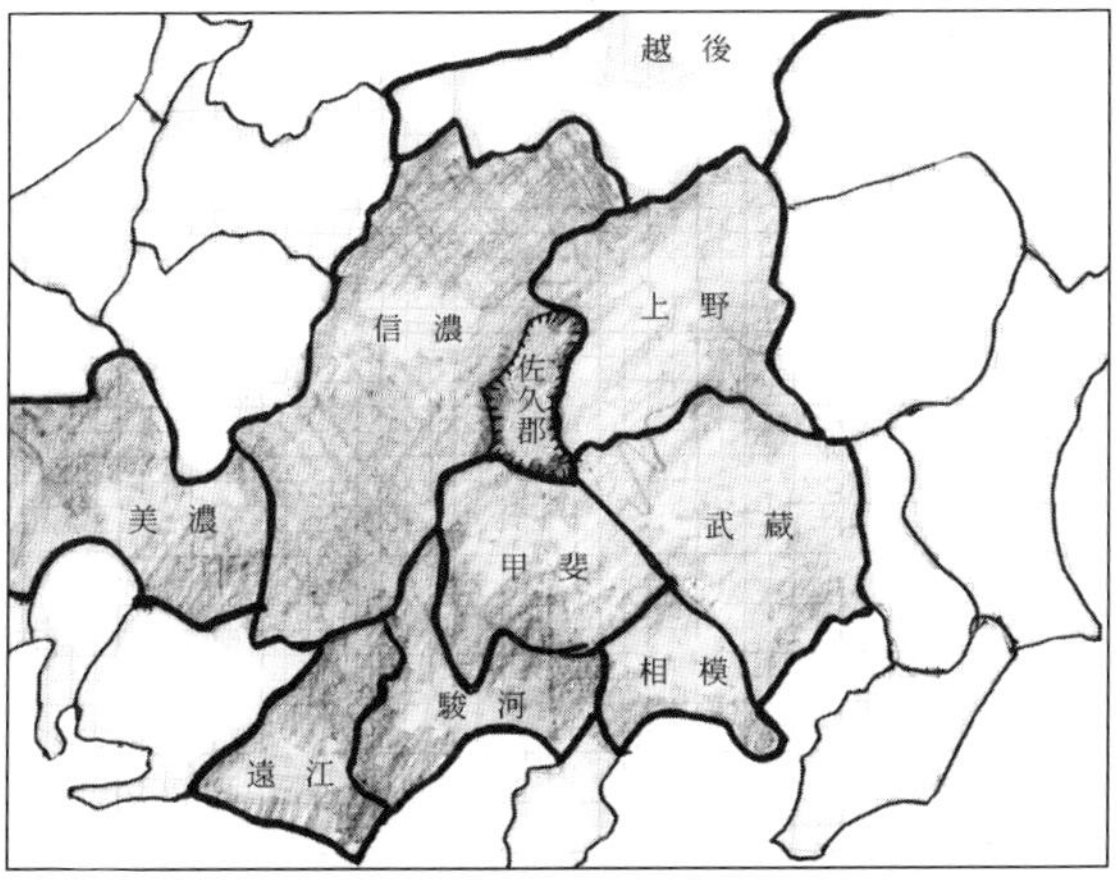

図：芦田（依田）信蕃の事跡のある国

り、かの有名な幸村ではない。幸村は大坂の陣では有名ではあるが、幸村には巷で知られているほどは実態がない。だいいち実名は信繁である）にまさるとも劣らない戦国武将の存在を認識していただきたいものである。真田氏との違いは、後世にまで大名として存続できたか否かの差である。大名として存続した真田氏には文書も史料も多いが、芦田依田氏は同じように大名となったが、次男の康眞の時代に改易となり、大名としては存続できなかった。信守や信蕃が所有していたであろう武田信玄や勝頼からの書状は、現在存在していない。その結果として芦田（依田）氏の記憶は現代人には薄い。大変残念なことであるが、おそらく、信蕃が信長の「武田狩り」の追及から逃れて、本拠地佐久郡春日郷を留守にしていた時に、織田の臣で小諸城に入っていた滝川一益軍によって、館や城を蹂躙され、持ち去られたか破却されてしまった可能性が高い。

その上、本拠のあった信州、とりわけ佐久地方においても信蕃の存在を知らない人々が多い。天正十一年から十八年まで小諸城主であった松平康國が信蕃の子であり芦田依田氏であったこともあまり知られてはいない。これは自らや身内のよさは控えて、他のことを重んじがちな佐久人気質、近くのものよりも遠くのものを重んじがちな傾向の結果もその一因かもしれない。

天正十年（一五八二）の時点では、芦田（依田）信蕃は、後世大きく取り上げられる、かの真田昌幸と伍していたのである。

《信蕃の父・芦田下野守信守》

芦田氏は佐久に多い依田氏（芦田氏・相木氏・平尾氏・平原氏など）の一族である。「芦田」を名乗っているのは、芦田氏宗家のみであり、傍系はみな「依田」を名乗っている。

特に、信蕃の父は**芦田下野守信守**という名で、武田信玄麾下の信濃先方衆の百五十騎の侍大将として有力武将として、信玄のいくつかの合戦に参加しており、『蘆田記』（依田記）以前を語る歴史諸文献にその存在が認められ、また、後世の合戦図などでは、その旗印とともに、その布陣や姿が描かれている。芦田下野守が武田の先方衆の侍大将として参加した武田氏の合戦は、『寛政重修諸家譜』『甲陽軍鑑』『高白斎記』『戦國遺文（武田氏編）』『武家事紀』『武田三代軍記』などで触れられていることを参考にまとめると左記のようになる。合戦そのものの年月や史実の詳細にやや疑問がある事項もあるが列挙してみると

・芦田下野守信守が武田晴信に臣従（天文十三年

〈一五四四〉
・信州佐久郡小田井城へ武田氏の名代で降伏勧告に赴くが拒否される。（小田井城の戦い）
・信州戸石城の戦い
・信州内山城攻め
・笛吹峠合戦（上州信州境）
・信州上田原の戦い
・信州塩尻合戦（塩尻峠・勝弦峠の戦い）
・信州海野平合戦
・信州保福寺合戦
・信州坂城の陣（長尾景虎に備える）
・信州時田（常田）合戦
・信州川中島の戦い
・上州箕輪城の戦い
・武州と上州の境の御嶽城（みたけじょう）で北条氏に備える。
・武州滝山城の戦い（直後の相模川越え、酒勾川の瀬踏みにも）
・相州小田原城攻め
・相州三増峠の戦い
・駿州蒲原城攻城戦と守備（薩埵峠の戦い、薩埵の浜の戦い）

写真：上田原古戦場（県営野球場のあたり）　写真：戸石城（南西より）

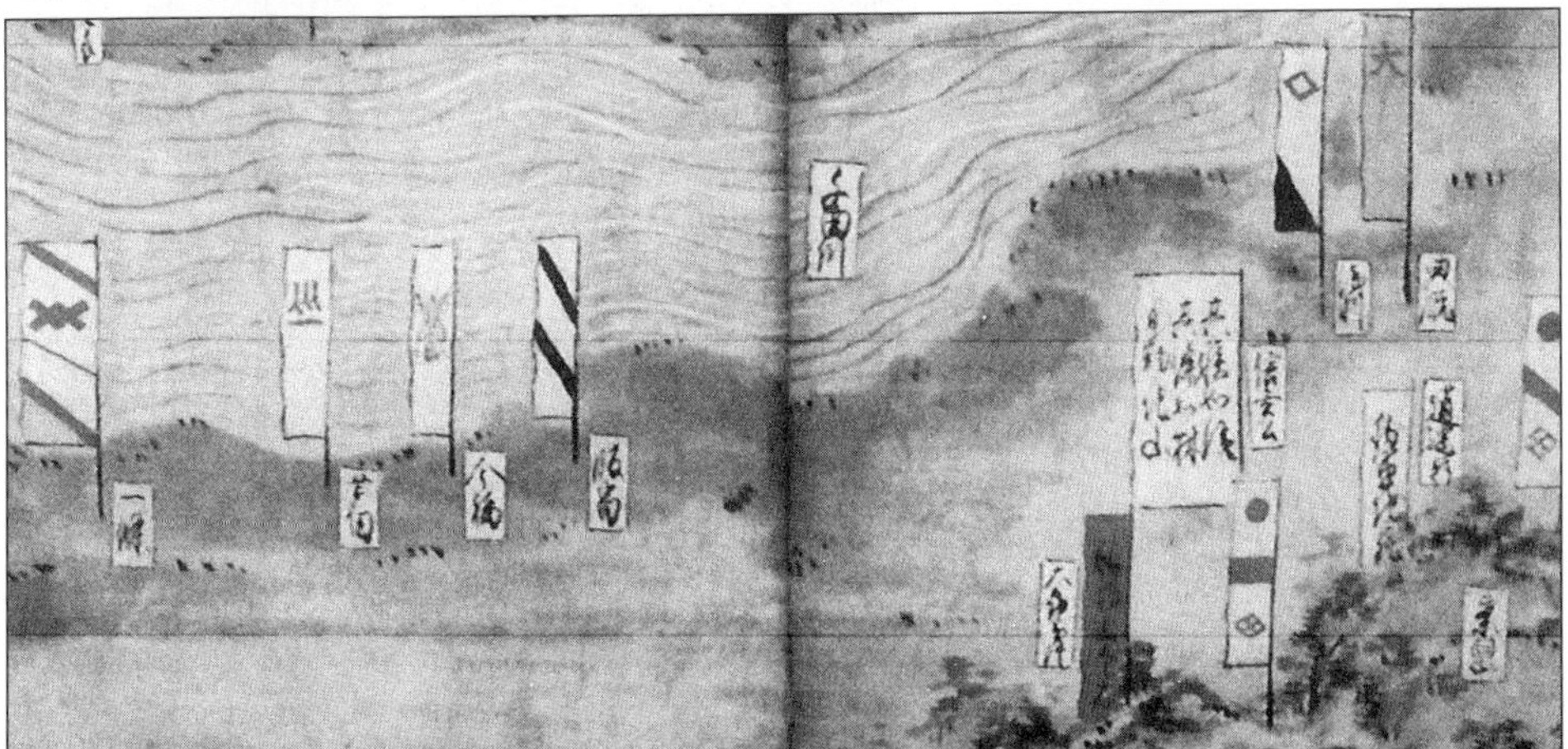

図：『甲越信戦録写』（宮尾袈裟信氏所蔵）の絵図の一部
『武士の家宝～かたりつがれた御家の由緒～』長野県立歴史館（平成 23 年春季）p.10 より転載。川中島の戦いを記した『甲越信戦録写』芦田下野信守の旗がある。

・濃州上村合戦
・遠州只来城、遠州飯田城の攻略
・遠州二俣城攻城戦、二俣城籠城戦

多くの合戦で有力な信濃先方衆の一人として、同じ依田氏である相木依田氏と共に名を連ねている場合が多い。また、武田氏の合戦の布陣の中にその名がしばしば記されていることからも、多くの信玄の合戦に従軍していることは、ほぼ史実であろう。

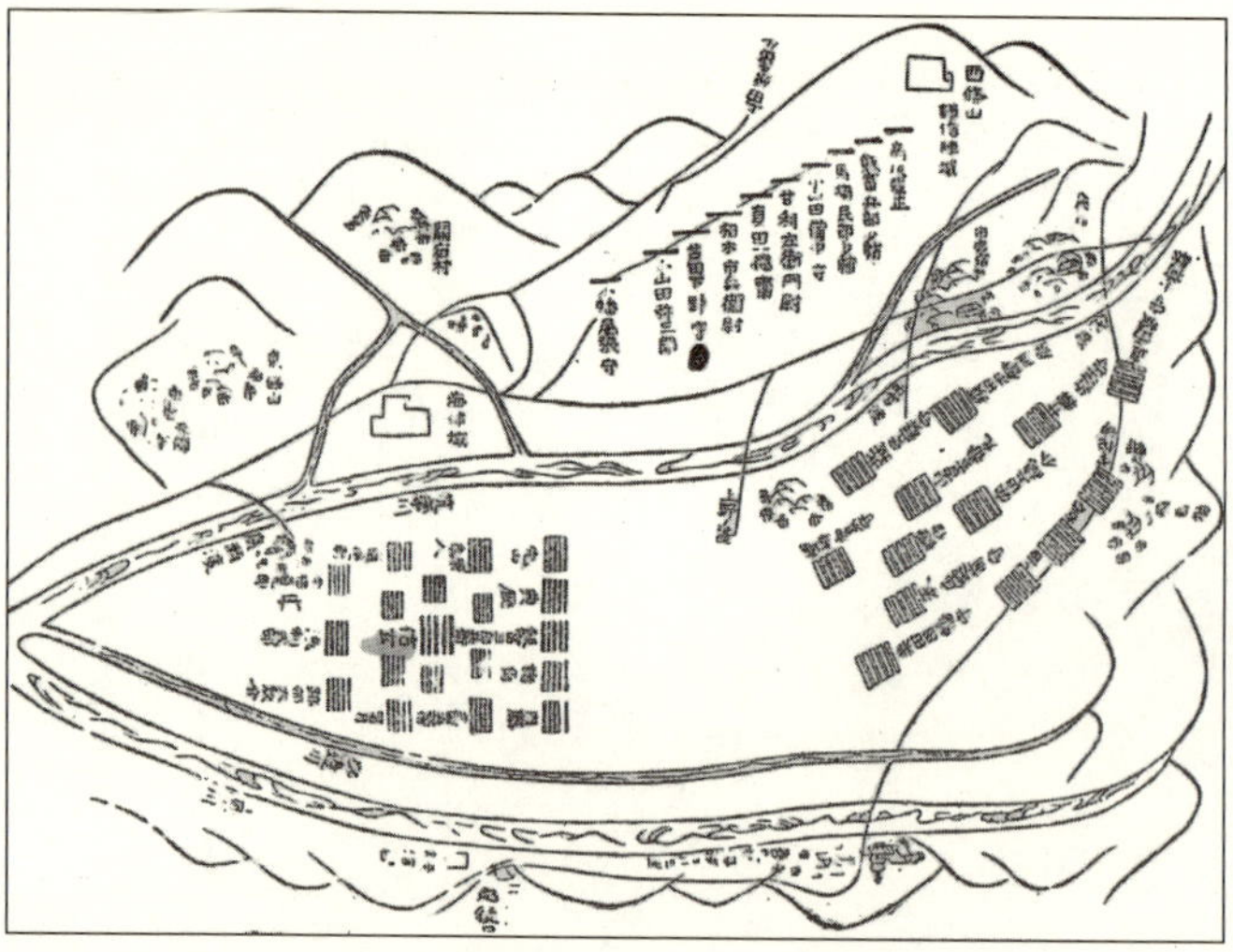

図：「甲斐志料集成」所収「武田三代軍記」より
第四次川中島の戦い。西條山（妻女山）攻撃の別動隊に芦田下野守がいる。（●印）

「甲陽軍鑑末書」（下巻下、七）に「信州先方侍大将**足田下野、浮勢の頭也**」とある。詳細を記すと、

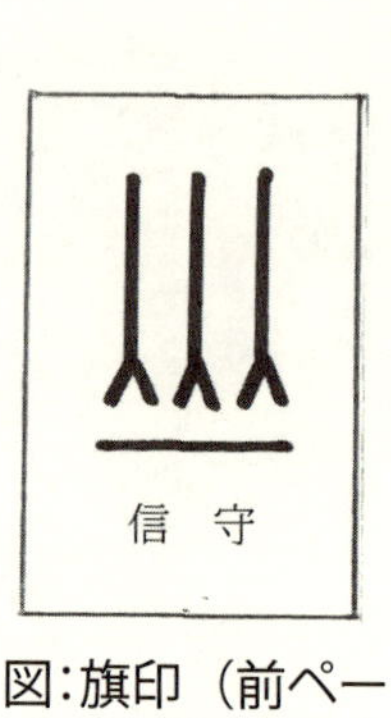

図：旗印（前ページの合戦図より）

二万の人数、手分・手賦部府・手与、此備八ケ条之事。

一ニ、五千留守居。

二ニ、三千旗本。

三ニ、五百宛の備七手、三千五百先衆。

四ニ、三百宛の備七手、弐千百、二の先衆。

五ニ、五百宛の備二手千ハ、小荷駄奉行、跡先ニ。

六ニ、五百宛の備六手三千ハ、旗本の脇備、左右三手宛六手。

七ニ、三百宛の備三手九百ハ、後備。

八ニ、三百宛の備五手ハ、千五百、**遊軍**也。右を信玄公御家にハ、**うき勢**と申候。付、是ハ敵城も攻取、はきて捨に、此遊軍に申付ク。又敵城責取、能城とて抱候へば、此遊軍を番手に置。扠又国々留守居少と申来候ハバ、其へ越にも此遊軍を分て遣也。此遊軍を信玄公御家にハ、浮勢と申候。去程に、信州先方侍大将**足田下野、浮勢の頭也**。以上。

つまり、「三百宛の備五手ハ、千五百、**遊軍也**」ということで、この遊軍を武田家では「浮勢（うきぜい）」と称した。その**浮勢の頭**（かしら）が**足田（芦田）下野守信守**であったのである。浮勢の任務の一つに、敵城を攻め取った場合、その城の守りとして、その番手衆として充てたのである。このことからも芦田下野守信守・信蕃父子が、遠州二俣城の番手城主となって守備を任されることになったのである。さらに、駿州田中城を信蕃が番手城主として家康の攻撃に対して智略・武略を駆使して頑強に守ったのも、武田軍内における軍役のこうした任務からであったのである。

ところで、つい最近、驚愕すべき論文が発表された。井原今朝男氏は『徳川家康と依田信蕃・康國～佐久郡の戦国・織豊期について』（平成23年度長野県立歴史館発行の『武士の家宝～かたりつがれた御家の由緒～』所収）の中で、信蕃以前の依田芦田氏の実態ということで、次のように述べている。

――『依田記』と『寛永諸家系圖伝』では信蕃の父が別人になっており、下野守信守とする傍証史料もない。……〈中略〉……『依田記』の先祖に関する記載は信用することができず、現時点では、信蕃の父を不明とせざるをえない。今後の新出史料を待つことにしたい。

そこに私見を述べさせてもらうと、『寛永諸家系圖伝』は、徳川旗本となった依田肥前守信守の系統を宗家と勘違いしている。そもそも、『寛永諸家系圖伝』の内容は、あまり信用できそうもない。信蕃の父を備前守信貞としているが、他の史書には登場しない人物である。また、『寛永諸家系圖伝』では、信蕃三兄弟（信蕃・信幸・信春）がそろって岩尾城で戦死したとしている。しかし、信春が後年まで生存していたことは、本書で後々述べるように事実である。また、依田肥前守信守（信蕃の次弟信幸の子）の項で、「永禄五年、上野箕輪の城におゐて、北条の兵と戦いを決死、大手をうちやぶり、よろひ武者をうちとり、疵をかうふる。其軍功により、信玄より黒地のおりかけをゆるさる」とある。これは肥前守信守の祖父（つまり、信蕃の父とされている下野守信守）の事蹟である。事実誤認ばかりでなく時代錯誤もはなはだしい。こういうことから鑑みると『寛永諸家系圖伝』こそ信用し難いと思えるがいかがなものであろうか。しかし、井原今朝男氏の投げかけた内容は、今後検討すべき課題であることも確かではある。右衛門佐信蕃は芦田信蕃というよりも依田信蕃と文献にでていることもしばしばである。信蕃に関しては、後述のページで多くふれるので、ここでは割愛したい。

《芦田氏（依田氏）のその後》

後年、信蕃の子は父信蕃の戦功により、家康から「松平」の姓と「康」の諱を授かって、嫡男は松平康國、次男は松平康眞と名乗っていた。中世戦国時代は同一人物の名乗りがいくつもあり、また同じ名乗りを何代かに渡って襲名している場合もある。特に、『依田記』の著者でもある新六郎康眞は「康眞・康寛・康貞・康勝・康直・康正の外に、加藤四郎兵衛宗月」など、いくつもある。康眞が上州藤岡藩を改易となって越前福井藩の松平秀康の臣下になってからは、その子孫は「蘆田」氏（芦田氏）に戻して、明治以降現在までも、宗家は芦田氏を称している。

ちなみに、芦田氏はその足跡を信州佐久郡、上州藤岡、甲州遠州二俣、駿州田中、越前福井などに残しているが、「芦田」を「アシタ」と称しているのは藤岡で、他所ではいずれも「アシダ」と称しているようである。また、本拠地である信州佐久では、古老によると芦田なる地名も苗字も「アシタ」と発音していたようであるが、現在では外部の公的機関が「アシダ」と発音したことから、若い世代のみならず、多くの人々が「アシタ」よりも「アシダ」の言い方をすることが多いようではある。

図：芦田氏・依田氏の本拠地の変遷

光徳　信守　信蕃　康國　康眞

①小県郡依田城
12世紀以前〜

手前は館、後方は詰城

②佐久郡芦田城
15世紀中葉〜

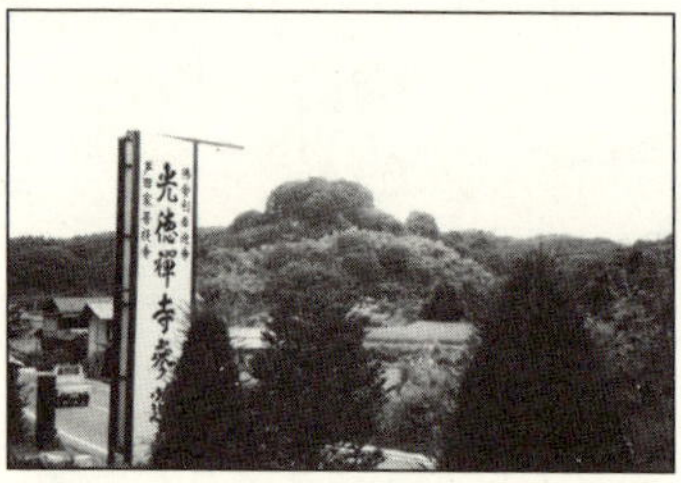

西方より

③佐久郡春日城
1549〜

北方より

④佐久郡小諸城
1583〜

大手門

⑤上州藤岡城
1590〜1600

藤岡第一小学校となっている。
左手は土塁

②諏訪高島城へ人質

その後、上州と武州境の浄法寺・御嶽城に在城

一、

歳十二の頃、**諏訪高島の城**に、信玄公への證人に居申し候。その後、年月覚え申さず候えども、武蔵のうち上野**境御嶽の城**に居申され候。我等が為には祖父下野守信守在城致され候節、常陸介も彼の地へ参られ、父子一所に二年が間在城候由、家老の者近年まで、その物語仕り候。上野の我等が知行のち、**淨法寺**と申す所に罷り在り候う時、御嶽尊奉ること家老ども物語仕り候えども、御嶽と淨法寺と同前に御座候。城は**御嶽**、町は**淨法寺**にて御座候えども、城の根に川御座候間、城は武蔵のうち、町は上野のうち淨法寺にて御座候。

〈**要旨**〉

・歳十二の頃、**諏訪高島の城**に、信玄公への證人としていた。

・その後、年月は覚えておりませんが、武蔵のうち上野境**御嶽の城**にいた。拙者（康眞）の祖父である**下野守信守**が在城してた時、**常陸介信蕃**も、そこで一緒で、二年間在城した。芦田依田家に家老として仕えてきた者が、近年までそのことを語っていた。

・上野国での知行地のうち、淨法寺という所にいた時、御嶽尊を奉っていたことを家老どもが語っていた。御嶽と淨法寺と両方であった。城は**御嶽山**、町（居住地）は**淨法寺**であった。御嶽城の麓に川（神流川）が流れていたので、城は武蔵国（現埼玉県）のうち、町は上野国（現群馬県）の淨法寺（寺名ではなく地名）にあった。

《**武田氏への人質としての信蕃と諏訪高島城**》

幼名**源十郎**こと**信蕃**は幼少の頃、父下野守信守の武田信玄への臣従の證人（証人）、つまり人質として、信玄の信州での本拠の一つである諏訪の高島城（当時のそれは、現在「茶臼山城」と称されている古高島城である。この高島城は現在の高島城〈浮城〉とは異なる）に出された。その時期は、信蕃の生誕が天文十七年（一五四八）であるので、数え年十二歳は永禄二年（一五五九）である。あるいは満年齢とすると永禄三年（一五六〇）である。

つまり、父である芦田下野守信守が信玄に従ってしばしば川中島の戦いに参陣していた頃である。信蕃が父芦田下野守信守のもとへ帰されたのは、信守が武蔵国境の淨法寺（地名）

写真：茶臼山高島城（東方より見る）

（群馬県藤岡市鬼石町）に知行地を与えられ、北条氏に備えて武蔵国内（埼玉県児玉町）の御嶽城を守備しはじめた頃であろう。その時期は、信玄が西上野の長野業盛を滅ぼしたのが永禄九年（一五六六）九月二十九日であるので、それ以降ということになる。信蕃が父の元へ戻されたのはその頃と推定される。信蕃十八歳の頃である。人質で諏訪へいっていたのは約六年間ということになる。その間に信蕃は後年の武田臣下としてのあり方、文武の素養を身に付けたものと推定される。現在でも十二歳から十八歳といえば思春期であり、人生の一番の基礎が身につく年代である。この時代は證人（人質）であるからといって、罪人のような扱いを受けたのではなく、徳川家康や歴史上の少なからぬ武将がそうであったように、いっぱしの侍大将になるような武将の師弟は、滞在先でもそれなりの生活が保証され、文武の修錬もさせてもらっていたと推定される。源十郎こと信蕃は武田氏のもとへ送られていたわけであるが、直接武田信玄の薫陶を受けたかどうかは分からない。信玄の側室諏訪御領人は諏訪にいたので、あるいは時々諏訪を訪れる信玄に会う機会があった可能性はあるが、あくまで武田氏支配下の信州諏訪の高島城（茶臼山城）下にいたにすぎないから、甲斐国が本国である信玄との接触の可能性は小さい。しかし、この後に智略、武略を駆使するのみならず、心情的にも武田臣下としての忠義の行動や、部下の心を掌握する能力、統率力の基礎は、六年間の諏訪時代に身に付いたものが大きかったものと思われる。

《父信守にも人質時代があった》

ところで、信蕃の父である下野守信守も人質で諏訪にいたことがある。天文十年（一五四一）に、**諏訪頼重**の**上ノ原城**へ人質として、本拠であった芦田城から連れ去られている。『諏訪上社御頭之日記』の天文十年の項には――「葦田郷をちらし候て其儘帰陣候葦田の郷にはぬしもなき體に候間頼重知行候て葦田殿の子息此方の家風にならられ候間其かたへ彼郷をいたさせられ同十七日ニ御帰陣候」とある。――天文十年五月に、武田信虎が諏訪頼重とともに大門峠を越えて小県郡に侵入し、村上義清を加えた三者で海野平に祢津（ねつ）・海野（うんの）氏を討った。**諏訪頼重**は雨境峠経由で諏訪へ戻る途中、**芦田城**に立ち寄り、幼少の領主信守を諏訪へ連れ去った。「その際、芦田城は主なき体に候」ということで、芦田領は抵抗もなく諏訪頼重の手中になった。幼い信守は人質として諏訪頼重のもとへ置かれたのである。その時は、信守は推定十三歳から十四歳ぐらいであったと思われる。その後、「芦田の子息此方の家風になじみ候」ということで（＝すなわち諏訪氏に臣従することが確かめられたため）、芦田へ帰されている。『神使御頭之日記』によると、同年七月に諏訪頼重は依田氏（芦田氏）に葦田郷を与えているが、この時に信守は帰還を許された可能性がある。また、諏訪頼重が翌天文十一年（一五四二）七月に武田晴信のために滅ぼされているので、**信守**が頼重の下にあったのは、いずれにせよ短期間であったと推定される。

父芦田下野守信守が諏訪頼重の人質として諏訪にいたのは、現在の茅野市にあった諏訪氏の本城上ノ原城（実際は山城の麓にあった諏訪氏館か、人質屋敷とすればあるいはその周辺）である。武田氏は諏訪氏を滅ぼした武田氏の諏訪郡代板垣信方からしばらくは上ノ原城にいたが、三代目郡代の長坂大炊助虎房は、信玄の命を受けて、代官所を上原から高島（岡村）へ移し、山本勘助も加わって、高島城（茶臼山城）の修築に取りかかっている。――『高白斎記』によると、「天文十八己酉年正月八日、長坂方始て高島へ被移候、十三日、山本勘助高島鍬立て」とある。天文十八年（一五四九）正月八日に、長坂虎房が初めて高島へ移り、十三日には城の鍬立てをしたとあるから、天文十八年初めには、諏訪氏の時代からあった高島城が武田氏の城に相応しく本格的に修改築されたことになる。ちなみに、それは信蕃が生まれた翌年のことになる。

《高島城（茶臼山城）の現況》

茶臼山頂上部の本城については、武田氏の手が加えられたのであろうが、戦後の住宅建設で大規模な整地がなされ、往時を偲ぶことはできない。しかし、西から南側の急斜面に大規模な五段の帯曲輪と推定される地形が残り、城の堅固さや壮大さを偲ぶ手掛かりとなる。この高島城は現在の高島城（浮城と称された）とは異なる。諏訪市の上諏訪中学校の北方にある手長神社の背後の茶臼山にあった山城である。戦後、住宅が造成されるまでは土壇が三基残っていたが、何を意味する遺構か不明のまま破壊されてしまったと『茅野市史（中巻、中世・近世）』に記されている。

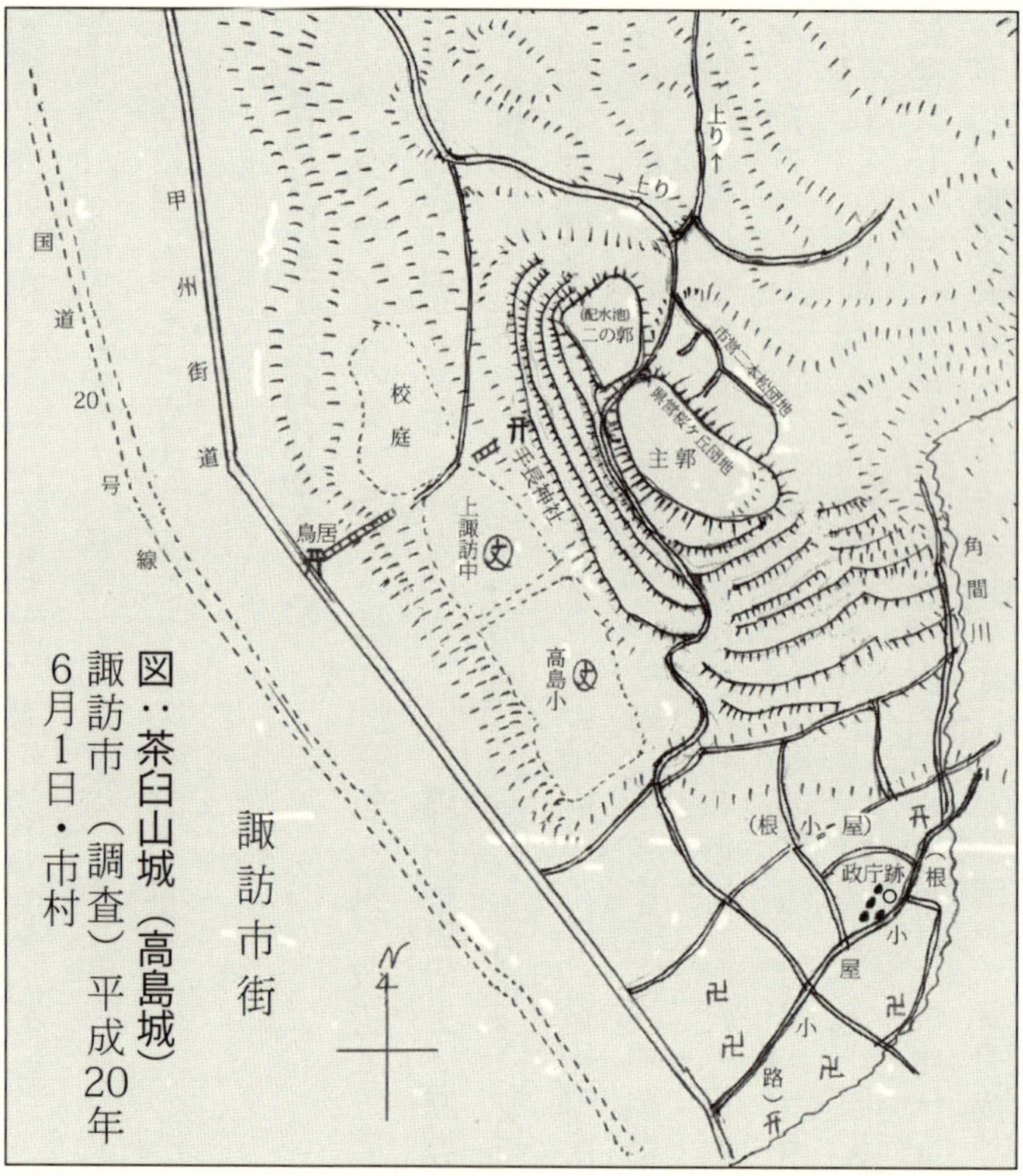

図：茶臼山城（高島城）
諏訪市（調査）平成20年6月1日・市村

《高島城下の代官所跡の現況》

代官所は高島城下の根子屋にあったはずであるが、茶臼山丘陵の南東山麓にある**岡村集落**と考えられ、角間川出口の河岸段丘上にあって、地域はあまり広くはないが、往古より発達してきた集落で、下桑原郷の中心であった。

天文十八年正月長坂虎房が代官所を**上原**から**岡村**へ移した時の場所は、南沢の道祖神の所だというが、現在地元で考えられているのは、それよりも少し南西へ下った南沢公民館の所で、ここは他の場所と違って台形状に道路と水路が廻っている。この高島城の南東山麓の岡村公民館（現在は「南沢町公民館」という看板がかかっている）に政庁があった。公民館のすぐ南脇に「**岡村政庁跡**」という石碑が建っている。その裏面には、次のような説明の文字が刻まれている。

天文以来上原城下に在った政庁を永禄九年には茶臼山城下岡村の此の地に移し政治の中心は此所に[な][る]因って此所より本通りに通じる道を武田小路又は根子屋小路と云うに至った

南沢町

昭和三十九年十月

細川隼人書

↑天文十八年が正しい

↑□の中判読不明瞭

写真：岡村政庁跡

この地に政庁があったということは、地元にも理解されているわけである。しかし、この石碑では「政庁移転」を永祿九年としているが、いかなる史料文献によっているのであろうか。明らかにそれは誤りである。先にもふれたように、史料文書として多くの史家の信頼を得ている『高白斎記』によると、「天文十八年（一五四九）一月八日、長坂大炊助は上原から高島へ移った。そして十三日に高島城の鍬立てがなされた」となっている。これが古高島城（茶臼山城）と呼ばれるものである。また、永祿三年（一五六〇）三月十一日、武田氏は小野郷にあてて、甲州に対して悪いことをするような者がいたならば高嶋（岡村役所）に注進するように命じていることからも、天文十八年以降武田氏の諏訪支配の中心が高島城にあったことは確実である。したがって、石碑の裏側の年号の説明「政庁を永禄九年には茶臼山城下岡村の此の地に移し」という内容は明らかに誤りである。永祿九年（一五六六）よりも以前の一五四九年頃には政庁は岡村へ移っていたからである。

以上のような齟齬はあるが、信蕃が人質としていたのは武田氏の高島城（**茶臼山城**）であった（実際はその麓にある根小屋の代官所付近にあった人質屋敷であった）確率は高い。

《御嶽城と浄法寺――そして藤岡との関係》

先にも述べたように、信玄が西上野（群馬県西部）を勢力下に入れた永禄九年（一五六六）に、信蕃は父芦田下野守信守のもとへ諏訪から帰されてまもなく、本拠地である佐久郡春日を後にして、信玄の命によって、父子ともに西上野の守備についた。上野國緑野郡鬼石町浄法寺（地域名）に居館を構え、北条氏に備えて武蔵野國御嶽城を守備した。これは上州箕輪城の長野氏の滅亡後で、永禄九年から十一年（一五六六〜一五六八）頃の足掛け三年間ほどと推定される。このことを、信蕃の子である康眞が、後年記した文書（『蘆田記』『依田記』）は、尾張徳川家の仰せによって答申したものであり、他の多くの内容が事実であると証明されることが多いことからしても史実であろう。

御嶽城は埼玉県児玉郡神川町（かみかわまち）にあり、神流川（かんながわ）の右岸（東岸）に位置する。関東地方を見晴らすことのできる山城である。依田氏発祥の地、信州小県郡依田庄には御嶽城があるが、それに因んで命名した可能性もある。対岸の左岸（西岸）は居館を構えた浄法寺（群馬県多野郡鬼石町浄法寺、寺名ではなく地域名）である。芦田信守・信蕃父子は、まさに上野國と武蔵國の国境の対北条の最前線を守っていたことになる。信守・信蕃父子は、浄法寺のある現在の藤岡に永住するつもりで、「根岸」の「堀の内」に築城計画を立て、縄張りまでし、普請が進められていた。しかし、永禄十一年（一五六八）十二月、今川氏との合戦に信玄の召集によって駿河國へ信守父子も出陣したため、工事は中断されたままとなった。その跡らしき所に土塁や空堀があった地形の痕跡が今に残っている。結果として信守・信蕃父子がこの地へ戻ることはなかった。また、一説には藤岡市光徳寺南方の大神宮山にある砦跡も信守・信蕃の手によるものと言われている。芦田氏の浄法

図：藤岡市近郷の芦田市関連遺蹟

寺での居館は現在の浄法院のある区域であると推定されているが、もう一つ候補地がある。それは、保美にある「芦田川屋敷」である。往時は保美も浄法寺に入っていたと思われる。今は鬼石街道が直線に走っているが、昔は神流川よりに城戸の宿があった。この城戸（地元の人は「ひろど」と称する）に二つの城（御嶽城、三ツ山城）と関連のある館址がある。「芦田川屋敷」と呼ばれている所は、現在の「藤岡市保美城戸」地籍にある。東側は断崖で神流川に望んでいる要害の地である。ここも芦田氏の館址と推定される候補地である。「芦田川屋敷」には芦田川氏が後世住んでいた。芦田川氏の墓が現在段丘上に残っている。

ここで、問題点もある。依田信守・信蕃父子が武田勢の先鋒として浄法寺に在城していた頃、長井政実も浄法寺にいた事実がある。当時、浄法寺には金鑽御嶽城、三ツ山城の両城の城主として長井政実が居住していたという史書もあることから、両氏は併住していた可能性もある。どのような関係になっていたかは不明である。

後に慶長十八年（一五九〇）、松平康眞が、家康の関東移転に伴い、藤岡藩三万石の藩主として藤岡に入部した。ある意味では父祖の旧領を復したことになる。つまり、祖父信守の時の領地であったからでもあろう。また、康眞が天正十八年（一五九〇）に藤岡入部直後、藤岡城の築城中に浄法寺浄土院に仮居したのも、祖父下野守信守、父右衛門佐信蕃と、この地との縁故をたどったものである。

《芦田氏第二の故郷上州藤岡》

芦田下野守信守は、上州緑野郡藤岡にじっくり腰を据えようとしたが、武田信玄の駿河侵攻に従軍して、再び上州藤岡（緑野郡鬼石村浄法寺）へ帰って来ることはなかった。信守・信蕃父子の二年数ヶ月間（永禄九～十一年〈一五六六～六八〉）、そして、後に康眞が藤岡藩主となっていた十年間（天正十八年～慶長五年〈一五九〇～一六〇〇〉）の二度にわたって藤岡周辺がその領地であった関係もあり、藤岡市に残る芦田氏（依田氏）関連の事蹟は多い。二十一世紀の現在でも藤岡市にその足跡が歴然と残っている。上州藤岡はまさに芦田氏にとっては第二の故郷ともいえそうである。

城下町の形成にあたり、多くの社寺を信州から移転したり、創建したりしている。信州佐久にある名称のものがかなりある。『藤岡町史』『藤岡市史』『芦田町町誌』を参照し、筆者が現地を踏査した結果をまとめてみたのが左記である。特に、藤岡在住の方々の認識と異なっている事項があったら、ご教示いただければ幸いである。

事蹟名	芦田氏との関係、由来など
芦田城（藤岡城）	藤岡第一小学校の敷地が主郭
光徳寺	芦田氏の菩提寺、信州佐久郡芦田村から移転、現在は芦田依田氏に関係する「光徳寺」は信州立科町、上州藤岡市、越前大野市木ノ本の三カ所にある
芦田町	芦田依田松平康眞の祖先の本拠地の名をとって命名
芦田町通り	城主芦田氏の城下に因んで
岩村田町	現在の宮本町、信州佐久岩村田町の住民が康眞の移封に伴って移住
富士浅間大権現	芦田氏総祈願所、今の「富士浅間神社」、芦田下野守信守が奉納した太刀・短刀・甲冑、康眞が奉納した画軸・古鏡を蔵している
諏訪大明神	芦田氏が修理し祈願所とした、**城東**守護の社
八幡武大神	**城西**守護の社
芦田大明神	信州芦田城にある木ノ宮大明神を分祀、**城南**守護の社、現在「大神宮山」にある「芦田町大神宮」〈神明宮〉
平尾稲荷大明神	**城北**守護の社、信州平尾城の守護稲荷大明神を移転、現「生方稲荷」
良信寺	「良信」は芦田下野守信守の法名、開基は康貞（＝康眞）。「芦田厄除不動」
龍源寺	開基は康眞、山号「嶺岳山」は兄康國の法名から、康國の菩提のため建立
一行寺	中興開基は康眞、寺を本動堂から現地「動堂（ユルギドウ）」へ移した。
天龍寺	開基は康眞室の了源院、山門は芦田城の大手門を移築
金光寺	芦田城鬼門〈**艮**（ウシトラ）〉北東つまり鬼門鎮護の寺、信州芦田郷より移す
神宮寺	康眞の開基、芦田城〈**坤**（ヒツジサル）〉の鎮護の寺、常岡の西麓にあった
龍田寺	藤岡城〈**巽**（タツミ）〉南東鎮護の寺、平尾依田守芳の嫡子小隼人呂郷が開基、山号「喜雲山」は守芳の法名、本寺は信州小県郡武石村信広寺
津金寺	康眞の開基、芦田城の〈**乾**（イヌイ）〉西北鎮護の寺、「津金寺」のもとは信州佐久郡芦田に芦田氏の祈願寺津金寺があるのに因む
天陽寺	信蕃の次弟信幸の嫡男肥前守信守家の菩提寺
玄項寺	旧八幡村阿久津にある、芦田氏の重臣大井政成が開基
芦田地蔵尊	芦田町にある、「厄除延命地蔵尊」、信州小県郡依田村御嶽堂→佐久郡芦田村蟹窪山→藤岡城田口郭に安置、現在は芦田町公会堂内に
藤岡市岩村田町	現宮本町、康眞に従って小諸領岩村田町の人々が藤岡に移住した
岩村田地蔵尊	藤岡市岩村田町、現宮本町、「子育て地蔵」、康眞の藤岡への転封時に移民した佐久郡岩村

	田町の人々が建立
根岸築城跡	藤岡市小林字堀之内、それらしき地名、道筋、土塁の一部とおぼしきものあり
動堂城址	藤岡市本動堂字前屋敷、重臣依田小隼人呂郷の城
芦田川屋敷	藤岡市保美字城戸、芦田下野守信守の屋敷跡の候補地。後に芦田川氏が居住
芦田氏墳墓	藤岡市光徳寺にある、しっかりした芦田氏墳墓はなかったが、上州に戻り藤岡にいた芦田氏が昭和八年に大五輪塔を建立し、芦田康眞の子孫としてその他の芦田氏関係者の遺骨まで納めた。因みに「芦田氏の墳墓」は三つの県に存在する。 （長野県）北佐久郡立科町光徳寺／佐久市春日康國寺／佐久市田口蕃松院 （群馬県）藤岡市光徳寺 （福井県）福井市足羽山西墓地〈總光寺墓地〉

以上のように、信蕃の次男で小諸藩主から移封されて藤岡藩主となって入部した芦田（依田・松平）康眞は藤岡町（藤岡市）の基礎を築いたのである。たった十年間（天正十八年〜慶長五年〈一五九〇〜一六〇〇〉）ではあったが、その足跡の大きさに驚嘆せざるを得ない。今でも、藤岡周辺に彼の

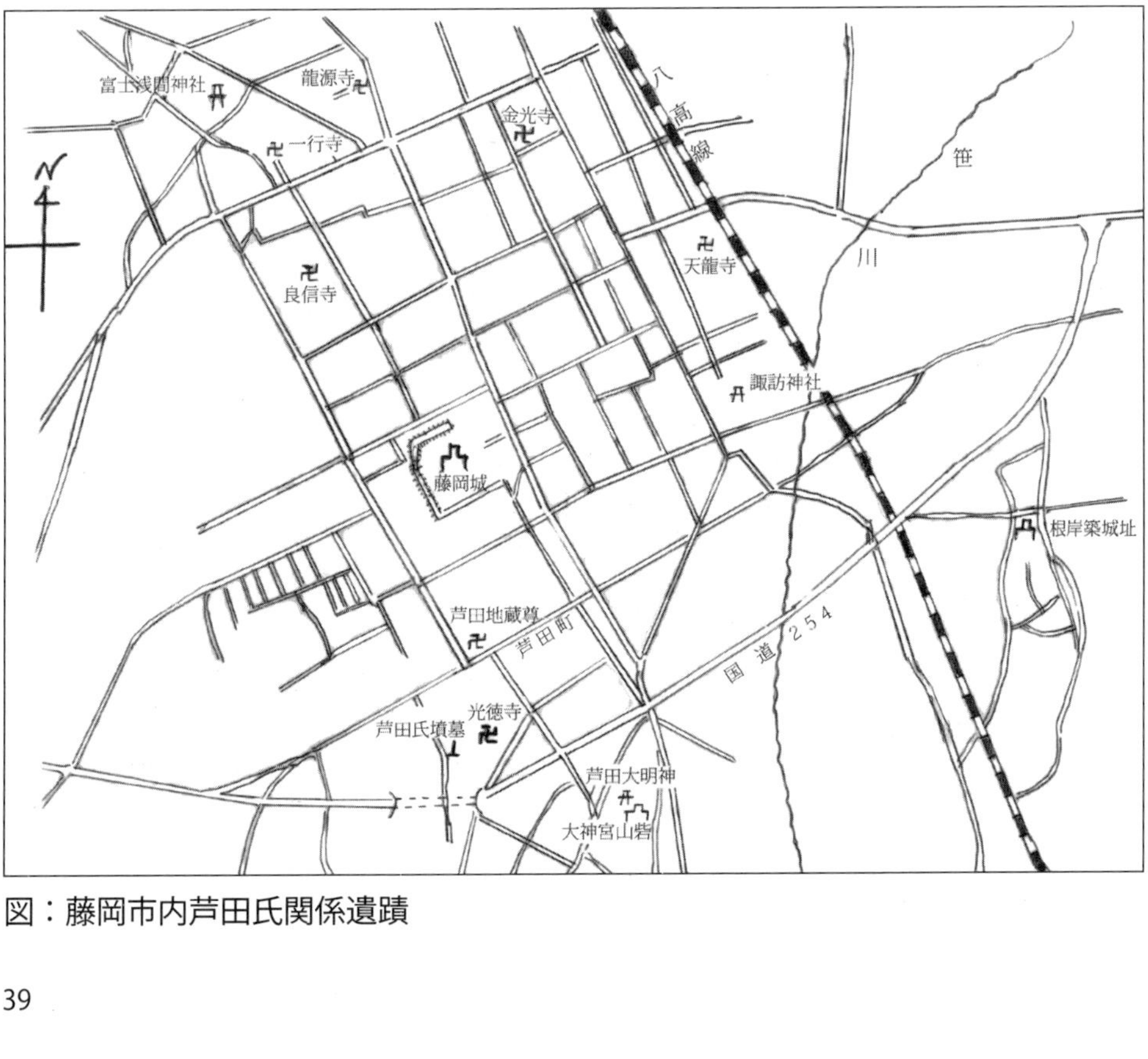

図：藤岡市内芦田氏関係遺蹟

十年間の治世の跡が文化財として、町の基本計画として、あるいは文化・風俗・生活風土に散見できる。それは、偶然ではなく、康眞の父祖（信守・信蕃）が現藤岡市域を領していた事実との関係が大きいといえそうである。

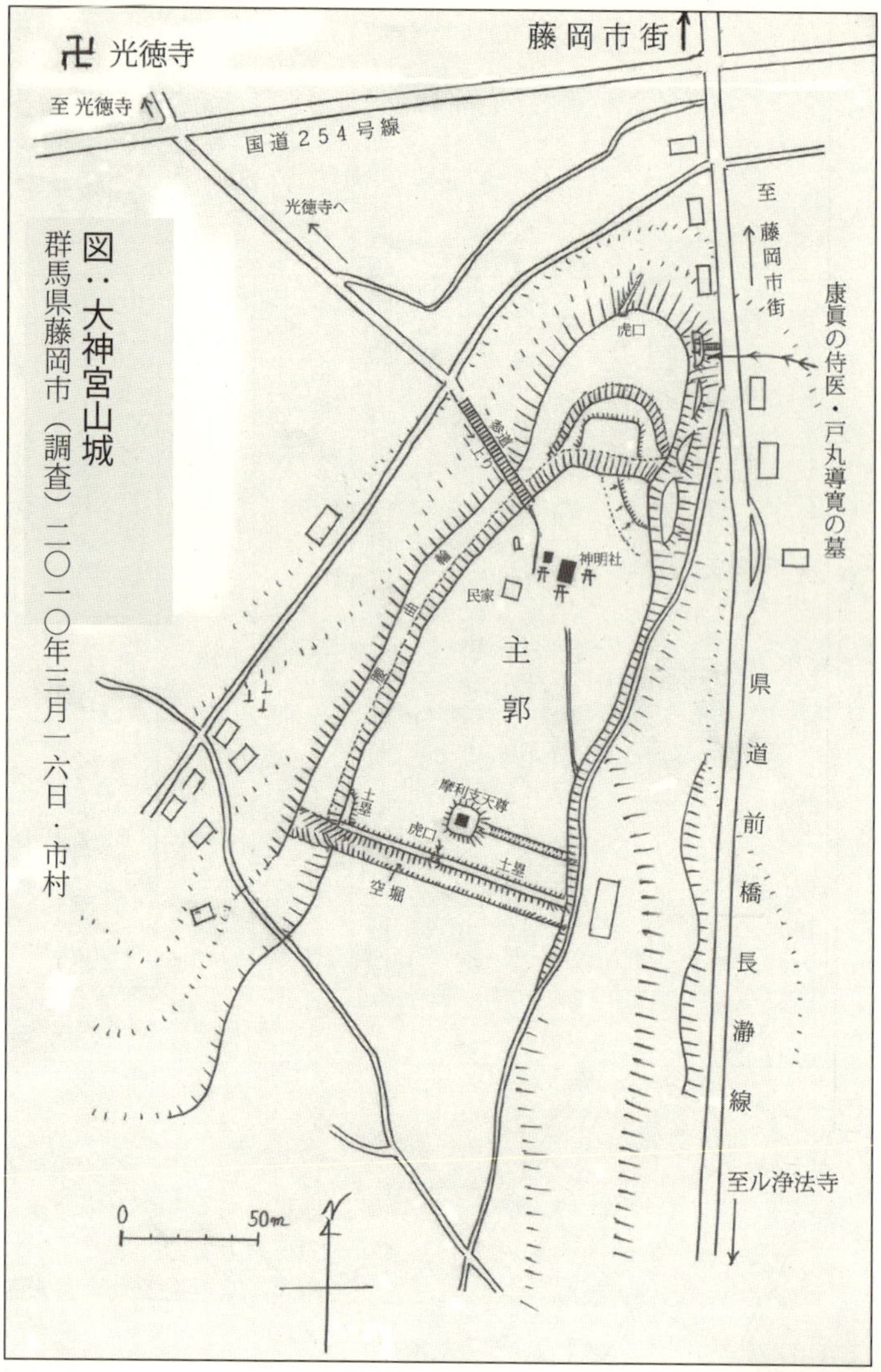

図：大神宮山城
群馬県藤岡市（調査）二〇一〇年三月一六日・市村

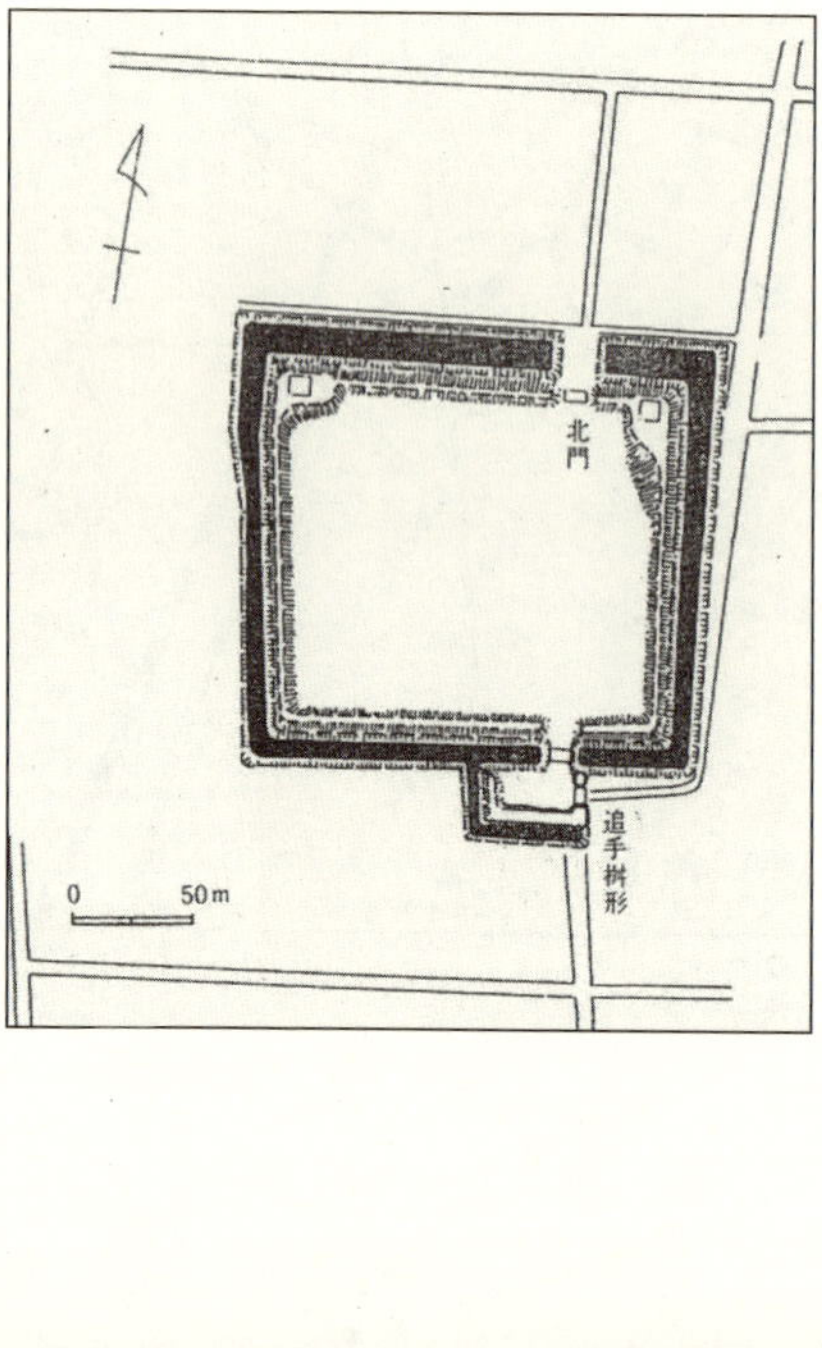

図：藤岡芦田城
「藤岡市史」（通史編）より

写真：康眞は光徳寺を佐久から藤岡へ移した

写真：芦田大明神（現神明社）

写真：藤岡光徳寺

写真：芦田氏墳墓

③信玄の駿河遠征に従い蒲原城攻略に参戦し、後に守備

一、

その後、信玄公、今川氏眞退治のため、駿州に進発の時、祖父にて候**依田下野守信守**、**同常陸介信蕃**、**かんはら**に父子とも在城かと聞え申し候。下野父子の者、先年**さつたの濱**にて、父子共に粉骨を竭くし候故駿州退治のよし、古き者ども申し候えども、久しき義にて候間、年月は覚え申さず候。駿河崩れ、**氏眞**浪人に成られ候年の義に御座候かと存じ候。駿河崩れの牢人に、今在世の衆あるべく御座候。そのもとにて御尋ね成られるべく候。

〈**要旨**〉

・その後、武田信玄が今川氏眞の、駿河の国に侵入した時、（筆者である康眞の）祖父の**依田下野守信守**と父の**依田常陸介信蕃**は**かんはら**（蒲原）に父子とも在城したと聞いています。

・芦田依田氏配下の軍勢は**さつたの濱**（薩埵峠の下の浜）で父子共に粉骨砕身を竭くして戦って、駿河の国で軍働きしたと古老は伝えていますが、はるか昔のことであるので、（著者は）その年月は、覚えておりません。駿河の国が崩れ、今川**氏眞**が駿府を追われ、浪人になった年のことだと思います。駿河出身の浪人で、現在でも生存している者に御尋ねいただければ分かるかと思います。

《**信玄の駿河侵攻**》

武田信玄は、永禄十一年（一五六八）十二月、今川氏眞を駿河に攻める。**依田信守・信蕃父子**は、信玄に屬して戦っている。蒲原城から薩埵峠、興津にかけて、信玄は今川氏・北条氏と三回戦っている。

① **第一回の武田氏の駿河侵攻**は永禄十一年十二月から翌年四月にかけて行なわれた。この時、北条氏に備えて上州・武州の境を守備していた芦田下野守信守・芦田信蕃父子は、上州緑野郡に建設途中の城郭の普請を中断して、信玄の遠征軍に加わった。十二月六日に甲府を発った武田信玄は、富士川沿いに河内路を南下して、十二日には北松野から由比へ抜けて、薩埵山に至った。薩埵山砦には、清見寺に本陣を置いた今川氏眞が、すでに兵を配置していたが、事前の信玄による調略によって、今川氏の家臣で寝返る者が出て今川軍は総崩

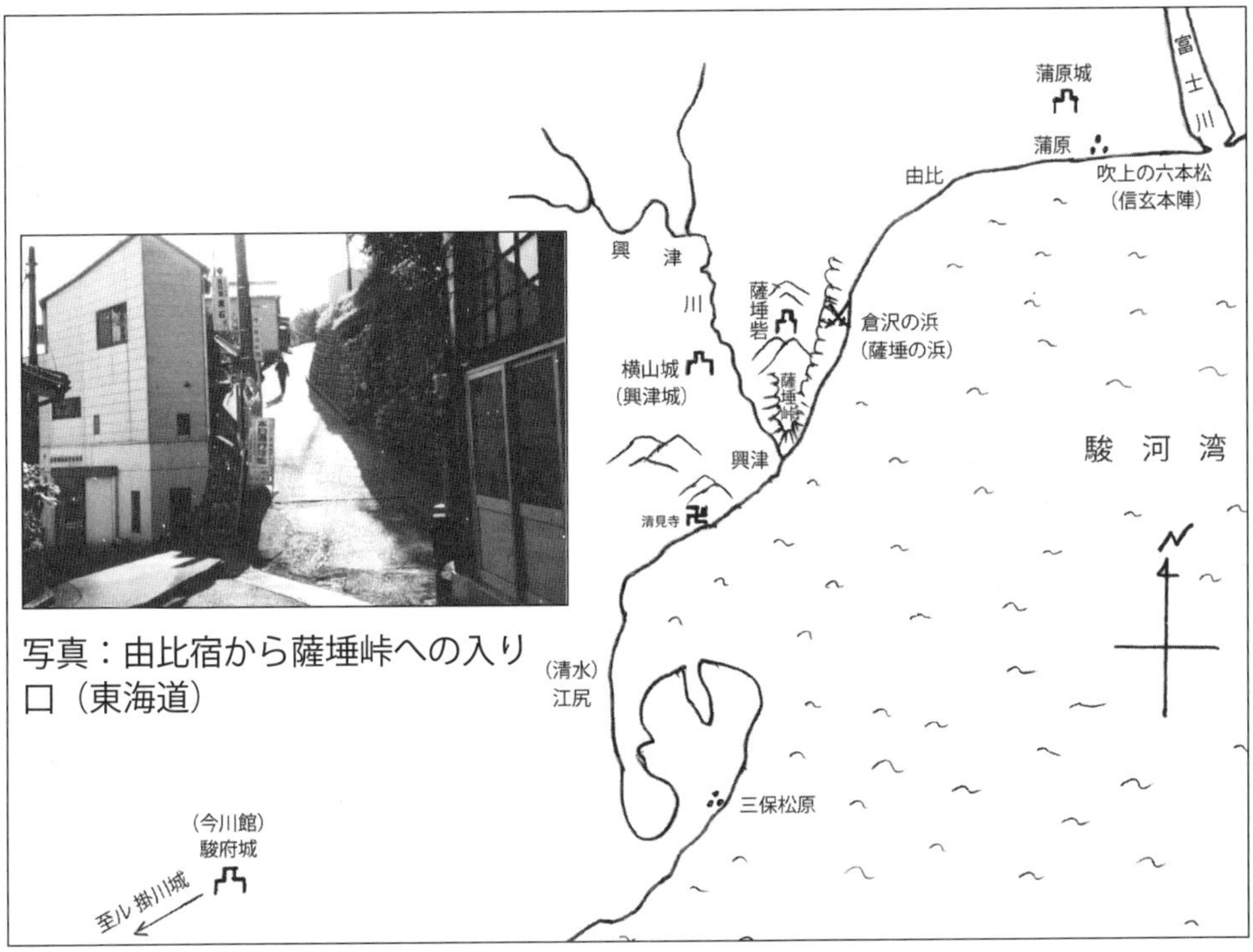

写真：由比宿から薩埵峠への入り口（東海道）

図：薩埵峠とその周辺

れとなった。この時武田軍は蒲原城を攻め落とすことなく、苦もなく府中に攻め入って駿府城を落とした。今川氏眞は府中から逃亡し掛川城に逃げのびた。信玄が駿河に侵入した永禄十一年十二月十二日、まさに同じ日、家康も西方から遠江へ侵入している。

永禄十二年一月、今川氏の同盟者である北条氏は、救援のため駿河に進軍し、それまで守備していた今川氏の蒲原在城衆に加えて加勢衆を入れ、**薩埵山（薩埵峠）**に陣を張っていた。それに対して信玄は興津河原まで進み、北条軍と対峙した。永禄十二年一月十八日から四月二十四日まで続いた。武田軍は興津川以東を押さえられ、兵糧も尽きかけて四月二十四日に興津川の右岸（西岸）に築いた興津城（横山城）と久能城に押さえの兵をおいて、甲府へ帰国した。結果的には、前年の十二月十三日に駿府から今川氏真を追いやって占領したにもかかわらず、駿府からも撤退している。

② **第二回の武田氏の駿河侵攻**は永禄十二年六月末から行なわれた。先の第一回の侵攻から二カ月ほどしか経っていない。北条氏の影響が強い駿河國駿東郡に侵入した。あちこちに放火し、富士郡へ侵入し、大宮城を攻め七月三日に開城させた。

③　信玄関東出陣、小田原城を包囲し、帰途三増峠の戦い。

第二次駿河侵攻の余韻がまだ収まらない八月二十四日に、武田信玄は甲府を出陣し、信州佐久郡を通過し、碓氷峠を越えて、上野國・武蔵國・相模國へと北条氏の内ぶところへ侵入するという挙に出た。上野國との境にある**御嶽城**（芦田下野守信守が守っていた城であったが、信守が信玄の駿河侵攻に従軍している隙に、北条方に奪われていた）を攻め、さらに進んで**鉢形城**に北条氏邦を攻め、滝山城に北条氏照を攻め、十月一日から四日まで北条氏の本拠**小田原城**を包囲している。しかし、成果のないままに平塚から相模川沿いに北上し、**三増峠**を越えて甲斐へ帰還しようと兵を進めた。鉢形城主の北条氏邦と滝山城主の北条氏照は、三増峠で待ち伏せして、信玄の後を追って迫る北条氏康・氏政の北条本隊と挟撃して武田軍を討とうとしていた。十月六日のことである。しかし、本隊が到着する前に信玄は巧みな戦略で北条軍に勝利し、甲斐に帰還を果たした。この時の信玄の作戦は、三増峠越えの信玄本隊と、その西方脇の志田峠越えの山県昌景率いる別働隊とに分けたことである。しかも、巧みに北条軍を三増峠から南方の平地におびき出している。あたりは現在広大な畑地となっている。武田と北条両軍が戦闘を開始したところへ、先に甲斐へ向かったはずの別働隊が志田峠を素早く引き返し、側面から北条軍に攻撃を仕掛けたのである。三増峠合戦絵図によると、芦田下野守信守の芦田隊は山県昌景を筆頭とする別働隊の中にいることが分かる。図中「タ田」とあるが「ヨ田」、つまり依田が正しい。父とともに**信蕃**も戦闘に参加しているはずである。時に信蕃が数えで二十二歳の時である。

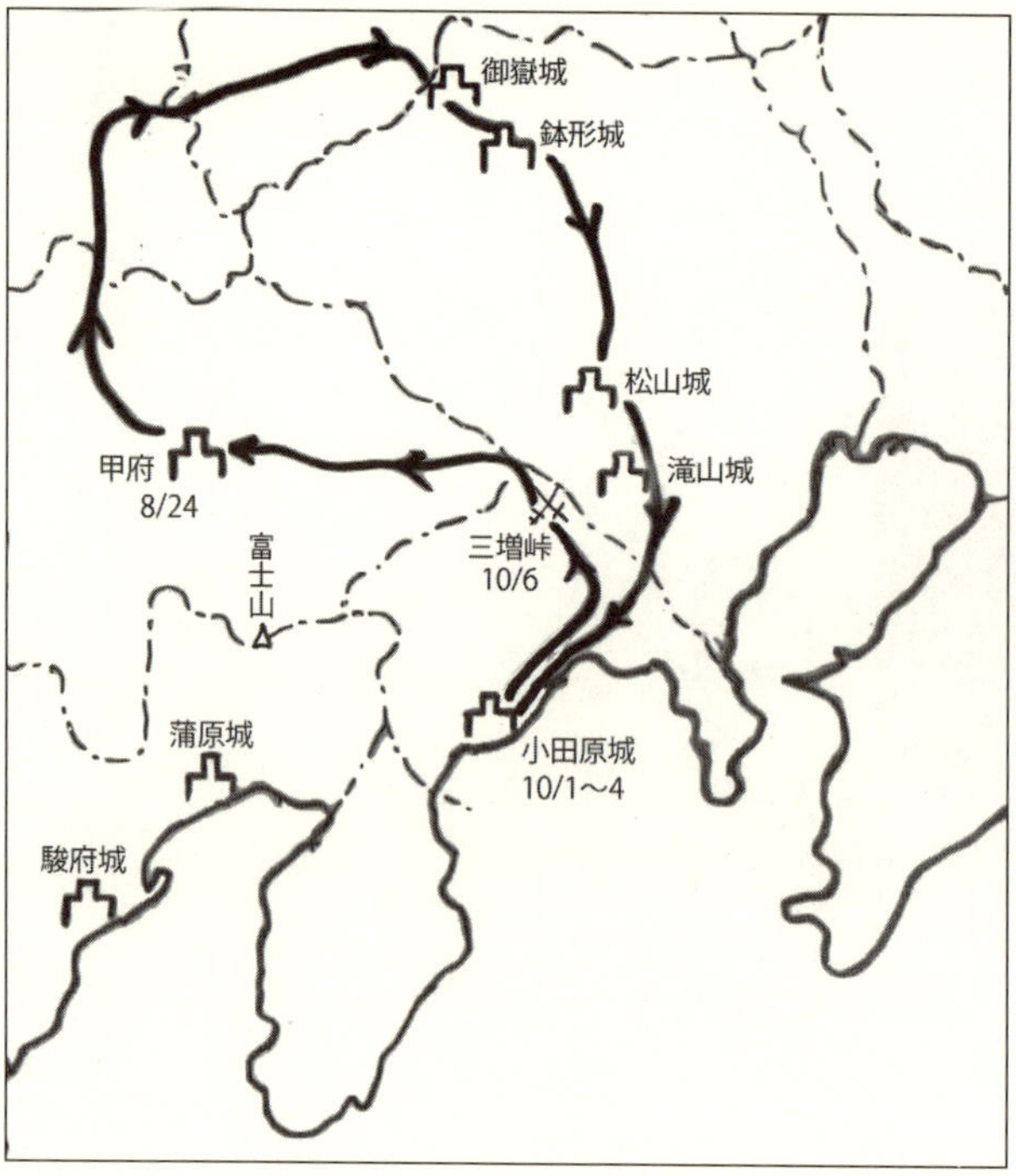

図：信玄の関東出陣、小田原城包囲、三増峠の戦い
永禄 12 年 8 月下旬～ 10 月上旬

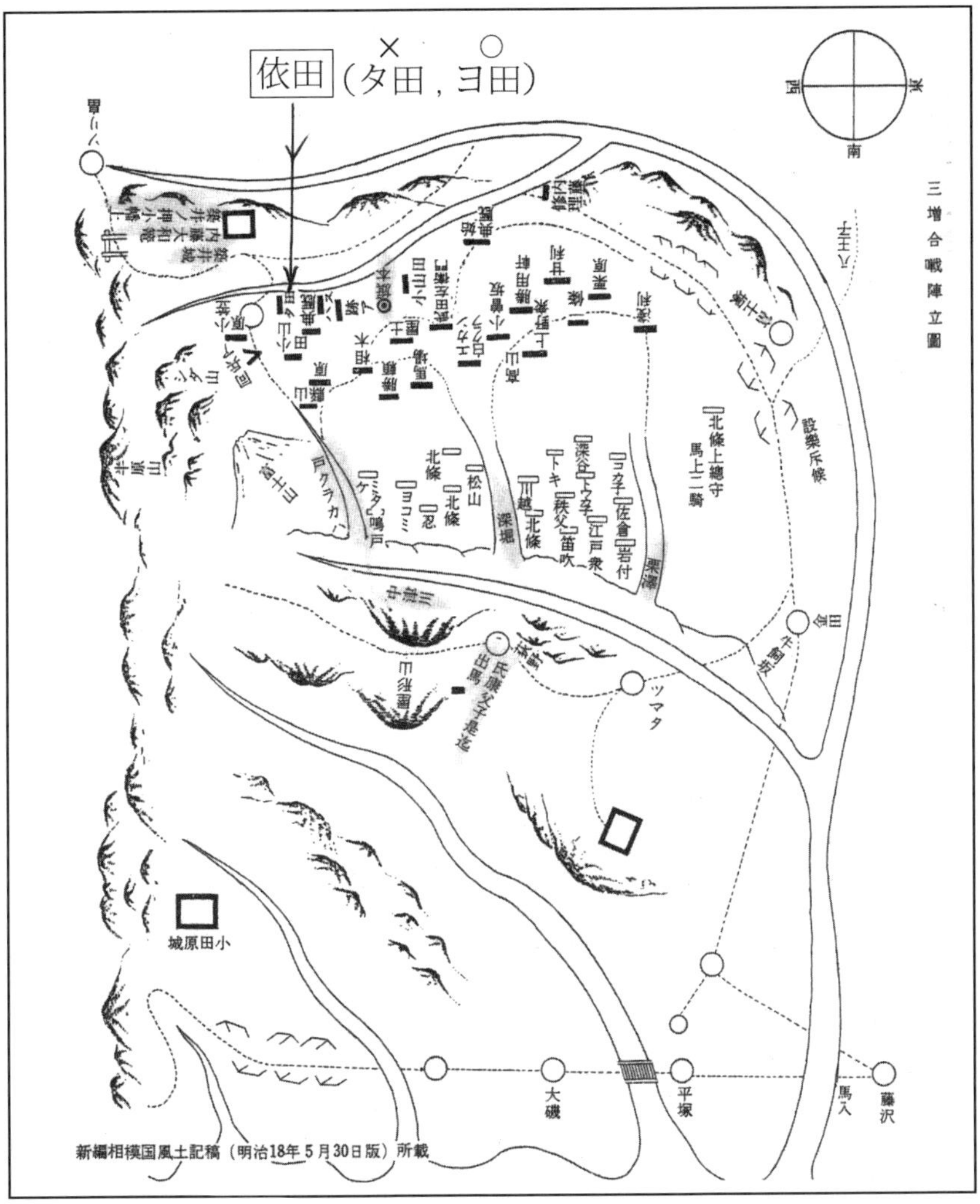

図：三増峠合戦陣立図
『愛川町郷土誌』（愛川町教委）p.171より。「夕田」とは「ヨ田」（依田）である。「武田三代軍記」（『甲斐志料集成』所収）の絵図では、芦田下野守と記されている。

④ **第三回の武田氏の駿河侵攻**は永禄十二年十一月である。薩埵峠を押さえるべく、峠の北方の尾根上の**薩埵砦**を攻め取っている。これは第二次薩埵砦の戦いともいえる。そして、いよいよ**蒲原城攻略**に取りかかった。北条氏にとっては蒲原城は武田軍に対する最前線であり、緊張高まる富士郡を治めるための拠点でもあった。主将として北条新三郎氏信が入り、蒲原城本曲輪の後ろに善福寺曲輪を増築し塀も増加し、防備を強めた。蒲原城は静岡県庵原郡蒲原町（現静岡市清水区）蒲原字城山にある。蒲原町の北側背後に屹立する山に築城された中世の山城で、蒲原町の南側に広がる狭い平野及び富士川を見渡すことができるところに立地している「後ろ堅固の構え」の山城であり、北方や東方からの動きを見張るのに最適の場所である。この時の蒲原城攻防戦の状況は、『甲陽軍鑑』『武田

三代記』『北条五代記』などに詳しい。それらから概略をまとめてみる――。永禄十二年（一五六九）十二月四日、武田信玄は岩淵の宿を焼いて蒲原城に押し寄せ、蒲原城の東南「吹上の松」に本陣を据えた。信玄は城明け渡しを勧告した（「問落の計」）が、城主北条新三郎氏信が応じなかったため、五日夜半に軍を撤し、六日未明に計を策し、**小山田備中**を先

写真：三増峠合戦場

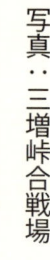

写真：三増峠から眺める古戦場（中央平地）

陣の主将として、五〇〇余人の軍勢が浜須賀を西方の駿河府中方面へ向かって進軍する動きを見せた。「信玄公の先衆、十二月五日の夜中に打立、六日の朝は由井・くら沢迄とをる、暫間有て、小山田備中ばかり、残り旗本の少シ先をいたす、」――信玄公の先衆（この中に信濃先方衆である**依田信守・信蕃**父子もいた可能性が大きい）は永禄十二年（一五六九）十二月五日に西方の駿河府中方面へ向かった素振りで動きだし、六日の朝は**由比・倉沢**にさしかかった。小山田備中守だけは、おとりとなって先衆に少し遅れて、信玄本陣の少し先を進軍する風情を見せた。そこへ、先陣の小山田と武田信玄の旗本隊との分断を図って、北条新三郎氏信が蒲原城から押し出してきたのである。北条新三郎は信玄の陽動作戦（おびき出し作戦）にひっかかったことになる。後年の三方ケ原の戦いで、家康を浜松城からおびき出した作戦と似ている。――「小山田備中と北条新三郎とせりあひ有、其時四郎勝頼公、さいはいを取って、道場山より乗り給ふ、其外うしろ備え、脇備をもって、城をのっとる、是を見て、北条新三郎城へあがる、小山田備中衆、北条衆を追掛、悉ク頚をとる」――小山田備中隊へ北条新三郎隊がつっ突っ込んだ。この場所は、蒲原城の南城下から由比・倉沢にかけての浜辺であった。『依田記』にある**「下野父子之先手薩埵の浜にて父子共尽粉骨候**

故」とあるのは、この時のことであろう。――先衆と北条新三郎とが戦っている時に、武田勝頼隊が北東にある道場山から蒲原城へ攻め上った。そのほかに信玄の後備えや脇備えが加わった。その時城内に武田への内応者がいて、四郎勝頼の兵を搦め手から引き入れた。勝頼隊は善徳寺曲輪へまず乗り

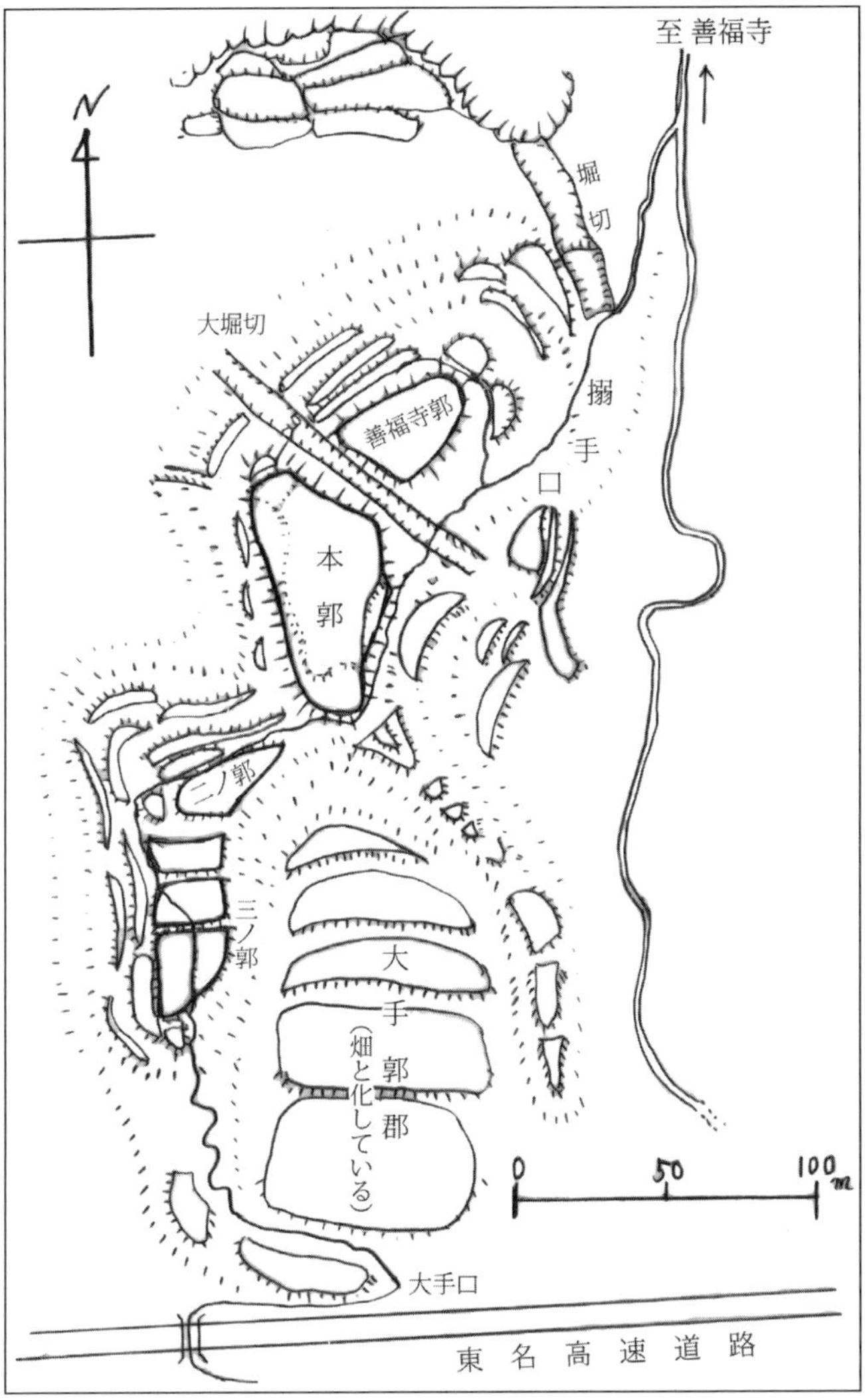

図：蒲原城「日本城郭体系」第9巻（静岡編）を参考にし現地調査して作成
（調査）平成15年12月・市村

西方先頭から馬場・内藤・山県・原・真田・跡部の名

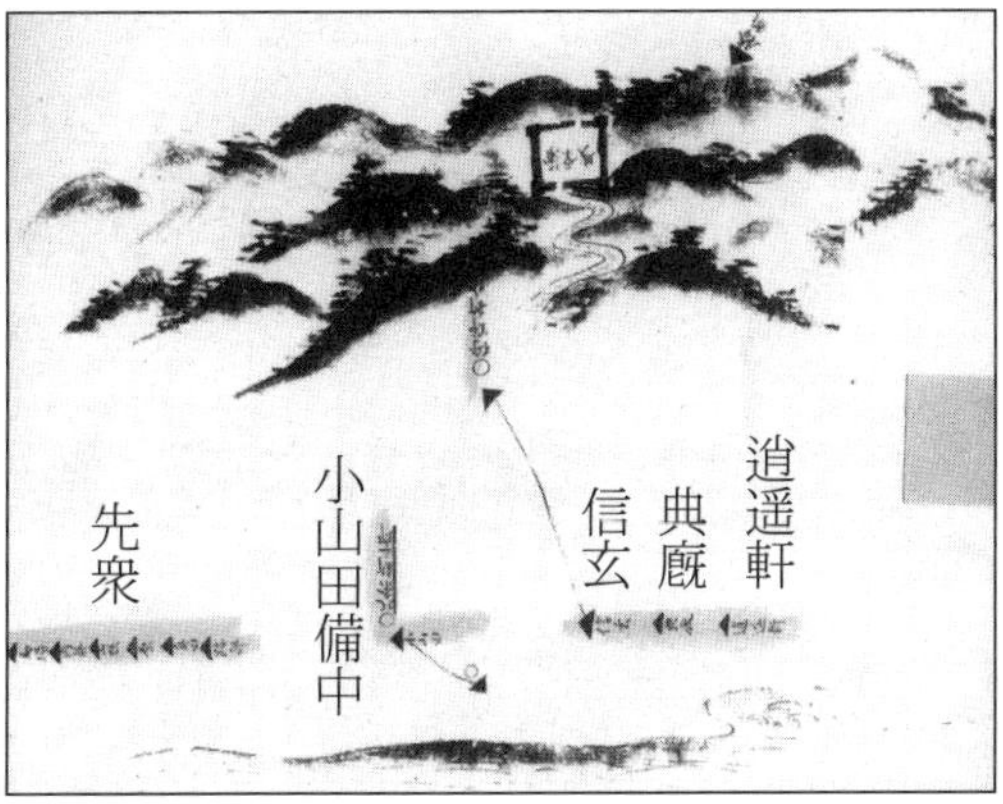

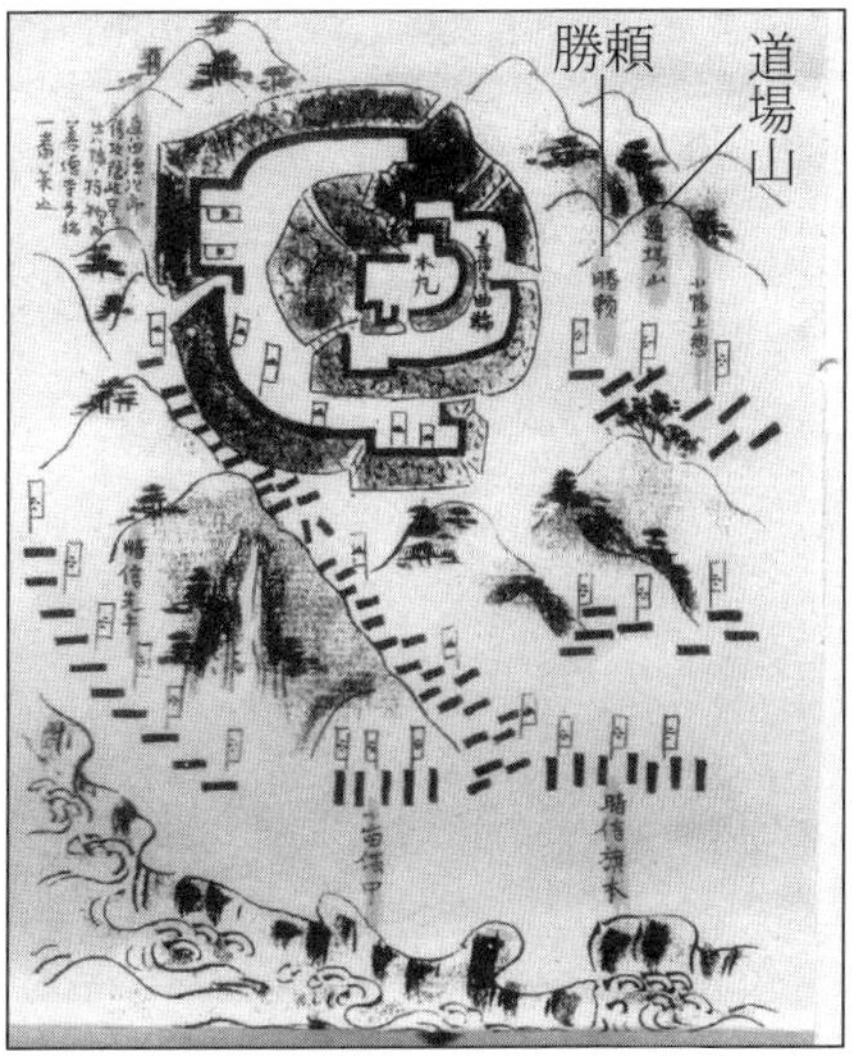

図：古戦場図
「蒲原城総合調査報告書」（2007年、静岡市教育委員会 pp.84-86 より）

入れ、やがて本丸へ乱入し、城を乗っ取った。北条新三郎は城へ上がろうとしたが、壊滅した。「上下合テ七百十一の頸帳をもつて、吹上の六本松にをいて、かち時を執行給ふ也」武田方は蒲原城の東南東にある信玄の本陣のあった「吹上の六本松」において勝鬨の儀式を行なった。信玄の本陣跡「吹上の六本松」は現在蒲原中学校の校庭の西一隅にある。北条新三郎は城下の常楽寺まで逃れてきて、そこで火を放ち切腹したという里伝がある。常楽寺跡の丘は現在の静岡市清水区蒲原諏訪町字常楽寺である。そこに「常楽寺殿衝天良月大居士」という新三郎の墓がある。蒲原落城から六日後の十二月十日には北条氏の最前線の拠点である薩埵砦も自落した。そして十三日には武田氏による府中再占領がなされた。そして蒲原城は逆に武田氏の北条氏に対する最前線拠点としての位置付けられる城となった。

《駿州蒲原城攻図から》

『蒲原城総合調査報告書』（二〇〇七年、静岡市教育委員会 pp.84-86）を見ると、武田軍による蒲原城攻めの布陣の様子が六種類掲載されている。それぞれ所収されている原本が違うことによる。少しずつ異なった表現になっているが、城の南方大手筋には北条氏の「三鱗（ミツウロコ）」の旗印が並び、さらにその南の浜辺に沿って武田氏の「武田菱」の旗印が東から西へ列をなしている。武田のそれをよくみると、全体が西に向かっている様子が分かる。一番の西の方から「武田先衆（晴信先手）」「小山田備中」「信玄旗本（晴信旗本）」の順に布陣し、北東の道場山方面には勝頼・小幡上総が布陣している。その内の『信玄公合戦伝図』所収「駿州蒲原城攻め」（東北大学狩野文庫所蔵）では武田軍の陣容に関してはさらに詳しく、信玄の旗本（本陣）の後方（東側）には典厩・しょう遥軒の陣が控え、信玄よりも西方（蒲原城の南方）には少し間を開けて小山田備中隊が描かれ、間を置いて先頭（西側）から馬場・内藤・山県・原・真田・跡部の名が記されている。信州に本拠をおく武将では、真田氏の名があるが芦田氏は載っていない。しかし、蒲原城攻略に参陣していない真田氏が載っていて、芦田氏が漏れている。——蒲原城を攻略したことを信玄が当時の真田氏当主の一徳斎幸隆・源太左衛門信綱父子に報じた信玄書状がある。真田氏の本隊が蒲原城攻略に参陣していなかった証拠である。真田氏では四男の真田信尹（のぶただ）が参陣していた逸話はあるが、先方衆の一隊を形成することができるような軍勢は率いてはいなかったはずである。また、後に当主となる三男の昌幸はこの時点では武藤氏を継いでいるが、参陣していたか否かは定かではない。真田氏は後に徳川

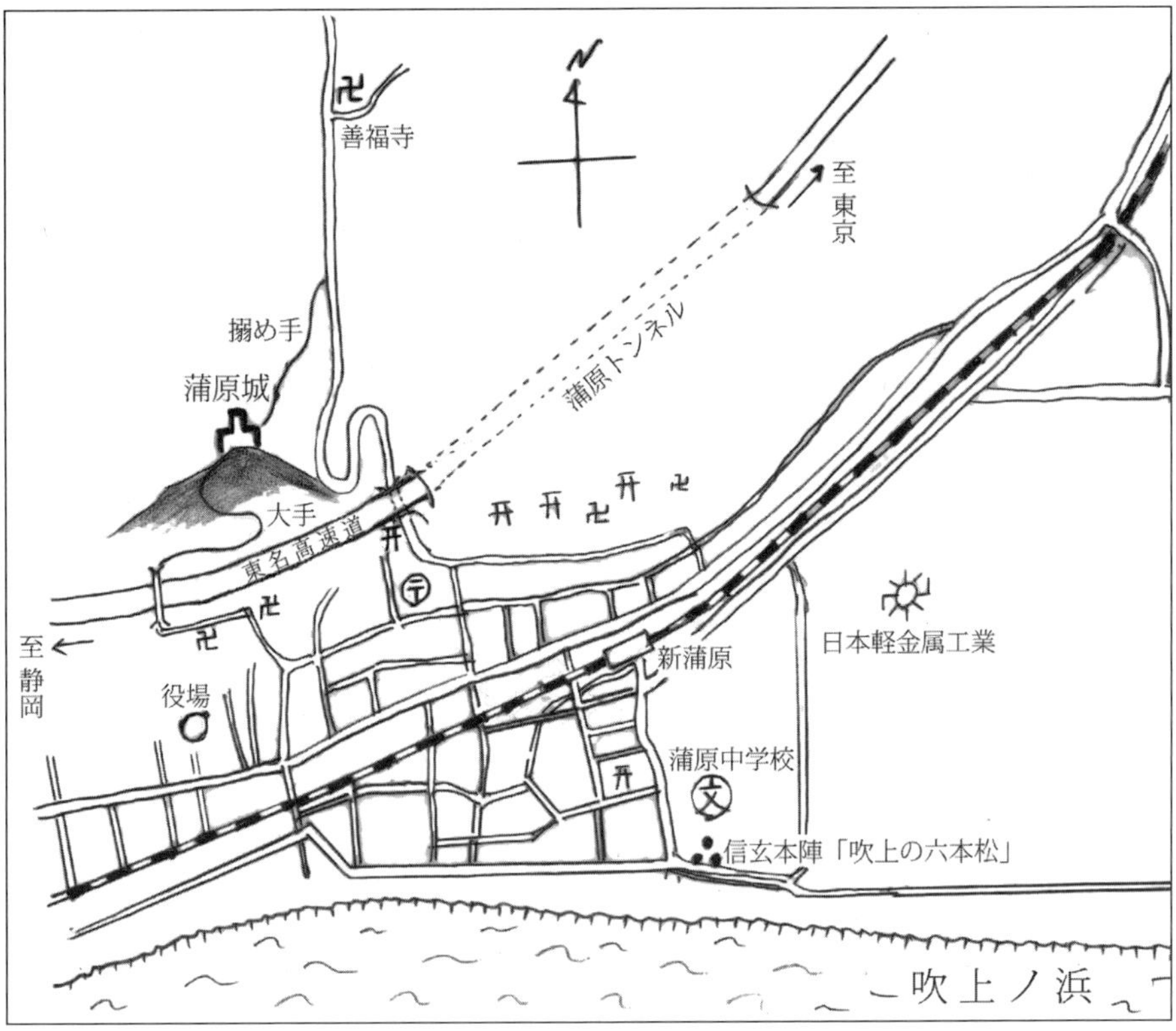

図：北条新三郎の守備した蒲原城と武田信玄の本陣「吹上の六本松」

幕府内で十万石の大名として幕末に至っていることから、江戸時代の文書や史書では実際以上に取り上げられているが、これはその典型的な例である。一方、芦田氏は関東移封後しばらくまでは大身であったが、幕府の大名としては残ることはできなかった。この蒲原城攻略の時点を含めて、少なくとも信蕃の次男芦田依田松平康眞が慶長五年（一六〇〇）に藤岡藩を改易されるまでは、真田氏に勝るとも劣らなかった事実があるが、そのことは後世あまり語られてはいない。

《蒲原城攻略戦での芦田隊》

では、この蒲原城攻略戦で芦田信守隊はどこにいたのであろうか。文書から探ってみると――「下野父子之者、先年さつたの濱にて、父子共に粉骨を竭候故駿州退治のよし」（蘆田記）、「下野父子之先手薩埵の浜にて父子共尽粉骨候故」（依田記）、「父子先隊して兵を駿府にすすめ、今川氏眞が兵と薩埵の濱にたたかひこれを敗る」（寛政重修諸家譜）――いずれも「**薩埵の浜**」とあり「**薩埵峠**」とはない。では、「薩埵の浜」での戦いとは？　これこそ永禄十二年の蒲原城攻略の際に、先軍として由比・倉沢付近の浜で戦ったことに相当すると思われる。薩埵の浜とは、薩埵峠のすぐ南東下の浜、つまり西倉沢辺りの浜であろう。依田軍は先手として、西倉沢

写真：善福寺郭の土塁

写真：蒲原城本郭跡

写真：西方に薩埵峠を望む

写真：蒲原城から望む薩埵の浜遠景

まで西進した部隊の中にいたのである。さらに細かく推量すると、依田信蕃の妻は跡部大炊介の娘である（『寛政重修諸家譜』参照）ので、跡部の与力として跡部隊の中に参陣している可能性もある。ここで依田信守・信蕃父子の率いる依田軍は奮戦したことになる。西倉沢のすぐ先の海岸を西へ回れば、興津の浜へ到達し、さらにその先には駿河府中がある。

《芦田信守・信蕃父子の蒲原城の守備》

蒲原城を攻略すると、信玄は即日、重臣山県三郎兵衛尉を入れた。翌永禄十三年（一五七〇）五月、山県三郎兵衛は庵原郡を領して江尻城主となり、清庵地方で武田臣下になった地侍を集めて蒲原衆を編成して、蒲原城の守備にあたらせた。蒲原城には常時、防衛維持管理のための城番がおかれたのである。信守・信蕃父子が蒲原城にいたのは、この時のことであろうか。単なる番勢の一旗頭としてなのか、城将（守備大将）としてなのかは不明であるが、いずれにせよ、信守・信蕃父子が蒲原城に在番した期間があると推定される。武田信玄は元亀二年（一五七一）まで武田軍は駿河に六回侵攻し、ついに駿河全域を手中に収めているが、依田信守・信蕃父子ともに終始参陣していることから、蒲原城に在城した期間はそう長くはなかったであろう。依田信守・信蕃父子の蒲原在城についてを述べている文書としては、『蘆田記』『依田記』『寛政重修諸家譜』のほかに、『駿河記』がある。

――「當城今川家時代の守衛を未詳。永禄の末北條氏康の持城となり、早雲孫、幻庵の子北條新三郎綱重土佐孕石文書には新三郎氏信とあり守将となり、在住、又武田領になりて、**芦田下野守**を守衛に被置と云……」。「當城」とは蒲原城のことである。「早雲孫、幻庵の子北條新三郎綱重」とは北條早雲の孫（幻庵の子）である北條新三郎綱重（氏信）のことである。そして、「武田領になりて、**芦田下野守**を守衛に被置と云」と述べている。『駿河記』は文政三年（一八二〇）に桑原藤泰によって刊行された書物である。したがって、『蘆田記』『依田記』『寛政重修諸家譜』などの先行する文書の記述を多分に参考にして、書いている可能性もあるが、信守・信蕃父子が蒲原城を守っていたと当時一般に認識されていた証左ともなる。また、――「祖父にて候依田下野守**信守**、同常陸介**信蕃**、かんはらに父子共に在城かと聞え申候」（蘆田記）、「其時祖父に候依田下野守**信守**・同常陸介**信蕃**、蒲原に父子共に在城かと聞こえ申し候。」（依田記）、「ときに**信守**男**信蕃**とともに、蒲原の城を守る。」（寛政重修諸家譜）――。以上のことからも、依田信守・信蕃父子は、武田信玄に従軍して駿河國へ侵攻し、蒲原城に在城したのである。主将としての城番（番手城主）であったか否かは別として、ともかく信守・信蕃父子が蒲原城に在城していた時期があったのである。では、それはいつのことであろうか。次に依田信守（芦田下野守）の名が登場するのは、三方原合戦の際に、美濃國岩村城攻略前後に関わっての岩村城南方の「上村の戦い」で、遠山景行（宗叔）を元亀三年（一五七二）十二月二八日に破った時のことである。したがって、依田信守・信蕃父子が蒲原城に在城したのは、武田氏が蒲原城を掌握した永禄十二年（一五六九）十二月から元亀三年（一五七二）十二月の三年間のうちのある時期であったと推定される。

《芦田信蕃の室（妻）考》

なお、信玄の駿河侵攻に従軍した頃の芦田信蕃は、数えで二十二歳から二十五歳であった。信蕃の嫡男竹福丸（後の松平康國）が誕生したのは、信蕃が数え二十三歳の時、永禄十三年（一五七〇）である。四月二十三日以降ならば元亀元年である。それから逆算すると、信蕃が室（妻）を迎えたのは数え二十二歳の時の永禄十二年（一五六九）頃である。まさに、信玄の駿河侵攻、関東北条への出兵を繰り返していた時である。

『寛政重修諸家譜』の信蕃の項によると、「室は跡部大炊助某が女」と記述されている。また、康國の項では「母は大炊助某が女」とある。跡部大炊助某とは武田氏の重臣跡部勝資のことであろうか。跡部大炊助勝資は武田勝頼の側近で、長坂長閑とともに、武田氏衰退の一因を作った人物としてのレッテルを貼られ、後世の評判は芳しくない。

一方、何人かの史家の説では、信蕃の室（つまり康國・康眞の母）は「加藤氏の女」であるとしている場合が多い。武田家中の加藤氏には信玄の武者奉行加藤駿河守信邦（昌頼）がいる。『甲陽軍鑑』では「信玄公へ弓矢の指南申すはこの人なり」とある。武田家最高の武者奉行であった。「加藤氏の女」とは、その娘である可能性が高い。また、信蕃の次男松平康眞は上州藤岡三万石改易領地没収の後、越前福井で、家康の次男松平秀康に召し抱えられて以降は、加藤四郎兵衛宗月を名乗っている。「加藤」が母方の姓である証拠にもなろう。

佐久の郷土史家市川武治氏は、その著書『もう一人の真田～依田右衛門佐信蕃』一一三ページで次のように述べている。

「家康は……〈中略〉（竹福丸に）自らのいみな康の一字を与え、松平姓を名乗らせたので、松平源十郎康國を称し、佐久郡五万石を領有でき、父信蕃が得た戦国大名の、実質的な座に着くことができた。若年のため家康は後見に大久保七郎右衛門忠世を付している。……〈中略〉先妻加藤氏の子とはいえ甥であり、織田方の人質解放以来忠世の下で育まれた康國にとっては、大久保七郎右衛門は父同様であったに違いない。」

市川武治氏は、信蕃の嫡男である康國のことを「先妻加藤氏の子」と表現している（↑〇）。また「（大久保忠世の）甥」（↑×）であると述べている。――なるほど、後年忠世の息子大久保忠隣の女が康國に嫁ぎ、康國の死後は弟の康眞の妻となっているという事実（『家忠日記』）があるので、正しくは、「康國は大久保忠世の孫娘の婿」ということになる。

北佐久郡立科町茂田井の土屋武司家に伝わる家譜では、「先祖土屋右京左衛門茂直は、武田信玄の側近土屋惣蔵の兄弟で、芦田信蕃の義父であり、康國・康眞は孫にあたる」という。また、「信蕃の室（妻）は加藤氏の女」であり「その加藤氏の女が土屋氏と関係がある」ということである。これは「土屋茂直の娘が加藤氏に嫁ぎ、女子をもうけたが、その女子が信蕃の妻となった」と土屋武司氏からご教示いただいた。つまり、茂直は信蕃の妻の祖父、康國・康眞の曽祖父ということになる。

芦田氏宗家当主である芦田光正氏にご教示いただいた「信蕃の室（妻）」は、二人存在する。その戒名は左記のようである。

天正八年辰年二月八日
慶泉院殿良筠大姉　光徳寺に葬る　←Ⓐ
天正十四年七月十三日
超嶽院殿永宗大姉　跡部大炊介女　←Ⓑ

天正八年没のⒶ「良筠大姉」は信蕃の戒名「蕃松院殿節叟良筠大居士」の「良筠」と同じであることから、二人のうち、より信蕃とのつながりが深いことが分かるので、この人が正室であると推定される。すると、この人の出身が加藤氏である可能性がある。「良筠大姉」が没した天正八年二月は、信蕃が駿河田中城の主将として、徳川と戦っていた時分のことである。亡くなった所も芦田氏の本拠佐久郡春日郷なのか、信蕃が奮闘している田中城なのか、それとも甲府の芦田屋敷なのかは、不明である。一方、Ⓑ「永宗大姉」は「跡部大炊介女」と説明されている。『寛政重修諸家譜』ではこの人を信蕃の室とし、また康國の母であると記述していることになる。その没年の天正十四年（一五八六）七月は、信蕃の嫡子康國が小諸城主松平康國として、佐久の経営が本格化し、「信州佐久郡之内貫之御帳（佐久郡貫高帳）」を家康に提出した年である。

戦国時代のことであるから、芦田信蕃の室（妻）は、二人いても不思議ではない。加藤氏、跡部氏、土屋氏の女（むすめ）とこの二人の関係をも含めて、信蕃の室については不明のことが多いが以上の考察を整理すると左記のようになる。

図：芦田氏・土屋氏・加藤氏・大久保氏・跡部氏の関係

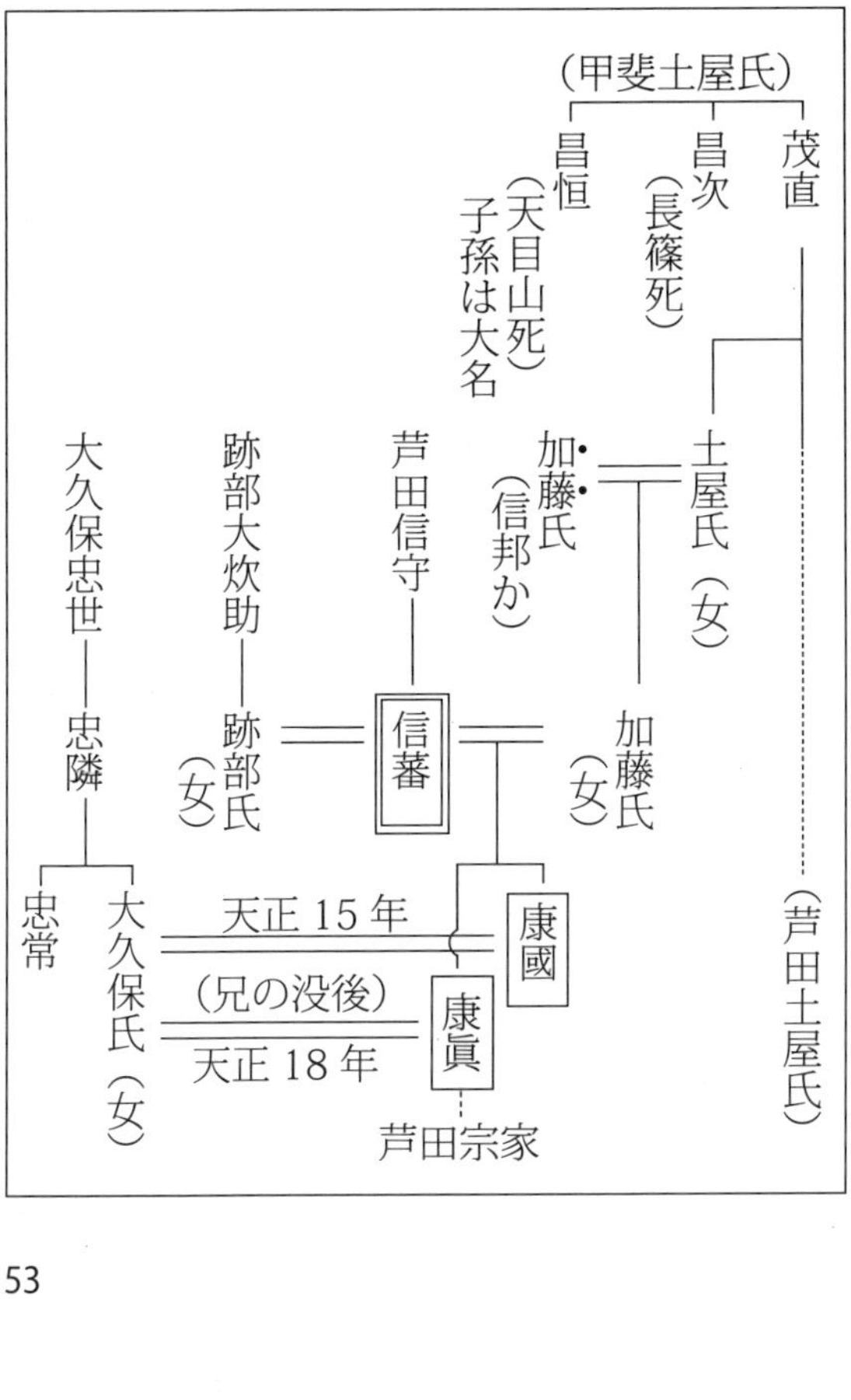

④三方ケ原の戦い・美濃上村の戦い

一、

その後、信玄公、信長退治の為、元亀三年壬申年打て御上り候時、先ず**味方ケ原にて合戦**御座候、その時分**常陸介**は、證人に**信玄公旗本**に居申され候、これ廿五の年にてこれあるべく候。信玄公は東海道、これ大手備えと聞こえ申し候。搦手は我等祖父**下野守信守**、**美濃口**を打て上り申され候。美濃のうち**上村**と申す所において、祖父**下野守信守**合戦致され、打勝ちて敵の大将**明智宗叔**を討ち取り申され候。宗叔人数五千にて御座候、信守七百の人数にて勝利を得候旨、信玄公への注進の飛脚、大手口に於て味方ケ原信玄公、軍に御勝候よし、左右の飛脚と、両方途中にて逢い申し候。大手・搦手ともに同時分の合戦、日も三日とも違い申さず候かと聞こえ申し候。

〈**要旨**〉

・その後、信玄は、信長を討伐するため、元龜三壬申年（一五七二）上洛しようとした時、先ず、**味方ケ原にて合戦**があった。その時、**常陸介**は、人質として（今回の遠征で芦田下野守信守が必ず武田に忠誠を尽くすという意味の証人として）、**信玄の旗本**の軍勢の属していた。これは信蕃が二十五歳の時である。信玄公は東海道を進軍したが、これは大手備（大手の軍）である。

・搦手は、私（康眞）の祖父**下野守信守**が、**美濃口**へ進軍した。美濃のうち**上村**（かんむら）という所において、祖父**下野守信守**は合戦し、打勝って敵の大将**明智宗叔**を討ち取った。宗叔の人数五千であった。信守は七百の人数にて勝利した。

・その旨を信玄へ注進する飛脚（伝令）が、大手口の味方ケ原の戦いで信玄が勝利したことを伝える飛脚と、両者が途中にて行き合った。大手・搦手ともに同時分の合戦で、日も三日とは違わなかったとか聞いております。

《**三方ケ原の戦い**》

上洛を決意した信玄は元亀三年（一五七二）、軍を三隊に分け、遠江・東三河・東美濃へ侵攻した。まず、九月二十九日に山県昌景を先発隊として出発させた。十月三日に信玄は本隊を率いて甲斐を出陣し、信州伊那を南下し、青崩峠及び兵越峠を越えて遠江に侵入している。遠州では、内応した犬居城主の天野景貫を案内役（嚮導）としている。只来城・天

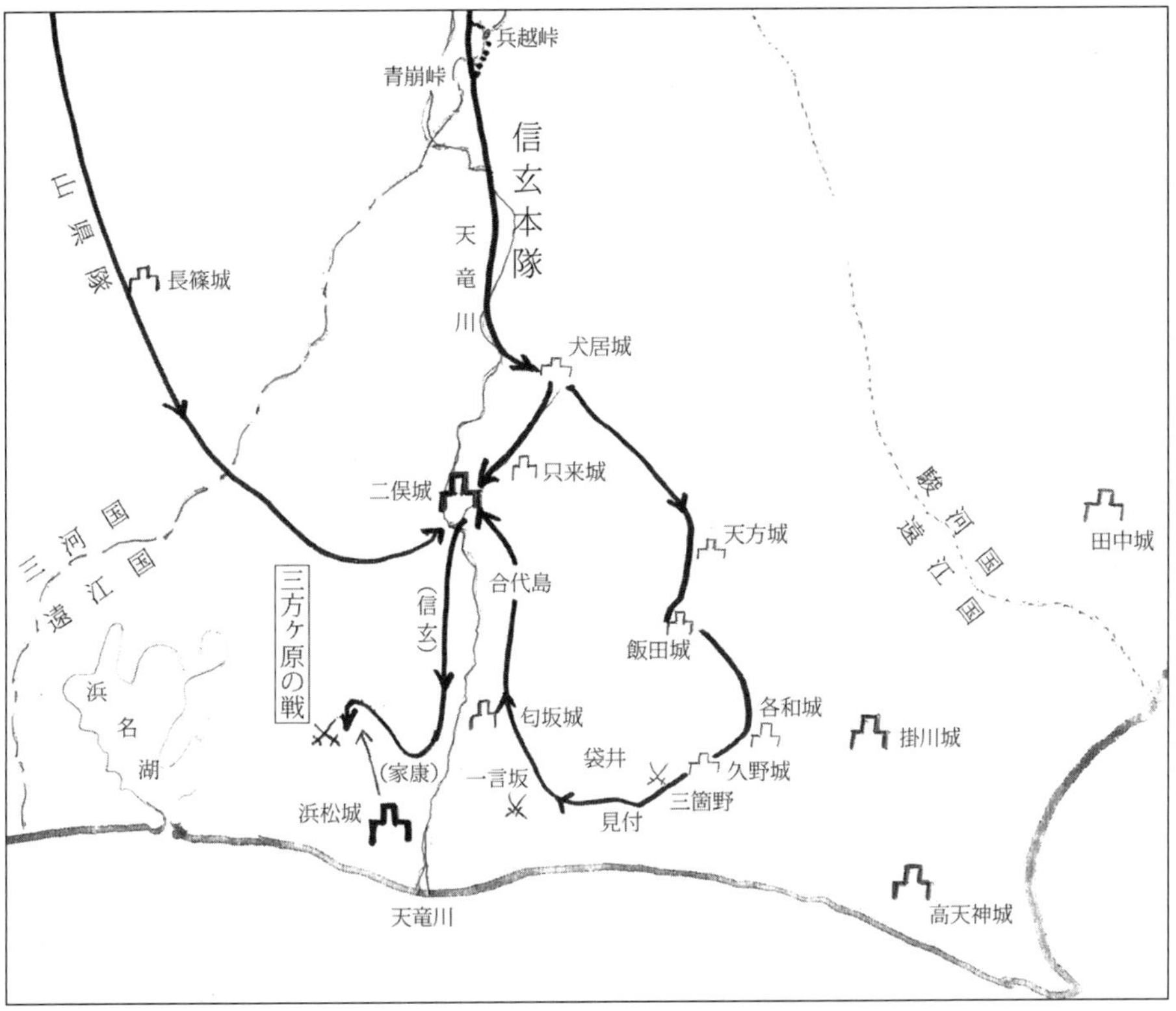

図：信玄の遠江国侵入　三方ケ原の戦い

方城・飯田城・各和城を攻略し、久野城を攻め、袋井方面へ侵入した。浜松城と高天神城・掛川城とを分断するための作戦であったといわれている。さらに見附へと兵を進めた。三箇野川辺りで信玄軍と家康軍との間で最初の衝突があった（三箇野川の戦い）。そして、西走する徳川軍を追って磐田原台地の西、天龍川の東岸まで迫った。この時、退却する徳川軍の殿（しんがり）を本多忠勝が見事に果たした戦いぶりはよく知られている（一言坂（ひとことざか）の戦い）。その後、武田軍は深追いはせずに、天龍川の東岸を北上する進路をとった。浜松城・二俣城・高天神城・掛川城を分断する位置にある勾坂（かぎさか）城を陥して、穴山梅雪を据え置いた。そして、合代島（ごうだいじま）に陣を置き、勝頼を大将として二俣城攻略にとりかかった。二俣城は浜松城の支城にすぎなかったが、そのまま残して置いた場合、浜松城を攻める時に、徳川方の後詰めの城となる危険性があったことによる。また、味方の城としておけば、浜松城に睨みをきかせられる位置にあったからであろう。二俣城は規模はそんなに大きくはないが、地形的に要害堅固な地に築かれていた。およそ二カ月もかかり十二月十九日に降伏開城させた。信玄は早速、城を修築し、城番として**芦田依田下野守信守・信蕃**父子を置いたとしている史書がかなりある。信守・信蕃父子が二俣城攻略後すぐに城番になったとする説は首肯しがたい。このことについては後述したい。

信玄は二俣城からさらに南下し、浜松城方面へ向かって十二月二十二日に**三方ケ原の戦い**で家康軍を破った。（新暦に直すと翌年の二月五日頃ということになる）。『芦田記』（依田記）によると、その時数えで二十五歳であった**依田信蕃**は、父である**蘆田（依田）下野守信守**の武田への忠誠の証（あかし）の證人（証人）として信玄の旗本軍にいた。信玄の本隊は、これを大手備えと称した。武田軍は二俣城攻略後南下し、家康の本拠浜松城の直前で、家康を無視するかのように、進路を突然西へ向けて進んだ。城からおびき出された家康軍と三方ケ原で合戦し、短時間の間に家康軍を撃破した。――これは、三年前の永禄十二年（一五六九）十二月の蒲原城攻めの戦いの時に似た作戦である。蒲原城攻城戦では、信玄は蒲原城の東南東の「吹上の六本松」を本陣としていたが、小山田備中守を主将とする先方隊を、西方の駿府方面へ向かって薩埵の浜を進軍させた。それを見た城将の北条新三郎氏信は先方隊と信玄の本隊との分断を図って、城から出て先方隊の後尾に打って出た。ところが、それは信玄による城将のおびき出し作戦であり、それにまんまと乗せられた北条軍は、城外で大破され、その隙に蒲原城も落とされてしまった。その時と今回は状況は異なるが、信玄による敵軍おびき出し作戦ということでは同じである。

写真：浜松城

《三方ケ原の戦いの概略》

十二月二十二日、二俣城を出発した武田軍は秋葉街道を浜松城方面へ南下し始めた。ところが途中で進路を急に西に向け、欠下から坂を上り、三方ケ原の台地に出て、そのまま西に進んで追分に至り、姫街道を北進し、祝田に向かい始めた。この時、家康は信玄が浜松城を攻撃してこないことを察した。信玄のねらいが浜松城ではなくさらに西進して三河へ方面へ進軍するものとったのである。これでは籠城作戦で待ち構えていた家康にとって誤算というばかりでなく、自分の庭をそのまま西へ進まれてはプライドが許さない。やがて三方ケ原を西へ下り始める武田軍をみた家康は、家臣の制止を振り切って、武田軍の後を追った。家康は若気の至りから、まんまと信玄の罠にかかって、籠城戦ではなく野戦におびき出される格好となった。多くの歴史書はそのように解説する。事実結果として家康は信玄の作戦にはまってしまったことになるのであるが、しかし、家康にとっては、このまま何もせず

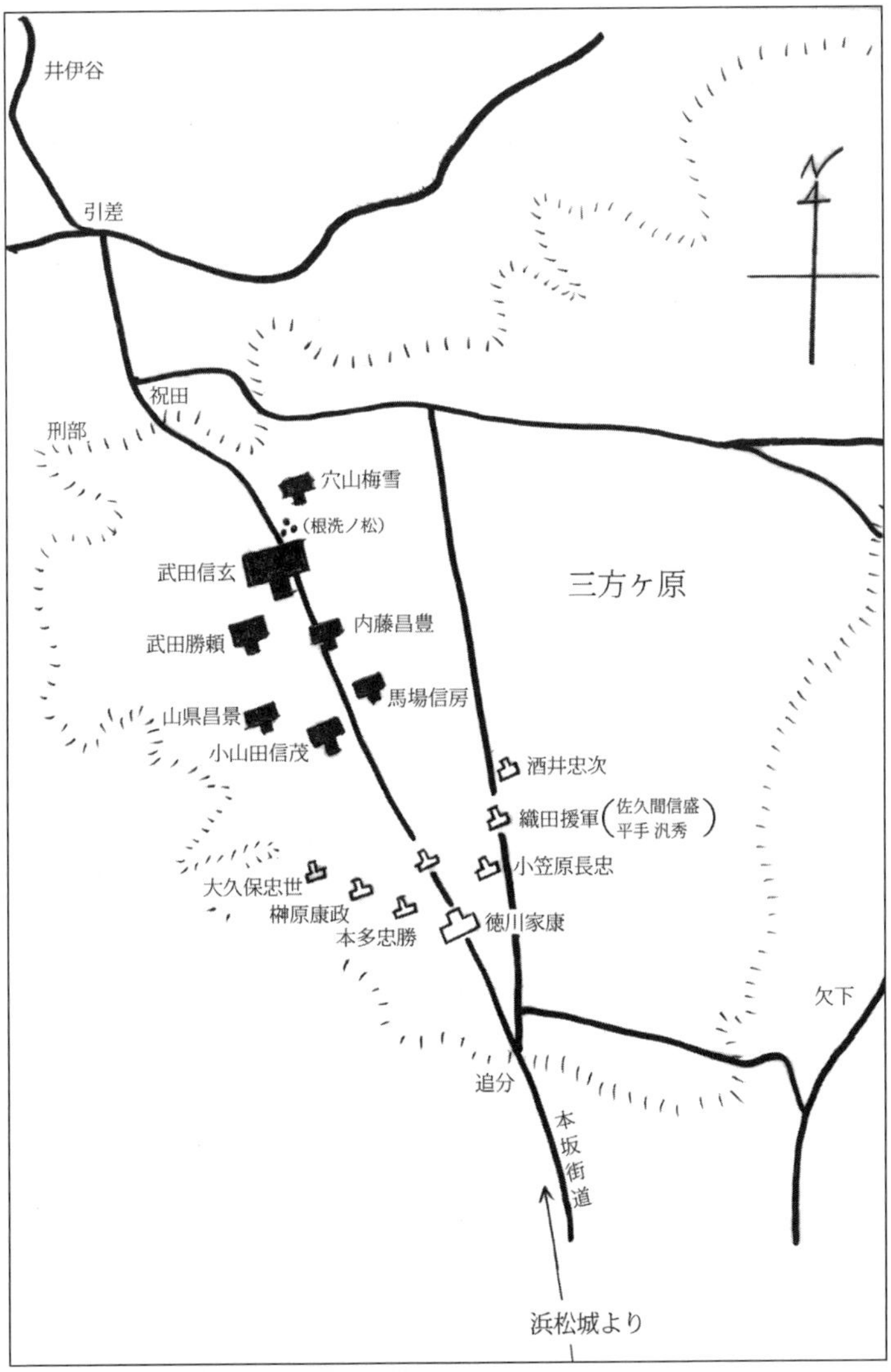

図：三方ケ原の戦い

写真：信玄の本陣「根洗」松

に直接信長の領地へ向かわれては信長に対して面目が立たないことになる。同盟者といっても実は力の差は歴然で、家康は信長の傘下であった。形勢不利と分かっていても、信長との関係から打って出ざるを得なかったものと思われる。また、信玄にこのまま蹂躙され続けていては、自分の指揮下にいる諸将の中に信玄側に降ってしまう者が出る可能性があると思った可能性もある。

家康が三方ケ原へ兵を進め追撃しようとすると、すでに信玄は祝田の坂を下る前に全軍の進軍を止めさせ、隊伍を整えて、家康を待ち構えていた。家康軍は八〇〇〇、信長からの援軍三〇〇〇を加えても一万一〇〇〇であった。一方信玄は二万五〇〇〇の軍勢であったといわれている。家康軍は鶴翼（かくよく）の陣立て、武田軍は魚鱗（ぎょりん）の陣立てであった。軍勢の少ない家康が鶴翼の陣を敷いたということが、そもそも無謀であったといわれているが、しかし、あながち、そうとばかりはいえない。軍勢が少ないことをさとられまいとして、大軍であるという錯覚を相手に起こさせる作戦であったのかもしれない。戦いの火蓋が切っておとされたのは、十二月二十二日の夕方であった。一時は持ちこたえたものの、多勢に無勢であった。戦闘は夜戦となり、武田軍が次第に圧倒していった。家康は、何度も危ない局面にあいながら、命からがら浜松城に

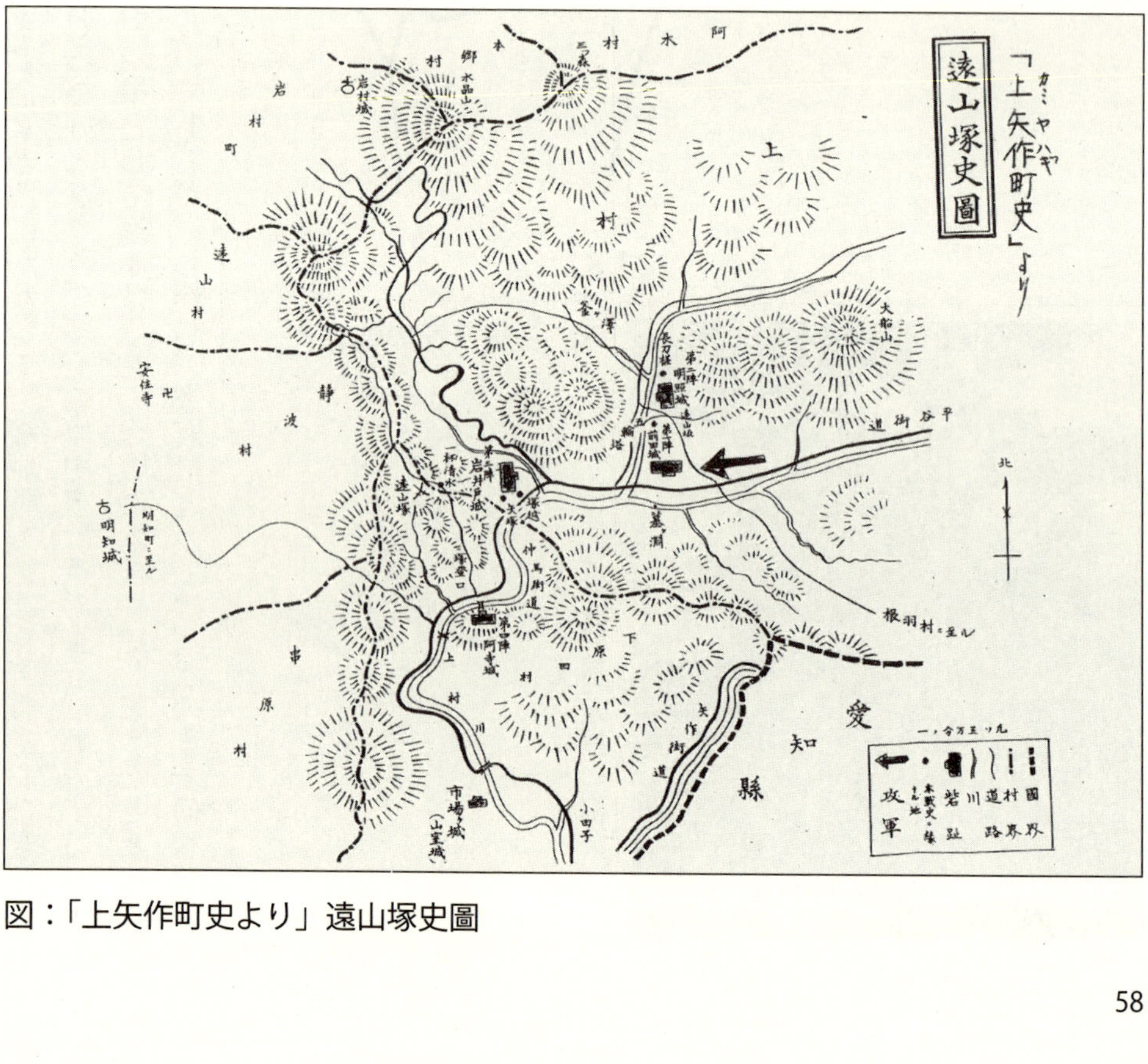

図：「上矢作町史より」遠山塚史圖

写真：芦田城本郭にある木ノ宮（木野宮）

逃げ帰った。この時のエピソードが、主として徳川方の史書に伺えるが、紙面の関係もあり、省略することとする。信玄は、そのまま浜松城へは攻め込まず、刑部で年を越し、三河に侵入し野田城攻めに取りかかっている。

以上が三方ケ原の戦いの概略である。現在の三方ケ原は開発され、宅地化が進んでいる。往時の面影はない。合戦があったとされるしるしとしては、姫街道を西進すると左手道路脇にある「三方ケ原古戦場」という石碑と、それからさらに少し進んだところにある、この戦いで信玄が本陣をおいた「根洗いの松」の跡に建つ石碑とその脇にある一本の大きな松の切り株だけである。「根洗」という名が示すように、松の切り株のすぐ側を今はさほど大きくはない川（用水といった方が現況をいいあてている）が流れている。

《上村合戦と岩村城攻略》

西上する信玄の二俣城攻略、三方ケ原の戦いと前後して、別動隊として十月末に**秋山伯耆守晴近（信友）**を総大将とする武田の搦め手軍二五〇〇余の岩村城攻撃隊が、信州下伊那から美濃へ侵入した。『蘆田記』（依田記）の記述に従えば、依田信守（蘆田下野守信守）は、一方の支隊長としてその軍勢の中にいたことになる。上村（かんむら）の戦いで織田方を破り、依田軍は大将明智城主遠山宗叔（景行）を討ち取った。岩村城は城主遠山景任はすでに病没していた。一説には戦死とも言われているが定かではない。上村は岐阜県上矢作町にある。遠山宗叔景行の最期の地は、木の実峠を越えれば岩村城という山の南急斜面で、現在そこに石碑（遠山塚）が建てられている。『蘆田記』（依田記）では「宗叔人数五千にて御座候、信守七百の人数にて勝利を得候」とあるが、信守は秋山伯耆守晴近の率いる武田軍の中の一軍勢である芦田勢を率いていただけであり、その活躍についての記録した文書はない。人数については検討を要する。——史実であるか不明ではあるが、服部酒造夫著『木の実峠』（九八～一二四ページ）では、「上村合戦」における芦田下野守**信守**のことが一部触れられているので参照されたい。

秋山信友を主将とする武田軍が信州伊那谷から美濃国へ攻め入って岩村城方面を目指し、織田信長勢力下の東美濃一円の遠山勢（主将は明智城主遠山景行）を中心とする軍が上村にて迎え討った合戦が**上村合戦**であるとされている。ところが、歴史家によっては、市川武治『もう一人の真田～依田右衛門佐信蕃』（櫟）や『立科町誌』（歴史編上）のように、「岩村城を奪回に向かった信長方の遠山軍を、秋山軍が上村方面で迎え討った戦いである」と解釈している場合がある。岩村城攻略の時期と前後する解釈になる。このことについては検討を要するが、後述したい。

《芦田下野守信守軍と木之宮明神》

この戦いで、依田信守らの奮戦があったという。（『蘆田記』〈依田記〉）。また、上村の戦いにおける芦田城内木ノ宮社（依田大明神、右衛門大夫孝玄〈隆春〉を祀る）の御加護によって芦田依田軍は勝利を得ることができたという言い伝えがある。——「味方崩れようとした時、味方陣中より黒糸縅（おどし）の鎧に鍬形の兜（かぶと）をかぶり、葦毛の馬に乗り、七尺の鉄棒を持った武者が表れ、『者共続け！』と大声でよばって敵陣に駆け入り、その働きは人間業とは見えなかった。味方はこれに勢いを得て大勝した。後日、木ノ宮へ戦勝報告に参拝すると、馬の足跡が社殿の中へ消えていたことから、芦田城内にある木ノ宮明神の化身が加護してくれたものであることが分かり、大いに感謝し、今まで以上に大切に祀った」（『立科町誌』民俗編・芦田記異聞集）。——木ノ宮社は芦田城本曲輪跡にある。祭神は芦田右衛門大夫孝玄（隆春）である。隆春は小県郡依田から佐久郡芦田へ本拠を移した芦田氏の始祖である芦田備前守光徳（初代）、右衛門大夫光玄（二代）に続く左衛門大夫孝玄（たかはる）（三代）のことである。孝玄は父の死後、弟義玄を当主にしようとする継母一派の勢力によってだまし討ちにされた人物である。その結果、備前守義玄が跡を継いだ（四代）。孝玄の祟りを畏れたがゆえに彼を祭神として木ノ宮社を勧請して、その鎮魂を図ったものであろう。古来日本では、勝者が悲劇的な最期を遂げた敗者の祟りを鎮めるために祭神として祀るという事実がある。菅原道真の鎮魂のために藤原氏が北野天満宮を勧進したのと同じである。創建は備前守義玄の時代であろう。祭日は九月二十日で、昭和初期までは芦田村で祀っていた。正徳二年（一七一二）に越前福井の芦田氏（依田信蕃の次男康眞こと宗月より三代目である芦田下野守賢詮）が再建し、平成の現在は芦田城下茂田井在住の土屋武司氏が中心となって守り続けている。

芦田備前守**光徳**――右衛門大夫**光玄**――左衛門大夫**孝玄**
――備前守**義玄**――芦田下野守**信守**――右衛門佐**信蕃**――
――修理大夫康國――右衛門大夫康眞――圖書吉賢――
――芦田下野守賢詮

《上村合戦の時期の諸説に関する考察》

上村合戦と岩村城の戦いの前後関係及びその時期について、いくつかの説が混在し、錯綜としている感がある。前後の動向をも含めて吟味してみたい。

武田信玄の重臣秋山伯耆守信友（晴近）が二五〇〇の兵を率いて信州高遠城を出発し、上村に侵入、それを迎え討とうとした織田信長勢力下の東美濃一円の遠山氏を中心とする軍との合戦が上村合戦である。東美濃勢は明智城主遠山民部宗叔景行・一行父子、串原城主遠山右馬介・五郎経景、飯狭間城主飯狭間右衛門助、安木遠山某、苗木城主遠山勘太郎ら二五〇〇余の兵と三河からの援兵二五〇〇、合わせて五〇〇〇余が上村に出陣し合戦となった。東美濃勢は主将遠山景行はじめ多くが討ち死にし、秋山信友の圧倒的な勝利に終わった。

上村合戦では、どうしたわけか遠山勢の総帥である岩村城の遠山景任の名が、どの書物にも出てきていない。景任の没したのは元亀三年十二月（元亀二年十二月三日という説もある）であるので、上村合戦の際には病床であったのであろうか。岩村勢の名はなく、また活躍も述べられていない。岩村城の守りを固くしていたのであろうか。とにかく秋山勢に対する戦いに奮戦したのは明智勢であった。援軍であったはずの三河衆（奥平貞能を主将とする山家三方衆）は開戦後たいして戦わずに、まもなく敗走してしまったと言われている。

上村合戦の時期をめぐっては、説が五つある。諸記録によって記述がまちまちである。

①元亀元年説（一五七〇）……十二月二十八日

・**『甲陽軍鑑』『武田三代記』『美濃國諸旧記』**を拠り所とした『岩村町史』『中津川市史』『山岡町史』『串原村誌』。

（元亀元年上村侵入の理由）秋山信友が信玄への人質として預かっていた徳川家康の親族である松平三郎勝政が出奔し三河へ逃亡してしまった。その責任を償うために秋山信友は東濃侵略を企てたのであり、信玄の命令ではなく信友単独の判断による行動であったと思われる。……「したがって、元亀元年は東美濃へ侵入し上村合戦に勝利した後は、信州へ引き返した」というのが上村合戦元亀元年十二月二十八日説である。

この合戦で、信長は明智光廉（みつかど）を救援に向かわせるが、遠山勢の敗北した後であった。この時、秋山信友は岩村城攻撃には向かわず、矢作川を越え北三河に侵入して足助城を攻略し、信濃に帰還した。翌元亀二年に信友は再び三河へ攻め入った。そして元亀三年になると岩村城攻略に向かった。上村合戦元亀元年説の根拠である同時期資料として、「翌元亀二年高天神城の戦いに小幡兄弟が戦功と合わせて上村合戦の功績を信玄から彰された」ということがある。

②元亀二年説（一五七一）

・『安住寺碑銘（明知にある遠山氏の菩提寺安住寺にある遠山景行墓にある石碑）』

「……従然後来**元亀辛未極月念八**、上村戦場功成自殺……」。これは、遠山景行が**元亀 辛未**（カノトヒツジ）に戦功を成し遂げ、自刃したことを述べているのである。**元亀辛未辛未極月念八**とは「元亀二年（一五七一）十二月二十八日」のことである。しかし、寺にある位牌には「乾樹院殿文岳宗叔大居士元亀三申年十二月廿八日死亡」とあるので、菩提寺では二年説のほかに三年説もとっているということになる。なお、「景行」は名乗りで、「宗叔」は法名である。

③元亀三年説（一五七二）

・『**明智年譜**』『**明智遠山系譜**』『小里家家譜』などの系図類を拠り所とした『濃飛両国史』『恵那郡史』『岐阜県史』『恵那市史』『上矢作町史』『遠山塚碑文』。これらは、いずれも上村合戦は元亀三年（一五七二）十二月二十八日としている。この場合は『蘆田記』（依田記）にある「左右の飛脚と、両方途中にて逢い申し候。大手・搦手ともに同時分の合戦、日も三日とも違い申さず候かと聞こえ申し候」という内容と合致する。三方ケ原合戦は元亀三年十二月二十二日、上村合戦元亀三年説では十二月二十八日。六日間の前後であるが、ほぼ同じ時期のことともいえよう。

④元亀四年説（一五七三）

・『遠山来由記』では元亀三年の翌四年（一五七三）春に秋山勢が上村へ侵攻したとしている。

因みに元亀四年は七月二十八日からは天正と改元されているが、春の時点では、あくまでも元亀四年が正しい。

⑤天正二年説（一五七四）

・『巖邑府誌』

以上みてきたように、ざっと上げただけでも五つの説があるが、後述するように、芦田下野守信守が、信玄の二俣城攻城の時に只来城・飯田城攻略の別働隊の主将となっていることからしても、体は二つはないので、同時期に信守の上村合戦参加は不可能となってしまう。――本書では、『蘆田記』（依田記）には、期日的な齟齬はあったとしても、信守の「二俣城攻めや支城攻略」と「上村合戦での軍功」は、両方ともにあったと考えるので、上村合戦は三方ケ原の戦い以前の年月に行なわれたと考えたい。現時点では本書では、元亀元年（一五七〇）十二月二十八日説を採用することとする。

《岩村城攻略の時期の諸説に関する考察》

概略＝秋山信友は岩村城を攻撃した。城主遠山景任はすでに亡く（元亀二年十二月三日没の説あり）、その室である景任未亡人（信長の叔母）は信長の五男御坊丸（当時七歳）を養子として城を守っていた。信友は岩村城を攻囲するが、力攻めは避け、策略を巡らした。城内の反信長勢力を誘い、説得して無血開城に成功した。将来御坊丸に家督を譲ることとして、岩村城主（城代）となり景任未亡人を室とした。その後、信友は武田信玄の嫌疑を受けることをはばかり、御坊丸を人質として甲府へ送った。

①元亀三年説

・十一月十四日説……『武家事紀』に「十一月十四日に秋山信友が美濃岩村城を攻め、これを陥す」とある。

この場合は、上村合戦元亀三年十二月二十八日説からすると、岩村城攻略の方が時期的に先になる。そうすると、上村合戦は東濃勢が遠山景行を主将として、岩村城奪還に向かった戦いという位置づけになる。それでいくと東濃勢が砦に籠もったという事実や、地元の人々の解釈とは大分

写真：上村合戦で遠山景行が守備した岩井戸城

異なってくる。

②元亀四年三月説……（「天正元年」とする歴史書があるが、「天正」と改元されるのは七月二十八日以後のことである）・『甲陽軍鑑』によれば、元亀四年四月に武田信玄は没している。まさに、信玄が病に倒れ、信濃を経由し甲斐へ退却する頃に岩村城を攻略したということになる。「三月十五日に勝頼は岩村城へ入城し、織田方の駐兵三十五人が首を討たれた」と『甲陽軍鑑』にある。これは秋山信友が元亀三年十一月十四日に岩村城を策略によって攻略した後、城主としておさまり、武田・遠山・織田の三者の兵が共存していたものを、勝頼が三月に入城し、織田の兵を討ったということであろう。時期としては、当時、織田信長は近畿の各地へ軍を進めており、東美濃へ軍を動かす余裕がなかった時期のことである。

《証拠となる同時代史料》

岩村城攻略が元亀三年十一月十四日であることを証明する同時代文書がある。

(1)（元亀三年）十一月十九日武田信玄書状（遠藤加賀守宛）

> 如前々給先書候、當備近日任存分候、就中**去十四日岩村之城請取**、籠置候人数、此時無用捨、岐阜江可亂對歟否、可爲其馳走専候、又越前陣へ使者候、路次無相違様、指南可爲祝著候、恐々、
>
> 十一月十九日　　信玄御判
>
> 遠加々守殿

（読み下し）

前々給せし先書の如く候、當備え近日存分に任せ候、就中去る十四日に岩村之城を請け取り、籠り置き候人数は、此の時無用に捨て、岐阜へ可亂對歟否、その馳走専ら爲すべく候、また越前陣へ使者候、路次相違無き様、指南爲すべく祝著に候、恐々、

十一月十九日　　信玄判

遠加々守殿へ

「**去十四日岩村之城請取**」（去る十四日岩村城を請け取り）とは――「元亀三年十一月十四日に岩村城を攻略し、城を受け取った」ということを意味する。この事実から、岩村城開城が元亀三年十一月十四日であることが判明する。武田信玄は岩村城を秋山信友が奪取した五日後（十一月十九日）には、

すでに書状を遠藤加賀守宛に出していることになる。

(2)（元亀三年）十一月十九日武田信玄書状写（朝倉左衛門督宛）内閣文庫蔵『古今消息集』所収では、

> 如露先書候、去月三日出甲府、同十日、當國江乱入、敵領不殘撃碎、號二俣地取詰候、殊三州山家、**濃州岩村屬味方**、長爲當敵動干戈候、對信此所御分別肝要候、爲其以玄東斎委細説彼口上候間、不能具候、恐々謹言、
>
> 十一月十九日　信玄
>
> 謹上朝倉左衛門督殿

（読み下し）

先書にあらわし候ごとく、去月三日甲府を出て、同十日当国へ乱入。敵領残らず撃砕。二俣と号する地取り詰め候。殊に三州山家、**濃州岩村味方に属し**、信長に対し、当敵として干戈を動かし候。このところ御分別肝要に候。そのため、玄東斎をもって委細彼口上に説き候間、具にするあたわず候。恐々謹言。

十一月十九日　信玄

謹上朝倉左衛門督殿

〔要点〕

ア　十月三日甲府を出発し、十日に遠江の国に侵入した。

イ　敵の領地はみな撃砕し（只来城、飯田城などを陥し）、現在は二俣城を攻めている。

ウ　三河の山家三方衆、**美濃の岩村城が味方に属し**、信長に対して敵となっている。奥平貞能を筆頭とする山家

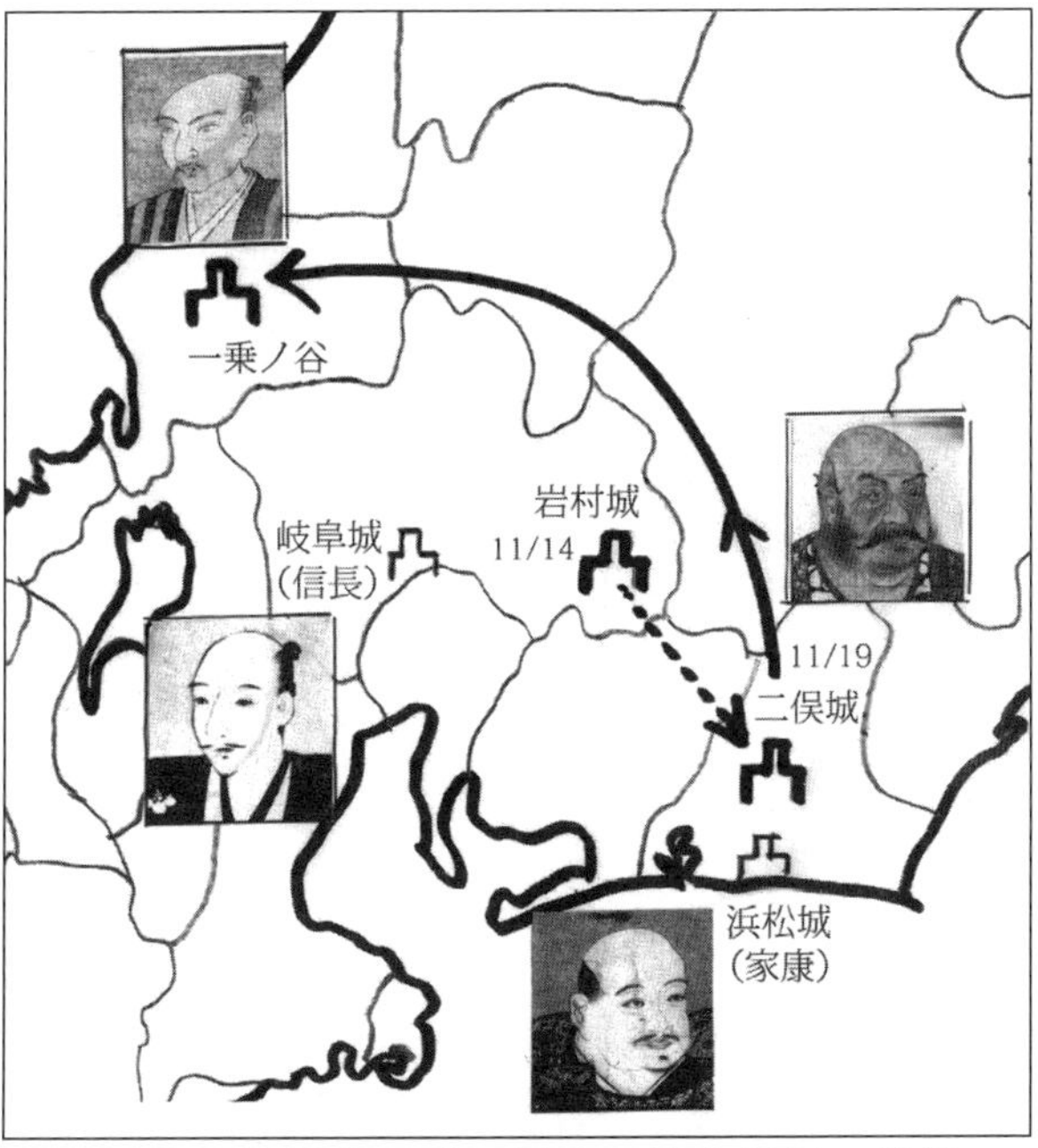

図：信長に敵対する武田信玄～朝倉義景の書状
元亀３年11月14日　岩村城攻略す。
11月19日 岩村城攻略の旨を、二俣城を攻めている信玄が越前一乗ノ谷の朝倉義景へ書状で伝える。

三方衆は、上村合戦の時には東美濃の遠山衆に加勢した形で、秋山信友の侵攻軍に対していた。合戦が開始されると大して合戦に参加せずに、さっさと三河へ引き上げている。その山家三方衆が元亀三年十一月十九日の時点で武田方に属しているということは、上村合戦はそれ以前に行なわれたということを意味する。

エ　以上のことをよく理解してほしい。（信長包囲網の一翼を担ってほしい）

オ　細かいことは使者の玄東斎が口上で伝えます。

カ　この書状の書かれたのは元亀三年（一五七二）十一月十九日

キ　武田信玄から**朝倉左衛門督義景**への書状である。

　この文書によって、元亀三年十一月十九日には二俣城攻めの最中であったことが分かるが、ここで「**濃州岩村味方に属し**」と岩村城が武田方の手に落ちたことが、朝倉義景への情報として盛り込まれている。岩村城の攻略は、元亀三年十一月十四日のことであるので、その五日後にはこうして、信玄が信長包囲網の一翼を担うと期待している朝倉義景へ手紙を出していることになる。東美濃から敵地（徳川家康の三河）を経て、二俣城攻城中の信玄へ情報が伝わる早さが分かる。

　以上二通の武田信玄書状（遠藤加賀守宛）（朝倉左衛門督宛）から判明する重要な点は、岩村城攻略の時期は――元亀三年（一五七二）十一月十四日が一番妥当ということになる。

《岩村城主遠山景任について》

　岩村城主は遠山景任（かげとう）であった。永禄年間に織田信長の勢力下に入ったと推測される。景任は織田信長の叔母を室としており（信長の叔母婿）で、子はなく信長の五男の御坊丸を養子として入れている。秋山信友が上村へ侵入した時の諸書の記録に、その名前は出てこない。遠山勢の総帥であるべき「景任」の名が出ていないのは、すでに他界していたか、病身で城から出られなかったのか、後陣にあったのか、活躍しなかったからなのか、いずれにせよ上村合戦時にその存在が感じられない。没したのは『遠山来由記』では元亀三年十二月であり、『美濃國諸旧記』では元亀二年十二月三日と記されている。

　もし、秋山信友の侵攻が元亀元年とするならば、存命中の「遠山景任」なる名前が出てくる可能性が高いことになる。このことが、上村合戦元亀元年説の弱点ではある。名前が出てこないということは、秋山信友の東美濃侵入に伴う上村合戦があった時期は元亀三年の可能性が高いという客観的要素になると考えることもできる。しかし、本書では「芦田信守の上村合戦での活躍」と「二俣城攻略に際して、支城である只来城・飯田城攻略の別働隊を率いた活躍」を両方共に事実として捉える立場をとるため、上村合戦元亀元年説を支持したい。

《遠山民部宗叔景行について》

上村合戦の遠山勢の中心的存在は遠山景行であった。秋山勢の攻撃を正面から受けて討ち死にした。その最期の地が**遠山塚**である。遠山塚は上矢作町の漆原山中の傾斜地にある。この上村合戦の戦死者を弔い、遠山神社として小さな塚が立てられていたが、明治四十四年に漆原の近藤儀助氏が中心となって遠山塚として高さ二六二cm、幅一八〇cmの石碑が建立された。

写真：遠山塚

《武田信玄・織田信長と上村合戦》

織田信長は東美濃方面に対しては、遠山氏を麾下につけるために、岩村城主遠山景任に叔母を、苗木城主遠山勘太郎直康には妹を嫁がせた。さらに武田信玄に対しては、遠山勘太郎直康と妹との間に生まれた娘（姪）を自分の養女にして、信玄の嫡男となっていた四郎勝頼に嫁がせていた。信長はことあるごとに信玄に贈り物を送り、東方の憂いをなくそうとしていた。しかし、互いにその勢力範囲が広がった結果として、敵対せざるをえない運命にあった。信玄は信州・西上野・駿河を占領すると、いよいよ大軍を率いて西上の途についた。徳川家康を三方ケ原の戦いで蹂躙し、さらに家康勢力下の三河と信長勢力下の東美濃に侵攻したのである。家康と同盟し西進を図っていた信長にとっては大変な脅威であった。それが上村合戦の背景である。

以上の考察を参考に上村合戦と岩村城攻略の概要を整理すると次のようになる。

〈上村合戦〉

上村合戦の行なわれた東美濃の地元では、上村合戦の状況をどのように捉えているのだろうか。その糸口となるのが岐阜県上矢作町『あんじゃない』第三号（昭和六十二年一月一日）である。そこには『遠山来由記』と題して次のような記事が載っている。少々長くなるが引用してみよう。

（前略）……上村合戦は一五七二年、甲州方秋山勢（信州上伊那郡高遠の城主、秋山晴近）の侵略に対して、遠山勢（明智城主遠山景行）が上村において迎え討たんとして戦った合戦である。秋山晴近は信玄の味方であることを示すために、最も近い織田方の城、岩村城の攻撃を決意し、二千五百名を率いて高遠を出発した。これに対し遠山景行に味方するもの、苗木城の遠山勘太郎、飯狭間城の飯狭間右衛門佐、串原の串原左衛門、高山の平井宮内少輔光行、小里の小里由記光次、それに加えて徳川氏の家来で築手、駄峰、長篠、足助、武節の武将達。遠山景行を総大将とするこれらの一隊は上村で秋山方を迎え討つために、前田（ぜんだ）砦・阿寺砦・岩井戸砦・漆原河寺砦に布陣した。先発隊は秋山晴近の率いる五百人、本隊を率いる者は望月与三郎、右に芝山主水且春、左に原藤吾昌定、後隊は松本右京亮長継に固めさせ進軍した。濃兵の先陣は串原勢で、まず、秋山勢の望月の兵との間で戦端は開かれた。串原勢一千余人が敵を追うと、望月の兵は後ろへどんどん引きはじめた。ところが、望月勢が引いたのは策略で、足場の良いところで踏み止まって激しく迎えうち、同時に両翼にいた原、芝山の両隊が串原勢の両翼を攻撃し、はさみうちにあった串原勢は、たちまちのうちに後退した。第二陣がこれに代わって攻めようとしたが、敵勢の攻撃がはげしく、ことごとく崩れて収拾しがたくなった。遠山景行はこれを救わんとして兵を進めようとしたところ、秋山の先発隊が潜行して背後から奇襲をかけた。前後から攻められて、景行は苦戦した。従う家来はわずか十数人。体にはあちこちに傷を負っていた。勢いにのった敵は尚も彼らの後を追って後ろに迫ってくる。疲れ果てた景行がふと刀を杖にして雪をかけのけた時、雪の下にこぼこぼと清水が吹き出しているのを発見した。彼等は冷たい水に喉をうるおし、流れ出る血潮を洗い、再び勇気をふるって敵に向かって切りこんでいった。これが現在も残る一杯清水の伝説である。しかし、多勢に不勢、寄せてくる大勢の敵に対して、わずか数人ではどうすることも出来なかった。疲れ果ててもう逃げることもできぬと見きわめた彼等は、遂に迫り

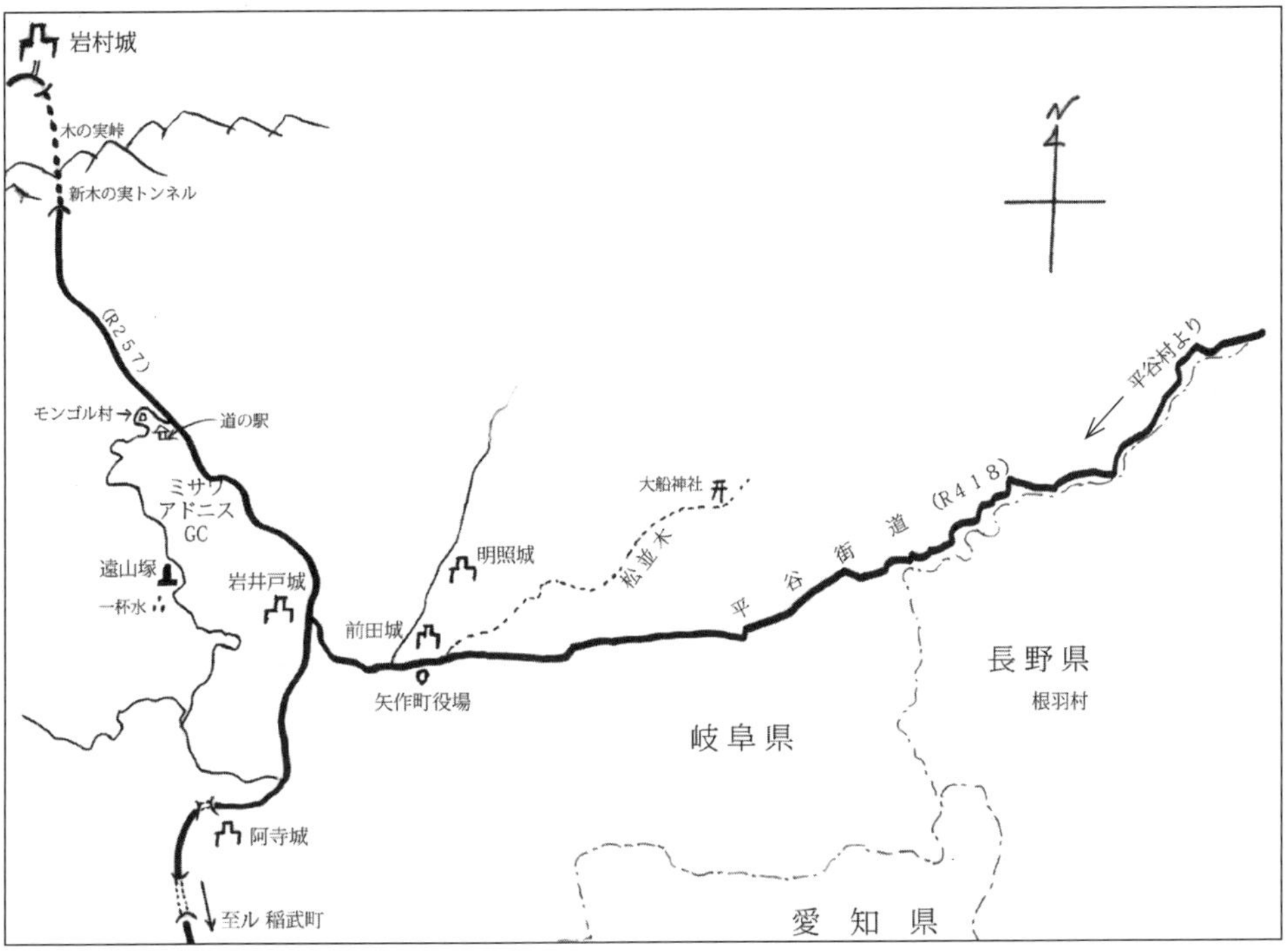

図：上村の戦い史跡
信州から美濃岩村城へ進む途中、岐阜県恵那郡上矢作（やはぎ）町。

来る敵を前にして自決し果てたのである。今、彼等の悲しい最期を記念して遠山塚が建てられている。一五七二年十二月二十八日夕刻、遠山景行六十四歳のことであった。

ここには、芦田下野守信守のことには言及されていない。しかし、小説『木ノ実峠』（服部酒造夫著）には、依田信守が敵の砦まで出向き、奥平氏などの山家三方衆を諜略して武田方になびかせたり、敵の大将である遠山宗叔景行を最期に追いつめる軍勢であったりして、活躍している。まさに芦田依田信守らしきありようが述べられている。そこには、上村合戦に一支隊長として参軍していたという一つの状況評価となり得る可能性がある。また、著者が、信守が上村合戦に参加していたこと、信守が武田麾下の智勇に優れた武将であることを知っていて、小説の中に登場させていることからしても興味深いものがある。

《秋山勢の岩村城攻略》

既述したことではあるが、三方ケ原の合戦の時に、二俣城攻略と併行して、武田信玄は山県三郎兵衛昌景を東三河へ攻入らせ、また、**秋山伯耆守信友（晴近）**を総大将とする別動隊に東美濃を攻撃させた。秋山信友は信濃の春近衆、高遠衆などを率いて、十月二十日すぎに東美濃への侵攻を開始した。織田方の要衝岩村城を攻略するということは、織田勢の甲斐侵攻の拠点となりかねない城を奪い取るという意味もあった。城主**遠山景任**の妻は織田信長の叔母にあたる、実子がなかったため、信長の末っ子御坊勝長（当時三・四歳か）を養子に迎えていた。元亀三年（一五七二）、秋山信友は十月末に伊那口（根羽、平谷方面）から東美濃に侵入し、岩村城を襲った。城主遠山景任は戦死（負傷がもとですでに病死したともいわれている）。信長は兄の信広、家臣の河尻秀隆らを援軍として送ったが、武田軍の猛攻と計略の前に破れ、城主夫人を秋山信友の妻とするという条件で、十一月十四日に開城した。織田信広らは信長の元へ逃げ帰った。秋山信友は御坊を人質として甲府へ送った。

《芦田依田信守・信蕃父子と上村合戦》

一説には、遠州二俣城奪取直後、信玄は**蘆田下野守信守**（**依田信守**）を二俣城番に据えて、三方ケ原の戦いへ向かったとなっている。その場合は、この上村合戦（十二月二十八日）での依田信守の活躍はありえないことになってしまう。また、『蘆田記』（依田記）では、三方原の戦いの時、下野守信守の嫡子の右衛門佐信蕃が、信玄の旗本に属していたということになっており、それと上村合戦の活躍との照合についても検討を要する。

「二俣城の戦い・三方原の戦い」、「上村合戦・岩村城の戦い」との時期的な関係は、左記のごとくになるのが、妥当と思われる。

秋山晴近の侵攻	信玄の侵攻
①元亀元年十二月二十八日 ……上村の戦い ②元亀三年十一月十四日 ……岩村城開城	③元亀三年十二月十九日 ……二俣城開城 ④元亀三年十二月二十二日 ……三方原の戦

上村の戦いに参戦して功を挙げた芦田下野守信守だが、元亀三年の岩村城開城の時の秋山勢の中にはいない。信玄の二俣城攻城戦と三方ケ原の戦いの時には、信玄本隊に属していたと推定される。少なくとも二俣城開城までは、そういえる。

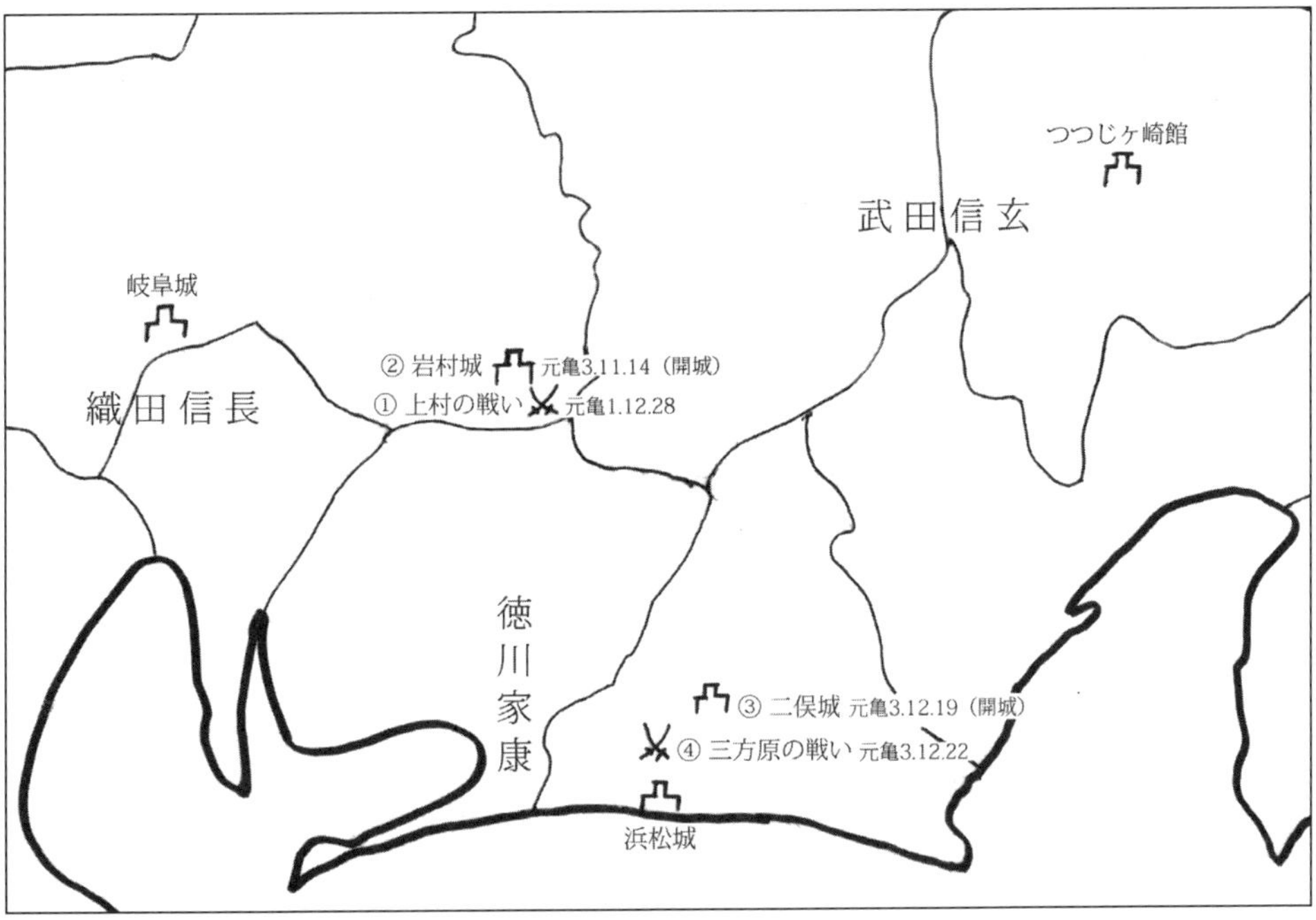

図：武田軍の中に芦田信守・信蕃もいた上村の戦い（元亀 1 年 12 月 28 日）岩村城開城（3 年 11 月 14 日）／二俣城開城（3 年 12 月 19 日）・三方原の戦い（3 年 12 月 22 日）

但し、三方ケ原の戦いの時には二俣城の守備に着いていた可能性もないわけではない。このことについては後述する。

以上の攻防の戦いについて多くの史書に書かれているが、伝承、伝記物や家譜などの内容を史料としているので、その出来事の年や月日が諸書の間で相違することがある。そして、それが通説化してしまっていることがある。本稿で扱った上村合戦や岩村城攻略についてもそういう類の誤謬がある可能性が大きい。しかし、「史実そのものの存在はあった」と考えられる。大事なことは、書状、書簡、日記等の同時代史料を一番の基本として考察することである。

本書の考察では、『蘆田記』（依田記）の著者である康眞（加藤四郎兵衛宗月）による本文は、年代的な誤りがあるという解釈をせざるを得ない立場をとっている。――芦田信守が同時期に上村の戦いと二俣城の攻城戦の両方に参陣することはできないからである。

上村の戦い・岩村城開城・二俣城開城・三方ケ原の戦いの時間的な前後関係についても、また、それらの戦いにおける芦田依田信守・信蕃父子の動向に関しても、そうした考えに立ってさらに慎重に考察しなおしてみる必要がある。

⑤遠州二俣城主としての籠城戦

一、

甲戌年より亥年まで、祖父下野守、親にて候常陸介信蕃、父子ともに遠州二股に在城、亥年に至りて、五月廿二日に長篠の合戦、信長公家康公御勝ち、武田勝頼公打ち負け、甲斐國へ引き退く。その上、家康様は直ちに二股の城御責め候はんとて押し寄せ、五ケ所に向城、南録方山、辰巳鳥羽山・家康様御本陣、東あくらの山、北みなはらの山、西たうとうみの取手・これは、和田ケ島とも申候。五月末より御攻め成られ候。六月十九日に祖父下野守信守は病死。それより常陸介信蕃、そのまま城を堅く持つ。十二月廿三日まで七ケ月、城持ち詰め罷り在り候後は、兵粮これ無く、浜松近辺まで城中より足軽を出し、夜討ち、強盗、乱捕り、夜々御座候へども、兵粮杯は左様の時城中へ入れ候義、罷り成らず候。五月より十二月までのうちの間、兵粮盡き果て候えども、軍兵への気付に候とて、常陸介謀に、土俵を三百余申し付け、藏に詰め置き、城中下々の者に見せ置く。兵粮にこと欠く候義はあるまじきの間、心安く存じ候えへと申し候えば、軍兵力を得候。十一月時まで、甲斐の勝頼公より、二股の城を明け渡し、甲斐國へつぼみ候様にと、両度申し候えへども、常陸介申されるは、その脇々の奉書の分にてはいかに候えば、勝頼公の御直書にてこれなくば、明け渡し申す義いかがの由、両度申し候えば、三度目に勝頼公の御直書参り候により、十二月中旬扱いの談合候て、家康公よりは大久保新十郎殿、榊原小平太殿、何も無事にて證人(人質)に御越し候。また、我等親の方よりは、弟依田善九郎、同源八郎、両人證人に参る。廿三日に城相渡し候はん約束に候つるところに、二十三日少雨降候に付き、常陸介申されれ様は、雨降りにては蓑笠にて見苦しき候間、雨晴れ候て廿四日、廿五日なりともと、申され候て、城を出申されず候。これを家康様御感なられ候由、承り候。その上、二十四日天氣晴れ、城を相渡し、二股川の辺にて、互いに人質返し、帰陣申され候。

〈要旨〉

・甲戌より亥(乙亥)年まで、芦田(依田)下野守と常陸介信蕃は二俣城に在城した。……天正二年(一五七四)から天正三年(一五七五)までのことである。

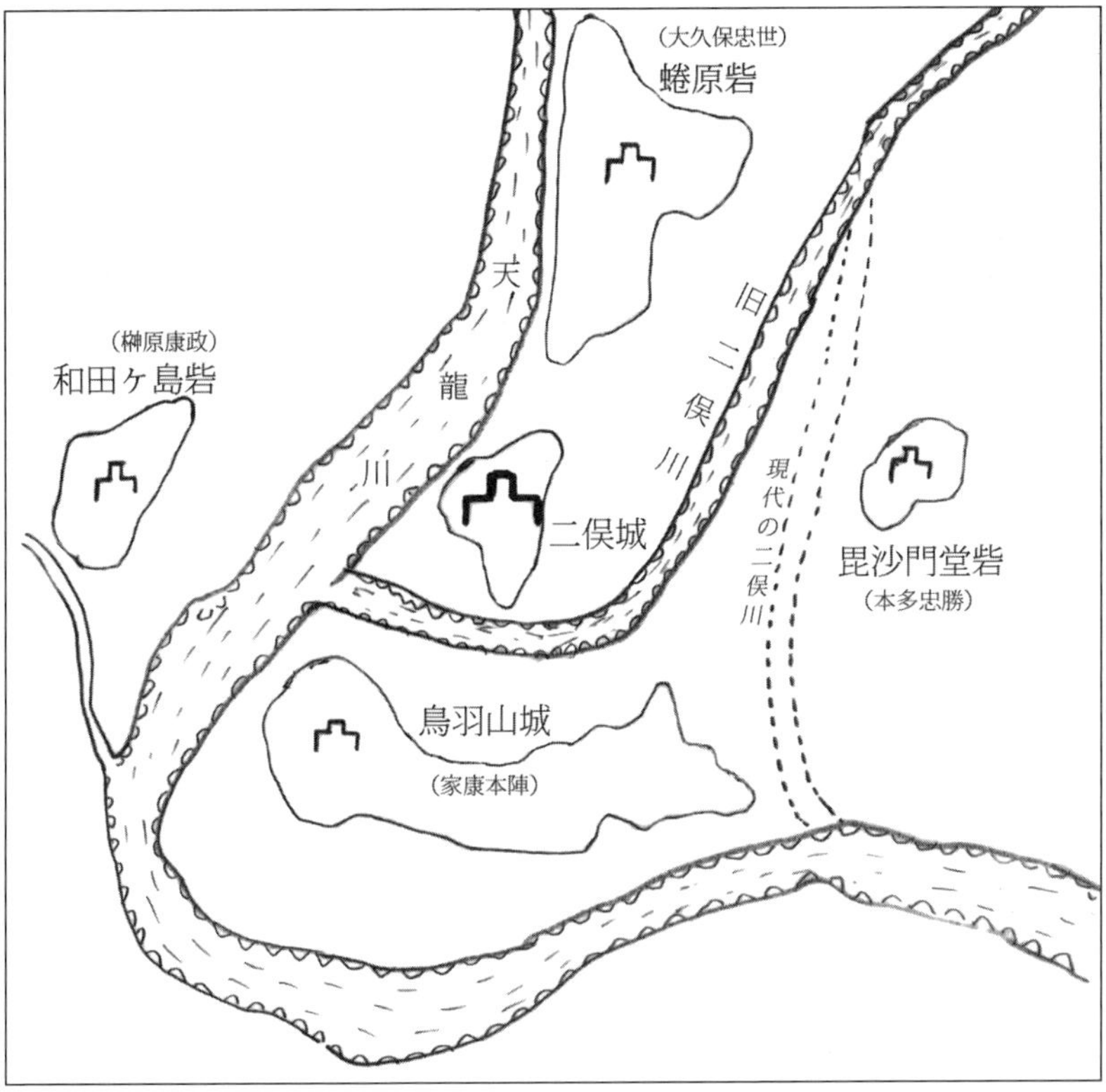

図：家康が築いた二俣城を囲む向城（陣城）

•天正三年（一五七五）五月二十一日の長篠の合戦で、信長・家康の連合軍は武田勝頼を破った。その後、家康は**芦田依田信守・信蕃**の守る二俣城攻めを開始し、二俣城の回りに五カ所の向城（陣城・付城）を築いた。それらは、

（南）**録方山**……『三河物語』をはじめ多くの史書では「四カ所」の向城としていて、この「録方山」なる名はない。場所についてもいまのところ特定できていない。

（南西）**鳥羽山城**……辰巳つまり南東とあるが、現地の状況からすると未申（ヒツジサル）南西が正しい。徳川家康が本陣を置いた。現在は鳥羽山公園となっている。城門の礎石・枡形・石塁・土塁・堀切・広い曲輪などがある。しっかりとした城跡で、家康の本陣が置かれるだけの構えをしている。

（東）**毘沙門堂砦**〈あくらの山・安倉〉……本多忠勝の陣、二俣旭町の毘沙門堂の東側の山の先端部にある。

（北）**蜷原砦**〈みなはらの山〉……大久保忠世の陣

（西）**和田ケ島砦**〈たうとうみの取手・渡ケ島〉……榊原康政の陣

•天正三年五月末より、家康による二俣城攻めが行なわれた。

•**下野守信守**は六月十九日に、二俣城内にて病死した。

•十二月廿三日まで七カ月間、徳川の包囲網と攻城に耐え抜いた。貯えておいた兵糧も乏しくなったが、浜松近辺ま

で城中より足軽を出し、夜討ち、強盗、乱捕りを夜々行なってきたけれども、包囲されていたので兵糧米は城中へ入れることはできなかった。ちなみに、これは「狼籍」であるが、戦国時代の戦においては当然として行なわれていた行為である。

・五月より十二月までのうちの間、兵糧は果てたけれども、軍兵に気付かれないようにと、信蕃は土俵三百余を藏に詰め置き、城中下々の者に見せて、兵糧にこと欠くことはないと安心させたので、兵は力を得た。

・十一月時まで、甲斐の**勝頼**から、二俣の城を明け渡し、甲斐国へ撤退するようにと、二度伝えられたが、勝頼の直書でなければ、城を明け渡すことはできないと信蕃が二度とも申し上げると、三度目に勝頼の直書が届けられたので、ようやく城を明け渡すことにした。

・十二月中旬に、城明け渡しの件で守城側と攻城側とで相談があり、徳川方からは**大久保新十郎**（忠隣）と**榊原小平太**（康政）、依田軍からは弟依田善九郎信春と、同源八郎信幸が互いに證人（人質）となり、相手方へ出向いた。

・十二月二十三日に二俣城を明け渡す約束になっていたが、二十三日には小雨が降っていたので、**常陸介**は、「雨降りでは蓑笠で見苦しいので、雨が晴れれば、二十四日か二十五日にでも」と申し送り、城を出なかった。その上で、二十四日に天気が晴れたので、城を明け渡し、二俣川の辺にて、互いに人質を返し、堂々と城を明け渡し帰陣した。この一連の信蕃のとった判断力・統率力・対応力・胆力・忠勇あふれる武将としての資質は、**家康**をして敵ながら見込みのある武将として強い印象を与えた。

《二俣城の地取りと構造》

二俣城は静岡県天竜市（現浜松市）二俣町二俣字城山にある。二俣城は、平山城で一〇〇ｍ×三五〇ｍであり、比高四〇ｍである。城の東と西、それに南の三方が天竜川と二俣川の流れによって囲まれ、北方だけが、台地を深く掘り切った空堀で台地と絶縁しているという天険に構えていた。当時は二俣川の流れは二俣城の南を巡って天龍川と合流していた。東から半島状の台地に占地した結果、背後の尾根状の防備を二重の堀切と数区画の外郭を構えることによって強化している。天竜川の激流を背負い、二俣川を前面の帯として、東北に見通しのきく蜷原台地をひかえた二俣城は、当時としては極めて要害堅固な城郭であった。縄張りの細部を見ると、一直線上に六つの曲輪が階段状に配置され、それぞれ堀切（空堀）によって遮断されていた。また、斜面には竪堀をほどこし、大小の帯曲輪から構成された堅固な構えであった。依田信蕃が長期籠城戦に持ちこたえることができたのは、彼の武将としての資質によるところが大きいが、堅固な二俣城の構えがあってのこともあろう。また二俣城は街道と水運とを繋げる地点の城であった。北は信州に至る秋葉街道と犬居谷に通じる街道、南は浜名湖・浜松・見附・久野方面に至る街道との分岐点に位置し、天龍川水運の拠点でもあったことから、

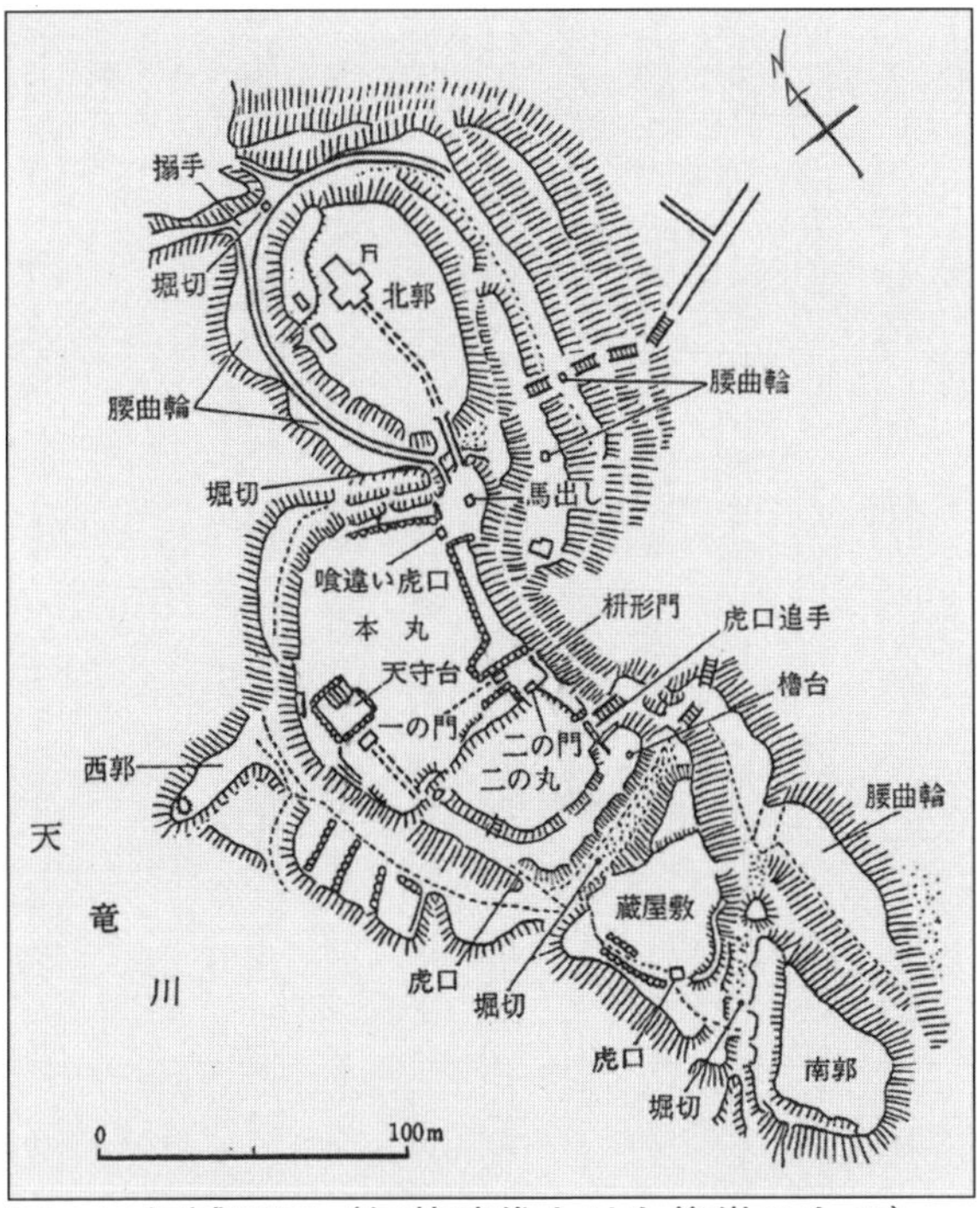

図：二俣城要図（信蕃時代よりも後世のもの）
「日本城郭体系 9」p.124 より。

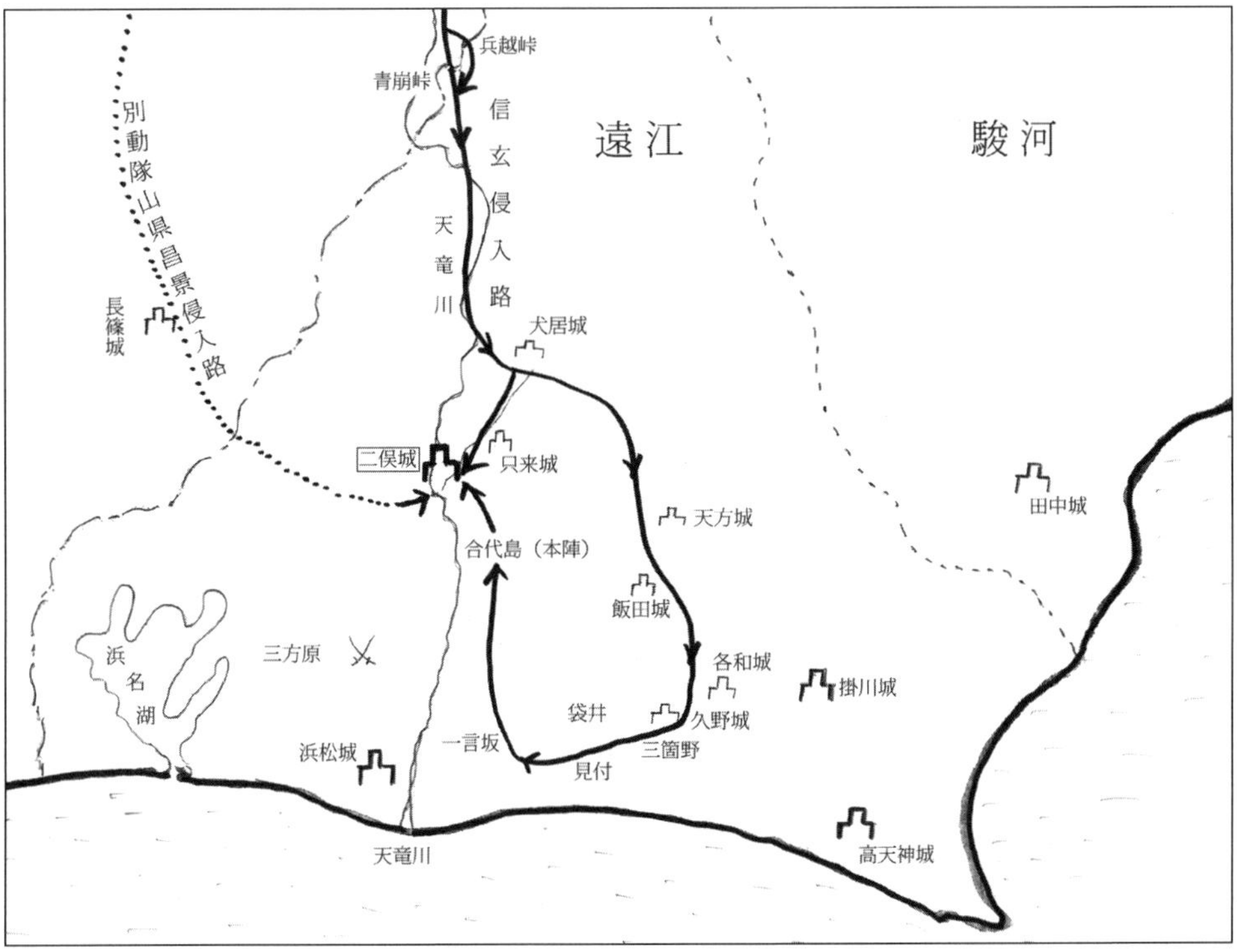

図：信玄の二俣城までの進入路

武田にとっても徳川にとっても戦略的に重要な城であったのである。

〔元亀三年の攻防〕一五七二年、武田氏が攻めた戦い

上洛を決意した信玄は元亀三年（一五七二）、軍を三隊に分け、遠江・東三河・東美濃へ侵攻した。まず、九月二十九日に山県昌景を先発隊として出発させ、伊那谷から東三河へ侵入させた。もうひとつの別働隊は秋山信友を大将として東美濃へ攻め入らせている。十月三日に信玄は本隊を率いて甲斐を出陣し、信州伊那を南下し、青崩峠及び兵越峠を越えて遠江に侵入している。遠州では、武田方に内応した犬居城主の天野景貫を案内役（嚮導）としている。信玄は犬居城（静岡県周智郡春野町）で、東三河方面から遠州へ侵入した先発隊山縣三郎兵衛昌景と合流し、そこで軍勢を二つに分けた。信玄が直接率いる本隊は、二俣城南東四㎞にある合代島に陣を取り、勝頼を大将として二俣城を包囲させた。近年、武田軍の遠州への侵入路については、新説がある。支隊は青崩峠及び兵越峠から侵入したが、信玄本隊は駿河方面から侵入したというものである。

信玄は天方城・各和城を攻略し、久野（くの）城（久能城）を攻め、袋井方面へ侵入した。浜松城と高天神城・掛川城とを分断するための作戦であったといわれている。さらに見附へと兵を進めた。三箇野川辺りで信玄軍と家康軍との間で最初の衝突があった（三箇野川の戦い）。そして、西走する徳川軍を追って磐田原台地の西、天龍川の東岸まで迫った。この時、退却する徳川軍の殿（しんがり）を本多忠勝が見事に果たした戦いぶりはよく知られている（一言坂（ひとことざか）の戦い）。その後、武田軍は深追いはせずに、天龍川の東岸を北上する進路をとった。浜松城・二俣城・高天神城・掛川城を分断する位置にある匂坂（かぎさか）城を陥して、穴山梅雪を据え置いた。そして、二俣城攻略に向かった。二俣城は浜松城の支城にすぎなかったが、そのまま残して置いた場合、浜松城を攻める時に、徳川方の後詰めの城となる危険性があったことによる。また、味方の城としておけば、浜松城に睨みをきかせられる位置にあったからであろう。二俣城を囲んだのは十一月十日以降十九日頃のことである。

一方、『武田三代軍記』には「天野宮内右衛門・**蘆田下野守**を以て、遠州**只来・飯田の両城**を攻められしが、忽ち両城共に攻め落とされ、天野宮内右衛門に、遠州城番の儀を仰付けられ。夫より久能の要害を巡見あり」とある。つまり、支隊は**只来城**、**飯田城**を占領し、後詰めの支城を攻略し、二俣城攻撃に備えた。支隊の軍勢を率いていたのは**蘆田下野守信守**等であった。遠州の**只来（ただらい）城**と**飯田城**は、信玄の本隊からコースを分かった**芦田下野守信守**と天野宮内右衛門景貫によって落とされた。『浜松御在城記』に「十月中旬ニ、信玄、甲州ヨリ遠州犬井秋葉口ヨリ発向、犬井の天野宮内右（衛）門藤秀ヲ為案内者、多々羅江・飯田ノ両城ヲ攻取、天野ヲ遠州定番ニ居」とある。――武田軍は地元の天野景貫を嚮導として遠江に侵攻し、二俣城の支城とも言うべき周辺の城を落とした後に、天野を定番（城番）として据え置いたのである。ここで「犬井」とは犬居のことであり、「多々羅江」とあるのは只来城のことである。

遠州「たたら城」（**只来城**）は、静岡県磐田郡天竜市（現浜松市）只来字田ヒラにある山城で、上只来の西側の山頂（標高二七二m）にある。二俣城より北東へ五km程行った二俣川上流左岸に位置し、眼下に只来の集落が川沿いに展開する。その地に住んでおられる中谷良作氏（浜松市と合併する前の天竜市最後の市長）にお聞きすると、天竜市地域の盆踊りには、地元の人々が「籠城連（ろうじょうれん）」と称して踊る習俗が残っているとのことである。只来城は四周への眺望がよく、また、城内の一角を二俣城と犬居城を結ぶ尾根道が通過している。『三代記』には「多多羅」とある。（「多多羅」というのは「鑪（タタラ）」、製鉄・鍛冶、つまり古代・中世に関係した地名であることから、あるいは、この近くに鑪集団が居住していた可能性がある）。

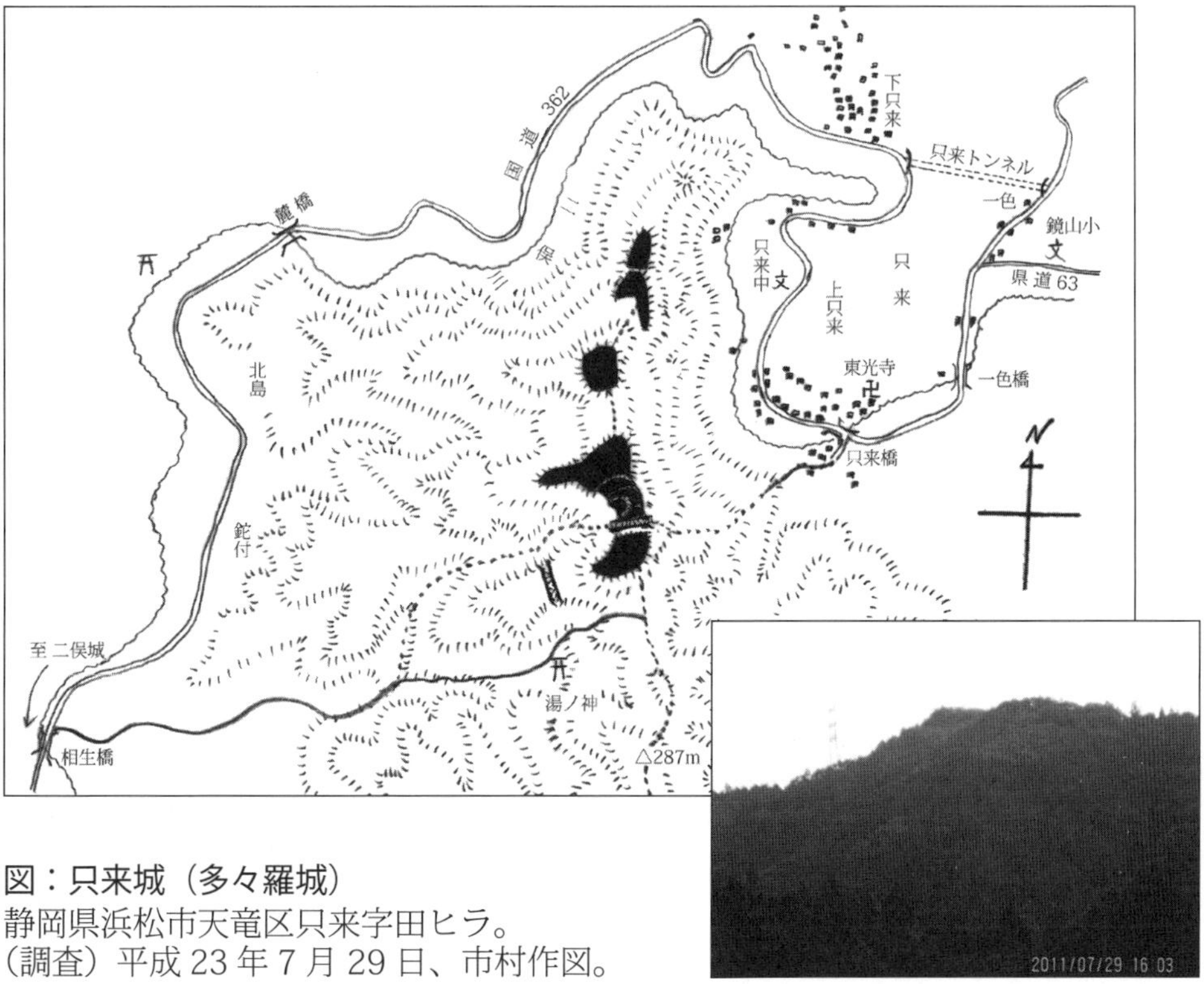

図：只来城（多々羅城）
静岡県浜松市天竜区只来字田ヒラ。
（調査）平成23年7月29日、市村作図。

只来城は信玄の西上戦において、真っ先に落とされた遠州の城ということになる。

飯田城は静岡県周智郡森町飯田字峯山にある。標高五〇ｍの台地に郭・堀切・空堀・土塁等が残っているが、多くは畑と化している。城跡の北の現在崇信寺のある所を、古城ないしは館跡と推定する説もある。この両城（只来城、飯田城）に立つと、遠い信州から遠征して来た依田**信守・信蕃**父子の息遣いが伝わってくるかのようである。

芦田下野守信守らの支隊によって後詰めの支城を落とされた二俣城は、次第に窮地に陥っていく。難攻不落の二俣城ではあったが、水の手を断たれ、城将中根平左衛門は、ついに開城して、浜松城へ退いた。二俣城が落ちたのは元亀三年（一五七二）十二月十九日のことである。この攻城戦は約二カ月かかっていることになる。

この攻防では敵味方ともに鉄砲を使用していた。武田氏は決して鉄砲の備えを怠っていたわけではない。実戦でかなり重要視されてもいたようである。信州佐久に本拠をおく**小宮山丹後守昌友**は、水の手曲輪の一番乗りを果たしたが、敵の鉄砲に当たって討ち死にした。彼は信玄代の永禄年間に諏訪城代、また西上野松井田城将などを務めたこともある。二俣城では、馬場美濃守信春と先陣を争って城内に雪崩れ込み、

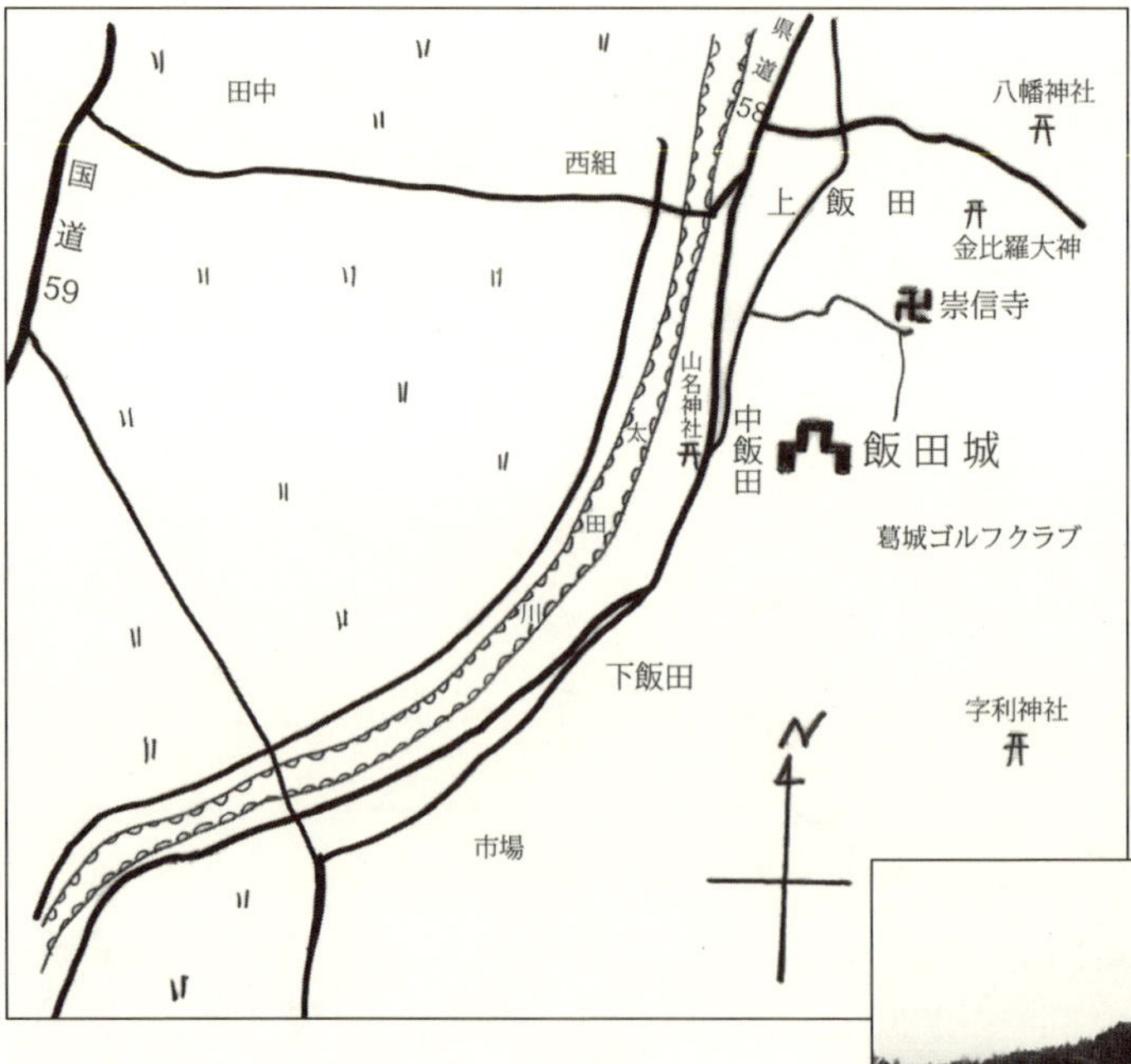

図：飯田城
静岡県森町飯田字峯山。

突破口を開いたとされている。昌友の墓は佐久市龍雲寺にある。『武田三代軍記』には――「二俣の城を取圍み、息をも續駆がせず攻めらるる。中にも勝頼は、紺地金泥の法華経の幌を懸け給ひて、士卒に先立ち働き給ふ。斯くて甲州の士卒、我も我もと攻近づき、水の手を攻取りけるに、小宮山丹後守昌友、水の手曲輪の一番乗りを果たして乗込んだり。敵大勢、此所を支えて防ぎければ、小宮山、多く痛手を蒙つて終にしたりけり」とある。また、武田方の戦没者の中に、**依田昌忠**（平原依田氏）がいる。彼は、潜行隊として城内に忍び込んだが、討ち死にしている。彼の子依田**盛繁**は、祖父信盛に養われ、後に依田信蕃の佐久平定戦では、一番に信蕃の臣下となり、小田井城や加増城の攻略に功を挙げている。

《信玄の遠州侵入経路に関する新説》

一隊は信州街道（秋葉街道）を下って、久能城（久野城〈袋井市〉）を包囲、木原宿、西島宿（磐田市）など袋井周辺に分宿して徳川軍を牽制した。信玄は合代島（磐田郡豊岡村）に陣をしき、二俣城攻略に取りかかった。……つまり、信玄は南方から攻めている。このこともあってか、最近の若手の史家は、信玄の遠州への侵入経路は青崩峠や兵越峠からではなく、駿河方面からであるという新説を発表している。駿河方面にその時通過した証拠と推定される同時代の古文書が散見するとしている。詳細については諸学にお任せしたい。通説と新説を次ページに掲げる。

〔天正三年の攻防〕一五七五年、武田氏（依田信蕃）が守備した戦い

家康による二俣城奪還作戦は、長篠の戦い（天正三年五月）の翌六月に早くも始まった。『蘆田記』（依田記）では「五月より御攻め成られ候」とあるが、『浜松御在城記』には、「同六月、二俣へ御出馬、毘沙門堂・鳥羽山・蜷原・和田島ニ附城ヲ被仰付、御攻サセ被成候」とあり、武田方が立て籠もる二俣城を四カ所の付城（陣城）で包囲している。（『依田記』にある「祿方山」の砦に言及なし）。

下野守信守は果敢に二俣城から打って出て、天龍川の対岸の砦山山頂にある和田ケ島砦（渡ケ島砦）を襲撃した。現在でも主郭、帯郭、堀切、井戸跡などが残っている。当時は榊原康政が陣取っていた。二俣城を西方から睨む砦である。襲撃はある程度成功したが、その時の負傷も関係してか、『蘆田記』（依田記）は「六月十九日に祖父下野守信守は病死。それより常陸介信蕃、そのまま城を堅く持つ」と述べている。このことに関しては『松平記』には、「大久保七郎右衛門忠世、

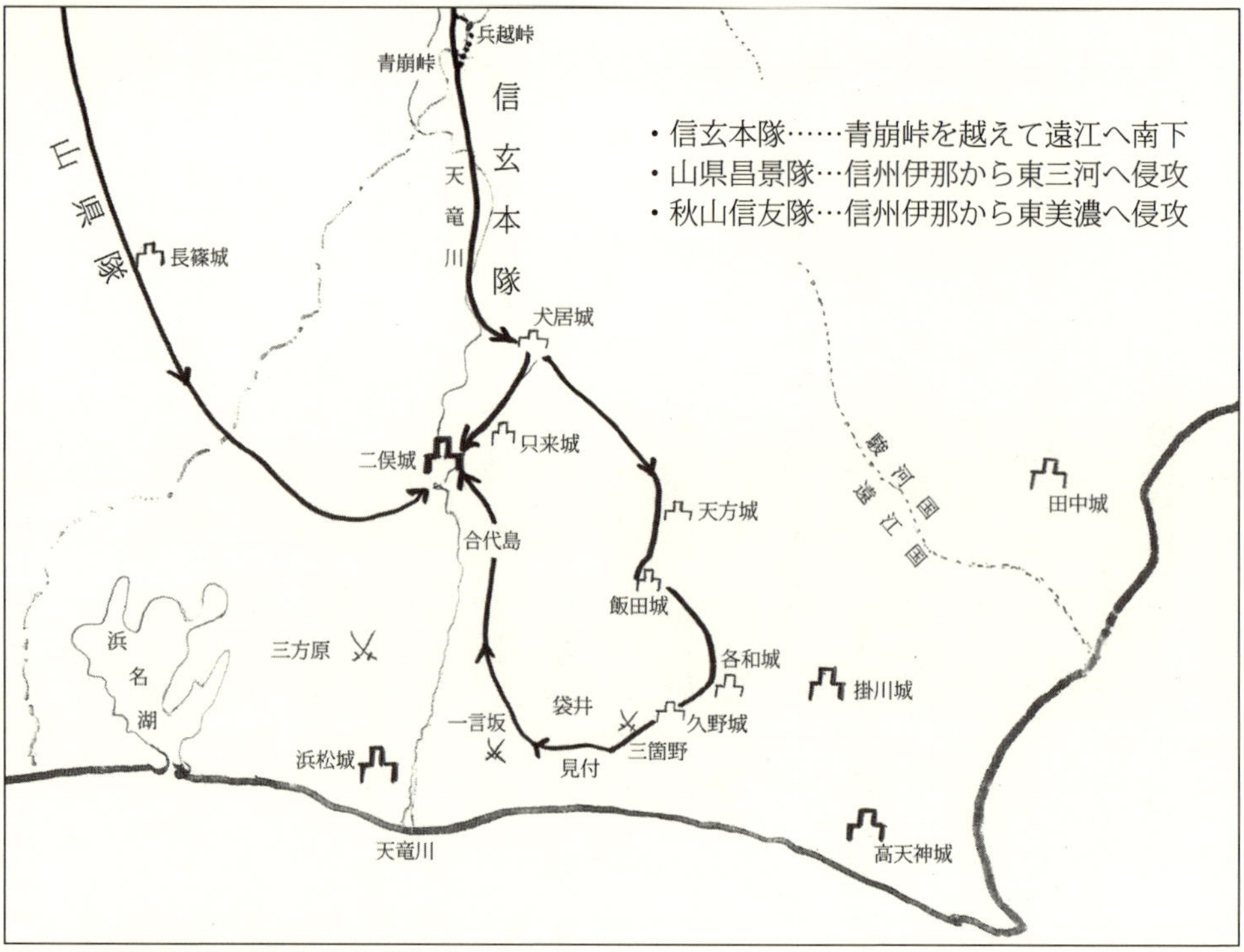

図：通説 武田軍侵攻ルート
『三方ヶ原の戦い』大和田哲男（学研）参考

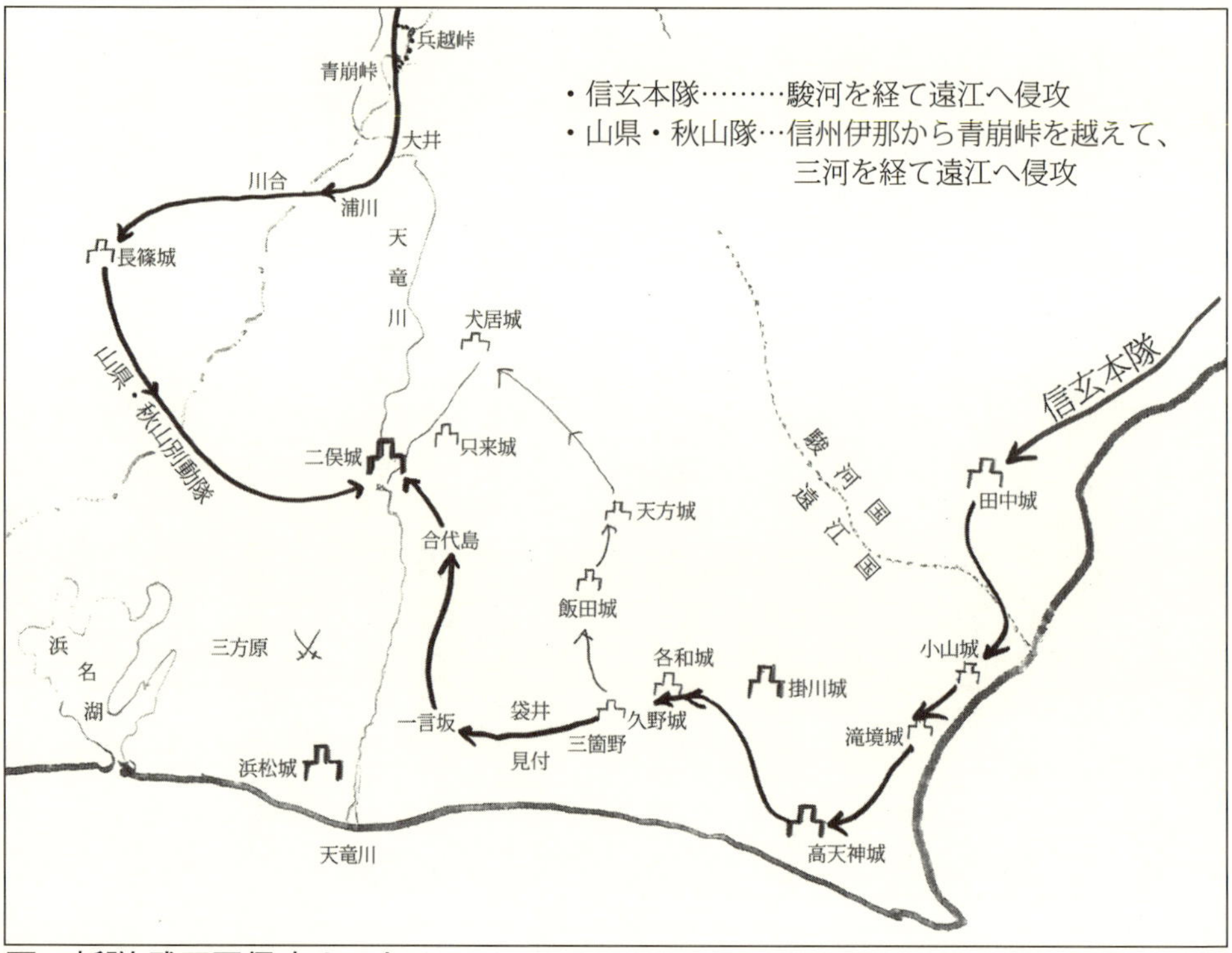

図：新説 武田軍侵攻ルート
『定本徳川家康』本多隆成（吉川弘文館）参考

蜷原砦にあり、使者を諏訪原に遣はし、家康に告げて曰く、聞く此頃二股の城将**依田下野守**病死すと、若し其の喪に乗せば、一擧にして功を奏すへし、この機を逸せは、再来期すへからずと、家康報を得て大に悦ひ、匆々兵を率ゐて二股に至り、大久保・榊原を先鋒として、二俣城を攻めしめ……」とある。また、『浜松御在城記』に、「二俣ノ守将**下野守**も、六月病死、子息**依田右衛門佐信蕃**ト大久保忠世、極月迄對陣」とある。『芦田記』（依田記）筆者である芦田康眞（信蕃の次男、下野守信守の孫）だけでなく、敵方である徳川の文書にも「依田下野守病死」とあるからには、病をえての死であることは真実であろう。

「十二月廿三日、依田ハ和ヲ請テ、甲州へ退去……」（『浜松御在城記』）とある。その際の信蕃の城明け渡しは堂々たるもの（詳細は別ページ参照）で、その後も（高天神城）、田中城へ入り、武田軍の主将として家康軍と戦っている。この信蕃の人となりや戦いぶりが、後年家康をしてぜひ徳川麾下に組み入れたいという働きかけにつながっていくのである。依田信蕃の智略、軍略を尽くした城主（ここでは番手城主）としての戦いぶりがほうふつとされる事項を、『依田記』に述べられている二俣城についての内容から、前述のことと

写真：二俣城内から天龍川対岸に渡ヶ島（和田ヶ島）砦を臨む

の重複をおそれずに列挙してみる。

ア　長篠の戦い直後の五月末から十二月二十四日まで七カ月間、徳川の包囲網と攻城に耐え抜き、孤軍奮闘したこと。その間の守備兵の人心掌握と軍略の巧妙さである。

イ　援軍のない中、兵糧が乏しくなったが、敵方徳川家康の膝元浜松近辺まで現地調達のための兵を夜々出している。夜討ち・強盗・乱捕りなどの現地調達をしている。(もっとも、これは当時の戦における軍勢の当然の所業ではあった。信玄、謙信も他の戦国武将も行なっており、むしろ大飢饉などの時には、それを解消するために他国へ攻め入っている事実もあると言われている)。

ウ　土俵を蔵に三百余詰め置いて、米のように見せかけ、兵糧にこと欠くことはないと安心させるなどの心理作戦で、兵の戦意を維持高揚した。

エ　十一月時までに、**勝頼**から二俣の城を明け渡して撤退するようにと、奉書で二度伝えられたが、「勝頼の直書でなければ、城を明け渡すことはできない」と忠節心を示し、三度目に勝頼の直書が届けられて、城を明け渡すことにしたこと。なお、「奉書」とは主君の側近が書いた命令書のことであり、「直書」とは主君直筆の書状のことである。

武田勝頼　……「二俣城を明け渡し、甲斐へ撤退せよ」
↓①奉書（一度目）
↓②奉書（二度目）
↓③直書（三度目）
依田信蕃　……主君勝頼の直書が届けられて、二俣城を明け渡すことにした。

オ　十二月二十三日に二俣城を明け渡す約束になっていたが、二十三日には小雨が降っていたので、**常陸介**は、「雨降りでは蓑笠で見苦しいので、雨が晴れれば、二十四日か二十五日にでも」と、毅然と折り目正しく敵方に申し送った胆力

カ　二十四日に天気が晴れ、城明け渡し作法をわきまえ、一糸乱れず整然と明け渡し、退いたこと。この時、徳川方からは**大久保新十郎**（忠隣）と**榊原小平太**（康政）、依田軍からは、信蕃の二人の弟である**依田源八郎信幸**（次弟）と**依田善九郎信春**（三弟）を證人（人質）とし、事が済んだ後、二俣河原で整然と人質交換を果たしたこと。

信蕃方 ……次弟依田源八郎信幸、三弟善九郎信春

・二俣城の明け渡しまでに双方から證人（人質）、終了後互いに交換する。

徳川方 ……大久保新十郎忠隣、榊原小平太康政

この二俣城の攻防戦の指揮ぶり統制ぶりや、城の明け渡し前後の堂々とした一連の信蕃のとった対応や人となりは、**家康**をして、敵ながら見込みのある武将として強い印象をもたせたに違いない。ちなみに、この時依田信蕃は二十七歳であった。

もうひとつ、余談ではあるが、依田信蕃の武士としての心得や心の持ち様、礼儀作法を持った武将であることが垣間見える二俣城の戦いでのエピソードをここに紹介しよう。『新編藩翰譜』第二巻所収の内藤家長に関する文章の中に述べられている。（下段参照）

これは、直接的には徳川方の内藤家長の武功を述べたものであるが、**二俣城の大将依田右衛門佐が、家長の弓の戦いぶりを認めて、敵ながらあっぱれと、その矢を送り返してきたエピソードでもある。**図らずもここからも、依田信蕃の武将

今年六月二日、二俣の城を攻めらる。城兵打って出、両陣小川を隔てて支えたり。敵の方より朝比奈弥兵衛と名乗って出、松平彦九郎が首取って引返す。家長、彦九郎と外戚に就きて親しければ、当の敵逃さじとおつ懸けて放つ矢、朝比奈が鎧の後より前へ、ぐっと射貫きしかば、などかは少しもたまるべき、うつ伏せに臥して死す。弟の弥蔵是を見て、兄が首取らさじと押し隔だたりて切って掛る。家長又取つて番ひ、しばし固めて放つ矢に、まつ直中を射通されて是も同じく倒れ死す。敵、朝比奈兄弟打たるるを見て、水をさつと渡して家長を目掛け切つて懸る。御方内藤打たすな、続けやとておめき叫びて馳せ寄る。敵、かなはじとや思ひけん、民家に火を懸けて烟に紛れて引いて行く。明くれば三日、**城の大将依田右衛門佐信蕃、石川日向守家成が陣に使者を立て、誰人の御矢に候ぞ、御弓勢の程、驚き入りて候、とて家長がきのふの矢を贈りける。**徳川殿此の由を聞召して、家長を御前にめされ、御鎧の上に召されたる道服脱がせ玉ひてぞ賜はりける。

としての人物と度量の大きさが語られていることになる。

二俣城でのこれらのことに加えて、さらに依田信蕃は後年、田中城の主将として徳川軍の包囲作戦に耐え抜き、武田氏への忠誠心と武人魂を示し、城将としてのその力量を遺憾なく発揮することになる。そのような信蕃であったればこそ、武田勝頼が滅亡した後、徳川家康が臣下に加えようとして、信蕃を信長の追及から逃れさせて、彼を二俣の奥小川の里に匿い、本能寺の変後、甲州・信州平定の先がけとしたわけである。

《信玄は二俣城を奪取直後、誰を城番として据えたか》

信玄は二俣城奪取直後、城を改修して、芦田下野守信守を二俣城の守備に就かせ、直ちに三方ケ原に向かったという見方が多い。――信玄が二俣城将として**蘆田下野守**（常陸介信蕃としている場合もある）を据え、信玄本隊は浜松方面へ南下し、その後の十二月二十二日、三方原の戦いで徳川軍を破ったとしているのが、『三河物語』『松平記』『譜牒餘録』『三河記』『三河後風土記』『浜松御在城記』などである。芦田下野守信守と信蕃が、家康軍の二俣城包囲作戦にもかかわらず、よく籠城して統率力、武略と智略によってその能力を発揮し耐え続けたのは史実ではある。

しかし、最初から二俣城の番手城主として守備していたということには、若干の疑義がある。いくつか、左記に掲げてみよう。まず、二俣城のお膝元である二俣（浜松市天竜区）では、どのように考えられているのだろうか。

㋐ 二俣城本曲輪にある説明板によると、武田領時代に関して「元亀三年（一五七二）からの城主は三浦右馬助・小原宮内丞・小山田六左衛門であり、天正二年（一五七四）からの城主は依田信蕃」と記されている。

㋑ 浜松市生涯学習課発行の『北遠の城』でもこれと同じ内容である。

㋒ 『天竜市史（上巻）』では、その証拠として「二俣城には三浦右馬助け・小山田六左衛門・小原宮内丞らが

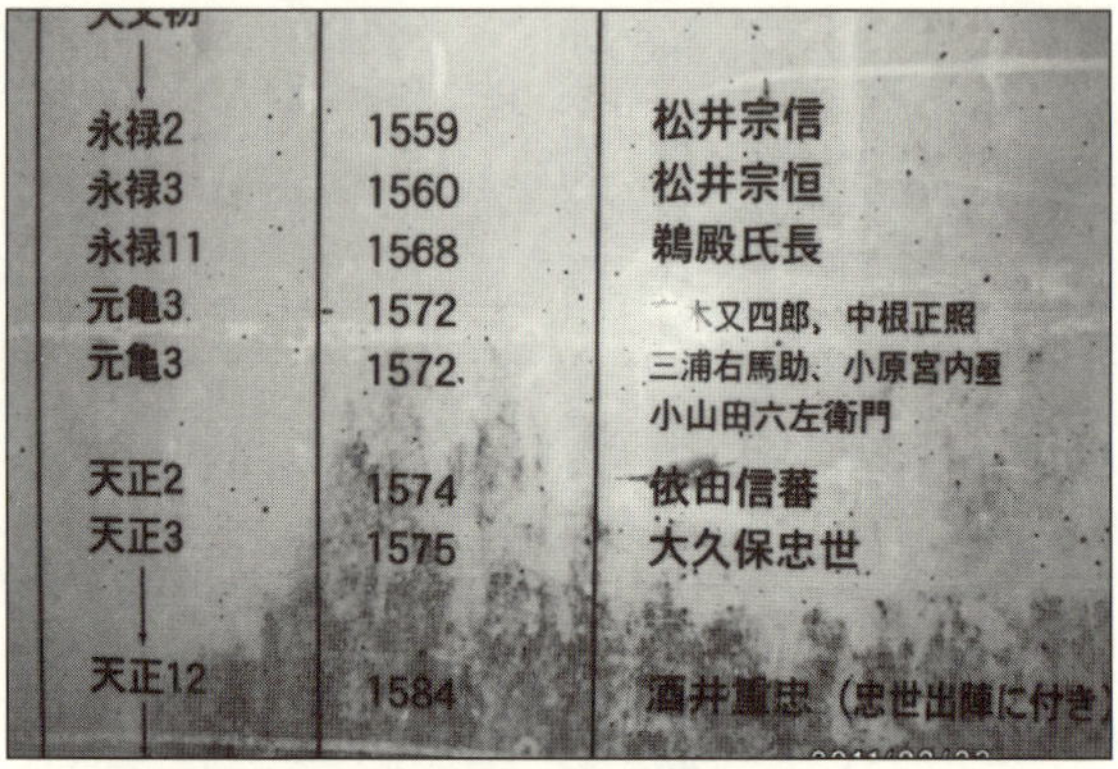
永禄2 1559 松井宗信
永禄3 1560 松井宗恒
永禄11 1568 鵜殿氏長
元亀3 1572 又四郎、中根正照
元亀3 1572 三浦右馬助、小原宮内丞
小山田六左衛門
天正2 1574 依田信蕃
天正3 1575 大久保忠世
天正12 1584 酒井重忠（忠世出陣に付き）
写真：二俣城本丸にある説明板

在城していたが、武田勝頼は十二月二十七日に彼らに条目を与え、その中で徳川方の忍び（しの）に対する注意を説いている」として『友野文書』を挙げている。それは、武田勝頼が元亀三年十二月二十七日に彼らに朱印状で与えたとされるものである。

『友野文書』

（竜朱印）条目
一　其城用心普請等、不捨昼夜肝煎之事
　付、忍之用心専可被申付之事
一　向諏訪原出伏兵、稼不可有由断候事
一　其地為番替山家并駿州衆一両人指越候、為着城
　者、小山田六左衛門尉片時も早速帰参之事
　　　已上
　　十二月廿七日
　三浦右馬助殿　　小山田六左衛門殿
　小原宮内丞殿　　其外在番衆

三箇条の条目の大意は、
一、城の守備を堅固にすること
一、諏訪原城に伏兵を出し攪乱すること
一、その他の城番として山家衆と駿州衆それぞれ一人を送るので、着城したならば小山田六左衛門（昌盛、昌成とも）を甲府に帰すことを命じている。

同じく、『日本城郭大系⑧、静岡・愛知・岐阜編』でも『友野文書』の内容は「二俣城」在番衆への条目（三箇条）」と解釈している。もっとも、大塚勲氏が『武田・徳川、攻防の推移』（地方史静岡第二十六号所収）で述べているように、これは天正三年（一五七五）の十二月二十七日のことであり、勝頼が田中城在城の城将に与えた朱印状であると考えることもできる可能性も残っている。

写真：二俣城大手二ノ丸虎口（こぐち）

㋓　地元である浜松市天竜区大谷の江戸時代の学者であ

る内山真龍の『真龍文書』によると、天正二年甲戌年十月に依田左衛門信蕃が二俣城主となったとしている。

㋔『竹重文書』は他の箇所で、天正二年（一五七四）閏十一月十一日付けで勝頼は深山宗三に対し、「依田右衛門佐二俣在城被仰付候条、向後其方も可致在城之旨、被加御下知之処」と書状を送っている。これは二俣城に依田右衛門佐を入れ、さらに深山宗三を加勢として配置したことを意味する。このことから分かることは、少なくともこの頃天正二年十一月十一日までには依田信蕃が二俣城の守備についているということの確証があることになる。

㋕また『蘆田記』（依田記）にも、天正二年からとしているので、その確立は高い。但し、この時点では、あくまでも父の下野守信守が城主である。

以上に鑑みると、――芦田信守・信蕃父子が二俣城の守備についたのは、二俣城奪取直後ではないが、天正二年（一五七四）十一月十一日以前からである。翌天正三年十二月二十四日まで、籠城は一年二カ月あまりということになる。

二俣城籠城中の天正三年の時点での**信蕃**の年齢は二十五歳、父信守は生年が不明なので明確ではないが、天文十年（一五四一）に「主なき体」の芦田城から諏訪頼重によって諏訪へ人質として連れ去られた時の推定十三歳（十四歳）から計算すると、四十七歳か四十八歳であったと思われる。なお、信蕃の嫡男竹福丸（後年の松平**康國**）は数え年六歳、次男の福千代丸（後年の松平**康眞**・加藤四郎兵衛宗月）は数え年二歳であったと推定される。信守・信蕃の妻子がこの頃どこにいたのか、本拠である信州佐久郡春日城にいたのか、武田氏によって与えられていた甲府の芦田屋敷にいたのか、あるいは他の場所にいたのかということについては不明である。

その間、天正三年五月二十一日の長篠の合戦で武田勝頼は、織田・徳川連合軍に大敗している。直後の五月末から徳川家康は一万二千の兵をもって二俣城を包囲攻撃を繰り返した。信守・信蕃父子は武田氏からの後詰めもない中で、撤退せず、頑強に守備し続けた。長篠の合戦での武田勝頼の敗戦により、周囲は全て敵となった中で、残るは二俣城の信蕃と高天神城の岡部実幸だけとなっていたのである。

《依田信守・信蕃は遠州戦線と東美濃戦線いずれへ参陣したのか》

翻って、『芦田記』（依田記）では元亀三年に武田軍による美濃口侵入の軍の中にいた芦田下野守が、美濃岩村城の南の**「上村の戦い」**で、明智宗叔（景行）の軍を破ったと述べている。これは上村合戦「元亀三年説」の可能性がある。つまり、芦田下野守信守が、二俣城攻めや三方ケ原の合戦時には、秋山晴近の搦め手軍（美濃口への侵入軍）に属しており、上村合戦で活躍したことになっていることが事実とすれば、ほぼ同時期の二俣城将としての可能性は低い。つまり、徳川方の中根正照の開城後の二俣城には、信濃先方衆**依田信守・信蕃**父子を城番として入れたといわれているが、それでは、信守の岩村城攻めや「上村の戦い」での行動は成り立たない。「上村合戦」が二俣城攻略よりも二年前の「元亀元年説」をとれば、下野守信守が遠州二俣城方面に参陣していたということのつじつまが合うが、二俣城攻めの時に下野守信守は秋山信友に従って岩村城攻略戦に出陣していたとするのには無理がある。また、信守が信玄本隊から分かれた一支隊を率いて、遠州只来城や飯田城攻略を果たしているということが事実であったとすると、その時東美濃戦線にはいなかったことになる。二俣城の攻城戦から三方ケ原の戦いの頃、信守・信幸父子がどの方面の武田軍に参陣していたかについては、今後の大きな検討課題として残る。なお、旧陸軍参謀本部編『日本戦史』三方ケ原役付表によった、小和田哲男著『三方ケ原の戦い』の参戦将士一覧によると、信守・信蕃父子の名が記載されている。

《徳川氏が二俣城奪取後》

家康は三河譜代の大久保七郎右衛門忠世を二俣城へ入れた。二俣には忠世の弟（忠為・忠長・彦左衛門忠教）、従兄弟（忠吉）、一族（忠景）をはじめ家康から寄子として付けられた面々が在城した。忠世は以後、秀吉による家康の関東移封にともなって小田原へ去る天正

写真：本丸喰違い虎口から見る二俣城天守台
信蕃が守備していた時代には、なかったと推定される。

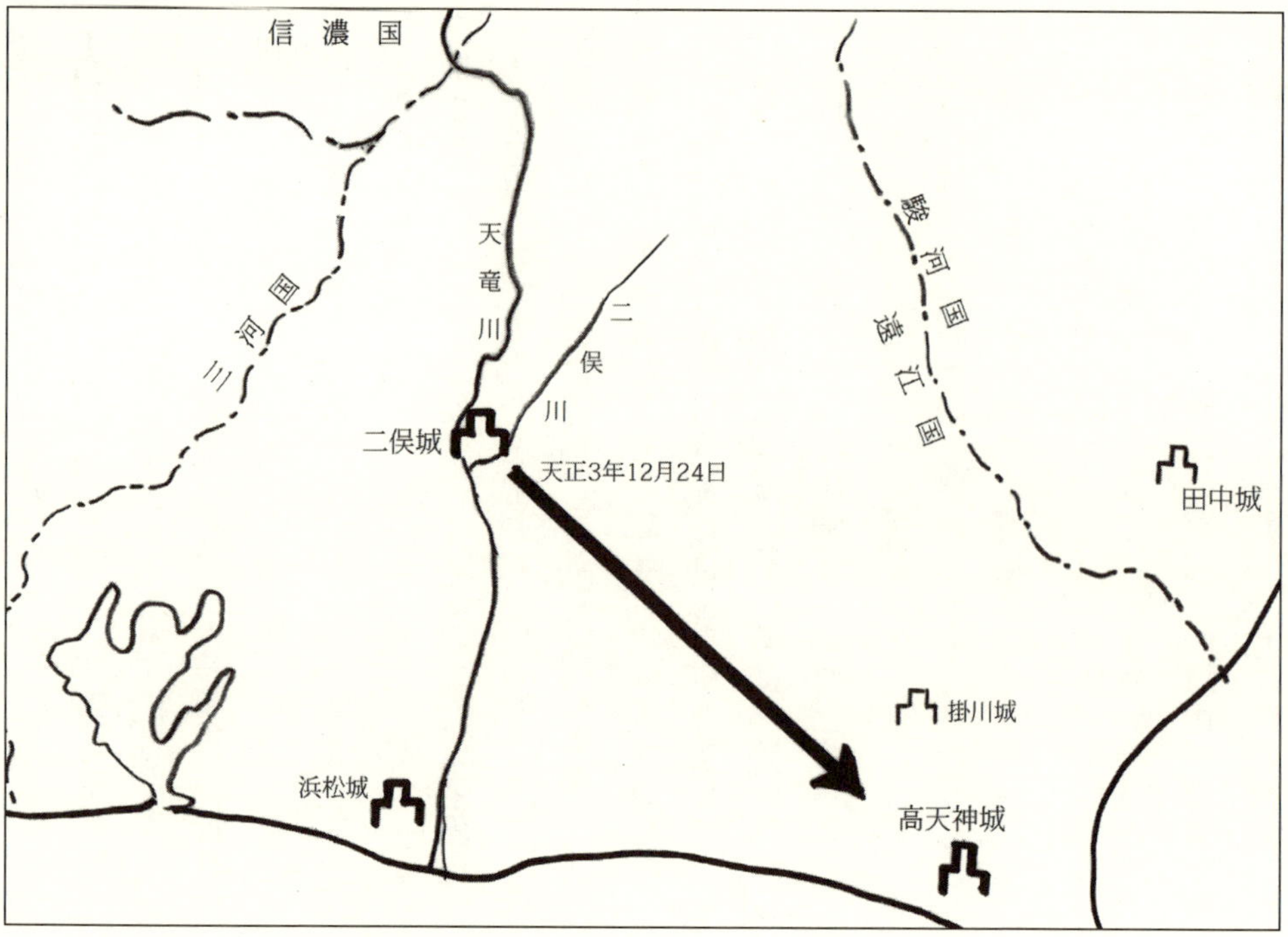

図：依田信蕃 二俣城開城後、高天神城へ
天正 3 年（1575）12 月 24 日

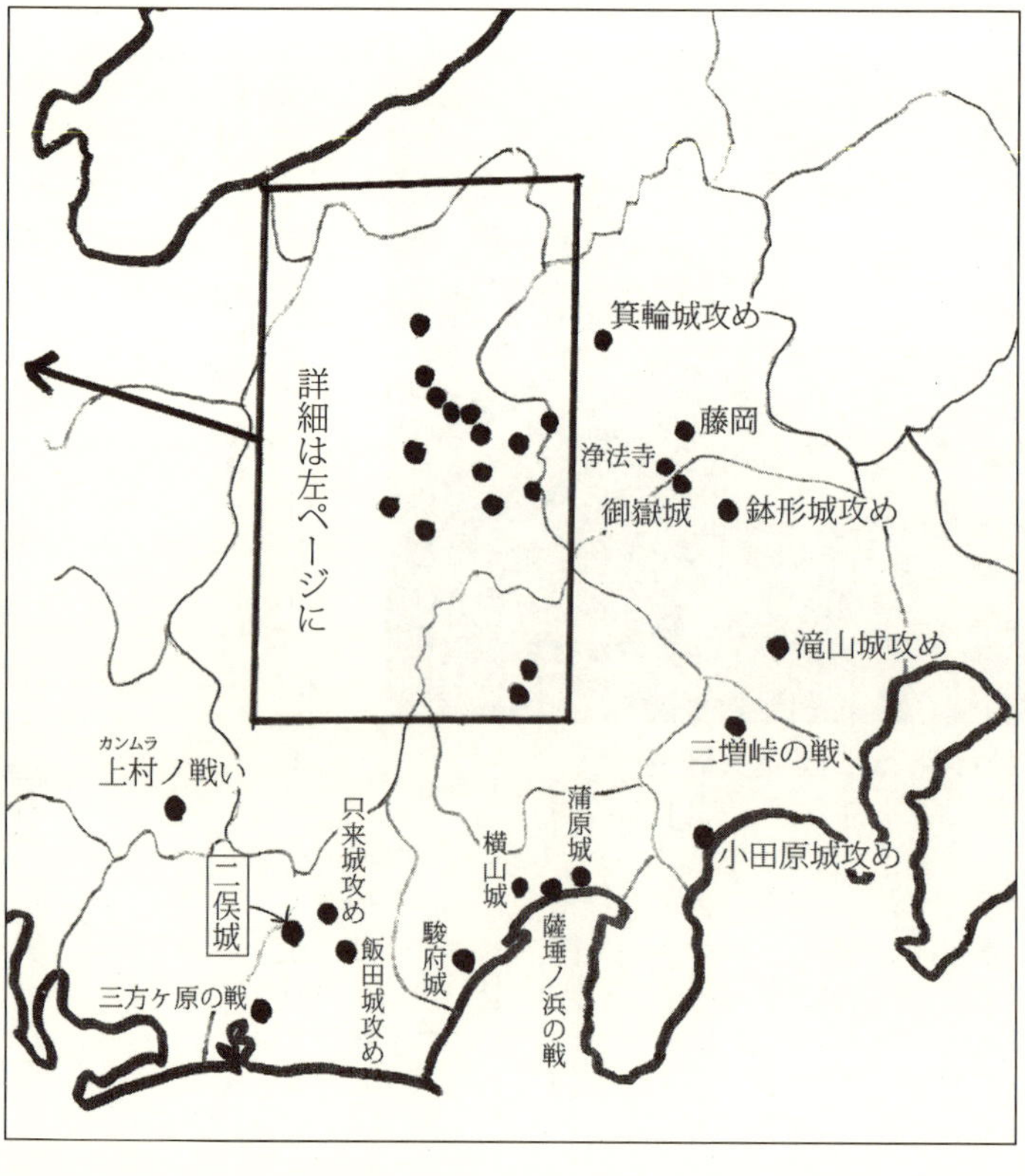

図：下野守（しもつけのかみ）信守の足跡

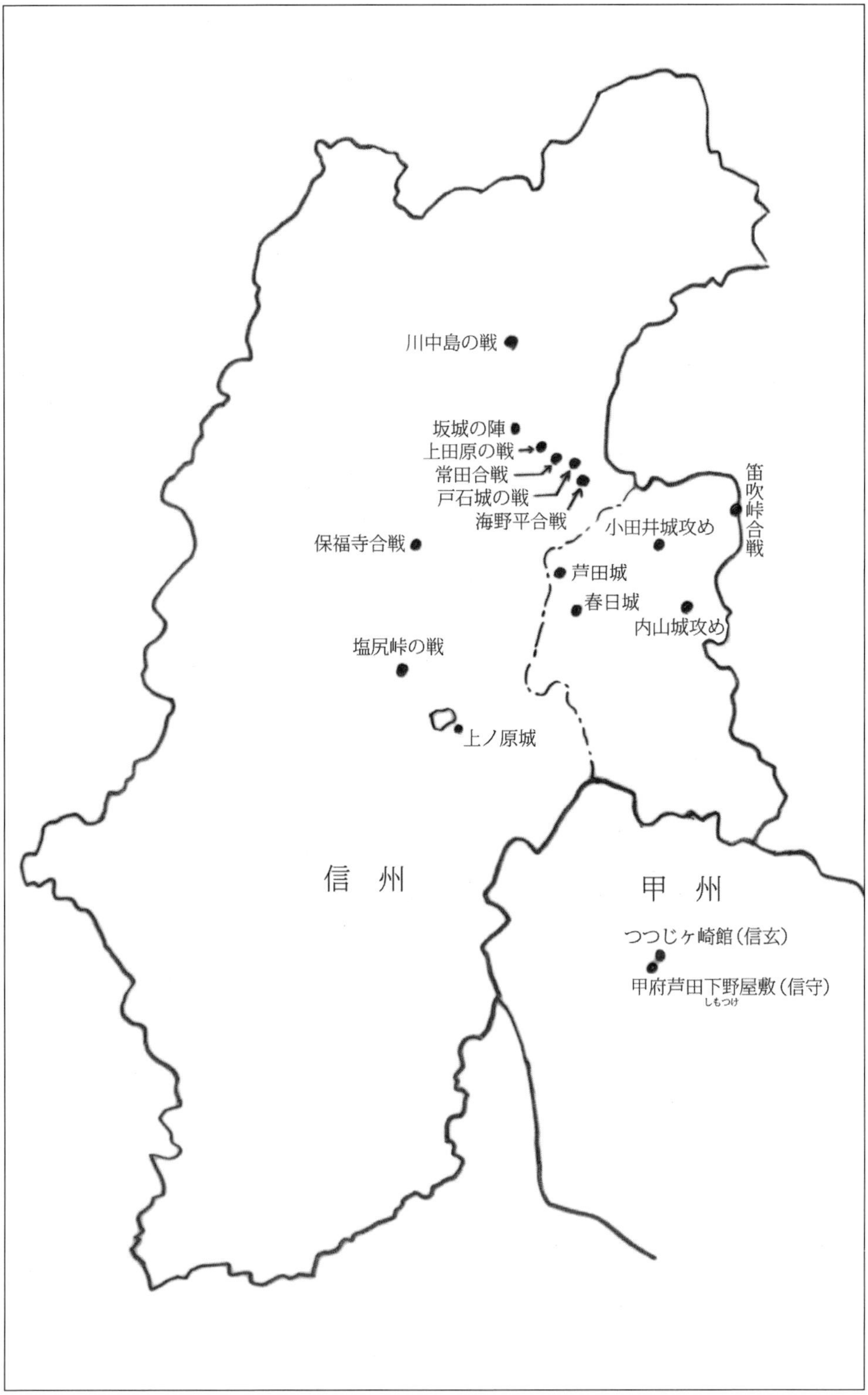

図：芦田下野守信守と信州の合戦

十八年（一五九〇）七月まで約十五年間二俣城主であった。忠世が城主の頃、二俣城は大規模な改修が行なわれ、天守台などが構築された。現在、本曲輪の食い違い虎口、枡形など見所も多い。また、かつて徳川家康が本陣を築いたとされる鳥羽山城にも手を加え、二俣城を挟んで南側に別郭一城のような形式で鳥羽山城も大改修を施した。立派な石垣によって構えられた大型の枡形、虎口や大土塁などがある。また築山のある庭園が造営された。これは多分に城館的な色彩の濃い山城といわれている。もっとも、今に残る最終的な遺構は、二俣城も鳥羽山城も、家康とともに大久保忠世が関東へ移封になった後に浜松城へ入ってきた堀尾吉晴の弟宗光が最終的な改修を施した跡と考えられる。したがって、現在二俣城跡で見ることのできる城の姿は、依田信蕃が守り通した城郭とはだいぶ様変わりしていることを認識する必要がある。

この間、天正七年（一五七九）九月には、家康の嫡男岡崎三郎信康が織田信長の命で二俣城において自害させられるという事件が起きている。二俣城から北東五〇〇ｍほどの所にある清瀧寺（せいりゅうじ）は家康が信康の菩提を弔うために建立した寺である。現在そこには、二俣城の水の手の井楼（せいろう）が推定復元されている。また、依田信蕃が徳川臣従後、天正十年九月から、嫡男竹福丸（後の松平康國、数え十三歳）と次男福千代（後の松平康眞、数え九歳）が証人（人質）として、大久保忠世が城主となっていた二俣城に在城している。七年前の天正三年（一五七五）に父信蕃が城主として守備した城で二子が日々を送ったのは奇縁ではある。以後も大久保忠世は二人の後見の役を務めている。大久保忠世は二俣城攻防戦及び後の田中城攻防戦で、信蕃が城を徳川方に明け渡した時の直接の武将である。その時の対応を通して信蕃と肝胆相照らすものがあったものと推定される。ところで、**二俣城明け渡し後、信蕃は高天神城に向かったといわれているが、同時代資料が存在しない現在では、明らかではない。**しかし、『蘆田記』（依田記）の述べている内容については、細部に誤りはあるものの、その件が確認されているものが多いことから、信蕃が高天神城へ向かったということも事実であった可能性が高い。

⑥遠州高天神城に在城

一、
その後、**常陸介**は、**遠州高天神**に在城致され、そのうち毎日毎夜の陣は際限無く候間、記し及ばず候。

〈要旨〉

・その後、常陸介信蕃は、遠州高天神に在城した。そのうち毎日毎夜の陣は際限無いので記すには及ばない。

〈注解〉

「その後、**常陸介**は、**遠州高天神**に在城致され」とあることは、「依田信蕃は二俣城を明け渡した後、高天神城へ入って守備した」ということを意味する。しかし、信蕃の高天神在城については「そのうち毎日毎夜の陣は際限無く候間、記し及ばず候。」ということで、記述がない。これは父信蕃の高天神城における事蹟について、筆者である康眞が何も知らなかったからであろう。しかも、あらゆる文献を調べても、信蕃が高天神城にいたという証拠になる文言は今のところ確認できない。記述があったとしても、この『蘆田記』(依田記)の内容から、それを事実として述べているようである。したがって、信蕃が高天神城の守備については事実関係が不明である。しかし、確実な同時代の文書がないから、そういうことはなかったとする文献至上主義に陥ることは無益である。『芦田記』(依田記)に記述されていることは、細かい誤りはあったとしても、大概はその実態がある場合が多い。そういう状況証拠からすると、信蕃が高天神城に在城したということは事実である可能性が高い。

写真：高天神城

《高天神城の構造》

高天神城は静岡県大東町上土方にある。小笠山の山塊が東南に延びた尾根の末端に位置する標高一三〇m(比高一〇〇m)ほどの鶴翁山にある。山全体が急な断崖によって囲まれている要害の城である。東峰と西峰の二つの部分から構成さ

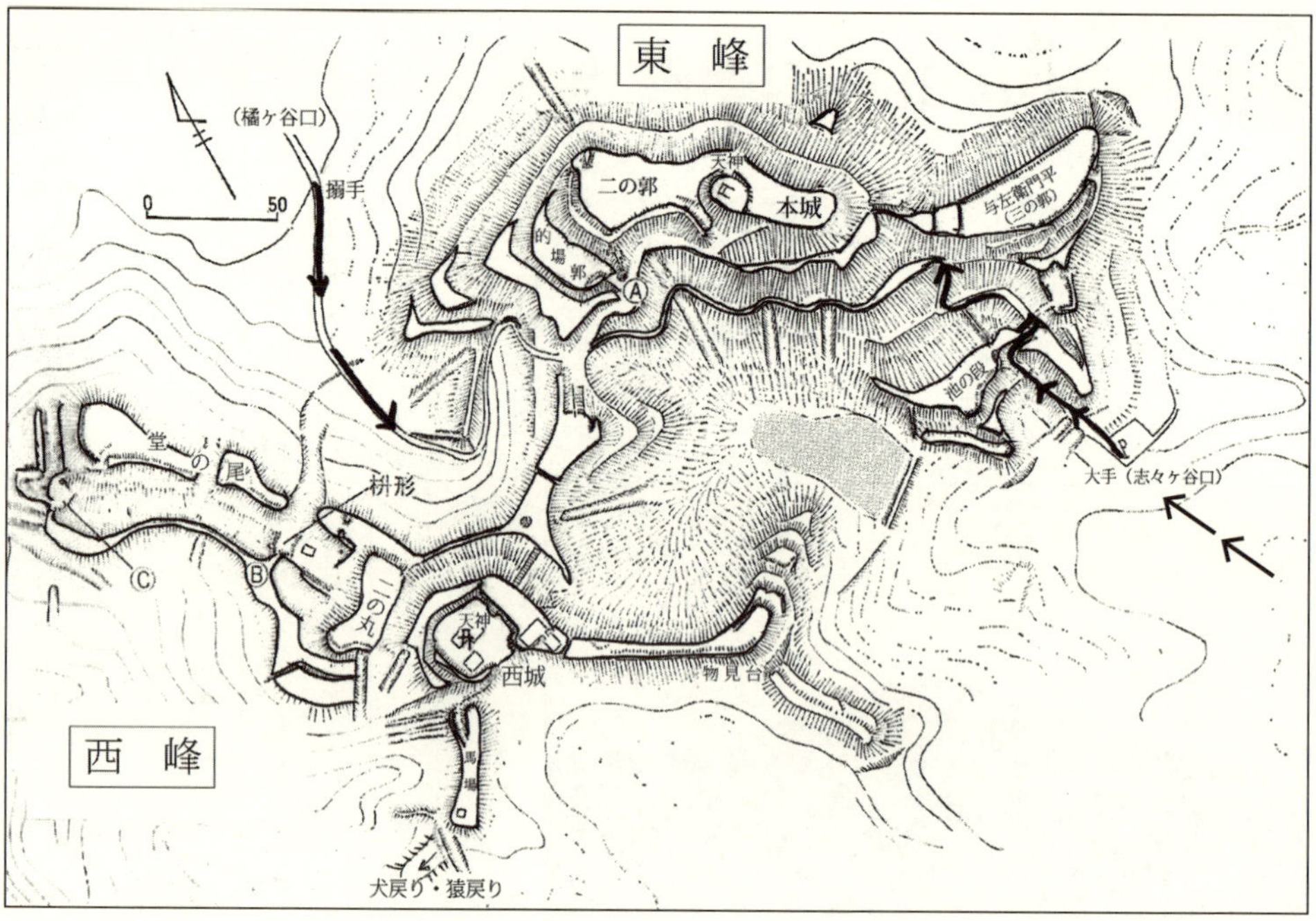

図：高天神城（一城別郭の城）
静岡県小笠郡大東町。『戦国武田の城』中田正光著（有峰書店新書）p.384を利用

れ、一城別郭式の城となっている。独立した二つの城が中央の鞍部に築かれた井戸曲輪によって連結されている。主体部が二つあることによって、攻守ともに連携して戦える有利な構えであった。しかし、考えようによっては、一方が陥落すれば、そこを足掛かりとして他方が攻撃されるという場合も考えられると言われている。通称、東峰といわれる本曲輪と現在高天神社のある西曲輪とに分かれている。東峰の部分を本城と表現し、西峰の部分を西城と表現する場合もある。東峰は一年代古い縄張りで峰に沿って段状に各曲輪を配列している。東峰の中心が本曲輪（千畳敷と呼ばれている）である。本曲輪の東南部分は一段と高所で御前曲輪（元の高天神社はここに祀られていた）である。本曲輪の西へ一段下がって二の郭、さらに下がって的場曲輪、鐘曲輪と続く。また東峰を東南へ下がった所に三の曲輪ともいうべき与左衛門平がある。大手道を上から監視する位置にある。

西峰は空堀（山城なので「横堀」という表現が妥当であろう）を有効に使用した武田流の縄張りである。西峰の主郭に相当するのが二ノ曲輪（東峰の本曲輪に対してこう称する）である。これは西曲輪とも呼ばれる。現在、「高天神社」の社殿が建てられている場所である。さらに北方へ堂ノ尾曲輪（塔ノ尾曲輪）が続く。さらにその先端部分をせいろう曲輪（井楼曲輪）があり、その方向への横堀が特徴的である。また、二ノ曲輪の南西に通称「馬場」（番所のあった「番場（ばんば）」の意味か）と呼ばれる曲輪があるそこから落城時に横田甚五郎が脱出したとされる「甚五郎抜け道（犬戻り・猿戻り）」の尾根が続いている。

《高天神城の攻防戦》

「高天神城を制する者は遠州を制する」といわれていたように、高天神城は遠江の象徴的な城であり、軍事的重要性が大きかった。

①第一次高天神城の戦い（元亀二年三月、一五七一）……武田信玄が攻める

信玄は元亀二年に二万の大軍を率いて遠江に侵入し、重臣の一人内藤昌豊を主将に命じて、高天神城を攻めさせた。この時の城主は家康に属していた小笠原与八郎長忠（弾正少弼信興）であった。信玄は少し攻めさせて、容易に落ちないことが分かると無理攻めはやめさせて、押さえとして内藤昌豊を置いて甲斐に戻っている。（信玄が攻めたのはこの一回だけ）

②第二次高天神城の戦い（天正二年〈一五七四〉五月）……武田勝頼による攻略

信玄亡き後、勝頼は二万五〇〇〇の大軍を率いて、高天神城を包囲した。城主小笠原長忠は浜松城の家康に援軍の要請をしている。しかし、家康単独では勝ち目がなく、また織田信長は越前一向一揆との戦いに全力を注いでおり、高天神城の後詰めの援軍を回すことができなかった。援軍の望みがない中で、猛攻を続ける勝頼からの好条件の降伏勧告によって、ついに小笠原長忠は城を六月十七日に明け渡し、高天神城は武田氏の手に落ちた。信玄が落とせなかった高天神城を落とした勝頼は自信をもったが、このことが墓穴を掘ることになったと後世いわれている。その後、城番はしばらくは、そのまま小笠原長忠であったが、やがて勝頼の家臣横田甚五郎尹松（ただとし）が替わる。

③第三次高天神城の戦い（天正八～九年二月二十二日〈一五八〇～一五八一〉）……徳川家康が奪還

天正三年五月の長篠の戦いでの武田氏の大敗によって、家康が高天神城の奪還作戦を展開することになる。その間、高天神城の番替えが行なわれ、駿河先方衆の一人岡部真幸（元信、長教、長保）が主将となり、横田尹松は軍監となった。家康は高天神城の周りに天正七年から八年に掛けて六つの砦を築いて取り囲み、武田の後詰めを断った。城将岡部真幸は、勝頼に対して援軍の要請をしたが、武田には援

軍を送るだけの力はすでになく、城内では兵糧が尽き、甲府からの後詰めも望めないことから、矢文で降伏を申し出たが、それは黙殺された。いよいよ兵糧に窮し、血路をひらくため、三月二十二日に総攻撃に討って出た。高天神城の周囲には空堀と柵が張りめぐされて、脱出は極めて困難であった。徳川軍が待ち構えているところへ城内から討って出たので、すさまじい戦いとなり、武田方の将兵七三〇余人が討ち死にしたという。『家忠日記』によると、「今日(三月二十二日)高天神城ニテ御味方ノ軍勢撃捕ル所ノ首凡曾七百三十余級……」として、主将の岡部真幸をはじめ駿州先方衆、また、信州先方衆では、「栗田ガ従兵信州ノ士」として栗田刑部丞(鶴寿)・栗田彦兵衛及び弟二人、勝股主税助・櫛木庄左衛門・山上備前守・和根川雅楽助……「与田能登守ガ従兵」として与田美濃守・与田木工左衛門・与田武兵衛・大子原川三蔵・江戸力助の名がある。なお「与田」とは「依田」のことである。ここでは相木依田氏である。また『高天神城討死注文写』(乾徳山恵林寺雑本)にも同様の名が記されている。

　高天神城の落城により、武田氏は遠江における拠点を失い、このあと武田・徳川の戦いの舞台は駿河に移ることになる。

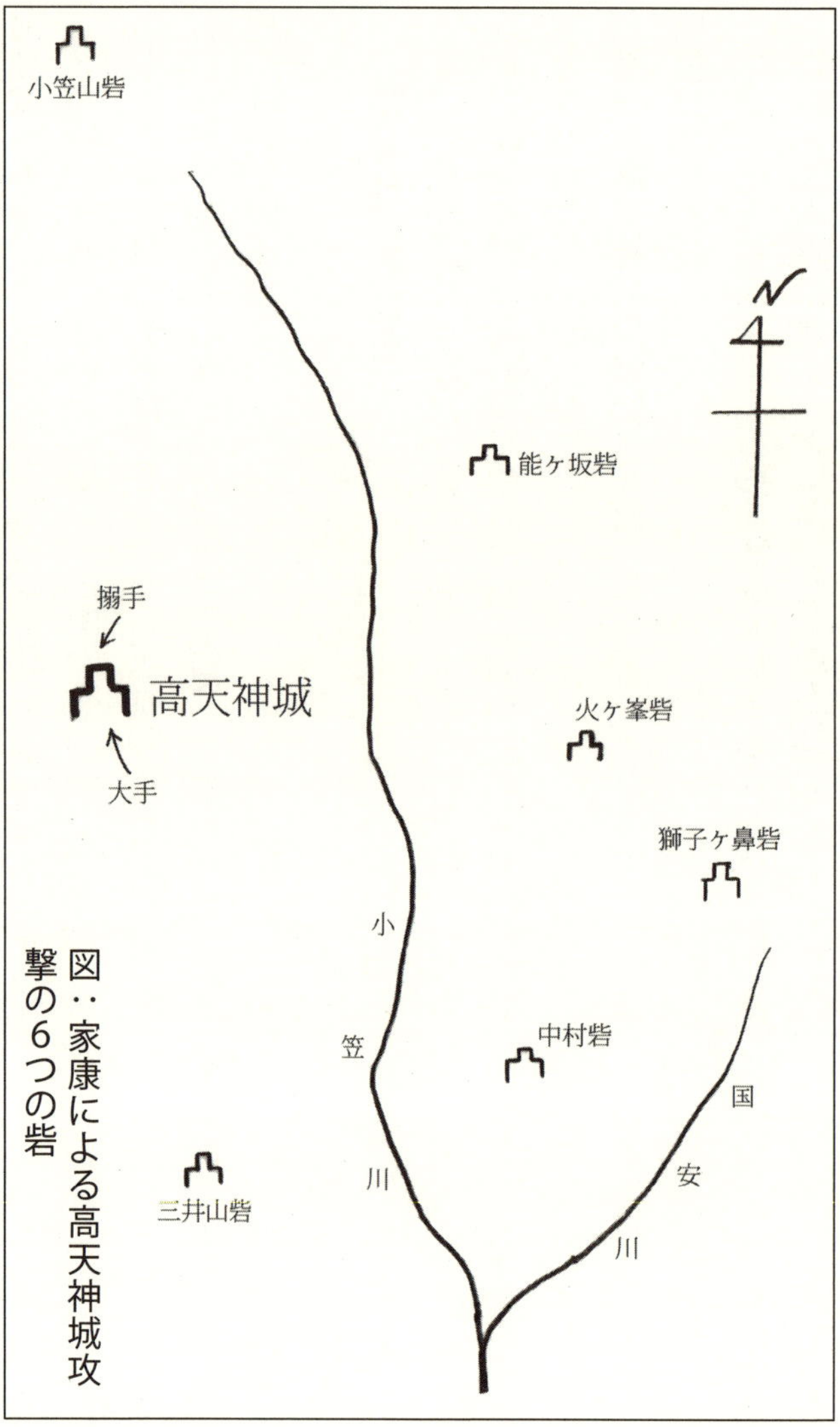

図：家康による高天神城攻撃の6つの砦

《二俣城明け渡し後の依田信蕃の動向》

信蕃が、二俣城を大久保忠世へ明け渡したのが天正三年（一五七五）十二月二十四日である。その後、『芦田記』（依田記）やそれに基づいて編纂された『寛政重修諸家譜』以外の文献上で明確な信蕃の動向は、田中城の守備である。二俣城明け渡しから田中城の守備につくまでの三年十カ月ほどが空白の期間となる。

そこで、信蕃の二俣城明け渡し後の行動で考えられるのは、

㋐　高天神城の守備についた。（『蘆田記』〈依田記〉など）
㋑　本拠のある信州佐久へ帰った。
㋒　甲府へ帰った（『浜松御在城記』など）……父下野守信守の頃から甲斐府中に芦田屋敷を与えられていた）
㋓　いったん高天神城に入ったが、勝頼の越後出兵に従軍した。（『蘆田記』〈依田記〉など）
㋔　田中城の守備についた。（『武田三代記』など）

㋑の信州佐久あるいは㋒の甲斐府中へ帰ったということも考えられないでもないが、当時の武田氏の事情からして、信蕃が他国の最前線にいることなく、本拠地で過ごせることはほとんどなかったであろう。㋐の高天神城の守備に着いたということは十分に考えられる。天正三年十二月二十四日に二俣城を明け渡したので、同じ遠州国内の高天神城へは、少なくとも天正三年の末日までには入城したと考えられる。信蕃が高天神城に在城したという同時代の資料は発見されていない。しかし、前述の通り、細かい誤りはあるものの、信蕃の次男である康眞（加藤四郎兵衛宗月）による『芦田記』（依田記）に記述されている内容は、他の事項に関する記述が概ね史実を述べていることからして、信蕃が田中城明け渡しの後、高天神城の守備に着いたということは信用できそうである。

《依田信蕃が高天神城を後にしたのはいつか》

では、信蕃が高天神城の守備につき在城したとして、高天神城から去ったのはいつのことであろうか。天正九年三月二十二日の高天神城の落城時、信蕃はすでに田中城の主将として智略、武略を発揮していたわけであるから、それ以前の時期ということになる。

まず、高天神城の番替えが勝頼によって行なわれた時期を考察してみたい。そのヒントとして、天正五年（一五七七）閏七月十一日に武田勝頼が某に、徳川家康の遠江国高天神城攻撃に対して、出陣を命じている書状がある。

（原文）

昨十日如及催促候、来廿三到諏訪郡可有参陣之由、雖申遣候、家康向高天神相揺之由候条、来十九可出馬候、乍苦労十八日着府簡要候、有油断者不可有曲候、恐々謹言急之用所候間、印判候

七月十一日　勝頼　□　↑（朱印、印文「晴信」）

（宛所は切断されている）

（読み下し文）

昨十日催促に及び候如く、来る二十三、諏訪郡に到り参陣有るべきの由、申し遣わし候といえども、家康、高天神に向かい、相揺すりの由候条、来る十九出馬候べし、苦労ながら十八日着府肝要候、油断有る者あるまじく候、恐々謹言急の用の所候間、印判に候

七月十一日　勝頼　□　↑（朱印、印文「晴信」）

これは、「昨日七月十日に、来る二十三日に諏訪郡へ来て参陣するように申しつけたが、徳川家康が高天神城攻撃に向かって来るので、（予定を早めて）七月十九日に出馬する予定である。ご苦労であるが、そのためには十八日に甲斐府中まで到着していることが肝要である。油断しないように」と信州の「某」に出した書状（朱印状）である。

日付の「七月十一日」とは静岡県『浅羽町誌』資料編一（第1章古代中世史料 pp.479-480）によれば、「天正五年七月十一日」（一五七七）である。勝頼の書状であるが、「急之用所候間、印判候」とあるように、この書状の発行に際しては、用件が緊急であったので「晴信（信玄）」の印文のある朱印状となっている。

発行者は勝頼であるが、朱印の印文は、すでに他界しているが、もっと威信のある「信玄」である。天正二年六月十七日に勝頼は高天神城の攻略に成功したが、翌天正三年（一五七五）五月に長篠の戦いで大打撃をうけた勝頼である。信玄の威徳を利用している書状ともいえる。このように、何人もの臣下に高天神城への出馬を促したものと推定される。しかし、宛先の名前の書いてある部分は切断されている。これは徳川家康に敵対した武田勝頼からの書状であるので、都合が悪いのでその所有者が後世になって、切断した可能性がある。この書状から分かることは、天正五年（一五七七）の七月頃から、徳川家康がいよいよ本腰を入れて高天神城攻撃

に向かい、武田方にとっては形勢が危うくなりかけたことである。「高天神を制する者は遠州を制す」といわれるほどの重要な拠点であったので、勝頼は城番の兵をたびたび増やしたり、番替えを行なったりして守り抜こうとしている。

二俣城明け渡し後、高天神城へ入ったとされる信蕃は、番替えの時に佐久ないしは甲斐府中へ帰還したものと思われるが、それがいつのことかは不明である。

天正六年（〈一五七八〉六月十四日付け）勝頼が小山城の守備についていた岡部丹波守元信へ送った書状がある。

> 急度染一筆候、仍高天神番替差越候間、道之儀相頼候、備帳被見合有心得、高天神根小屋迄被送届、備番之衆召連帰尤候、備不猥様肝要、悉皆任入候、恐々謹言
>
> 追而、畢竟、室大・朝駿・城意、談合尤候
>
> 六月十四日　　勝頼
>
> 岡部丹波守殿

これは、高天神城の城番衆の差替えをするので、当番衆を高天神の根小屋まで送り届けるように岡部元信に送った書状である。なお、この時同じく小山城に室賀大和守・朝比奈駿河守信置・城意庵景茂も在番していたことを示す。この書状で「高天神城の番替えをするので在番衆を高天神城の根小屋まで送り届けるように」指示している。このことは、天正六年（一五七八）六月十四日以降に高天神城の番替えが実施されたことを意味する。その後、大きな番替えがなされたのは、『甲陽軍鑑』によると天正七年（一五七九）八月で、岡部丹波守元信、相木依田氏、栗田鶴寿、上野衆、孕石氏以下駿河先鋒衆、直参衆、江間右馬丞らが入城している。

『甲陽軍鑑』

> 同年（天正七年）八月、遠州高天神へ御人数千余り、**番替りにさし越給ふ**。駿河先方岡部丹波守・信州相木、基外上野侍騎馬二三騎ばかり持たる衆、或は駿州先方孕石主水を初二三騎計持たる衆、或一騎合の直参衆に旗本より足軽大将江馬右馬丞・横田甚五郎を万御目付警固の為にさし添こし給ふ。さて又此侍衆寄合衆なれ共、岡部丹波守を大将分に定らるる事、丹波大剛の誉れをとりたる武士故如此。以上

この時（天正七年八月）の番替えで依田信蕃が高天神城を後にした可能性はある。

しかし、それ以前に依田信蕃が高天神城をすでに出ている証拠がある。『芦田記』（依田記）では、上杉謙信の跡目相続争いの御館の乱に際して、依田信蕃は勝頼の越後出兵に従軍している。武田軍が越後へ入ったのは、天正六年（一五七八）五月のことであるので、すでにそれ以前に高天神城からは帰還していたことになる。したがって、天正七年八月の大番替え以前に高天神城を後にしたことになる。信蕃は越後出兵の後、駿州田中城主としての守備についている。ところで、武田朱印状によると、勝頼が高天神城在城中の孕石元泰の私領である藤枝鬼岩寺分の堤の普請を依田信蕃に命じている。

写真：瀬戸川、鬼岩寺堤（勝草橋付近）

武田家朱印状

依田右衛門佐殿（懸紙ウハ書）

定

孕石私領藤枝鬼岩寺分、堤之普請、以先御印判申付之由候之条、自今以後も、破損之砌者、再興之普請可被申付旨、被仰出者也、仍如件、

天正七年己卯　十月廿七日（竜朱印）　曾祢河内守　奉之

依田右衛門佐殿

（読み下し）

定

孕石私領藤枝鬼岩寺分、堤の普請、先御印判を以って申し付けるの由候の条、自今以後も、破損の砌は、再興の普請申し付けられるべき旨、仰せ出ださるものの也、よって件のごとし。

天正七年己卯　曾祢河内守　奉之

十月廿七日（竜朱印）

依田右衛門佐殿

これは、田中城城番の依田信蕃に孕石私領藤枝鬼岩寺分の堤の普請を命じる文書である。藤枝堤の確かな位置は分からないが、瀬戸川東岸の鬼岸寺門前周辺であろう。瀬戸川の現在をみると、ふだんは水量がほとんどない涸れ川であるが、いざ洪水となると暴れ川に変身したのであろう。治水工事を当時田中城主であった依田信蕃に命じた文書である。このことから、信蕃の田中城の守備が天正七年（一五七九）十月二十七日以前であり、田中城の周辺を統治していたことが判明する。

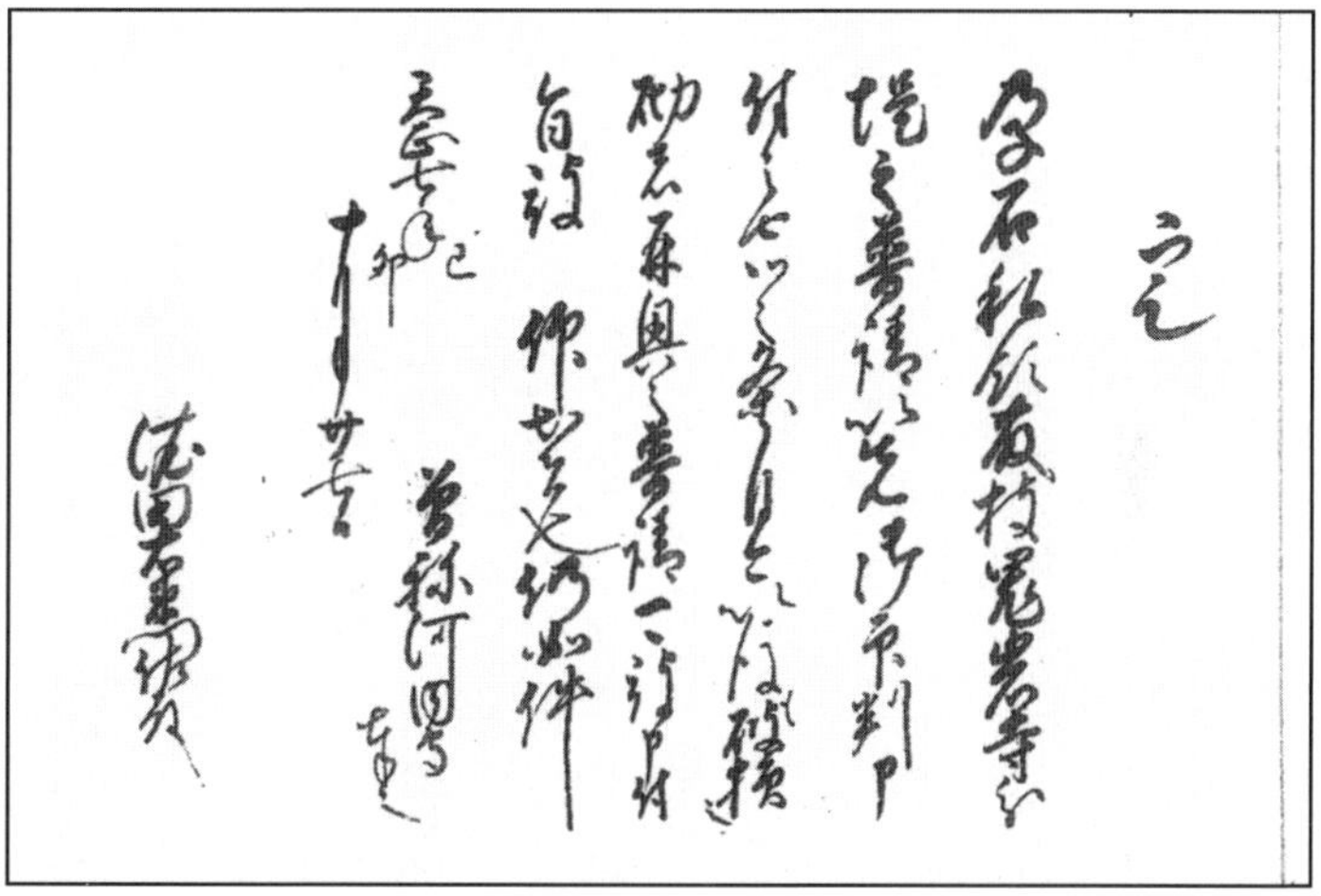

写真：武田家朱印状

以上の関係を考察すると、

① 二俣城明け渡し後、高天神城の守備に着く……天正三年（一五七五）十二月二十四日以降

② **高天神城を去る**

③ 武田勝頼の御館の乱の時の越後への出兵……天正六年（一五七八）五月

④ 高天神城の大規模な番替え……天正七年（一五七九）八月

⑤ **田中城の守備に着く**

⑥ 武田勝頼の朱印状にある鬼岩寺分の堤の普請命令……天正七年（一五七九）十月二十七日

依田信蕃が高天神城を去ったのは、④よりも早く、さらに③よりも前の時期と考えられ、また田中城の備に着いたのは⑥よりも以前ということになる。

いずれにせよ、大規模な番替え（天正七年〈一五七九〉八月）以前に信蕃は高天神城を後にした可能性が高い。とすると、信蕃が高天神城に在城したのは、天正三年（一五七五）十二月二十四日の二俣城明け渡した後、高天神城へ入城してから、越後出兵従軍の天正六年（一五七八）五月までの二年五カ月の間の、いずれかの時期ということになる。

なお、徳川家康は高天神城を囲む形で六つ砦を築き、攻撃体制を整え、兵糧や武器弾薬の搬入を阻止する体制を構えた。いわゆる「高天神六砦」といわれるものであるが、これらが築かれたのは、小笠山砦以外はいずれも天正七年（一五七九）から翌八年（一五八〇）にかけてのことである。したがって、それ以前であったので、依田信蕃が高天神城から脱出することは比較的困難ではなかったといえそうである。

《高天神城陥落と同族相木依田氏の討ち死に》

武田勝頼は高天神城の守備兵の番替えを何回か実施しているが、次第に遠州における武田氏支配の情勢は厳しくなっていく。同じ依田氏でも信蕃は芦田依田氏であるが、相木依田氏が高天神城に在番していた時に、とうとう落城の憂き目に遭う。相木氏と推定される三名が、天正九年三月二十二日の高天神城落城時に討ち死にしている。前述した依田美濃守（相木采女佐美濃守信房、依田幸雄か?）、依田杢左衛門、依田武兵衛である。一方、相木依田宗家の相木能登守市兵衛は落城時に脱出したとされている。『武徳大成記』に「横田甚五郎及相木某、囲ヲ突テ出テ甲州ニ帰ル」とある。また、『家忠日記』に「城兵横田甚五郎及ビ相木ノ某ハ大須賀五郎左衛門尉康高ガ陣ト大久保七郎右衛門尉忠世ガ陣ノ間ナル柵ヲ破テ遁レ去ル」とある。相木某とは二代目相木市兵衛（相木市兵衛入道能登守常栄、依田頼房）のことであろう。ちなみに、一代目相木市兵衛（相木市兵衛入道能登守常喜・依田昌朝）は彼の父である。二代目相木市兵衛は、その後も歴史上にその名が幾度か出てくる。

写真：甚五郎の抜け道「犬戻り猿戻り」

依田信蕃は、上杉謙信没後の上杉氏の跡目相続争いで景勝と景虎との間の御館の乱の際に、武田勝頼の越後出兵に従軍している。天正六年（一五七八）五月以前に高天神城を去っていたので、天正九年三月二十二日の高天神城の落城玉砕の戦いの時には、在城してはいなかった。

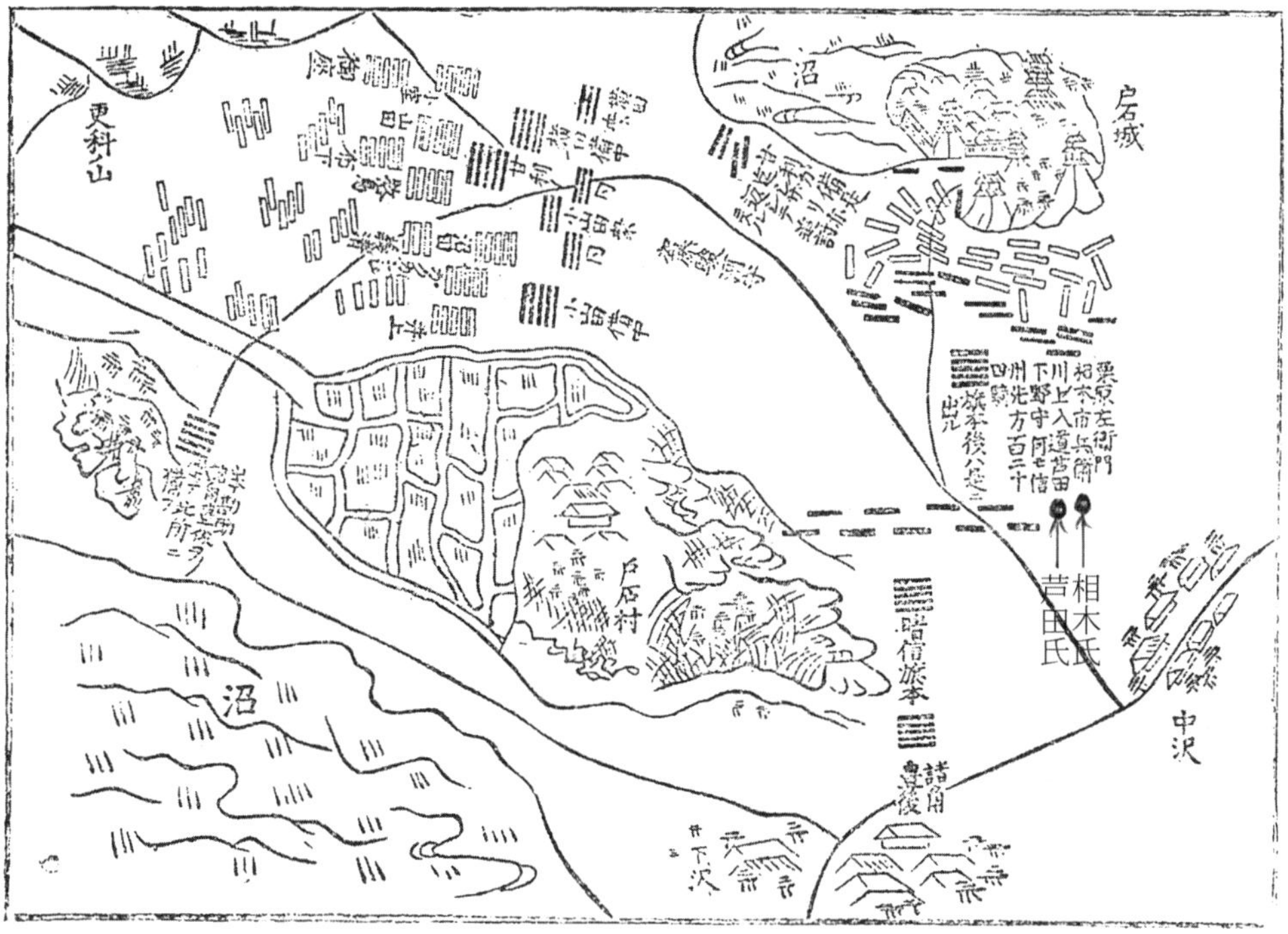

図：戸石城の戦い（芦田下野守、相木市兵衛の名がある）
「甲斐志料集成」所収「武田三代記」より。

この時期には、駿河田中城の主将として守備していた。そして、先の二俣城と田中城での見事な統率力と武勇でもって、徳川家康に敵ながら天晴れ（あっぱれ）と感嘆させている。

しかし、その信蕃もちょうど丸二年後の天正十一年二月二十二日、佐久郡岩尾城攻めで、鉄砲で狙撃され、翌朝暁を迎える頃に落命するという運命が待っている。

《芦田依田氏と相木依田氏》

芦田依田氏と相木依田氏は、共に武田麾下で甲府のつつじケ崎館の南面に屋敷を与えられていた。古図によると芦田屋敷、相木屋敷が書かれている。信濃先方衆として、芦田下野百五十騎、相木八十騎で真田氏とともに信濃先方衆の中心であった。芦田下野守信守と相木市兵衛昌朝は、信玄の出張する戦いの多くに信濃先方衆として出兵している。先に挙げた戸石城の戦い・笛吹峠合戦・上田原の戦い・塩尻峠の戦い・海野平合戦・保福寺合戦・時田（常田）合戦・川中島の戦い・上州箕輪城の戦い・武州滝山城の戦い・相州三増峠の戦いなどである。とりわけ永禄四年（一五六一）の第四次川中島の戦いでは、妻女山攻撃隊十頭（十部隊）のうちの二頭として、活躍してきている。そのうちほとんど全ての戦いにおいて芦田殿・相木殿として併立的に記載され、その布陣が示されているほど、武田家中において「信濃先方衆」の侍大将としてその存在は重要であった。

「武田三代軍記」（『甲斐志料集成』所収）にはいくつかの合戦の際に、次のように共に記載されている。

笛吹峠合戦では――「上州勢の諸手には、板垣駿河守を大将として、栗原左衛門尉詮冬・日向大和守・小山田左衛門尉・小宮山丹後守・逸見・勝沼・小會・南部に、信州先方**蘆田下野守・相木市兵衛尉**を差副へられ、其勢、都合七千餘人……（中略）……小室通の追分を過ぎ、軽井澤を打越えて、笛吹峠に馳付たり。」

海野合戦では――「海野平にて戰ふべしとて、則ち彼地に押し出さる。……（中略）……先ず先手の右の方は小山田備中守。信州先方の**相木市兵衛尉**・望月甚八・**蘆田下野守**・伴野・平尾・岩尾・耳取・依路・平原、左は郡内の小山田左衛門尉……（中略）……越後勢は、龍の丸備に備を立て、景虎自身、旗本を以て……」

北条攻めでの相模川渡河では――「斯くて、相模川を渉さるべしとて、其陣列を定めらる。先人は、内藤修理正昌豊・小山田左衛門尉信茂・**蘆田下野守**・小山田備中守・安中左近・保科弾正忠・諏訪五郎・**相木市兵衛**・栗原佐兵衛・板垣三郎・伊奈四郎勝頼なり……」――以上のように併記されている。

一緒に武田麾下で共に戦ってきた芦田・相木の二氏の運命の行き先は、やがて、別々の方向へ動き出す。特に本能寺の変後の情勢で、芦田氏は徳川に属し、信蕃が家康の甲斐・信濃制圧になくてはならぬ働きを果たしたのに対して、相木氏は他の多くの佐久の土豪と同じように北条氏を頼ることとなった。天正十年には、本拠地は佐久郡相木郷であったが、先年まで武田氏に託されていた佐久郡田口城にいた。相木市兵衛能登守常栄こと依田頼房は、家康の麾下として佐久郡統一を目指す信蕃の軍勢に攻められて、城を脱出して上州へ逃れた。さらに天正十八年（一五九〇）の豊臣秀吉による小田原合戦の直前には、相木市兵衛は同じく信蕃によって佐久を追われていた伴野貞長とともに、上州から相木谷へ侵入し、故地奪回を図ったが、信蕃の子の松平康國・康眞兄弟との合戦に破れ、再び佐久を去り、北条方の勢力範囲の上州へ逃れた。同じ依田氏を名乗る同族の運命が、別々になってしまったが、双方とも子孫は、二十一世紀の現在まで連綿と続いて、お家の伝統と誇りを引き継いでいる。

⑦御館の乱で越後出兵

> 一、天正六年の頃は、越後の**景勝**と**北条三郎**と取り合いに成り候時、**勝頼**公より三郎殿へ**常陸介**加勢に参り申し候。小田の浜と申す所にて、鑓比類無し。その上、景勝を追い崩し追い討ち、数多く討ち取り申され候こと。

〈要旨〉

・天正六年（一五七八）の頃は、越後では、**景勝**と**北条三郎**とが謙信の跡目相続争いをした。武田**勝頼**は甲相同盟により、北条三郎へ加勢した。**常陸介**も加勢の軍の中にいた。**小田の浜**という所で、比類なき鑓はたらきをした。その上、景勝軍を追い崩し追い討ち、数多く討ち取った。

《御館の乱》

天正六年（一五七八）三月十三日、越後では上杉謙信が四十九歳で急逝すると、その後継争いが、ともに養子である上杉景勝と上杉景虎との間で起こった。景勝（はじめ顕景と称した）は、謙信の姉と従兄長尾政景との間の子である。景

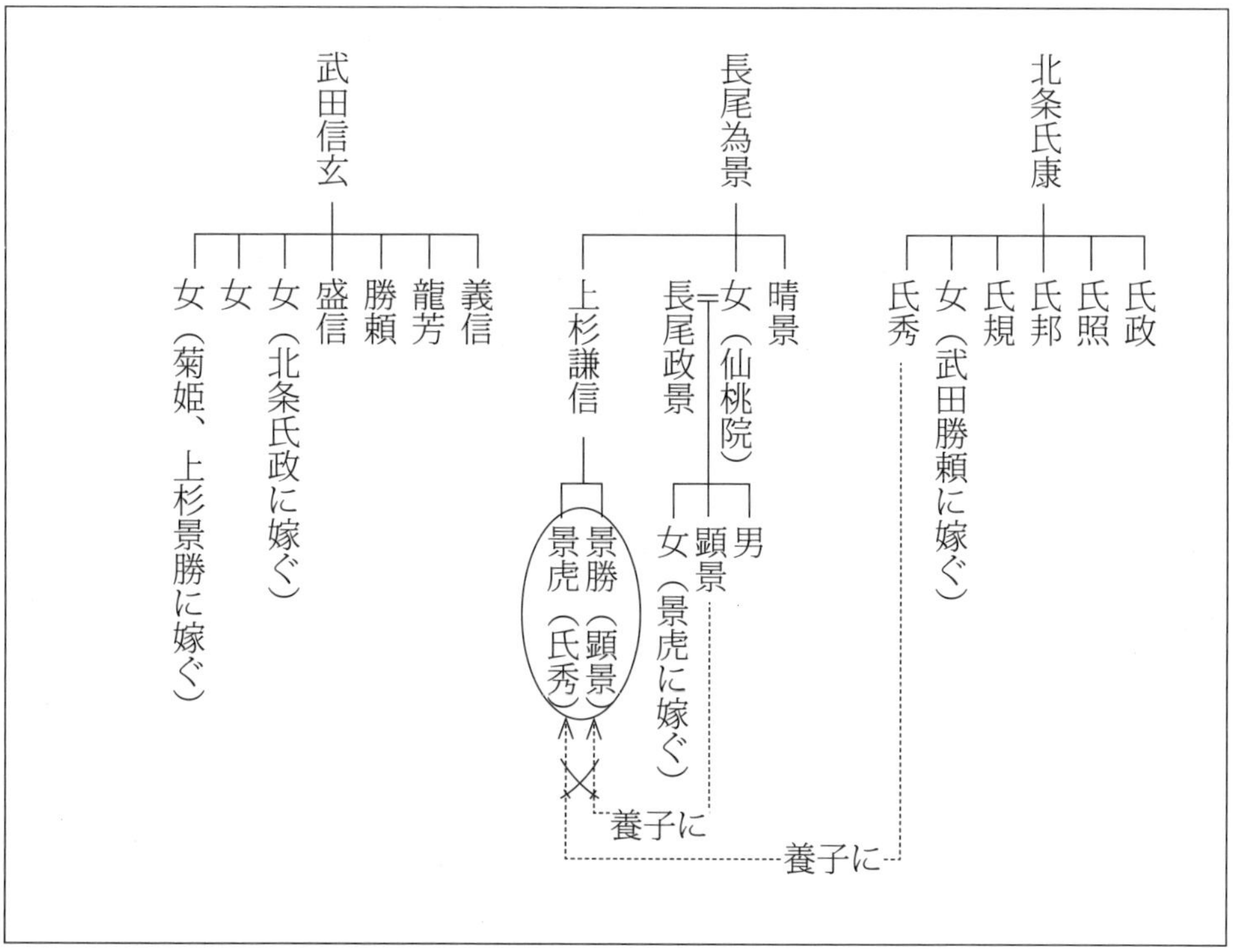

図：上杉謙信の２人の養子

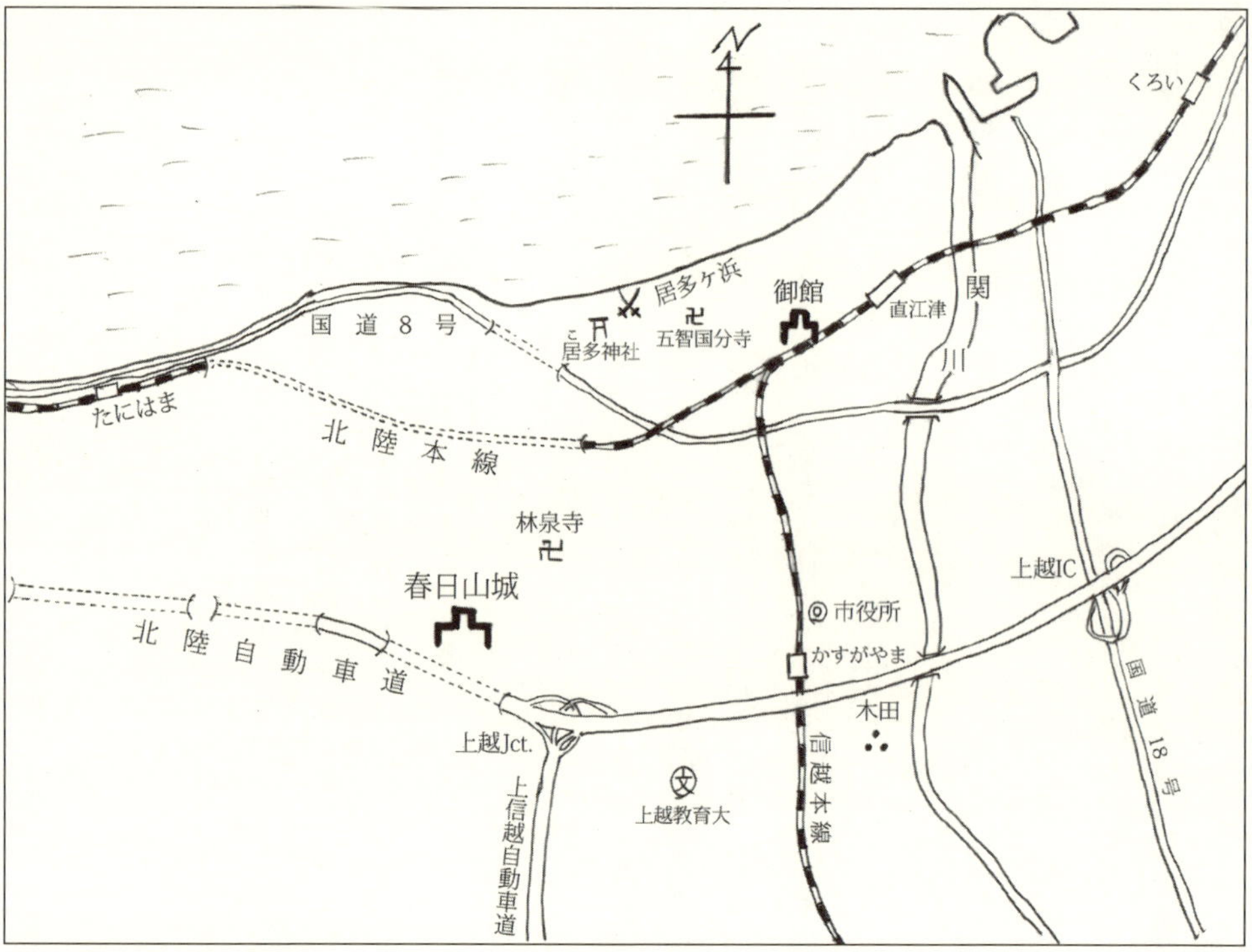

図：春日山城と御館

写真：春日山城

写真：御館

虎は北条氏康の七男氏秀で、謙信と氏康が和睦した際に人質として春日山城へやってきた。謙信は氏秀を気に入り、人質としてではなく養子とし、自らの若い頃の名乗り「景虎」を名乗らせていた。景勝が春日山城の実城（本丸）を占拠して、遺言と称し家督相続権を主張した。景虎は謙信のもとに居住していた前関東管領上杉憲政を味方とし、その館「御館（おたて）」を本拠としてこれに対抗した。後世これを「**御館（おたて）の乱**」という。因みに、「御館」はJR信越線（直江津駅）の線路沿いにあり、昭和四十年頃の調査によると、東西一四五m、南北一六〇mの長方形で、土居と堀を二重に巡らしていた。明治年間までは御館跡の周囲には土塁と幅十八mから二十mの堀があったという。北陸本線（信越本線）敷設工事に際して破壊され、水田と化していた。現在はさらに宅地化しており、その内郭の部分が公園となっている。

《御館の乱と武田氏の越後出兵》

上杉家の相続権をめぐって争ったのが「御館の乱」であるが、この間、越後は大いに乱れた。謙信恩顧の家臣の多くが景勝についたため、景虎は救援を小田原に求めた。甲相同盟により、勝頼は北条氏政の妹を正室にし、氏政の義弟にあたる関係から、出兵要請を受け入れ、五月二十九日、武田典厩信豊（信玄の次弟信繁の嫡男、勝頼の従弟にあたる）を先陣として信越国境に二万の軍勢を進めた。その軍勢は一万余とも、三万余とも言われており、特定できないが、とにかく大軍であったことには違いない。

一方、景勝は武田軍の出兵により不利を悟り、勝頼方の先手の大将武田典廐信豊に和議の斡旋を申し出た。『上杉三代日記』には――「上条家老赤田の城主斎藤下野守、謀を以て、芋川縫之介・島津月下斎使者として、勝頼へ黄金一万両、長坂・跡部へ二千両宛差越し、東上州半国遣し、其上旗下に罷成り、勝頼の妹婿となし、武田・上杉一家となり申さんとの趣なり」――とある。北条氏をバックにした景虎に勝つために、景勝は武田を取り込もうとしたのである。父信玄の宿敵上杉が向こうから「旗下に罷（まか）り成り」と申し出たのである。典廐信豊の斡旋によって、越後に向けて進軍中の勝頼は、六月七日に景勝との和議を承諾した。北条氏政が景虎救援に出陣して来ないことに勝頼が疑念を持ったことも景勝方との和睦の一因と考えられる。

話は前後するが勝頼がまだ長沼辺りにいた頃、勝頼と春日山城の景勝との間で和談の条件の交渉が続けられたが、進展のないまま勝頼は、その後越後へ入り、六月十七日、大軍を率いて**小出雲**（おいずも）（新潟県新井市）に陣をしいた。信蕃も景勝軍に対して**小出雲**（古書に「**老津**」とある）の陣の中にいた。小出雲は信州路の北国街道（当時の越後街道）と飯山街道の合流点である。現在JR新井駅の南方に横たわる丘の上は、「**陣場**」と呼ばれている。勝頼が景虎支援のために三万ともいわれる大軍を率いて陣を張ったことに由来している。頸城平野を眼下に見ることのできる広大な丘で、上面は数万坪に及ぶ平坦地で、現在は「経塚山公園」があり、眺望がきく場所である。西隅近くには五輪塔、経塚や戦国時代に関係ありげな石塔や石造物が何基かある。戦死者を葬った墓の可能性もある。この地から春日山城へ五里、御館城へは六里の距離である。（「小出雲の対陣」）

勝頼は北条氏の要請で景虎の援軍として出兵したが、この時点では、態度を決めかねていたのか、積極的な動きは見せてはいない。さらに軍を小出雲から藤巻原まで進めたが春日山城を攻撃しなかった。城攻めには多大な犠牲が生じることと、和睦の内談が成立しかかっていたこと、さらに肝心の北条氏が出兵して来ていなかったからである。

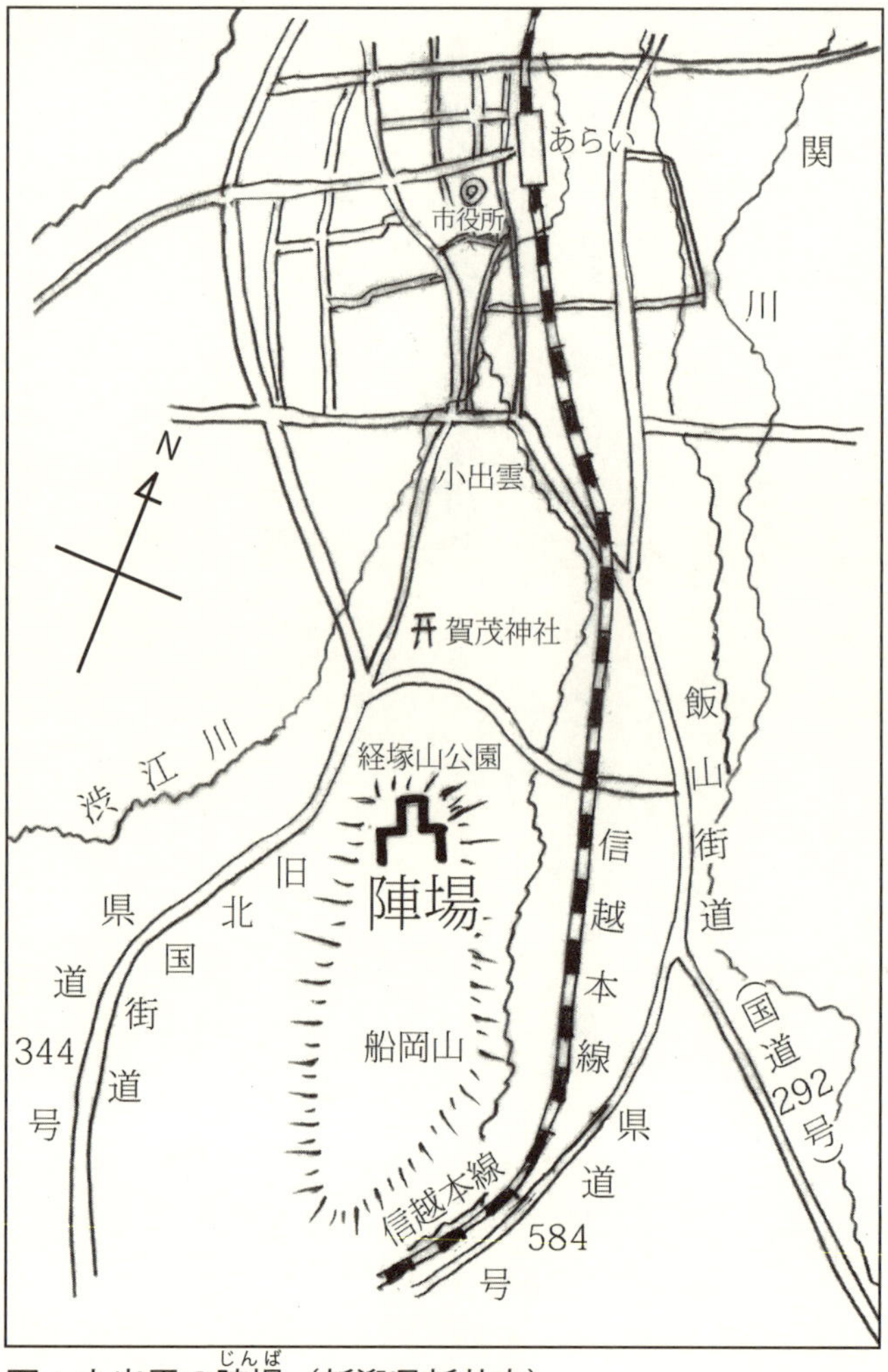

図：小出雲の陣場（じんば）（新潟県新井市）

写真：新井市柳大通から南々東に陣場を仰ぐ

六月二十九日に和議を図ろうとして、春日山城下の**木田に陣**を張った。木田は荒川河岸で、春日山城からも御館城からも半里の距離にある。御館城から信濃に通じる信濃街道（越後街道）と、現在の十日町、六日町（上田）を経て関東に通じる三国街道が交差する要衝の地であった。現上越市役所付近である。『蘆田記』（依田記）にある「小田の浜」は、すぐ近くにある。小田の浜の合戦で、信蕃は大活躍したことになっている。――「**小田の浜**と申す所で槍比類なく、其の上景勝を追い崩し追い討ち、数多く討ち取り……」とある。

しかし、武田勝頼は様子見に軍を進めたが、本格的に景勝軍と交戦した可能性は低い。現在、上越市直江津の春日山城の北方にある国府跡の近くに居多（こた）神社がある。「**居多の浜**」（**小田之浜**）とは、**居多神社**北方の直江津海岸のことである。居多神社は

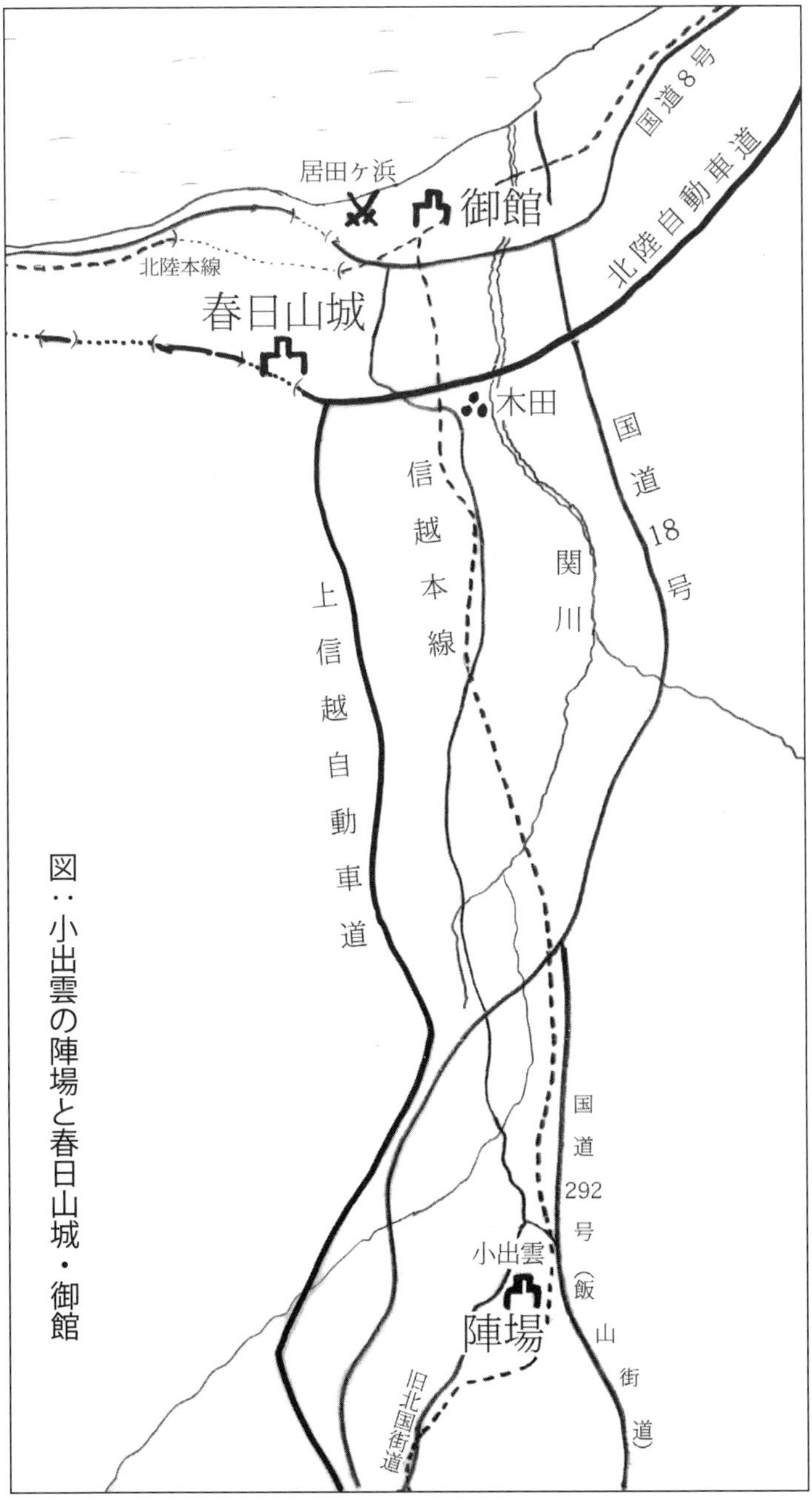

図：小出雲の陣場と春日山城・御館

越後一之宮としての格式を誇り、大国主命と奴奈川姫の結婚伝説の社としても有名である。また、「**居多ケ浜**」は親鸞聖人上陸の地と言われている。（越後国府へ配流の身となった聖人が上陸した所）

府内で勝頼は景虎・景勝の和親を図り、斡旋に努めた。八月中旬一応両者は和議に至った。勝頼は八月二十八日、兵をまとめて越後を去って帰国の途についた。勝頼の越後在陣は、六月中旬から八月下旬の二カ月余に及んだことになる。しかし、この和平も長くは続かず、わずか十数日で間もなく破れた。勝頼は越後の内紛調停に乗りだした形となったが、結局は和平は不成功に終わった。

一方、九月になって北条氏政が景虎救援のために、氏輝を主将として越後国魚沼郡へ侵入させた。景勝方の坂戸城を攻めたが攻略できず、氏輝は九月末に帰国してしまった。いかにも遅く、そして頼りにならない北条氏の対応であった。

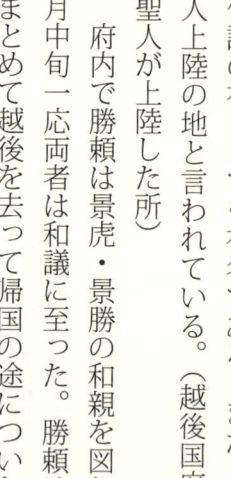

写真：勝頼が在陣した木田付近（福成寺）

写真：居多ヶ浜
海水浴場となっている。

《武田氏滅亡の序章～勝頼、甲相同盟を破棄し、甲越同盟へ》

九月には、勝頼は景虎を捨てて、景勝を援助することに決心をする。——勝頼と景勝の同盟の証として、十二月に勝頼の妹菊姫と景勝との間に婚約が成立する。御館の乱での戦況は一進一退の状態が続いたが、やがて次第に景勝方が景虎方を駆逐し、ついに翌天正七年（一五七九）三月十七日、景勝は御館城を攻め、敗走した景虎は三月二十四日に鮫尾城で自刃した。上杉の跡目は武田勝頼が肩入れした景勝が継ぐ結果となった。そして、天正七年（一五七九）十月二十日、勝頼の妹菊姫（二十二歳）が景勝（二十五歳）のもとへ輿入れした。ちなみにこの時、勝頼は数えで三十四歳、信蕃は三十二歳であった。

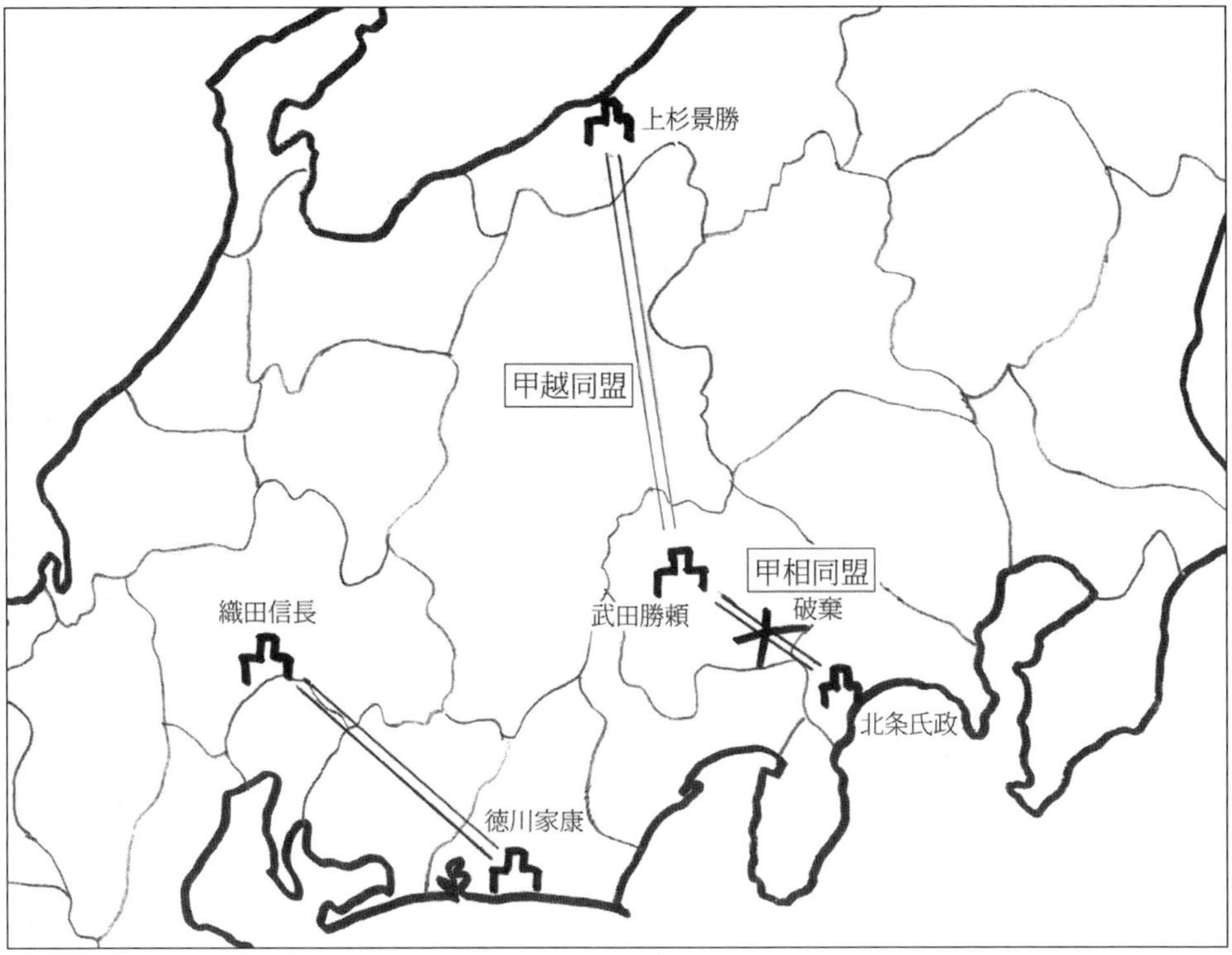

図：運命の甲相同盟破棄と甲越同盟成立

かくして、甲越同盟は成立したが、逆に甲相同盟は破れ、勝頼は北条氏政を敵に回すことになった。ひいては、武田の滅びる一因ともなった。しかし、この越後出兵がなかったとしても、武田氏の衰退は確実に進行していたのである。勝頼が甲相同盟を破棄し、甲越同盟に走ったが、同盟といっても当時の上杉景勝には、甲斐を支援するだけの力はまだなく、逆に勝頼は信長・家康・北条に包囲されて、一気に滅びる危機的な状況に陥ってしまったのは客観的事実であろう。

依田信蕃は、御館の乱に際し、勝頼に従軍して越後へ出兵したことが『蘆田記』（依田記）にあるが、残念ながら、それを裏付ける同時代の史料は見つかっていない。しかし、二俣城明け渡し後、（高天神城へ一時在城した後）呼び戻されて、勝頼の越後出兵に従軍したことは、前後の情勢からして十分に考えられることである。『蘆田記』（依田記）の内容は、芦田依田氏（信守・信蕃・康國・康眞）に関わって、その歴史的な一件が存在したということは、概ね確かな場合がほとんどであるので、詳細はともかく、御館の乱に際しての勝頼の越後出兵に、信蕃が侍大将として従軍したということを、ここでは確認しておきたい。

写真：陣場跡
現新井市

写真：春日山城
本丸跡（実城）

写真：毘沙門堂

⑧駿州田中城主としての守備

一、
天正八年辰歳より午年に至りて三ケ年、駿州田中に在城。このうち度々攻め合いの軍数多くの義に候間、三ケ年のうち記すに及ばず候。然るところ、午年の春、勝頼退治の為、信長公出馬。木曾心替え故、早速信州落居。信長公信州高遠まで打ち入り候砌、家康様、穴山梅雪齋より内通申され候。駿府江尻辺まで御先手を入れ、家康様御発向の砌まで、常陸介信蕃、田中城持ち詰め罷りあられ候に付て、家康様より、勝頼滅亡に極り候上は、いつを期すべきとの御断にて、是非に及ばず、田中城を大久保七郎右衛門殿へ相渡し申し候。その節、山本帯刀を御使となし、既に木曾、穴山両臣をはじめ、信長公へ一味致され、その外も甲斐へ心替の砌、常陸介只今まで田中城持ち詰め居られ候こと、敵ながら神妙の旨御感思し召し、その上、累年信蕃手柄をば御存じ候間、御家中召抱られ度御内存、御懇に仰せられ候えども、未だ国の落付もこれ無き時分故、先ず信州小諸へ三月十四日帰着。

〈要旨〉

・信蕃は、天正八年（一五八〇）から十年（一五八二）年に至る三年間、駿州田中に在城した。
・天正十年春、武田勝頼征伐のため、信長が出馬した。木曾義昌が武田を見限って織田に寝返ったため、早速信州は総崩れとなった。信長が信州高遠まで侵入した頃、家康に穴山梅雪齋が内通を申し出た。
・家康が駿府や江尻辺まで御先手を入れ、駿河の国へ侵入した時まで、常陸介信蕃は田中城を固く守備していた。
・家康より、武田勝頼が滅亡寸前であるからには、田中城を堅持していても意味がないので城を明け渡すようにとの勧告があった。信蕃は武田氏の命運も尽きた客観情勢を鑑みると、やむを得ず、田中城を大久保七郎右衛門忠世へ明け渡した。
・その時、家康は山本帯刀を使者として、すでに木曾義昌・穴山梅雪をはじめとして、武田の臣は信長へ味方するようになり、その外の者も心変わりしているこの時に、常陸介が、今の今まで田中城を持ちこたえていることは、敵ながら神妙であると感心した。その上、累年の信蕃の手柄を知っていたので、家臣として召し抱えようと懇ろに伝えたけれども、未だ国の落付も無い時分であるのでと、先ず信州小諸へ三月十四日に帰った。

〈注解〉

『芦田記』（依田記）では「天正八年辰歳より午年に至りて三ケ年、駿州田中に在城」とあるが、後述するように、信蕃が田中城へ入ったのは、それよりも早く天正七年（一五七九）秋頃のことである。徳川軍は天正八年三月頃から田中城に対して付け城（向城・陣城）を築いた。岩城山砦、二ツ山砦、烏帽子山砦、八幡山砦がそれである。徳川の猛攻に耐え、田中城を堅く守備していた信蕃ではあるが、客観情勢では武田勝頼はすでに滅亡寸前であった。天正十年二月に入ると、織田信長、徳川家康、北条氏政の三者が、ともに武田攻めを開始した。徳川軍の侵攻によって小山城が陥落、家康は田中城を包囲し、用宗城の朝比奈信置は久能山城に退去し、江尻城の穴山信君は徳川に内応した。駿東郡へは北条軍が侵入し、戸倉城が陥落、沼津城、深沢城が自落して、駿河における武田氏の戦線は崩壊した。

　田中城においては、城を明け渡すようにという降伏勧告の使者は、山本帯刀と述べられているが成瀬吉右衛門との二人であった。信蕃は勝頼の滅亡が避けられない客観的状況を

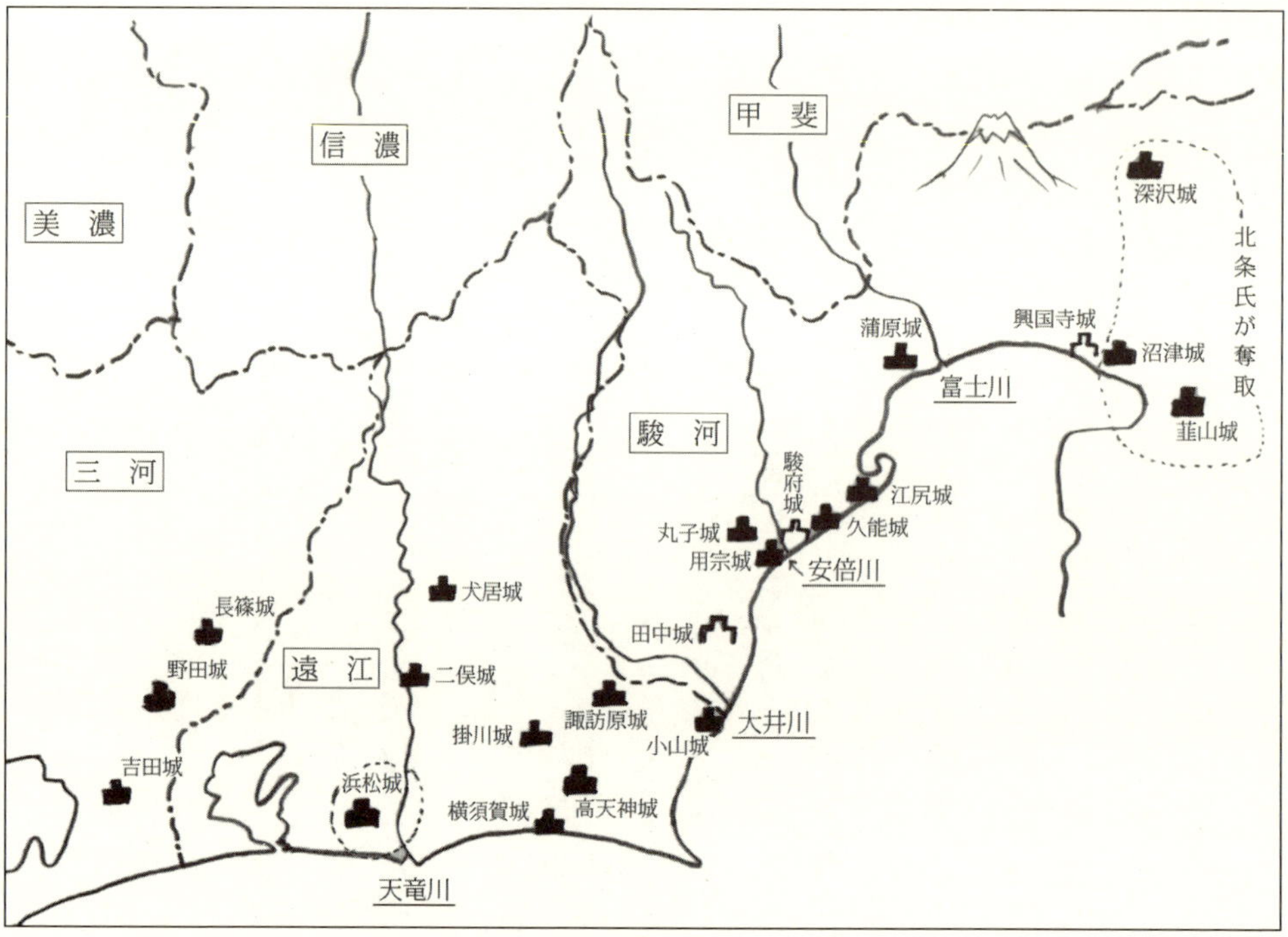

図：天正 10 年２月末の時点での武田方の城
３つの城のみ（田中城・駿府城・興国寺城……　　　徳川方の城……　）

悟ったこと、武田親族衆の筆頭である穴山信君の開城を進める書状も届いたこと、また、周囲の持舟城（用宗城）・久能城・小山城なども次々と徳川方に渡り、田中城は孤立していたことから、城を明け渡すようにとの家康の勧告を受け入れるのもやむを得ないと判断し、とうとう以前二俣城を明け渡した直接の相手である大久保七郎右衛門忠世へ田中城を明け渡した。永禄十一年、一五六八年から武田氏の駿河・遠江侵攻に従軍し、また蒲原城・二俣城・高天神城・田中城と守備してきた信蕃にも帰還の時がやってきた。

《田中城の攻防》

年月	事項	番手城主
一五七〇 永禄一三・一・二七	信玄、田中城を落とす。馬場信房に命じて馬出曲輪（三日月堀も）などを作り改修	山県昌景
一五七〇 元亀元年	山県昌景在番（三枝虎吉・朝比奈信置も在番）	←
〜元亀三年	板垣信安在番	板垣信安
一五七二 元亀三・二月までに〜	孕石主水佐在番（山県昌満なども在番）	（孕石主水佐？）
一五七五 天正三・六・一一	家康、八幡山に陣し初めて田中城を攻める。	←（一条信竜）
八月以降	家康、松井康親をして田中城辺の刈田	←（穴山梅雪）
一五七六 天正四・八	家康、山西の地の刈田（戦局次第で穴山梅雪が江尻城から時々出張し在城）	
一五七八 天正六・三・九	家康、外曲輪を破るも引き上げる。	
五・四	家康、刈田。大須賀康高、外曲輪を破るも引き上げる。	
八・二一	田中城辺の刈田、城兵出て戦う。	
八・二六	田中城辺刈田、松平家忠が攻める。	←
一五七九 天正七秋	**この頃から依田信蕃在番する。**副将は三枝虎吉	**依田信蕃**
九・一八	瀬戸新屋の二つ山に陣し、田中城を攻める。信蕃善戦	
一五八〇 天正八・五・三	田中城辺の麦を刈り取る	
七・二三	家康、八幡山に陣す。石川数正先方で攻める。勝頼田中城へ来援	
一五八二 天正十・二・二〇	家康、田中城の包囲戦、大手曲輪を破る。信蕃よく防戦。	
三・一	**信蕃**、武田勝頼滅亡が必至と悟り、徳川の将大久保忠世へ明け渡す	←（城明け渡し）

田中城は、武田の手に落ちた永禄十三年から天正十年三月の開城までの十三年間駿河・遠江の守りとして武田氏にとって重要な使命を果たした。家康が田中城攻撃を開始したのは長篠の戦い（天正三年〈一五七五〉）以降である。家康の度重なる攻撃に田中城は屈しなかった。家康は田中城を攻めるだけには拘泥せず、絶えず周辺の城の攻略にも向かっていた。その間、たびたび徳川軍による田中城周辺の「刈田」が行なわれた。秋の刈田は文字通り「収穫間近の稲を刈り取って味方の兵糧を現地調達する目的があったり」、あるいは「敵に収穫させないために収穫前に刈り取ってしまう」ことであり、夏の刈田は「稲の成長前に刈り取ったり、田を荒らしたりすること」で、「敵を兵糧欠乏に追い込むためのもの」であった。あるいは、麦を刈りとってしまうことである。田中城の攻防戦では「刈田」が何回も行なわれている。守備側としても、みすみすやり過ごすことはできず、その都度打って出たことであろう。

しかし、武田氏は勢力は徐々に衰退し、御親類衆の穴山梅雪（信君）や木曽義昌の織田・徳川への内応によって急速に滅亡に向かうのである。特に駿河・遠江の要であった穴山梅雪が徳川方へついたため、用宗城・小山城・久能城・江尻城等も開城し、二月末の時点で武田方の城は田中城・興国寺城・駿府城にすぎなかった。もはや武田氏も風前の灯火であったのである。そんな時に、徳川家康から田中城将の依田信蕃へ、成瀬吉右衛門と山本帯刀の二人が遣わされ、講和をし城を明け渡すことを勧めてきたのである。

《依田信蕃の義勇と節義》

――『三河物語』（大久保彦左衛門忠教著）の現代語試訳（筆者）

（和を勧めるために家康から田中城へ遣わされた成瀬吉右衛門と山本帯刀の二人は）信蕃を説得して次のように言った。「そなた達が長い間この田中城を守って屈しなかったことは、徳川公は深く感じ入っている。しかし今は織田信長公父子が信州より甲州へ進入しているのに、甲州方の諸城は情勢をみて降参し、一つも交戦する者がない。さらに我が兵が今日駿河より進んでくると、小田原の北条氏直公もまた武州・駿河より兵を出すと聞いている。武田勝頼公は勇猛であるといえども、これをどうやって防げ得ようか。武田氏の滅亡は実に今日明日に迫っているといえよう。このように奮闘激戦も主君あってのことである。そなたが努力してこの城を守り抜いても、勝頼公が死んでしまえば、果たして何の益があろうか。速やかに城を開いて我が徳川軍へ来てほしい。家康公は深くそなたの節義に感じ入っている。必ずそまつにはなさらない。これは私の私言ではない。家康公が私達に命じているところである。本当にそのようにおっしゃっている」。それに応えて信蕃等（主将の依田信蕃と副将の三枝〈虎吉〉は次のように言った。「厚志は至れり尽せりです。私は、本当に肝に銘じて忘れないでしょう。しかし、この身は長い間包囲の中にあって、外のことの虚実は全く知らない。勝頼公の存亡も国の推移等も全て分かっていることではないので、武田氏の重臣のお墨付きの書状もないまま、この城を棄て去るならば、人は何というであろうか。また、徳川公もそのようにお思いになるであろう。あなた方の言うことに背くことになっても、この城を退くことはできない。もし、国が破れて主君である武田勝頼公が死ねば、我らもこの城とともに滅びるのみです。」と二人に礼をつくして帰らせた。

家康はますますその義に感じいり、信蕃の言うところは真に理にかなっている。では穴山梅雪に書を送ろうとおっしゃって、梅雪に書状を書かせた。梅雪は信蕃の意を汲んだ家康の意向を書状にして「その城早々に明け渡すべし」等々と書いて送ってきたので、二人（成瀬吉右衛門と山本帯刀）はそれを持って再び田中城へ至って、言葉を尽くして勧めた。それに対して信蕃が言うことには、「この書状があって、何を拒むことがあろうか。しかし、この城は他人には渡し難い。大久保忠世殿を通してお渡ししたい。かつて二俣城にあって、城を忠世殿に渡した由縁があるので、今もこの人より他にはない。もし、このことが用いられなければ、城とともに滅びるとも、少しも悔いはない」。

二人はまた帰り、この信蕃の言葉を報告した。家康公は「信蕃が言うことは、無理もない。その意に任せよう」とおっしゃった。また、二人を田中城へ遣わした。信蕃は、もともと死を決していて、城を明け渡すつもりはなかったので、言を左右し、たびたび難問を発し、家康公が拒絶することを覚悟していたが、家康公がまたその意を察し、ことごとくその求めに応じたので、信蕃もとうとう田中城の開城を約束した。

因って家康公は、今日、大久保忠世を田中へ遣わし、城の授受を果たさせ、かつ次のように言わせた。「我々は、そなた達の高義に感ずること最も深いものがある。故に今日も城の明け渡しに臨むに及んで、あなた方がもし志を改めて、我が徳川軍に属すならば、信州の本領安堵は相違ない。あなた方は、幸いとして我が家康公の切望に応じられたらいかがか」と。それに対して二人（主将の依田信蕃と副将の三枝虎吉）は言った「勝頼公がご存命のうちは、いかなる恩命に接するといえども、徳川公に従うことはない。しかし、もし不幸にして勝頼公がお亡くなりになり、私が独り生きていくこともあるならば、必ず人質を託して（家康公の）恩命に応えて、長く忠勤を励むつもりである」と。家康公はこれを聞いておっしゃった。「この上、すぐに臣下になることを強いることは、義士の志を害することになる。よし、その志を妨げることはしない」。二人は大いに悦び、徐ろに城門を出て、顧みて城を仰ぎ、籠城中の攻防を思いだして感じていたのであろう。暫くは去ることができなかったようだが、依田は信州芦田へ、三枝は伊勢国へ、共に涙をこらえて別れていった。ああ、この二士こそ、実に古武士に恥じぬ義勇の士というべきであった。

以上のように、依田信蕃の義勇と節義を著者の大久保忠教は賞賛している。忠教は「大久保彦左衛門」と言った方が有名である。家康の旗本として武断派の代表格である。（長兄は大久保忠世である）。江戸時代になってからは、家康を支えてきたという本人の自負に対して、待遇は不遇であったといわれているが、古武士的頑固さと忠義心の塊のようなイメージの人物である。その彼の著書であるということを差し引いても、田中城の攻防戦と明け渡しにおける依田信蕃の智略や義勇とその人柄は十分に感じることができる。また、なによりも、数多い徳川の武将の中で、二俣城明け渡しに続いて、田中城の明け渡しに際しても、家康が同じ大久保忠世を

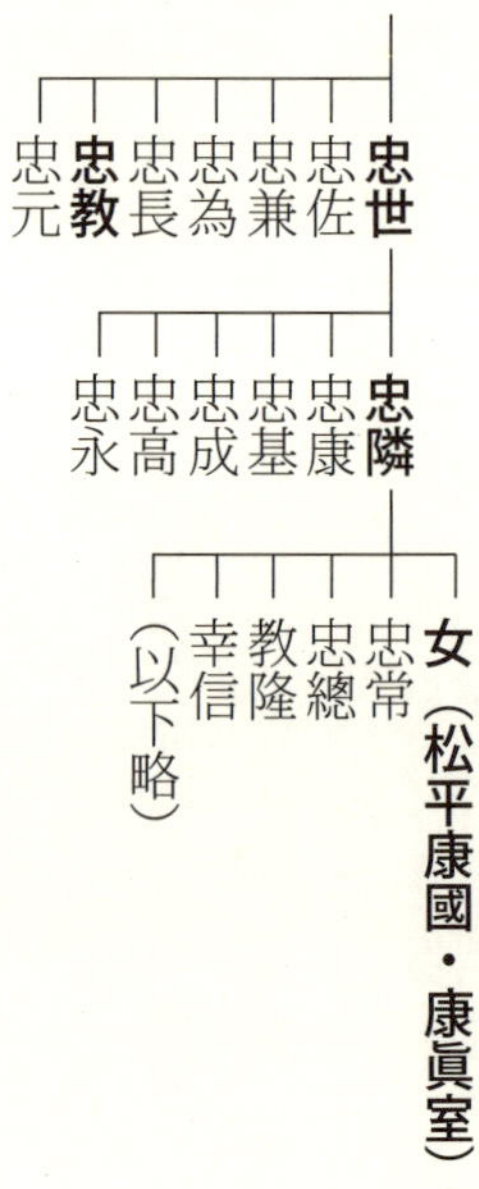

- **忠世**は**依田信蕃**が二俣城・田中城を明け渡した直接の相手、信蕃のよき理解者。「天正壬午の乱」では信州では徳川の総督的役目。家康は彼を信蕃の子康國・康眞の後見人とする。
- 後に**忠隣**が後見的立場を引き継ぐ、その娘は康國の室となる、康國死後は康眞の室
- **忠教**（彦左衛門）は「三河物語」著者、兄達と共に依田氏と関わる戦いに参戦。のち心情的には依田氏に対して好意的

図：大久保氏系図

引き受けの武将として選んだことにも、依田信蕃の武将としての価値を認めていた証拠である。

この『三河物語』における依田信蕃と、家康及びその使者である成瀬吉右衛門・山本帯刀とのやりとりをまとめてみると左記のようになる。あくまでも大久保忠教の視点から述べられてはいるが、概ねは事実であろう。

家康 ⟷ 信蕃

家康（使者）成瀬吉右衛門・山本帯刀
①　一度目……速やかに城を明けて徳川軍に属すべし。（勝頼の滅亡は迫っている）奮闘激戦も主君あってのことである。
（信蕃）厚志はありがたいが、勝頼公の存亡も國の推移も未だ不明である。武田の重臣のお墨付きの書状がないまま城を退くわけにはいかない。武田とともに滅びるのみ。
②　二度目……家康は穴山梅雪の「田中城を早々に明け渡すべし」の書状を二人に持たせる。二人は再度来城し言葉を尽くして開城を勧めた。
（信蕃）この書状があって何を拒むことがあろうか。しかし明け渡しは（二俣城で由縁のある）大久保忠世殿にお願いしたい。それが叶えられねば、城と共に滅びても悔いはない。
③　三度目……「信蕃の言うことは無理もない。その意に任せよう」という家康の意を伝える。
（信蕃）とうとう、開城の約束をする。
④　四度目……（使者）大久保忠世。信蕃と田中城の受け渡しをする。「その高義に深く感じた。もし徳川に属するならば、信州の本領安堵は相違ない。家康公の心に応じられよ」
（信蕃）「勝頼公が不幸にしてお亡くなりになり、頼る主君がいなくなったならば、家康公の恩命に応え忠勤に励むつもりです。（今はその時ではありません）」

（家康）「この上、直ぐに臣下になることを強いることは義士の志を害することになる。その志を妨げることはできない」

信蕃　田中城を明け渡して、信州芦田（「春日」が正しい）へ帰る。


かくして依田信蕃は田中城を天正十年（一五八二）三月一日に明け渡した。信蕃の田中城主としての戦いぶりや明け渡しに際しての義勇ぶりについては、数え切れないほどの文書で述べられている。――それらは、ここに紹介した『三河物語』のほかに、『芦田記』『依田記』『家忠日記』『寛永諸家系図伝』『寛政重修諸家譜』『落穂集』『武徳編年集成』『武徳大成記』『大須賀家伝』『遠州高天神記』『柏崎物語』『甲陽軍鑑』『常山紀談』『譜牒余録』『藩翰譜』などである。また、それらの文書の多くは『藤枝市史（資料編二、古代・中世）』にも掲載されているので、参照されたい。

《武田氏の滅亡と信蕃の佐久帰還》

家康の予言通り、武田勝頼は三月三日に新府城を退去し、小山田信茂の岩殿山城めざして逃避行をたどった。

信蕃は三月十日に本拠信州佐久郡春日城に帰着した。その翌日三月十一日に、武田勝頼は信じていた重臣小山田信茂の謀反に遭い、織田軍に攻められて甲斐天目山田野に滅亡した。そこは現在の笹子トンネル北入り口の東一・七㎞の地である。

信蕃は、信州佐久へ帰還した後、小諸城に入っていた織田方の森勝蔵長可に対面している。武田氏滅亡直後のことである。その直前に嫡子竹福丸源十郎（後の康國）と次男福千代（後の康眞）が織田方の人質になって小諸城にいたからである。

なお、依田信蕃も三枝虎吉も後日織田信長の追及を免れ、家康に匿われていた（信蕃は二俣の奥小川の里に、三枝虎吉は田中城の近く洞雲寺に）が、本能寺の変後、家康に属し、

写真：武田勝頼生害石
勝頼、天目山麓田野に滅ぶ。その地は景徳院となる。

写真：景徳院にある墓、勝頼（中央）・北条夫人（右）・信勝（左）

信蕃は信州へ戻って、家康のために佐久平定に奮戦した。その時、信蕃の指揮下に入った三枝虎吉と嫡子の昌吉は佐久郡高野町を襲った相木氏（北条の麾下になった）を追い、相木城を攻め落としている。（詳細後述）

《**田中城の特徴**》

田中城は遠江国諏訪原城（徳川の手に落ちてからの名は牧野原城）・高天神城・小山城、駿河国久能城、用宗城（持船城）などを結ぶ城郭ネットワークの一環として重要な位置を占めていた。その城郭としての特徴は、――

① **同心円形（円形）の縄張りである**。本丸のみが方形で、その外側に同心円形に三重の堀を巡らせている。同心円の縄張りは、攻撃軍の迂回に際しても、防御側は最短距離をもって兵を移動させ、機先を制することができるので有利である。依田信蕃が守備していた頃は二重の堀で、三ノ曲輪までであった。螺旋式縄張の城郭とも呼ばれる。これは軍学でいうところの「円形の利」に基づくもので寄せ手が攻めてきてもそれに応じて自由に対応できるというわけである。

② **城門の外**に六カ所に**三日月堀**と**丸馬出し**の組み合わせを配した。「三日月堀」「丸馬出し」は武田氏の築城の特徴でもある。

③ **交通の要路にある平城である**。志太平野の北端に位置し、海抜一五ｍ、全くの平城ではあるが四周は湿田地帯。

④ **城南を流れる六間川の水を巧みに利用した**。六間川を堰止めると、一番外側の第四堀に水が湛えられるようになっている。また、第三の堀に水路が通じているので、第三の堀を満たし、さらに平常から水堀になっていた第二の堀までに水が及び、浮き城化するように造られていた。

⑤ **素朴な築城**。堀は掻き上げにしたばかりで、土居も高く積み上げたばかりで、石を積んで堅固にしたのは、六つの城門に限られていた。

《**田中城の構造**》

現在国道一号線「大手」の信号から南東へ約二〇〇ｍほど進むと、二又に分かれる道の中間に「田中城跡」の標石がある。右手の道を直進すると田中城跡である。田中城は今川氏の家臣一色氏が築城した徳一色城に始まるという。永禄十三年（一五七〇）一月、武田信玄の攻撃にあって落城した。信玄は築城の名手馬場美濃守信房に命じて拡張工事を行ない、三日月堀のある武田氏特有の丸馬出しを設け、名称も田中城と改めた。田中城は湿田地帯に囲まれた平城で海抜は十五m、方形の本丸を中心に二ノ丸・三ノ丸・四ノ丸がその周囲を巡る同心円形の構造が特徴である。なお、四ノ堀を掘り、総曲輪たる四ノ丸を増築したのは関ヶ原の戦いの後、一六〇一年に入った酒井忠利である。亀甲城（亀城）の別称がある。各曲輪は堀とその土を掻き上げた土塁で防御されていた。石垣は大手・平島・新宿のそれぞれの一之門、二之門の計六つ城門付近に限られていた。田中城の本丸は現在西益津小学校の一部になっている。正門からバス通り（本丸と二之丸の境）を南東に進むと右手に三日月堀の痕跡がある。小学校の校庭は二之丸の一部と三之丸の一部である。また、中学校の体育館の裏手には三之丸と四之丸（総曲輪）との境の堀が一部残っている。依田信蕃が守備した武田氏時代の大手口にあたる平島口あたりは道路となっているが、残存状態はかなりはっきりしている。二之丸と三之丸の境の堀と土塁が残っている所は西益津中学校の正面入り口の前の部分である。ここでは円形の城らしい弧を描いた堀が残っている。現在、遺構は大部分は破壊されているが、堀だった所を埋めて道を造ったので、もとの堀に沿って道が円形にめぐり、そこを歩けば当時の縄張りが分かる。

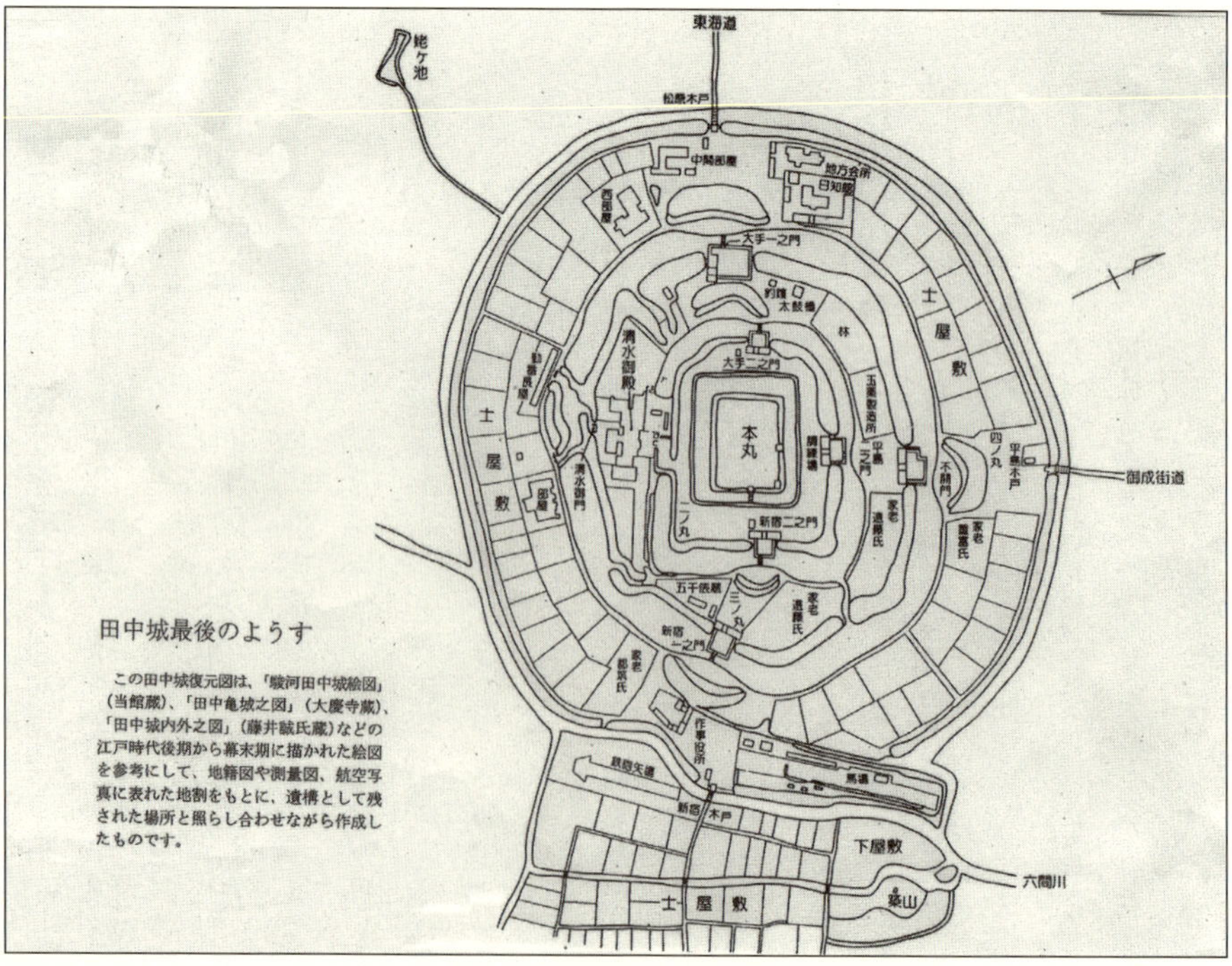

図：田中城
藤枝市郷土博物館作成

田中城は完成すると武田方から武将が派遣されて在番をする城（＝番手城）とされた。城番は山県三郎兵衛昌景→板垣信安→一条右衛門大夫信竜→孕石主水→そして、**依田信蕃**が運命の守備についたのは天正七年十月頃である。

《依田信蕃の田中城在城を示すもの》

田中城周辺で信蕃の在城を示すことがらが、いくつかある。先に掲げた諸文献の記載内容もさることながら、ここでは左記の三点を明記しておきたい。

① **鬼岩寺分の藤枝堤の普請**

武田氏が、天正七年（一五七九）年十月二十七日付けで、**依田信蕃**に孕石主水佑元泰知行**鬼岩寺分の堤**の補修を命じている書状がある。（前項「高天神城」参照）。その文書の意味は「孕石和泉守の私領である藤枝鬼岩寺分の堤の普請については、先の元亀三年と天正七年五月の朱印状で、（孕石和泉守に）その再興を命じてあるが、これからもその堤が破損

写真：二之堀、建物は西益津中学校

写真：三之堀跡の泥田で田植をする人

写真：堀を埋め立てた道路は円弧を描く

した場合は、その再興を依田右衛門佐の判断で、命令すべきである」という内容である。どうも孕石氏はあまり普請を進めていなかったようである。

これにより、少なくとも、依田信蕃が、天正七年十月二十七日までには、番手城たる田中城の番手城主としてついていた証拠となる。**鬼岩寺**は現在藤枝市藤枝三丁目にある真言宗の古刹である。藤枝市の中心街から外れた山裾にある。背後に山塊を控えた、いかにも静かな地であるが、戦国時代にはこの付近は鬼岩寺村であり、南側には門前市がたち、街道にも近かった。また、門前から南方へそのまま進むと瀬戸川がある。鬼岩寺付近の暴れ川とは瀬戸川であろう。現在見る限り瀬戸川は常日頃は、川幅の割りには水の流れが極めて少ない枯れ川である。しかし、いったん大雨となった時には、上流から大量の水が一気に流れ下り、近在の藤枝市の市街地方面へ、しばしば洪水を起こしていたらしい。藤枝堤（鬼岩寺堤）とは、現在「勝草橋」があるが、その上下流域周辺を指したものであると推定される。

そこの領主であった孕石主水佑元泰に武田氏は山県三郎兵衛尉を通して二度にわたって普請の命令をしていたが、はかどらないまま孕石氏を高天神城の番勢としたことから、その後に田中城番の主将として入ってきて、城主として武田の威

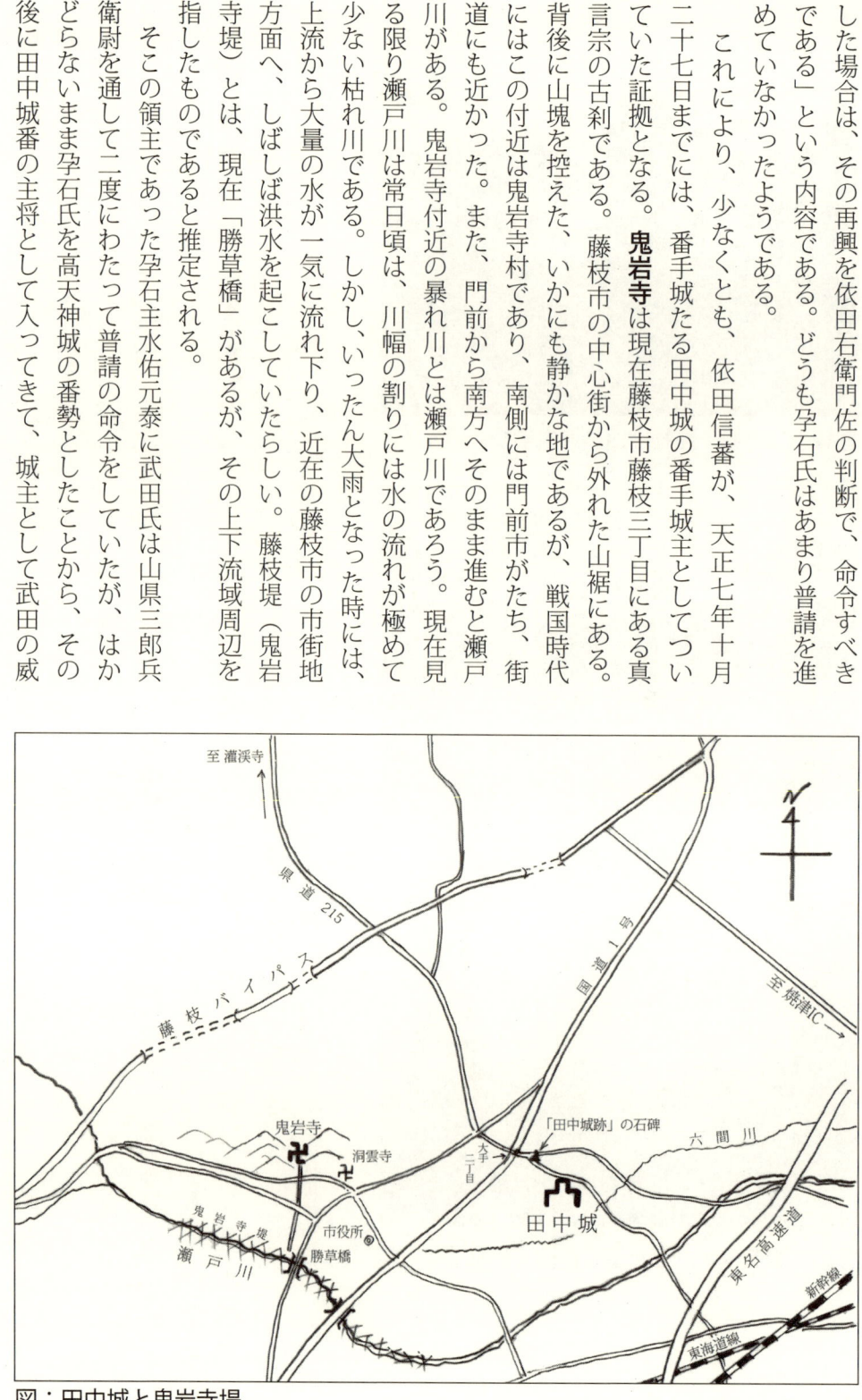

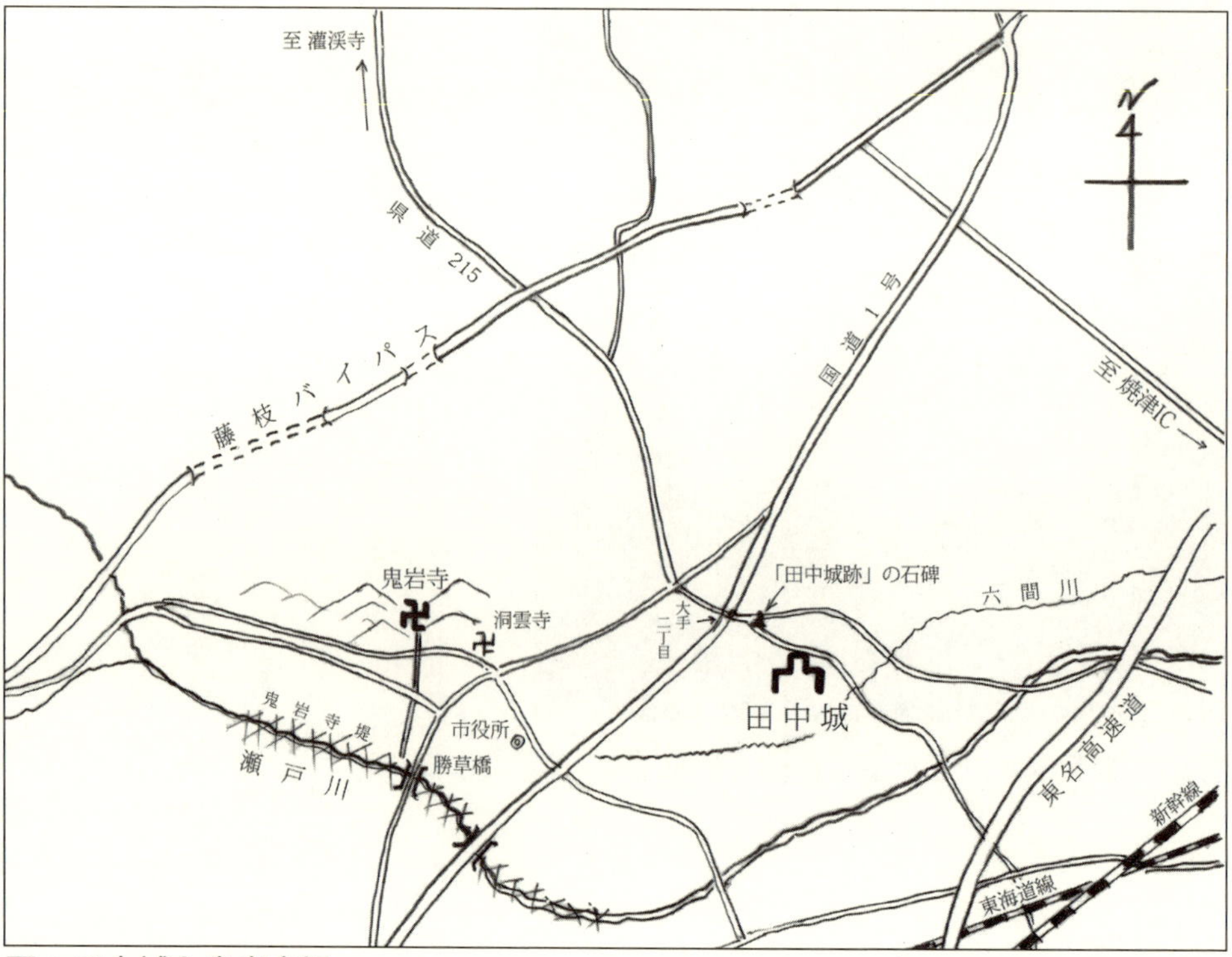

図：田中城と鬼岩寺堤

写真：枯れ川の瀬戸川は、いったん洪水になると氾濫する

信をこの地に定着させつつあった依田信蕃に藤枝堤の普請を命じたわけである。長いこと堤防の普請ができないで荒れるままの状態であったようである。洪水によって家も田畑も流されれば百姓は疲弊し、生産力は衰え、結局武士の収入も減ることになる。藤枝堤を再興させ、生産力をあげようとしたわけであるが、武田氏は釜無川や笛吹川の河川の治水に関わって実績があることから、技術的には堤防を築くことに関しては問題なかったと思われる。優れた技術を背景に積極的に勧農政策を展開しようとしたわけである。藤枝堤の再興を地方小領主の責任において実現させようとしていることは、武田氏の領国経営の姿勢を知るものとして注目すべきであると『藤枝市史』は指摘している。

武略智略に優れ、まじめで粘り強い忠誠心の溢れた依田信蕃が、民政にも意を注いでいたことは推測される。しかし、戦乱が続く他国での普請は、困難を極めたことは想像できる。特に依田信蕃が城番となったころには、絶えず徳川軍の脅威にさらされていた状況である。徳川軍の「刈田」に何度も悩まされたことからして、実際にどの程度藤枝堤の普請を進めることができたかは不明である。

② **石竜山灌渓寺を開基**

依田**信蕃**と弟の**信幸**が中興開基となって天正八年（一五八〇）に再興したとされる石竜山灌渓寺（藤枝市中ノ合六八）がある。

藤枝市街から七キロ北西にあり山を背にしている。戦国時代には鎌倉街道の脇道が通っていた。灌渓寺では開基として二人の位牌を祀っている。信蕃の法名は「前常州太守節叟良筠大禅定門」、信幸の法名は「灌渓寺殿月山良秀禅定門」、（信幸ではなく信春という説もある）二人とも芦田依田氏の宗家の戒名に使われている「良」の一字が入っている。また、信蕃の戒名は信州のそれと同じである。灌渓寺は今川氏の香花所（菩提寺）になっていたこともある。また、三百m程離れたところにある毘沙門様は日本三毘沙門のひとつと伝えられている。

③ **志太郡の内で配下に所領を宛てがっている。**

さらなる事実として依田信蕃が、天正十年十二月十七日付

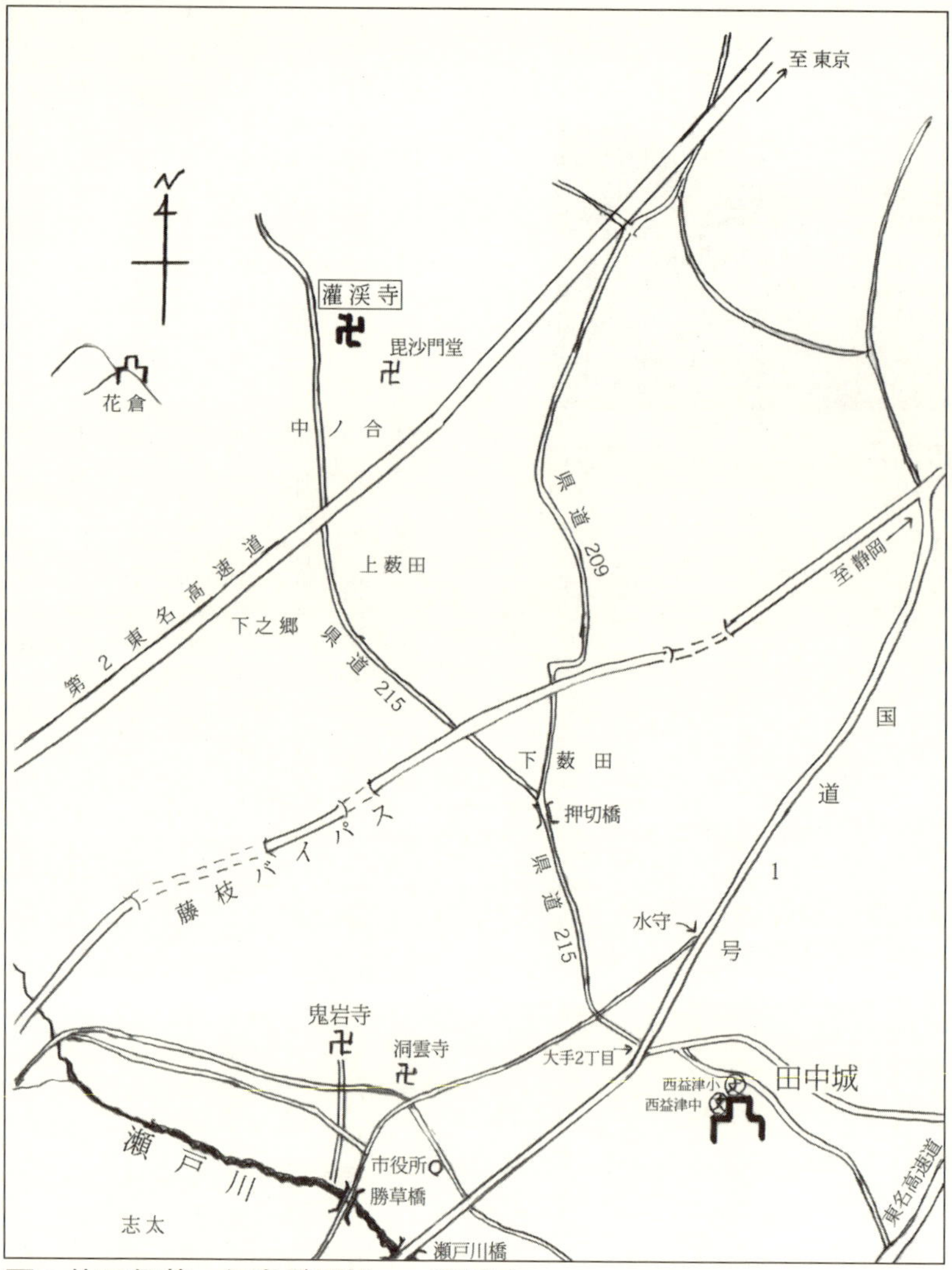

図：依田信蕃・信幸が開基……灌渓寺
静岡県藤枝市 中ノ合68番地

写真：灌渓寺に信蕃・信幸の位牌がある
・前常州大守節叟良筠大禅定門（信蕃）
・灌渓寺殿月山良秀禅定門（信幸）

けで、縫殿左衛門、新左衛門に志太郡の内に采地を与えている宛行状がある。これは、駿河国田中城の周辺に芦田氏（依田氏）の領地があった証拠である。

『依田信蕃黒印状写』

於于駿州志田郡五貫文出置候、当表本意候上、領地可宛行者也、仍如件
天正十壬午
極月十七日　□（印文未詳）（依田信蕃）
縫殿左衛門との

『依田信蕃黒印状写』

於于駿州志田郡五貫文出置候、当表本意候上、領地可宛行者也、仍如件
天正十壬午
極月十七日　□（印文未詳）（依田信蕃）
新左衛門との

二通ともいずれも内容は宛名以外は全く同じである。依田信蕃が縫殿左衛門と新左衛門に志太郡内に領地を宛てがっている文書である。「天正十壬午極月十七日」の発給日である。この給発日の時点では、依田信蕃は、信州佐久郡をほぼ統一しかかっていた絶頂期の頃である。すでに駿州田中城をあとにしているわけであるが、天正十年十二月には、家康の甲州・信州制覇の先駆けとして徳川氏のために奮闘していた依田信蕃に対して、家康が駿州田中城周辺を数年間治めていた依田信蕃に対して、志太郡の辺りに領地を与えていた証拠である。

なお、「新左衛門」とは依田新左衛門であろう。彼は、山梨市下井尻に伝わる依田泰八家文書によれば、依田新左衛門尉は永禄十一年四月に武田氏から屋敷分三十貫文を賜っている。また、遠州三方ケ原の合戦における軍功により元亀三年十二月二十七日に武田氏から太刀を与えられている。高天神城攻めにおける戦功により天正二年に武田勝頼から感状をもらってもいる。『甲陽軍鑑』に西上野衆として「依田八十騎」典廐衆に依田新左衛門がいる。いずれも、信蕃から所領を宛てがわれた同一人物であろうか。

《信蕃の明け渡し以降の田中城》

田中城の攻防戦は、後に将軍となり江戸幕府を開くことになる徳川家康に対して、依田信蕃が、智略と武略を生かして奮戦したことになる。時に信蕃は数えで三十五歳であった。

二俣城や**田中城**の攻防戦で城主（主将）として戦い、まさに戦国の中央舞台のまっただ中で、その存在が光を放っていたのである。信蕃のものの考え方や生き方、行動原理には、よかれあしかれ「信州人」そのものが垣間見える。残念ながら彼の本拠地である信州人には、彼の存在を意外と知られてないのは残念ではある。

　田中城は、武田氏から徳川氏の城となった。交通の要衝にある城として、その後もたびたび歴史上にその名が散見する。織田信長は天正十年三月に武田勝頼を滅ぼした後、四月十日に甲府を発ち、右左口峠を経て富士の裾野を巡り、大宮（富士宮）へ抜け、東海道へ出て、十四日に田中城へ立ち寄っている。

　信長が武田氏を滅亡させた甲州遠征から安土城への帰途に駿河田中城へが立ち寄ったのは、依田信蕃が田中城を徳川家康方へ明け渡してから、ほんのまだ一月半後のことである。信長はその後も家康の領国で馳走（接待）を受けながら、四月二十一日に安土へ帰っている。徳川家康は天下を取った後に、隠居して大御所として駿府城を居城として、放鷹(ほうよう)（鷹狩り）をしては、何度も田中城に立ち寄っている。極め付きは元和二年（一六一六）一月二十一日、田中まで放鷹に出かけ、田中城にて鯛の天ぷらを食べすぎたのが原因で体調を俄に崩し、養生したが回復せず、四月十七日に没したことである。

《依田信蕃に従って田中城に在番していた佐久の武士》

もちろん、依田信蕃の次弟源八郎信幸、三弟善九郎信春をはじめ、身内たる芦田氏・依田氏の面々も何人かは在城していたことは考えられる。また、信蕃が北条氏から逃れて佐久郡春日郷の奥の立科山中にある三澤小屋に籠もって、北条を攪乱させたが、そこに名を連ねることとなった武士の多くが、信蕃の指揮の下、田中城を守備したことも推定できる。

○依田右馬助盛繁

『寛永諸家系図伝』によると、依田右馬助盛繁については「依田右馬助、九歳の時、父昌忠にはなれ、祖父信盛に取りたてられて、**駿州田中の御番をつとむ**」とある。信州佐久の平原依田盛繁のことである。彼が九歳の時に父昌忠は二俣城の攻城戦で討ち死にしている。元亀三年（一五七二）のことである。依田信蕃が田中城将として在城した時（天正七年十月頃から十年三月上旬〈一五七九～一五八二〉）は、依田盛繁は十六歳から十九歳の時である。ちなみに依田盛繁は平原依田氏である。

○塩入日向守守直（重顕）

『蓮華定院文書』所収の『塩入守直書状』では、「……去々年以来当国駿州に令在城之処、……〈中略〉……二月十三日塩入日向守守直（花押）」とある。――これは宛所を欠く。つまり、塩入守直（重顕）が某に対して駿河國田中城より書状を送っているわけである。彼は信蕃が佐久へ帰還後、徳川氏の臣下となって北条氏の追及から逃れて佐久郡春日の奥の三澤小屋に籠もっていた時にも信蕃のもとで奔走し、天正十年の伴野城攻めの際に、信蕃の甥である依田肥前守信守に従い、春日の片倉の金井坂の戦いの負傷がもとで落命している。

○上原儀右衛門

信蕃の田中城在城時に従っていた。上原姓は佐久郡に多いので佐久出身と思われる。天正一八年（一五九〇）に芦田康眞（松平康眞）が、徳川家康の関東転封にともなって、信州小諸から上州藤岡に移った時に従って行った家臣「芦田五十騎」の中にもその名が見える。

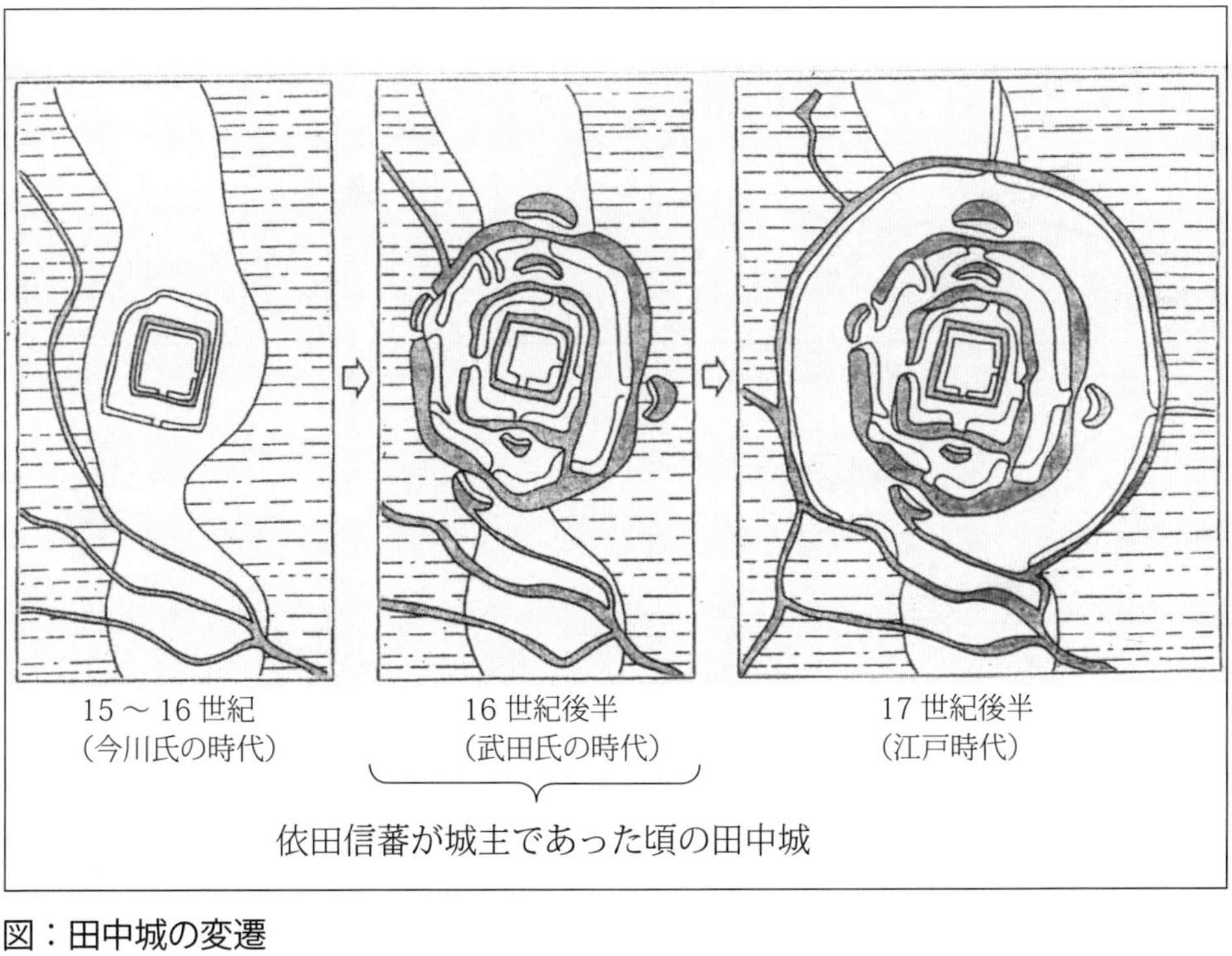

図：田中城の変遷
藤枝市郷土博物館作成より

①蒲原城……永禄 12 年（1569）12 月～天亀 3 年（1572）のある間
……短期間（期間不詳）
②二俣城……天正 2 年(1574)11 月 11 日以前～天正 3 年（1575）12 月 24 日
……1 年 2 カ月余
③高天神城…天正 3 年（1575）12 月末～天正 6 年（1578）5 月以前
……短期間（期間不詳）
④田中城……天正 7 年（1579）秋～天正 10 年（1582）3 月 1 日 …… 2 年半

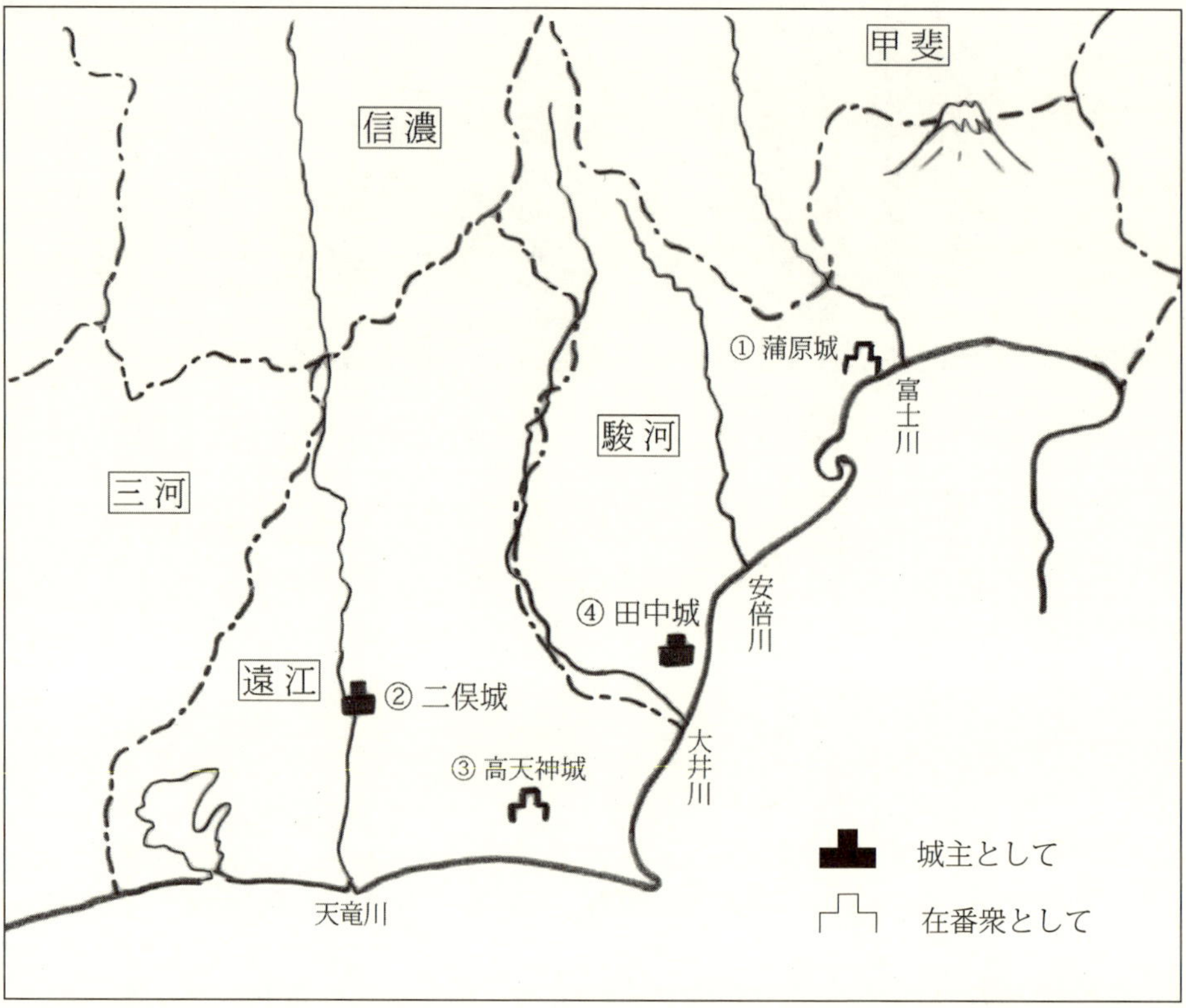

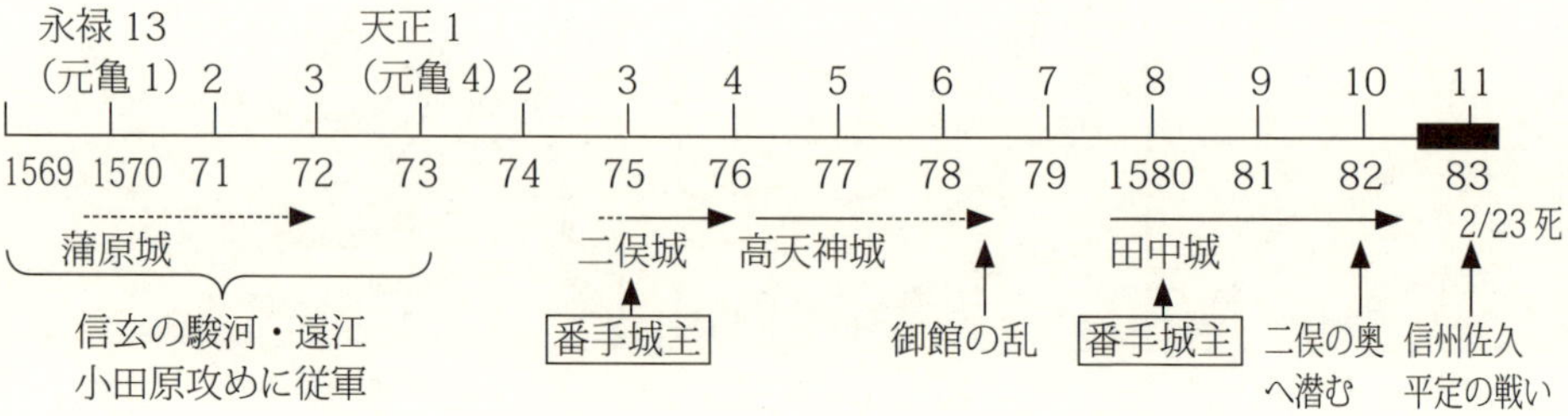

図：信蕃が守備した駿河・遠江の城

⑨信長の武田遺臣狩りから逃れ、家康に臣従、遠州二俣奥に隠れ潜む

○
森勝蔵小諸に居られ候に付、**常陸介**、勝蔵と対面申され、その上**信長**公へ御礼申すべくに付て、**小諸**を出、**諏訪**に**城介**殿御座候の間、先ず城介殿へ御礼申すべきと存じ候えども、途中まで**家康**様より御飛脚下され、城介殿へ出仕無用、信長より甲斐國大名切腹仰せ付けらるべしとの書立参り、**依田常陸介**切腹一の筆に書付け候間、諏訪へ参り候こと相止め、夜通しに**甲斐國市川**へ参り、**家康**様に御目見え仕り候様にと、御飛脚下る付き、即**市川**にて御目見え仕り、直に山路をしのぎ、**遠州二股の奥に小**川と申す所に、上下六人にて隱居申され候。

〈要旨〉

・田中城を徳川氏へ明け渡して信州へ帰った常陸介は、信長の臣である森勝蔵が小諸城にいたので、森勝蔵と対面した。その上、織田信長へ挨拶するために小諸を出発し、諏訪に織田城ノ介信忠がいたので、先ず信忠へ挨拶しようとして、諏訪へ向かった。

・諏訪への途中で、**家康**からの飛脚に出会った。「織田城介信忠へ出仕することは無用。信長より甲斐の國の大名には切腹させせよとの書立が来ていて、**依田常陸介**は切腹を申しつける者の一の筆に名前が挙がっているので、諏訪へ行くことは止めて、夜通しに甲斐國**市川**へ行き、徳川家康にに御目見えするように」との飛脚であった。そこで、直ちに**市川**の陣所で、家康に御目見えし、家康に臣従することとなった。

・その後、直ちに山路をしのぎ、**遠州二俣の奥の小川**という所に、信蕃主従六人で隠れ住んだ。

〈注解〉

○ここに取り上げた本文は「一つ書き」になっていないで直接前の文章に続いている。したがって、ここでは「一」の代わりに「○」の印を付けた。

《信長の武田領国侵入と勝頼の滅亡》

信長は、嫡子信忠を大将とする織田軍を武田領侵略に先行させた。信州伊那郡へ入って、吉岡城・飯田城・大島城（信

玄三弟逍遥軒信綱〈信廉〉などは大した抵抗できずに陥落した。唯一本格的な抗戦をしたのは高遠城の仁科盛信（勝頼の異母弟）であったが、信忠の指揮の下、森勝蔵（長可）・滝川一益・河尻秀隆などの総攻撃に三月二日に落城した。この時に城側の副将格で戦った佐久の小山田備中守昌辰（まさとき）（甲州郡内地方の小山田備中守信茂とは別系統）も討ち死にしている。信忠は三日に上諏訪へ侵入し、諏訪大社上社周辺を焼き払った。その同じ三日には武田勝頼がわずか二カ月住んだ新府城を焼き自落している。信忠は七日に陣を諏訪から甲府へ進めた。

勝頼は真田昌幸の西上野の岩櫃城へいったん退避し再起を図ることに決定していたとされているが、累代の重臣小山田信茂の意を入れて、都留郡の信茂の居城岩殿山城を目指した。笹子峠の手前の駒飼の宿で、先に本拠へ帰った小山田信茂の出迎えを待って七日間滞在したが、信茂は裏切って信長方に寝返り、新関を作って入郷を拒否した。やむなく勝頼は

写真：高遠城

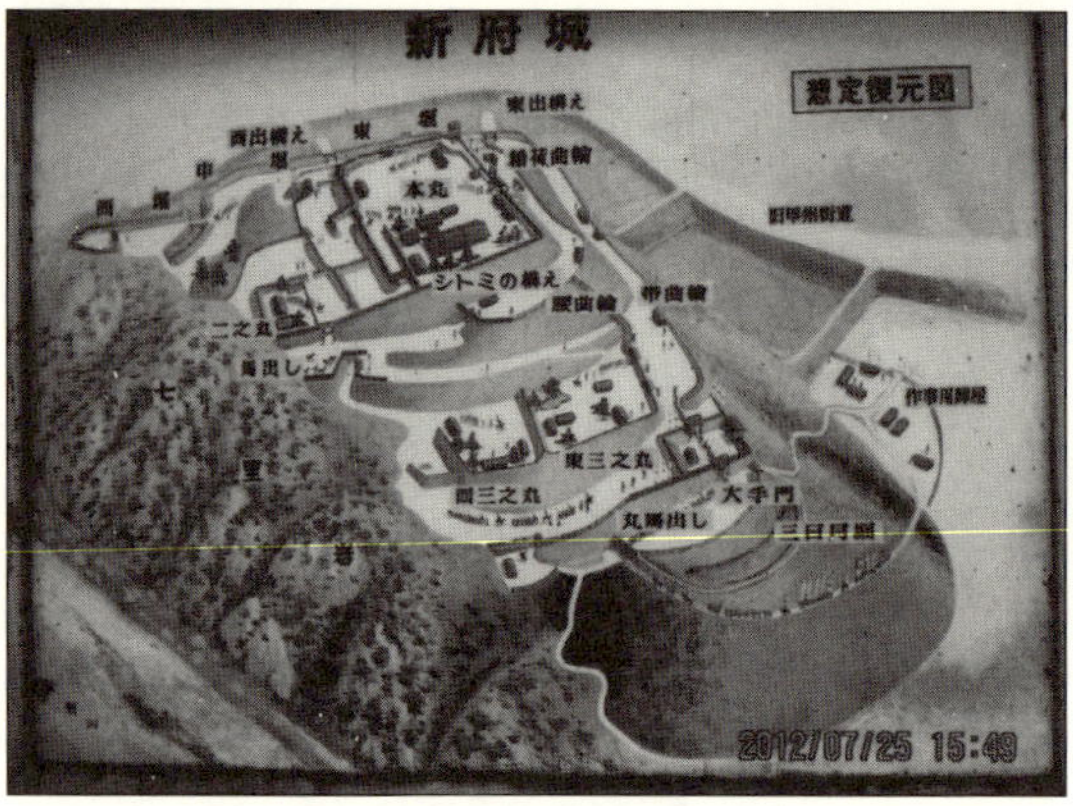

写真：新府城（城内の説明版）

写真：岩殿山城

日川に沿って山峡を田野を経てさらに上流へ天目山栖雲寺方面へ向かった。現在の笹子トンネル西入り口の北東方向になる。その先は大菩薩峠である。どういう見通しをもって向かったものか、解釈しかねる。追尾してきたのは、滝川一益・川尻秀隆ら五千余の兵であった。天目山麓に逃れた時には総勢百名もいなかった。行く手の上流方向からは、織田勢とは別に辻弥兵衛に率いられた天目山麓の郷人ら六十余名が弓鉄砲を撃ちかけて攻撃してきた。挟み撃ちになった格好で進退極まった勝頼一行は終焉の地を求めて、やむなく再び田野へ引き返した。この時、土屋惣蔵昌恒が主君の危機を救わんと、最も崖道の狭い所で岩角に身を隠し、片手は藤蔓につかまり、片手には刀を持ち迫り来る敵兵を次々と斬っては谷川に蹴落としたと伝えられ、谷川の水は三日間も血で赤く染まったと言われている。そこは「土屋惣蔵片手千人斬り」史跡として石碑と説明板が立てられている。勝頼最期の地である田野の上流一・七㎞ほどの地点である。土屋惣蔵が奮闘している間に田野に至り、南方から追尾してきた滝川一益らとの間に最期の戦闘が開始された。（田野の戦い）。多勢に無勢、勝頼と嫡男信勝をはじめ主従は従容として全員自刃した。天正十年三月十一日のことである。武田氏は天目山麓田野で滅亡した。天正十六年（一五八八）に徳川家康が田野の勝頼終焉の場所

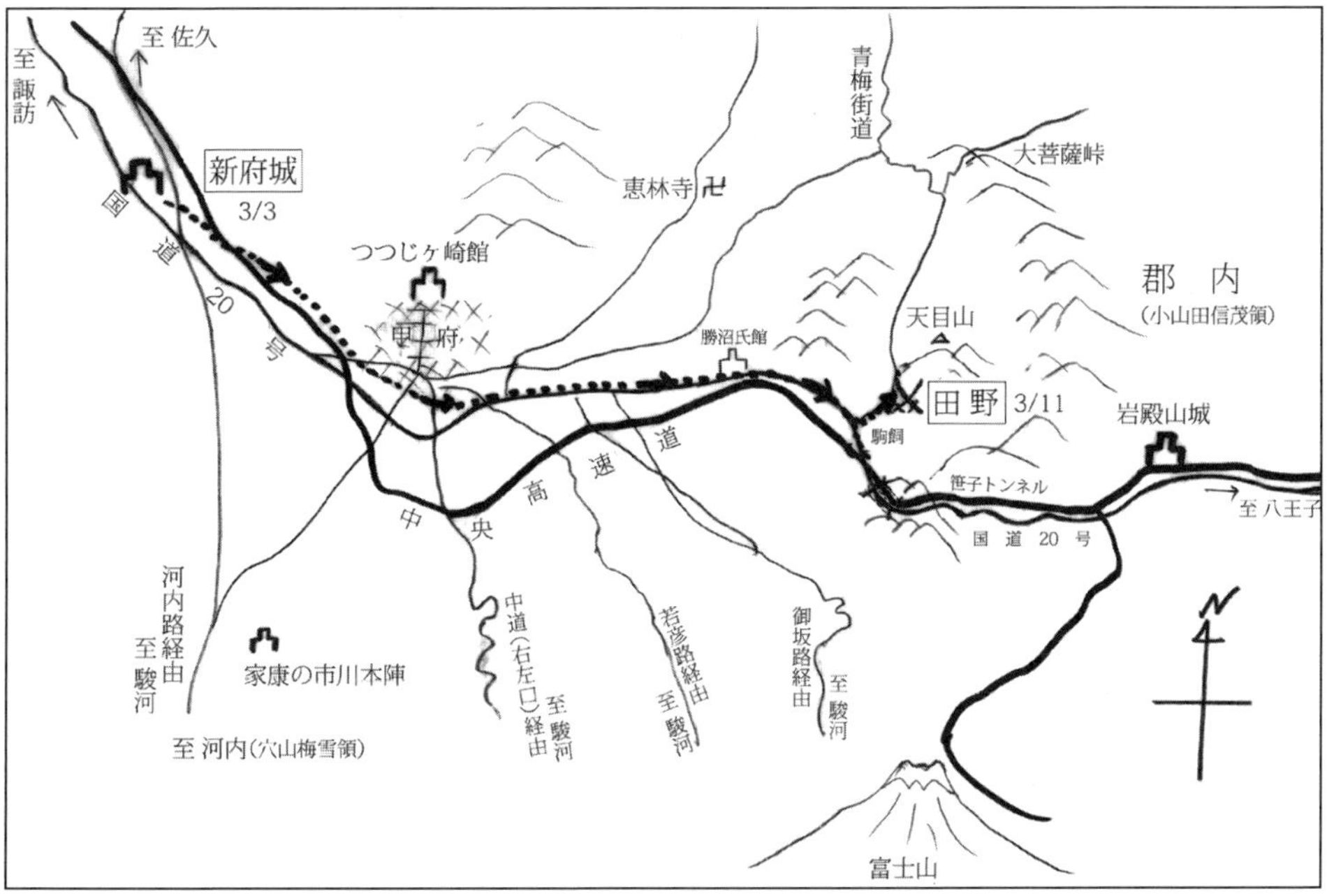

図：武田勝頼の逃避行
3月3日 新府城を退く～3月11日 天目山の麓・田野に滅ぶ。

に勝頼の菩提寺を「田野寺」として建立した。後に勝頼の戒名である「**景徳院**殿頼山勝公大居士」から、「景徳院」となった。境内には勝頼一行を祀る甲将殿があり、その前には勝頼・北条夫人・信勝の生害石、すぐ背面には真中に勝頼の宝篋印塔、向かって右側に北条夫人の五輪塔、左側に信勝の五輪塔の三基が据えられ、左右両脇には家臣の供養塔が立っている。景徳院の立地は、日川を遡って来て雨沢川との合流地点に挟まれた比高二〇～三〇mの急崖上であり、さながら砦跡であるかのようである。迫り来る織田勢に少ない兵力で抵抗しながら、最期を迎えたのである。

武田氏滅亡が避けられないと悟った**依田信蕃**が、城主として守備していた田中城をやむなく明け渡し、甲斐の国へさしかかったのは、おそらく三月三日頃と推定される。それは、武田勝頼が新府城を捨て、逃避行を始めた時と一致する。信蕃としては、その忠勇の行動ぶりからして、ともかく新府城へ出向いて主君である勝頼に目通りするつもりであったと思われる。しかるに、すでに勝頼の消息が不明であり、武田家臣の多くが離反している状況を知り、また、織田・徳川が怒濤の如く甲斐へ侵攻してくる状況から、本拠地佐久郡春日郷を目指す決断をしたものと推定される。信蕃一行は甲斐の国を通って信州へ戻ったわけで、彼が甲斐の国を北へ進んでいた頃、行方が分からなかった勝頼一行は、田野への入り口の駒飼の宿で、岩殿山城への小山田信茂の出迎えを、裏切られることも知らずに七日間待っていたことになる。信蕃は三月十日に春日城に帰着した。武田勝頼が滅びたのは、その翌日のことということになる。

しばらくの間、信忠は甲斐一円の武田旧臣や残党狩りをしたり、関係した寺社などを焼き払ったりしている。軍勢は信州佐久郡へも侵入し、武田信玄にゆかりを持つ諸寺を兵火にかけた。『津金寺由来記』によると、芦田依田氏祈願寺でもあった津金寺（北佐久郡立科町山部）では、堂塔・山門・仏像・宝物・什器・諸記録などの多くが灰燼と帰した。

一方、信長自身は天正十年三月五日安土城を出発した。六日美濃国呂久渡で、去る三月二日に滅亡した仁科盛信の首実検をし、さらに信州へ向けて北上した。十四日信州に入り下伊那浪合（根羽という説もある）で、勝頼・信勝父子の首実検をし、十六日飯田で武田信豊の首実検、十七日飯田城から大島城を通過して飯島へ、十八日は高遠城に陣し、十九日に杖突峠（つえつきとうげ）を越えて**上諏訪**に到着した。

《信長、上諏訪法華寺に着陣、諸将が謁見する》

信長は諏訪では**法華寺に本陣**を置いた。これより先三月三

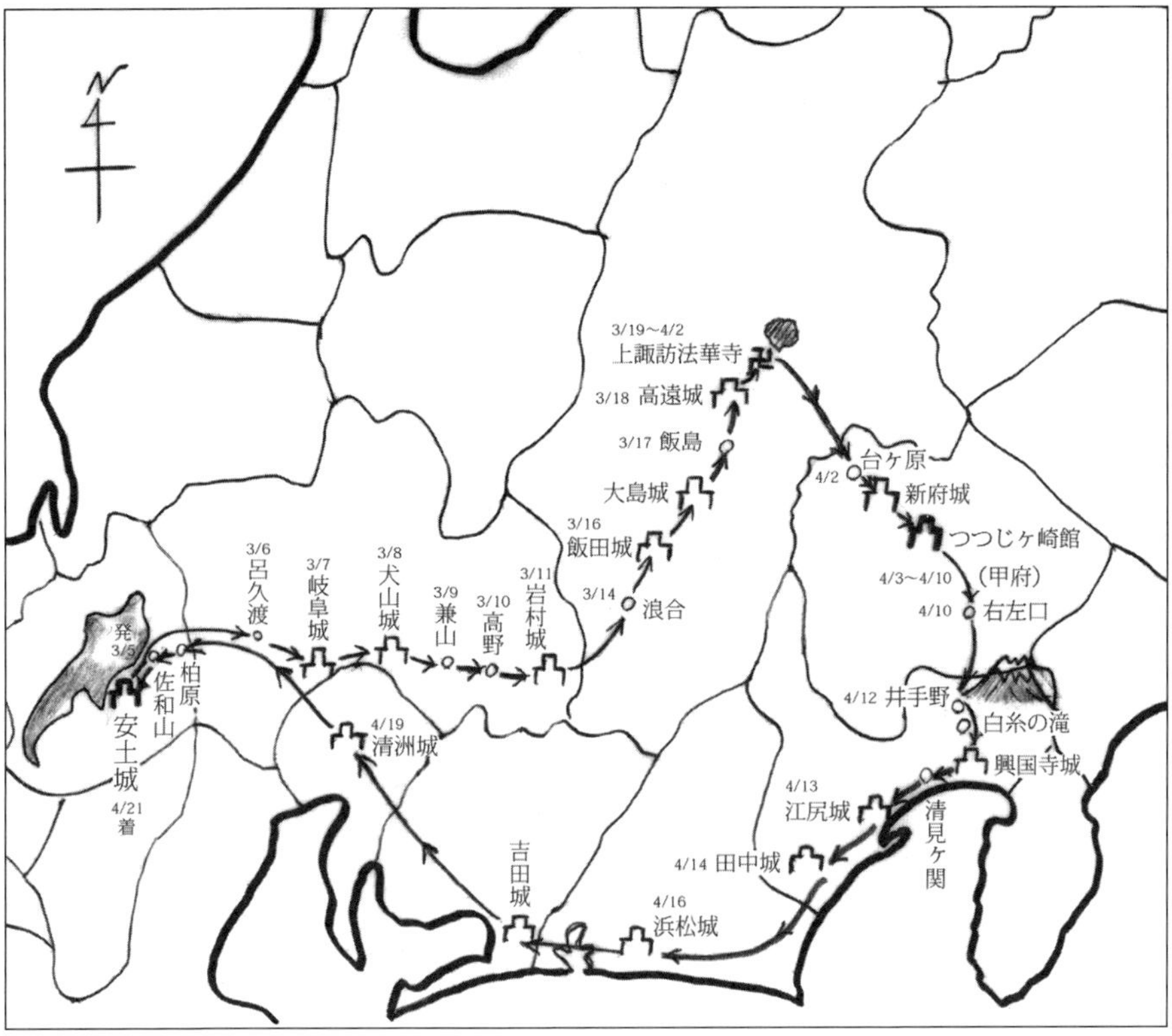

図：信長の進路
天正十年（一五八二）信長の甲斐侵攻と凱旋経路。

日には信忠が諏訪上社周辺に放火したが、上社のすぐ隣にある法華寺は焼け残っていた。法華寺は諏訪大社上社本宮の南東に隣接してあり、上社の別院別当の寺であった。『信長公記』の三月十九日の条には、「**上之諏訪法花寺**に御居陣、諸手之御陣取段々に被仰付候也」とある。『當代記』にも「十九日、信長上の諏訪へ御着陣」とある。信長は四月二日まで十四日間法華寺に滞在した間、諸将の謁見を受けた。その間、織田軍の主な武将が在陣した。また、甲州に侵入し市川に陣を張っていた徳川家康（二十日）をはじめ、木曽義昌（二十日）、穴山梅雪（二十一日）、小笠原信嶺、小田原の北条氏政の使者（二六日）などが法華寺を訪れ、信長に謁見した。二十六日、信長は甲府入りを先に果たした嫡男信忠の功績を賞することを伝えた。二十八日には信忠が甲府から上諏訪へ帰陣し、信長に対面し、戦勝報告をした。

《信長、論功行賞と厳しい成敗》

一段落した二十九日に、信長は国割り（論功行賞）等を行なった。恩賞の将士は旧武田の臣では、信長・家康に内応していた穴山梅雪、木曽義昌、小笠原信嶺などであった。

（武田領国の知行割り）

・徳川家康……駿河国

・滝川一益……西上野（関東管領）と信濃佐久郡・小県郡
・河尻秀隆……甲斐国（穴山氏本領以外）と信濃国諏訪郡
・森勝蔵……信濃国のうち高井・水内（みのち）・更級・埴科の四郡
・木曽義昌……信濃国のうち木曽郡・安曇郡・筑摩郡
・毛利河内守……伊那郡
・穴山梅雪、真田昌幸、小幡信眞……本領安堵

処罰の將士のうち御親族衆では、武田逍遥軒信綱（信玄三弟信廉）、武田典廐信豊（勝頼従兄弟）、武田信友・信堯父子、一條信龍・信就父子、葛山信貞などである。重臣や有力国衆では山県・馬場・曽根・長坂・跡部・日向・秋山などである。また、勝頼を裏切った小山田信茂も例外ではなかった。いずれも死罪であった。

写真：諏訪法華寺

『甲陽軍鑑』によると、織田方の言を信じて御礼に参上した武田の諸将は全て殺されてしまったとのこと。『甲陽軍鑑』品第五十八「武田侍大小共に被殺事」には次のように述べられている。

一、信長甲府へ御著あり。春中より計策の廻文越給ふ。武田の家の侍大将衆皆御礼を申せと有てふれらるゝ。其二月末、三月始時分に、むたと信長父子の文をこし給ふ（に或は）甲州一国をくれべき、信濃半国を（くれ候はん）、或はをくれべきなんどとの書状を誠に思ひ、勝頼公御親類衆をはじめ皆引籠居給ふが、此ふれを実と思ひ御礼に罷出武田方出頭人の跡部大炊諏訪にて殺さるる。逍遥軒は府中立石にて殺さるる。……（中略）……駿河先方衆も勝頼公御ためを一筋に存たるをば成敗なり。甲信駿河侍大将いづれも家老衆大形殺さるる。

一方、信濃国・上野国・駿河国のように甲斐国に征服された武田領国の国衆に相対的に厳しい処罰は下されなかった。内藤氏・小幡氏・真田氏等はこの範疇か。しかし、そのうちでも諏訪氏の一部・朝比奈氏・菅沼氏等のように、武田氏に強い忠誠を尽くしたり、最後まで番城で抵抗したり、織田氏

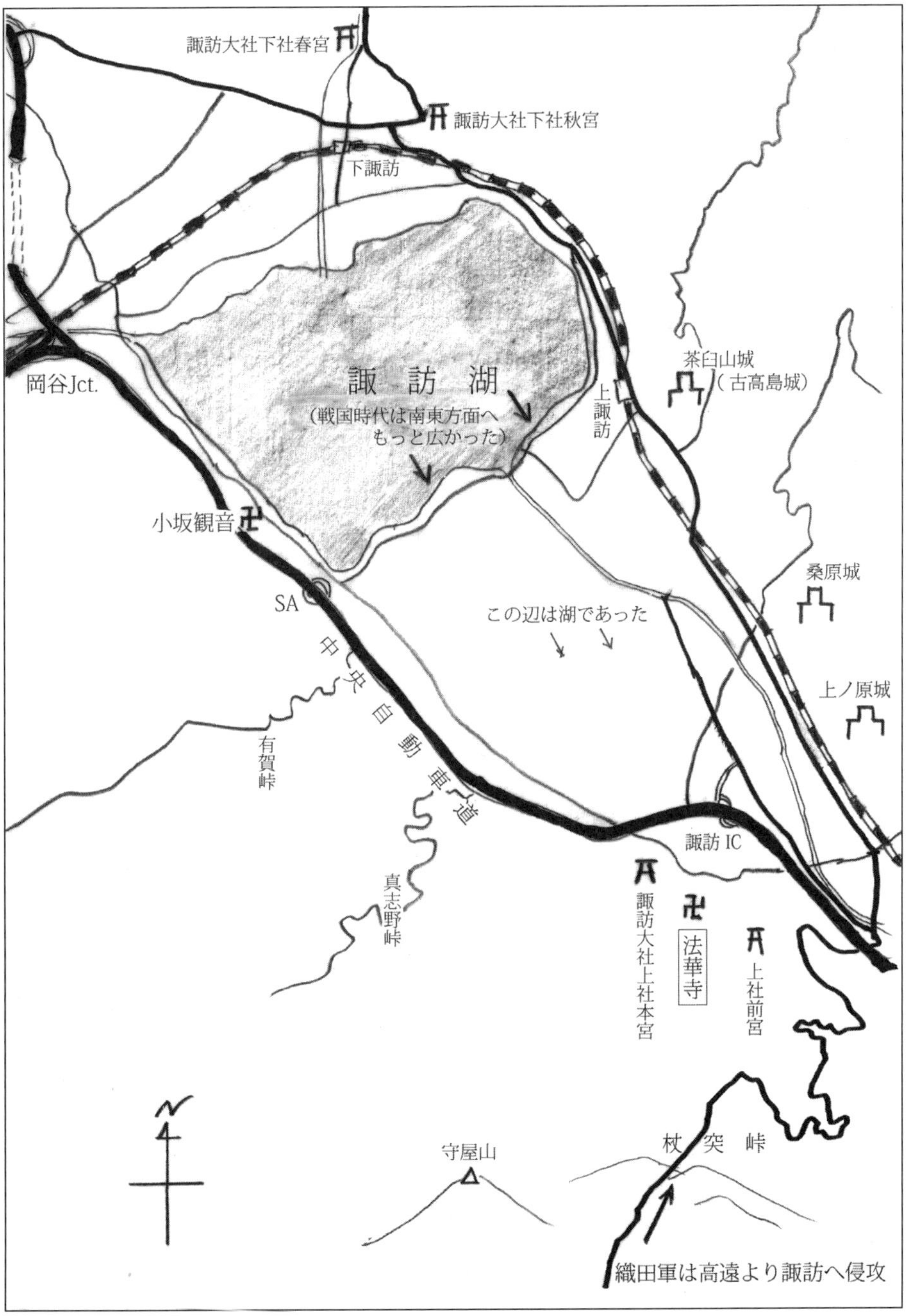

図：織田信長の本陣法華寺

に抵抗した経緯があったり、織田や徳川から武田方に走った武将等には厳しい処断がなされた。

依田信蕃の場合は「勝頼公御ためを一筋に存たるをば成敗なり」「武田氏に強い忠誠を尽くしたり、最後まで番城で抵抗したり、織田氏に抵抗した経緯があった」ということから、「御成敗」（つまり断罪、切腹、打ち首）される運命にあった可能性が大きい。

信長の法華寺での滞在中、信長勢力下の諸将が上諏訪に一時的に集まってきた。諏訪は半月ほど戦国の中心舞台といってもよい状況であった。この時、皆の前で信長が明智光秀に対してせっかんし、恥をかかせて、それが本能寺の変の遠因のひとつになったという逸話があるが、光秀謀反の真の原因は謎のままではある。

《信長の甲府入り・安土への凱旋と家康》

信長は四月二日に上諏訪を出発、甲州へ入って台ケ原に一泊し、三日には新府城の焼け跡を検分し、甲府へ入り、信玄の館であった「つつじケ崎館」跡に建設された仮御殿に陣した。この同じ日、信忠に命じて武田氏の菩提寺である恵林寺を焼き払っている。

信長は甲斐国内を巡察し、四月十日に甲府を立って帰路についている。家康の臣深溝（ふこうず）松平氏の松平主殿助家忠が記した

写真：恵林寺（えりんじ）

写真：右左口宿

写真：現在の右左口峠

『家忠日記』には「十日、上様甲府よりうは口迄御成候」とある。「うは口」とは「右左口（うばぐち）」宿である。つまり、信長は安土への帰路は中道往還の道順をたどったのである。右左口（上口）～右左峠～迦葉坂（かしょうざか）（柏坂）～阿難坂（あなんざか）（女坂）～古関～精進～本栖を経由し、雄大な富士の裾野へ出て、眺望を愛でながら～大宮城～駿府城～江尻城～田中城～浜松城と家康の領国（駿河・遠江・三河）を経由し、四月二十一日に安土城へ帰着している。実に本能寺の変のわずか四十三日前のことである。

その道筋は徳川家康の勢力範囲の地であるため家康は信長の歓待と警護に細心の注意を払って各地に御茶屋や御厩（おうまや）を建て、食事などにも贅を尽くし、饗応に努めている。『家忠日記』によると、天正十年四月十日以降の信長の行動は全て「御成（おなり）」と記され、御成の際には多数の家臣を伴った行列が進んで行き、沿道に作られた茶屋や小屋、そして御成先では馳走（饗応）が行なわれた。筆者である松平家忠も、主に小屋と茶屋の建設、道路の普請、行列の警護などを行なっている。

武田攻めの際のこうした家康の労をねぎらうために、信長は家康を安土に招待した。今度は、信長は家康一行に気を遣って様々な馳走（接待）をしている。この頃が信長の絶頂期であり、その直後に急転直下、本能寺の変が勃発するのである。

《徳川家康の甲斐侵攻の状況》

話は前後するが、家康の甲斐への侵攻について、『家忠日記』の内容を中心に見ていくことにする。――武田の御親類衆の筆頭である江尻城主穴山梅雪が徳川方に内応したということが、三月一日に家忠の耳に入った。梅雪とすれば、母が信玄の姉であり、妻が信玄の娘である自分の家系の方が、諏訪四郎勝頼（武田勝頼）よりも武田氏の血が濃いという自負があり、自分が前面に出て織田・徳川にいったん降ることによって、武田氏の血脈を存続をさせることができるものという彼なりの判断があったと推測される。四日に梅雪は家康に謁した。甲斐への案内役梅雪によって家康は抵抗なく侵攻した。八日に駿河興津城へ入り、九日には身延へ軍を進めた。都合七回甲斐に進入している家康であるが、この武田勝頼滅亡に際しての第一回目の時のみ、興津方面から富士川沿いに北上している。それは穴山梅雪の河内領内を通過するルート（河内路）である。他は全て中道往還（迦葉坂〈柏坂〉、右左口）経由である。この天正十年三月の武田氏征服の侵入時における一番安全なのは穴山梅雪の領内（駿河国庵原郡、甲斐国河内地方）を通過することであったのである。三月十日、穴山梅雪の案内で市川に着陣している。そして、翌十一日には梅雪を伴って織田信忠のいる甲府へ入った。その日はまさに郡内地方の重臣小山田信茂に裏切られた武田勝頼が、滝川一益の織田軍に追い詰められ、天目山麓田野で滅亡した日にあたる。

　さらに『家忠日記』では、「三月十七日乙亥、上様信濃諏訪迄御着にて、**家康越候**」とある。ここで「家康越候」の「**越候**」の解釈の仕方であるが、「行った」のうちでも、「行き、そちらへ到着した」ではなく、「そちらへ向けて出発した」の意であろう。つまり、織田信長が信濃諏訪へ到着するので、徳川家康が陣所（市川）を出発したということにある。それを裏付けるのが『當代記』の「家康**昨日市川を出**、今日**廿日出**仕、信長曰、此度早速被達本意事」という一文である。これは「家康が十九日に市川を出立し、二十日に信長に出仕した（謁した）」ということを意味するからである。また家康が信長との会見を終え甲斐（市川）へ戻ったのは、三月二十三日のことである。――『家忠日記』の「**廿四**壬午、普請具取候、家康**昨日**諏訪より御帰候由候」という一文にて判明する。家康が上諏訪の信長のもとに滞在したのは三日間ほどである。その間に武田氏から内応していた穴山梅雪を信長に紹介したりしている。また、家忠や酒井忠次などの近臣には事前に準備を指示してあったが、二十五日に信長の帰途の道の普請を開始している。『家忠日記』三月十九日に――「上様（信長）三川（三河）ヲ御歸陣候ハんするか、遠州御陣所（御茶屋）作候、酒左（酒井左衛門尉忠次）衆者本栖へ由申來候」――と記されている。その後の日記にも「普請候」という日が幾日か記されている。松平家忠は松平氏でもあり、家康に近い家臣であるが、とりわけ、徳川家中において築城の普請、道路普請などの土木工事に優れた武将でもあった。

《依田信蕃の動向～佐久へ奇跡の帰還》

依田信蕃は天正十年三月一日に遠州田中城を大久保忠世に明け渡し、本拠地佐久郡春日へ三月十日に帰還した。田中城から本拠春日郷まで約十日間要している。もっと早く帰還していてもおかしくない距離であるが、この間の甲斐の三月初旬の状況を考えてみると、合点がいく。それを左記にまとめてみよう。

㋐ **武田勝頼**は――三月二日の信州高遠城（仁科盛信）の落城を知り、諏訪上ノ原城から新府へ退いた。本拠地である新造間もない新府城に火を放って、三月三日に退去し、甲府を経て、重臣小山田信茂の岩殿山城目指して東方への逃避行中であった。

㋑ **織田信忠**は――三月三日に上諏訪に着陣し、三月七日に甲府入りし、武田の勢力を一掃し、いよいよ勝頼を追いつめようとしていた。

㋒ **徳川家康**は――穴山梅雪の投降を受け、家康自らが河内路を北上し、甲州市川に三月十日に着陣した。依田信蕃が佐久郡春日城へ帰着したまさにその日にあたる。しかし、家康は自らに先行して先遣隊の家臣を甲斐に送り込んでいる。曹洞宗吉国山龍華院（山梨県東八代郡中道町上曽根四〇四二）には、その証拠の文書がある。徳川家康の朱印による「禁制」が発行されている。

禁制　　龍華院
一、当軍勢甲乙人等、乱暴狼籍事
一、寺中堂塔放火事
一、山木竹木伐採事
右条々、堅令停止訖、若此旨於違犯之輩者、速可被処厳科者也、仍而如件
天正十年三月三日　　　　朱印（徳川家康）

戦乱に紛れて寺院を荒らすことを禁じたものである。日付は天正十年三月三日となっており、家康自身は未だ甲斐に入国してはいない。しかし、勝頼が新府城を放棄した当日には、すでに徳川の勢力が甲斐に侵入している証拠である。

㋓ **北条軍**も――東方から甲斐へ進軍してきていた。

まさに依田信蕃が信州へ帰還しようとしていた三月上旬の甲斐国は、①東へ逃避行する勝頼一行、②諏訪方面から侵攻する信忠の軍勢、③穴山梅雪の河内領を北上して甲斐へ侵攻する家康の軍勢、④東から甲斐をうかがう北条勢力、そして、⑤武田勝頼から離脱し、姿をくらましたり、本貫地へ帰ったり、さまよう武田家臣の群れとで、甲斐の国は、不穏な混乱状態で極めてぶっそうな状況であったと推測される。依田信蕃が駿河田中城から、どういう経路をたどって信州佐久へ帰還したのかは不明ではあるが、どのみち、甲斐を南から北へ通り抜けなればならない。単独行ならいざ知らず、信蕃には少なからぬ譜代の臣も同行していたはずであるから、忍びで移動しても所々でその一行は目撃されたであろう。いわんや織田信忠が甲府へ着陣したのは三月七日であるので、その前後には信蕃一行は潜行せざるを得なかったであろう。一方、武田方の勢力に途中出会ったとしても安全というわけではない。敵か味方か分からない。呼び止められる可能性は大であっ

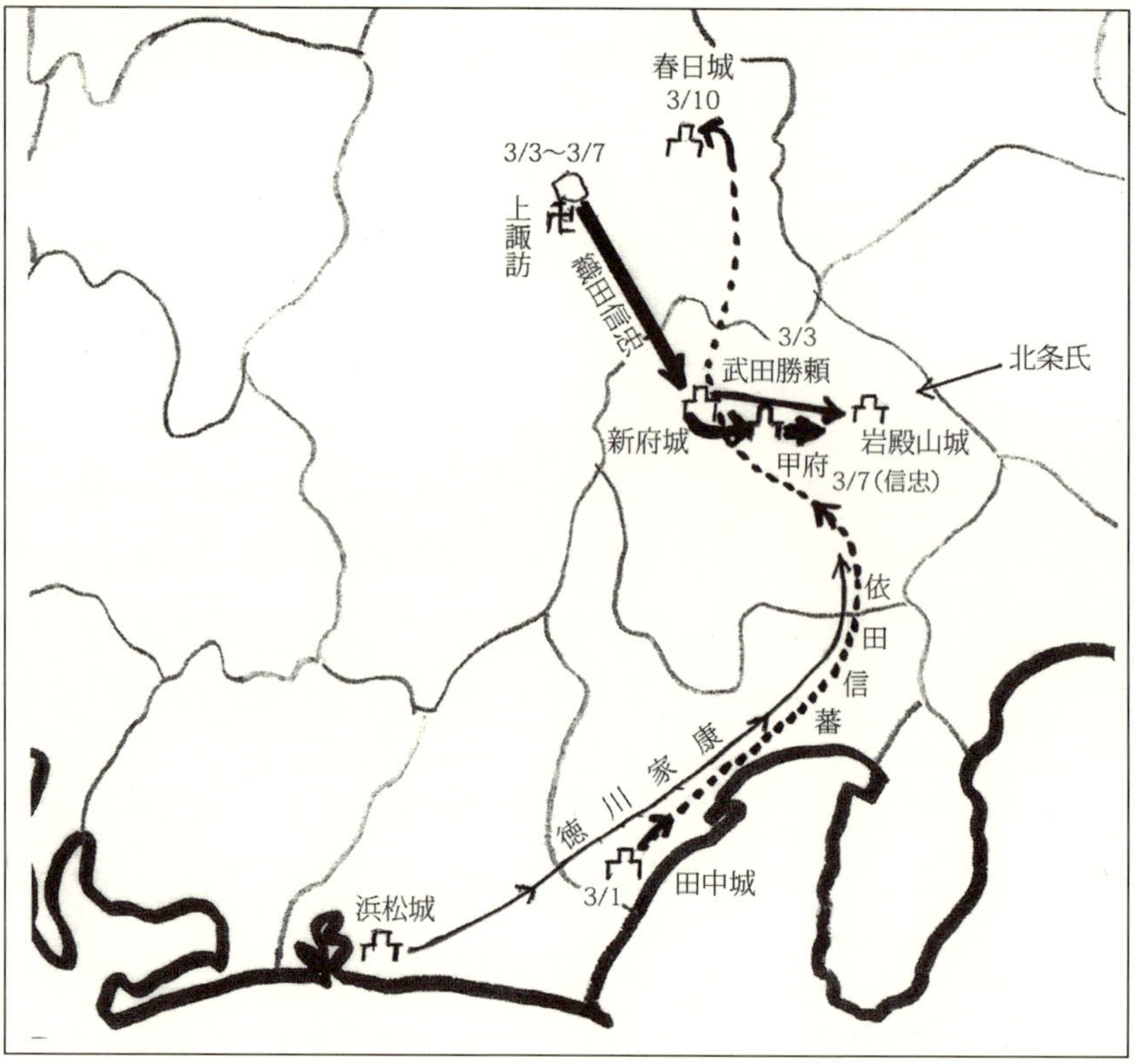

図：混乱の甲斐国を縦断して佐久春日郷へ帰還した信蕃
天正10年3月1～10日

たであろう。

どのようにして信蕃が駿河国から甲斐国を通過して信州へ帰還できたのかは分からないが、ともかく、本拠の佐久郡春日郷へ三月十日に辿り着いている。よくぞ甲斐国を無事に通り抜けられたものだと驚嘆せざるを得ない。

その後、三月十四日に織田の臣、**森勝蔵**（勝一・長可）が在城していた小諸城へ出向いた。彼は織田信長の近習として有名な森蘭丸の兄で、鬼武蔵と異名をとった勇将である。信蕃は今後の身の置き所を決めかねていたが、嫡子竹福丸（後の康國）と次男福千代丸（後の康眞）が人質として小諸城の織田方にとられていたこともあり、まず小諸城へ出向いたのである。

森勝蔵の助言で諏訪にいる織田信忠に挨拶に出かけることにした。信蕃は弟の源八郎信幸・善九郎信春・叔父左近助守俊・従弟依田主膳・戸田（奥平）金弥の五人を従えていた。この時代に本拠地佐久郡春日城から諏訪へ向かうには、普通は古東山道の雨境峠沿いの役行者（えんのぎょうじゃ）越えのルートが考えられるが、人目をはばかって主従六人が潜行するには、間道や尾根道も考えられる。一行が諏訪へ向っている途中で家康からの飛脚（密使）に出会った。その飛脚は信蕃の進行方向とは逆に、多分諏訪方面から佐久へ向かい、途中で一行に出会う

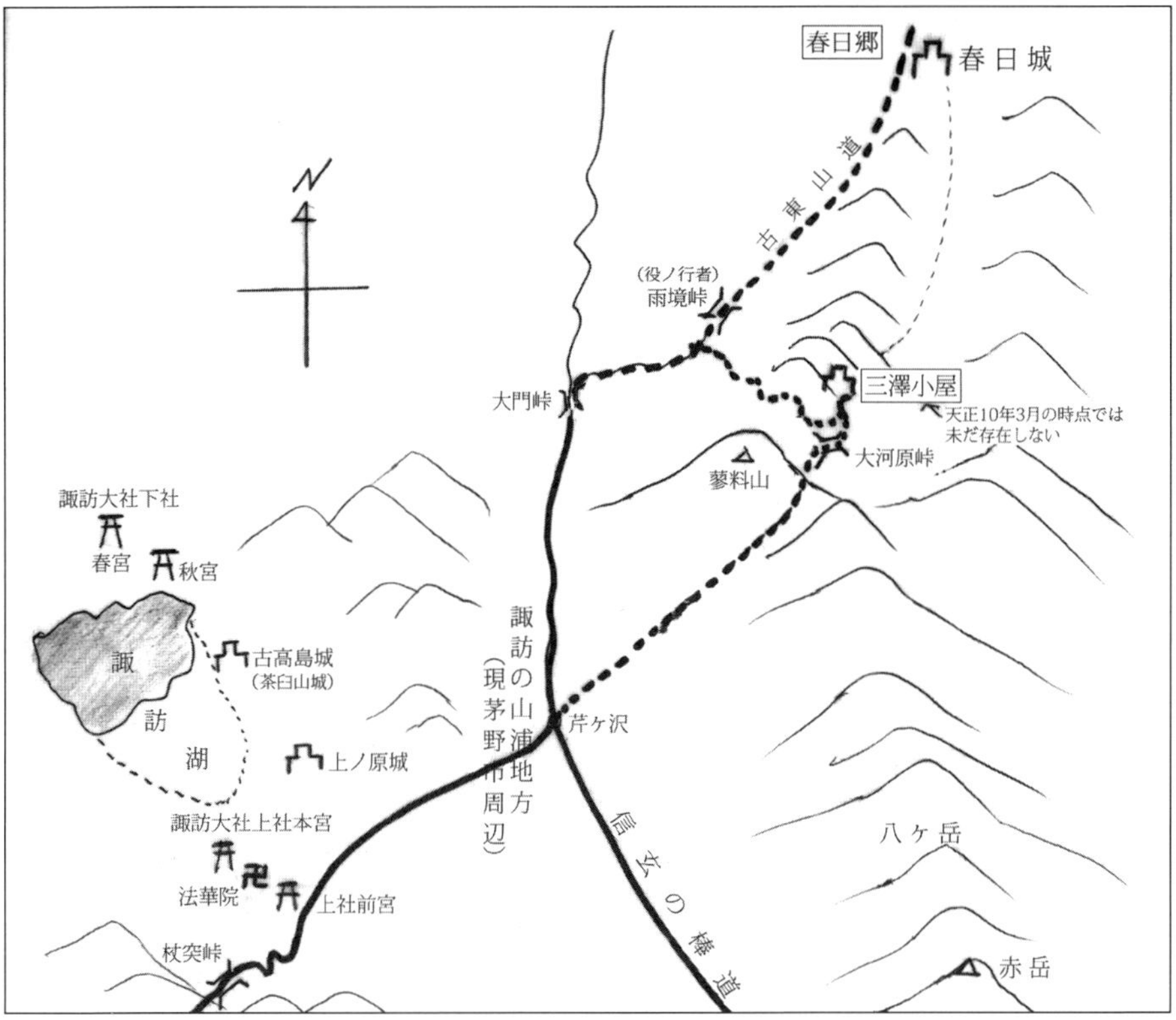

図：春日郷や三澤小屋から諏訪の山浦地方へ

ことを見越したルートを辿ったと推定される。いずれにせよ、その飛脚は信蕃一行の辿るルートを知っていて、顔も知っている人物ということになる。佐久の郷土史家市川武治氏によると、信蕃の叔父依田左近助守俊の関係で、信蕃とも縁者となる佐久根際の重田守国であるという。その飛脚の知らせにより、自分が織田信長による旧武田家臣の追及リストに載っており、諏訪へ行けば切腹させられる運命にあることを知り、急拠変更して、前々からこの人物ならばと内心決めていた徳川家康の陣である甲斐市川大門へ行き、家康に臣従することになったのである。

《本拠春日郷、織田軍に蹂躙される》

ところで、信蕃主従六人が去った後、不在の春日城はどうなったであろうか。織田方からすれば、上諏訪へ来れば命を奪う予定であった依田信蕃が出頭せず、どこかへ姿をくらましてしまったわけであるから、そのまま何もしないという選択肢はない。小諸城にいて、信蕃に上諏訪へ行って織田に挨拶（出頭）するように直接申し渡した**森長可**か、直後に佐久郡・小県郡を与えられて小諸城へ入った**滝川一益**のいずれかが、軍勢を信蕃留守の春日郷へ送り込んだことは、状況からして必定である。

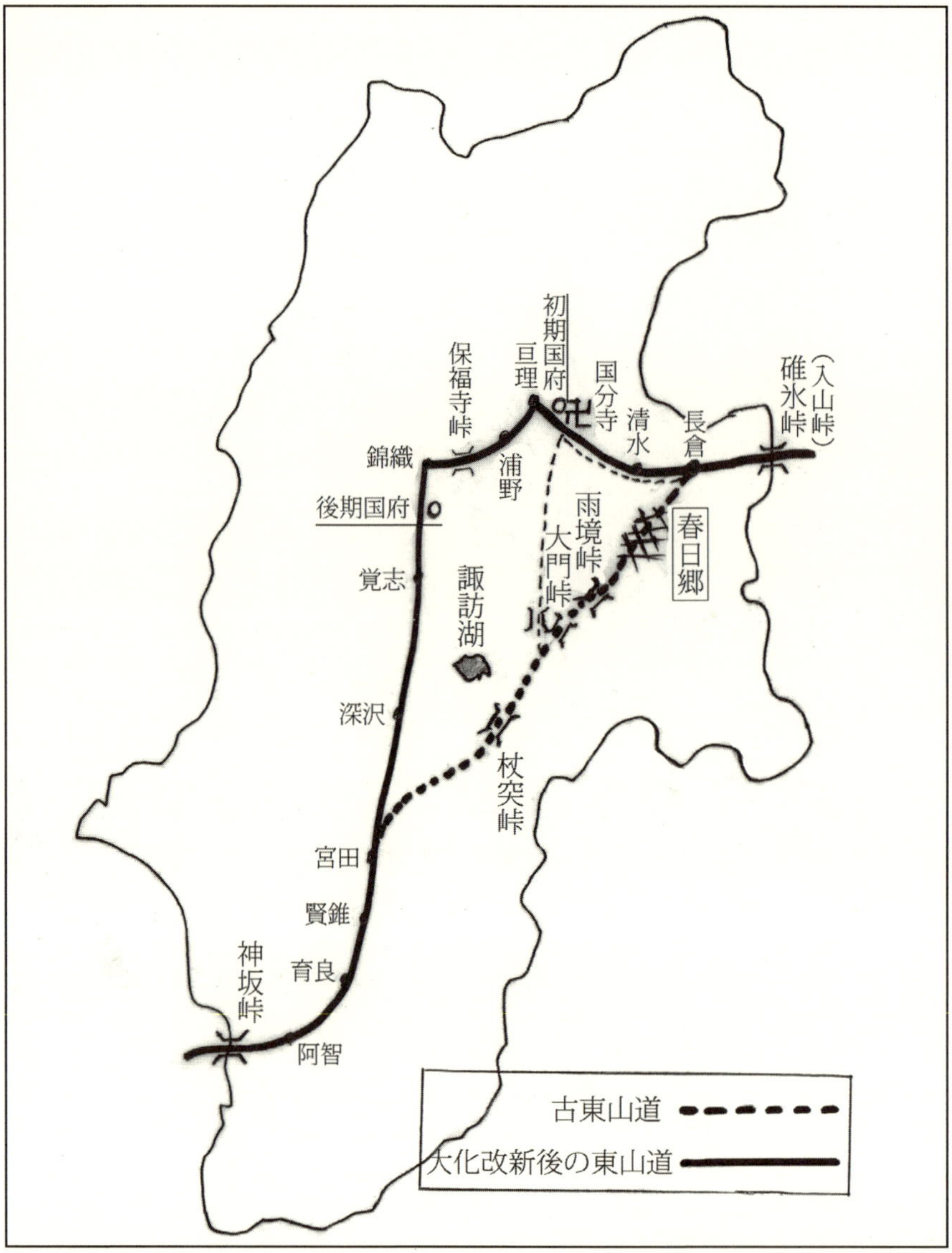

図：古東山道と春日郷
古東山道は春日郷を通過していた。

佐久郡春日郷は、古東山道が近くを通過していた。佐久平から大河原峠を越えて諏訪の山浦地方（茅野市周辺）、さらには甲斐国や東海地方を結ぶ交通の要衝に位置していた。そこの本拠の春日館（芦田氏館）は焼き討ちにあったと推定される。その際、その時点までに芦田氏が武田信玄・勝頼から賜った書状や家宝は、ことごとく持ち去られたり破壊されたり、焼かれた可能性がある。そのためか『芦田記』（依田記）の後述の文の中で、証拠として尾張藩徳川家へ提出されている文書の中に、本能寺の変以前の下野守信守や信蕃に関わるものは皆無である。二十一世紀の今日まで伝わった芦田家の家宝や文物は、平成二十三に長野県立歴史館の特別展「武士の家宝」ということで展示され、また冊子

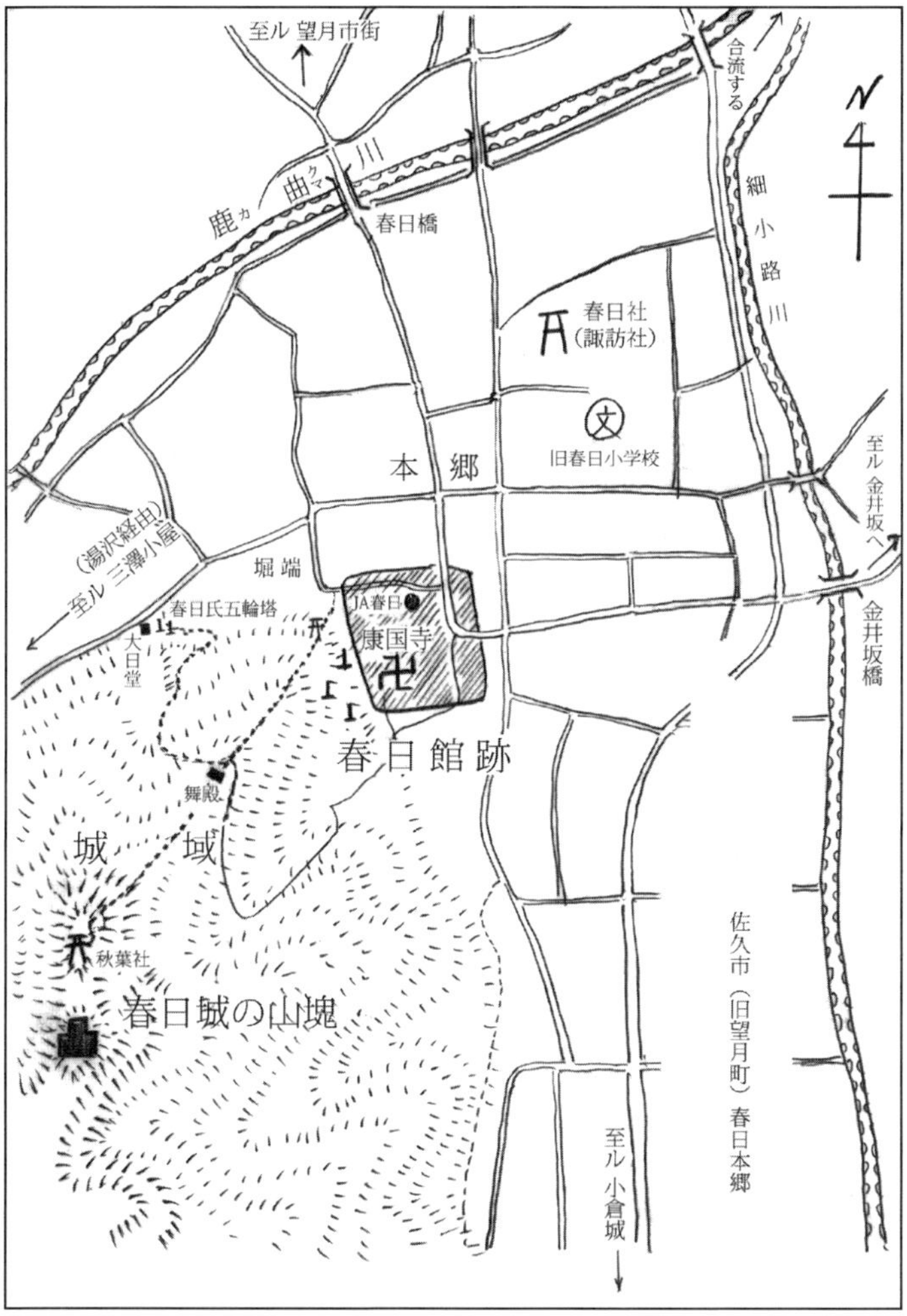

図：春日城と春日館

が刊行されているが、本能寺の変以降の物しかないことからも、それは裏付けられている。

　明治十一年刊行の『長野県町村誌』には、春日村の項に「居館は今金城山康國寺の境内なり。方二町、三方壘二重あり。濠を廻らして、堀端小路の名あり」とある。その館跡が佐久市教育委員会によって平成二十二年に発掘調査が実施された。それによると、五m離れて平行に掘られた幅四m以上と幅三m前後の濠跡のほか、濠掘削以前の竪穴をもつ建物跡が発見されている。平行する濠は、町村誌に記される二重の濠の可能性が高い。背後の山城（春日城）の前面に「コの字」形に濠を廻らせた一辺一〇〇～一五〇mの方形館が想定できる。

　当主信蕃が織田信長の追及から逃れて、家康によって遠州二俣の奥小川郷に匿われていたこの時期に春日郷、春日城、春日館は織田軍に蹂躙され、芦田氏の留守を預かる武将や家族・近親者・臣下の家族などは春日館の南方の蓼科山系の山小屋や避難所へ身を隠していた（「山上がり」していた）と思われる。その具体的な場所については、何カ所か郷土史家によって取り上げられているが、特定はできていない。筆者は細小路川奥右岸の岩山上にある小倉城がその一つであろうかと推定している。縄張り図も作成したが、ここでは紙面の関係上、割愛したい。

《勝頼滅亡前後の信長・信忠、家康・信蕃》天正十年　3／1〜4／3

日付	織田信長	織田信忠	徳川家康	依田信蕃
1			穴山梅雪の寝返り公表	田中城を明け渡す
2		高遠城仁科盛信を滅す	穴山梅雪に知行の保証	
3	（勝頼新府城を自落）	諏訪着、上社周辺を焼く		
4			穴山梅雪が謁す	
5	安土城を出立			
6	美濃呂久渡で盛信の首実検			
7	岐阜城着	陣を上諏訪から甲府へ		
8	犬山城着		駿河興津城へ入る	
9	兼山着		梅雪を案内役に身延へ進む	
10	高野着		甲州市川文殊堂に着陣	佐久郡春日へ帰着
11	岐阜城着（勝頼天目山に滅亡）		信忠のいる甲府へ行く	
12				
13				
14	浪合で勝頼の首実検			小諸城で森勝蔵に会う
15				
16	飯田で信豊の首実検			

写真：織田軍の焼き討ちに遭った立科津金寺

17	大島を経て飯島に陣す		（甲府を出立する）	
18	高遠城に陣す			
19	上諏訪法華寺に着陣		市川を出立する	
20	家康と会見、木曽義昌を引見		上諏訪で信長に謁す	諏訪への途中飛脚と出会う
21	穴山梅雪を引見			
22		（配下が佐久侵入、諸寺焼討）		
23	上野と佐久小県を滝川一益に		上諏訪より市川へ帰る	★家康に謁したのは
24				三月二三日以降か～
25		功績を信長から認められる	信長帰途の普請開始	★以後、二俣奥小川に
26	北条氏政の使い来る			隠れ潜む
27		甲府から上諏訪へ帰陣		
28				
29	国割（論功行賞）を行なう			
30				
4/1				
2	上諏訪を出発、台ケ原に一泊			
3	新府城経由、甲府着			

《信蕃が信長から切腹させられる可能性が高かった証拠》

『芦田記』（依田記）にある「信長より甲斐國大名切腹仰せ付けらるべしとの書立参り、依田常陸介切腹一の筆に書付け候」とある家康からの書状にはあるが、その可能性について考えてみたい。『天正壬午の乱』（平山優著、学研）を参考に整理してみる。先にも述べたように武田御親族衆、重臣や有力国衆、武田氏に強い忠誠を尽くしたり、最後まで番城で抵抗したり、織田氏に抵抗した経緯があったり、織田や徳川から武田方に走った武将等には厳しい処断がなされた。いずれも死罪であった。

武田臣下の武将で駿河、遠江の諸城の最後の城主（城番）に対しての信長による処断の結果を見ると、穴山梅雪のように武田を裏切って織田・徳川へ内応していた者、依田信蕃・曽根昌世のように織田の追及を逃れて家康に匿われていた者以外は、いずれも死罪（●印）となっている。依田信蕃は「在城主」として信州佐久郡春日城主であったが、同時に「城番主」として二俣城や後に田中城の城主であった。最後は徳川へ明け渡したとはいえ、武田の滅亡寸前まで頑強に城を守り続けた。まさに、「武田氏に強い忠誠を尽くしたり、最後まで番城で抵抗したり、織田氏や徳川氏に抵抗した経緯があった」という武将の典型であり、実績では信濃先方衆の筆頭格であり、織田や徳川での知名度も高かった。左記の一覧を見ても、「信長より甲斐國大名切腹仰せ付けらるべしとの書立参り、依田常陸介切腹一の筆に書付け候」と『芦田記』（依田記）にあるように、信蕃は織田信長が処刑を予定している書き立て（リスト）の一の筆（筆頭）に上げられていたというのもあながち間違ってはいないであろう。

武田臣下の諸将の武田氏滅亡後の運命は左記の如くである。

- ・田中城　…　依田信蕃⇩武田氏滅亡を悟り開城、いったん佐久帰還、家康の支援で遠州二俣奥小川に隠棲
- ・三枚橋城　…　曽根昌世↓城を脱出逃亡、家康によって匿われる
- ・江尻城　…　穴山梅雪↓内応（武田氏への裏切り）
- ・丸子城　…　屋代左衛門秀正、室賀兵部↓逃亡
- ●持舟城　…　朝比奈駿河守信置↓殺害
- ●庵原山城　…　朝比奈兵衛大夫信良（信置の子）↓殺害
- ●久能城　…　今福丹波守虎孝↓殺害
- ●諏訪原城　…　今福丹波守（再掲）↓殺害
- ●小山城　…　大熊備前守長秀↓殺害
- ●高天神城　…　岡部丹波守↓討ち死に（前年）

写真：諏訪原城（牧野原城）の大手丸
馬出しに諏訪社

写真：小山城の三ヶ月三重堀

一方、信濃国・上野国・駿河国のように甲斐国に征服された武田領国の国衆に相対的に厳しい処罰は下されなかった。内藤氏・小幡氏・真田氏等はこの範疇か。また、丸子城の城番であったが大した抵抗もなく逃亡した屋代左衛門秀正、室賀兵部も同じか。しかし、武田領国の国衆のうちでも、勝頼に忠節を尽くし織田軍に抵抗した諏訪氏（頼豊・伊豆守・刑部・采女など頼忠以外の者）、織田・徳川から離反して武田氏に加担した菅沼氏（田峰菅沼氏・長篠菅沼氏）等は捕えられて死罪となっている。

《依田信蕃が家康に謁し臣下となった場所と時期》

信蕃が織田信長の招集を逃れて、急遽甲斐の国の市川大門で家康と面会し、臣従を誓った**家康の市川の本陣**とは、**平塩の丘**である可能性が高い。「平塩の丘」は旧市川大門町立図書館の東南に位置する。芦川、笛吹川（富士川）が前面にあり、裏山は台地になっている。図書館のある市街地より二〇ないし三〇ｍ高所にあり眺望がよい。平塩の丘の最上段（熊野神社の現在ある場所）辺りは源義清の館跡であったという伝承がある。そのすぐ北下には「御屋敷（ごやしき）」という地名の平坦な地形があり、現在は広い畑で民家も複数建っている。発掘の結果では掘っ立て柱の跡があったという。昔から土地の支配者が利用しそうな地形である。ここが**平塩の丘**の家康の本陣であろう。また、平塩の丘の背後（南）は若干低くなっている平地で、市川中学校や民家がある。「天正十年、**徳川**

写真：平塩の丘「御屋敷」

氏が四十日の間滞在し、仮御殿を設けて国事を行なったので、**御屋敷跡**といふ」と地元の郷土史関係の複数の書物でも述べられている。これは、本能寺の変の後六月以降のことを示す可能性も残っている。

前述の表から見ると、家康は三月二十日に上諏訪にいる信長に謁見した。まさに、その日に依田信蕃は、織田信忠に謁するために上諏訪へ行く途中、飛脚（密使）と出会って、「信長から切腹を命じられるから、諏訪ではなく家康のいる甲州へ向かうように」という家康のからの助言を受け、甲州市川にいる家康の陣へ主従六人で向かった。逃避行の間道なども飛脚（密使）が案内したものと思われる。家康が上諏訪から甲州市川の陣所へ帰着したのは、三月二十三日なので、信蕃主従が前日までに市川へ到着していたとしても、家康に謁見できたのは、三月二十三日または、それ以降ということになろう。

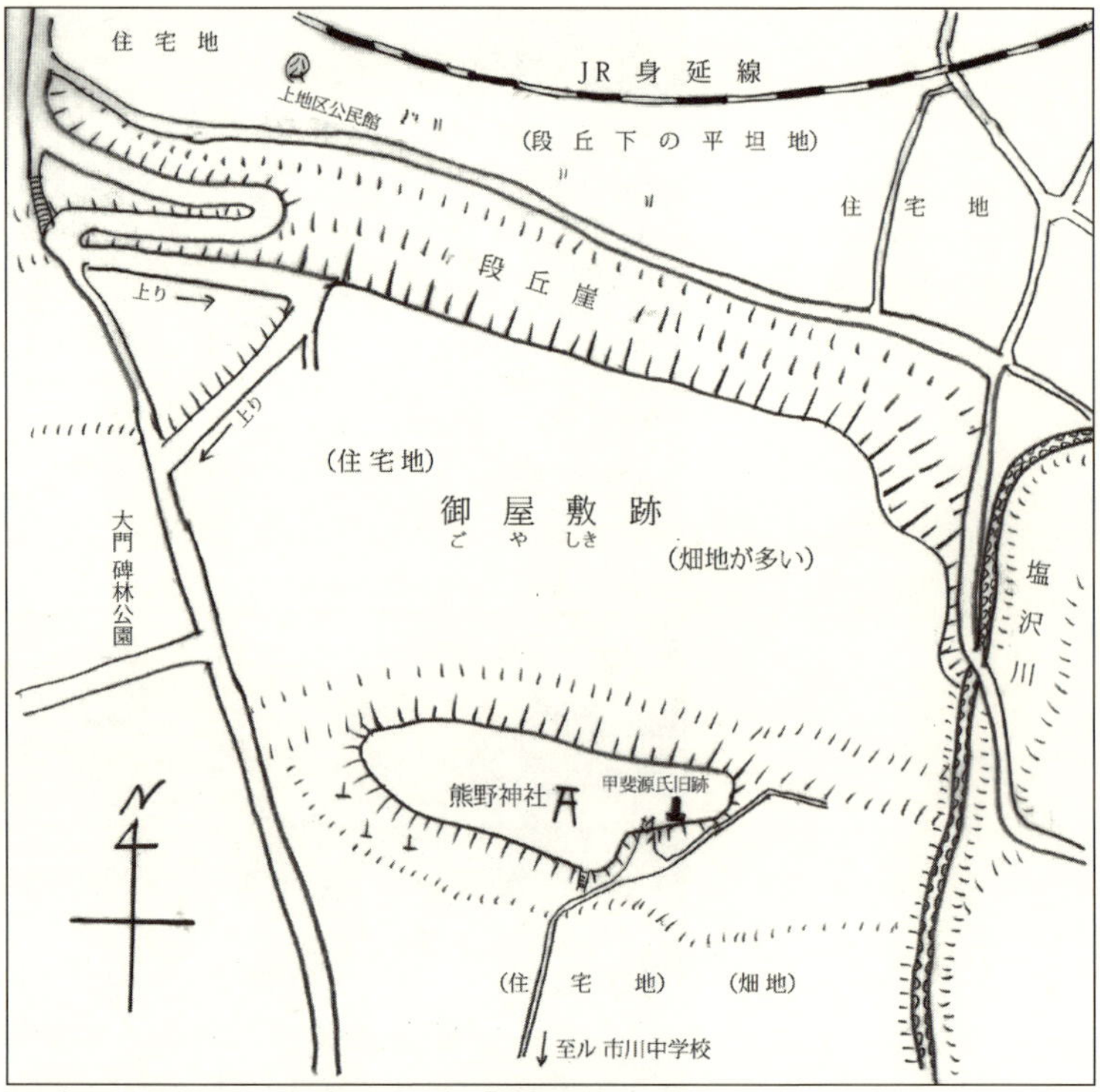

写真：平塩の丘家康の本陣「御屋敷」跡
山梨県西八代郡三郷町（旧市川大門町）平塩。

《依田信蕃、遠州二俣の奥小川に隠れ潜む》

依田信蕃が、徳川家康の勧めにより、織田信長の追及から逃れるために主従六人で隠れ棲んだのは、**遠州二俣の奥小川**という所であった。現在の浜松市（旧天竜市）小川字松間であると推定される。小川が選ばれたのは、小川を治めていた大久保忠世と**依田信蕃**は二俣城の攻防で共によく知っていたからであろう。信長の追及から逃れて隠れ潜むにあたっては、食糧や必要最低限の物については、家康の指示で大久保忠世

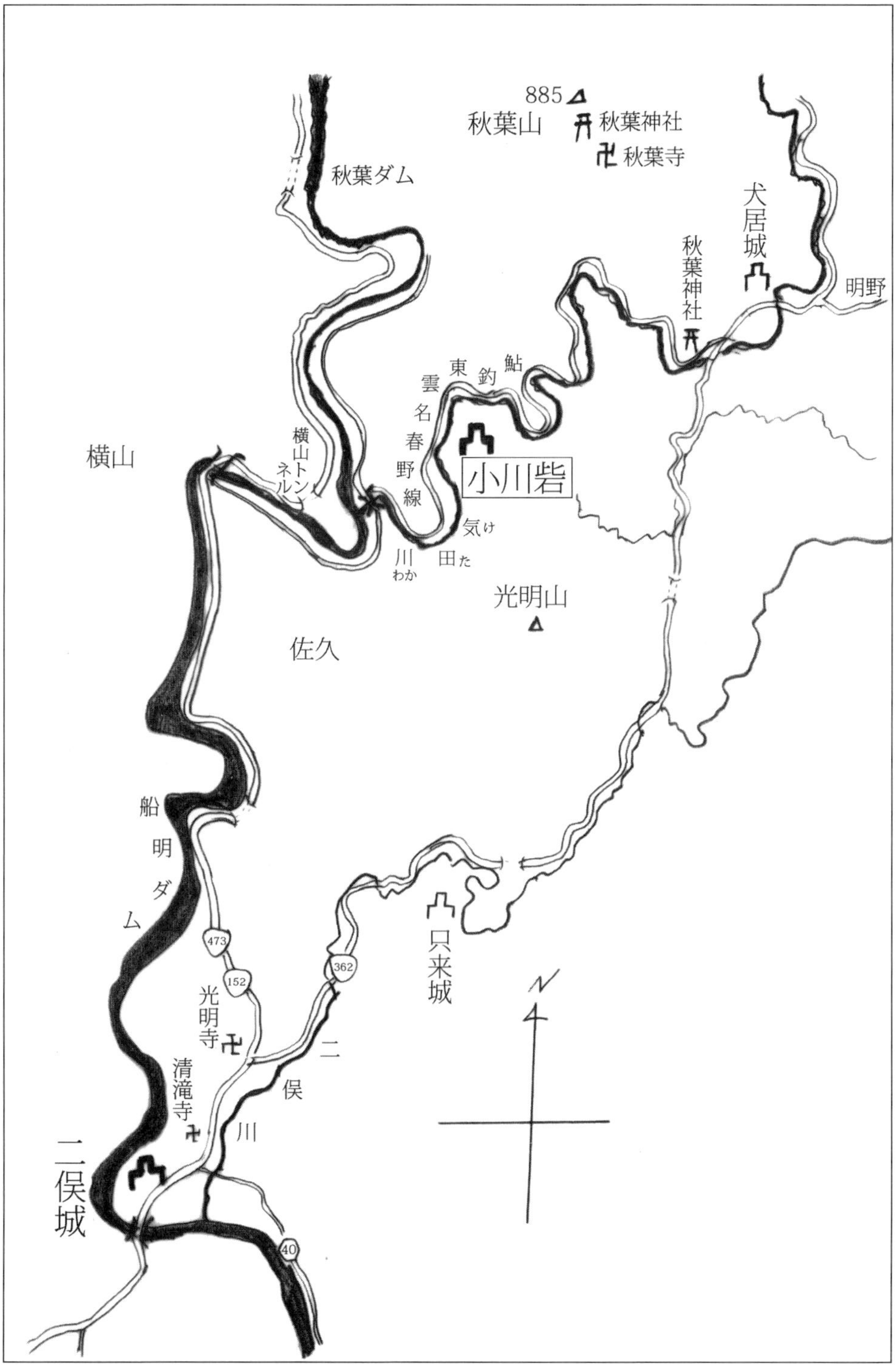

図：織田信長の追及から逃れ、依田信蕃が潜伏した小川砦
二俣城の北方、小川の里にある。

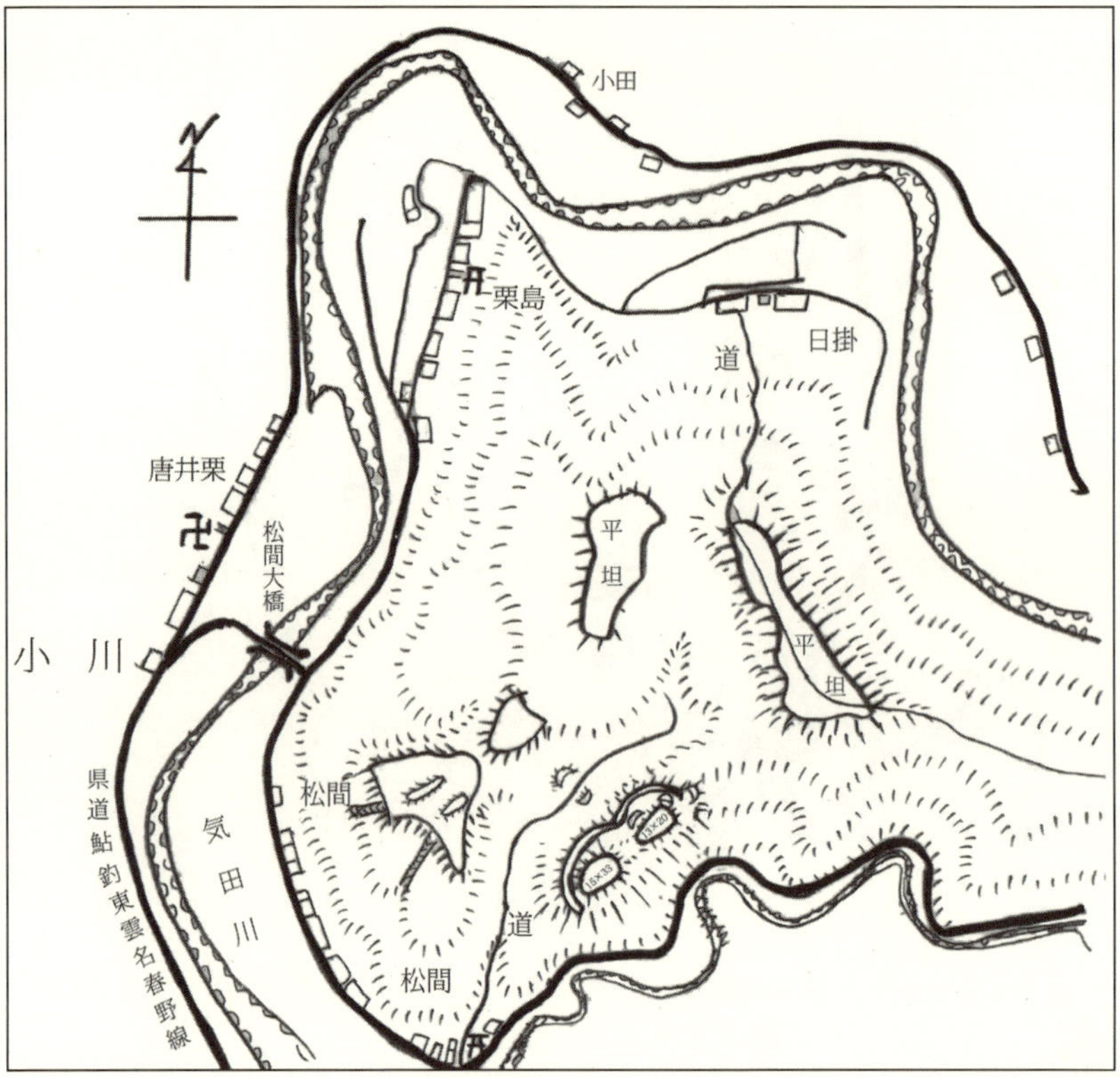

図：小川砦
浜松市天竜区小川字松間上ノ平
（調査）平成15年／平成23年2月23日・市村

の支援があったものと想像できる。ちなみに、依田信蕃が遠州二俣の奥小川に潜居した時の仮の名は、依田**忠右衛門**（土屋節堂選集第五巻『史談武田落』歴史図書社）、**三郎左衛門**（『寛政重修諸家譜』）、**三郎右衛門**（『もう一人の真田～依田右衛門佐信蕃』市川武治著、櫟）と微妙に違っている。

写真：ヌタ山（松間砦、小川砦）

旧天竜市（現浜松市天竜区）小川は「小川郷」と称した。その小川郷を流れる気田川は、東から南西へ流れる清流である。その昔、川を上下する舟による交通があったとのことである。今でもカヌーの練習をしていたり、鮎釣りをしている光景がある。二俣方面から「県道鮎釣り東雲名春野線」を気田川の右岸（西岸）に沿って遡り、松間大橋を東へ渡ったところにある山塊の上に、依田信蕃が隠れ住んだ砦跡があったと推定される。その砦跡については、地元の人の伝承や研究もいくつかあるので、ここに挙げてみたい。

⑴明治二十七年に記述された『小川地誌』（溝口昇編）に、「元二俣城主**依田信蕃**は武田氏滅亡後、徳川家康にかくまわれ、小川村の小字ヌタ山の城に居たという。この話は『依田記』にも見えるところで事実であろう」と載っている。さらに城址について、「確然タル城郭ニハ非ラズ。僅カニ隠居城クライニ過ギザルガ如シ。今ハ唯陶器等破片ノ散乱スルヲ見ルノミ」と記している。

⑵また、天竜市地方史研究会報「壬生の里」創刊号（昭和五四年八月一〇日）の太田裕治氏の論文『天竜市中世城館跡地名考』には、「……（前略）……それから他の一ヶ所は小川地区内に存在する。地元では「ジョウヤマ（城山）」と呼んでおり、『依田記』等に所載の史実（武田の旧臣で元二俣城主であった依田信蕃が武田氏の滅亡に際し、徳川家康の手引きで一時小川に潜伏した）を裏書きする地名であろうと筆者はにらんでいるが、未だ現地を見ていないので、この際結論は避けておこう。それにしても、この「ジョウヤマ」附近には、他にも「戸井口（ドイグチ）（土居口か）、「馬場」「ヒラシロ」「的場（マトバ）」、「結城ノ谷（ユギノヤ）」等、中世城館跡の所在に関係ありそうな地名のついた場所があちらこちらに残っており、これからの調査が楽しみである。（後略）」字松間の「松間（マツマ）」とは城郭に関係ある地名「的場（マトバ）」に通じる。

⑶小川地区の唐井栗の晴雲寺住職周防孝堂師の話によると、「上ノ平（松間の上）」には、昭和四十年頃まで二軒の家があった。今でも少し砦らしき地形がある」ということをご教示いただいた。平成十五年と二十三年に現地調査をしてみたが、石積みの跡らしきものや若干の削平地があった。

⑷地元の人々が作ったカルタに、「～城山～」の言葉が入っている読み札と取り札があることを、唐井栗にお住まいの老婦人が、お孫さんと見せて下さったことがある。その城山とは、気田川の松間大橋を渡った向こうの山であると教えていただいた。

『芦田記』（依田記）に出てくる「遠州二股の奥に小川と申す所に、上下六人にて隠居申され候」という内容に相当すると思われる「城山」「松間」「上ノ平」「ヌタ山」等の地名があったり、「上ノ平」の主郭に該当する部分が近世になって、宅地や耕地に利用されたためか、当初の遺構がそのままの形で残っていないとはいえ、山頂下の帯曲輪や主郭の土塁や空堀の一部は戦国時代の遺構であろうことは推定できる。

いずれにしても、依田信蕃が二俣の奥の小川に隠れ住んだのは天正十年三月二十日すぎ頃から本能寺の変の直後の六月初旬までであるので、せいぜい七十数日間ほどのことである。したがって、その旧跡はあったとしても、実際は、いかばかりであろうかと思われる。

《信長と家康の武田旧臣に対する処遇の違い》

信長は名のある武田旧臣は見つけ次第、あるいは謁見に出てきた者は、容赦なく殺害した。征服した領国へは直臣を派遣し統治させた。例えば、甲斐國は河尻肥後守秀隆に、西上野および佐久・小県郡は滝川一益に、川中島四郡は森勝蔵（長可）に統治させた。

一方、家康は信長とは逆に、依田信蕃、三枝虎吉、曽根昌世、岡部正綱等何人かを駿河國などに匿い、彼らの力を生かして甲斐國・信濃國の平定を図かり、旧臣の臣従を促した。それを見たその他多くの武田旧臣は、続々と家康に忠誠を誓った。特に家康は武田旧臣である曽根昌世、岡部正綱を甲斐での奉行として、下級武士にまで配慮して、その取り込みを図っていることが、後世の目からみると、成功の大きな鍵であったことが分かる。信長とは違って、彼らを臣下として、新しい領国を統治する手法をとった。家康の本領安堵による現地兵力の抱き込みの方が成功をおさめることになった。甲・信の武田旧臣が家康に臣従を誓約した「天正壬午起請文」には八九五名が名を連ねている。日付を天正十年八月二十一日とした起請文が多い。家康にとっては、同じく甲斐國を狙う北条氏との抜き差しならぬ対陣が行なわれていた時期である。ところで、その中には**依田信蕃**の名はない。信蕃が信州佐久郡・小県郡方面の平定を任された立場であり、家康から信頼をすでに得ていた為と推定される。また、八月頃には信蕃は、まさに佐久郡春日の奥の三澤小屋へ籠もって北条氏やその先兵である大道寺政繁と戦っている頃で、起請文を書く余裕がなかったからとも考えられる。徳川家康の兵力は、同じく甲斐に侵入した北条氏直の兵力と比較して、圧倒的に不利であったが、家康の武田旧臣に対する処遇と、依田信蕃などの武田旧臣の主だった武将の武略・智略による活躍によって、北条との講和にこぎつけ、甲斐國・信濃國を領国とするに至る。（後述）。

⑩峠の旗　～甲州柏坂峠で旗挙げ、信州の本拠へ帰還

○

その後、六月二日、信長御果ての由、**家康**様より御飛脚下され、**本多弥八**へ一通、**常陸介**へ一通、御書下し置かれ候。その御書に、このたび、明智、信長御父子を殺し奉り候。その折節、和泉の境御見物の為、家康様御越し候、その留守にて何事も無、堺より大和路を、直ちに伊勢より御舟にて大高へ御着あるべし由にて候間、早速常陸介甲斐並信州へ参り。両国ともに家康様御手に入り候様に引き付け申すべしと御書に付けて、則甲州衆を引き付け申すべしとて、二股を出、甲州へ上下六人にて参られ、甲州入口**柏坂**（柏イ崎）の峠に**鐘の旗**を立て候へば、**柏坂**（柏イ崎）の麓五里三里の間、旗を見て**蘆田殿の旗**にて候と見知り、**横田甚右衛門**始め迎えに出、甲州衆悉く**常陸介**に礼を申す。それより人数三千になる。その後、信州小諸へ六月廿日頃に参られ候。

〈要旨〉

・その後、六月二日、本能寺の変で織田信長が滅んだということを、**家康**から飛脚によって知らされた。本多弥八郎正信へ一通、依田常陸介信蕃へ一通の御書（書状）が下し置かれた。その書状には「このたび、明智光秀が謀反を起こして織田信長・信忠父子を滅ぼした。その時、徳川家康は見物のため和泉の堺にいたので無事であった。堺から大和路を直ちに伊勢より舟で大高へ到着する予定である。常陸介は早速甲斐と信州へ行き、両国ともに家康に臣従するように手筈せよ。」とあった。

・すぐに甲州衆を徳川へ引き付けるべく、遠州二俣の奥小川を出て、甲州へ主従六人で向かった。甲州の入口柏坂峠に**鐘の旗**を立てると、柏坂の麓五里三里の間、旗を見て**常陸介**（蘆田信蕃）の旗だと見知って、**横田甚右衛門**が真っ先に出迎え、甲州衆は、ことごとく**常陸介**に礼を申した。それより集まった人数は三千になった。

・その後、常陸介は信州小諸へ六月二十日頃に帰った。

〈注解〉

《本能寺の変と徳川家康》

天正十年六月二日未明、明智光秀の謀反によって織田信長

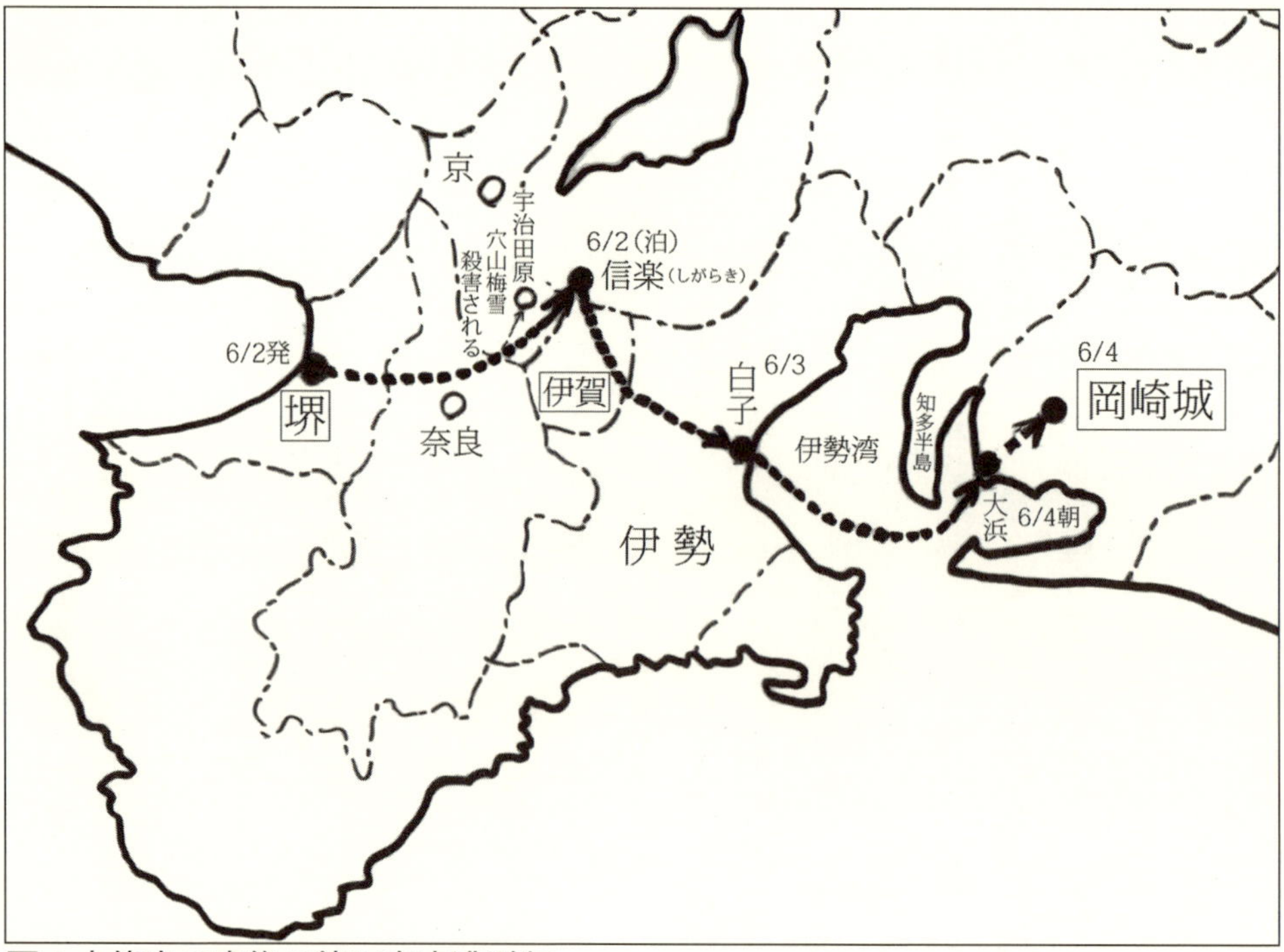

図：本能寺の変後の徳川家康逃避行
天正10年6月2～4日

は非業の死を遂げた。本能寺の変であるが、このことについてはすでに多くの言及があるので、ここでは筆を控えたい。

この時の徳川家康のことについて若干触れたい。家康は信長の勧めもあって、その時は穴山梅雪を伴って泉州堺にあった。昵懇であった豪商茶屋四郎次郎清延の知らせによって、危うく難を逃れ、服部半蔵の案内により伊賀越えの間道をとって、逃避行をした。その際、家康からはぐれた穴山梅雪は一揆の土民によって命を落としたといわれている。家康一行はさらに伊勢に至り、舟で伊勢湾を渡った。知多半島の先端を回り、知多湾を北上し、大浜（現在の愛知県碧南市）に上陸して、四日に無事岡崎城へ入った。家康の人生における大ピンチは、この本能寺の変直後の苦難の「伊賀越え」による本国への帰還と三方ケ原の合戦での敗走の時であろう。

なお、『芦田記』（依田記）では、上陸地を「大高」としているが、正しくは「大浜」であることが、『家忠日記』の六月四日の記述によって裏付けられる。

―「……家康者境（堺）ニ御座候、岡崎江越候、家康いか（伊賀）、伊勢地を御のき候て、**大濱**へ御あかり候而、町迄御迎ニ越候……」

この時、松平家忠は家康一行を迎えに**大浜**まで行っているのである。

《家康、信蕃に甲信の武将を徳川方の味方に付けるように働くべく命じる》

——『**武家事紀**』には、

「織田信長逆弑の時、源君より蘆田常陸介信蕃が許へ書を賜り、甲信両国を味方に属するごとく才覚仕るべしの旨命ぜらる。茲に因って遠州二俣の奥小川と云う所より、……」とある。

——『**武徳編年集成**』には、この局面について左記のように述べられている。

「神君より一番に酒井左衛門尉・大須賀五郎左衛門、二番に岡部次郎右衛門正綱・日下部兵右衛門・成瀬吉右衛門・穴山勢、三番に大久保七郎右衛門・石川左衛門大夫・本多豊後守父子并曾根下野正清を始め、武田の舊臣等を催し、甲州征伐の為に遣し玉ふ。且、本多佐渡守正信を以て信州の浪客**依田右衛門佐信蕃**初幸致と號すに命じたまふは、兼て**大久保忠世**言上する所、汝が舊好の士餘多佐久郡に散在する由、早く彼輩を相催し且諸手より五騎、十騎宛援兵を得て、信州を手柄次第に攻従ふべしと云々。**柴田七九郎康忠**は譜第舊勲の勇者と雖、御勘気を蒙り蟄居せし所に、大久保忠世が歡訴に因て是を免許せられ、**右衛門佐信蕃**が監軍たらしめ玉ふ。柴田愁眉を抜き、白地に黒輪貫くの旗、晴明が判の馬標を押立、**依田**と共に**柏坂峠**に張翼し、國中の士を招く所、最初に横田甚五郎後甚右衛門と改む尹松馳來る。其外甲州の勇兵踵を繼で舉参し、千餘騎に及べり。則ち**依田**、柴田、信州佐久郡に赴く。」

これによると、甲州征伐（甲州平定）するために遣わした徳川直臣の武将とともに、武田旧臣であるが、徳川へ臣従してきた岡部次郎右衛門正綱と曾根下野守正清（昌世）、さらに穴山勢（穴山梅雪はすでに亡く、嫡子の勝千代はいまだ幼少で、有泉大学助が統率していた）の名が上げられている。

整理してみると、

一番に……酒井左衛門尉・大須賀五郎左衛門、

二番に……岡部次郎右衛門正綱・日下部兵右衛門・成瀬吉右衛門・穴山勢、

三番に……大久保七郎右衛門忠世・石川左衛門大夫康道・本多豊後守広孝、同康重・曾根下野正清（昌世）

平山優著『天正壬午の乱』（学研）によると、六月六日以後、家康によって甲斐に真っ先に派遣されたのは甲斐衆との関係が緊密な岡部正綱と曽根昌世（正清）であり、この二人が甲斐で武田旧臣に徳川帰属を呼びかけ、その後、大須賀康高が甲斐に入って八代郡市川に在陣し、徳川の威光を至らしめる宣撫工作を行なった。それは、彼らが発給した知行安堵状に表れているという。家康が甲斐に到着するまでの暫定的な証文であったが、甲斐の武田旧臣を徳川方の味方にする上で大きな役割を果たしたことになる。六月末には第二陣ともいうべき大久保忠世・石川康道・本多広孝同康重父子らが派遣された。河内路から甲州入りした家臣が甲州支配の前走を果たした。家康自身は浜松を出発し、甲州に向かった。富士の裾野～女坂～迦葉坂・柏坂峠・右左口峠を通って、三カ月前に信長が甲州から凱旋した中道還往を逆に辿って、九日に甲州へ入った。家康自身の甲斐入りは四カ月ぶりであった。現在、右左口宿の敬泉寺の上にある「**仮御殿跡**」は、去る四月に家康が織田信長の宿舎として建て、以後は家康の中道往還通過にあたって休泊する仮御殿のあったところである。そのすぐ東の山上に地元の人々から城山と称されている右左口砦跡がある。これは仮御殿や右左口宿を守る役割をしたが、家康の家臣松平家忠が修築したものである。依田信蕃が鐘の旗を立てて兵を募った「柏坂峠」というのは、周囲の自然地形からして、この小山辺りが妥当と思われる。

写真：右左口砦と右左口峠（柏坂峠）方面

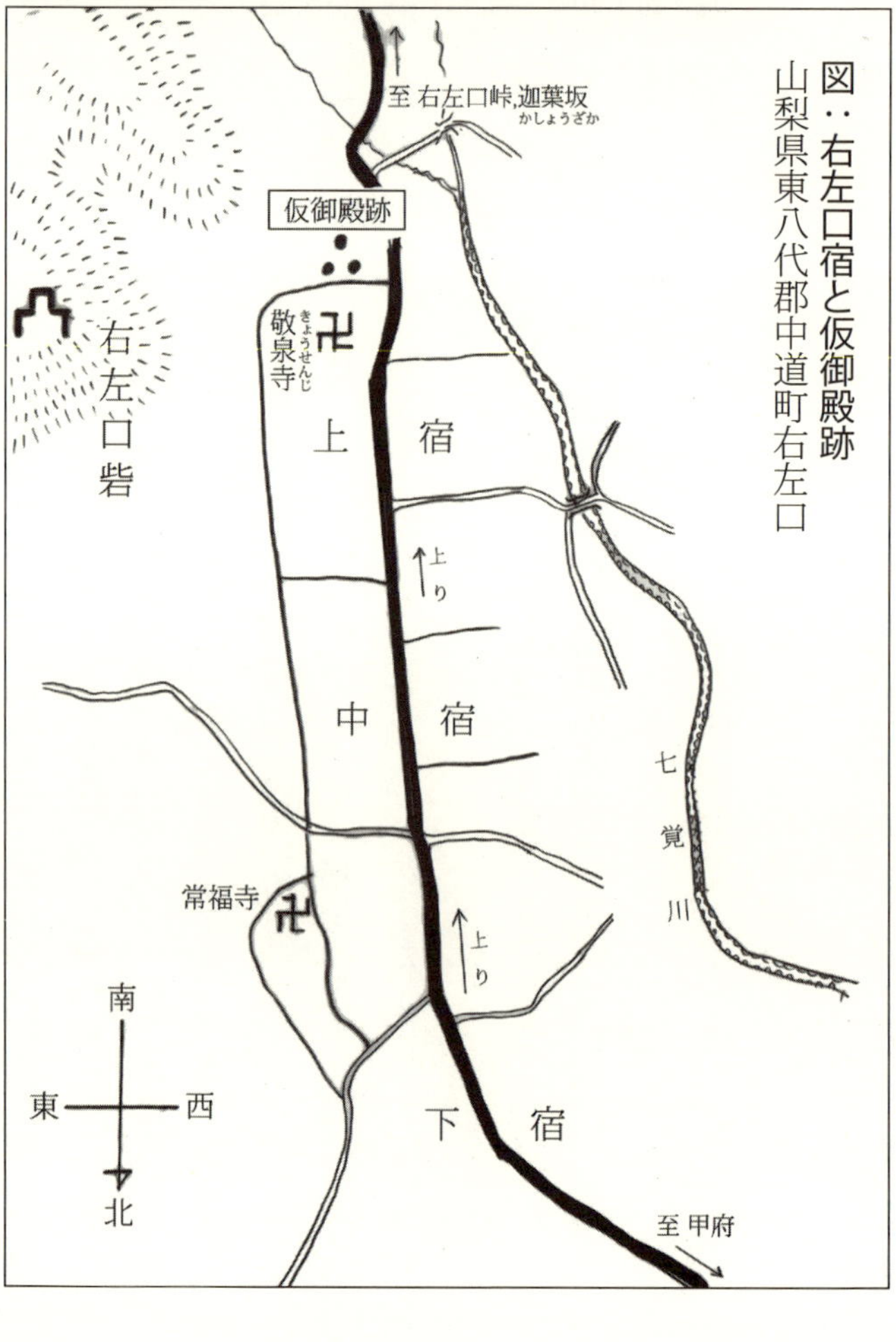

図：右左口宿と仮御殿跡
山梨県東八代郡中道町右左口

家康は前後計七回甲斐入りしているが、初回を除き六回、右左口を通過する中道往還を通っている。

一方、信州の平定に関しては、（軍監柴田康忠をつけて）依田信蕃に任せられた。『武徳編年集成』によると、

> **本多佐渡守正信**を以て信州の浪客**依田右衛門佐信蕃**（初め幸致と號す）に命じたまふは、兼て**大久保忠世**言上する所、汝が舊好の士餘多佐久郡に散在する由、早く彼輩を相催し且諸手より五騎、十騎宛援兵を得て、信州を手柄次第に攻従ふべしと云々。

とあるように、織田信長の追及から逃れ、徳川家康に遠州二俣の奥小川の里に匿われ、隠れ棲んでいた**依田信蕃**に、本能寺の変で信長が滅んだ後、徳川家康の命令を伝えたのは、家康の懐刀とまで言われた側近の**本多正信**であった。家康の勘気を得て蟄居していた**柴田七九郎康忠**を軍監として依田信蕃へ付けて、信州へ派遣するように提言したのは、大久保七郎右衛門忠世であった。なお、依田信蕃は、家康の命を受けて、甲州柏坂峠へ旗を立て、家康へ味方するように旧武田家臣を募ったが、その時点ですでに柴田康忠が一緒で

写真：敬泉寺の東裏山が右左口砦

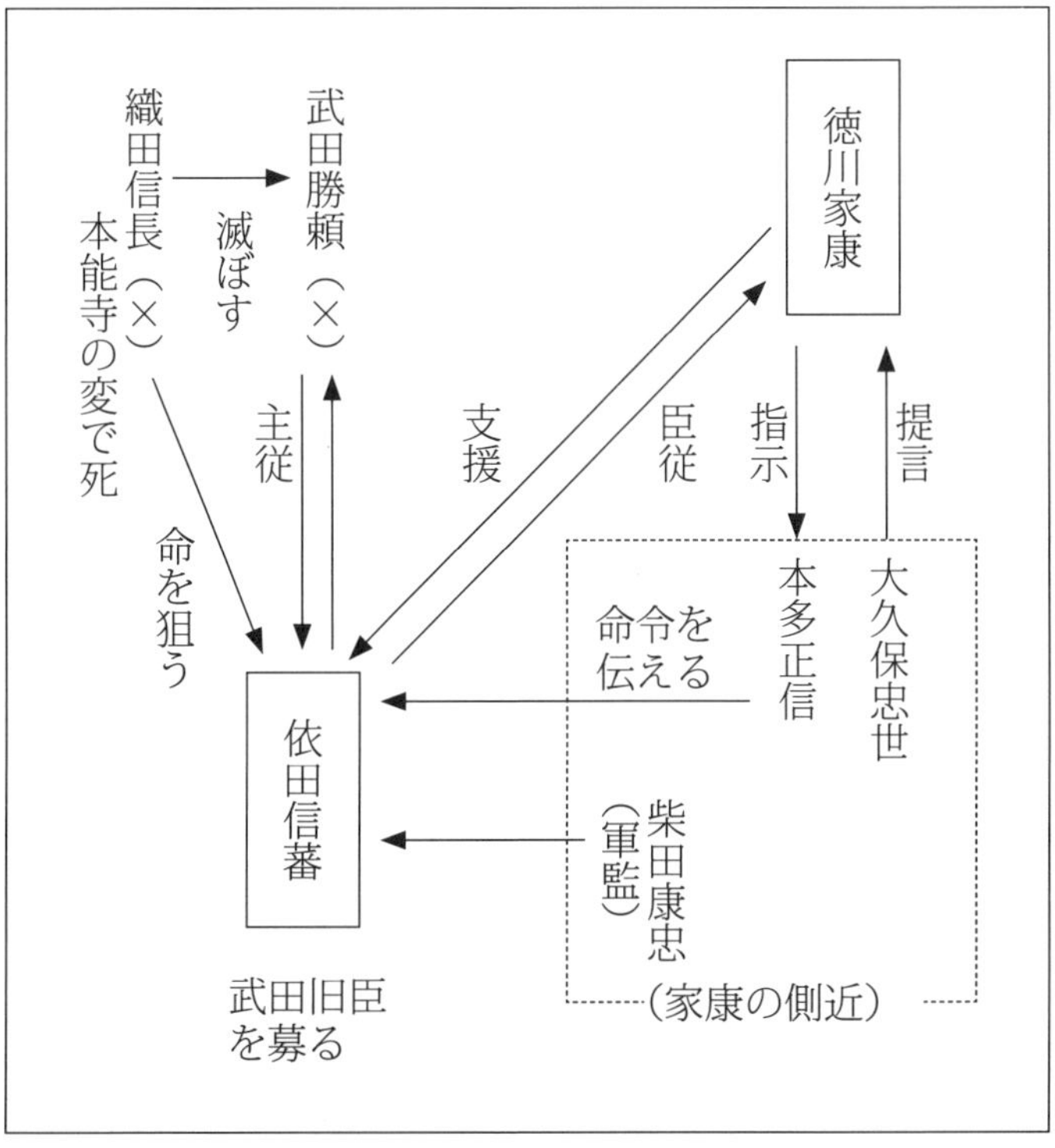

図：依田信蕃、徳川家康などの関連図

あったとは『芦田記』などには記されてはいない。「柏坂」とは**柏坂峠**、**迦葉坂**（かしょうざか）、**右左口峠**（うばぐちとうげ）ともいう。実際には、麓から芦田（依田）信蕃の「鐘の旗（鐘の纏）」と識別できるとすれば、現在の右左口宿のすぐ上にある城山「右左口砦」辺りであろうか。信蕃の鐘の旗が掲げられているのを見て、「芦田殿の旗にて候」と真っ先に駆けつけた**横田甚右衛門尹松**（ただとし）は、高天神城の主将や、後には高天神城の軍監の役目を務めた武将である。彼は、武田信玄が村上義清の信州戸石城を攻めた

←図：柏坂峠（右左口峠）に鐘の旗
『日本合戦図典』（笹間良彦、雄山閣）の図を一部利用

↓図：右左口峠への信蕃の進路
本能寺の変の後、遠州二俣の奥小川から駿州へ入り、中道を通って右左口峠で鐘の旗を掲げた信蕃の進路

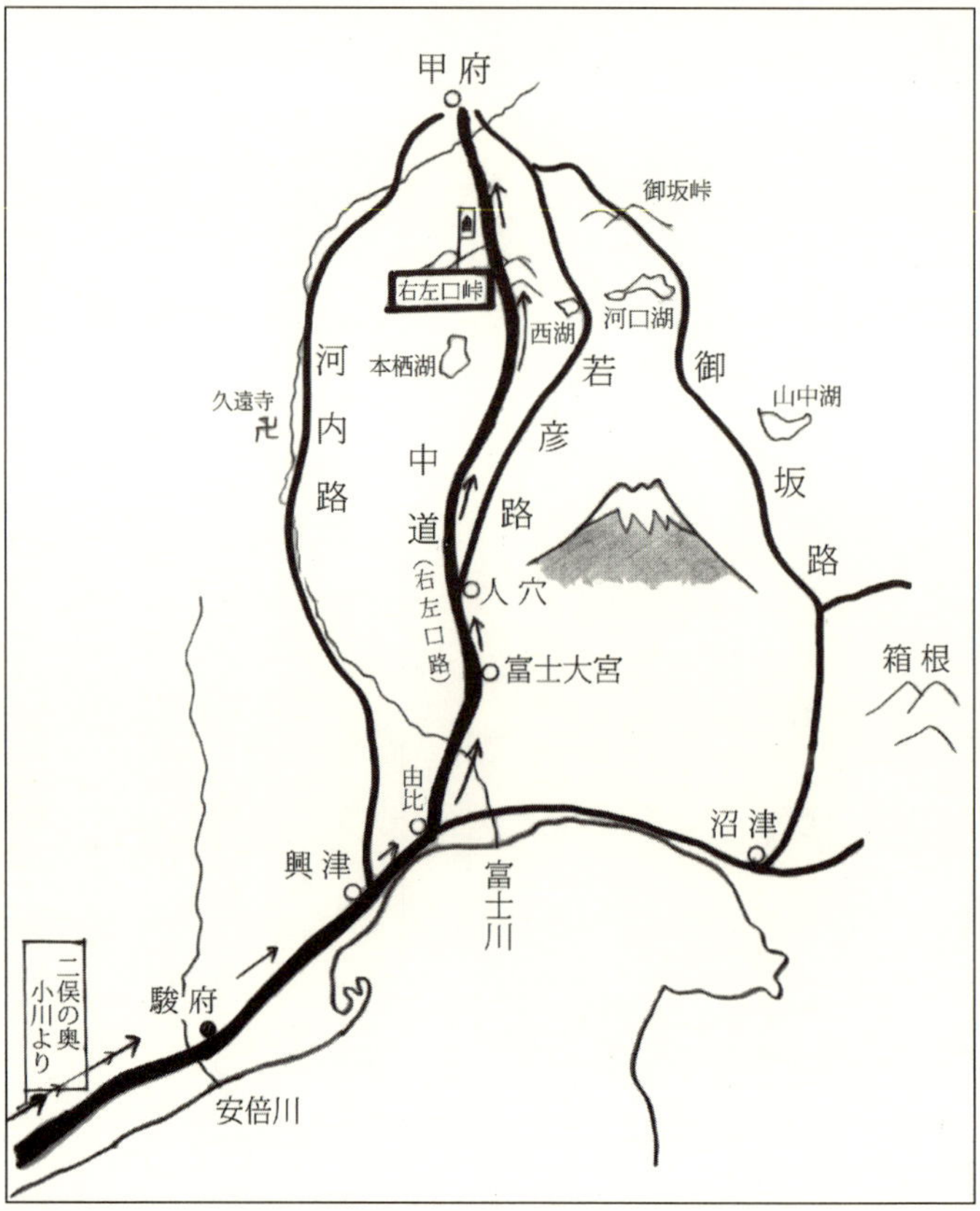

時の所謂「戸石崩れ」の殿軍を務めて討ち死にした横田備中守高松（たかとし）の養子で跡を継いだ。武田滅亡後、依田信蕃に属して信州三澤小屋に籠もったりもした。後に徳川氏に属し旗本となった。ところで、柏坂峠での信蕃の旗揚げに集まった人数は三千（『武徳編年集成』では「千餘騎」）になったといわれているが、真偽のほどは、定かではない。また、「その後常陸介は、信州小諸へ六月二十日に帰った」ということであるが、その時その人数を従えていたという説もあるが、とてもその人数は考えられない。そのような大人数では、春日城のある谷の奥、蓼科山の山岳渓谷地帯にある三澤小屋に籠もることは不可能である。但し、後に信蕃が三澤小屋へ籠もって北条氏直の糧道を断つゲリラ行動に及んだ後、佐久平定に乗り出した頃には、徳川からの加勢の軍勢が増えたのは確かであろう。

《信蕃が柏坂峠に立てたのは「鐘の旗」か「鐘の纏」か？》

依田信蕃が潜居していた遠州二俣の奥小川村から、家康の命により、本能寺の変の直後に甲州入りした時に、**柏坂峠**（迦葉坂）に立てたのは「鐘の**旗**」か、それとも「鐘の**纏**（まとい）」かという疑問が存在する。ここでいう「鐘」とは、**陣鐘**（じんがね）と推定される。戦国時代には戦場において様々な合図を太鼓や陣鐘で行なっている。上田市立博物館には、依田信蕃が実戦で使ったものと伝えられる銅製陣鐘（明應二年鋳造）がある。総高三〇・〇㎝、口径一八・九㎝である。上田市木町（現中央四丁目）依田赳夫氏寄贈で上田市指定文化財となっている。

① **「鐘の旗」**か？

『依田記』によると「旗」であったという。「信蕃の旗」＝「鐘の**旗**」と甲州武士の間では認識されていたことになる。

写真：依田信蕃の陣鐘
上田市立博物館蔵

依田信蕃の「鐘の旗」をイメージすると前ページのようになる。

芦田氏の旗印については、信蕃の父芦田下野守信守のそれは、川中島合戦を記

（紋章）蝶王ノ丸

（旗印）鐘

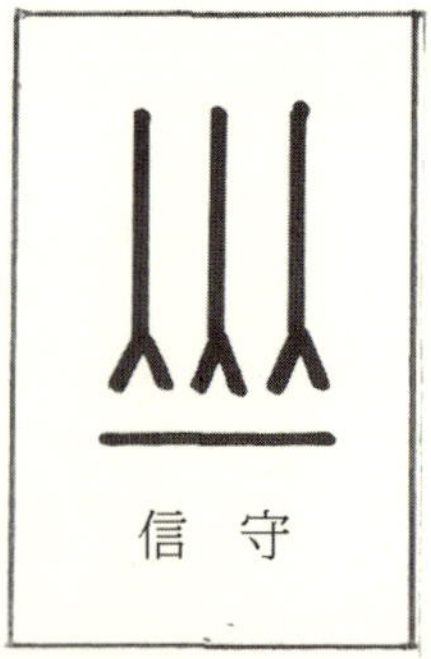

（旗印）

現代の多くの依田氏

揚羽蝶

（旗本依田氏）丸に三蝶

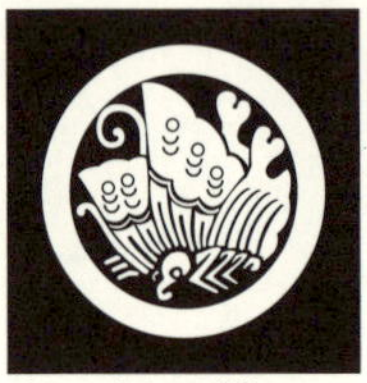
丸に揚羽蝶

図：依田氏の蝶の家紋

した『甲越信戦録写』（江戸後期、宮尾袈裟信氏蔵、長野県立歴史館寄託）によると、「芦田」の旗印は「Y」の字三つを逆立ちさせて並べ、さらにその下に一本横線を引いた形をしている。（『武士の家宝〜かたりつがれた御家の由緒〜』長野県立歴史館、平成二三年、p.11参照）。なお、康眞以降の芦田（依田）宗家の家紋は「蝶王ノ丸」である。長野県北佐久郡立科町光徳寺に後世に建立された芦田宗家の墓碑や群馬県藤岡市光徳寺の寺紋等は、いずれも「蝶王ノ丸」である。また、越前福井足羽山の總光寺墓地にある芦田氏の墓石にある家紋も「蝶王ノ丸」になっている。現在でも芦田宗家の家紋は「蝶王ノ丸」である。

　ところで、余談であるが、現代での多くの依田氏の家紋は「**揚羽蝶**」である。これは、徳川家康の臣大久保忠世との関係からきている可能性も考えられる。長篠の合戦屏風に描かれた旗指物のうち、大久保七郎右衛門忠世は「金の揚羽蝶」の旗指物である。また、『甲陽軍鑑』等にも家康の臣大久保七郎右衛門（忠世）が金の揚羽蝶の指物をしていたことが記され、有名であった。依田氏はこの大久保七郎右衛門忠世とは、二俣城・田中城・二俣の奥小川での隠遁・佐久平定での支援・依田（芦田）松平氏の実質上の後見等々で大いに関係があるので、依田氏の家紋の「揚羽蝶」は、それとなんらかの関係がある可能性が大きい。

②「**鐘の纏**（まとい）」か？

『寛政重修諸家譜』の（三百五十六）依田信蕃の項によると、信蕃が柏坂峠で掲げたのは「**鐘の纏**」であったとされる。次のように記されている。

> すなはち身を鍛冶の形に変じ、假に名を**三郎左衛門**とあらため、家臣五人をしたがへ……〈中略〉……二俣の奥小川の深山に蟄居す。六月明智光秀織田右府を京師本能寺に弑す。このとき東照宮は堺に渡御ありしが、この告をきかせたまひ、帰路におもむかせたまはむとて、脚力をして信蕃に御書を下され、はやく甲信のあひだに旗をあげ、両國をして平均せしむべしとなり。これにより信蕃たゞちに小川を發し、甲斐國にいらむとす。……（中略）……こゝにおいて信蕃**鐘の纏**を甲信の堺、柏坂峠に建て、近郷の士を招く。來り集まるもの三千餘人にをよぶ。

「はやく甲信のあひだに旗をあげ、両國をして平均せしむべし」とあるが、これは抽象的に「旗挙げ」のことをいっているのであり、具体的には「信蕃**鐘の纏**を甲信の堺（境）、柏坂峠（甲信の境ではない）に建て、近郷の士を招く」となるのである。つまり、ここでは、柏坂峠に信蕃が立てたのは旗ではなく、「纏」ということになる。さらに、『寛政重修諸家譜』の松平康國（信蕃の嫡男）の項によると、康國も第一次上田合戦（一五八五）の際に「**鐘の纏**」を立てている。

> すでにして康國加賀川（神川）を渉りて兵をすゝむ。昌幸あへてこれを防がず。城中寂として聲なし。康國左右をかへりみていはく、この城かならず伏兵あるべし。味方あへて進むことなかれと。諸将これをきかず、士卒を下知して直にすゝむ。昌幸はたして奇計を設、伏兵發し、前後よりさしはさみてこれをうつ。味方の諸将おほいに敗績す。このとき康國**鐘の纏**を河邊に建て士卒を集め、後殿に備ふ。故に諸将のがるゝ事をえたり。

信蕃の旗印が鐘（たぶん陣鐘）をデザインして描いた「鐘の旗」ということがあったかもしれないが、諸将を集める時には「鐘の纏」となっている。つまり、依田信蕃の馬印が「鐘の纏」（鐘を頂点にあしらった纏）であった可能性がある。

③ 前後の状況からすると――**「鐘の旗」が妥当か？**

古文書（文献）からすると「鐘の纏」の可能性が高いが、ここでは文献至上主義に陥りたくはない。この時期の依田信蕃のおかれた行動状況から考えると、やはり「鐘の旗」であった可能性が高いと言わざるを得ない。――まず、信長（信忠）に挨拶するために上諏訪へ向かう途中で、家康からの飛脚（密使）によって、信長から命を狙われていることを知らされ、直ちに家康のいる甲州市川の本陣へ行って対面しているのである。その直後に遠州二俣の奥小川へ隠棲することとなった。要するに信蕃主従六人は、着のみ着のまま小川へ落ち着いたのである。大久保忠世を通して家康からの物資の援助はあったであろうが、雌伏七十数日間であった。そして、予期せず本能寺の変が起こり、家康の指示により急きょ出発し、甲斐・信濃の武田旧臣を徳川へ引きつけるべく、中道往還を通り、甲斐入りしているのである。この間の事情からして、「旗」を携える（用意する）ことはできても、「纏」を用意する余裕はなかったと推定されるからである。

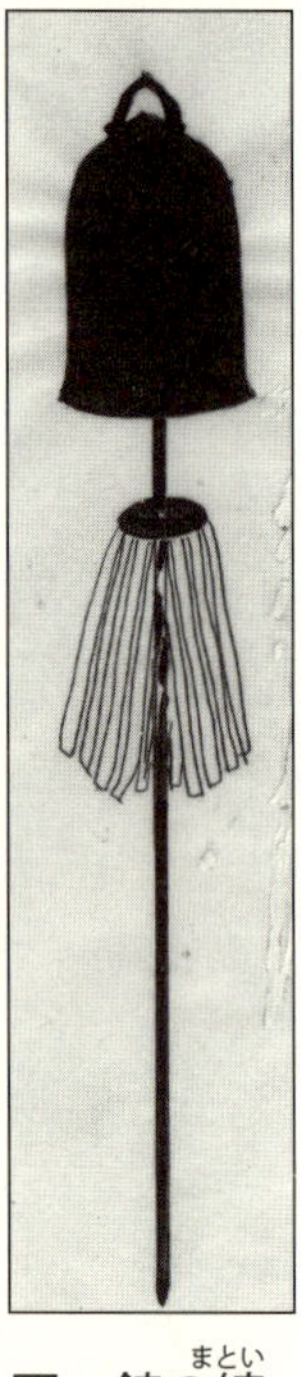

図：鐘の纏（まとい）

《金の采幣を下賜される》

依田信蕃は、家康が出陣を指示した証として書状とともに「金の采幣」を送られている。『寛政重修諸家譜』巻第三百五十六の信蕃の項では次のように述べられている。

> 脚力をして**信蕃**に御書を下され、はやく甲信のあひだに旗をあげ、両國をして平均せしむべしとなり。これにより信蕃ただちに小川を發し、甲斐國にいらむとす。また、**本多彌八郎正信**をしてすみやかに甲信に入、舊好の士を催し、其勢をあはせ、両國をして全く麾下に屬すべしとの仰せを蒙り、かつ其證として**金の御采幣**を賜ふ。ここにおいて信蕃鐘の纏を甲信の境、柏坂峠に建て、近郷の士を招く。來り集るもの三千餘人にをよぶ。

信蕃が家康から拝領したとされる金の采幣（金紙采配）は、芦田氏関係の他の家宝とともに、明治維新後も大切に保管され、現在は長野県立歴史館に寄託されている。

《「峠の旗」へんぽんと翻る》

「**「峠の旗は芦田殿の旗よ」**」と、来たり集まる武田旧臣は三千余人に及んだ。芦田信蕃はこの兵を具して」――信蕃は甲州柏坂峠に鐘の旗を立て、近郷の士を招いた。この瞬間から戦国末期を全力で駆け抜け、いわゆる「天正壬午の乱」のまっただ中に光彩を放つ信蕃の最終章が、いよいよここから始まるのである。

信州高島城での人質の日々～上野国・武蔵国国境守備の浄法寺・御嶽城～信玄の駿河国遠征への従軍～蒲原城の守備～北条領国への関東出兵～遠江国二俣城主としての攻防戦～高天神城の守備～御館の乱での越後出兵～駿河田中城主としての最後の守備～武田氏滅亡と信長の武田旧臣狩りからの逃亡～家康への臣従……。戦国のまっただ中、うねりの中で歴史の中央舞台を駆け巡り、武田・徳川・織田・上杉・北条の間に、芦田ありとその名を知られた侍大将芦田（依田）信蕃は、戦国の終焉に向かっての強風の中ではためく、まさに「峠の旗」であった。信蕃の鐘印の旗が赴く先には、逆風が吹く中を、戦いの日々の明け暮れの向こうに、希望の光が見えて来ていた。そのシンボルとしての「峠の旗」の舞台が、いよいよ本拠地信州の山間を縦横無尽に走るシナリオが用意されているのである。

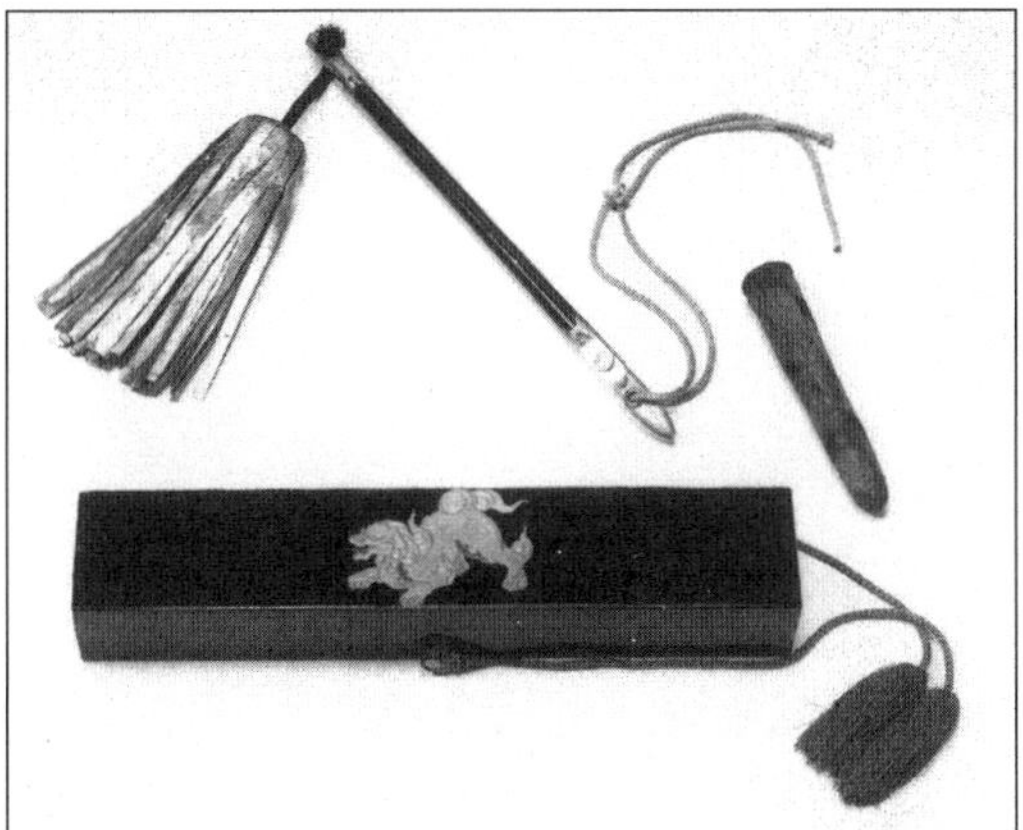

図：金紙采配
個人蔵、長野県立歴史館寄託
平成23年度長野県立歴史館発行の春季展図録『武士の家宝』から転載

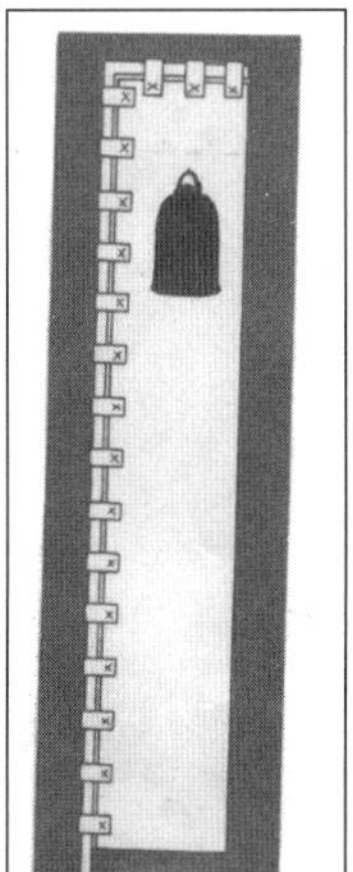

図：鐘の旗

写真：柏坂峠の（右左口峠）と右左口砦

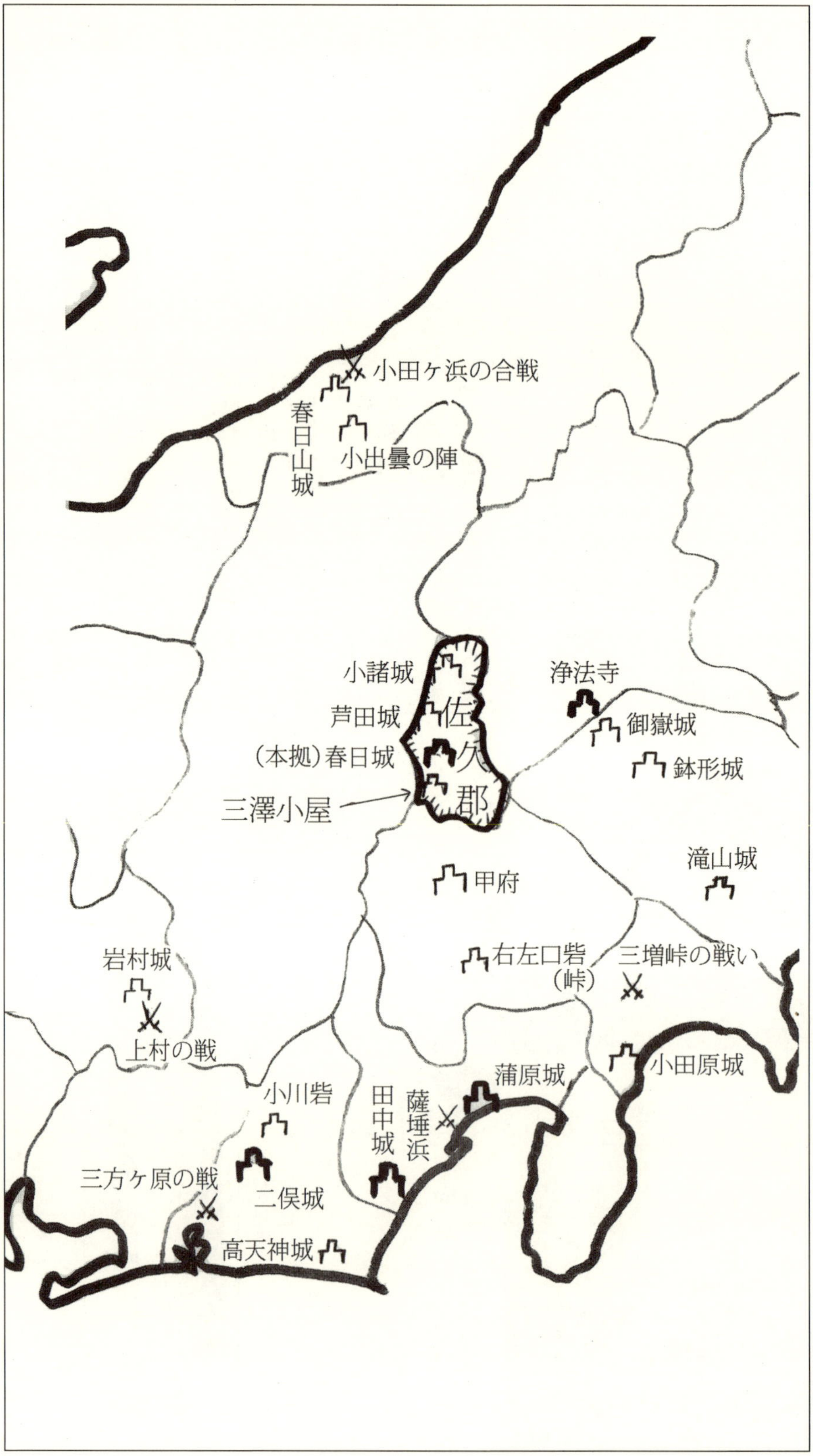

図：依田信蕃の、戦歴と足跡

⑪小諸城で滝川一益と対面し、本拠佐久郡春日郷へ帰還

> ○その時、**瀧川左近**上野國にて氏政との合戦に打ち負け、信州小諸に居られるにつき、瀧川左近に**常陸介**も対面。その後、**春日**と申す在所へ参らる。瀧川左近六月廿三日に小諸を立ち、木曾路をさして尾州長島へ落ち申し候。

〈要旨〉

・**常陸介**信蕃が信州小諸城へ六月廿日頃に入った時、瀧川左近一益が上野國で北条氏政との合戦に打ち負けて、信州小諸城にいたので、**常陸介**信蕃は瀧川左近一益に対面した。
・その後、**常陸介**信蕃は、**春日**という在所（本拠地）へ帰った。
・瀧川左近一益は、六月廿三日に小諸を立ち、木曾路を経由して尾州長島へ落ちて行った。

《神流川（かんながわ）の戦いで滝川一益（かずます）敗戦》

信濃國を経て甲斐の国へ織田軍先鋒として侵入し、高遠城の仁科盛信や武田勝頼を滅ぼす際に直接功のあった**滝川一益**は、信長から、諸将に先だって上野一国と信州佐久郡・小県郡の領国の統治を任され、織田への臣従を示した関東の諸将を与力とし、関東管領を称した。本拠を最初は上州箕輪城に、次いで厩橋城へ移した。信州佐久・小県の二郡の統治には小諸城に甥の**道家彦八郎正栄**（まさよし・まさひで）を置いた。

本能寺の変が滝川一益のところへもたらされたのは、天正十年六月七日とも九日とも言われている。一益は即刻上洛したかったが、小田原の北条が後を追ってくる可能性があるため、一戦を交えておく必要があった。信長横死のため上洛を急ごうとする一益と、武田家の滅亡と本能寺の変の混乱に乗じて上野支配を窺う北条との戦いが「**神流川の戦い**」である。信長が本能寺の変によって滅びた後、織田方の滝川一益と北条氏直・氏邦が武蔵國児玉郡（現在の上里町周辺）で衝突したのである。滝川軍一万八千、北条軍五万ともいわれる規模からすると、戦国時代を通じて関東地方で最も大きな野戦であったといわれている。――六月十六日、北条**氏直**が倉賀野へ進軍した。十八日、滝川一益が北条方の金窪城を陥落させ、金窪原での合戦では北条氏直も参戦したが、滝川一益は**氏邦**

率いる鉢形勢を破っている。しかし、十九日には、緒戦は滝川勢が優勢であったが、**氏規**軍が加わり、圧倒的に兵力に勝る北条勢に押され、また、上州勢も頼りにならず、一益は終に敗れ、夕刻に敗走し、倉賀野城を経て厩橋城へ退却した。

この前後四日間の戦いを「**神流川の戦い**」という。二十日、一益は上州衆を箕輪城へ集め、別れの酒宴をもち、深夜に箕輪城を旅立った。二十一日、松井田城経由で碓氷峠を越え、信州での拠点小諸城へ着陣した。

群馬県高崎市新町の国道十七号線を行くと、神流川に架かる橋の手前左側の道端に「神流川古戦場跡」と書かれた大きな石碑が建っている。また、付近の住宅の立ち並んでいる辺りには、首塚や胴塚が別々の所にあり、鳥居や祠とともに説明板がある。今から、約四三〇年以上前にこの辺りで壮絶な戦いがあったことは想像もできないほどの平和な光景が展開している。

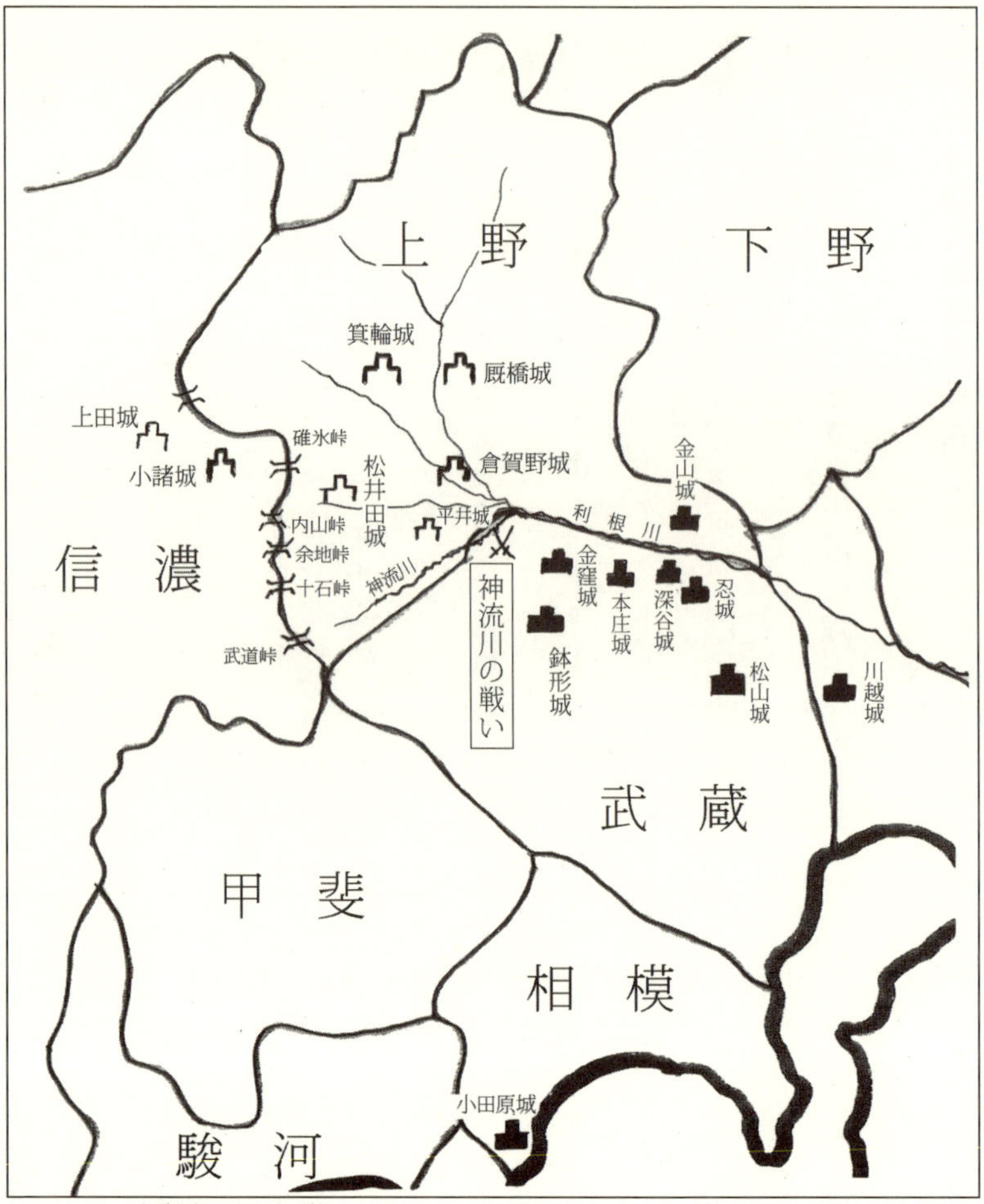

図：滝川一益（かずます）と神流川（かんながわ）の戦い
滝川一益配下の城……　　北条方の城……

写真：神流川の戦いの石碑
国道 17 号の道端に。

写真：神流川の戦いの首塚

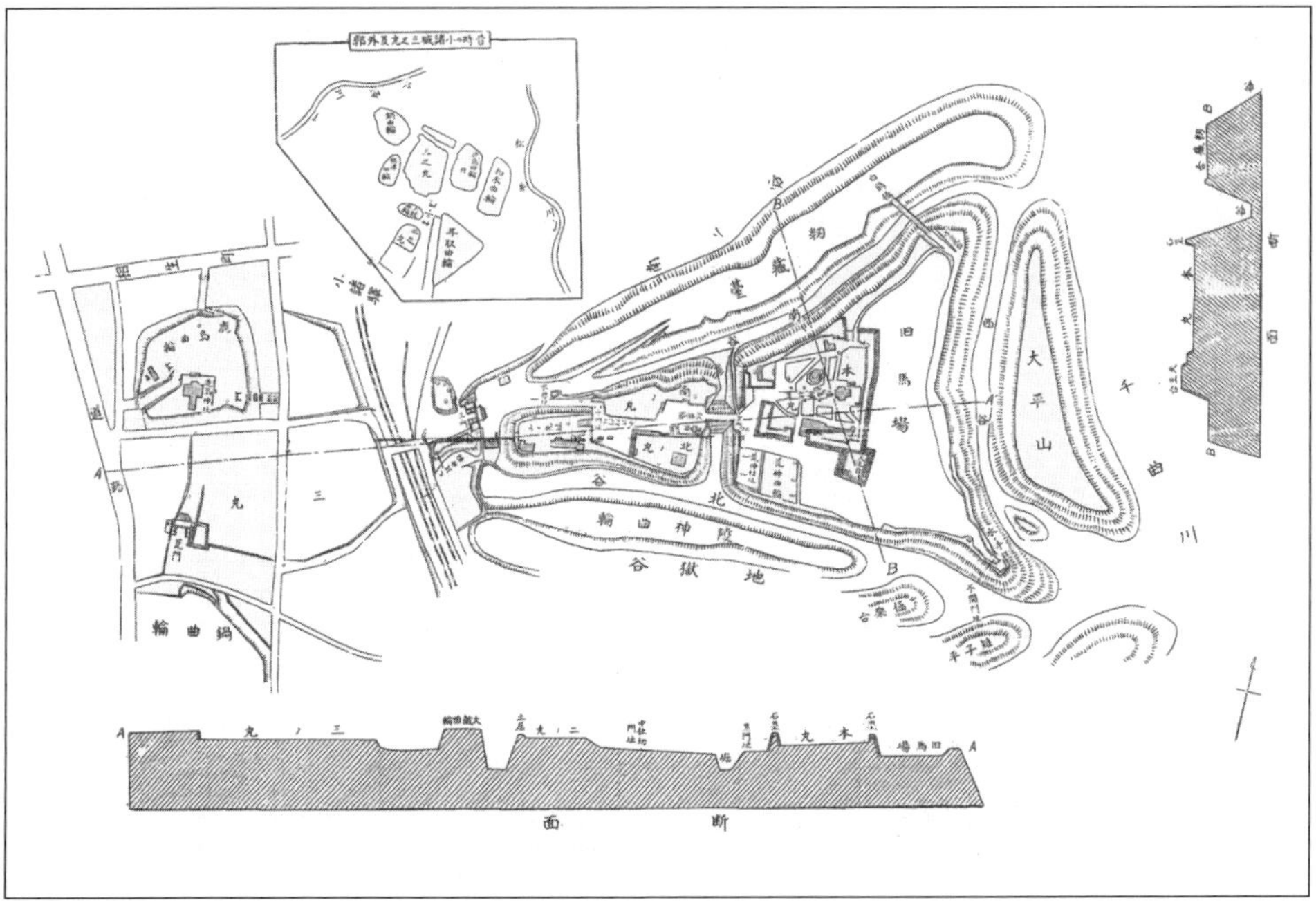

図：小諸城址「南佐久群古城址調査」（信濃教育会南佐久部会、昭和 53 年）より

《滝川一益、本拠伊勢へ撤退》

最終的には一益はこの敗戦を契機に碓氷峠から信濃の小諸を経て、本拠地伊勢へ引き返すことになった。この頃、旧武田支配であった新しい領国を信長から任されていた武将のうち、甲斐の河尻秀隆は武田旧臣により殺害されている。北信濃の森長可は美濃へ、南信濃の毛利長秀は尾張へ、それぞれ領地を放棄して帰還している。東国における織田氏の支配は三カ月弱という短期間で終わった。

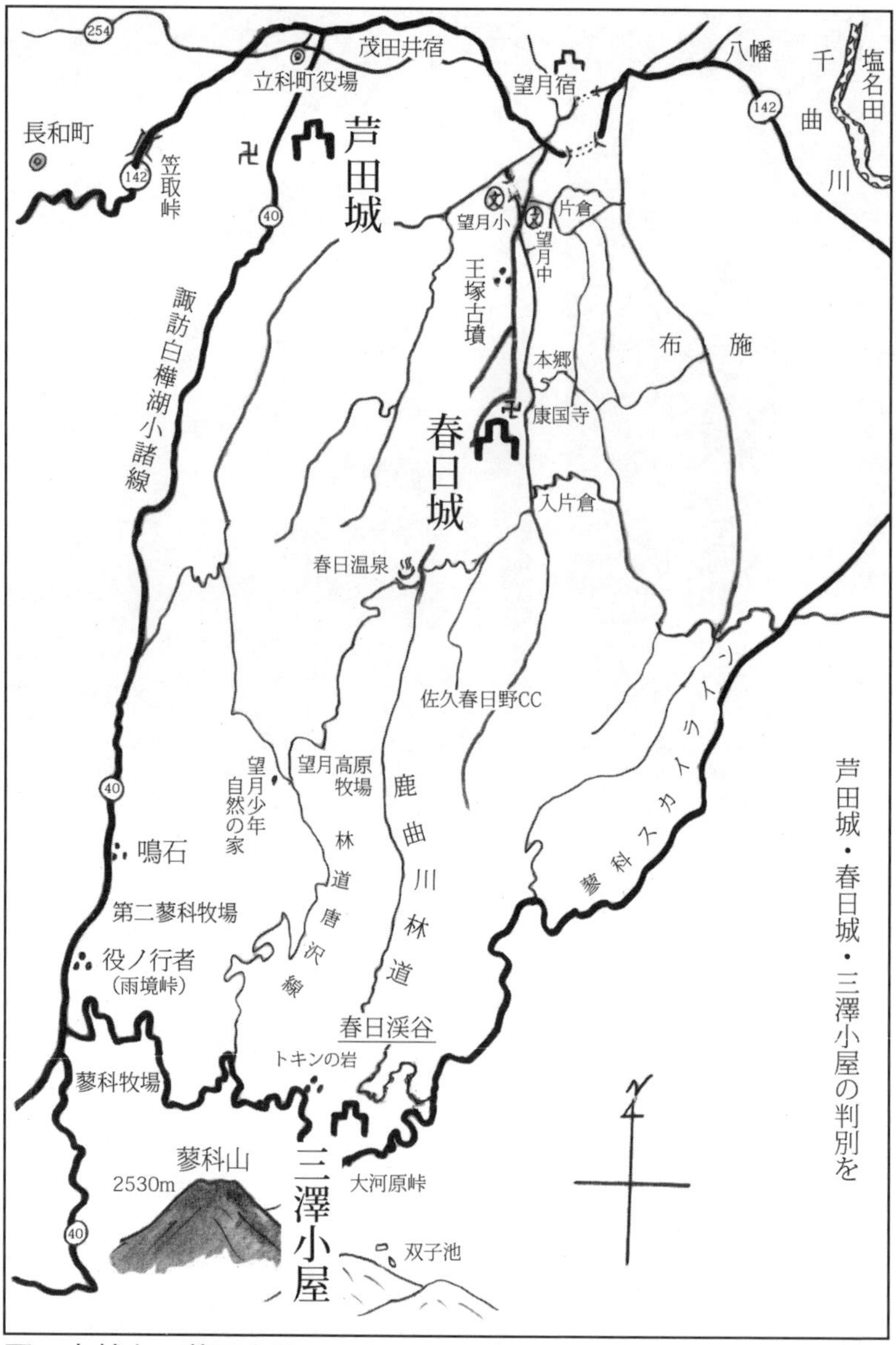

図：文献上の芦田小屋
前後の状況から芦田城・春日城・三澤小屋の判別を。

前述に「(信蕃は) 信州小諸へ六月廿日頃に参られ候」「その時、**瀧川左近**上野國にて氏政との合戦に打ち負け、信州小諸に居られるにつき、瀧川左近に**常陸介**も対面」とあるのは、この時のことを物語っている。つまり、信蕃が甲斐国柏坂峠で旗挙げした後、兵を率いて信州へ帰り、小諸城へ到着した六月二十日頃は、滝川一益がちょうど上州から小諸へ到着した頃と一致するのである。一益はこの時、小諸城を依田信蕃に託したとされ、信蕃はこの時点で小諸城主となったと解釈する説もある。瀧川一益は、六月廿七日に小諸城を立ち、木曾路を経由して、本拠の尾州長島へ落ちて行った。この時、信長への人質として預かっていた佐久郡・小県郡の国衆の人質——依田信蕃の二人の男子である**竹福丸**（のちの康國）と**福千代丸**（のちの康眞）、さらに真田昌幸の母などを、長島まで連れて行く予定で、下諏訪経由で木曾まで来た。ここで木曾義昌に人質を託す（渡す・譲る）のを条件として無事木曾谷を通過して美濃国へ入り、尾張を経て本拠である伊勢国長島に帰還したのは七月一日（本能寺の変のちょうど一カ月後）であった。滝川一益は、六月二十七日に行なわれた織田家宿老による清洲会議に出席できず、一益の織田家における地位は急落することとなった。ともあれ、信蕃の二子は人質として木曽義昌のもとにおかれたのである。

滝川一益が去ると、南関東に勢力を拡充していた北条氏がさらに台頭することとなった。北条氏は碓氷峠を越えて信州佐久へ乱入し、信濃へ勢力を伸ばし、川中島で上杉氏と一戦を交えたり、さらに諏訪を経て甲斐の国へ侵入、徳川家康と甲州若神子に対陣することとなる。——**芦田信蕃**が**三澤小屋**へ立て籠もり、また、たびたび**北条の糧道を断って**後方攪乱し、家康から戦功を大いに認められたのはこの時のことである。（後述）

《「その後、春日と申す在所へ参らる」について》

「その後、春日と申す在所へ参らる」とあるが、小諸城で滝川一益と対面した後、本拠としていた春日城（北佐久郡望月町春日、現佐久市春日）へ帰ったのである。この**春日城**を芦田小屋・穴小屋・三澤小屋などと称して同一視する歴史家もいるが、それぞれ全く別なものである。当時、芦田依田氏の本拠は、同じ佐久郡内の芦田城（北佐久郡立科町芦田）から、春日城へ移っていたのである。その時期については、確定できないが、天文十八年（一五四九）には、武田信玄が春日郷を本拠としていた春日氏を滅ぼしていることから、芦田氏が佐久郡芦田から本拠を春日へ移したのは、その頃と推定される。信蕃の誕生が天文十八年（一五四八）であることから、信蕃は佐久郡芦田城で生まれ、数え二歳の頃に、父芦田下野守信守が本拠を春日郷に移したという解釈ができる。

但し、「**芦田小屋**」といった場合、文献によっては**芦田城**を指す場合と、**春日城**または**三澤小屋**を指す場合があるので、前後の文脈の状況からの読み取りが必要である。いずれにせよ、依田信蕃は武田方の信濃先方衆の侍大将として、信玄・

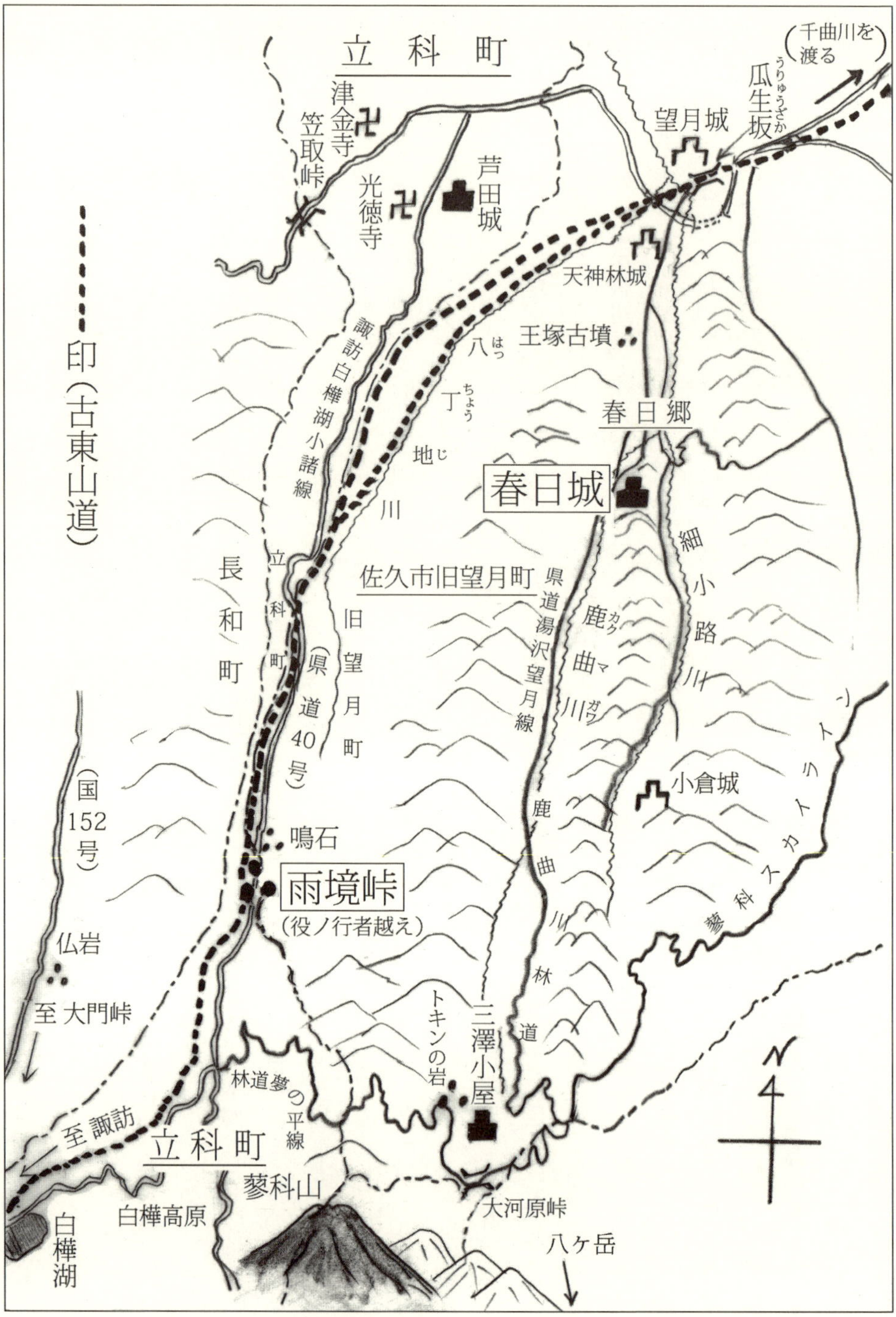
立科町
千曲川を渡る
瓜生坂
うりゅうざか
望月城
津金寺
笠取峠
光徳寺
芦田城
天神林城
王塚古墳
印（古東山道）
諏訪白樺湖小諸線
八丁地川
はっちょうじ
春日郷
春日城
細小路川
佐久市旧望月町
県道湯沢望月線
鹿曲川
カクマガワ
長和町
立科町
（県道40号）
旧望月町
小倉城
蓼科スカイライン
（国152号）
鳴石
雨境峠
（役ノ行者越え）
鹿曲川林道
仏岩
至 大門峠
トキンの岩
三澤小屋
林道蓼の平線
至諏訪
立科町
蓼科山
白樺高原
大河原峠
白樺湖
八ケ岳
N

図：春日郷と古東山道

勝頼の遠征の戦いに従軍しての戦いに明け暮れ、また、城番・城主として上州浄法寺（武州御嶽城）、駿州蒲原城、遠州二俣城、遠州高天神城、駿州田中城などでの年月がほとんどで、本拠地である信州佐久郡春日城の在地城主としては留守続きであった。留守の間は信頼のできる重臣に任せておかざるを得なかったであろう。おそらくは信蕃の父芦田下野守信守の叔父か兄弟（つまり、信蕃の大叔父か叔父）などの近親の人物の可能性が高い。

《蘆田氏の本拠春日郷は「春日の穴咋邑」か》

ところで、依田氏は信州小県郡**依田庄**を本拠としていたのであるが、後に佐久郡**芦田庄**へ入った依田氏宗家は芦田氏を名乗った。芦田（依田）下野守信守は、甲州武田氏の信州先方衆の有力な侍大将となり、甲州の武田館のお膝元に**蘆田屋敷**を構え、上野国・駿河国・遠江国などの城を武田氏から任されたりして、本拠地に腰を落ち着ける間もなかった。芦田氏が本拠地を佐久郡**春日郷**に移したのは、信蕃が数え年二歳の天文十八年（一五四九）のことである。芦田依田氏はなぜ本拠地を春日に求めたのか。その理由は、古代東山道が春日郷の近くを通過していたことからも分かるが、春日郷が当時は交通の要衝でもあったからであろう。

『望月町誌（第三巻）』を参考に旧望月町を通過する古東山道の道筋をみてみよう。――東方の千曲川方面から現在の望月トンネルの上にあたる瓜生坂（うりゅうざか）を西へ越え、鹿曲川（かくまがわ）を渡って西進し、八丁地川（はっちょうじがわ）を渡り、さらに左岸を遡り、途中から現立科町と旧望月町との境界をたどるように尾根上を南南西へ辿り、鳴石（祭祀跡）を通過し、雨境峠へ至る道筋が推定される。もう一つは、やはり八丁地川を渡って西へしばらく進み、河岸段丘沿いに平坦な地形を進んで、早目に尾根筋へ出て、やはり「鳴石」を通って、雨境峠へ至る道筋である。いずれも途中から尾根筋を通り、現在の県道「諏訪白樺湖小諸線」に沿うように鳴石、雨境峠へと辿る道筋である。

また、少々飛躍するが、『日本書紀』の景行紀に――「彦（ひこ）狭嶋王（さしまおう）を以て、東山道の十五国の都督（かみ）に拝（さず）けたまふ。是豊城命（とよいりひこのみこと）の孫なり。然して**春日の穴咋邑**（あなくいむら）に至りて、病に臥して薨（みまか）りぬ。是の時に、東国の百姓（ひやくせい）、其の王の至らざることを悲びて、ひそかに王の尸（しかばね）を盗みて、上野国に葬りまつる」――という文があるが、彦狭嶋王が亡くなったとされる「**春日の穴咋邑**」が旧望月町春日附近であると比定する説もある。県道湯沢望月線を春日本郷に向かっていくと、右手に比田井集落の諏訪神社があるが、そこは、大字協和字**イ咋田**（くい）の山麓から張り出した丘状の台地である。そこに墳丘規模が直径二〇m、高さ二・五mの円墳「王塚古墳」があるが、それが彦狭嶋王の墓であるという伝承がある。その古墳の真偽は別としても、**「東山道」「春日の穴咋邑」**ということからしても、春日郷が古東山道の道筋に近いことの証明となろう。

以上みてきたように、春日郷の位置は佐久平から古東山道の雨境峠越え、つまり「役ノ行者（えんのぎょうじゃご）越え」の道筋に近いのである。また、大河原峠を越えて諏訪の山浦地方(茅野市周辺)、さらには甲斐国や東海地方を結ぶ交通の要衝であったことが分かる。

余談になるが春日郷を語る場合、「穴小屋城」「穴小屋」と称する城ないしは砦、あるいは山小屋・避難所の存在が取り上げられる場合がある。春日城を穴小屋城としている場合は、「春日の穴咋邑」の「穴」からきていると思われる。地名的・地形的に分析すると、奥行きのある谷や沢の行き詰まった最奥部を「穴」と称する例がある。（鹿教湯温泉の近く小県郡旧西内村〈現上田市〉の穴沢、東筑摩郡旧四賀村〈現松本市〉の穴沢など）。春日郷も鹿曲川を遡って奥深まった、一見その先はどこにも通じていない袋小路のような地形をしていることからまさに「穴」の表現に合う。山城は小屋とも称されていたことからして、穴小屋、穴小屋城を春日城と比定したとしても無理はない。一方、伝承では、依田信蕃が織田信長の武田遺臣狩りから逃れて家康の臣となり、遠江国二俣の奥の小川郷に隠れ棲んだ時に、家族や家臣が織田勢から難を逃れて身を潜めた春日渓谷を遡った山岳地帯に多数ある洞穴のことであるとも伝えられている。あるいは、本能寺の変の後に北条軍の大軍に攻められて信蕃が春日渓谷の奥に拠った砦ないしは洞穴であると言う人もいる。この場合は「三澤小屋」のことであろう。あるいは、そことは異なるが北条軍から逃れて信蕃の家族や家臣の家族が身を潜めた洞穴のことを指すという考えもある。キーポイントは三澤小屋を踏査することである。（春日城下の春日本郷には三澤小屋の存在場所を示唆する古絵図を所有しているお宅もあるが）、残念ながら筆者を含め先人の誰一人として、三澤小屋に辿り着き、縄張り図を描いてここがそうだと納得させることができた者はいない。筆者も何度か試みてはみたが、急峻極まる地形からして、単独行では遭難の危険が大きく、また熊などに遭遇する可能性が大きいことから未だに調査しきれてはいない。幻の三澤小屋は、大河原峠や兜巾岩（トキンの岩）、そこを通過する現代の山岳道路「蓼科スカイライン」からの展望の視野の中に存在すると推定されるが、判明できていない。

《康國寺（こうこくじ）》

佐久市春日本郷にある**康國寺**（こうこくじ）は、かつての芦田氏の春日館の跡にある。開山は**天外大雲**である。康國の菩提を弔うために慶長六年（一六〇一）に開山となって創建したものである。――開山である天外大雲は『大田山実録』や『もう一人の真田～依田右衛門佐信蕃（市川武治著）』では、信蕃の三弟で康國や康眞の叔父である**善九郎信春**としている。佐久市岩村田大田山龍雲寺の寺誌『大田山実録』では、左記のように述べられている。

> 五世天外大雲禅師、小諸城主芦田下総守の叔父也、時に広徳二世に住す。転して当山に住職たり、炎上狼狽の後にありて、文禄二年やゝ諸堂成就す、然るに始め天外禅師貴族たるによりて甲乙あハす、改宗の人多し、時に村中の零落論するに絶たり、慶長六年春日村に退く、康國禅寺爰に起れり、後元和元乙卯十二月廿三日遷化を唱ふ、世寿八拾三歳なり、

しかし、これは誤りである。龍雲寺「五世天外大雲禅師」は「小諸城主芦田下総守の叔父也」としているが、だいいち「小諸城主芦田下総守」というなどという人物は存在しない。いくつか文献で、芦田（依田）**下野守**信守のことを**下総守**と記している誤例がある。また、芦田（依田）信蕃のことを芦田下総守と記している文献もある。しかし、いずれも誤りであると言わねばならない。「元和元乙卯十二月廿三日遷化を唱ふ、世寿八拾三歳なり」とあるのは、天外大雲が没したのが元和元年（一六一五）で数え八十三歳ということになる。すると天外大雲の生まれたのは一五三三年頃となる。そうすると一五四八年生まれの信蕃の誕生に先立つこと十五年前になる。信蕃の三弟信春ということにはならない。

ところで、『寛政重修諸家譜』巻第三百五十六の清和源氏満快流依田氏の項には、依田下野守信守の四弟に「天外大雲和尚、信濃國岩村田の龍雲寺に住す」がいる。そうであるならば、年齢的にも辻つまが合う。康國寺の開山**天外大雲**は康國や康眞の大叔父（祖父芦田下野守信守の四弟）であることに間違いない。――『大田山実録』や『もう一人の真田～依田右衛門佐信蕃（市川武治著）』では芦田信蕃を「小諸城主芦田下総守」と表現しているのである。もっとも、芦田信蕃が下総守であったことも小諸城主となったという事実もない。後世の者が「小諸城主」「芦田下総守」ということから連想して、実際に小諸城主となった（芦田依田）松平康國のことであるとしてしまったのである。その結果、天外大雲を

- 芦田備前守**光徳**――光玄（満春）
  - **孝玄**（隆春）
  - **義玄**（良春）
    - 某（父と不和にして信濃国を去り、他国へゆく）
    - 芦田下野守**信守**
      - 芦田右衛門佐**信蕃**
        - 松平修理大夫**康國**
        - 松平右衛門大夫**康眞**
      - 依田源八郎信幸
      - 依田善九郎信春
    - 依田左近助守俊
    - 依田勘介信光
    - **天外**（**大雲和尚**）
    - 依田十郎左衛門守慶
    - 依田主馬
    - （依田内匠頭康貞）
  - 依田妙清寺光慶
  - 依田金龍斎

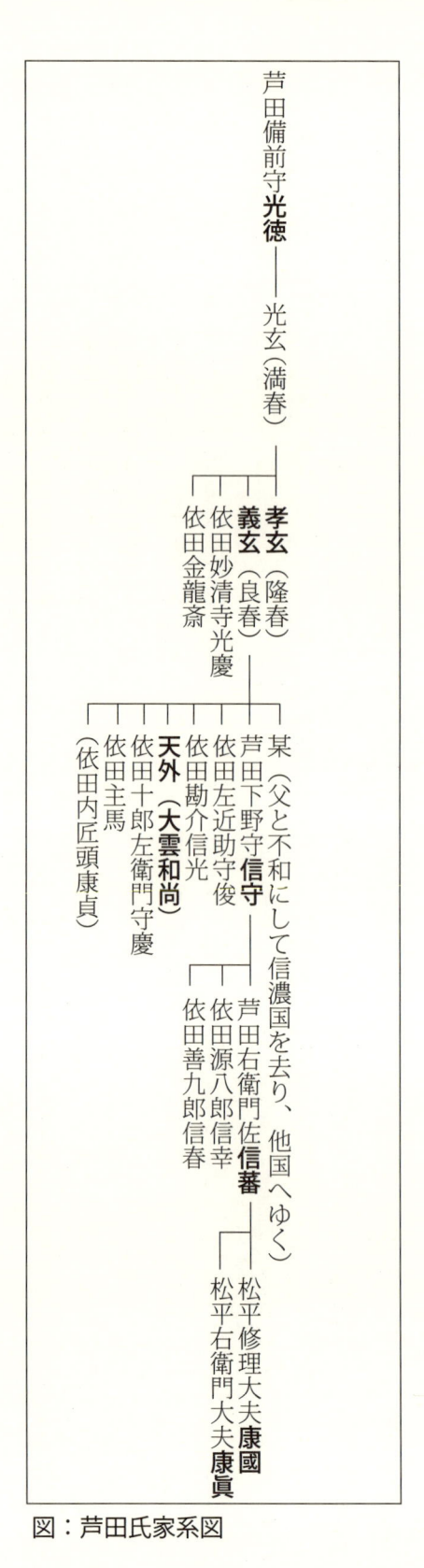

図：芦田氏家系図

康國の叔父である善九郎信春と誤って比定してしまったのである。

《春日館（やかた）》

『長野県町村誌』の春日村の項に「居館は今金城山康國寺の境内なり。方二町、三方壘二重あり。濠を廻らして、堀端小路の名あり」とある。(この内容については一部既述)。その他に金井小路、前田、御新造、新小路、下小路、古屋口、小屋口、馬場、竹ノ城、勝負田、城久保などの字名を残す。

――佐久市教育委員会によって平成二十二年に一部発掘調査が実施された。それによると、

ア　五ｍ離れて平行に掘られた幅四ｍ以上と幅三ｍ前後の濠跡のほか、濠掘削以前の竪穴をもつ建物跡が発見されている。

イ　平行する濠は、『長野縣町村誌』に記される二重の濠の可能性が高い。

ウ　背後の山城（春日城）の前面に「コの字」形に濠を廻らせた一辺一〇〇～一五〇ｍの方形館が想定できる。

エ　出土遺物の時代は、十六世紀後半から十七世紀初頭、織豊期であり、時期的には芦田下野守信守や依田信蕃、松平康國の活躍した時代と一致する。

オ　出土品は土器皿や瀬戸・美濃系陶器、内耳鍋、石臼

等一般の農村に多く見られる生活用具がほとんどであるが、長野県内二例目の出土である**景徳鎮系五彩椀**がある。

ただ、この付近は芦田依田氏以前、天文十八年（一五四九）までは滋野氏系春日氏が本拠としていたので、それとの関係も更なる調査による詳細の究明が待たれるところである。ちなみに、その春日氏に関係すると推定される五輪塔群が春日館跡の北西の山陰にある。なお、芦田依田氏の一族は、芦田郷や発祥の地小県郡依田庄にも当時いたわけである。現在の佐久市旧望月町春日の康國寺のある所に本拠春日館があり、城はその西背後に聳える山塊全域に春日城があったのである。先人の著わしたいくつかの書籍に、春日城はとるに足らない「小城」であるなどと述べられているが、実地を踏査した者には、武田氏の手が加わった「かなりな規模の山城」で、守るに堅固な城であることが分かる。

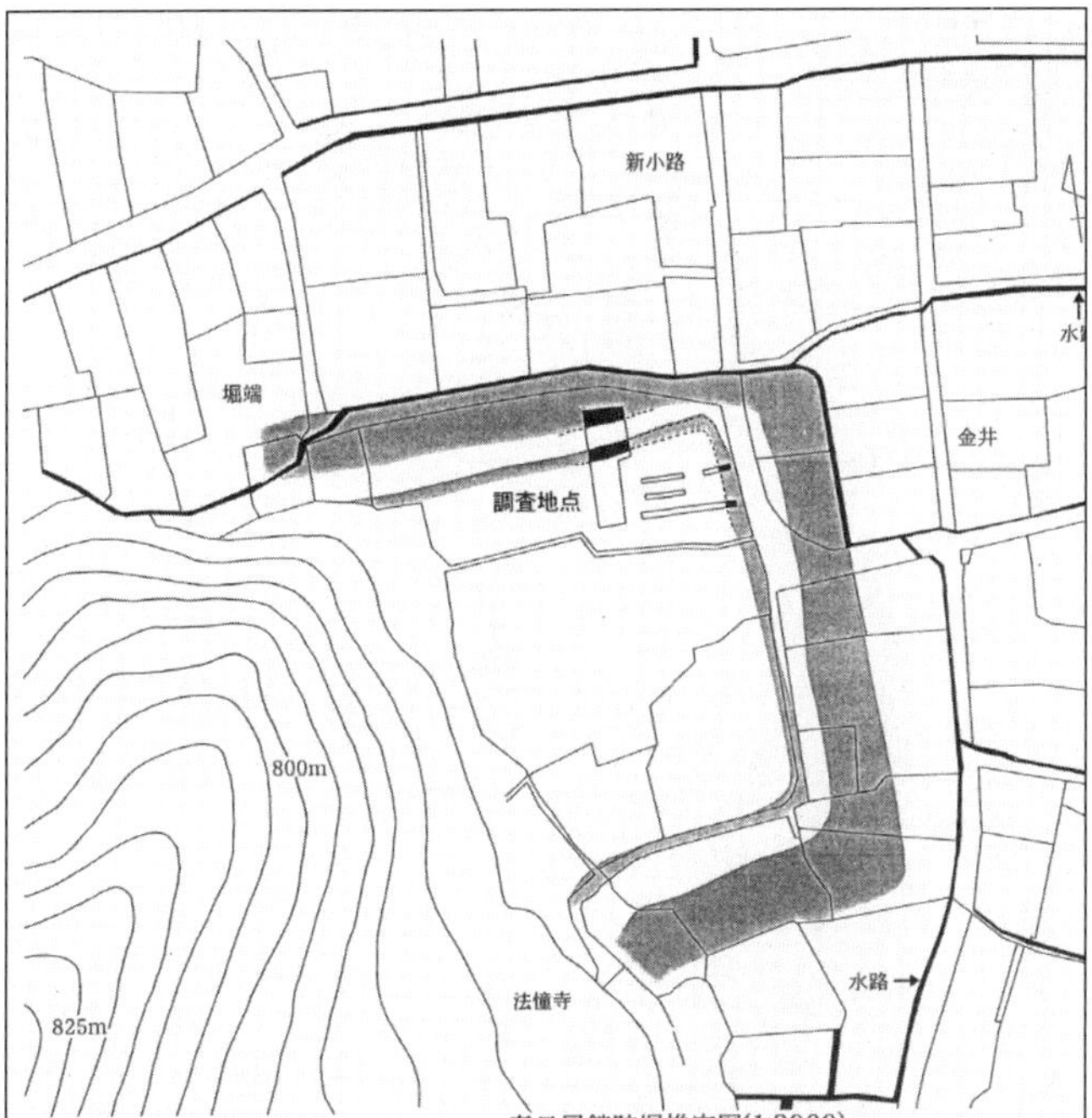

春日居館跡堀推定図(1:2000)

図：「春日居館跡」
佐久市教育委員会発掘調査より

〈春日城の構造〉

春日城は佐久市旧望月町春日本郷にある山城で、最高所は標高八九二m、麓からの比高一二〇mほどである。穴小屋・春日穴小屋・芦田小屋・三澤小屋などと呼ばれることがあるが、歴史家によってその判断は異なっている。そのことに関する論は別項に委ねるとして、ここでは、春日城の立地・地形・縄張りなどの構造面について述べることにする。

康國寺の西背後に屹立する南から北に延びている尾根上にある。西側を鹿曲川、東側を細小路川が北方へ流れている。南方は蓼科山への渓谷が上っている。北方は数㎞に渡って谷が開け、現在の望月市街地へと続いている。その途中には天神林城があり、さらに前方を屏風のように遮るように望月城と瓜生坂方面へ連なるその砦群が存在する。依田信蕃が春日城からその奥の蓼科山中の三澤小屋へ籠もっていたころは、春日城のみならず、谷の北の出口にあたるこの二城は北条方に押さえられていた。北への行動は限られてしまうが、一方、三澤小屋は隠密に南方の蓼科山系や八ヶ岳の中腹を経由して、諏訪地方や甲州への連絡をとるには、好都合の立地条件ではあった。佐久平定に向けて、籠城初期の頃、芦田勢が三澤小屋から出没し、ゲリラ行動を行なうには、この二城に至る前に、春日城東方の金井坂等の丘陵部を布施方面へ東進し、佐久平（現在の新幹線開通後の狭義「佐久平」ではなく、広い意味での佐久地方一帯を指す佐久平）へ向かったものと推定される。

城の構造は山城であるが、田口城・志賀城・高棚城などのように登攀不可能な断崖絶壁があるわけではない。しかし、南北に延びた城の軸（尾根）を利用して、巧妙に郭や堀切が幾重にも配置されている。尾根が延びきって平地になった箇所（康國寺の北西、春日城の最北端）から、城の最奥部へ至る縄張りをみてみよう。

まず、春日城全域の縄張り図を次ページに掲げておきたい。

写真：最北端の秋葉杜の鳥居

←南　　北→

写真：金井坂から西に臨む春日城の山塊と麓の康國寺

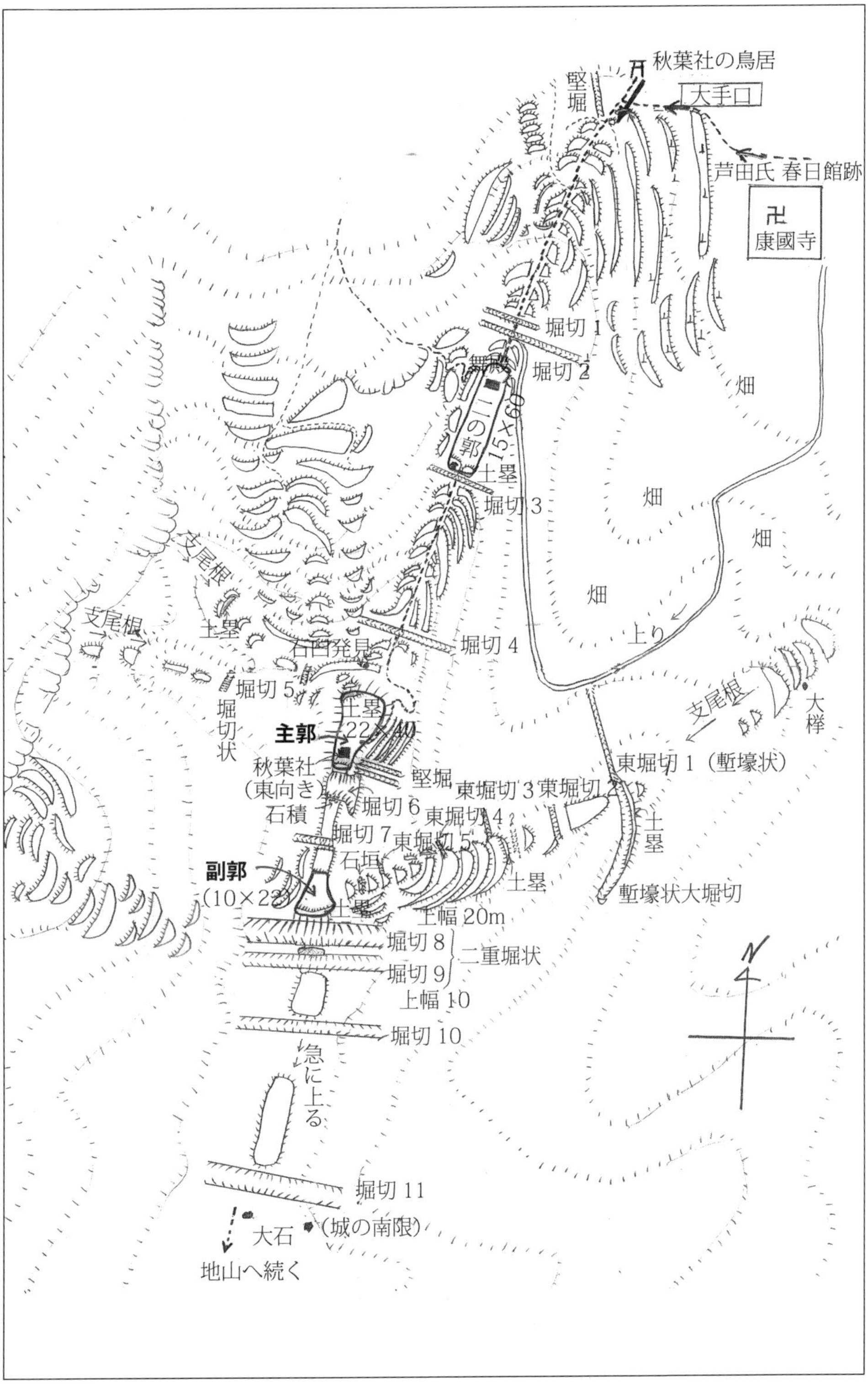

図：春日城全体の縄張り図
佐久市旧望月町春日、（調査）平成 8 年 5 月 26 日、平成 19 年 2 月 4 日、市村

(1)　尾根の消滅する最北端（鳥居のある場所）から上り始める。

まず、秋葉社の鳥居をくぐって尾根道を城の中心部へ向かってかなり急に上り始める。しばらくして、右手へ竪堀が落ちている。これは自然崩壊した地形を利用した可能性がある）。そこをすぎると、尾根の左右に無数の削平地（小郭）が配置されている。また、右手下方から尾根筋へ上ってくる細い道があり、その左右も上段の小郭から攻撃できるようになっている。その道が尾根に到達した地点から尾根の左手（東斜面）を見下ろすと、これも無数の帯郭群があり。下方の康國寺近くの何段かの郭は、現在は墓地となっている。視線を主尾根に戻して上へ進むと、第一堀切がある。さらに少し上方に第二堀切がある。左側（康國寺側）は長く、下方の墓地まで落ちている。現在、この堀切をすぎた直後の所へ、左手（康國寺）方面から、かなりしっかりした道が上っている。これが、往時春日館から直接登る大手道であったのか、後世に新たに秋葉神社参道として造られたものであるかは、検討を要する。

(2)　二ノ郭周辺

第二堀切から一五m登ると秋葉神社の舞殿（舞台）の建物がある広い平らな場所へ急に出る。左右一五m×奥行き六〇mある。この郭の一番奥の幅は二〇mあり、そこには上幅五mの土塁がある。通路によって土塁は左右二つに分けられているが、現在右側の土塁の上には石祠がある。この広大な郭を便宜的に「二ノ郭」としておく。これはあるいは「武者溜まり」的な場所とも考えられる。舞殿は北端近くに建っているが、その右手（西方）下には五×一〇m、五×一〇m、七×二〇m、六×一五m、七×二〇mなど数個の郭があるが、いずれもその面は穴のように窪んでいる。そこは半地下式の掘っ立て小屋があり、武者が寝泊まりした場所の可能性もある。小道がこれらの郭群を縫うようにして舞殿の西側へ上って来ている。二ノ郭の南へ越える所に第三堀切がある。現在の深さは二～三mで、上幅（実効堀幅）は五～七m、左右下方へ竪堀となって落ちている。そこから尾根は緩斜面で第四堀切まで徐々に八〇m上るが、左右には幅五mで長さが五mから一五mまでの郭が、左右合わせて十五以上ほどある。第四堀切は深さが北二m、南五mある。左右に竪堀となって落ちているが、左（東）の竪堀が消えるあたりには二基の石塔が立っている。右（西）の竪堀は四〇m下方まで延びている。第四堀切をすぎると尾根の上方は急に傾斜が厳しくなっている。主郭まで尾根上を直線で測ると五五mであるが、その何倍もの距離をつづら折りに辿らないと到達することはできない。

(3)　主郭北西下の支尾根周辺郭群

第四堀切から二五ｍ登った主郭直下の地点から、主郭へ向かわずに、(つまり、左側へ向かわずに) 右手を見ると、三

写真：二ノ郭に建つ秋葉社舞殿
南より見る

写真：発見した石臼
主郭の北下の帯郭にて

×五〇mの帯郭が主郭の三〇m下を右手へ巻くように西方の支尾根まで延びている。平成八年にこの帯郭で石臼の一部を発見した。西支尾根へ達するまでに、右手北面に沢があるが、その沢底状の地形に無数の削平地がある。帯郭の西端が西尾根に達した所には幅五mほどの第五堀切がある。堀切を西側へ進むと三×一〇mの土塁状の尾根がその先へ延びているが、その南側面には石積みが残る。そこから七〇m北西方向へ支尾根を下ると、土塁がある。その付近には石塔の一部「空・風」に相当するものがあり、この場所に昔、何らかの石塔が存在したことが分かる。その外側（下方）の尾根に幅三m、長さ七mの郭とも堀切とも判断しかねる地形がある。さらに幅八m×長さ二五mのやや下っている地形の先端は断崖となり切れて、現在の車道がわずか西の下方を南北に通っている。ここまで第五堀切から一一〇mほど離れている。この北西支尾根の北側斜面には無数（二五以上）の段郭群が麓まで存在する。中には後世の畑となった場合も考えられるが、日当たりの悪い北斜面や沢底にあり、立地条件はよくない。

(4) **主郭**の構造

再び、主郭北方下の第四堀切から二五m登った地点に戻って、大手道を辿ることにする。急斜面であるため、大手道は左側へ巻く感じで上っていく。人一人やっと歩けるほどの道は、つづら折りに上方へ延びて、やがて主郭の東中間の虎口へ到達する。登って来る寄せ手は守備側の右上方からの攻撃

写真：主郭（あるいは、初期の主郭）に建つ秋葉杜本殿

に曝されざるを得ない構造になっている。防御側にとっては「右勝手の順の横矢」の位置関係である。虎口の構造は単純でやや物足りない感がある。主郭は二二m×四〇mでヒョウタン型である。北側の幅二二m、南側の幅は八mである。北端には土塁があり、特に北西部は高く、そのすぐ外下は尾根状の崖となっており、小郭が二つある。主郭内の南端近くには秋葉社本殿が東向きに建っている。社殿は間口二間、奥行き二間半である。城跡へ取りかかる北麓の最初の場所にあった鳥居、二ノ郭にあった舞殿とも、主郭にある秋葉社本殿へ通じる参道にあたっていたのである。正に大手道そのものであろう。主郭の東西の斜面は極めて急峻であるため、郭をあまり要しないが、東方下方には幅は一・五mほどで狭く、長さが一〇から二〇ほどの帯郭が数段あり、中には石積みを伴うものもある。主郭へ戻ると、主郭南端には幅五m、長さ八mの土塁が南方からの侵入を防いでいる。

この郭は最高所ではないが、郭の広さが南方の高所にある郭よりもかなりあることや、南方からの敵の侵入を防ぐ土塁があるということは、ここが「主郭」であるということを裏づける証拠にもなろうか。但し、主郭と比定する上でのマイナス点は、主郭とするには虎口の構造が判然としないことや、東西直下斜面の腰郭が貧弱の感があるということである。(東側)下方には竪堀が二条が沢に落ちている。一つは上幅五～七mで長さは二五mある。しかし、この二条は土砂崩れによる地形とも考えられるので、検討を要する。

(5) 城内最大の堀切と土塁に守られた**副郭**

主郭南端の土塁の五m南下には第六堀切があるが、西(右)の端の幅は八m、東(左)の幅は一五mの不整形であり、箱堀であったのか、現在では郭状にも見える。そこから始まる主郭と副郭の間は、船底形になっている。この第六堀切が主郭と副郭の間の一番低い箇所である。そこから南へ高さ一mの石積みを上ると、五×二〇mの郭になり、その南端には第七堀切がある。上幅二m、現在は深さ一mである。この堀切は西斜面へ竪堀となって落ちている。堀切面から南へ四m高い所に幅一〇m×長さ一二mの郭があり、その一五m西下には一×一〇mの帯郭がある。

南側へ四m上がると、そこは副郭になっている。あるいは、これが主郭の可能性もあるが、上りきったった所の北端の幅が一〇mで最奥部(南端)の幅が二〇mで、長さが二二mである。主郭としては、いかにも狭すぎる。この郭の南端に高さ二・五m、上幅一・五m、円弧を描いた長さ二一mの土塁があり、その最高部には三角点(八九二・七m)がある。南方地山方面からの侵入を防備するための土塁で、春日城においては最も堅固な土塁であり、その南下の堀切も最大で険しい。しかし、その堀切の両端（東西）下方からの寄せ手の堀切内を利用しての侵入は比較的可能であり、ここが主郭であるとすると、この「大堀切＋土塁」のセットを突破すれば、「いきなり奥の院（城の最重要部）へ到達」という感じがあり、守備側としては、あまり安心できない。南方を険しい堀切で守っているとはいえ、やはり、この郭を楯として、北方の広い郭を主郭と考える方が妥当と思われる。なお、この副郭の東下方へは麓まで支尾根が張り出しているが、後述の如く、段郭が何段も続き、その間に堀切がいくつか設けられている。

写真：副郭（あるいは後期主郭）の土塁

(6)　主尾根の地山方面からの攻撃に備える大堀切群

春日城の圧巻は、蓼科山系の主尾根（地山）から城内を断つ大堀切群にある。副郭の南には第八堀切（城域最大の堀切）がある。上幅二五ｍ、底は北の土塁上より斜面で一二ｍ低く、底への斜面には石積みもある。南より斜面で六ｍ低い。左右いずれ方面へも竪堀となって落ちている。この堀切を南へ越えると、三×一〇ｍの土塁状地形があり、それを越えるとすぐ南に第九堀切がある。上幅一〇ｍ、深さ五ｍである。第八堀切と第九堀切は二重堀の形状をなしているといってもよいであろう。第九堀切を南へ越えると一〇×二〇ｍの南北よりも低い郭状地形となっている。その南に第十堀切がある。上幅八ｍ、深さ三ｍである。それを越えて二一ｍ比較的急斜面を南へ上ると幅二〇m×長さ四五mの広い平坦地へでる。ここは城の最南端を守る武者溜まり的な場所であったと思われる。その南には第十一堀切がある。北より四m、南より五mの深さがある。それを南へやや緩やかな下りを二〇m行くと、一×一・五m地表の高さ〇・五mの大石がある。そこから南はさらに下り、城外の尾根である。一方、大石の所から左（東）には尾根が延び、途中一・五m×二m、地表の高さ一mの大石がある。この尾根は東方へ下りているが、もう城外である。

(7)　副郭下の東尾根郭群

副郭から東へ下る支尾根には複雑で無数の郭群がある。副郭の直下一六mの所に八×一五mの腰郭があり、それを始めとして二四〇m下方の塹壕状大堀切まで、実に十以上の段郭がある。支尾根の北方は急傾斜であり、また康國寺（春日館）のある守備側でもあるので、さほど手は加えられてはいないが、寄せ手が取り付きやすいと予想される南斜面には、段郭を横から補強する比較的長い腰郭が複雑に配置されている。この東尾根には五つの堀切がある。副郭に近いものからみていくと、東第五堀切は副郭から四八m下方にある郭の付け根にあり、北方へ竪堀となって落ちている。東第四堀切は、東から上ってきた道が比較的長い郭に入る箇所にあるので、「道」の変形の可能性もある。東第三堀切は副郭から一三六下方の郭の付け根にあり、現在は幅三m、深さ一m、北側は二〇m下まで竪堀となって落ちている。また、この郭は下方

写真：大堀切（上幅 25 m、北の土塁より 12 m下）
東西へは竪堀となって落ちる。

からの寄せ手に備えて東端に土塁が巻いている。東第二堀切は副郭から一八四m下にあり、幅五m、深さ一・五m、長さ二五mである。北方へは七m下っている。南方へは途中から腰郭状の平坦になる。さらに下方の郭は、幅六～八m×三八mある。その下の急傾斜を一五m下ると東第一堀切がある。春日城最高部にある副郭から東方二四〇m下になる。これは塹壕状の大堀切で、幅五mほどであるが、上方向は急斜面であるため、上への方面はもっと大きな段差を感じる。横に三五mほどは直線の堀切となるが、下方への防備のために土塁があるため、あたかも塹壕のようである。この塹壕状地形の東端部までは副郭から約二五〇mである。ここに潜んで下方から寄せてくる軍勢を一斉射撃できる構造になっている。この堀切の北側は、沢の中まで幅三～四m、長さ四五mの竪堀となって落ちており、沢の平地には現在墓地がある。堀切の南側は幅五mほどの竪堀が四〇m南下へ延び、尾根近くは比較的浅いが、下方最後の一〇mはかなり深くなっている。その一番南下には二×五mほどの小郭がある。この東第一堀切は、尾根を断つばかりでなく、南北の沢下まで続いているので、長さが合計一二〇mを越えることになる。東支尾根は、東第一堀切からさらに下方（東方）へ二〇〇m以上延び、郭とおぼしき地形も数カ所ある。最下方近くにある大欅の立つ削平地もおそらく郭の一種であろう。そこには石祠が三基あり、さらに付近の削平地は墓地や畑になっていて判然としない。

写真：塹壕状大堀切

《武田氏についた芦田氏は、春日城のどこを修改築したか》

『高白斎記』の天文十八年（一五四九）の記述に――「（三月）九日己卯**芦田四郎左衛門、春日ノ城**再興、四月小朔日辛丑三日節、三日癸卯依敵動、春日落城、味方勝利」とある。――これは、

・三月九日芦田四郎左衛門、春日の城を再興す。

・四月三日敵の働きにより、春日の城落城、味方勝利。

この解釈は難しく、歴史家によって異なるが、――天文十八年（一五四九）に芦田四郎左衛門が春日の城を修築したこと。四月三日に敵の攻撃で春日の城は落城したが、その後、味方が勝利して、（城を奪還した）――と理解できる。ここでいう芦田四郎左衛門とは、『寛政重修諸家譜』にある「依田備前守信正――依田左近信吉――**依田四郎左衛門**信次」の可能性を『望月町誌』では指摘しているが、明確にはなっていない。「芦田氏」を名乗ることができるのは芦田依田氏嫡流（宗家）に限られているので、**芦田下野守信守**のことであると解釈するのが自然ではある。但し、武田重臣の駒井高白斎が、依田四郎左衛門信次を「芦田四郎左衛門」と記したことも考えられる。また、四郎左衛門信次は、宗家芦田下野守信守の極めて近親者であるので、「芦田」と記述した可能性もある。

また、『高白斎記』で「城を再興す」とか「城を鍬立て」という場合は、攻略した城を修築することを意味しているので、この経緯の中で、芦田氏が修築強化したものと推定される。北端から主郭への大手道筋は、比較的古式の風情があるが、南半分（主郭から南）、特に副郭と南の地山の尾根を断ち切る四本の堀切（第八～十一）は、修築の際に手を加えれた可能性が大きい。また副郭から東へ下がっている東尾根の郭群についても可能性がある。春日城最後部の南方に大堀切群があるが、守備するには主たる郭が端に寄っていることと、いかにも狭いことから、私見では一応「副郭」と仮定したが、東尾根郭群の存在を考慮すると、そこが主郭の可能性も残る。

《本拠春日城の留守居役の人物は？》

先に述べたごとく、おそらく信蕃は本拠である佐久郡春日郷を不在にすることが多かったと思われる。武田軍に従って遠征したり、遠州・駿州の城を守備したりの時が多かったので、親族のうちの信頼おける重臣が、春日城や在地春日郷を経営していたものと推測される。しかし、芦田氏系図や『寛政重修諸家譜』から推測してみても、その人物を特定することは極めて困難であるが、芦田下野守信守の五弟（信蕃から

すれば叔父）の**依田十郎左衛門守慶**である可能性がある。――彼については、左記のような事蹟がある。

ア　信蕃が真田昌幸を北条方から徳川方につかせるための使者として遣わした重要人物である。十郎左衛門守慶の説得の努力によって、真田昌幸は芦田小屋（三澤小屋か？）の麓で信蕃と会見し、昌幸の徳川臣従を実現する立て役者となっている。

イ　信州佐久郡外山城（現東御市北御牧村羽毛山）に居城を持っていた。つまり、芦田依田氏の本拠春日郷の近くに、彼自身の采地があったことになる。

ウ　依田信蕃が佐久をほぼ平定し、本拠とした佐久郡田口館で譜代や新規の臣を集めた年賀の席順を示す「芦田家旧臣列簿」（市川武治著『もう一人の真田～依田右衛門佐信蕃』一五五ページ参照）に記載されている騎馬以上（六名）の中に**依田十郎左衛門**の名があることからも、芦田家の重要な人物であることが分かる。

エ　芦田氏本拠の春日郷に近い佐久郡沓沢村（現佐久市）にも領地があった。

オ　康國の時代になってからも、『高野山蓮華定院文書』の中にも重臣の一人として名がある。

蓮華定院、於當郡、被成勧進度由聞及候、左、爲後世ニ
候之状、旁可被相勤者也、仍如件、
天正十七年八月十六日　**康國**（花押）

依田善九郎　殿　←信春（康國の叔父、信蕃三弟）
松井與兵衛　殿　←宗直（妻は信蕃の妹）
依田肥前守　殿　←信守（康國の従兄、信蕃次弟の源八郎信幸の嫡子）
同正齊　殿
同三郎兵衛　殿
同**十郎左衛門**殿　←**守慶**（信蕃叔父、康國大叔父、外山城主）
伴野小隼人　殿　←元吉（出は伴野氏、信蕃の従兄弟となる。勝間砦・天神林城・平尾城に）
依田勝三　殿
同菅助　殿　←岩村田落城後の城代は勘助、「芦田家旧臣列簿」では年寄上席に入っている。

（訓読）
蓮華定院、当郡に於て、勧進なされたき由聞き及び候。されば

ば、後世のために候の条、かたがた相勤めらるべきものなり。
仍つて件の如し。

内容は、松平**康國**（信蕃の嫡子）が九名の芦田依田家重臣に、蓮華定院の使いが佐久郡内を勧進する時には、協力するように指示しているものである。

以上のことからしても、**依田十郎左衛門守慶**が芦田氏本拠の春日城を守り、信蕃からの情報の連絡、指示の受領を行なう重要な留守居役を担っていた可能性があるが、まだ検討の余地はある。

《甲府の芦田屋敷の留守居役の人物は？》

また、芦田氏は下野守信守の時代から、武田氏のお膝元の甲府にも「芦田屋敷」を拝領していて、その留守居を取り仕切る人物もいたはずである。甲府での窓口として芦田屋敷を取り仕切っていた人物は、**依田左近助守俊**（芦田下野守信守の次弟、信蕃からすれば叔父）であった可能性を指摘しておきたい。彼の甲斐での存在は武田氏関係の文献に散見する。

ア『戦國遺文～武田氏編』三三〇四「武田家朱印状写（鉄砲薬抹奉行定）」尊経閣文庫所蔵『小幡文書』

> 鉄炮薬抹奉行
> 一番　**依田左近助**
> 　赤岡源左衛門尉
> 二番　小山田因獄
> 　米倉主計助
> 三番　跡部十良左衛門尉
> 　鎌田孫左衛門尉
> 右二日宛、以輪番、堅可相勤者也、仍如件、
> 　庚辰
> 　閏三月十四日（竜朱印を欠く）

←「庚辰」の年は天正八年（一五八〇）である。二人ずつ三組に編成され、二日間ずつ輪番で鉄炮薬抹奉行の役目を果たすように、という指示である。武田家の鉄砲奉行の「いの一番」に依田左近助の名がある、依田信蕃の叔父に**左近助守俊**がいるが、彼であるとすると天正八年の時点での年齢は五十歳ほどの可能性がある。

イ『甲斐國志』巻之百十三士庶部第十二牧ノ原氏の項に次のような文章がある。

> （前略）牧ノ原氏……（中略）牧野原式部丞ナル者見エタレドモ始末ヲ知ラズ宮ノ脇百姓ノ所蔵ニ天正八年勝頼ノ文書ニ拠レバ牧ノ原村ハ其頃依田左近助ノ采地ナリ

つまり、依田左近助守俊が甲斐國内に采地（領地）を与えられていたことを意味する。ちなみに「牧ノ原」とは甲斐國北巨摩郡武川村**牧原**のことであろう。諏訪へ通じる甲州街道（現国道二〇号線）沿いにあり、西から流れてきた大武川が釜無川となる付近の地名で、釜無川橋がある。また、すぐ近くに古文書が発見されたという「宮脇」なる地名もある。

ウ　また、武田氏滅亡後は、信蕃の遠州二俣奥小川への隠遁、佐久平定の事跡に関して、行動を共にしていることが文献上何回か出ている。当然、武田氏滅亡後は、甲府の芦田屋敷の機能は無くなっている。特筆すべきは、「芦田家旧臣列簿」（市川武治著『もう一人の真田～依田右衛門佐信蕃』一五五ページ参照）に年頭上席三名の筆頭に「**依田左近**」名があることである。信蕃叔父左近助守俊が、いかに芦田家にとって重責を担った人物であるかが判明する。彼が武田氏のお膝元甲府にある芦田屋敷を任せられていた可能性が大きいことが分かる。

なお、前述の『高野山蓮華定院文書』にその名がないが、天正十七年時点ではすでに他界していた可能性がある。ちなみに、『寛政重修諸家譜』巻三五七にある芦田下野守の弟（つまり信蕃の叔父）には、左近（左近助守俊であろう）、勘助信光、後に大雲天外和尚になった人物、主馬という四人の名があるが、彼らが留守居役を果たした可能性もある。

ちなみに市川武治氏は著書『もう一人の眞田』の二ページにある自ら想定した芦田氏系図にある依田内匠頭康貞（下野守信守の次弟に比定）の可能性を示唆している。

《甲府の芦田屋敷》

武田氏に関する歴史で、資料としての信憑性が高く評価されている『妙法寺記』に「甲州府中ニ一國大人様ヲ集リ居給候」とある。「一國大人様」とは、武田家臣で侍大将級の「大身の武将」のことを指す。後世からみると、どの大名にとっても領国経営の基礎ではあったが、武田氏は有力な國人（土豪）を「つつじケ崎館」のお膝元に屋敷地を与えて住まわせていたことが分かる。重臣屋敷は「つつじケ崎館」の前面南に展開されているが、その南面外縁には神社仏閣が配置されている。後期には北面にも屋敷を構えさせている。

芦田氏も武田家臣になってから甲府に屋敷があった。信蕃の父である芦田下野守信守の頃からで、「芦田下野屋敷」と呼ばれていたようである。芦田信守自身は、信玄の指示で上野國浄法寺に館を構え、神流川の対岸にある御嶽城を守備したり、信玄に従って武蔵國・相模國・駿河國・遠江國等への遠征に加わっていて、本拠の信州佐久郡春日城や甲斐府中の芦田屋敷にいることはまれであったであろう。その留守を預かる者が、甲斐府中にいる必要があったが、それは信頼できる芦田氏（依田氏）の身内のうちのいずれかの人物であったと推定される。

甲斐府中の古図によると、その屋敷は時代によって異なるであろうが、二カ所に示されている。便宜上ここではＡ・Ｂの二つの形態の古図について紹介したい。

Ａ　古府之図

まず、『甲府略志』所収「古府之図」を参考に、芦田下野屋敷をみてみたい。つつじケ崎館の南西部に政庁のある梅翁曲輪があるが、その南西方向に芦田下野守の屋敷がある。こまかく見ていくと、つつじケ崎館の梅翁曲輪の南の水堀と西の堀が合わさった南西すぐ外に接して神社があるが、その神社の南に接して「芦田下野」の屋敷が原加賀守の屋敷とともに位置している。東隣が原加賀守の屋敷であった。その東には武田館梅翁曲輪の南正面を守るように、西に内藤修理亮の屋敷、東に板垣駿河守の屋敷等が続いていた。さらに、大手筋には西から東へ穴山伊豆守、高坂弾正忠、真田弾正忠、馬場美濃守、相木市兵衛と屋敷が構えられてた。芦田屋敷の西筋向かいには下条民部の屋敷があった。芦田下野屋敷跡は現在の甲府市屋形三丁目一番地の全域でかなり広大な屋敷地である。（東西約一四五×南北一四五ｍ）。北東（艮（ウシトラ））方向の梅翁曲輪へは直線で計ると約一丁（一一〇ｍ）の距離である。すぐ北に接して「神宮古地」があった。さらに北方には八幡宮古地があった。その跡には現在相川小学校の敷地となっているが、体育館の南下には、「峰本公会堂」があり、西の棟続きに「**古八幡社**」があり説明板が立っている。芦田屋敷の南側に寺（浄光院）があった。その跡地と推定される場所の一部は現在畑となっており、畑の隅に礎石であった可能性がある一抱えもある石があるが、碩学の考証を待ちたい。

現在、芦田下野屋敷地（屋形三丁目一番地全域）は住宅地になっている。古地図によると「屋形三丁目」一帯は「峰本」と往時は称したようである。現在でも地元自治会（町内会）名は「峰本」である。昭和五十年の国土地理院航空写真によると、この芦田下野守屋敷跡の敷地の東半分はまだ水田や畑が占めていたが、三十五年を経た平成二十二年時点では所々内部にわずかに残存しているばかりである。これらも住宅地になるのは時間の問題であろう。

広大な屋敷跡地の四隅は、現在、北西・南西・南東には住宅があり、唯一北東隅のみが水田である。（平成二十二年現在）

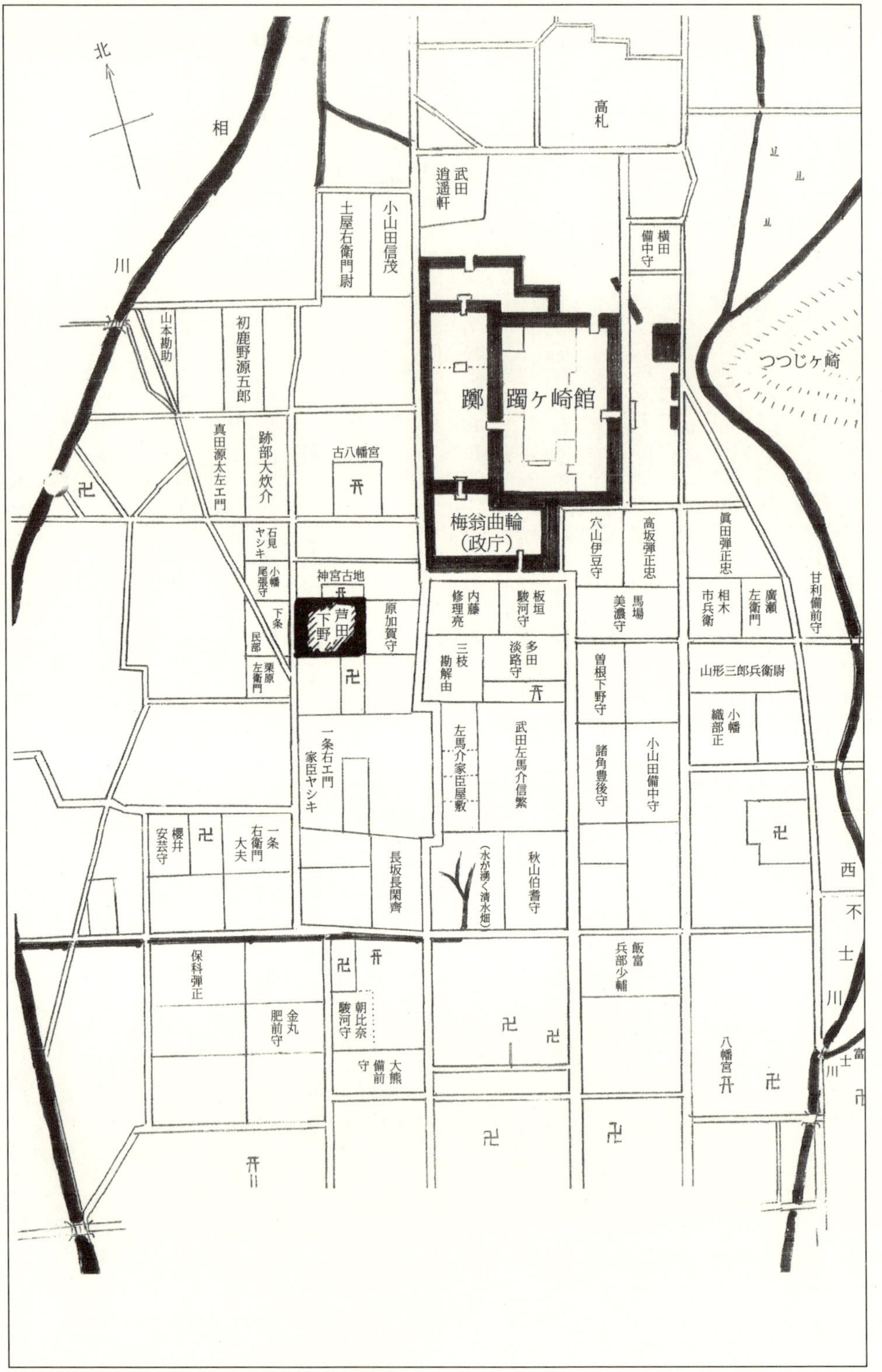

図：A．躑躅ヶ崎館と武田重臣屋敷
『甲府略志』所収「古府之図」により作成。

その間には無数に住宅やアパートが建っている。現在の道路は自動車一台がやっと通過できるほどの幅であるが、おそらくは当時のままであろう。古図には描かれてないが、現地を調査したところでは、芦田下野守屋敷の東には二重の「折(おれ)」があった形跡があり、現在も道がそのように九〇度に二回折れている箇所がある。

B 貞享御直図

『貞享三年丙寅年御直圖』(一六八六)〈武田神社蔵〉、『古府中村絵図』(貞享の絵図を安政四年に複写したもの)によると武田館は、主曲輪に「古城」、二ノ曲輪は「臺所」、味噌曲輪には「小山城」が書き添えられ、梅翁曲輪には「小松城」と書き添えられている。

芦田下野屋敷は、Aの図とは場所が異なっている。武田館の南南西に位置する場所にある。甲府市屋形二丁目一番地の東京電力屋形寮(平成二十二年現在)の土地を北端とし、西端は広い南北の通り、南端は現在は一般の住宅、東はやや曲線の道が南北に通っている。芦田屋敷の北西隅で、屋敷の西側を南から北上してきた道は、西方向へ折れが入って、さらに北へ延びている。南から攻めてきた侵入者に見透かされないように、わざわざ曲げてあるのであろう。屋敷地は東西約八〇m、南北一一〇mである。なお、芦田下野屋敷の南端より一九〇m南方は現在は山梨大学関係の敷地になっている。

「A」では梅翁曲輪の南門前には板垣駿河守屋敷と内藤修理亮屋敷があったが、このB図では、板垣駿河守屋敷の場所は無記名(空き地)となっており、その西にあった内藤修理亮屋敷の替わりに、多田淡路守屋敷がある。真田弾正忠(幸隆)屋敷は「A」と同様に記入されているが、芦田氏と同じ佐久郡出身で、「A」に記載されていた同じ依田氏の相木市兵衛屋敷は、ここでは載っていない。芦田屋敷の回りには、武田左馬守屋敷が狭くなって記載されており(北)、飯富兵部少輔屋敷(北東)・山形河内守屋敷(東)、望月石見守屋敷(南)があり、西筋向かいには広大な長閑畑があり、その南には長坂長閑屋敷があった。芦田屋敷の北東には現在の「武田通り」の西に面して神明社があった。「A」で芦田下野守屋敷となっていた場所には「早川豊後屋敷」「秋山民部少輔屋敷」が描かれている。

Bの図では、武田左馬介信繁屋敷、左馬介家臣屋敷の記載がなかったり、梅翁曲輪(政庁)の南にあった板垣駿河守屋敷がなくなっていて、その場所に記名なしとなっていることからして、また、逆に「つつじケ崎館」の北方や西方に家臣屋敷の数が増えていることから考察すると、Bの図がより新

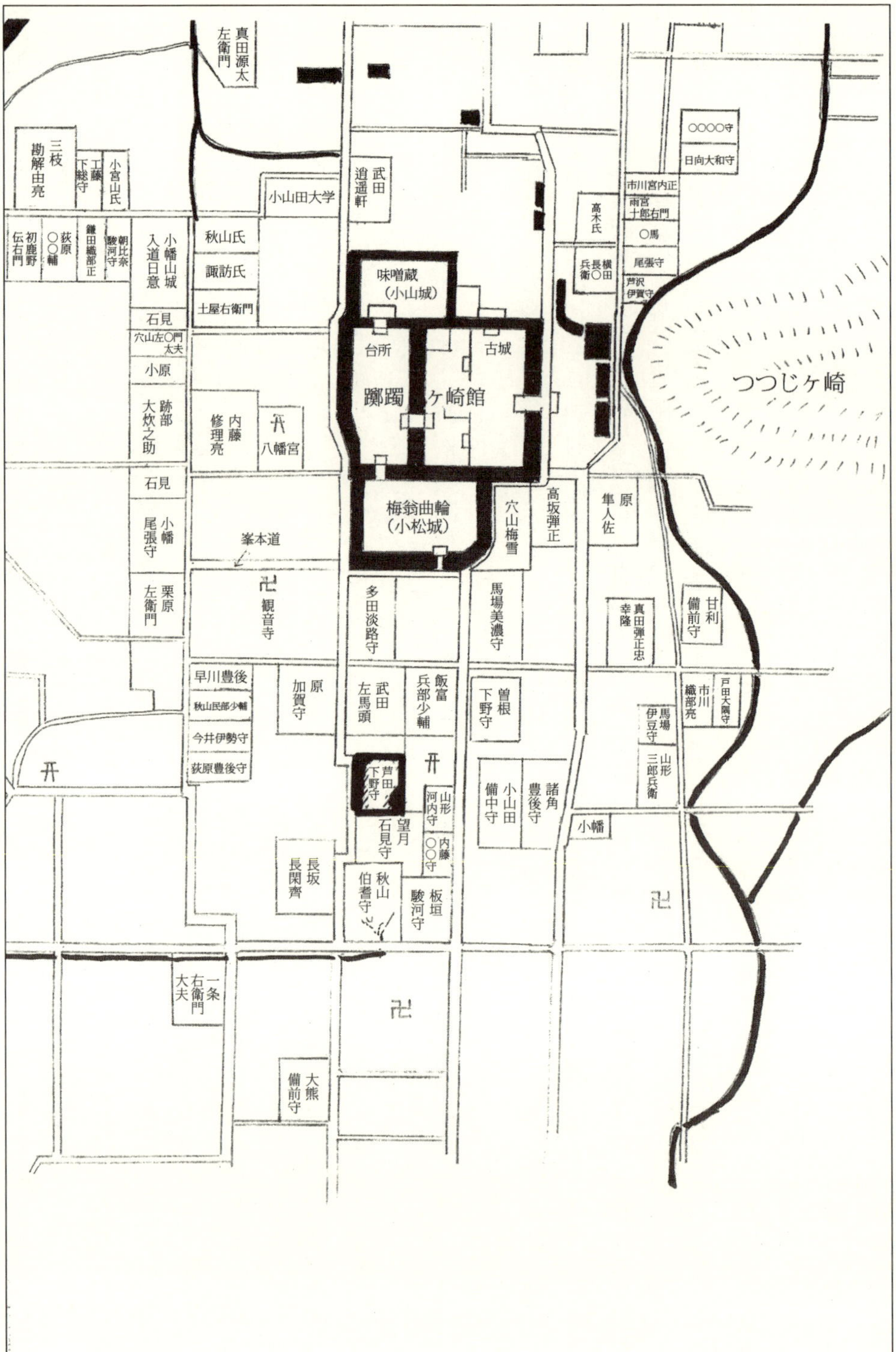

図：B．躑躅ヶ崎館と武田重臣屋敷
「古府之図」（貞享三丙寅年御直図、武田神社蔵）より作成。

しい時代のものである可能性が大きい。

「古府之図」（つつじケ崎館と家臣屋敷図）は数例あるが、大きく分類すると、以上のように二系統である。そのいずれにも記載されている芦田屋敷が甲府に存在したことは事実であったようであるが、その場所については二カ所の比定地があることが分かる。（あるいは時代差があって場所が移動したためか）両方とも芦田屋敷があったことを示している。

ちなみに、甲府市内にある「武田二十四将の屋敷跡」の標示を見る限り、甲府市教育委員会ないしは甲府市観光協会では、どうやら「A」の古地図を採用しているようである。

《芦田三代はいずれも人質経験がある》

芦田下野守**信守**は十三、四歳の頃、海野氏を征服した帰途の諏訪頼重によって芦田城（現北佐久郡立科町芦田）から連れ去られ、数カ月間、諏訪の上原城に人質となっている。

依田右衛門佐**信蕃**は十二歳から十八歳頃までの六年間ほど、父下野守信守の武田氏への臣従の証（あかし）として、武田信玄によって諏訪の高島城（茶臼山城）に人質になっている。

信蕃の二子である竹福丸（後の松平**康國**）と福千代丸（後の松平**康眞**）は、武田勝頼の滅亡直前から、人質として短期間の間に、武田方と織田方そして徳川方を、左記のようにめまぐるしく流転している。

① 天正十年二月武田への人質で小諸城に ——（武田方へ）

② 小諸城に侵攻した森長可のもとで織田への人質に（三月）

③ 長可に引き続いて小諸城で滝川一益のもとに

④ 上野国箕輪城において滝川一益のもとに

⑤ 再び小諸城へ返され一益の弟道家彦八郎のもとに ——（織田方へ）

⑥ 木曾義昌への人質で木曾に留め置かれる ——（木曾義昌へ）

⑦ 家康の家臣奥平信昌・鈴木重次の在城した飯田城に（天正十年九月下旬）

⑧ 徳川方への人質で遠州二俣城の大久保七郎右衛門忠世のもとに ——（徳川方へ）

後日のことであるが、信蕃戦死後、竹福丸は松平康國となって、大久保忠世の後見を得て信州へ帰る（小諸城主となる）。

《信蕃が小諸城主となったとする説について》

依田信蕃は、佐久へ帰還して前後二度小諸城へ入ってい
る。それは信玄時代以来、小諸城が佐久の統治を象徴する城としての機能を果たしていたということを意味する。

まず最初に、信蕃が小諸城へ入ったのは、田中城を徳川へ明け渡した後、信州へ帰った天正十年**三月十四日**のことである。その三日前には武田勝頼が滅びている。この時は小諸城に陣していた織田の**森長可**に会って、織田信忠のいる諏訪へ挨拶に行くように勧められたが、途中で家康からの飛脚の知らせによって、急きょ甲州市川の家康本陣へ向かっている。

二度目は、隠れ潜んでいた遠州二俣の奥小川から、本能寺の変後に甲州柏坂峠に旗揚げし、兵を募った後、信濃入りして小諸城へ入った時である。それが**六月二十日頃**である。滝川一益が神流川の戦いで敗れ、上州から小諸城へ撤退していた時のことである。この時、**一益**は**信蕃**を小諸城代に任じ、後事を託して二十五日に西国へ向かったという。

信州佐久郡三塚の瀬下敬忠が宝暦三年（一七五三）に編述した『千曲之真砂（信濃雑記）』の小諸城の項で、「**城代**」として芦田右衛門信蕃の名を上げ、「六月廿五日為小諸城代」と述べられている。これをもって、「信蕃が天正十年（一五八二）六月二十五日に小諸城代になり、在城一カ月」とする郷土史家もいて、小諸市関係の歴史書ではそのように解釈説明している場合が多い。しかし、瀬下敬忠の記述内容をそのまま解釈して、依田信蕃を小諸城の「城代」ないしは「城主」として論じることは、妥当ではない。なぜならば、滝川一益が信蕃と別れたのは六月二十五日。その後、信蕃は佐久の諸将に対して徳川への臣従の工作をしたものと思われるが、信濃国を狙っていた北条氏直が、碓氷峠を越えて佐久へ侵攻し、先鋒の大道寺政繁が、遅くても七月十二日以前には信蕃を小諸城に攻めている。大軍の攻撃に信蕃は本拠地である佐久郡春日城へ退いた。信蕃が滝川瀧一益と別れてから、この時までそのまま小諸城に在城していたか否かということは定かではないが、たとえいたとしても、小諸在城は足掛け二カ月（実際には二十日間ほど）であった。とても「城主」とはいえなかったし、誰かの代わりに「城代」になっていたわけではなかったのである。「信蕃は小諸城主となった」というのは、後日嫡子の竹福丸が松平康國となって、天正十一年から十八年まで小諸城主であった経緯もあって、その父である信蕃も城主であったことがあると、安易に考えられている傾向がなきにしもあらずといったところであろう。

⑫三澤小屋へ籠もり、北条の糧道を断つ

○

> その跡へ氏政の先手信州へ打ち入り、小諸へ**大導寺尾張守**入れ替り居られ申され候。家康様と**氏政**と御取り合いになり、氏政七萬の人数にて**臼井口**を進発。それに就き、常陸介は、**春日山の奥三澤小屋**と申す所へ籠もり居られ候。**蘆田小屋**と申すは、このことにて御座候。氏政は蘆田小屋を責め候はんとて、**役行者**と申す山越えを諏訪郡へ打ち入り、**かぢか原**と申す所を通り、甲斐國**みの原**に陣を取る。家康様は甲斐國**新府**中に御座なられ候。小田原衆と**新府御対陣**の様子は、その元の衆委細御覧あるべく候、その内**常陸介**は**蘆田小屋に籠り**、氏政、関東よりの運送の兵粮人馬、蘆田小屋より討ち取り、氏政との陣の續、成り難く候間、氏政も開陣。

〈要旨〉

・滝川一益が小諸城を退いて本拠の伊勢長島へ去った後へ、北条氏政の先手が信州へ侵入し、小諸城へは**大導寺尾張守政繁**が入った。

・徳川家康と北条氏政（「氏直」が正しい。以後は**氏直**とする）とが旧武田領を取り合いになり、氏直は七万の軍勢を率いて**臼井口**（碓氷峠）を越えて佐久へ侵入してきた。大軍を前にして、依田常陸介信蕃は、**春日山の奥三澤小屋**という所へ籠もった。**蘆田小屋**というのは、これである。

・北条氏直は蘆田小屋を攻めるのを途中で諦めて、役行者という山を越え、諏訪郡へ侵入し、**かぢか原**（柏原）という所を通り、甲斐國みの原に陣を取る。

・徳川家康は甲斐國**新府**に陣取った。小田原衆（北条氏）と**新府**での対陣の様子は、これは家康軍にいた人々が委細知っていることであるので、ここでは詳細には申し上げない。

・その間、**常陸介**は**蘆田小屋**に籠り、北条氏直軍が関東から運送の兵粮や人馬を、蘆田小屋より襲って討ち取っていった。そのために氏直は兵站が続かず、陣を長く張ることができなくなり、氏直は陣を解いて帰った。

《信蕃だけが徳川方に、佐久の諸将は北条方へ》

滝川一益が小諸城を依田信蕃に託して去ったとも言われているが、その確証はない。しかし、信蕃が本拠地春日城へ帰還したあとに、佐久郡・小県郡の諸将に徳川方への臣従を呼

びかけたことは、七月十一日に平尾平三・森山豊後・森山兵部丞・禰津昌綱らが徳川に帰属し、家康から知行安堵状が発給されたことからしても、それが分かる。前後するが、信州佐久方面の徳川への臣従計策を信蕃に任せた家康は、七月三日に浜松を発ち、富士の裾野を経て、中道往還を通って右左口宿へ達した。去る三月に武田勝頼を滅ぼした織田信長が四月に凱旋した時に、信長のために家康が右左口宿に造った仮御殿が、今度は家康の宿泊場所となった。家康は生涯のうちで計七回甲斐入りしているが、初回の武田討伐の時以外の六回は、中道往還を通行し、右左口の御殿を使っている。現在その場所は敬泉寺(きょうせんじ)の上の削平地で野菜畑と化しているが、御殿の跡を示す標柱が一遇に立っている。本能寺の変後の甲斐入りの家康は、七月九日に甲府入りをした。一方、北条氏直の大軍が十二日には碓氷峠を越えて信濃国へ侵入し、先陣は間もなく小県郡海野に布陣した。そして小諸城には北条の麾下である大導寺尾張守政繁が入った。伴野氏や相木氏など、佐久郡のほとんどの地侍（土豪）は北条方へ付いた。そんな中で、ただ一人芦田依田信蕃だけが徳川方であった。佐久郡を制圧した北条氏直は、信蕃の春日城を攻めた。信蕃は、佐久郡では当初孤立無援ともいえる状況であったといってよい。佐久武士に徳川方への調略を進めていた信蕃の苦労は、

写真：御殿跡を示す石柱

写真：右左口の御殿跡（北方の丘の上より見下ろす）
中道往還右左口宿の御殿跡、最初は織田信長の、その後、徳川家康の宿泊場所となる。

北条氏の侵入により水泡に帰してしまった。

《幻の三澤小屋～その場所は誰も特定できていない》

信蕃は、北条の大軍を前にして、春日城を守ることは断念し、春日城のある沢をさらに南方の蓼科山方面へ登った**春日山の奥「三澤小屋」**という所へ籠もった。これを『蘆田記』（依田記）では**「蘆田小屋」**と称し、また、そのように比定している歴史書もあるが、別ものである。蘆田（依田）信蕃が籠城したので「蘆田小屋」と呼んだ可能性が高い。また、現在北佐久郡立科町茂田井に「芦田城（蘆田城）」と呼ばれる山城があるが、それは芦田依田氏（信蕃の父芦田下野守信守）が天文十八年（一五四九）に本拠を春日城へ移す以前に本城としていた城である。天正十年（一五八二）の時点では芦田依田氏の支城となっていたという可能性はあるが、信蕃と北条氏との間で激しい争奪戦の舞台になるほど重要視される城ではなかったと思われる。また、戦国時代には山城を「小屋」「山小屋」等とも称しているので、蘆田小屋（芦田小屋）とは、「春日城」のことを指したと解釈するのが妥当である。また、**蘆田小屋（春日城）**と**三澤小屋**が別ものであったということは『武徳編年集成』に述べられている内容からも判明する。――それによると、天正十年九月二十五日に、家康からの援軍（岡部正綱・川窪新十郎信俊・今福求助・三井十右衛門など）が三澤小屋に到着し、信蕃は北条方に奪われていた蘆田小屋の攻撃を開始している。そして、約一カ月後の十月二十六日に信蕃軍は、蘆田小屋を攻め落とし奪還している。さらに、「三澤小屋」は、『寛政重修諸家譜』や徳川旗本諸士関係の古文書では、「蘆田信蕃と**三澤小屋**へ籠もり」と表現されている場合が多い。

依田信蕃の籠もったといわれる砦「三澤小屋」については、その場所を誰も明確には確認できていない。明治十一年の時点で佐久郡春日村が長野県令（現在の県知事に相当する）に提出した内容が記載されている『長野県町村誌』のいうように、春日城のことを「穴小屋」または「三澤小屋」ともいうという説もあるが、とうてい首肯できない。また、それらしき砦として同じ春日の奥にある「大小屋城」「小倉城」などについても触れているが、三澤小屋とするには無理がある。『もう一人の真田～依田右衛門佐信蕃』（市川武治著、櫟）では、「三澤」とは春日の谷を鹿曲川に沿って登った沢の詰めが「鹿角沢（カノカドサワ）」「大たるみ（オオタルミ）」「三澤横手」と三つに分かれていることによる命名であるという。また、寛政年間（一七八九～一八〇一）春日村絵図（春日竹花徹雄氏蔵）には三沢横手の字名添え書きに「此上白岩ヲとの小屋（殿小屋）と云」と記され、沢の奥に三澤小屋のあることを示している由。（現在、拝見は不能）。

いずれにせよ、三澤小屋の位置は春日村（現在の佐久市望月春日）にある春日温泉の奥の渓谷（春日渓谷）を鹿曲川に沿う林道（鹿曲川（カクマガワ）線）を登った詰めが三澤であるが、そこにあるといわれる信蕃の砦（山小屋）である。しかし、場所は特定できているとは言いがたい。それは、この辺にあったとかいう推定地はあるが、先人の研究者のうち誰一人として、**三澤小屋**（砦）を地図で場所を示したり、縄張り図を書いている例がないからである。昔は急峻で、断崖・巨岩が行く手を阻み、谷が深く、修験者や山人しか近づけない行き詰まりの渓谷であった。現代は旧望月町（佐久市）春日温泉の脇から南方へ林道を遡り、リゾート開発地域「仙境都市」を通って大河原峠へ出る道がある。二〇〇〇年代になってから、土砂崩れが何カ所か発生した後、道は予算上の課題からか修理されず、二〇一五年現在では、そのルートは、ずたずたに寸断され、復旧不可能と思われるほどの状況になっているのは残念である。なお、佐久市野沢の洞源湖の脇から美笹湖方面へ通じる道路（蓼科スカイライン）があるが、その道を大河原峠へ抜ける方が道幅も広く、整備もされているので容易に到達できる。また、臼田方面から通じる道も途中から合流している。大河原峠を最高地点（海抜二〇九三ｍ）として、諏訪方面へそのまま自動車道路が通じている。この自動車道は**トキンの岩**（兜巾の岩、二〇一三ｍ）のすぐ南の脇の尾根を掘り切って通過している。**三澤の稜線**へ出ることも案外容易になっている。この道路から三澤小屋を探索する場合は、下り斜面となるが、途中に岩場や急斜面、断崖絶壁が連続し、危険極まりない。また、熊に遭遇する可能性もあり、到底単独行はできない。市川武治氏は「三澤の奥には鹿曲川の水源である大滝があり、滝不動・石不動など密教信仰の不動明王が祭られている場所がある。付近の地名には上山伏・下山伏、峯近くの稜線にはトキンの岩（山伏が額に付けているものをトキンという）などがある。したがって、三澤小屋は外部からはその存在が判明できない隠された要害であり、北条の大軍を迎え討つには最適の地勢である。また、防衛施設や目立つものは避けているので、守るに固く、ゲリラ戦法で奇襲を繰り返す基地としては適した所であった」と述べている。しかし、その三澤小屋を図面の上で明確に特定できたとは、言い難い。三澤小屋の現地をつき止めることができた場合は、砦の立地・構造・規模などが分かる簡単な縄張り図（または「見取り図」でもよい）があれば、三澤小屋の存在が証明できる。平成二十七年現在まで、誰一人としてそれをなし得ていな

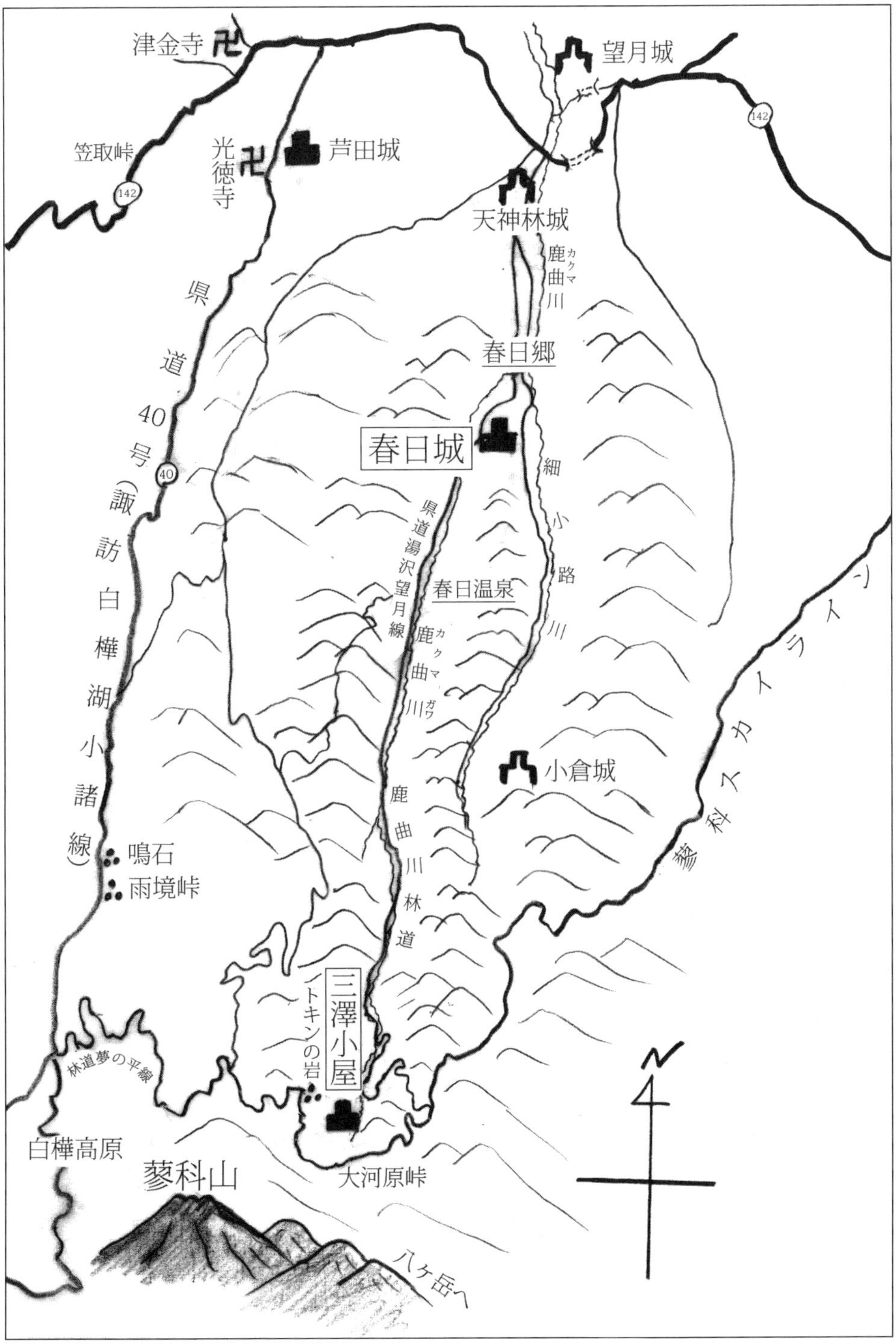

図：春日渓谷の奥、三澤小屋

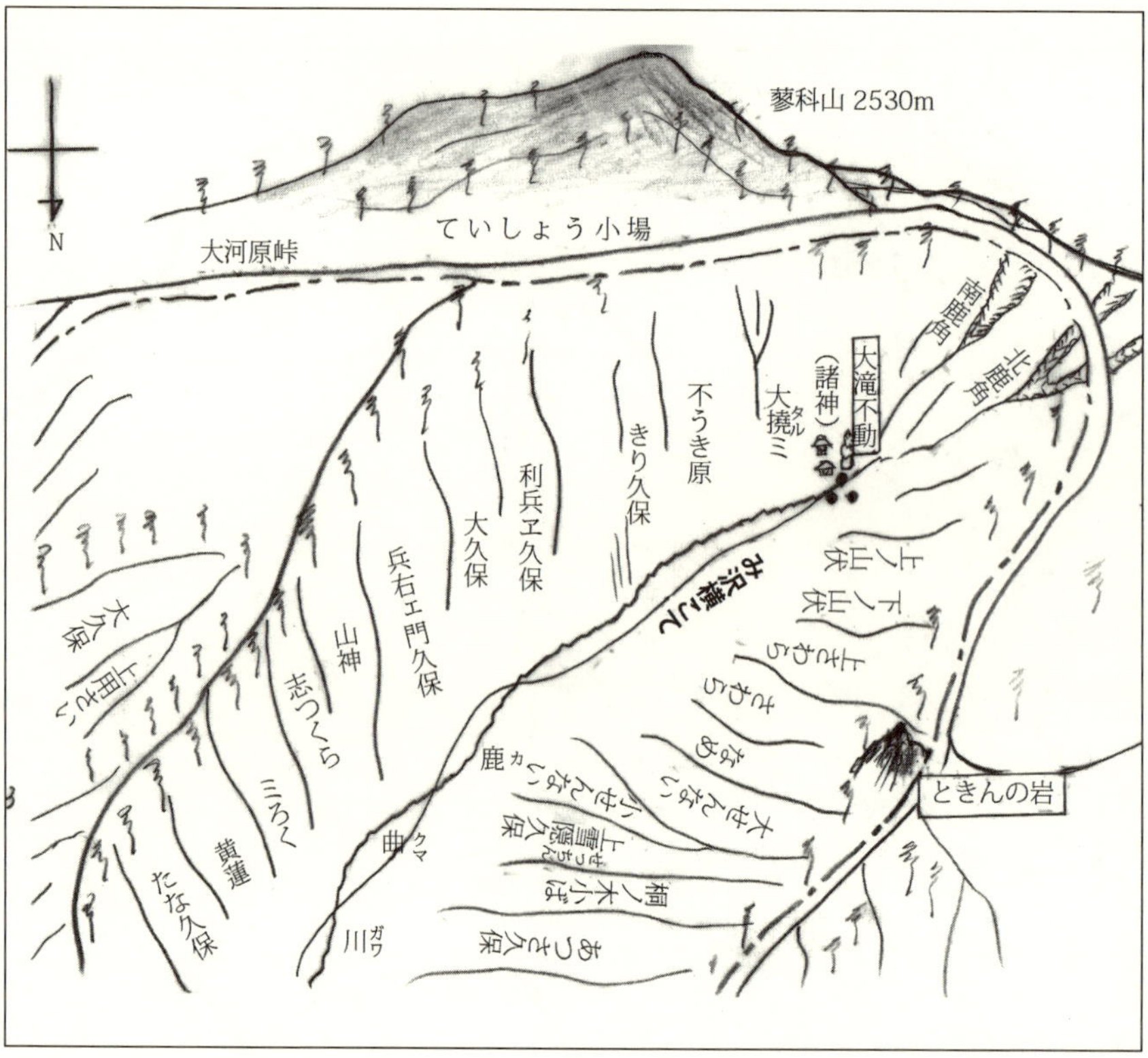

図：鹿曲渓谷奥（鹿曲川上流）に三澤小屋？　それは「み沢横こて」とある辺りか
図は『望月町誌』（第四巻近世編）p.443の一部を利用

いのは残念ではある。

《三澤小屋の攻防と信蕃のゲリラ的戦い》

天正十年（一五八二）七月中旬、まず**北条氏直**が大軍を率いて、佐久における唯一の徳川方である信蕃を三澤小屋に攻めたが徒労に終わっている。そうこうしているうちに越後の上杉景勝が北信濃を制圧し川中島の海津城へ入った。そこで氏直本隊は川中島へ転進し、上杉勢と対陣する。信濃は北条・徳川・上杉の三つ巴の争奪戦の場と化した。氏直は三澤小屋を小諸城代の大道寺政繁にその間も攻めさせていたが、険阻

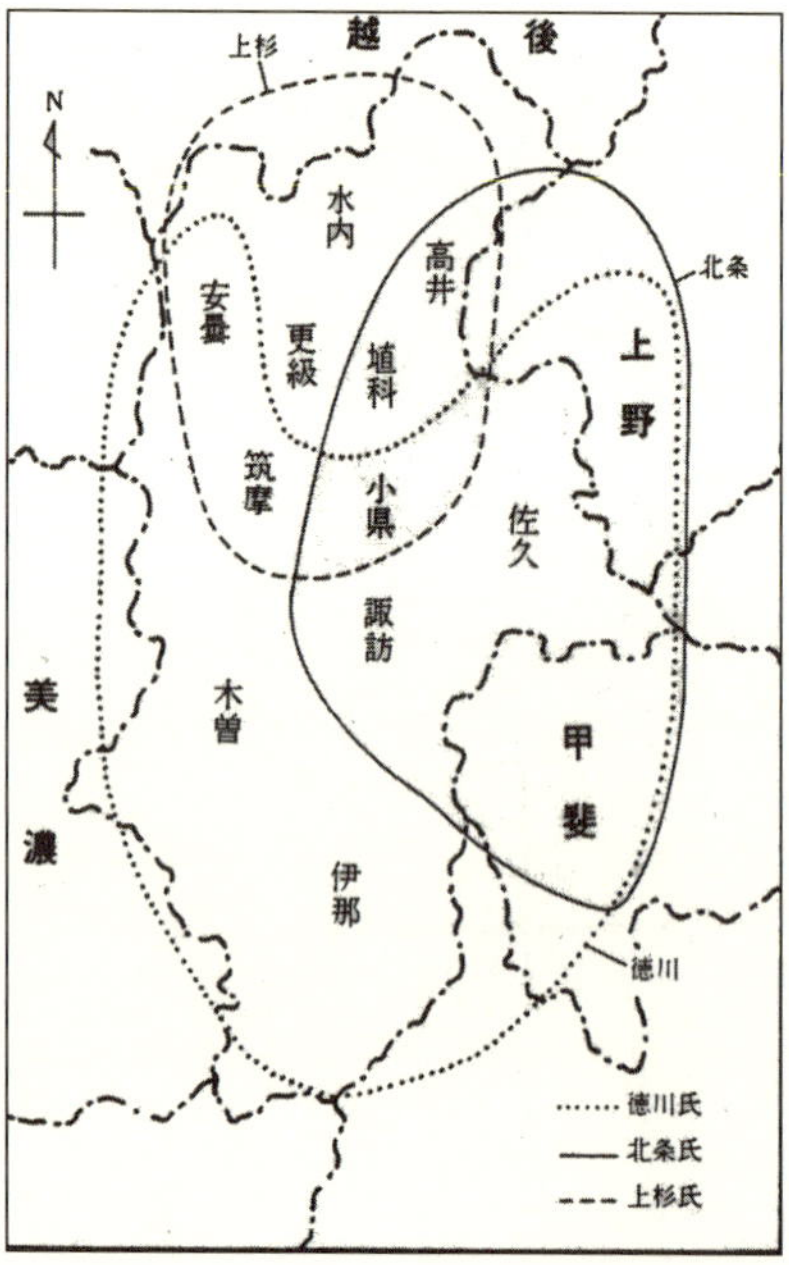

図：徳川・北条・上杉の三つ巴の信州
徳川・北条・上杉氏による、安堵・宛行地範囲概念図（「長野県史～中世二」）より

な地形と信蕃の巧みな戦略によって失敗に終わっている。

　七月中旬、諏訪頼房の高島城（茶臼山城）を攻めていた徳川七手衆（酒井忠次、大久保忠世、大須賀康高、石川康道、本多広孝と康重、岡部正綱、穴山衆）は、佐久で孤軍奮闘している**依田信蕃**の籠もる**三澤小屋**へ**乙骨太郎左衛門**を遣わした。信蕃は、乙骨太郎左衛門を通して援軍を要請した。七手衆は信蕃への援軍として柴田康忠に一〇〇〇余の兵を率いさせ、乙骨太郎左衛門の案内で、三澤小屋へ送り込んだ。ここでは、軍監柴田康忠は、はじめて信蕃軍に合流したことになっている。援軍は、何度も押し寄せる大道寺政繁の軍に抗するのに、信蕃にとって心強い味方であったが、信蕃は、籠城兵が多くなり、その後兵糧に窮することになる。信蕃軍が三澤小屋へ立て籠もるには、食糧や収容人員の関係で、この七月の時点（旧暦七月中旬）は、現代の暦にあてはめると八月下旬にあたる。それでは少数精鋭であったと推定できる。いたずらに軍勢が多くなれば、当然身の動きも限られてしまい、ゲリラ的な戦法も実行できなくなるのであった。その後、さらに八月から九月にかけても、北条軍は大導寺政繁をもって何度も攻撃を試みたが、援軍を得た信蕃に翻弄され続けた。七手衆からとは別に七月十四日に、家康は甲斐衆の辻弥兵衛に十騎（四十騎とも）を付けて、三澤小屋の信蕃への援軍として出陣させている。援軍を得た信蕃は、七月十六日に依田肥前守信守（次弟信幸の嫡子）らをもって、前山城を攻撃しているが、攻め落とすまでには至らなかった。

　川中島での上杉景勝との対陣から七月十九日に引き上げた後、北条氏直自身、再び本隊でもって三澤小屋を一挙に攻め落とそうと攻撃を加えたが、蘆田軍を攻略できなかった。巨岩・断崖の阻む険峻な地形では、わずかな兵力しか侵入できず、そこを信蕃軍のゲリラ的戦法で攪乱されたのであろう。いたずらに、時間を費やすことは甲斐国侵入で家康に遅れをとることになるので、氏直はここを放棄して立ち去らざるを得なかったと思われる。信蕃は、北条軍が三澤から一尾根西に越した八丁地川沿いに雨境峠へ抜ける古代東山道を通過して「役ノ行者越え（えんのぎょうじゃごえ）」（雨境峠）で諏訪へ進軍するであろうと判断し、その経路で少数精鋭でゲリラ的な攻撃を北条軍へしかけたと思われる。

　佐久で徳川方として孤軍奮闘している信蕃には、周りの佐久衆がことごとく北条方へついてしまった不利な状況を理解しながらも、二俣城攻防戦・田中城攻防戦の時の当面の敵城主であった自分を、織田信長の追及から救ってくれた徳川家康に臣従すると誓ったからには、いかなる策を尽くしてでも、家康のために戦う姿勢は確固たるものがあったであろう。武勇、智略に優れていたばかりでなく、彼の義烈な性格からして、節を曲げるようなことは到底なかったであろう。家康も、信州佐久の平定を任せた信蕃の苦境を知った上で、信蕃を励ますべく七月二十六日に、信蕃に佐久郡・諏訪郡の二郡を宛てがっている。

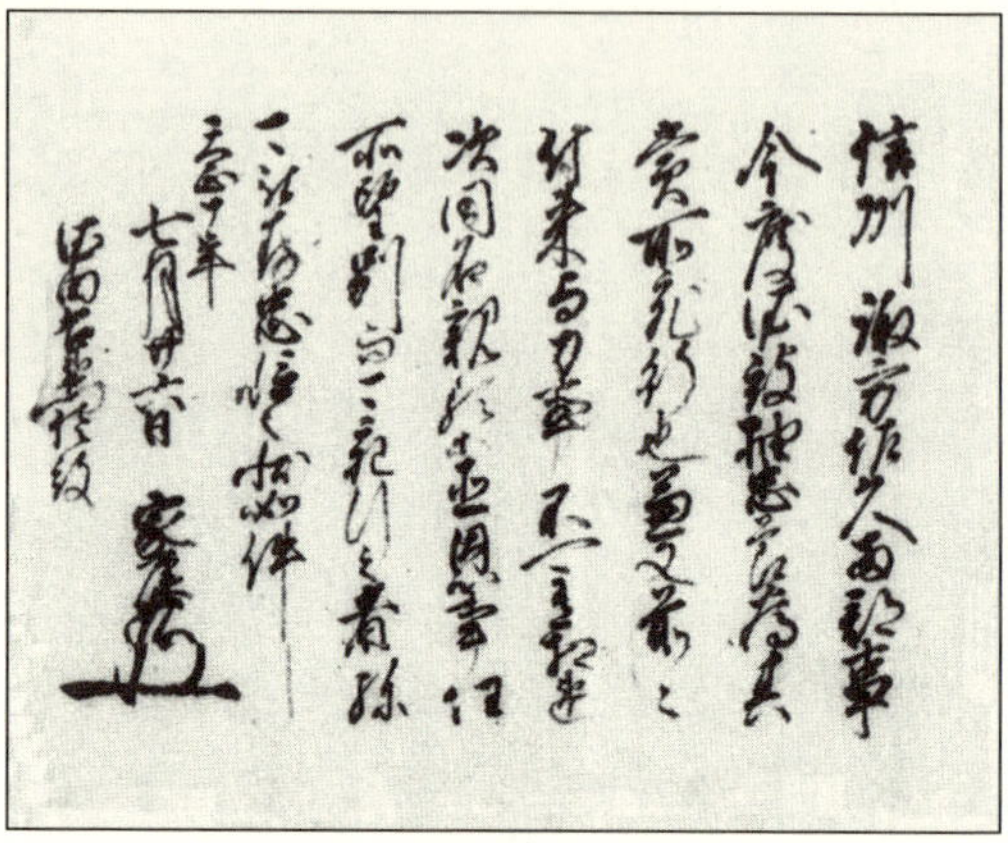

写真：依田家文書
個人蔵、長野県立歴史館寄託
平成23年度長野県立歴史館発行の春季展図録『武士の家宝』から転載

家康が信蕃の忠節に対して諏訪郡と佐久郡を宛てがっている内容である。その外に家康が信蕃に付けた与力や信蕃の一門の恩賞についても保証している。しかし、二郡とも未だ徳川方のものとはなってはおらず、空手形のようなものである。

一方、この頃、徳川七手衆の攻撃を受けていた高島城の諏訪頼忠は、佐久から諏訪方面へ進軍してくる北条への帰順の意を示し、氏直に支援を求めている。このことが、いよいよ徳川七手衆と北条氏直との戦いにつながってくるのである。

徳川家康宛行状（判物）
信州諏方・佐久両郡之事、今
度依被抽忠節、為其
賞所宛行也、兼又前々
付来与力事、不可有相違、
次同名親類等直恩事、任
所望、別而可宛行之者、弥
可被存忠信之状如件
天正十年
　七月廿六日　**家康**（花押）
依田右衛門佐殿

（訓読）
信州諏訪・佐久両郡の事、今度忠節を抽んでらるるにより、その賞として宛行ふところなり。かねてまた前々付け来る与力の事、相違あるべからず。次に同名・親類等直恩の事、所望に任せ、別してこれを宛行ふべし。いよいよ忠信を存ぜらるべきの状件の如し。

《乙骨の対陣と甲州への撤退時の丸山争奪戦～三澤小屋の信蕃も関わっていた》

北条氏直は、三澤小屋への攻撃から手を引き、七月下旬に諏訪郡へ入って、八月一日に**かじか原**（茅野市**柏原**）に四万三千（とも、四万五千とも四万八千あるいは二万余という文献もあって、特定できない。また『蘆田記』では七万とある）の兵で陣を敷いた。柏原は大門峠や役ノ行者越えで現在の白樺湖周辺を通過し、諏訪方面へ南下して、やや視界が開けた南緩傾斜地である。付近には武田信玄が佐久や川中島方面への遠征時に陣した枡形城（武田流の三日月堀や丸枡形が構えられていた）がある。そのあたりに氏直も本陣を置いた可能性がある。北条軍の動きを察し、徳川七手衆三〇〇〇の兵（酒井忠次、大久保忠世、大須賀康高、石川康道、本多広孝・康重、岡部正綱、穴山衆）は諏訪高島城の諏訪頼忠への攻撃から軍を引いて諏訪郡**乙骨**（おっこつ）（現在の富士見町**乙事**（おっこと））にいた。そこへ、大久保忠世の臣で信蕃の三澤小屋まで遣いに出ていた石上菟角（とかく）が「北条氏が四万三千の軍勢でかじか原（柏原）に陣している」という**依田信蕃**からの情報を伝えた。七手衆はそれを聞いて、**乙骨太郎左衛門**に北条軍の偵察に行かせ、その報告を聞き、北条が大軍であることを確認する。かじか原方面から南東へ進入した北条軍は、乙骨の北西に位置する原（立場川右岸と推定されるか）に陣取った。乙骨陣場（現在の乙骨足場溜め池のある台地）に陣取った徳川軍と北条軍との間でにらみ合いとなった――**乙骨の対**

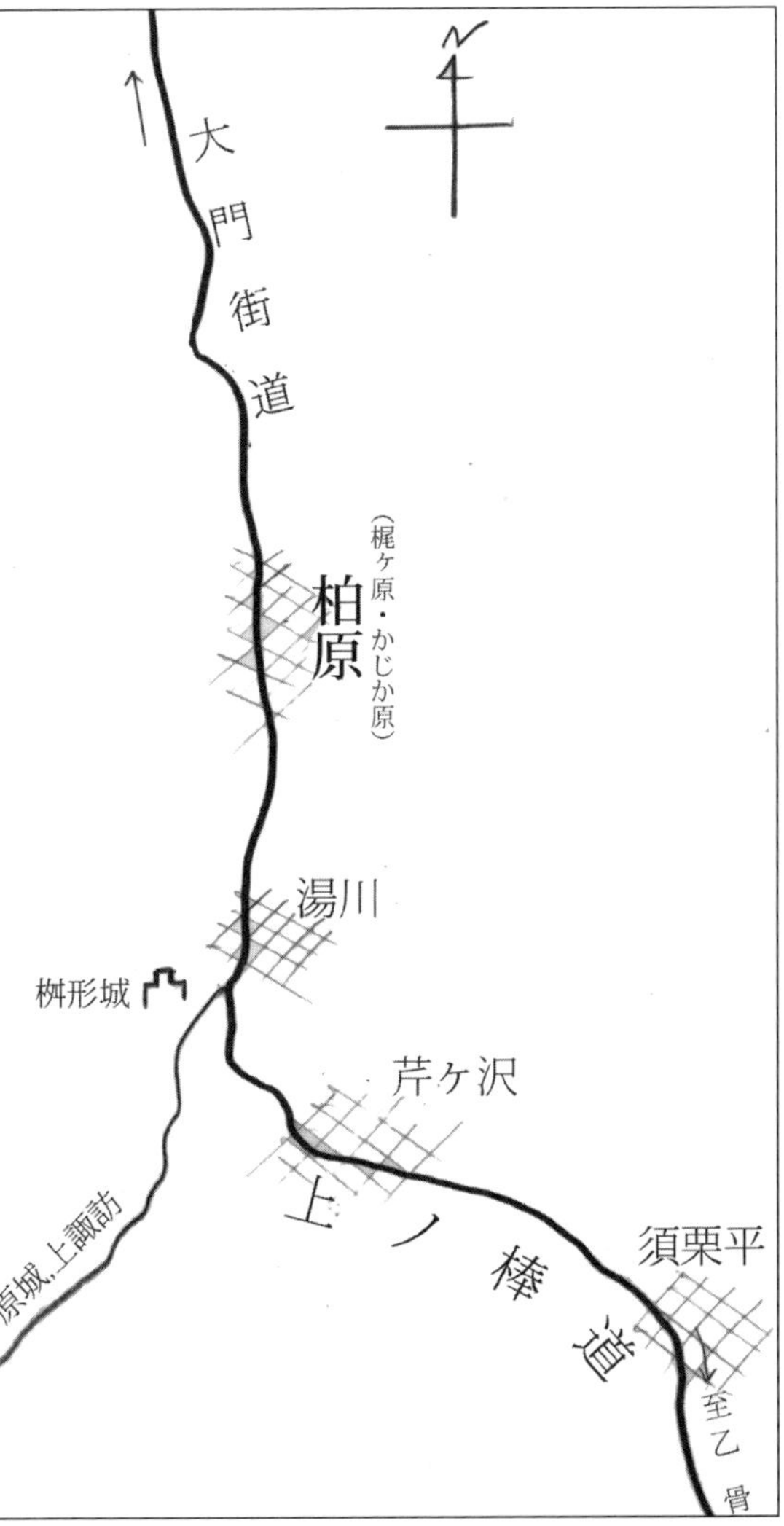

図：かじか原（梶ケ原）・柏原
北条氏直が陣を敷いた

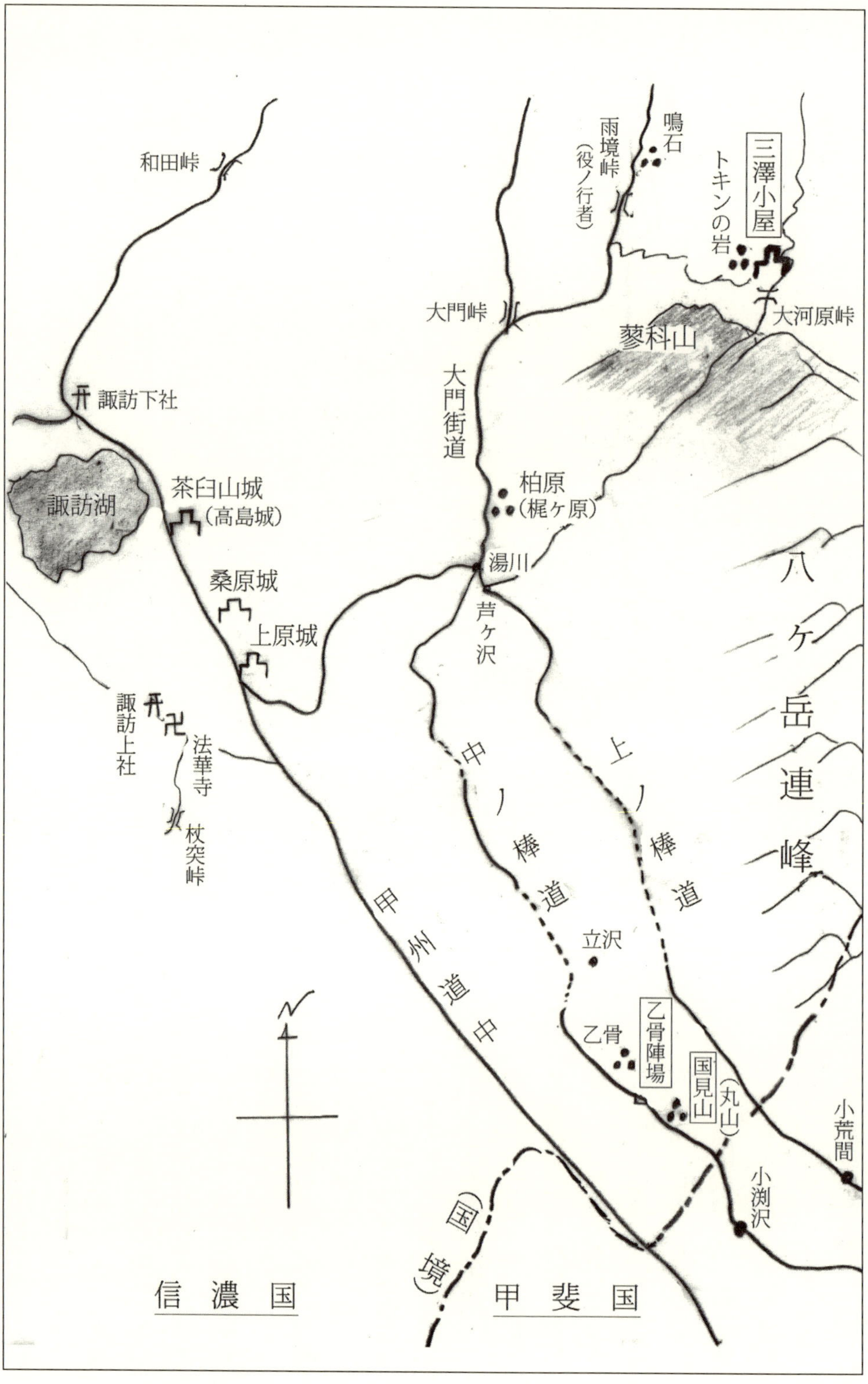
和田峠
雨境峠
（役ノ行者）
鳴石
三澤小屋
トキンの岩
大門峠
大河原峠
蓼科山
大門街道
諏訪下社
諏訪湖
茶臼山城
（高島城）
柏原
（梶ヶ原）
湯川
桑原城
芦ヶ沢
上原城
八ヶ岳連峰
諏訪上社
法華寺
杖突峠
中ノ棒道
上ノ棒道
甲州道中
立沢
乙骨
乙骨陣場
国見山
（丸山）
小荒間
小渕沢
（国境）
信濃国
甲斐国

図：三澤小屋と乙骨陣場

陣。しかし、圧倒的な兵力の差があることを認識した七手衆は、地元に詳しい乙骨太郎左衛門の進言を入れて、退却することとした。『乙骨太郎左衛門覚書』は次のように述べている。

> 太郎左衛門屋敷のかさ(上の方)に丸山ござ候。……〈中略〉……すなわち海道は諏訪への海道を（徳川七人衆は）のけられ候。氏直の人数は、越後海道を通り申し候。この両道行き先に丸山ござ候が、この丸山の西の方を七手衆お通りなされ候。氏直の人数は東のひら（平地・緩斜面）を通り申し候。

かつての信玄の「上の棒道」を甲州へ向けて東方へ進軍する北条軍に対して、徳川軍は「中の棒道」を甲州へと向かったのである。その途中で「**乙骨丸山の争奪戦**」が行なわれた。太郎左衛門の助言により、いち早く丸山の頂上を押さえた七手衆は、北条軍を上方から攻撃した。この山を占拠できれば、北条軍はそこを拠点として徳川軍を攻撃できたわけであるが、徳川軍はなんとか先制してそれを阻止したのである。徳川七手衆は進路を塞がれるおそれをなくし、また、北条勢の足取りを鈍らせたり、牽制しつつ、一兵も損なうことなく甲州へ兵を引いて、新府城で陣を構えた。この時の退却戦を「**乙骨の退き戦**」という。それが八月一日とも六日とも文献によって異なり、どちらかは、今のところ断定できない。

写真：押立て山（国見山）。乙骨の退き戦の丸山に比定

退却戦のポイントとなった乙骨の「**丸山**」について、『天正壬午の乱』（平山優、学研）では、「丸山とは現在の茅野市宮川丸山で、ここはかつて丸山と呼ばれた芝山があったといい、それが地名の由来と伝えている」と述べている。平成二十年に調査した時、「丸山」という地名から、独自に現地へ足を運んでみたが、七手衆の退き戦の時の舞台となるような地形（当然それなりの規模もあったはず）とは思えない平坦な地形であった。「丸山」という丘は富士見駅の南方に丸山公園となっている丘があるし、単に「丸山」と呼ばれてもしかるべき小円丘は、富士見町だけでも十八もある。（『富士見町誌〈第一編自然〉』参照）。いずれも八ヶ

図：乙骨丸山退却戦の経路

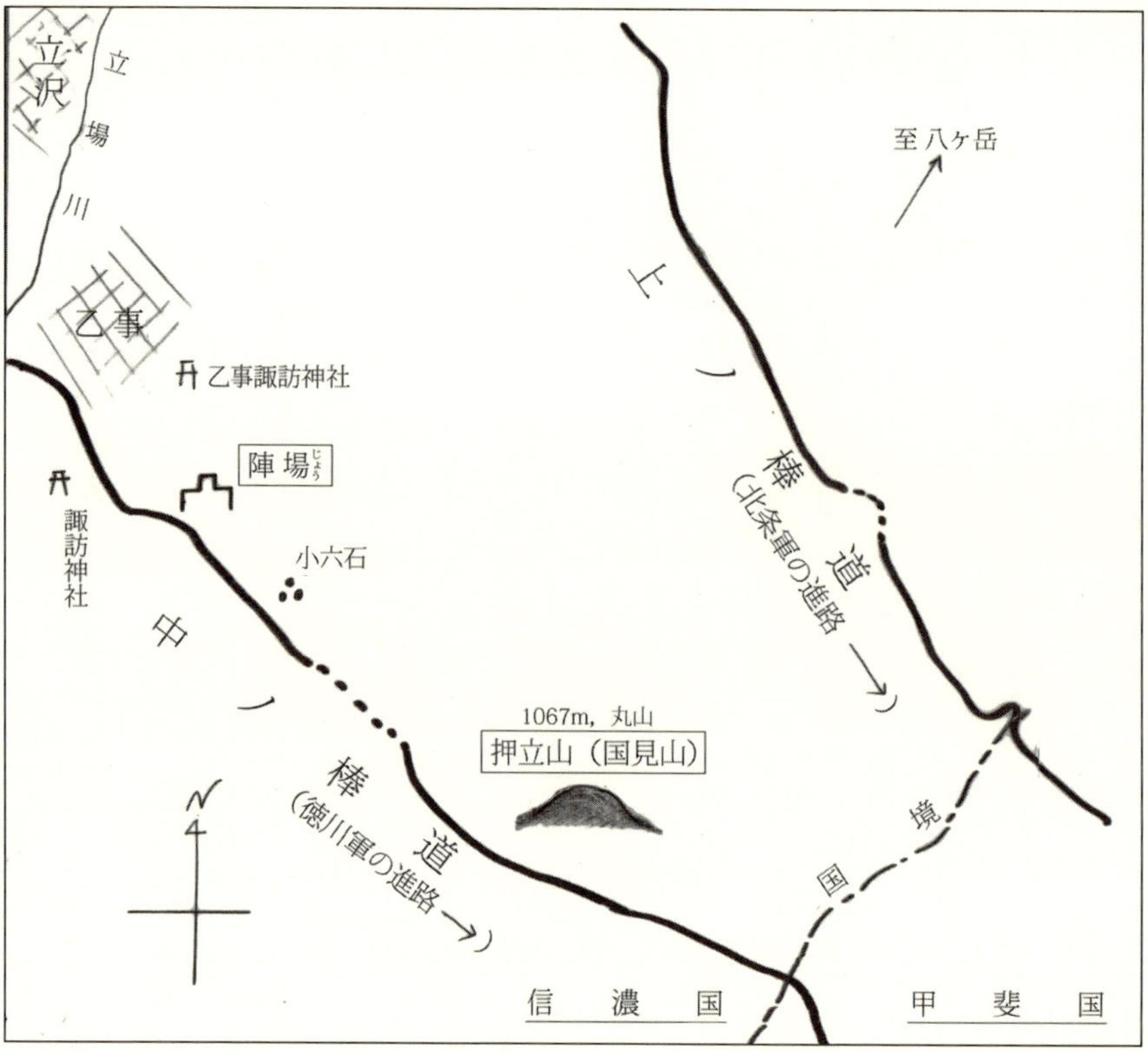

岳の熔岩丘陵である。

乙骨退き戦に関わる「丸山」は、場所的には乙骨（乙事）の対陣のあった「陣場」よりも甲州側（つまり南東方向）でないと、七手衆の撤退の時に「丸山」の頂上を北条軍との間で争奪するということにはならない。『乙骨太郎左衛門覚え書き』では「太郎左衛門屋敷之かさに丸山御座候」とも述べられている。また、七手衆は「中の棒道」を撤退し、北条軍は「上の棒道」を進軍したわけであることを鑑みると、比定地は諏訪郡富士見町旧高森村の東北部にある押立山（おったてやま）、別名「国見山」である可能性を指摘しておきたい。諏訪藩主が新しくなって、初めて領内を巡視した際に、藩主は乙事村（乙骨村）から高森村を通って押立山に登り、頂上で領内や甲信国境の様子を視察したり、国見の儀を催した所でもある。平成二十年現在、富士見町立境小学校の北方を中央高速道が通過しているが、そこをすぎて北へ登る丘（海抜一〇六七ｍ）である。下方から見るとかなりの標高差があるが、頂上の削平地から八ヶ岳側（北東方面）、つまり上の棒道よりかなりの高みであるということではないのが、比定地とするには少々難が残るが、『乙骨太郎左衛門覚書』には、「氏直の人数は東の**ひら**を通り申し候」とあるので、北条軍の通過した上ノ棒道からすると、「丸山」の東（更なる地山側）は「ひら（平地・緩斜面）」という表現からして、山手側から見た丸山は、あまり高くは感じないほどであったのであろう。そうだとすれば、押立山（国見山）の地形からして、ほぼ妥当であると判断できる。いずれにせよ、更なる検討を要する。徳川七手衆は、去る七月中旬には、三澤小屋に籠もる信蕃が、使者の乙骨太郎左衛門を通して援軍を要請したところ、柴田康忠に一〇〇〇余の兵を率いさせ、三澤小屋へ送り込んでいる。北条氏との乙骨対陣に際しても、三澤小屋に籠城して北条に抗している依田信蕃との情報のやりとり等を、乙骨太郎左衛門や石上菟角などを使者として行なっている。こうして戦国乱世においても、正確な情報の把握と分析、それにすばやく対応する能力が、いかに大事かが分かる。信蕃が、そうした面でも力を発揮できる武将であり、徳川七手衆（特に因縁の二俣城や田中城での攻防と城の明け渡しに大きく関わった大久保忠世）との人間関係が、ここでも生かされていることが分かる。

《若神子の対陣～徳川と北条》

北条氏直は徳川七手衆を追って甲斐国へ侵入すると、若神子城へ陣した。『蘆田記』（依田記）で、「役ノ行者と申す山越えを諏訪郡へ打ち入り、かぢか原と申す所を通り、甲斐国**みの原**に陣を取る」とあるが、この「みの原」が若神子（わかみこ）のことであろうか。かつて信玄の信濃攻略の兵站基地であり、兵馬を整えて陣立てした場所であった。若神子とその周辺には「信玄の棒道」の起点が集中し、佐久往還など近世に至るまで信州方面への交通の要地であった。北条氏直が若神子に陣を取り、徳川家康が府中から新府城へ八月十日に入り、本格的に対陣した。家康は氏直よりもはるかに寡兵で、一万程度の軍勢であったとも言われている。若神子城の北条氏直と新府城の徳川家康の、八月十日頃から十月末までの八十日間の甲斐国を巡る対陣を「**若神子の対陣**」という。なお、若神子の対陣が始まったのと期を一にして、八月十二日には、徳川勢を挟撃しようとして東方から動いた北条勢の一部を、鳥居元忠らが撃破するという黒駒合戦（現笛吹市）があった。これによって、北条氏の東方からの甲斐国への侵入路は絶たれたことになる。

《上杉景勝、依田信蕃へ音信》

前後するが、北条本隊が甲斐へ向かったことにより、信蕃は三澤小屋から今まで以上に出没し、佐久郡の北条方の諸城攻略の作戦を再開し、蘆田小屋（春日城）のある谷の北方の入り口を押さえている望月城を八月八日に攻めている。この

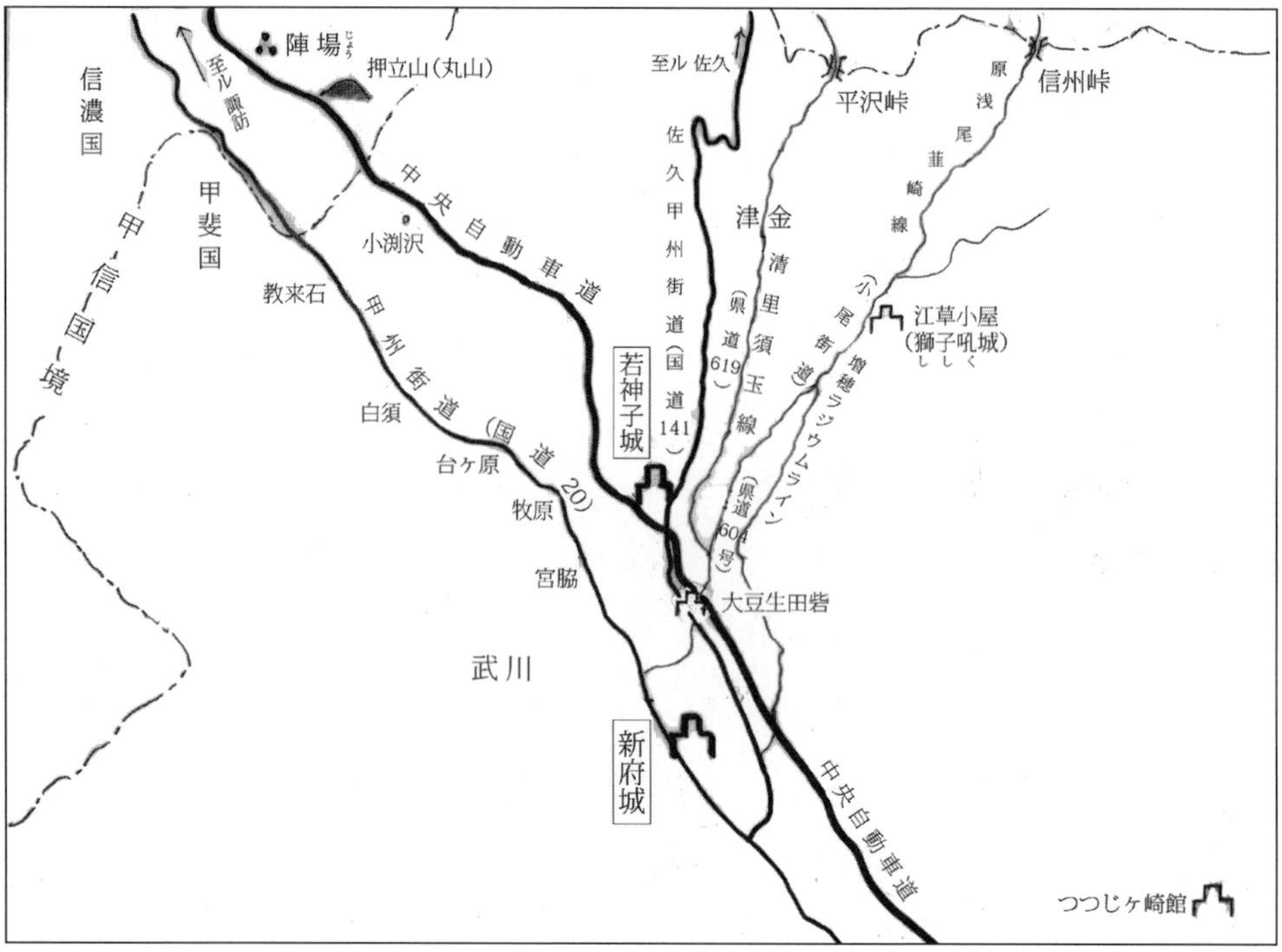

図：若神子の対陣
若神子城（北条氏直）、新府城（徳川家康）

間、北信濃衆の屋代秀正を通して、信蕃と上杉景勝との間で音信があったことは意外と知られていない。『屋代家文書』（『信濃武士の決断〜信長・秀吉・家康の時代』〈長野県立歴史館発行〉所収）の上杉景勝書状によると、

蘆田へ之飛脚帰着、彼返状共此元被差越、執着之至候、仍其表無替儀由、肝要候……（中略）……、恐々謹言、

八月十二日　景勝（花押）

屋代左衛門尉殿

（訓読）
蘆田への飛脚帰着、彼の返状とも此元差し越され、執着の至りに候。仍つて其表替る儀無き由、肝要に候……（中略）……恐々謹言。

天正十年八月に、上杉景勝の命を受けて、**屋代秀正**が**蘆田**（**依田**）**信蕃**と交渉を行なったことを意味するが、その内容については不明である。このことについて『信濃武士の決断〜信長・秀吉・家康の時代』（長野県立歴史館発行）では、「北条氏と対抗する上杉氏と徳川氏が、依田氏と屋代氏を介して連絡し合っていたことが分かる」としている。一方、『天正壬午の乱』（平山優、学研）は「依田信蕃の苦衷を注視していた上杉景勝は北信濃衆屋代秀正を通じて、八月上旬には、上杉方になるように誘いをかけたが、信蕃はこれを断わったらしい」と述べている。いずれにせよ、屋代秀正が信蕃との交渉の向きを景勝に報告したことに対して、景勝からの返書である。

この間も八月中旬に、北条の小諸城代大道寺政繁が三澤小屋を攻めている。この時に信蕃方の今井兵部が負傷し、加賀美七郎右衛門が討ち死にしていることが、家康からの感状で分かる。さらに、蘆田軍は金井坂で北条方と交戦している。金井坂とは現佐久市望月春日の康國寺の数百m東方で、布施方面へ通じる坂周辺と推定される。

《甲斐の徳川別働隊、佐久往還を押さえる》

また、八月二十八日には徳川軍が、佐久往還を押さえる若神子城の砦である大豆生田（まみょうだ）砦を落としているが、信蕃の甥依田信政（次弟信幸の次男）も参戦し活躍している。『武徳大成記』巻十一には、次の記述がある。

> 氏直砦ヲ豆生田ニ築テ、兵士ヲシテ是ヲ守ラシム、味方ノ兵禾（いね）ヲ刈捨ンタメニ、豆生田ニ出張ス、敵兵急ニ是ヲ撃テ殆ド危シ、久世三四郎廣宣フミ留テ防ギ戦フ、神君事ノ危ヲ聞キ給テ、自ラ兵士ヲ率テ是ヲ援ケ玉フ、大久保左衛門・榊原式部大輔・酒井左衛門尉・大久保七郎右衛門・石川長門守・本多豊後守・岡部次郎右衛門先陣タリ、小田原勢大軍ヲ見テ引退ク、久世三四郎馳セ進デ、野中六右衛門ト鎗ヲ合セ、疵ヲ蒙ルコト、数箇所、深ク柵内に入リ、首級ヲ獲タリ、久松某・菅沼兵蔵等奮ヒ戦ヒ、木内忠左衛門蕃正・服部和泉守正吉・**依田肥前守**・小林理右衛門重吉・櫻井仁兵衛久忠・大久保喜六郎忠豊・大久保荒之助忠直・石原孫助重宗・坂さら部三十郎廣勝・原田権左衛門モ軍功アリ、小田原ノ兵士防ギ戦ヒ難クシテ退ク、大久保次右衛門、久世三四郎ヲ抱て、神君に謁見セシム、神君其ノ功を感ジ給テ、薬ヲ出シテ是ニ授ケ、且ツ彼レガ父祖ノ武功ヲ説テ賞美シ給フ、

ここで、「依田肥前守」とあるのは、後に江戸時代になってから「依田肥前守**信守**」の実弟で、その養子となって旗本

依田氏を継いだ「依田肥前守**信政**」のことを指している。そのことは、同じような内容が『武徳編年集成』巻二十四にもあるが、そこでは、明確に「依田肥前守**信政**」とあることからも判明する。

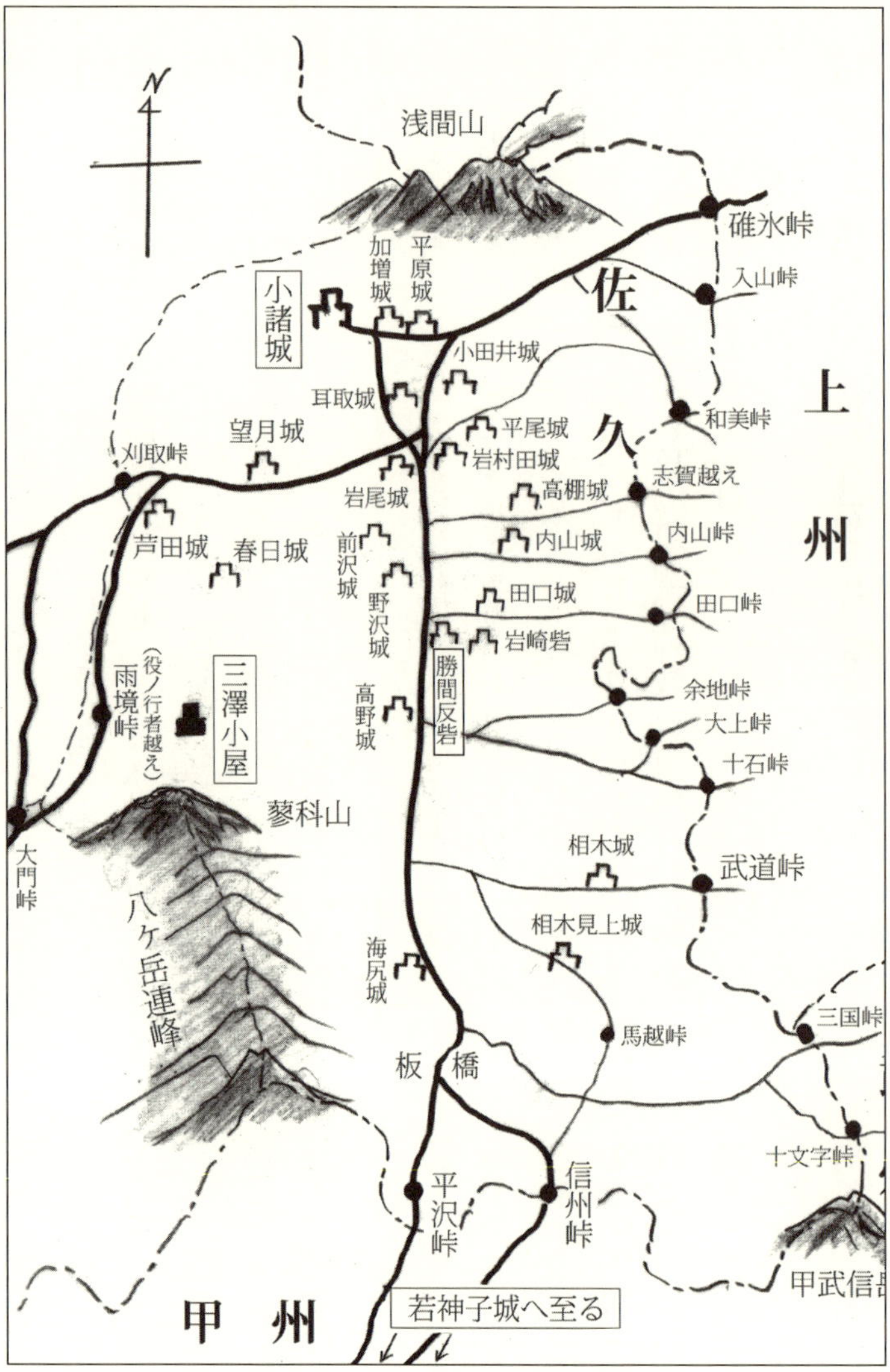

図：上州国境の諸峠から入る北条氏の糧道

さらに徳川軍は北条本隊の後方の穂坂道（小尾街道）の要衝である江草小屋（獅子吼城（ししくじょう））を津金衆・小尾党・伊賀者服部半蔵らの働きにより陥落させている。そして信州へ通じる交通の要衝である板橋（現南佐久郡南牧村）を押さえた。こうして甲斐の徳川別動隊ともいうべき津金衆・小尾党・武川衆は、信州峠から佐久郡へ侵入し、現佐久市臼田にある勝間反砦（稲荷山城）まで進出した。このことは、上野國から信濃國へ侵入した北条氏にとっては、甲斐へ入るためには「北佐久〜勝間反砦〜南牧板橋〜信州峠〜江草小屋〜若神子」のルートは、諏訪経由よりも近く、はるかに重要な糧道であった。北条氏は勝間反砦の存在によって、佐久往還（甲州道）の通行が困難となり、補給路が分断されることになった。信蕃に合力した甲斐別動隊は、勝間反砦とは千曲川の対岸（東岸）になる岩崎砦で、北条方（相木氏か）を破っている。これらの一連のことに関して、『武徳編年集成』巻二十四には、次のように記されている。

（八月二十九日）吾兵信州佐久郡**岩崎**ニ闘ヒ北條方ヲ百五十三人討取、中ン就ク増上豊前ハ内田加賀ガ首ヲ得ル、海野市助は氏直ノ監使芳賀四郎右衛門ガ首ヲ得テ後日神君ヨリ盛家ノ刀ヲ賜卯フ、津金監物・弟修理・小池筑前・米倉主計・折井市左衛門・等會合群議ヲ凝シ、板橋の嶮ヲ取敷上道十五里敵地ノ**勝**（かつ）**間ガ反**（まがぞり）**ニ砦**ヲ設ケ交代シテ守衛シ佐久郡一揆ノ城砦ヲ抜ベキ旨註進ス、**甲州江草ノ小屋**ヲ伊賀ノ倅士夜懸シテ是ヲ落サントス、甲州先方ノ士北條方必後詰セント察シテ伏兵トナル、遂ニ伊賀ノ倅士彼小屋ヲ乗流取處、果シテ北條方三千許馳来ル、甲州先方ノ士是ヲ撃テ四百七十八人ヲ殺、伊賀ノ倅士等殊ニニ御感ヲ蒙ル

《信蕃、真田昌幸を徳川の味方につけさせる》

信蕃は九月中旬から下旬にかけて、小県郡と上州沼田に勢力をもっている**真田昌幸**を、北条から徳川へ臣従させるべく、交渉を粘り強く繰り返し、成功させている。これが、その後の動静を大きく変えることになるのは言うべくもない。その際、信蕃からの使者としては、まず、蘆田氏の祈願寺である津金寺の住職林鶴（善海）、二度目に信蕃の叔父依田十郎左衛門守慶が、それとは別に家康の家臣となっていた真田昌幸の実弟である加津野昌春（信昌・信尹）の働きがある。最終的には真田昌幸が密かに**三澤小屋**の麓まで出向き、**信蕃**が三澤小屋から出て、直接交渉し、真田の徳川臣従が決定したのである。家康は、信蕃の武略・武勇のみならず、真田を味方に付けるにあたっての智略を高く評価した。この件の詳細は後述する。

《家康からの援軍を得た信蕃は、北条軍の糧道を断つとともに、芦田小屋（春日城）を奪還》

九月八日には、家康が乙骨太郎左衛門を三澤小屋へ遣わし、信蕃へ金四〇〇両を送り、物資の調達の支援をしている。信蕃は、これまで討ち取った北条軍の首帳を乙骨太郎左衛門を通して家康へ送っている（九月十一日着）。十七日には、家康は木曾義昌に信蕃の二子（竹福丸・福千代）をはじめ、佐久郡・小県郡の武将からの人質の引き渡しを命じている。九

月二十一日には、家康は信蕃への援軍として、岡部正綱（駿河衆）、甲斐衆の曽根昌世、武田一族川窪新十郎信俊（信玄の弟武田信実の子）、今福求助・三井十右衛門などに命じている。家康からのこれらの軍は、「新府～武川～台ケ原～信州梶ケ原（柏原）～役ノ行者越え～三澤小屋」のルートをたどって、九月二十五日に信蕃のもとへ到着している。援軍を得た信蕃は、北条方に奪われた芦田小屋（春日城）の攻撃を開始する。九月二十八日には、家康から臣下となった真田昌幸へ宛てがい状が発給されている。十月十日には、真田昌幸は北条との手切れを通告し、徳川方としての軍事行動を開始している。信蕃は援軍を得たこともあり、積極的攻勢に転じ、二十一日には望月城を陥落させ、北条源五郎は逃亡している。また特に十月中旬以降、信蕃は真田昌幸とともに上州・信州境の碓氷峠等の諸峠を固め、北条軍への兵糧や物資の補給路を断った。また、北条方の小諸城代として輸送隊の警備に当たっていた大道寺政繁のルートにある小田井城（二俣丹波守）、加増城（桜井大膳）を、信蕃の命を受けた依田肥前守信守が攻め落として

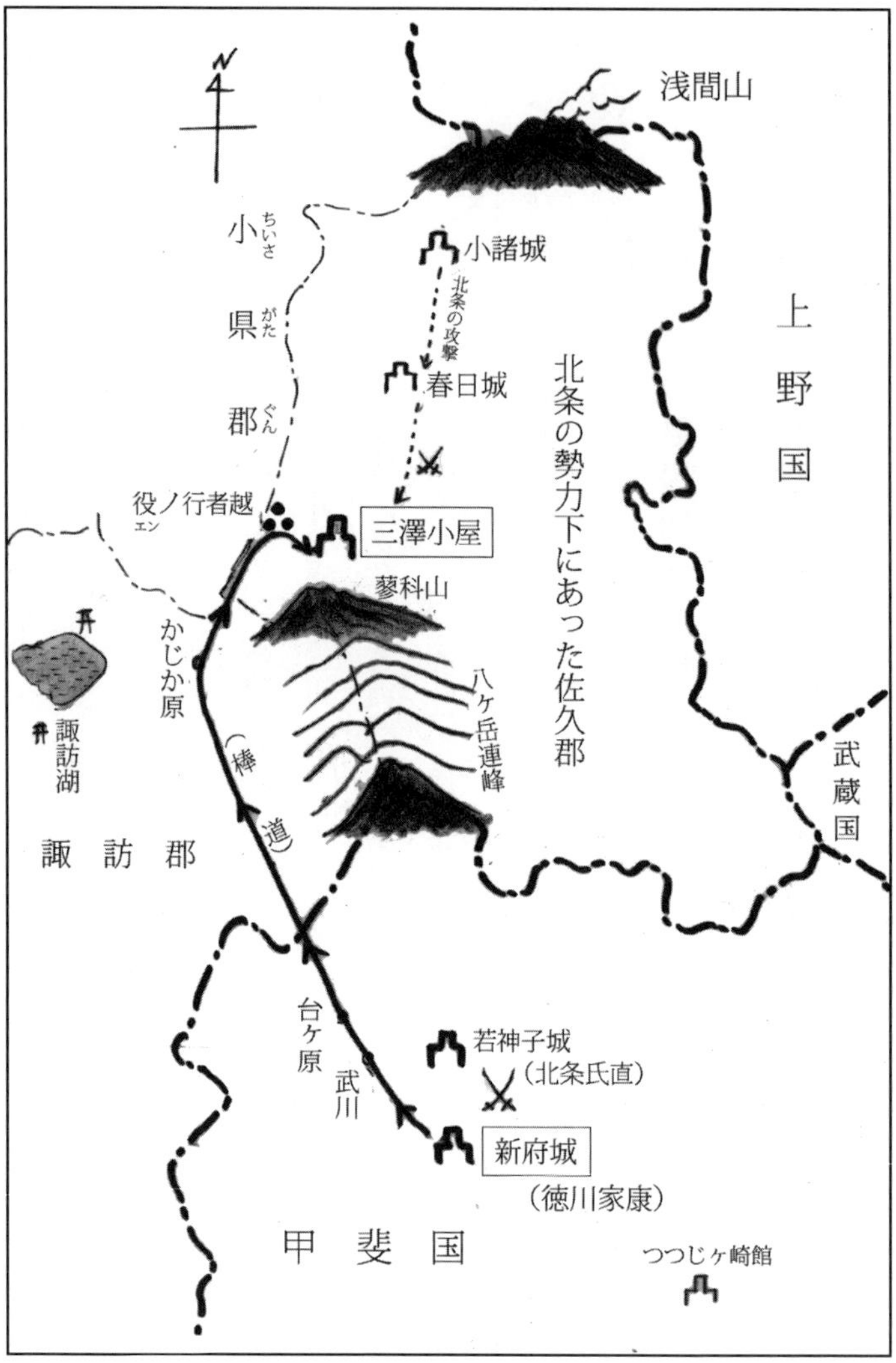

図：援軍の三澤小屋へのルート

いる。

そして、ついに**十月二十六日、信蕃軍は芦田小屋（春日城）を攻め落とし、奪還を果たしている。**

その後、真田昌幸が芦田軍へ兵糧を運び入れている。――このことからも、北条氏に奪われていて信蕃が奪還した「芦田小屋」とは、三澤小屋ではなく春日城であることが判明する。いわんや北佐久郡立科町にある芦田城のことでもない。なぜならば、この頃の芦田城は、この時を去ること三十年以上も前に芦田依田氏の本拠は春日城に移っていることに加え、地理的なことを考慮しても、北条氏が依田信蕃を攻めるに際して、戦略的な意味が薄いからである。――歴史資料で語られることのある「芦田小屋」は古い順から、芦田城・春日城・三澤小屋の三カ所の城塞のいずれかを意味するので、時代背景や前後の文脈から慎重に判断することが必要である。

《徳川と北条の和議成立》

信蕃は、三澤小屋に七月十五日頃から、十月二十六日頃までの三カ月間（約百日間）籠城したことになる。現代の暦に直すと八月末近くから十二月上旬に当たる。季節からすると秋から冬にかけてである。三澤小屋は、おそらく標高一五〇〇～一八〇〇ｍの高所にあったと推定され、また、三澤小屋から出ることができた十月下旬は、現代の十二月上旬に相当することから、最後の方は寒さと飢えで、かなり厳しい状態であったことは想像に難くない。信蕃は十月末になると、佐久郡内の北条党攻めを本格化している。十月二十七日には、家康は信蕃へ依田肥前守信守（信蕃の次弟源八郎信幸の嫡子）に書状を持たせ、甲斐若神子における北条との和議の成立を知らせ、詳細は信守から直接聞くように伝えている。『譜牒餘録』（四十五、内藤紀伊守）の項にある文章を訓読すると、

> 急度申し入れ候。よって上方公心劇に付いて、当表無事然るべきの由、信長御子達より、度々御異見の間、殊ニに我等こと、日比信長御厚浅からざるの間、先ず以つてその儀に任せ和与せしめ候。いよいよ相示し、これより**依田肥前守**を以つて、巨細申し入るべく候。恐々謹言。
>
> 十月廿七日　　**家康（御書判）**
>
> 依田右衛門佐殿

徳川と北条の和議成立の条件は、大まかに述べると、

①　甲斐國と信濃國は徳川の領分に、上野國は北条の領分にすること。

②　家康の娘督姫を氏直に嫁がせること。

という内容であった。なお、『木俣文書』によると、「甲州若御子之原ニ而、北条氏政ト神君御和睦相調、氏政公執筆之五箇条、氏政點頭御書壹通」ということで、北条氏政が執筆した五箇条の誓書を徳川家康へ送っている。ここで特筆すべきは、覚え書き（和睦の五ヶ条の附帯条件）の一つに、「あしたかたへの**ひきやく**之事（芦田への飛脚のこと）」がある。これは「**芦田信蕃との連絡を保証すること**」、つまり、「家康が芦田依田信蕃と飛脚（遣いの者）を通して連絡し合うことを北条方が妨げない」という約束をした（家康が約束させた）わけである。**家康にとって、信蕃が戦略上いかに重要な存在であったか**が、この一件を見ても歴然としている。

かくて、徳川と北条の和議が正式に天正十年十月二十九日に成立した。北条軍は甲州若神子を陣払いし、本隊は、やがて佐久を経て引き上げて行った。この後、霜月（十一月）になって、**信蕃による佐久平定**が一気に進展することになるのである。

下の文には佐竹・結城・皆川・水谷・城氏への言及もある。

一　御ゐんきょ様せいく之事
一　さたけ、ゆふきゑひきゃく御通可被成之事
一　みなかわ方、水之屋兩人御通候て可給候事
一　志よのおり□さい志御渡可給候事
一　**あしたかたへひきゃく之事**
　　　　　　　　　　　　　以上
十月廿八日

図：御ゐんきょ様せいく之事

《北条の糧道を断った信蕃の功績》

圧倒的に兵力に勝っていた北条の糧道を断って、北条氏が徳川と講和撤退せざるを得ない状況をつくった大きな功労者が依田信蕃であった。かれは、三澤小屋から出ては、碓氷峠をはじめとする上信国境の諸峠や街道筋の北条の兵糧隊を襲うことを繰り返した。大軍であるが故に、糧道を断たれた北条氏は長陣ができなくなってしまったのである。信蕃のこの功績を家康は高く評価していたことは、後に信蕃の後継となった二子（松平康國・康眞）に、松平の姓と「康」の一字を与えたり、大久保忠世の後見で小諸城主とするなど、厚遇していることからも分かる。

《信蕃の三澤小屋籠城に関わる徳川・北条の動き》

北条氏直

- 7/12　佐久へ侵入、制圧
- 7/中旬　芦田小屋を攻撃する。
- 7/　大道寺政繁に三澤小屋を攻撃させる。
- 7/19　三澤小屋を攻撃する
- 8/　(徳川家康と若神子の対陣)、大道寺が三澤小屋をひんぱんに攻撃
- 8/中旬　大道寺政繁に三澤小屋を攻撃させる。大道寺がひんぱんに攻撃
- 10/29　(若神子の対陣の和議)

依田信蕃

- ・芦田小屋(春日城)から退き蓼科山中へ
- ・三澤小屋に籠城し、ゲリラ戦展開
- ・しばしば三澤小屋から出没し北条の糧道を断つ。
- ・しばしば北条方の城を攻める
- 9/25　**芦田小屋奪還への攻撃開始**
- 10/26　**芦田小屋(春日城)を奪還する。**
- 10/末　**三澤小屋から出る**
- 11月　信蕃による佐久平定本格化する

徳川家康

- 7/12　柴田康忠(一〇〇〇余)ら援軍
- 7/14　辻弥兵衛(一〇騎)を信蕃の援軍に送る。
- 8/10　(北条氏と若神子の対陣)
- 9/初旬　武川衆・津金衆を佐久へ援軍として送る。
- 9/8　信蕃支援に金四〇〇両を送る
- 9/21　岡部・川窪・今福氏等を信蕃の援軍に送る。
- 10/29　(若神子の対陣の和議)

《依田信蕃に属した衆～三澤小屋籠城》

——『寛永諸家系圖伝』と『寛政重修諸家譜』に掲載されている人物より——

○印：「三澤小屋」籠城が記述から明白な武将

No.	姓名		記述されている文言（主として『寛政重修諸家譜』のものを採用）
1	依田源八郎伊賀守信幸	○	常に兄信蕃とともにあり。（信蕃次弟）
2	依田善九郎信春	○	岩村田の城攻に奮戦し、家康より感状、信蕃没後甥康國がもとにあり、（信蕃三弟）
3	依田六郎二郎肥前守信守（信盛）	○	三澤小屋に籠る、加末須・小田井の二城を抜く、岩村田・前山の城攻めに軍功、（信蕃甥）
4	依田源七郎右馬助盛繁（平原）	○	蘆田右衛門佐信蕃等とともに三澤小屋に籠る、小田井の城攻に功をあらはす、
5	依田次郎左衛門國吉		蘆田常陸介につかふ
6	依田勘助小隼人但馬元吉（平尾）		蘆田の支族にして蘆田右衛門佐信蕃につかへ、蘆田五十騎の列たり、
7	依田金左衛門守秀（守直）	○	信濃國三澤小屋にこもる
8	依田四郎左衛門信次		蘆田右衛門佐信蕃が一族たるをもってこれに属す
9	依田五兵衛小隼人守直（伴野）		蘆田右衛門佐信蕃につかへ、其一族となりて依田を稱し、信蕃に従いて、
10	上原惣左衛門吉備（まさ）		信濃國佐久郡瀬戸邑に住し、芦田右衛門佐信蕃に属す、
11	岩下又右衛門守重	○	芦田下野守及び右衛門佐信蕃に仕ふ、信濃國三澤の小屋に籠る。

12	岩下角弥守胤（甚左衛門）	○	信蕃にしたがひ信濃國三澤の小屋に籠る、重田周防守守國とともに信蕃の命を受け、家康への使者の役、
13	石原次郎三郎豊後守政吉	○	勝頼につかえ蘆田右衛門佐信蕃が麾下にあり、三澤の山小屋において忠節を尽す、
14	石原孫助重宗		蘆田右衛門佐が手に属す、信蕃にしたがひ軍忠を励まし、豆生田合戦の時も軍功あり、
15	石原太郎左衛門	○	信蕃に属し、三澤小屋に籠もる。
16	内田小太夫定吉	○	蘆田右衛門佐信蕃が手に属し、三澤の山小屋に楯籠り、
17	桜井仁兵衛（六左衛門）久忠	○	蘆田右衛門佐信蕃につかふ、信濃國佐久郡三澤の山小屋に籠り忠をいたす、
18	桜井鍋次郎忠弥（金弥）守長	○	蘆田信蕃につかへ、兄久忠とおなじく（三澤の山小屋に籠り）忠を尽くす、
19	桜井惣助助右衛門正吉	○	蘆田右衛門佐信蕃につかふ、三澤の山小屋に籠る。天正十年兄仁兵衛久忠とおなじく軍功あり、
20	小林理右衛門重吉	○	芦田修理大夫ならびに右衛門大夫につかふ（↑信蕃に仕える）、見澤山の小屋に籠り忠節をはげます、
21	内山三右衛門貞國		芦田右衛門太夫康貞（右衛門佐信蕃が正しい）に属して忠功をはげます、
22	内河傳次郎七左衛門正吉	○	蘆田信蕃にしたがひ、諸士と心をあはせて蘆田小屋に籠り、のち諏訪の城の城番を務む、
23	大原徳右衛門資次		蘆田右衛門佐信蕃をよび松平右衛門大夫康貞に属し、
24	杉原修理亮昌直（平左衛門昌直？）	○	蘆田右衛門佐信蕃と同じく三澤の山小屋に籠る
25	杉原左馬助小左衛門直秀	○	蘆田右衛門佐信蕃が手に属し、右に同じ、しばらく戦功をはげます。（高野町での相木戦で討死に）

26	杉原治部景明		蘆田右衛門佐信蕃にしたがひ、信濃國佐久郡高野町にをいて相木某と戦ひて討死にす、
27	関若狭吉眞		蘆田右衛門佐信蕃に属し、騎馬同心三人、足軽三十人をあづかる、
28	関五郎左衛門吉兼	○	信濃國三澤の山小屋に籠り忠節をつくす、
29	関次太夫信正	○	蘆田につかへ、信濃國三澤の山小屋にこもり、
30	関才兵衛杢兵衛正安		蘆田右衛門佐信蕃につかふ、天正十年東照宮甲斐國新府に御出馬のとき忠節をはげます、
31	服部和泉守正吉（重好）		蘆田右衛門佐信蕃につかへ、北条氏直勢の守る豆生田の砦攻めに参加
32	服部七左衛門正長		父（正吉）とともに蘆田家に仕へ、
33	中沢五郎左衛門尉源助久吉	○	蘆田右衛門佐信蕃三澤の山小屋に楯籠るの時、兵糧等を蘆田に遣る。
34	高付（高月）六左衛門久利	○	蘆田右衛門佐信蕃佐久郡三澤の小屋にたてこもる、味方して兵粮を三澤の小屋にをくり蘆田に属す、
35	原庄左衛門長正	○	蘆田右衛門佐信蕃信州佐久郡見澤の山小屋にありしに兵粮を運び、信蕃に属す、
36	原太郎兵衛（太兵衛か？）	○	三澤の山小屋へ兵糧を入れ、信蕃に属す。
37	重田周防守國	○	蘆田下野守及び右衛門佐信蕃につかふ、信濃國三澤の山小屋から岩下守胤とともに蓼科山・八ヶ岳経由で徳川へ援兵要請の密使、
38	重田庄左衛門（佐兵衛）守秀	○	父（守國）とともに三澤の山小屋に籠る、
39	重田助之丞喜兵衛守光	○	蘆田右衛門佐信蕃につかへ、父・兄とともに信濃國三澤の小屋にこもり軍忠、

40	重田左近守信		はじめ蘆田父子につかへ、のち東照宮、台徳院殿に歴任し、
41	木内忠左衛門蕃吉	○	蘆田右衛門佐信蕃が手に属す、男（嫡子）蕃正と共に三澤の山小屋に籠り信蕃が麾下、
42	木内忠左衛門尉蕃正	○	父（蕃吉）と共に蘆田信蕃が手に属し、三澤の小屋にあり、豆生田合戦の時も高名す、
43	武者右衛門尉満安		信玄をよび勝頼に歴任し、のち蘆田右衛門佐信蕃に属して御麾下に列し、
44	日向傳次郎半兵衛正成		信濃國前山の城攻めには曾根下野守忠清に属して軍功、望月の一揆には蘆田右衛門佐信蕃に属し岩村田・岩尾の役にも高名す、
45	布下伊勢豊明（与五左衛門か？）		蘆田右衛門佐信蕃に属し、
46	塩入日向守重顕	○	蘆田右衛門佐信蕃に属し、山小屋より伴野にいたり、加奈井坂にをいて高名あり、
47	塩入金兵衛重信	○	父（重顕）とともに蘆田信蕃に属し、信濃國三澤の山小屋に籠り、のち望月・伴野・岩尾を攻るの時も是に従ふ
48	水原又七郎茂親	○	大権現甲州御進發の時、甲州先方の士信州に發向、芦田某を案内者として度々合戦す、先方の者芦田小屋に引き籠り、のち柴田康忠に属し諏訪の城の城番を務む
49	清野半左衛門（満成？越中守？）		信蕃に属す、岩尾城攻め、康眞の高野山行きに従う
50	山田六右衛門尉元重	○	蘆田小屋にこもる、のち柴田七九郎康忠に属し信濃國諏訪城を守る。
51	竹田勘右衛門（守次？助右衛門？）		信蕃の家臣と心を合わせ忠節を尽くす。
52	清野越中守満成		蘆田右衛門佐信蕃が家臣と志を同じうして従いたてまつり、信蕃が手に属し信濃國岩尾城を攻め、
53	小山權介（九郎左衛門）行正	○	芦田右衛門佐が家臣とおなじく三澤の山小屋にこもり、阿江木にをひてはせめぐり、
54	森山與五郎石見守（豊後守）俊盛（信盛）		市兵衛、信蕃が手に属し相謀りて郡中に砦を構へ日夜軍忠をはげます。（一時北条方に）

55	森山與五郎兵部丞盛房		右衛門芦田信蕃が手に属して忠節をはげます、（信蕃により徳川から安堵されたが、一時北条方についた）

徳川によって派遣された柴田康忠等の諸将に属していて、信蕃に加勢したという意味合いをもって『寛政重修諸家譜』『寛永諸家系図伝』に記述されている者（1～55の中にもここの範ちゅうに含まれる可能性がある武将もいる）

No.	姓名		記述されている文言（主として『寛政重修諸家譜』のものを採用）
56	津金修理亮胤久		信濃國におもむき、岩尾・穴小屋・前山等の敵を討つ、津金衆
57	津金（小尾）監物祐光		弟胤久の項に「兄祐光等とおなじく……」とある。
58	津金又十郎久次		「兄祐光・胤久等とともに先手に加はり」とある。大久保七郎右衛門忠世・菅沼大膳定利・柴田七九郎康忠に属し、信濃國岩尾・穴小屋・前山等にいたりて軍功、
59	武田（川窪）新十郎信俊	○	康忠に属して發向す、蘆田小屋等所々に於て戦功あり、康忠小諸岩尾の両城を攻るの時も、一番に槍を合わせ
60	小幡勝五郎昌忠		平原宮内刃傷事件で宮内を成敗、柴田康忠に従って岩尾城・前山城攻めで功、
61	横田甚五郎（甚右衛門尉）尹松	○	甲斐國の士とともに信濃國蘆田小屋をまもる。
62	辻弥兵衛盛昌		蘆田に属し、信濃國の案内者となる、甲斐國の士四十騎〈十騎とも〉を率いる。

『寛永諸家系圖伝』『寛政重修諸家譜』以外の文書『甲斐國史』『武徳編年集成』『甲斐国志』『武家事紀』『譜牒餘録』等に載っている依田右衛門佐信蕃に属した（または小屋に籠もったり、合力した）武将

No.	姓名		記述されている文言
63	小池筑前守信胤		津金衆支族
64	小池監物祐光		津金衆支族
65	戸田（奥平）金弥	○	信蕃や重臣と行動を共にする。信蕃の二俣奥小川での隠棲時、三澤小屋、塩名田合戦など
66	石原太郎左衛門		
67	清水主殿助		
68	今井兵部		甲斐衆、蘆田において疵を被り家康から感状
69	今井主計助		辻弥兵衛に属す。
70	饗場（相場）修理亮		
71	加賀美七郎右衛門尉		蘆田において討ち死に
72	臼田監物		
73	山田六右衛門尉元重	○	蘆田小屋に籠もる。
74	大木外記親忠		信蕃のもとに加勢、望月城攻めで討ち死に
75	速水忠左衛門		甲斐衆、信蕃に加勢

写真：信蕃は、ここへの糧道を断った

家康の指示で三澤小屋へ加勢したと明確になっている者

No.	姓名	記述されている文言（主として『寛政重修諸家譜』のものを採用）
76	柴田康忠	家康の命で一千余の軍勢を率いて信蕃に加勢した。
77	岡部次郎右衛門正綱	三十四騎を率いる。
再掲	川窪新十郎信俊	信玄の異母弟武田信実の子、信玄の甥
78	今福主米助（求助）	（77～81は甲斐を9／21発、三澤小屋9／25着で加勢）
79	三井十郎右衛門（十右衛門）	
80	曾根下野守	百二十騎を率いる。
81	武田信勝近習の士	三十一騎
再掲	辻弥兵衛盛昌	蘆田に属し、信濃國の案内者となる、甲斐國の士、四十騎〈十騎とも〉を率いる。
82	（大久保忠世）	大久保忠教著による『三河物語』に信蕃支援のことが述べられている。
83	（大久保彦左衛門忠教）	信州・甲州での戦闘体験を含む『三河物語』の著者で、信蕃のことを述べている
84	菅沼大膳定利	

《「三澤小屋」に関する『寛政重修諸家譜』記載から》

① 三澤小屋は次のように表現されている。
ア 三澤山の小屋、三澤山乃小屋
イ 三澤の山小屋、見澤の山小屋、見澤乃山小屋
ウ 山小屋
エ 信州山小屋
オ 穴小屋
カ 蘆田小屋

〈考察〉

依田信蕃が、北条軍の追及を逃れて、本拠である春日城を撤退し、蓼科山春日渓谷奥に籠もり、しばしばゲリラ的に出没し、北条軍の糧道を襲ったり、北条方の城を攻めたりした根城たる砦の名称は、大方「**三澤小屋**」であるが、「山小屋」というのもある。これは、三澤小屋の実態なので妥当であろう。しかし、「穴小屋」については、確かに春日渓谷は断崖・絶壁・奇岩が多い地形で、大小の手ごろな洞穴も無数にあることから、そういう地形も雨露を凌ぐには利用されていたであろうが、多くの兵が籠もるには「穴」では収容しきれない。穴小屋とは別のものである可能性が高い。また、「**蘆田小屋**」については、（別項で詳しく述べるが）春日城・三澤小屋・芦田城のいずれかは状況から判断が必要である。

写真：北条氏も、徳川からの援軍も通った

写真：兜巾の岩（トキンの岩）2013 m
三澤小屋は、この南東下方にあるはずであるが……。

② 武将の関わり様のニュアンス

ア 「〜に籠もり」
イ 「〜に引籠もり」
ウ 「〜〇〇小屋を守り〜」
エ 「蘆田右衛門佐に属し〜」「蘆田右衛門佐が手に属して忠節をはげます〜」
オ 「蘆田右衛門佐につかえ〜」「蘆田右衛門佐に仕ふ」
カ 「〜に籠り忠節をつくす」
キ 「蘆田右衛門佐信蕃に属して〜忠節をはげまし〜」
ク 「東照宮甲斐國へ入らせ給ふ時、蘆田右衛門佐信蕃に属して〜」
ケ 「天正十年、東照権現甲州新府出馬の時、三澤の小屋にこもり忠を致す。」
コ 「蘆田信蕃の家臣とこころざしを同じくして〜」
ケ 「柴田七九郎康忠に属して発向す。〇〇小屋等所々に於て戦功あり。」「柴田七九郎康忠の下〜」

〈考察〉
『寛政重修諸家譜』は徳川幕府の求めに応じて、大名や直参旗本が、自家の由来や過去について提出したものである。したがって、「籠もる」「属す」「仕え」などの他に「忠節」「忠

写真：大河原峠（2093m）より見る

を致す」などの表現の他に、内容も表現も依田信蕃との関係というよりも、当然ではあるが幕府将軍に配慮したものになっている。家康の存在に気を使った内容のものも多い。

○八十四名の名前を挙げてあるが、柴田康忠（一〇〇〇余）・岡部正綱（三十四騎）・曾根下野守（百二十騎）・辻弥兵衛盛昌（四十騎または十騎）にあるように、大人数の軍勢を率いて信蕃の援軍となっている。しかし、名前がある他の武将も、それぞれ通常数名の家人が付属しているはずであるので、三澤小屋に籠もった信蕃の直接の家来に加えて、援軍として徳川から送られた人数を加えると、かなりの軍勢となる。したがって、この一覧表に載った武将の関係の兵全員が三澤小屋へ籠もることは、その規模からして到底無理であろう。一部は佐久の他所に籠もっていた（陣していた）可能性もある。徳川からの援軍は感謝しつつも、新たな問題点は、それだけの兵糧が不足してしまうということであった。そのことで信蕃は徳川へ支援を訴え、また、岩村田の地侍である中沢・高付・原（No.33～36）を内通させ、密かに兵糧を搬入してもらったり、後に真田昌幸に兵糧を入れてもらったりして工面していることからも、それは窺える。

　ところで、ここに掲げた武将を、「信蕃に属した衆」としたが、(1)明らかに三澤小屋に籠もった者（○印）、(2)信蕃に属し、三澤小屋へ籠もったと推定されるが、文献からは断定できない者、(3)徳川軍からの援軍で三澤小屋へ籠もった者、(4)三澤小屋へ直接籠もることなく援軍として信蕃に属した者、(5)徳川からの援軍を率いた将の下で信蕃と共に戦った者等が想定されるが、詳らかにできないままである。

写真：北東のリゾート地「仙境都市」方面から望む三澤小屋

　また、三澤小屋に関係した（少なくとも信蕃に加勢した）武将であっても、本人ないしはその子孫が江戸時代になってから、幕府の旗本になった場合は、『寛永諸家系圖伝』『寛政重修諸家譜』に載っているが、他の大名に仕官したり（つまり幕府からすると「陪臣」となったり）、帰農して武士を捨てた家系については、記録として文献に残っていない。蘆田依田右衛門佐信蕃に属していた者ないしは加勢した者であっても、他の文献で姓名が判明する例は極めて少ない（把握できない）までである。

少なくとも八十四名の武将の名前を右の一覧表に掲げたが、分類の仕方に誤謬があったり、あるいは名前の判断上のことから重複している可能性もある。また、筆者が把握できていない武将の名前がさらにあることは自明の理である。また、読者や研究諸兄からご指摘、ご教授いただければ幸甚である。

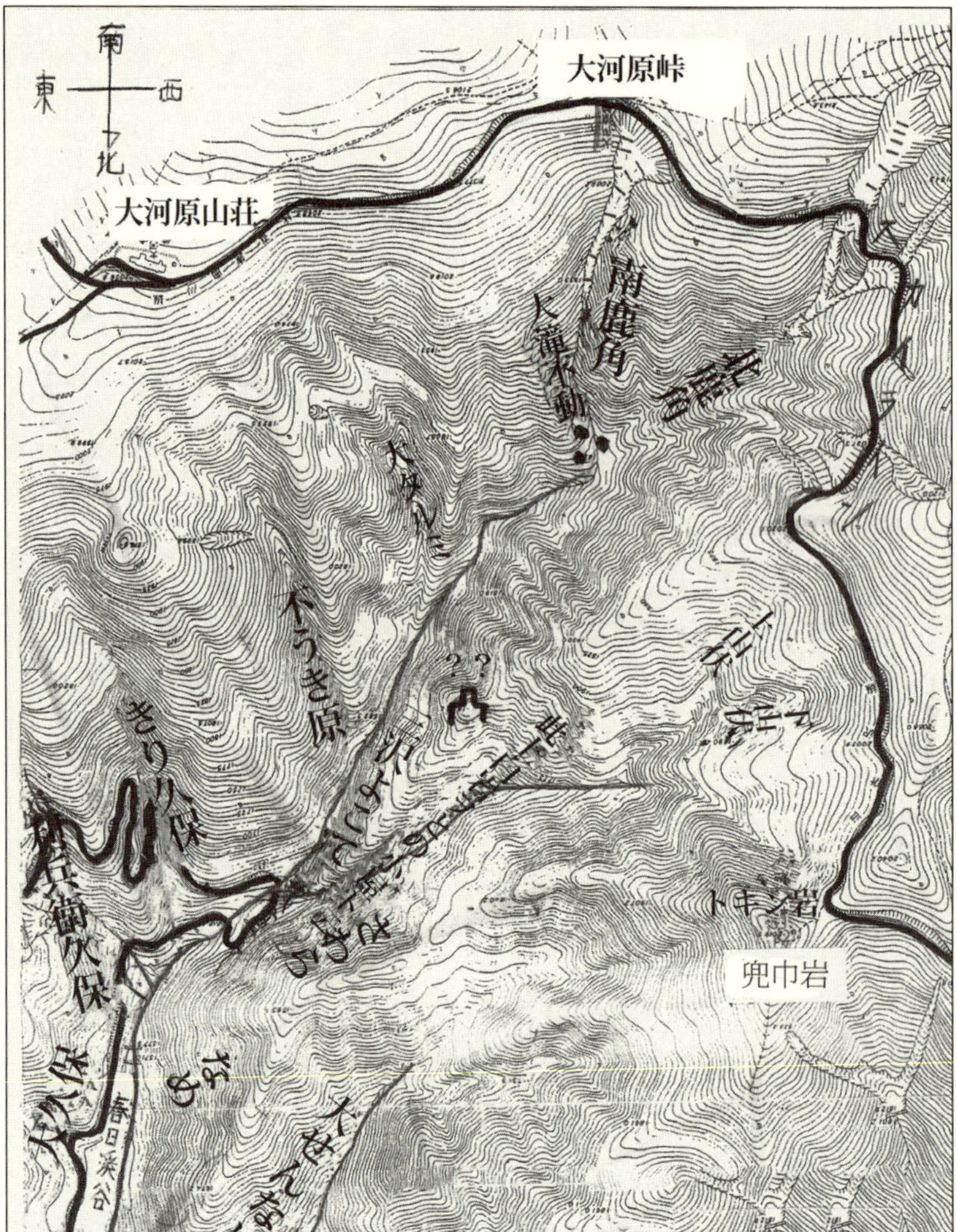

図：幻の三澤小屋──春日渓谷の奥
『もう一人の真田』（市川武治著）p.49 を参考に地形にあてはめてみる。「此上白岩ヲとの小屋ト云」と「三沢よこて」の文字が頼りとなる。

⑬佐久郡平定へ　～諸将が信蕃に出仕

○

その未の正月、**蘆田小屋**より常陸介討ち出て、岩村田へ働く。この時、常陸介も采配取りて馬を入れ追散らし、家中の者ども存じの通り、**家康様の御感状**取り申し候。その時は、**眞田安房守**も上田より出合い、筑摩川をへだて軍見物。その時、常陸介と対面にて御座候。これより相続け**高棚**と申す小城、**小田井**と申す小城、その外四、五ケ所の城を取りて、残る小侍ども、常陸介へ出仕の礼申し候。大井民部介、小山田六左衛門、平尾平藏、平原善眞、森山豊後、志賀與三左衛門、柏木六郎、望月卯月齋、そのまま家中の者に成り申し候。

〈要旨〉

・天正十一年正月（正しくは「十年十一月二日」）、**蘆田小屋**より常陸介は討って出て、**岩村田**城を攻めた。この時、常陸介が采配取って、馬を入れ敵を追い散らした。家中の者どもはこのことをよく知っている。徳川**家康**からもらった**感状**がある。

・その時は、**真田安房守**昌幸も上田から来て、千曲川を隔てて軍見物をした。その時、常陸介が戦をしている所とは対岸であった。

・これより続いて**高棚城**、**小田井城**、その外四、五カ所の城を攻め取って、残る小領主達は、芦田依田常陸介信蕃へ出仕し、礼を申した。その面々は大井民部介、小山田六左衛門、平尾平藏、平原善眞、森山豊後、志賀與三左衛門、柏木六郎、望月卯月齋であった。彼らは、そのまま信蕃の家中の者（家来）になった。

〈注解〉

甲斐國での徳川と北条の「若神子の対陣」は去る十月二十九日に正式に和議の運びとなった。しかし、その直後の十一月にその後の事態が急に変わったわけではないことは推測できる。

北条氏に従った佐久の諸豪（大井雅楽介・大井民部介・平原全真・森山豊後守・森山兵部助・小山田六左衛門・柏木六郎・志賀与惣左衛門・市川某）等は**岩村田に四カ所の砦**を構え、徳川氏の麾下である信蕃に従わなかった。この四カ所の砦とは具体的には不明である。いずれも現在佐久市市域にある金井砦（金井城）・曽根新城・戸谷城・そして塩名田を見下ろ

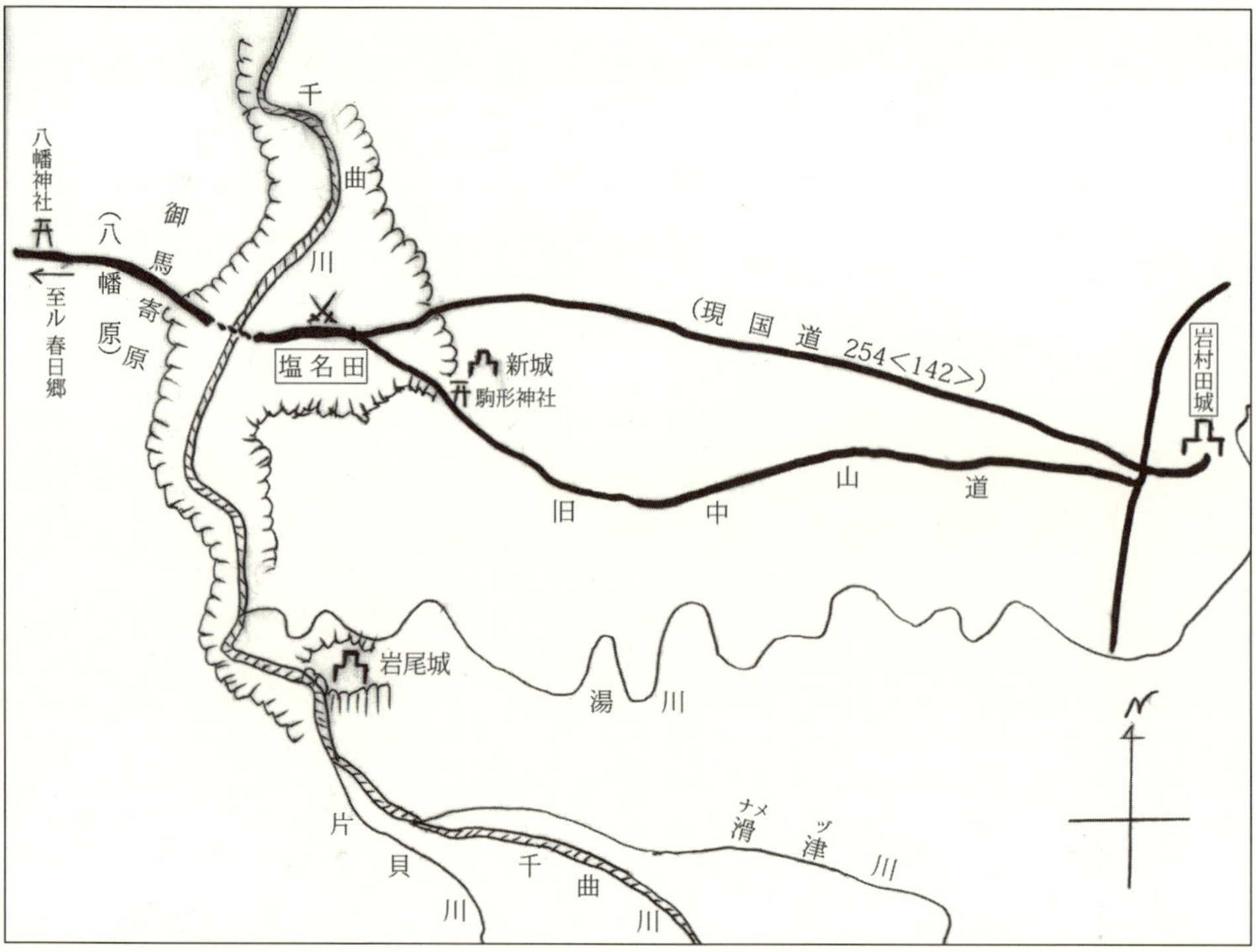

図：千曲河畔塩名田の戦いと岩村田城

す新城などを候補として挙げておく。あるいは岩村田城（大井城ともいう、この時の主郭は黒岩城）もその一つに入るかもしれない。このことについてはさらに検討を要する。信蕃は三澤小屋を出て、佐久郡の統一にとりかかった。まず佐久郡平定緒戦として、岩村田城を攻略することが必要であった。

《千曲河畔塩名田の戦いと岩村田城攻略》

天正十年十一月二日には、依田信蕃は、塩名田の千曲河原での合戦で大井大炊助（雅楽助美作守）を破り、岩村田城を攻略している。「この時、常陸介も采配取て馬を入れ追散らし」とあるが、この采配は、徳川家康から甲信の平定の命令の證(あかし)として信蕃が賜ったものである。『寛政重修諸家譜』の依田信蕃の項では「采配」のいわれについて次のように述べられている。

> 脚力をして信蕃に御書を下され、はやく甲信のあひだに旗をあげ、両國をして平均せしむべしとなり。これによりて信蕃たゞちに小川を發し、甲斐國にいらむとす。また本多彌八郎正信をしてすみやかに甲信に入、舊好の士を催し、其勢をあはせ、両國をして全く麾下に屬州すべしとの仰を蒙流り、かつ其證

として**金の御采配**を賜ふ。こゝにをいて信蕃鐘の纏を甲信の境、柏坂峠に建て、近郷の士を招く――。

つまり、家康から賜った**金の采配**であった。この采配は蘆田宗家の家宝の一つとして後世まで伝えられている。長野県立歴史館発行の『武士の家宝～かたりつがれた御家の由緒～』（平成二十三年、p.12）には「金紙采配」として、写真と説明が加えられている。

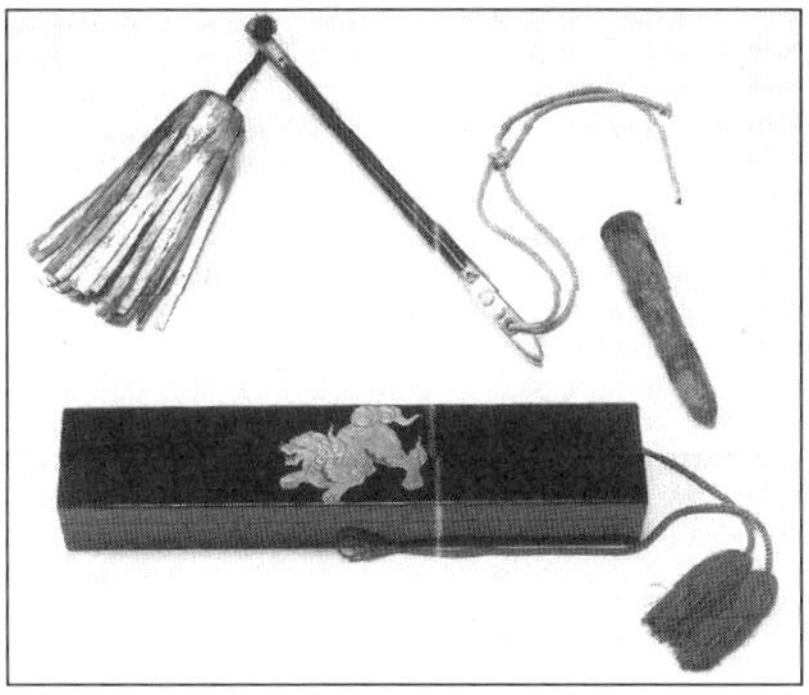

写真：金紙采配（個人蔵、**長野県立歴史館寄託**）
平成23年度長野県立歴史館発行の春季展図録『武士の家宝』から転載

写真：岩村田城（大井館）

信蕃は千曲川を渡って塩名田に上り、敗走と見せかけて千曲川河畔で大返しをなし、二、三百人を討ち取って大勝し、岩村田勢に壊滅的打撃を加えた。その後一気に岩村田城を攻め、降参させた。つまり、**依田信蕃**は春日郷から出陣し、千曲川を東へ越えて塩名田より岩村田に攻め向かったのである。塩名田から岩村田城の間は約六㎞の隔たりがある。信蕃は岩村田城攻略後、**依田勘助**を城代としておいた。（『蘆田記』〈依田記〉）。この時の岩村田城（大井館）の中心は北から石並城・王城・黒岩城と古い順にあるうち、一番後世のものと推定される黒岩城であろう。

この時同じ徳川の傘下として同盟者になっていた**真田昌幸**は**御馬寄に陣**をとった。蘆田信蕃は真田勢は参戦せずに、ただ観戦しているだけでよいと伝えてあった。真田が陣した所は現佐久市御馬寄地区の西上の段丘上、**八幡原**（御馬寄原）であろう。そこからは合戦が展開された千曲川や塩名田、さらに岩村田勢が陣した方面をも一望できる。なお「御馬寄（みまよせ）」なる地名は、この時真田昌幸が馬を寄せ陣を取った場所であるからであるという伝承があるが、むしろ奈良時代からの望月の牧の東端でもあるので、官牧の馬を寄せた〈集めた〉場所であることから発生した地名である可能性が高い。『蘆田記』（依田記）では、「その時は、眞田安房守も上田より出合い」と述べられているが、天正十年のこの時点での真田昌幸の居城は砥石城（戸石城）（小県郡旧眞田町）であった。昌幸は、天正十一年三月頃になって初めて居城を上田に移す普請に取りかかっている。したがって、千曲河畔塩名田の戦いの時は、「上田より出合い」というのは誤りである。筆者の加藤四郎兵衛宗月（蘆田康眞）にとっては、後年「真田氏＝上田」のイメージが強かったのである。なお、千曲河畔塩名田の戦いと岩村田城攻略の詳細については後述する。

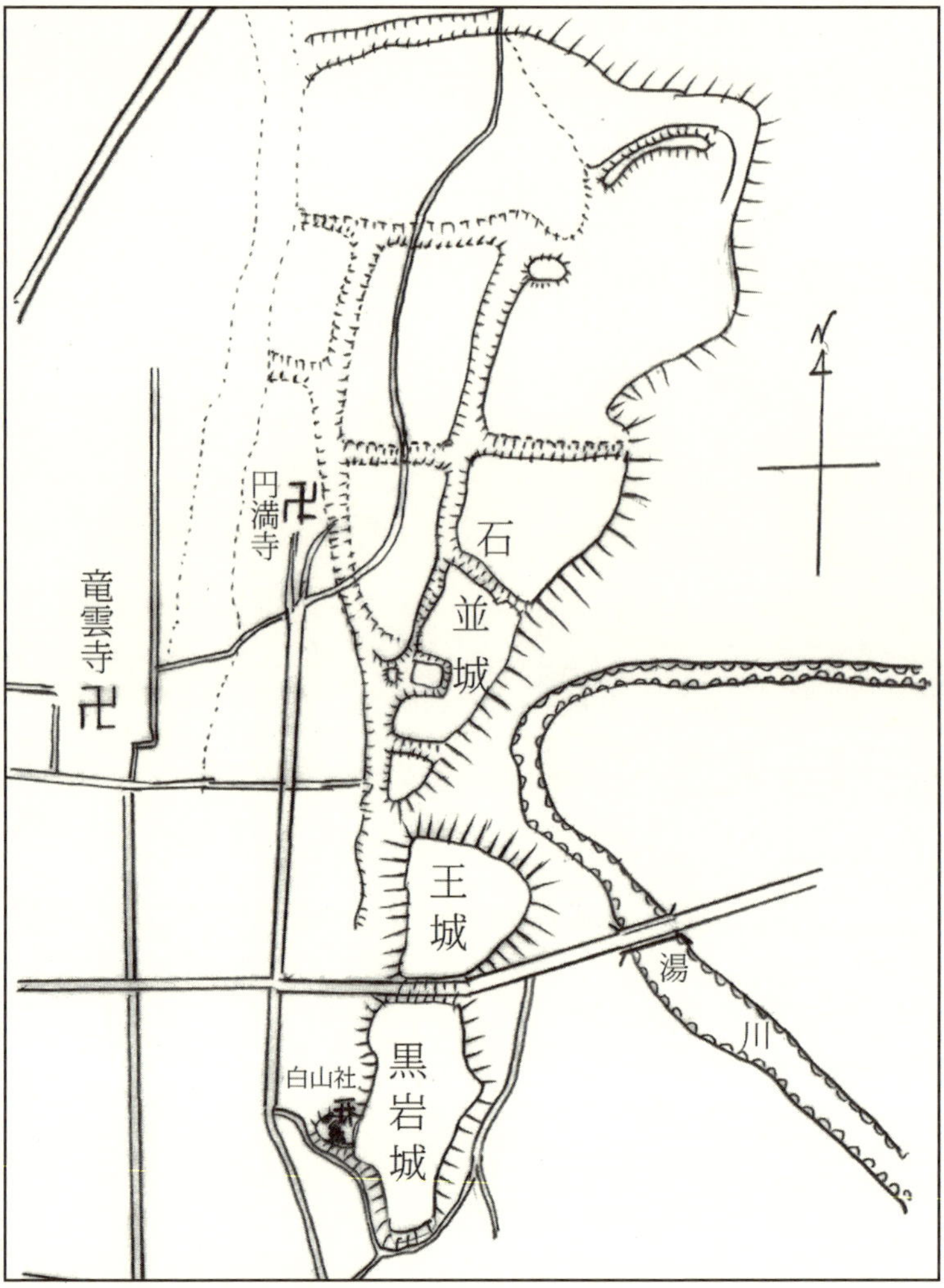

図：岩村田城（大井館）
「佐久市志（歴史編中世）」を参考に描く。
年代の古い順に石並城→王城→黒岩城

《佐久をほぼ平定と佐久武士の動向》

鎌倉時代以降佐久の有力な勢力であった大井氏（岩村田城）と伴野氏（前山城）を攻略すると、甲州若神子の対陣が徳川と北条の和議で収まったこともあって、事態は一挙に徳川方の依田信蕃に有利に動いた。信蕃は佐久の諸将に出仕を呼びかけ、平定への計策を図った。しかし、簡単に事が進んだわけではない。

『蘆田記』（依田記）には、信蕃の軍勢は、この後、高棚城や小田井の城をも攻めて落としたとしているが、小田井城はすでに依田肥前守信守が十月中旬から下旬頃攻め落としている。その時、**平原善直**（↑**全真**か）（ここでは信盛か）は、その孫五郎兵衛**盛繁**を携さえ、**小田井の城**の攻手に加わり、功を上げたといわれる。**盛繁**は元亀三辛未年（一五七二）十一月、遠州二俣城攻めにおいて、勝頼の臣として命を落とした**平原右近昌忠**の子である。高棚城の志賀与惣左衛門は、叶わないとみて信蕃に自ら出仕してきたと言われている。

芦田氏と遠祖が同じ依田氏の一族で田口城主**相木依田市兵衛能登守常栄**は、北条の佐久侵攻以来、北条傘下に属していたのであるが、信蕃が岩村田城大井氏、前山城伴野氏を攻略すると、雪崩をうつように佐久の諸将が信蕃へ参じる状況を知り、城を捨てて、上州へ亡命してしまった。相木依田氏もかつては甲府の武田館（つつじケ崎館）の近くに同様に屋敷を与えられ、芦田依田氏と共に信濃先方衆として、信玄の川中島の戦いをはじめ、数多くの合戦にその名を連ねていた名門である。信蕃に屈して配下になることには、そのプライドが許さなかったのであろう。八年後の天正十八年、小田原合戦の前哨戦で、伴野貞長とともに再び相木谷へ侵入し、信蕃の嫡男で小諸城主の松平康國の軍と合戦し、破れている。

佐久の諸将は、一番に平原全真、次に大井民部介、そして小山田・森山・志賀・望月の諸氏が相次いで**芦田氏（依田氏）**に降った。――『武徳編年集成』に平原全真・平原五郎兵衛・望月印月斉・知久与左衛門・平尾平三・大井民部・小山田六左衛門をはじめ、新参の諸氏が徳川家に忠誠を尽くすとあるのは、この頃である。但し、知久氏は本来下伊那の土豪で、この時期は家康の命令で前山城番として佐久へ派遣された経緯がある。

天正壬午十年（一五八二）十一月には、佐久郡の大勢は決したが、①依田信蕃に服属した武将と、②北条方（上州または小田原）へ逃れた武将とがいた。『北佐久郡志（第二巻、歴史編、昭和三十一年発行）』によると、この頃の『蓮華定院古文書』の内容からも判別できるという。それは、当時の人々は高野山信仰に帰依し、参詣することがあったが、領内の者が高野山詣でをする場合、その定宿を定めることが多かった。また、それぞれの宿坊へ土地を寄進する場合もあった。佐久に本拠を置いてた武将は定宿は蓮華定院であった。これは蓮華定院から毎年使者が佐久へ定期的に訪れて連絡を取り合っていた結果でもある。

①　依田信蕃に服属して佐久に残った武将（土豪）

……信州から書状を出している。

・依田平三昌朝・平原全真・依田右衛門太夫隆昌
・依田肥前入道広珍・森山兵部助成磐・森山豊後満盛
・大井兵部少輔隆世・大井左衛門尉貞清・大井治郎信景
② 北条方（上州または小田原）へ逃れた武将（土豪）
……上州から書状を出している
・依田源信季・依田半郎季日広・伴野善九郎信蕃
・依田能登入道・依田大和守春賢・市河丹波入道道善
・瀬戸丹波守

なお、これらの書状の日付は佐久在留者(①)からのものは、天正十年の四・八・九・十月等であるのに対して、上州等に逃れた者（②）からのものは、十一月のものが多いとのことである。信蕃によって攻められ、十一月には佐久から逃亡して行った先で、蓮華定院へ出した書状であるからである。また、このことから、徳川家康と北条氏直の甲州若神子の対陣での講和に続く信蕃の佐久平定作戦によって、十一月にはすでに佐久の大勢が決していたことが分かる。

《信蕃と高野山蓮華定院》

前ページと時の流れは前後するが、依田信蕃と蓮華定院との関わりを示す書状「蓮華定院文書」が三通残っている。

① 天正六年（一五七八）一月の寄進状

> 定
> 任先代、為日盃、五貫文之所、并於春日之郷五百文之屋敷、永代奉寄進所実也、現世安穏、善所祈之、仍如件、
> 追、諸々役者有間敷候、以上、
> 天正六年戊寅　　依田右衛門佐
> 正月吉日　　　　　信蕃（花押）
> 蓮華定院
> 御同宿中

（訓読）

> 定
> 先代に任せ、日盃のため、五貫文の所并びに春日之郷に於て五百文の屋敷、永代寄進し奉る所実なり。現世安穏、後生善所これを祈る。仍って件の如し。
> 追って、諸々役は有るまじく候。以上。

・信蕃が高野山蓮華定院に、父下野守信守をはじめ芦田

依田氏の先祖の菩提を毎日供養してもらう日牌料とし、春日郷のうち五貫文などを寄進しているものである。

②
天正八年（一五八〇）三月一日の契状

・信蕃が、領民の高野山参詣のおりの宿坊を蓮華定院とすることを定めたものである。
・これは永続的な効力を付与すべき文書であるので、発給者である信蕃が自ら判（花押（かおう））を据えた文書（判物（はんもつ））となっている。
・この文書からも**信蕃の花押**が判明する。

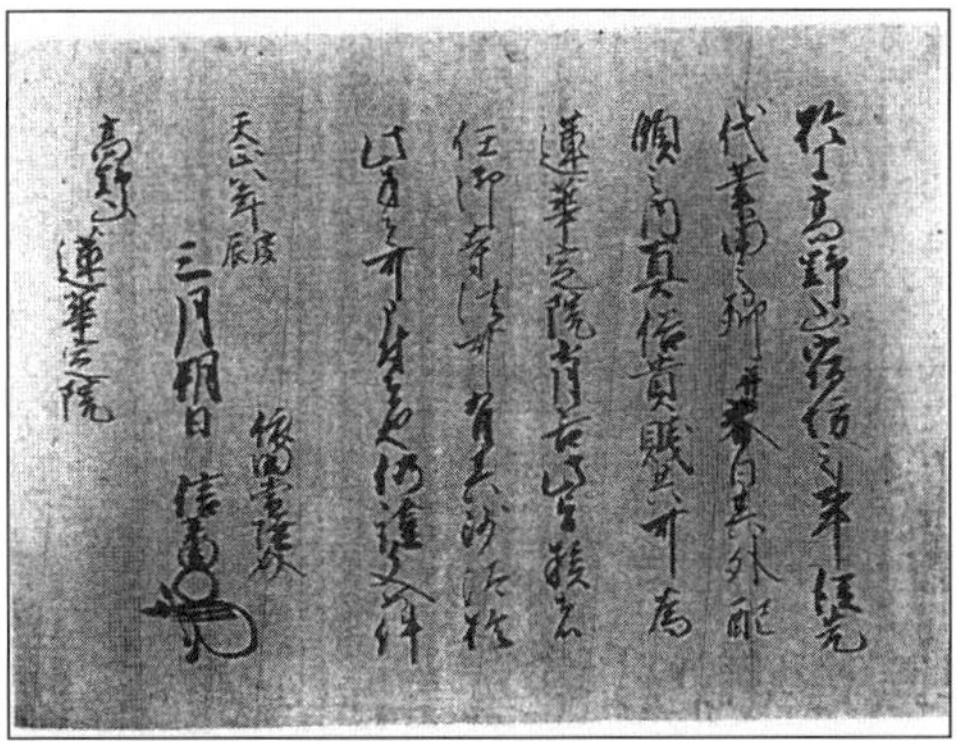
写真：天正８年蓮華定院宛依田信蕃宿坊契状「望月町誌」第３巻より

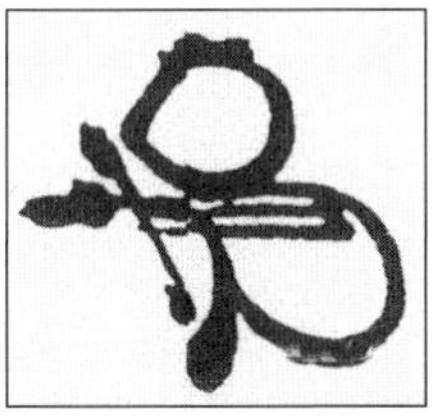
写真：依田信蕃の花押

於于高野山宿坊之事、従先代、葦田之郷并春日其外
配領之内、真俗貴賤共、可為蓮華定院、背若此旨族
者、任御寺法、可有其沙汰、於此方者、可申付者也、
仍證文如件、
天正八年庚辰　依田常陸介
三月朔日　信蕃（花押）
高野山
蓮華定院

（訓読）

高野山に於て宿坊の事、先代より芦田の郷并びに春日その外配領の内、真俗貴賤とも蓮華定院たるべし。若し此の旨に背く族は、御寺法に任せ、その沙汰有るべし。此の方に於ては申し付くべき者也。仍って証文件の如し。

③　天正十年二月十三日の書状

蓮華定院から駿河田中城に在城の信蕃に音信があり、信蕃の臣である塩入守直が返信したもの。原文は漢字だけで、しかも少々長文になるので、ここでは読み下し文（訓読）で紹介する。

尊札の如く、例年の御祈念あり、御使僧御下着。殊に正印事は、去々年以来、当国駿州今に在城のところ、追て御使僧、いよいよ以つて忝なきの由存ぜられ候。なかんづく愚拙等まで、御懇書並びに両種送り下され候。過当の至に存ぜしめ候。そもそも去春は、正印在所まで、始めて御来臨のところ、在城故に御見参遂げられず、本意を失ひ存ぜられ候。拙夫ことも、終に御顔を拝さず、万々無念この事に候。如何様、重ねて御下向の砌、計積申し達すべく候。委曲、御使僧の口上に任せ憑み入り候の条、省略せしめ候。恐々敬白。

二月十三日

塩入日向守

守直（花押）

この書状から分かることは、徳川に包囲された田中城に、高野山蓮華定院の僧侶が入ることができたという事実である。言い換えると、寄せ手の徳川の軍勢がいるにも関わらず、使僧を通して音信のやりとりができたという事実である。あるいは、徳川の包囲網に気づかれることなく、使僧がなんとか無事に城内へ入ることができたということであろうか。この時代には、茶道や俳諧などの文化人や、僧侶や修験者などは、比較的自由に諸国を渡り歩くことができたからであろうか。この場合は、籠城中の城将にでさえ、僧侶がなんとか会うことができたことになる。――この書状の内容を分析してみると、

ア　蓮華定院からの使僧が、例年のごとく「正印事」のために当方（依田信蕃方）まで出向いて来てくれたことに感謝していること。

イ　「去々年以来、当国駿州今に在城」とは、一昨年から依田信蕃とその家臣が、駿河国に現在まで在城していること。この時の城とは田中城のことである。

ウ　「愚拙等まで、御懇書並びに両種送り下され候」とは、依田信蕃ばかりではなく、その家臣である塩入守直にまで配慮してもらったことに感謝を重ねていること。

エ　去年はせっかく在所（春日郷）まで来て下さったのに、

駿河国に在城中のため会えなかったのを詫びている。

オ　詳細は使僧からの口上に任せるので、書面では省略すること。

この書状は宛先が書かれていない。しかし、状況からして蓮華定院宛であることが分かる。問題は「二月十三日」とあるのみで、年号が不明なことである。『信濃史料（第十五巻）』では天正十年と解釈している。「天正十年二月十三日」ということは、武田氏の滅亡が必至であると知り、やむなく依田信蕃が田中城を徳川へ明け渡したのが三月一日であるので、そのわずか半月ほど前ということになる。敗色濃い田中城へ蓮華定院の使僧が、定期的に訪問する遣いの目的で入ることは、いかにも不自然である。文面では「去々年以来、当国駿州今に在城」とある。依田信蕃が武田勝頼の命令で駿河国田中城主として守備についたのは、遅くとも天正七年秋であるので、「天正七年以来、当国駿州今に在城」ということになる。すると、この書状が書かれたのは「天正九年」と解釈すべきではないだろうか。この書状が田中城明け渡しの一年前という時点のものであるならば、より自然である。

《家康、三澤小屋の援軍の多くを引き揚げさせる》

依田信蕃が蘆田小屋（春日城）を奪還し、三澤小屋から出てきて、佐久平定も進んだ天正十年十一月下旬、徳川家康は信蕃の三澤小屋に送り込んでいた援軍の諸将を自らが駐屯している甲斐國まで引き揚げさせている。そのことは『蘆田記』（依田記）には述べられてはいないが、『武家事紀』（江戸前期の兵学者山鹿素行の編集になる）の記述からみてみたい。

ここによって、九月廿一日に**蘆田小屋**への加勢として曾根下野守・岡部二郎右衛門・今福主米助・三井十右衛門・川窪新十郎・この外武田信勝近習の士三十一人、仰せ付けられ、甲州**武川**より**臺ケ原**をとをり、信州**梶ケ原**にかかり、**役ノ行者**の峯道をとをり、**蘆田小屋**に移る。これは伊奈・木曾・諏訪、皆味方に通ずるゆへ也。曾根百二十騎・岡部三十二騎・信勝衆三十一騎は、同廿五日に蘆田小屋に著て、其晩より度々の取り合いなり。柴田七九郎警固として、御家人は一人も手をろさず、武田降参の武士ども力戦す。凡そ、武田旗本の者十八人、霜月より翌八月迄戦死。皆其跡を立てらる。十月廿一日に、**望月の城**陥ちる。城主源五郎落行。廿六日に、所々の敵陥る。凡そ、卅二日の間に、落去の旨註進に付きて、源君大いに感悦、霜月末に加勢どもを召し寄せらる。

――蘆田小屋加勢の士（巻第二十二）――

芦田信蕃が籠城していた山城（小屋）であるから、そのまま「芦田小屋」と呼んではいるが、正しくは三澤小屋のことである。（信蕃が本拠である芦田小屋を北条に占拠され、三澤小屋へ籠もり、後に「芦田小屋」を奪還しているという事実は、「芦田小屋」とは「春日城」を意味することは明白である）。――したがって、『武家事紀』でいう「芦田小屋」は「三澤小屋」と置き換えることにする。その記述から、分かることを箇条書きにしてみる。

⑴　天正十年九月二十一日、**三澤小屋**への加勢をするように命じる。
曾根下野守（百二十騎）／岡部二郎右衛門（三十二騎）／今福主米助／三井十右衛門／川窪新十郎／武田信勝近習の士（三十一騎）
――三澤小屋への経路は、伊那・木曾・諏訪が味方で安全な経路であることから、「甲州**武川～臺ケ原～信州梶ケ原～役ノ行者～三澤小屋**」となった。

⑵　九月二十五日、曾根下野守／岡部二郎右衛門／武田信勝近習の士等が三澤小屋へ到着したが、その晩からたびたび攻防戦があった。

⑶　柴田七九郎**康忠**の警固をし、御家人は一人も手をおろさず、武田旧臣が力戦し、十八人が十一月から翌八月までに戦死したが、皆その後継者は引き立てられた。

⑷　十月二十一日に、**望月の城**が陥落する。城主望月源五郎は逃亡した。

⑸　十月二十六日に、所々の敵陥る。およそ九月二十五日から十月二十六日までの三十二日間に、落城の註進があり、家康は大いに感じ悦んだ。なお、十月二十六日とは、信蕃が「芦田小屋」こと春日城を北条氏から奪還した日である。

⑹　十一月末に、三澤小屋への加勢の衆は、甲州に駐在している家康のもとへ呼び戻された。

要するに、徳川からの信蕃への援軍の衆は、ほぼ佐久平定の見通しが立ったので、霜月（十一月）末に信蕃のもとを離れたことになる。十二月以降は、蘆田氏譜代の家来や信蕃へ新たに臣従した佐久の諸将によって、さらに佐久平定作戦を遂行することになる。但し、徳川からの軍監としての柴田康忠や、信州の「総督」的な任務を任された大久保忠世の兵は依然として、佐久に残り、信蕃の覇業を支援する立場になるのである。

写真：佐久郡・小県郡の武将が帰依した高野山蓮華定院
幕末まで大名として連綿として続いた真田氏の六連銭が寺紋。

写真：真田昌幸の勢溜り（手前）
佐久市御馬寄の段丘上、「八幡平」東端。
（本文 p.229 参照）

写真：八幡平から望む、千曲河原塩名田合戦の地
矢印は「新城」。
（本文 p.229 参照）

⑭岩尾城で狙撃され、銃弾に倒れる

○

田の口と申す城は、**阿江木能登守**居申し候。常陸介の威勢に恐れ、田の口の城を明け渡し申し候。その時、小諸**大道寺尾張守**、さてまた**岩尾城**岩尾之主居申し候。この両所より外、佐久郡に敵一所もこれ無く候間、岩尾城はほとぬけに罷り成るべしを、二月廿二日、無理責めに**岩尾城**を責め候とて、**常陸介**自身一の先を仕り、自身塀を乗る所を、内より鐵砲にて押し當て打たれ、弟の**依田源八郎**も右同前鐵砲にて打たれ、先ず源八郎廿二日の晩に相果て、常陸介落命。

〈**要旨**〉

・**田口城**は、**阿江木能登守**が居城していたが、依田信蕃の威勢に恐れ明け渡した。

・その時、小諸城の**大道寺尾張守**と**岩尾城主**が信蕃に敵対していた。この両城より外は、佐久郡に敵は一所も無くなった。

・岩尾城はすぐに攻略できるからと、天正十一年二月二十二日、無理攻めに**岩尾城**を攻めた。

・**常陸介**自身が真っ先に攻め込み、自身塀を乗り越えようとするところを、城内より鉄砲にて押し当てて撃たれ、弟の**依田源八郎信幸**も同じく鉄砲で撃たれ、先ず源八郎が二十二日の晩に相果て、常陸介信蕃も落命した。

《**相木氏と田口城**》

天正十年十一月、**依田信蕃**は田の口城に阿江木能登守を攻めようとしたが、阿江木（相木）能登守は信蕃の大軍に恐れ、城を空けて逃亡し、小田原の北条氏のもとに身を寄せた。この能登守とは**相木市兵衛依田頼房入道能登守常栄**のことである。

相木氏の本貫地は現南佐久郡南相木村・北相木村の範囲である。北相木にある相木城（**坂上城**）は調査の手が入り、簡単な縄張り図ではあるが解説もなされ、一般に紹介され、「相木城」と認知されている。しかし、南相木にある**見上城**が相木本城であると、依田武勝氏（相木氏の子孫で系図や家宝等も継承している）は、そのいくつかの著書で述べている。相木氏が関わった文化財や遺跡、さらに伝承等からすると、南相木がその本拠であり「阿江木（相木）」発祥の地であろう。

また、武田氏の佐久侵入以降は、武田軍団主要道でもある信州峠～馬越峠を通って（ないしは、平沢峠～板橋～臨幸峠経由で）至る所に南相木が位置することから、南相木が軍事上重要な地域であったことは想像に難くない。依田武勝氏は相木氏の本拠を南相木川南岸に比定し、「見上城」としている。ちなみに、『定本佐久の城』（郷土出版社）で中田栄七郎氏は、相木城（旧城）の居館跡は現在の常源寺がある所としている。そこは南相木川の北岸である。いずれにせよ、相木城には旧城（南相木、本城・見上城）と新城（北相木、坂上城）とが存在したわけである。情勢の変化によって、要害の地に城を移転する必要があり、相木領内で要害堅固な条件を満たす北相木の坂上に築城したのである。武田氏の信州への主要道を押さえる意味で南相木の旧城（本城）も引き続き相木氏によって守備していたが、北相木は「ぶどう峠」越えで上州へ通じる道筋にあたっている。

その方面を押さえる必要性がでてきたことも理由の一つと考えられる。

相木氏もその一族である依田氏の発祥の地は小県郡丸子町（現上田市）である。依田川、依田窪、依田城と「依田」に関係する地名がある。その依田氏の一族が鎌倉時代から戦国時代にかけて、千曲川の本流・支流沿いの小県郡から佐久地方までの範囲に広がった。『武田騎馬軍団秘史』（依田武勝、

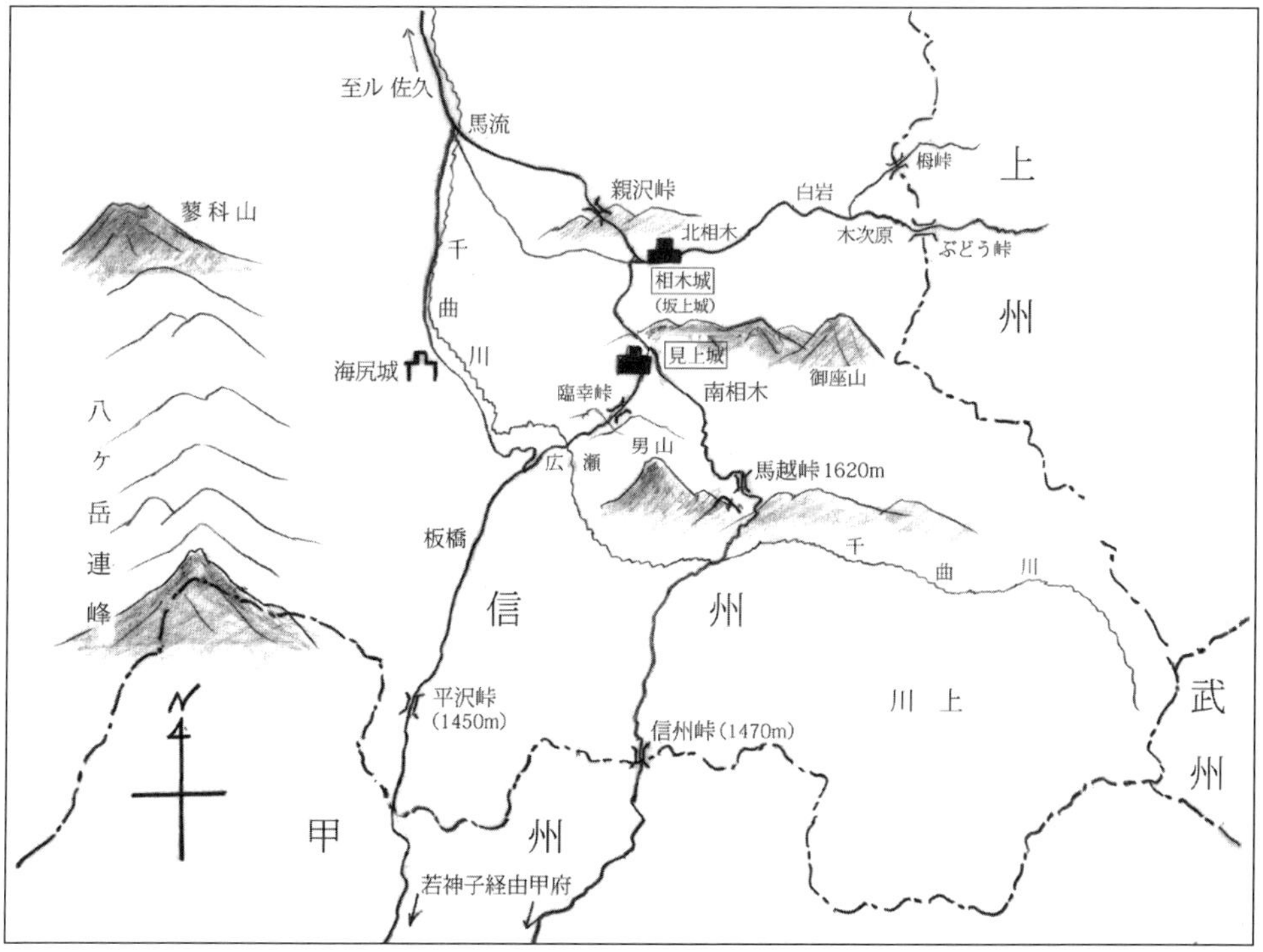

図：交通の要衝・相木

叢文社）によると、相木氏・芦田氏・浦野氏・矢島氏・海野氏・飯沼氏・望月氏がいわゆる依田七家である。また、戦国時代の佐久の土豪として城郭を構え、まさに天正壬午十年の佐久統一の戦いの時に、しばしばその名が上がる平原氏・平尾氏も通常は「依田氏」で通っている。その中でも、相木氏も芦田氏と同じく、信玄に従って各地の戦いに転戦し、『甲陽軍鑑』では、武田氏のほとんどの合戦で武田氏の武将として、芦田氏とともにその名がある。しかも、芦田氏よりも先に名が上げられていることが多い。永禄四年（一五六一）の第四次川中島の戦いでは妻女山攻撃の別動隊十頭（高坂弾正・飯富兵部・馬場民部・小山田備中・甘利左衛門・真田一徳斎・**相木市兵衛昌朝・芦田下野守信守**・郡内の小山田弥三郎・小幡尾張守）の一方の旗頭として活躍している。また、相木氏と芦田氏はともに甲府の信玄のお膝元に屋形（館・屋敷）を与えられた重臣であったという自負があった。

天文十三年（一五四四）、武田信玄が佐久に侵入し、志賀城を残して佐久の諸城を攻略したが、信玄は相木市兵衛依田**昌朝**（入道能登守**常喜**）に田口城を与えた。昌朝は、嫡子である相木市兵衛依田**頼房**（能登守**常栄**）を城主とした。それ以前にも、相木氏は相木谷ばかりでなく、佐久の各地に城を構えていたが、田口城は南北佐久地方のほぼ中間にあたることから、相木氏にとっては、佐久に支配を広げるために大事な役割を果たしていた。その田口城をあきらめて能登守は関東へ亡命したのである。武田氏の滅亡、本能寺の変を経て、相木氏を始めとする佐久の諸将は関東の北条氏の臣下となった。ただ一人芦田信蕃のみが徳川氏へ属し、その信蕃が佐久を席巻しつつある現状に対して、プライドからして到底屈するわけにはいかない。しかし、周りの諸将は雪崩をうったように信蕃の傘下に入っていく。抗することができなければ、北条を頼って関東へ逃れ、再起を図るしかなかったのである。この後、相木能登守は天正十八年（一五九〇）に伴野刑部貞長とともに、旧領奪還を期して相木谷へ侵入するということがあった。

《暁将依田信蕃、岩尾城攻撃で鉄砲で狙撃され落命》

佐久郡の諸将は、天正十年十一月頃までに、信蕃との戦いに破れるか、あるいは自ら信蕃に出仕し、そろって信蕃の臣下となった。未だに残るは北条氏の小諸城代大道寺政繁と岩尾城の大井行吉のみであった。

信蕃は、まず岩尾城を攻めた。天正十一年（一五八三）、二月二十日、信蕃の軍は岩尾城を囲んだ。信蕃の本陣には「鐘の纏（まとい）」が、芦田信蕃ここにありと立てられていたはずである。

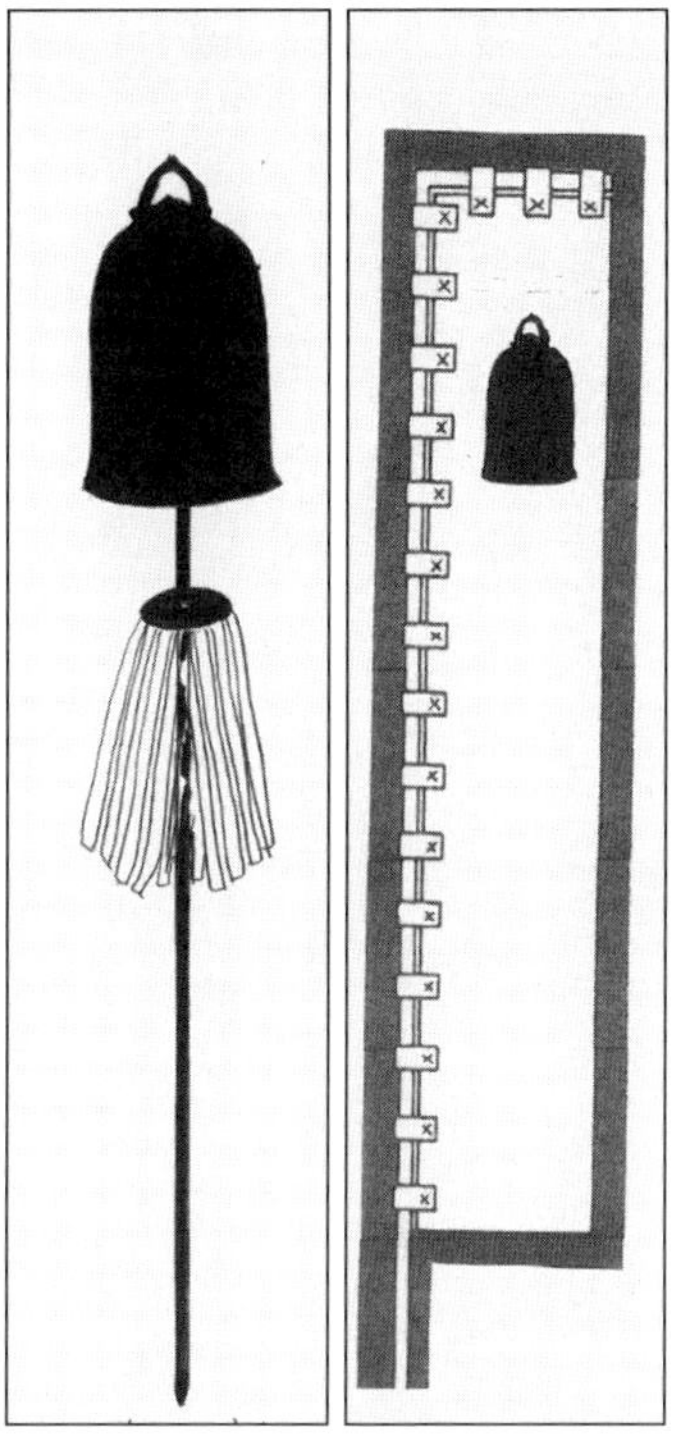

図：「鐘の旗」と「鐘の纏」

写真：南方の千曲川から望む岩尾城

徳川からの軍監柴田康忠は川を隔てて湯川の北側（右岸）に屯する。芦田依田軍の「鐘の旗」は、岩尾城の大手方面にはためいていた。城主（主将）として戦った遠江国二俣城でも、駿河国田中城でも、常に信蕃の戦いの象徴として掲げられた旗である。本能寺の変の後、甲斐の柏坂峠に立てられた峠の旗「鐘の旗」は、その後、佐久平定の戦いでも信蕃の向かうところ連戦連勝の象徴であった。特に北条氏直本隊が関東へ撤退した後は潮目が変わり、「鐘の旗」の勢いが佐久を席巻した。佐久郡の諸将は「鐘の旗」が進軍するのを見ただけで、他国へ逃亡したり、降伏を申し出てくるようになった。若神子に北条と対陣する家康から、甲斐への北条糧道阻止と信濃東部平定を託された「鐘の旗」は、しかし、第一日目の二月二十一日には動かなかった。信蕃はこの日は囲みを解いて桃源院の北の丘の高みに「鐘の纏」を立て陣を敷いたが、軍を動かさなかった。城主大井行吉の投降を待ったのである。

　二月二十二日、依田**信蕃**、次弟源八郎信幸、三弟善九郎信春、信幸の嫡男依田六郎次**信守**及び、大久保彦左衛門忠教（二十四歳）等、およそ三千の兵は、大井行吉方三百の兵が立て籠もる岩尾城を包囲した。信蕃及び臣下となった芦田軍だけで、軍監の柴田軍をはじめ徳川からの援軍には、持ち場について観戦していてくれればよいと伝えてあった。しかし、城兵は決死の覚悟でよく防戦し、なかなか破れなかった。守城側の浅沼半兵衛は、大手台曲輪の櫓に登り、兵を指揮していたが、腰に下げていた火薬袋へ火縄銃の火が移り大火傷を負いながらも奮戦した。火は燃え広がって、櫓が火事になった。依田信蕃と信幸は、この期を逃さず寄せて激しく攻め立てた。守城側は苦戦に陥る。平尾平三、平原善心は三の曲輪の壕に攻め入る。城門を破り信蕃の兵は大手台曲輪へ殺到した。攻め込まれた城方は一瞬静かになった。

　依田信蕃、信幸は兵の先頭に立って進み、自ら堀際に攻め入って、士卒を指揮していた。浅沼半兵衛は、足軽に命じ、土塁を越えようとした信蕃・信幸兄弟を至近距離で狙撃させた。……狙いはあやまたず、信蕃は臍（へそ）の下を撃ち抜かれ、弟の信幸は左の脇の下を撃たれた。その日、二月二十二日夜に信幸は死に（三十四歳）、二十三日朝には信蕃も落命した。（三十六歳）。――（岩尾城攻防戦の詳細の機微は『もう一人の真田～依田右衛門佐信蕃』（市川武治著、櫟）pp.103-110や、『信濃合戦譚』（高橋武児著、信濃郷土誌刊行會編）pp.201-256に小説風ではあるがよく語られているので、参照されたい。

　信蕃三十六歳、信幸三十四歳の死であった。佐久の出身で、武田臣下として甲斐国・上野国にも進出し、駿河国・遠江国・

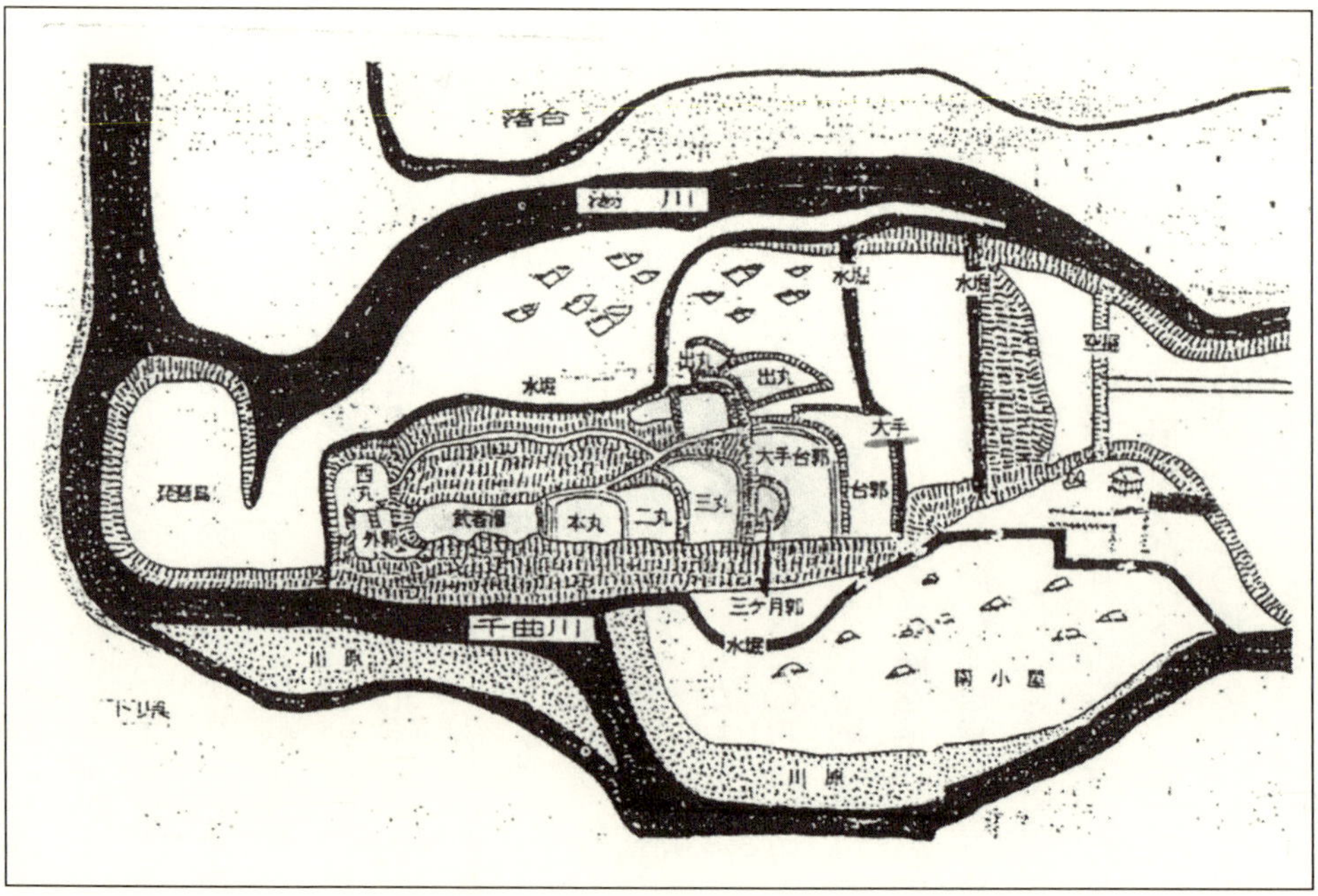

図：岩尾城要図
市川武治著『もう一人の真田～依田右衛門佐信蕃』より。

写真：岩尾城東方の桃源院の北方高台に信蕃の本陣があった（推定）。

武蔵国・相模国・三河国・美濃国・越後国と歴史上の中央の檜舞台でその武勇・智略で存在を知られ、最後は徳川家康の麾下となり、信州に戻って佐久平定のために、また、家康の甲信制覇のために戦い抜いた信蕃は、故郷佐久郡の統一を目前にして壮烈な戦死を遂げた。信蕃は、まさに戦国時代の佐久、信州のみならず、武田・徳川・今川・北条・織田・上杉との抜き差しならぬ関わりの中で光を放ち続け、夜明け前に突然消えた星であった。信蕃の「鐘の旗」は三弟善九郎信春によって守られ、その後、岩尾城将大井行吉は降伏勧告を受け入れ開城した。

ちなみに、信蕃が落命したのは天正十一年二月二十三日未明のことであるが、現在の暦（西暦）にすると四月十日前後になる。佐久では桜の花弁が蕾が膨らんで旬日中に開花せんとする時節であった。信蕃は戦国佐久の平定が成就するまさに直前に散ってしまったのである。幾多の激戦を戦い抜いてきた「峠の旗」芦田信蕃の予期せぬ急転直下の最期は、実にあっけなかった印象を与える。主なき本陣には「鐘の纏」と林立する「鐘の旗」が、途方に暮れて二月二十三日の夜明けを迎えたことであろう。

《武田流築城術を施された岩尾城》

岩尾城は平山城であるが、文字通り「岩尾」、つまり浅間火山のローム層が作りなす垂直に切り立つ崖（岩）に囲まれた、台地の先にある「尾」のように延びた形の立地にある。一方から見れば平城のようでも、崖を利用しているので山城のようにも見える。この崖は岩盤というよりも崩れやすい性質があり、また垂直に切れ立っているので、攻城勢の登攀はまず不可能である。つまり、浅間山の火山灰による堆積地形の特徴を生かした平城が、佐久北部（北佐久郡）に特徴的に分布している。一方、八ケ岳・蓼科山系にある佐久南部（南佐久郡）の城は、山頂部や支尾根の先端近くの高所を立地とした山城が多い。また、荒船山系・三国山系や上州との国境（峠）に近い佐久の東部には、典型的な山城や砦などが林立している感がある。

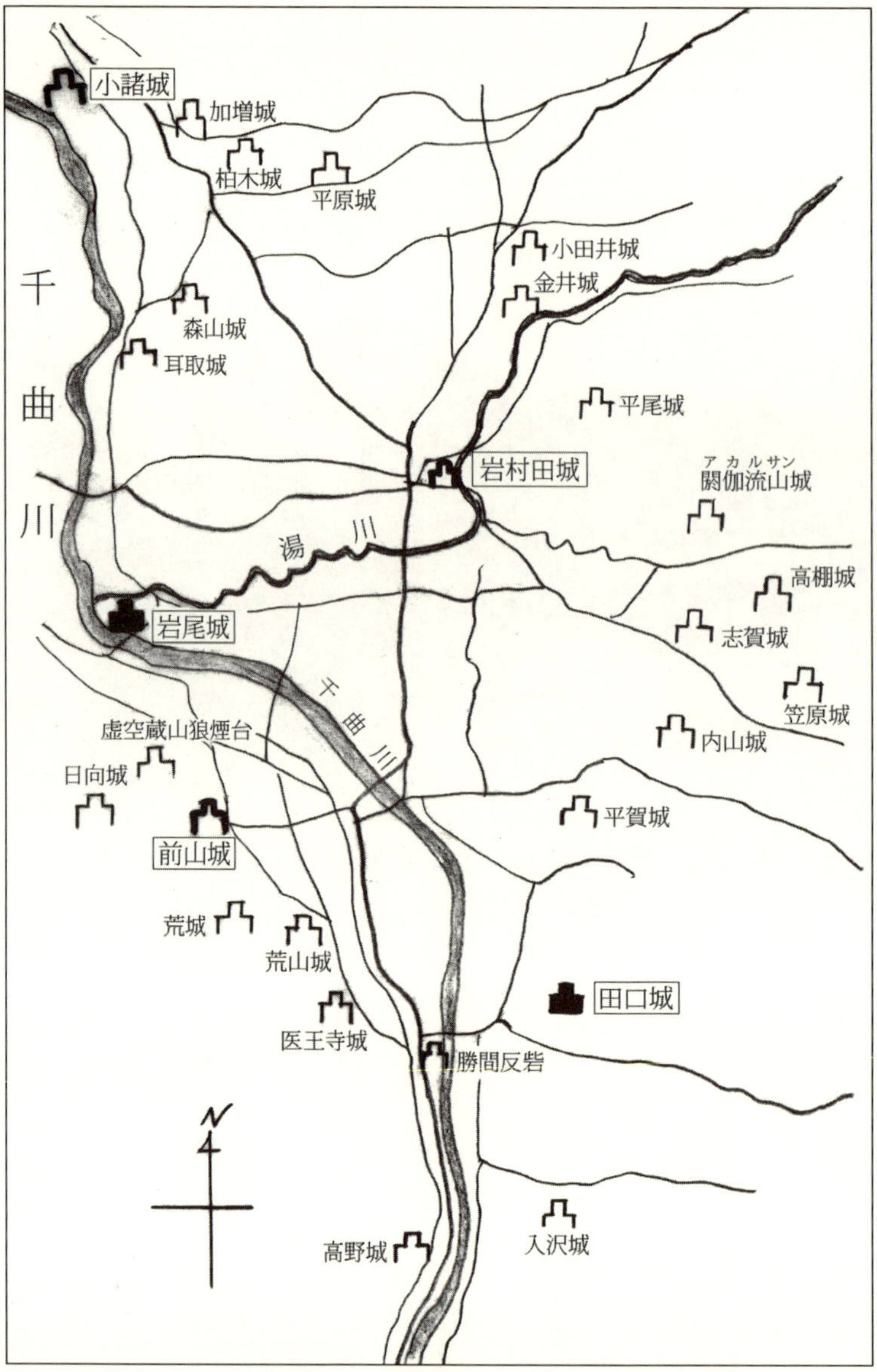

図：岩尾城と佐久の諸城

そんな中で、舞台となる**岩尾城**は、千曲川・湯川からの比高は一五mから二〇m前後であるが、崩れやすく攻めにくい垂直に切り立つ断崖の上にある。なによりも、戦国時代においては極めて大事な、他の城への眺望が極めてよいのが特徴的である。南方～東方～北方へ視線を移すと、日向城・虚空蔵山烽火台・前山城・野沢城・荒城・荒山城（大沢城）・勝間反ノ砦・田口城・平賀城・内山城・志賀城・高棚城・阿伽流山城・平尾城など佐久の山城を臨むことができる。また、現在では視界で確認はできないが、当時とすれば岩村田城・小田井城・金井城・平原城・森山城・耳取城・柏木城などの動向や小諸城方面の様子を察することができた可能性がある。

このように岩尾城は、比高はないが、位置的には佐久平の中心に位置し、絶好の場所にある。そのため、武田信玄は、天文十二年（一五四三）に、岩尾城を攻略すると、一時、真田一徳斎幸隆に守らせたこともある。その後、天文二十年（一五五一）七月の『高白斎記』には、「廿日丙午、岩尾弾正初テ若神子迄出仕」とあり、大井弾正行頼が武田の臣下になったことが記されている。さらに八月には「廿八日甲申、午刻向末ノ方**岩尾城ノ鍬立七五三**」とあり、「鍬立七五三」（くわだてシメカケ）つまり「しめ縄を張り、鍬入れし、地鎮祭をして、城の改修を行なった」ことを示している。また、勝頼の代になって、天正六年（一五七八）五月には、普請奉行を原隼人佑とし、さらに改修の手が加えられている。武田氏二代にわたり武田流築城術で改修されて堅固な平山城（崖城）になっていた。武田氏が岩尾城をいかに重要視していたかがここからも分かる。

《難攻不落岩尾城の構造――二度にわたる武田氏の改修》

岩尾城は佐久市鳴瀬字城跡にあり、南に千曲川、北に湯川が流れており、二つの川に削られてできた合流点の台地の断崖上にある平山城である。大手は東側にある。東方に岩尾大井氏の菩提寺である桃源院（三代目の大井行真が建立）がある。

その後背部に当る北方台地上に、まず東端の空堀が南北に延び、東方の台地から区切っているが、その内側（西側）は少し高所となっている。その高みが、岩尾城攻撃の際の依田信蕃の本陣であった可能性がある。そこは岩尾城の中心部方面への眺望がきく場所である。現在は墓地がある。また、現在は墓地の境界になっているが、往時の土塁の名残りの可能性もある地形がある。

古図によると、その西側には段差があり、南北に延びる水

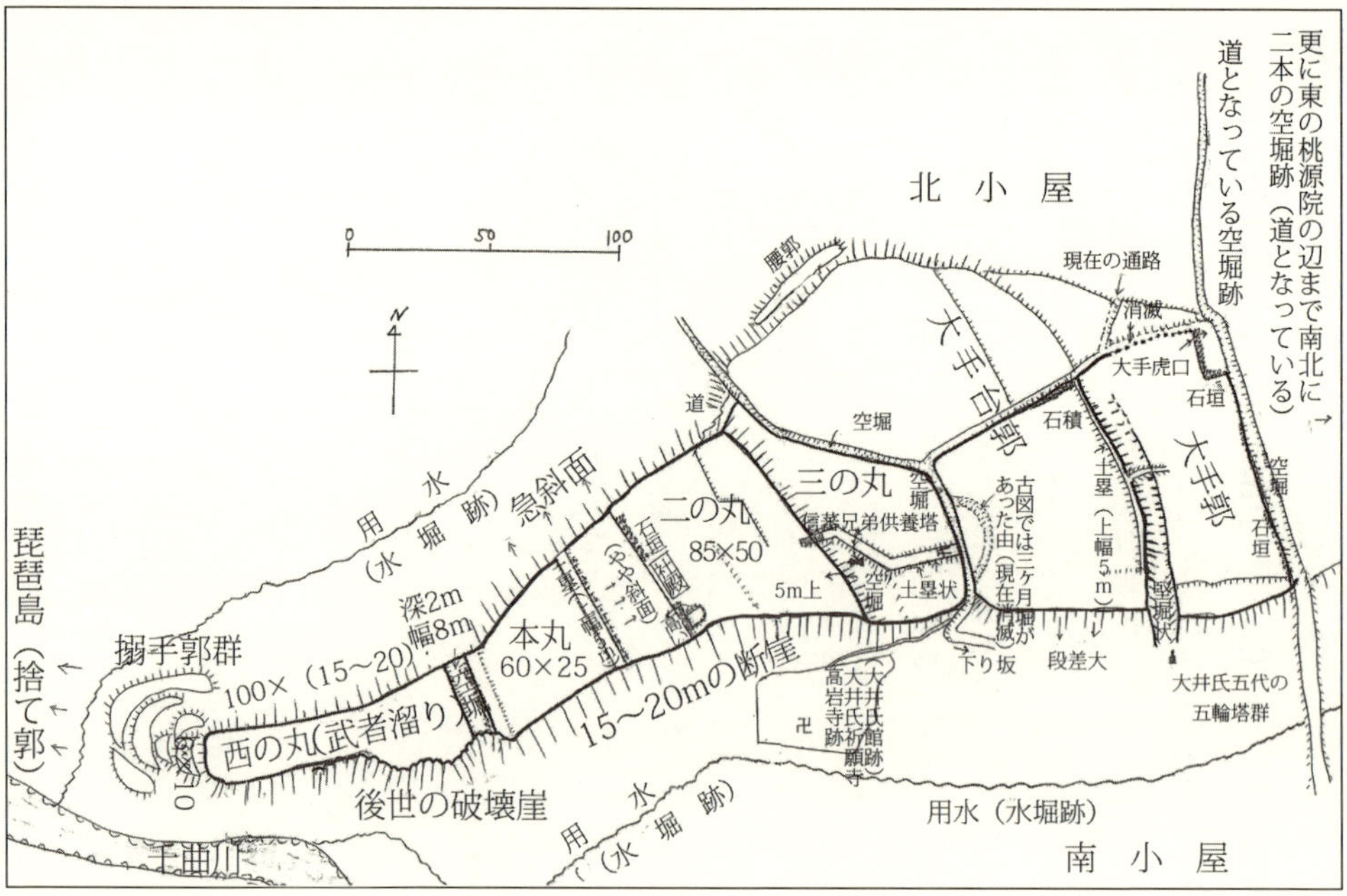

図：岩尾城

佐久市鳴瀬字城跡（調査）昭和56、61年、平成5、8、18、27、28年、市村

堀がある。「北岩尾」の信号交差点を南北に延びる道路が、その水堀跡にあたるが、水堀であった面影はない。千曲川や湯川からの高低差からして水堀ではなく、空堀であった可能性が高い。あるいは、古図通り水堀であったとすると、往時は千曲川や湯川の川底が現在よりもかなり高かったのであろうか。

その「水堀」のさらに西方には、古図によると、二条目の「水堀」がある。これも水堀ではなく空堀であった可能性が高い。ここも現在は道路となっており、南北の半ばほどで「折れ」があり、その場所が**大手門（大手虎口）**であった場所と推定される。大手虎口のあった場所付近は、元自転車屋（九三〇‐五番地）の宅地である。現在その場所から城内に向かう道は消滅し、少し西側の別の場所から入口がある。一方、大手虎口から南へ延びた「水堀」（前述のように空堀）は、南の下でさらに水堀（現在は水田）に合する。また、さらに城の南方下の東西の水堀（現在は用水）と合する。この大手から南へ延びる「水堀」の城内側南端付近は石垣で守られている。しかし、積み方からして、後世の石垣である可能性もある。

大手虎口を西へ入った所が、大手郭であり、現在は畑や墓地になっている。なお、大手郭の西端には南北に空堀が走っているが、その空堀の南端の空堀の中には、土塁状の仕切り

写真：大手門跡

写真：大手郭の南西隅を北から見る。右(西)上の土塁を経て大手台郭へ

写真：右手（東）から土塁を越え、左手（西）へ攻め入った

（西）大手台郭　土塁（南から見る）　大手郭（東）

がある。また、大手郭から大手台郭方面へ道が現在延びているが、その道の左手に石垣が施されて若干高くなっている。大手郭の南西隅の空堀は深くなっており、南方下へ竪堀となって落ちている。

空堀から**大手台郭**へは土塁があるが、空堀底部から土塁頂部までの高低差は、かなりあったものと推定される。現在、大手郭から空堀を隔てて、一・五mから二m上方に大手台郭がある。現況は畑となっているが、東方からの寄せ手から城の中心部を守るかなり広い郭である。

古図によると、大手台郭の西端中央の箇所には、**三日月堀**と**三日月郭（丸馬出し）**があったことになっているが、現在は痕跡すらうかがえない。大手台郭と三ノ丸との間には空堀があり、それが北方へ延びるにつれて西へ弧を描いているが、現在は道となっている。この堀跡に「三日月堀跡」という標柱が立っているが、これには疑義がある。古図によると、そこから西側は三ノ丸であり、三日月堀や三日月郭（丸馬出し）は、その空堀よりも東方の大手台郭へ迫り出して存在したことになっている。後世に畑化した時に破壊埋没した可能性がある。

標柱で「三日月堀跡」とされている**空堀**は、確かに北半分は西へ大きくカーブしているので、現況から見ると、三ノ丸の外側を守る「三日月堀」の変形とも言えないではないが、少々無理がある。「三日月堀」は通常「虎口」の外に設けられ、「丸馬出し」とセットで防御のために設けられているもので

写真：信蕃・信幸供養塔（二ノ丸下、三ノ丸との間の空堀にある）

ある。単独にそれが「三日月堀」であるとすると、現在「三ノ丸」としている郭が「丸馬出し」の機能をもっていたことになるか、検討を要する。**三ノ丸入り口**は、現在、石灯籠や鳥居が建ち、「伊豆・箱根・三島神社」への入り口となっている。三島神社は源氏の祭神である。ちなみに大井氏は源氏の末裔を称している。

鳥居をくぐって西方へ二ノ丸方面へ向かう。三ノ丸内においてはやや高みとなり、土塁状になっている道を進むと、途中から右方向（やや北）へ曲がるが、その左手が二ノ丸との間の**大堀切**（空堀）となっている。二ノ丸直下で相当な段差をなす空堀である。その堀底には「依田信蕃兄弟の供養塔」と言われる五輪塔が一基ある。

そこから**二ノ丸**までは、五mほどの段差がある。現在、二ノ丸へは十九段の石段を上るようになっている。二ノ丸に上ると、正面に「伊豆・箱根・三島神社」の社殿がある。二の丸はかなり広く、戦いの際には、実際の最後の防衛拠点であったと思われる。

二ノ丸は、東西の中ほどで石段をさらに八段ないしは九段（社殿の左右に石段があるが、段数が異なる）上ると一段高い二ノ丸の西半分の部分に至る。二ノ丸内の東半分と西半分の段差は一・五mから二mほどは石垣になっている。二ノ丸西半分は緩傾斜で上っている。大井弾正（二代目城主行満）建立の供養塔が建つ。その正面には、上部に梵字が刻まれ、それに続いて右より「西國三十三番。秩父三十四番・坂東三十三番」の文字があり、裏面には岩尾大井氏の「松皮菱紋」が上部に刻まれ、その下に「大井弾正入道」、右に「大永」、左に「五天」の文字が見える。さらに西方上には、南北に続く土塁がある。土塁は、上幅五mほどあり、その上には、摂社や石祠が数基ある。それを西奥へ越えると、いよいよ本丸に至る。そこに長野県教委と佐久市教委による「主郭跡」の

写真：二ノ丸にある社殿

写真：二ノ丸最奥部の向こうに本丸の土塁が見える

標柱が立っている。岩尾城は現在「長野県史跡」に指定されている。

主郭（本丸）は幅二五m×奥行六一mほどである。その西端には土塁の痕跡があり、その西方に空堀が一本南北に掘られている。その本丸側斜面は石垣で補強されている。現況では深さは二m、幅は八mほどである。それを西へ越えると一段低い**武者溜**（むしゃだまり）**の郭**（西の丸）が西方へ延びている。この武者溜郭の南崖下はプラント工場があり、郭の南側はかなり破壊されてしまった形跡がある。武者溜郭は西へ延びるにつれ少しずつ左右が狭くなっている。武者溜郭の西方下方には**搦手郭群**がある。これらは城の西端の方面を守っている。古図によるとその下を細い水堀が存在したが、現在も用水路として残っている。

さらにその西方には**琵琶島**といわれる広大な平原があり、これは**捨て郭**として機能していたものであろう。現在は水田や宅地化しているが、その西方で千曲川と湯川が合流している。

再び主郭へ戻り、東方へ進んで鳥居のあるところを出て、三ノ丸東にあるカーブした空堀を南へ下った場所に「**下ノ屋敷**」という一角がある。今は住宅が建っているが、その脇に大井一族のものと思われる五輪塔などの石塔があった。そこは岩尾大井氏の祈願寺である**高岩寺**があった辺りで、平成十八年現在、高岩寺の建物が平成十五年に撤去された際に破壊されたものと思われ、荒れ放題となっている。そこには五輪塔四基と宝篋印塔一基が並んでいたとされる。**岩尾大井氏五代の墓**であるという伝承がある。平成二十七年現在では、やや東方の住宅の敷地内でそれらしき石塔が整然と並べられている。なお、現在それとは別に、大井氏の菩提寺桃源院の本堂の裏手に、後世建立の岩尾大井氏五代の立派な石塔が建っている。高岩寺跡の

写真：南方崖下の五輪塔群（岩尾大井氏の墓か）

敷地には「岩尾城主大井一族祈願所、龍登山観音院高岩寺再興予定地」という比較的大きな看板が立っている。また、その境内地は城主の居館跡という伝承もある。往時にはその場所にも郭などが存在したらしきことは、桃源院方面から西流する用水（昔は水堀）が、その場所の南側を流れていることからも推定できる。

なお、往時は桃源院付近からその辺りまでは「南小屋」と称され、**根小屋**が存在した可能性がある。また、現在の南岩尾の集落の中には、殿中・中屋敷・下屋敷・などの地字名があり、付近には堀越・溝ノ上・北小屋などの小字名もある。往時は本丸南下辺りから武者溜郭及びその西方の城域の南崖下のかなり近い所を千曲川が流れていたようである。また、古図によると城域の北の崖下にも湯川から配した水堀が西の琵琶島方面へ延びていた。

――以上見てきたように、岩尾城は連郭式の平山城であるが、二度にわたる武田氏による修改築が行なわれたことにより、武田流の築城術を生かしたものであった。現況は改変され、よく見なければ気がつかないことが多いが、その特徴として、千曲川と湯川にはさまれ、南・西・北の三方が断崖で、東方からしか攻められない縄張りであったこと、幾多の水堀・空堀と崖下へ落ちる竪堀・三日月堀・三日月郭（丸馬出し）、特に中心部は土塁と空堀で固め上げ堅固な構えをとっていたことなど、難攻不落の城塞であった。

少数の兵力で籠城した城将大井行吉の武勇もさることながら、依田信蕃が力攻めしても陥落しなかったのには、戦国末期で鉄砲による有効な戦いをしたことにもよるが、この城の構造によることも、容易に落城しなかった大きな要因である。

《三弟信春は兄二人亡き後、康國の時代にも活躍》

書物によっては、この戦いで三弟の**善九郎信春**も戦死したことになっている。群馬県や静岡県などのいくつかの地方史では信蕃・信幸・信春の三兄弟ともに、この岩尾城攻防戦で討ち死にしたと述べられている場合がある。さらに静岡県では、鉄砲で狙い撃ちされたのではなく、三人とも弓矢で射られて死亡したということになっている。天正十一年当時、鉄砲が相当普及しており、大将と副将が同時に命を落としているということは、鉄砲による狙い撃ちである。また、少なくとも三弟の信春はこの時、討ち死にしていない。後年に信春の存在を示す複数の文書があるので、彼はこの時には死んではいないことが分かる。「岩尾城攻城戦で三人とも討ち死にした」という誤謬は、次の三つの書物が原因だろう。

① 『**寛永諸家系圖伝**』の依田氏の項では、信蕃と信幸の事

跡が次のように述べられている。×印は誤りを示す。

信蕃……（×）「(前略）松平の称号をたまはり、十万国の地を拝領す。其後岩尾の城にて兄弟三人討死す」

（○）松平の称号と十万国を賜わったのは、信蕃ではなく嫡子の康國である。「兄弟三人」と誤って記されている。正しくは「(信蕃・信幸の兄弟二人）である。

信幸……（×）「(前略)北条が領内岩尾の城をせめたまふとき、兄信蕃、**弟信春と一所にて討死**」

（○）弟信春は討ち死にしていない。信幸である。

〈考察〉

『寛永諸家系圖伝』は、寛永年間に幕府が大名や旗本にお家の系図・来歴を報告させて、それを基にまとめたものである。依田氏の項では、著しく誤りが多い。まず、編集の時点で芦田依田宗家はすでに大名ではなく、福井藩松平氏の臣(つまり幕府からみると陪臣であった）ゆえに、幕府の編纂する『寛永諸家系圖伝』には芦田宗家は記載されないことになる。当時の幕府は、信蕃の次弟信幸の嫡子依田肥前守信守系統の依田氏が宗家であるとの認識であった。そこで、編纂時の旗本依田家当主であった依田**信重**（伊賀守源八郎信幸～肥前守信守～源太郎肥前守信政～内之助**信重**）の申告提出した書類のままに記載されたものと推定される。悲しいかな、信重の世代にとっては、ほんの二、三代前の先祖の事蹟でさえ、あやふやどころか間違いだらけになってしまうのである。『寛永諸家系圖伝』の（芦田）依田氏の記述では、芦田依田下野守は名が「信吉」と誤っているばかりでなく、信蕃の弟の位置づけになっている。また、下野守信守とその孫の肥前守信守の事蹟が混同されているなど、芦田依田氏に関する限り、誤りだらけである。同時代に越前福井藩の家老となっていた加藤宗月（芦田依田松平**康眞**）が尾張徳川家へ提出してあった『芦田記』（依田記）の内容を取り入れ、後世になって編纂された『寛政重修諸家譜』では、ほぼ史実通りに芦田依田氏の項が記述されることになる。それによると、善九郎(信春)は、岩尾城の戦いの後にも生きていることが記されている。

② **『武徳編年集成』**には、

> 廿二日、柴田七九郎康忠、甲信二州の軍勢を以て、一昨日より上杉景勝が持分小縣郡小諸佐久郡岩尾の両城を囲み、攻る所ろ、今日**依田右衛門佐信蕃・弟伊賀守信幸・同善九郎信春**、他の兵を交へず、一手

を以て岩尾を陥すべき旨、荒言を吐て、田口の枝城に登り、頻一士卒を進め、岩尾城を攻撃しけるが、**兄弟三人共に銃矢に中て**、陣營に帰り、晩景に及で、**各没す**。

〈考察〉

『武徳編年集成』にはきわめて誤謬が多い。右の内容だけでも訂正を並べてみると、

- 上杉景勝　×↓○北条氏直
- 小縣郡小諸　×↓○佐久郡小諸
- ~小諸~岩尾の両城を囲み×↓○岩尾城を囲み
- 田口の枝城　×↓○田口の山城
- 兄弟三人共に　×↓○兄弟二人（信蕃、信幸）
- 銃矢　×↓○銃弾（当時「銃弾」という語彙がなかったので「銃矢」なる単語を使った？）

このように『武徳編年集成』が記述してしまっているため、後世の歴史書の類もそのように誤解してしまっている場合があるのである。

一方、「三弟**善九郎信春**がこの時、討ち死にしていない」という証拠は、左記の文書にもあるので、ここに紹介したい。

①『**蓮華定院文書**』

蓮華定院、当郡において勧進なされ度(た)きの由聞き及び候。尤、後世の為に候の条。旁(かたがた)相つとめらるべきもの也。仍て件の如し。

天正十七年八月十六日　　康國（花押）

依田善九郎殿
松井与兵衛殿
依田肥前守殿
依田正斎殿
依田三郎兵衛殿
依田十郎左衛門殿
依田隼人殿
依田勝三殿
依田管助殿

依田善九郎信春が、重臣筆頭にあったことがこの文書から判明する。天正十七年は岩尾城攻防戦の七年後にあたる。

〈考察〉

小諸城主である松平康國（信蕃の嫡男、家康から「松平」

の姓と「康」の一字を授かる）が重臣達に対して、高野山から佐久郡へ勧進僧が出向くので、その際には便宜を図るように申し伝えている内容である善九郎信春が、信蕃没後、松平康國（信蕃の嫡男）に仕えていることは、この内容からも証明される。

②**『寛政重修諸家譜』**には、

……のち病者たるによりつかへずして甥康國がもとにあり。つねに軍議にあづかる。十八年康國にしたがひて小田原陣におもむく。四月二十七日、康國、長根縫殿助某を饗し、茶會をもよほす。**善九郎**も其席にあり。ときに縫殿助俄に狂氣し康國を殺害す。**善九郎**走りより、長根と組で壇下に轉び、つゐにかれを刺て仇を報ず。

写真：高野山蓮華定院

〈考察〉

小田原合戦（天正十八年〈一五九〇〉）の際、松平康國が上州石倉城で謀殺された直後に、叔父である依田善九郎信春が、その仇を討ったという内容である。天正十八年の時点のこの記述は、善九郎信春が岩尾城で信蕃や信幸と共に討ち死にはしていなかった証拠である。

③『依田（松平）康國寄進状』（南佐久郡小海町鷹野一弥氏所蔵）には、

定
海口藤一郎分?内地蔵免、上納五百文進置候、於于
自今巳後者、祈念并寺役才無異儀可被相勤之由、被
仰出候者也、仍如件、
天正十六年　　依田善九郎
十月廿七日　　（黒印）奉之
明照寺

〈考察〉

これは、天正十六年（一五八八）に松平康國が、佐久郡明

照寺に土地を寄進している寄進状である。この時の奉者の名は**依田善九郎**である。つまり、信蕃の三弟善九郎信春が、岩尾城攻めで討ち死にしたのではなく、その後も芦田宗家を支えている重い役を担っていたことが明白である。

《信蕃と芦田依田一族の絆》

田の口城の依田能登守は小田原へ逃げ、岩尾城主大井行吉も城を明け渡して上州へ去り、やがて、北条方の小諸城代大道寺政繁も佐久を去り、本領の上州松井田城へ帰った。佐久はようやくおさまり、甲信二国は徳川氏に属することとなった。

依田信蕃は、大願成就するまさにその直前に命を落としたのである。――佐久郡芦田郷芦田城で誕生～数え二歳の時、父蘆田下野守信守が本拠を佐久郡春日城へ移転～幼い頃の諏訪高島城（茶臼山城）への人質～上州藤岡（浄法寺地域）での上武国境の守備～信玄の駿河侵攻への従軍（蒲原城をめぐる攻城戦と守備等）～信玄の関東出兵及び小田原城包囲攻城戦への従軍～信玄の遠州への侵攻の従軍～三方ケ原の戦い～徳川軍に囲まれる中での遠州二俣城主としての戦い～高天神城の守備～越後御館の乱に際しての勝頼の越後出兵への従軍～駿州田中城主として徳川への孤軍奮闘の抗戦～武田氏滅亡と織田信長の追及からの危機一髪の逃避行～甲州市川での徳川家康への臣従～天龍二俣の奥小川での隠棲～本能寺の変直後の甲州柏坂峠での旗揚げ～信州帰還～北条氏直の佐久侵入による三澤小屋籠城と北条軍の後方攪乱～佐久平定の戦いの日々……信蕃の三十六年間は、本拠春日城に腰を落ち着ける暇はなかった。信濃先方衆としての芦田百五十騎の旗頭としての他国への遠征や、武田氏から任せられた他国での城主（番手城主）としての役目と攻防戦、等々。そして徳川臣従後も対北条との戦いの連続であった。

この間に芦田依田氏が結束を保っていられた一つの大きな要因は、「一族の固いつながり（絆の強さ）」があったことによる。芦田下野守信守の世代以降の家系図をもう一度次ページに掲げてみる。

――まず、信蕃の何人かの叔父（蘆田下野守信守の弟達）があげられる。**左近助守俊**、**十郎左衛門守慶**は信守亡き後にも信蕃を支えており、信蕃の覇業の節目節目に名前がうかがえる。また『寛政重修諸家譜』には、その他に叔父として**勘助信光**と**主馬**がいた。『芦田家旧臣名列簿』には二人とも年寄上席に載っている。また、岩村田龍雲寺の第五世住職となり、松平康國没後に芦田依田氏の本拠佐久郡春日郷に康國寺（こうこくじ）を開山した**天外大雲和尚**もいる。

信蕃の弟にはすでに述べた**源八郎信幸**と**善九郎信春**がいる。佐久の歴史書の中には善九郎信春が後に天外大雲和尚となったとしているものがあるが、和尚の没年からする年齢に二十歳もの無理が生じてしまうため、その可能性はない。信幸と信春は常に長兄信蕃と行動を共にしてきたことが、二俣城明け渡しの時の証人となったこと、織田信長の呼び出しから二俣奥小川へ身を隠した時の主従六名や、佐久平定の千曲河畔塩名田の合戦で家康から感状を授かった主従七名の中に二人がいたこと、岩尾城攻略戦での兄弟三人の動きなどから、固い絆で結ばれた一族であったことが分かる。

さらに、次弟信幸の嫡男**肥前守信守**は、本能寺の変後、徳川家康が甲斐に入国する際には、信蕃の名代として甲斐で出迎え、引き続き、（信蕃の二人の子、竹福丸・福千代丸が当時人質となって木曾義昌のもとにいたことから）芦田依田氏からの証人（家康に芦田氏が臣従することを証明する人質）として、しばらく家康のもとにいたこともある。さらに、しばしば家康と信蕃の連絡役を果たしていること、信蕃が三澤小屋に籠城していた頃、信蕃の命を受けて、小諸加増城・北佐久小田井城を攻略し、城主を討ち取っている。また、主将として臨んだ第一次前山城攻めでは家康から感状を授かっている。信蕃に似て武勇に優れていた若武者であったことは、前山城攻めや岩尾城攻略戦で負傷していることからも、血気

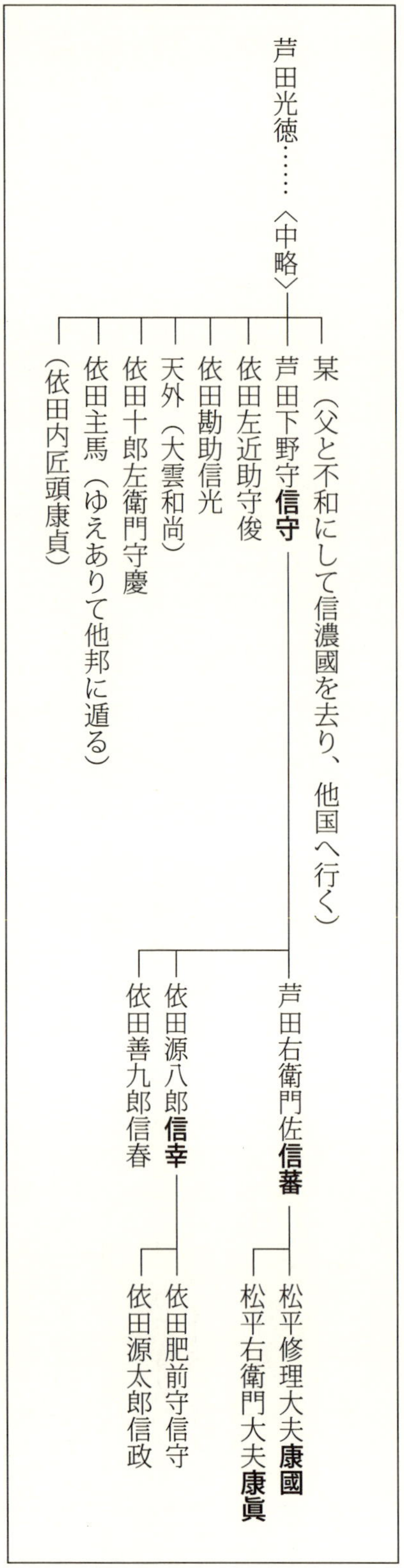

図：芦田氏家系図

盛んな様子がうかがえる。その弟**信政**も武勇に優れ、若神子の対陣の時に大豆生田（まみょうだ）砦（トリデ）攻めで戦功を上げている。従弟にあたる後の松平康國が上州石倉城攻めで謀殺された時には、敵を数多く討ち前田利家から感状を受けている。そのほかにも、芦田依田一族と思われる「依田姓」の武士の名が、信蕃・康國の時代を通して書状や文書に多く見かけることから、芦田宗家を中心に、芦田依田一族の絆には固いものがあったことが伺える

写真：康國寺開山天外大雲の墓

また、**平原**依田氏や**平尾**依田氏は徳川氏へか北条氏へかの帰属をめぐって、一時信蕃と敵対したが、佐久平定の過程で芦田信蕃の麾下となり、岩尾城攻防戦では、平原依田氏も平尾依田氏も信蕃の先方の衆として戦っている。しかし、武田氏滅亡以前は盟友であり、共に武田の信濃先方衆の侍大将であった芦田氏（徳川へ臣従）と相木氏（北条へ臣従）は、田口城の攻防戦で相木市兵衛が上州へ亡命せざるを得なかったこともあり、それ以来、犬猿の仲になってしまったことは、戦国の厳しい状況とはいえ真に残念なことではある。

《依田姓の分布》

依田姓は現在信州（長野県）のみならず、甲斐國（山梨県）・上野國（群馬県）・駿河國・遠江國・伊豆國（静岡県）の各地に分布している。いずれもその遠い祖先のルーツ（発祥の地）を**信州小県郡依田の地**（現上田市）としている。そして、依田信蕃やその時代の依田氏の子孫であるというお家の伝統と誇りを大事にしている。不十分ではあるが、ここでは紙幅の関係で短く紹介だけしておきたい。

（長野県）信濃国小県郡依田の庄は、全国にいる依田氏の発祥の地として認識されている。小県郡・上田市・小諸市・佐久市・北佐久郡・南佐久郡など、依田氏は芦田氏・相木氏・平原氏・平尾氏・海野氏・丸子氏・浦野氏・飯沼氏などが、主に「依田」姓として東信

地方に多く分布している。信濃国の依田氏については他稿で述べたい。

（山梨県）甲府市・増穂町・鮎沢町・櫛形町・甲西町・六郷町・市川大門町・身延町・竜王町・中富町に多い。芦田氏が甲斐に領地を有しており、土着したと推定される。資料に出ている依田氏には、市川大門町高田の依田氏・西八代郡大河内依田氏・塩山市下於曾依田氏・山梨市下井尻の依田氏・中富町切石や宮木の依田氏・旧鰍沢や箱原の依田氏・旧共和村一色の依田氏など、多数存在する。特に山梨県では、「山梨依田会」が結成され活動が続いており、みなお家の由緒を大事にしている。

（群馬県）上杉氏の被官から自立し、箕輪衆に加わり、後に武田氏に降った後閑城依田氏、板鼻城依田氏がいる。上州にいた時期がある信州佐久の平原依田氏・平尾依田氏と関係があると推定される場合が多い。史書によっては、芦田依田氏との直接の関連を述べているので、その可能性があるが、筆者は、まだ明確に確認できてはいない。しかし、信守・信蕃父子の浄法寺在住時代、康眞の藤岡蕃主時代があったことからして、当然依田氏が上州にそのまま土着したことは十分あり得る。

（静岡県）富士宮市・静岡市・磐田郡佐久間町・賀茂郡松崎町に多い。富士市には三十数家しかいないが、依田町・依田原・依田橋・依田神社がある。甲州中富町宮木の依田出雲守正信の子孫が武田氏滅亡後に伊豆に移り住み、伊豆松崎村・大沢村（現松崎町）の名家として活躍（依田左二平・善六・勉三）している。芦田信蕃の後裔という。信蕃の領地があった志太郡にも依田姓が残る。

山梨依田会のまとめた「全国依田姓分布状況」（一九九九年）によると、**長野県**（１５８４）・**山梨県**（１２１１）・東京都（８４５）・神奈川県（５５７）・埼玉県（３８９）・**静岡県**（２７９）の順で多く、**群馬県**（１２９）は意外と多くはない。東京都・神奈川県・埼玉県など関東が多いのは、北条氏臣下に名が残る依田氏もいたが、現代の人口自体が多いことによる可能性が高い。

⑮信蕃の嫡子竹福丸、佐久郡を平定し、小諸城主となる

一、

甲斐信濃両国、権現様御手に入れ候時、**大久保七郎右衛門**差し遣わされ、信州の内、味方に成申さぬ城々どもの義、御手に入れ候様、御書き付け御座候。先ずもって、このこと左様にて御座なく候。佐久郡城々どもは、午十月末より極月中旬までのうち、**依田右衛門**佐責め落とし、または、敵降参にて出仕申し納め候。大久保七郎右衛門遣わされ候義、翌年三月のことに御座候、これは右衛門佐討死の後、拙者兄、その節十四歳にて御座候故、萬事**七郎右衛門**申し付け候。

〈要旨〉

・甲斐・信濃両国を、権現様（徳川家康）が手に入れた時、**大久保七郎右衛門忠世**が差し遣わされ、信州の内、徳川方の味方にならない城々どもを手に入れる様にとの御書き付けが今にある。

・佐久郡の諸城は、天正壬午十年（一五八二）十月末より十二月中旬までのうちに、依田右衛門佐信蕃が攻め落とし、または、敵が降参し出仕してきて、納まった。

・大久保七郎右衛門忠世が家康から佐久へ遣わされたのは、翌年（天正十一年）三月のことに御座候、これは右衛門佐討死の後、拙者の兄が、その時十四歳であったので、万事**七郎右衛門**が申し付けた。

〇ここで「拙者」と称しているのは、『蘆田記』（依田記）の著者で、依田信蕃の次男である**松平康眞**（執筆当時は、越前福井藩城代家老となっていた**加藤四郎兵衛宗月**）のことである。

《信蕃と関わった佐久の諸将の動向》

佐久の諸城は、十月末から十二月中旬までのうちに、依田信蕃が攻め落としたり、敵から降参し、ほとんど出仕してきた。中には、関東へ逃亡し北条を頼った者もいた。

これら、佐久の諸将の動向を、その城の位置とともに、対芦田信蕃ということでどうなったのか、次ページに整理してみた。

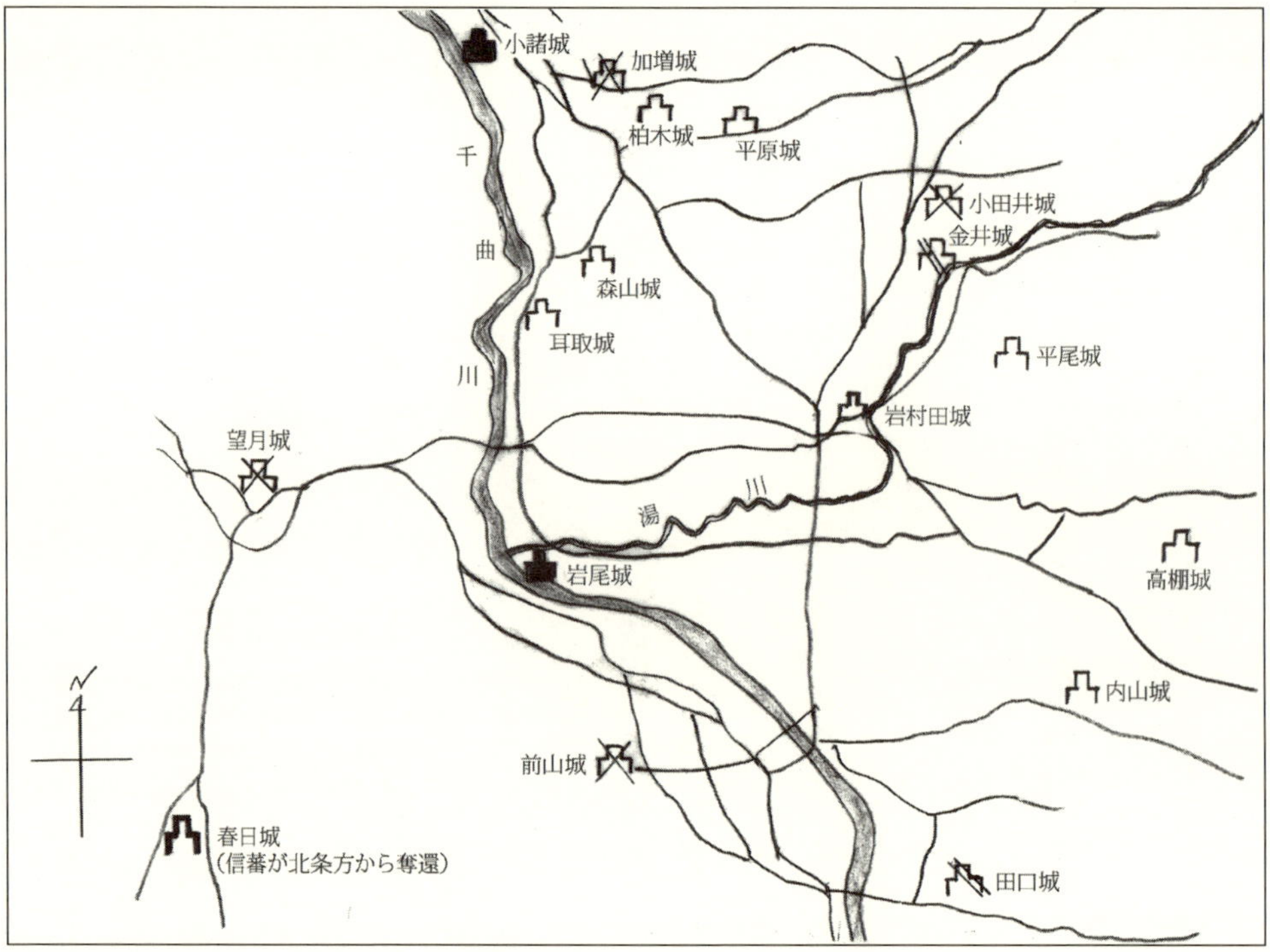

図：信蕃と佐久の城主達　未陥落　戦死　逃亡　降参（出仕）

城名	城主	対信蕃	城跡所在地
小田井城	二俣丹波守	戦死	御代田町小田井　城ノ内
加増城	桜井大膳正	戦死	小諸市加増　城
金井城	市河某（上野國南牧衆）	逃亡	佐久市小田井　金井
外山城	大谷帯刀左衛門	逃亡	北御牧村羽毛山
岩村田城	大井雅楽助（美作守・大炊助）	降参	佐久市岩村田　古城
前山城	伴野刑部信守	戦死	佐久市前山　城山
田口城	相木能登守頼房（常林）	逃亡	佐久市田口　城山
内山城	小山田六左衛門（藤四郎）	降参	佐久市内山　城下
高棚城	志賀與惣（与三）左衛門	降参	佐久市志賀　天狗岩
平尾城	平尾平蔵昌朝	降参	佐久市上平尾　秋葉山
平原城	平原宮内全眞	降参	小諸市平原　城
森山城	森山豊後守	降参	小諸市森山　西城

耳取城	大井民部助満安	降参	小諸市耳取　古城
柏木城	柏木六郎	降参	小諸市柏木　古屋敷
望月城	望月源五郎	戦死	佐久市望月　城
岩尾城	大井次郎行吉（岩尾弾正）	抗戦	佐久市鳴瀬　城跡
小諸城	大道寺駿河守政繁	攻防	小諸市小諸　丁

《家康、信蕃の嫡子竹福丸を小諸城主松平康國とする》

岩尾城の攻防戦の当時、信蕃の二子（嫡男竹福丸と次男福千代丸）は、大久保忠世が城主となっている遠州二俣城にいた。二子は武田氏の滅亡から本能寺の変前後に、人質としてあちこちの武将のもとに過ごすという、変転きわまりない日々を送っていた。去る天正十年九月下旬に、木曾義昌のもとから徳川家康のもとへ送られた。家康は、二俣城攻防戦・田中城攻防戦及びその明け渡し以来、信蕃とは感歎相照らす間柄となっていた大久保忠世のもとに預けていたのである。

徳川の甲斐・信州の平定に大きく貢献した依田信蕃が岩尾城で惜しくも戦死したのを惜しみ、家康は当時十四歳であった信蕃の嫡子竹福丸を、浜松城に呼んで、三月二十六日に、「松平」の姓と、諱の「康」を授けて、**松平源十郎康國**と名乗らせた。そして、よき理解者でもある大久保七郎右衛門忠世を後見役として信州佐久へ帰還させた。――「大久保七郎右衛門遣わされ候義、翌年三月のことに御座候、これは右衛門佐討死の後、拙者兄、その節十四歳にて御座候故、萬事**七郎右衛門**申し付け候」とは、このことを指している。

佐久へ帰ると康國は大久保忠世の後見を得て、最後の北条方勢力小諸城代の大道寺政繁を攻略し、関東の本領へ去らせた。家康は康國を小諸城主とした。佐久一円は平定され佐久は統一された。かくて、五月二日、芦田五十騎の面々は甲斐市川の陣所に参じ、家康に拝謁した。康國は佐久の本領六万石と加増して駿河國で二万石、甲斐國で二万石の計十万石の大名となった。徳川家康の配下としての佐久郡の役割は、当面北条氏への備えであった。康國は父信蕃の供養のために田口城山麓田口館跡に、天正十三年、父の法名を付けて蕃松院（ばんしょういん）を建立した。現在、本堂の裏上段の墓地に信蕃と信幸の墓がある。平成二十二年に墓石安定工事の際に、五輪塔の台石の下から信蕃のものと推定される刀が発見された。金属部分のみの寸法は、刃渡り五四㎝、つか一〇・五㎝、つば六・五×六・〇㎝、刀身は六五㎝である。（口絵参照）

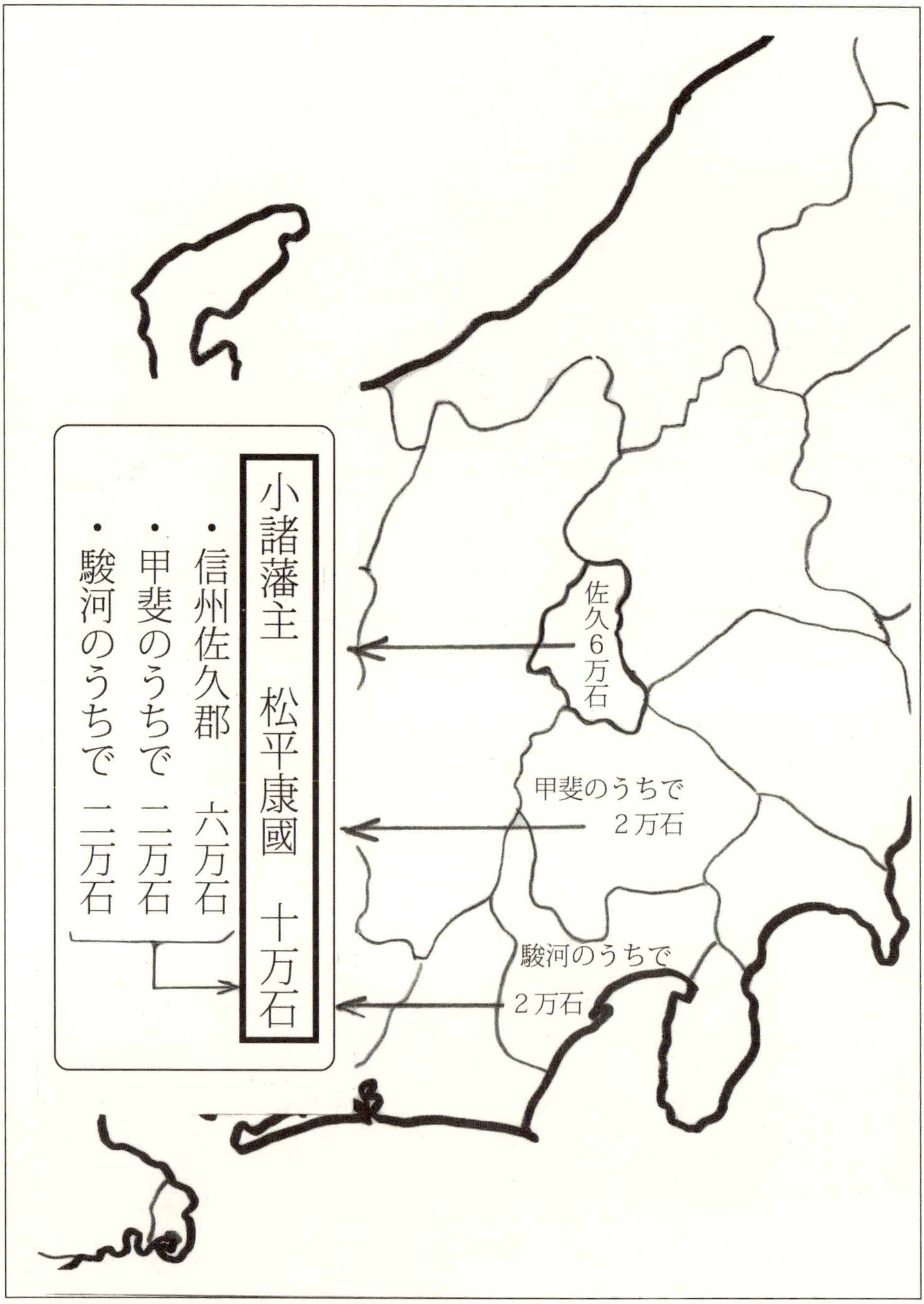
小諸藩主　松平康國　十万石
・信州佐久郡　六万石
・甲斐のうちで　二万石
・駿河のうちで　二万石
佐久6万石
甲斐のうちで
2万石
駿河のうちで
2万石

図：康國の領地十万石

写真：田口山城麓の蕃松院（ばんしょういん）

写真：信蕃・信幸兄弟の墓（墓地改修前）

《家康の麾下となった武田旧臣及び信蕃の佐久平定支援のために送り込まれた武将》

『甲陽軍鑑』本編巻二十所収「甲州勝頼衆家康衆に成事」より

信州侍大将**あしだ**・真田・ほしな甚四郎・小笠原掃部大夫・諏訪殿・下条・ちく・松岡・屋代（此次きれて見得ず）、各家康ひくわんになる事、前午のとし、大かた如此し。信州へこさるゝ家康普代の侍大将に、大久保七郎右衛門・菅沼大膳・柴田七九郎（此次きれて見得ず）信州の内に……（中略）……其外所々に、家康手につかざるものどものあるをば、甲州先方侍衆、さしこし給ふ。曽根下野・たまむし・つがね一とう・こまひ一とう・いまぶくいづミ・くどう一とう・遠山右馬助・其外、甲州直参衆、ミな信州にて、午のとしより未のとし迄、度々のせり合あり。

〈解説〉

① 徳川家康に被官した信州の侍大将

天正十年壬午（一五八二）、**徳川家康に被官した信州の侍大将**、ということで名を挙げているが、真田よりも前になる筆頭に「**あしだ**」、つまり**芦田信蕃**を記している。このことからしても、家康が信濃國を領國にするために、芦田依田信蕃の働きがいかに大きかったか、甲州・佐久での信蕃の存在がいかに大きかったかが分かる。この時点では、まさにかの真田昌幸に勝るとも劣らない（「伍していた」）芦田信蕃であったと言っても過言ではない。

そのほかの**信州の侍大将**には、真田昌幸・保科甚四郎正直・小笠原掃部大夫信嶺・諏訪頼忠・下條信氏・屋代秀正・知久頼氏・松岡刑部などがいた。

② 信州へ入った家康譜代の侍大将

信州へ入った**家康譜代の侍大将**は、大久保七郎右衛門忠世・菅沼大膳定利・柴田七九郎康忠であったが、いずれも家康から派遣された、依田信蕃の佐久平定作戦の援護者である。特に、大久保七郎右衛門忠世は、この時点で信州制覇の総督的役割を担っていた。また、二俣城・田中城の攻防で信蕃と肝胆相照らす関係であり、信蕃の子の康國・康眞の後見人的な役目を果たしている。また、柴田七九郎康忠は軍監として信蕃の佐久での戦いに同陣している。

③ 家康によって佐久平定のために送り込まれた甲州先方衆

家康に従わない信州の武士の討伐のために、家康は**甲州先**

方衆を信州へ送り込んだが、それらは曽根下野・玉虫・津金一党・駒井一党・今福和泉・工藤一党・遠山右馬助・その外、甲州直参衆であった。これらの多くは、依田信蕃による佐久平定作戦の与力となった。

以上の武将のうちの多くが、家康による信濃國制覇に向けて実際に手足となって動いたのである。なお、家康は一生のうちで合計七回甲斐入りしているが、信濃國は重臣に任せ、本人は、信長が武田勝頼を滅亡に追い込んだ時に、諏訪の法華寺で信長と会見した時を除き、信濃国に一度も足を踏み入れていないのは、意外ではある。

図：大久保七郎衛門忠世の指物「金の揚羽蝶」
『時代考証 日本合戦図典』笹間良彦（雄山閣）より
大久保忠世は信蕃と肝胆相照らす間柄であり、また康國・康眞の後見人でその関係からか、後世の依田氏の家紋には「蝶」をデザインしたものが多い。「揚羽蝶」「丸に揚羽蝶」「丸に三つ蝶」。

康眞以後の宗家

（紋章）蝶王ノ丸

『芦田系譜』には「丸ノ上ニ一蝶を画キ下左右ニ王ノ二字ヲ三蓋菱ノ如クニシテ画ク之ヲ名（ヅ）ケテ蝶王ノ丸ト称ス」とある。

現代の多くの依田氏

揚羽蝶

（旗本依田氏）丸に三つ揚羽

丸に揚羽蝶

写真：依田氏の家紋（４種）

2 前半後段

家康の甲信制覇と信蕃の佐久平定への戦い

⑯信蕃、計策をもって真田昌幸を徳川の味方にする

一、
右の分ばかりにては、委細聞こし召し分かられ難く候はん間、具さに書き付け仕り候。

天正十年壬午秋より、**依田右衛門佐**計策をもって、**眞田安房守**引き付け申し候。この義信州にて眞田安房守大名と申す。殊に先年の時分、武田信玄公の使番、その節は**眞田喜兵衛**武辺の行をも見聞き申し候儀に御座候故、右衛門佐もそのところを存じ寄り、眞田をさえ引き付け味方へ付け候はゞ、残る侍ども、手にたつ義にて御座無く候間、そのところを存じ、先ず眞田方へ午の秋、**津金寺**と申出家を遣わし、眞田対面、具に右衛門佐方へ返事御座候。それに就き、二度目に、**依田十郎右衛門**と申す者を眞田へ遣わし、弥和談に仕り、三度目に眞田安房守自身、**蘆田小屋之麓**まで参り候。右衛門佐も蘆田小屋より罷り出、眞田に対面仕り、直々よく談合御座候。その時、右衛門佐申す様。家康様へ深く存じ寄り候はゞ、起證文をもって申し上げ然るべしと、好み申され候えば、眞田尤もと同心仕り候。則證文を上げ申し候。この時眞田望むに、恐れながら、家康様御起證文を申し請けたき由申すに付て、右衛門佐方より眞田上げ申候起證文を持たせ、新府へ使いを越し、眞田の望の之段をも申し上げ候ところ、家康様殊の外御満足成せられ、家康様の御起證文を眞田に下され候、是を持って右の使新府より罷り帰り候。ところで、右衛門佐手前の起證文をも相添え、眞田方へ持たせ遣わし申し候。眞田別して忝く存じ奉り候。御起證文再三頂戴拝見仕り候由申し候。その時、眞田に一郡下さるべき由御約束にて御座候つる由承り及び候。その後、下されず候とて、眞田御不足を存じ候に付て、右衛門佐申す様、拙者手前は諏訪郡拝領申す。眞田には下されず候えば、最前御約束の筋目捨り申し候間、右衛門佐手前へ拝領申し候諏訪郡を差し上げ申し候間、これを眞田に下され候様にと申し上げ、諏訪郡を指上げ申し候。この替え地には、上野にて適地を下され候へば、私に伐ち平らげ申すべくに御座候。

〈要旨〉

・「右の分ばかりにては、委細聞こし召し分かられ難く候はん間、具さに書き付け仕り候。」

……右の書いた分（本書では①〜⑮の部分）だけでは、詳細がよく分かり難いという（尾張徳川家の）仰せがあり、これ以降を、さらに具体的に書き付けて再提出した。（⑯〜㉕）

・天正十年壬午（一五八二）秋より、**依田右衛門佐信蕃**は計策をもって、**真田安房守**昌幸を味方に付けた。その訳は、信州では真田安房守は大名である。殊に先年、武田信玄公の使番を務め、**真田喜兵衛**（昌幸前名）の武辺の行いをも見聞きしたので、右衛門佐もそのところを知っていたので、真田をさえ引き付け味方にするならば、残る侍どもは大したことはない、他も真田に倣うであろうという見込みであった。

・先ず真田方へ壬午の秋（天正十年秋）、**津金寺**の住職を遣わし、真田と対面した。具に右衛門佐方へ返事があった。それに就き、二度目には**依田十郎右衛門**を真田へ遣わし対面せしめ、三度目に真田安房守自身が、**蘆田小屋**（正しくは「三澤小屋」）**の麓**までやってきた。右衛門佐も三澤小屋より出て、真田に直々に会って、真田が家康に味方することについて話し合った。

・信蕃と真田昌幸が談合した時、右衛門佐は、真田が家康へ味方するということを堅く約束するとなれば、起證文をもってすべきであると言うと、真田ももっともであると賛成した。そして、真田は、すぐに家康宛に證文を書いた。この時真田が家康からの起證文を申し請けたいと言うので、右衛門佐より真田へ書いた起證文を持たせ、新府へ使いをやった。そして、真田からの望みの内容を家康に伝えたところ、家康は、ことのほか満足し、家康からの起證文を真田に書いてよこした。これを持って使いの者は、家康の陣している新府より帰ってきた。そこで、右衛門佐自身の起證文をも添えて、真田方へ使者を遣わして届けさせた。その時の起證文によると、真田に一郡を与えるという約束であった。その後、一郡を与えるという約束が果たされず、真田にとっては不足であるので、右衛門佐は、自分は諏訪郡を拝領したが、それを真田に下さるようにと家康に申し上げた。その替え地には、信蕃に上野国で敵地を下されば、信蕃自身が伐ち平らげますと申し上げた。

《康眞、尾張徳川家へ芦田氏の来歴を再提出》

著者である芦田依田康眞（この時点では加藤四郎兵衛宗月）は、いったん『芦田記』（依田記）の内容の文書（①〜⑮）を提出してはいたが、それだけでは詳細が分かりにくいということであったので、さらに、以下のこと（⑯〜㉕）を具さに書き付けて、**寛永二十年**未七月日（一六四三年七月、何日かは不明）に再提出した。しかし、この宗月の著わした『芦田記』（依田記）の記述内容は、幕府の編纂した『寛永諸家系圖伝』には載っていない。芦田依田氏の宗家が越前福井藩の陪臣ゆえ、幕臣の家系図を載せるべき『寛永諸家系圖伝』には載るべくもなかったのである。ちなみに載っているのは、宗家である「信蕃〜康國〜康眞」の系統ではなく、信蕃の次弟源八郎信幸の嫡男依田肥前守信守の系統「信幸〜信守〜信政〜信重」から提出された内容である。江戸時代になって幕臣旗本となったのは、この家系であるからである。しかし、『寛永諸家系圖伝』による（芦田）依田氏の内容には明かな誤りが多い。信蕃の直系の子孫が越前福井藩松平家にいることとは、幕府の編纂者は認識していない。山崎会理氏は、その論文『「依田記」成立の背景と由緒書への転換の可能性について』（長野県立歴史館研究紀要第18号、二〇一二年三月所収）の中で宗月の提出先は、幕府ではなく尾張徳川家（義直）であり、それは、宗月の娘が尾張徳川家の家老である竹腰氏の室となっている因縁によると述べている。後年に幕府によって編纂された『寛政重修諸家譜』には、宗月が著わしたその内容が採用され、より正確に記載されている。

これからここに記述する「前半後段」は、「前半前段」で語られていることも一部含まれるので、やや紛らわしいが、もう一度、前もってまずここに、紹介しておきたい。——**「家康の甲斐・信濃攻めに関係する信蕃の戦いの更なる詳細」**である。

⑯ 信蕃、計策をもって真田昌幸を徳川の味方にする。
⑰ 塩名田の戦いと岩村田城の攻略（⑬と重複）
⑱ 前山城を攻略し、そこへ移る。
⑲ 高棚城を策略で降す（⑬と重複）
⑳ 小田井城攻略、佐久の諸将が次々と臣従（⑬と重複）
㉑ 「追鳥狩り」
㉒ 新年の祝賀
㉓ 岩尾城攻城に焦り討ち死に（⑭と重複）
㉔ 松平康國、後見人大久忠世とともに佐久郡仕置へ（⑮と重複）
㉕ 佐久郡平定なる

《信蕃、真田昌幸を徳川方の味方にする》

依田信蕃は計策をもって、当時北条方についていた真田信幸を徳川の味方にするために奔走した。**真田昌幸**は天文十六年（一五四七）に真田幸隆の三男として生まれた。芦田信蕃の一歳年上である。信玄在世の頃は、武藤氏の名跡を継いで**武藤喜兵衛**と称していたが、長篠の戦いで兄の真田信綱と昌輝が討ち死にして後に、真田氏の宗家を継いで真田昌幸と名乗っていた。真田昌幸さえ味方に引きつければ、他の小侍はしれたものだと、信蕃は、最初、津金寺の和尚林鶴を真田昌幸のもとへ遣わして談合し、二度目に叔父**依田十郎左衛門**を遣わして和談した。三度目には真田安房守昌幸自身が、芦田小屋（三澤小屋）の麓まで来て、信蕃も芦田小屋を出て、真田と対面し、親しく談合した。ここにいう「**芦田小屋**」とは**三澤小屋**のことであろう。その時信蕃は昌幸に、家康へ存意ならば、起証文をもって申し上げるように言った。昌幸も、もっとものことと同意した。すなわち（家康へ）起証文を差し上げ、なお昌幸が望みの儀をも供して（家康がいる）新府へ使者を遣わした。家康は殊のほか満足し、起証文を昌幸に下さった。これに信蕃の起証文を添えて真田に使わした。昌幸は再三戴いて悦に入った。その後、「昌幸に一郡を与える約束であったが、まだ家康が実行しなかったので、昌幸が不満に思うであろう」と、信蕃は「拙者は諏訪郡を拝領し、昌幸には下さらず、最前の約束通り真田に諏訪郡を下されたい。自分は上州の内で敵地を下さらば自ら伐り平らげます」と言って、自分が拝領した諏訪郡を昌幸に譲った。その後、家康は小県郡を昌幸に与えた。

①真田昌幸に対して家康の起証文に加えて信蕃自らの起証文も添えたこと、②家康が領地の約束を果たそうとしないの

写真：真田昌幸
長野市松代町・原昌義氏蔵。

で、自分が拝領した諏訪郡を真田に譲ったこと、このことにも、信蕃の佐久人としての律儀な人柄が出ている。なによりも、戦国時代の権謀術数の駆け引きに長けた、海千山千の真田昌幸、後年、かの豊臣秀吉をして「表裏比興なる者」とまで言わせた真田昌幸を調略し、北条方から徳川方へ付かせた信蕃の手腕・智略は並の武将ではない器量の程が分かる。この場合は、信蕃の誠心誠意が昌幸の打算の心を動かしたともいえるであろう。時に信蕃三十五歳、昌幸三十六歳。ともに働き盛りであった。

　かくして、信蕃と真田昌幸は協力して、甲斐へ侵攻している北条軍の兵糧部隊を襲い、碓氷峠を始めとする上州と信州の国境の峠で断ち切ったので、糧道を断たれた北条は、家康と和議を結ばざるを得なくなり、小田原へ帰った。家康・芦田信蕃・真田昌幸の関係を図示化したものが、下記の図である。

真田昌幸　・天文十六年（一五四七）生まれ

芦田信蕃　・天文十七年（一五四八）生まれ

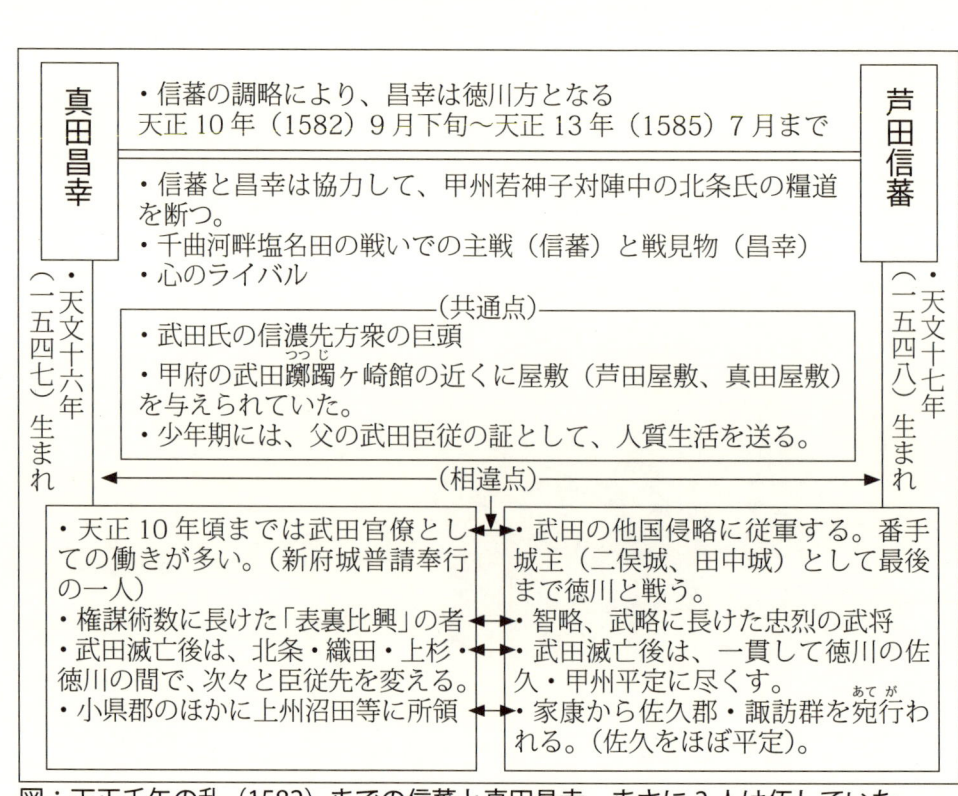

・信蕃の調略により、昌幸は徳川方となる
天正 10 年（1582）9 月下旬～天正 13 年（1585）7 月まで

・信蕃と昌幸は協力して、甲州若神子対陣中の北条氏の糧道を断つ。
・千曲河畔塩名田の戦いでの主戦（信蕃）と戦見物（昌幸）
・心のライバル

（共通点）
・武田氏の信濃先方衆の巨頭
・甲府の武田躑躅ヶ崎館の近くに屋敷（芦田屋敷、真田屋敷）を与えられていた。
・少年期には、父の武田臣従の証として、人質生活を送る。

（相違点）

真田昌幸	芦田信蕃
・天正 10 年頃までは武田官僚としての働きが多い。（新府城普請奉行の一人）	・武田の他国侵略に従軍する。番手城主（二俣城、田中城）として最後まで徳川と戦う。
・権謀術数に長けた「表裏比興」の者	・智略、武略に長けた忠烈の武将
・武田滅亡後は、北条・織田・上杉・徳川の間で、次々と臣従先を変える。	・武田滅亡後は、一貫して徳川の佐久・甲州平定に尽くす。
・小県郡のほかに上州沼田等に所領	・家康から佐久郡・諏訪群を宛行われる。（佐久をほぼ平定）。

図：天正壬午の乱（1582）までの信蕃と真田昌幸、まさに 2 人は伍していた。

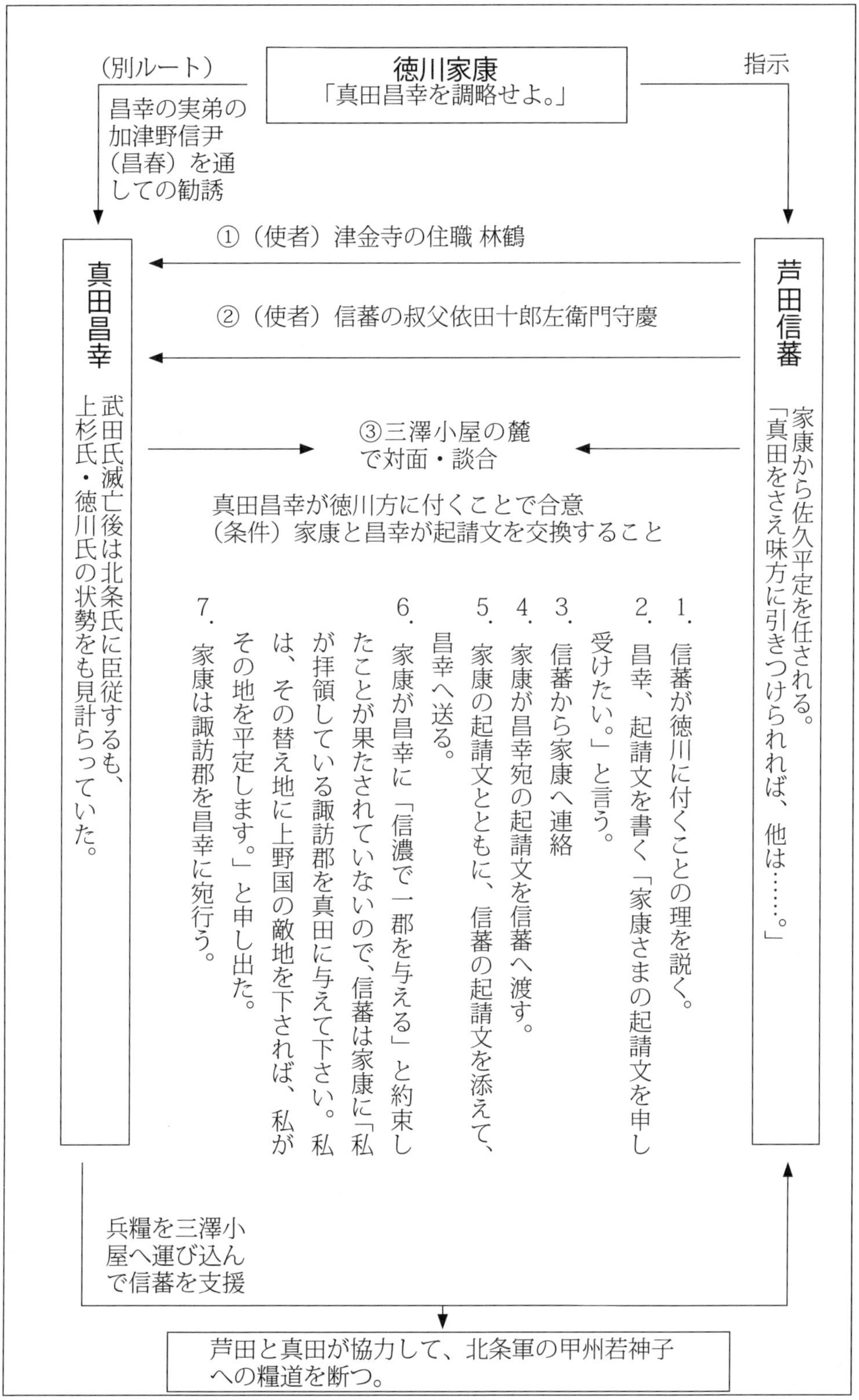

図：真田を調略し、徳川方へつけた信蕃

⑰千曲河畔塩名田の戦いと岩村田城攻略

一、

眞田も御味方に罷成候験にと申し、**右衛門佐**と申し合わせ、**岩村田**と申す地を攻め取り候はんと申し、**眞田**は**八幡平**と申す所に陣を取り、**筑摩川**の左に人数を立てなべ罷り在り候。右衛門佐は筑摩川を打ち越し、**鹽名田**と申す所に越し上げ、すなわち川にて濡れ候人数を集め、それより岩村田へ働く。その川口に敵突いてかゝり候ところ、右衛門佐自身眞先に馬を入れ、乗り崩し候。人数二、三百も討ち取り申し候様に承り申し候。その時、家康様より御感状直判頂戴の者、**右衛門佐**、依田善九郎、同源八郎、家中の者には、依田左近之助、依田主膳、奥平金弥、依田豊後、この者どもに御座候。そのまゝ、眞田も上田へ罷り帰り、右衛門佐も人数を入れる。その後、ぬかずきて**岩村田**の者ども降参仕り、岩村田右衛門佐手に入り申し候に付て、名代に依田勘助と申す者を指し置き申し候。

〈**要旨**〉

・**真田**昌幸は徳川方になった証にと、**右衛門佐**と申し合わせ、**岩村田**という地を攻め取ろうということで、真田は**八幡平**と申す所に陣を取り、千曲川の左岸（西岸）に人数を立てならべていた。

・右衛門佐は千曲川を渡り越し、**塩名田**という所に越し上げ、川で濡れた人数を集め、それより**岩村田**へ攻める。その川口に敵が突いてかゝるところを、右衛門佐自身眞先に馬を入れ、敵を乗り崩した。その時、人数二、三百も討ち取ったと聞いている。

・その時、家康より感状と直判をいただいた者は、**右衛門佐**・依田善九郎・同源八郎、そして家来では、依田左近之助、依田主膳、奥平金弥、依田豊後（石原豊後とも）であった。

・そのまゝ真田も上田へ帰り、右衛門佐も人数を入れる。その後、ぬかずいて**岩村田**の者どもは降参した。

・岩村田を右衛門佐は手に入れることができたので、依田勘助を城代として置いた。

〈**注解**〉

佐久郡全部を支配下におこうとした信蕃は、大井美作守（雅楽助とも）を岩村田城（岩村田館・大井館）に攻めた。彼は

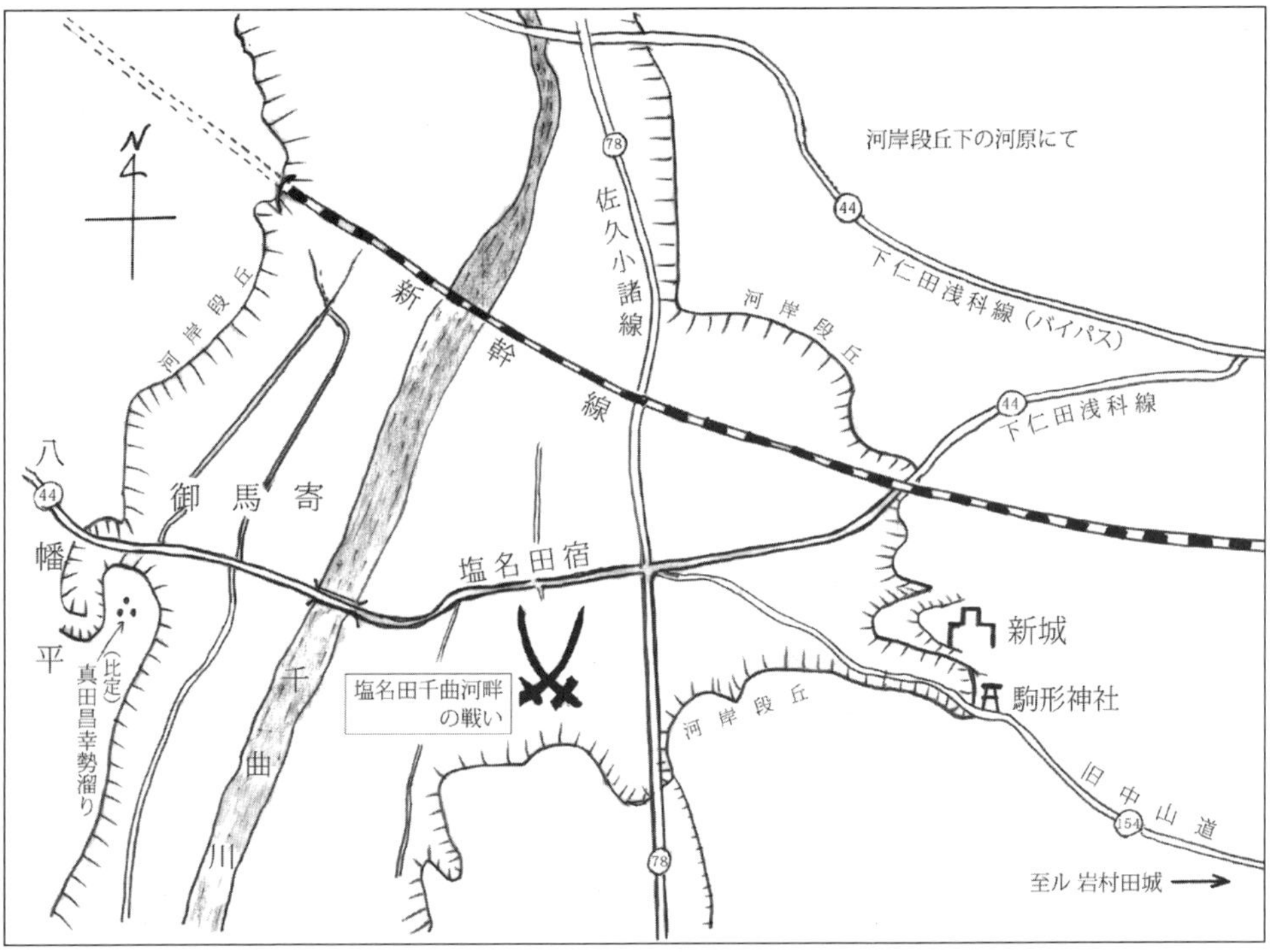

図：千曲河畔塩名田の戦い

武田の旧臣であったが、武田氏滅亡後は北条方に属し、あちこちの地侍を調略しようと図っていた。岩村田城は北から南へ年代順に石並城（いせなみじょう）・王城・黒岩城と分かれているが、当時の大手は黒岩城方面であったと推定される。

《千曲河畔塩名田の戦い》

信蕃は真田昌幸と申し合わせ、岩村田城の西方約六kmの千曲河畔塩名田で岩村田衆と戦っている。この時、昌幸は千曲川の左岸（西岸）の河岸段丘上から、信蕃の戦いぶりを観戦している。塩名田とは北佐久郡浅科村（現佐久市）塩名田（千曲川の右岸）にある。真田昌幸が陣取った「八幡平」とは、千曲川左岸で浅科村（現佐久市）八幡（やわた）であろうか。千曲川からは少し離れすぎではあるが、中世には、現在の八幡～下原～御馬寄あたり一帯を八幡平と称したのかもしれない。具体的に昌幸が兵を率いて、信蕃の戦いぶりを千曲川左岸で観戦したのは、御馬寄（みまよせ）の河岸段丘上であると推定される。

川西方面から千曲川を越え岩村田城へ向かう信蕃軍に対して迎え討つ形で、岩村田勢は城から出て塩名田の東方に陣をしいていた。そこは、現在もある駒形神社（佐久市下塚原）付近の段丘上と推定できる。駒形神社の北に「新城」と地字名のある場所があるが、そこは、農地改善によって改変され、

写真：八幡平からの眺望

写真：岩村田勢は駒形神社にも陣した。

現在水田や畑と化しているが、千曲川方面への展望もよく、信蕃が進撃して来ようする塩名田地区を見下ろし、軍勢の足溜まりとしての地の利がある。また、字「新城」の地形は、簡単な堀切りや土塁が存在した形跡がある。塩名田方面と岩村田方面を連絡する道が続いている。対陣する場所としては十分考えられる条件がそろっている。

この戦いをもう少し細かく見てみよう。――信蕃は、水が深くて兜を浸すほどであったが、岩村田城攻略に向けて直ちに千曲川を渡った。しばらく鹽灘（塩名田）で兵を整え、敵勢の観察に努めた。時を見計らい強弱を測ろうとして、少しだけ攻めて速やかに兵を引かせた。敵はそれを追って進軍してきた。信蕃は殿（しんがり）して、千曲川河畔まで一端引いて、敵を東の河岸段丘上から下へ誘いだしておいて、急に全軍の体制を整えて反転し、勇んで攻めてくる岩村田勢に襲いかかった。「大返し」という戦法である。武田氏・徳川氏・今川氏・北条氏といった戦国の中央の戦いを経験してきた歴戦の信蕃軍の前には、岩村田勢はものの数ではなかった。信蕃は、馬を馳せて敵中に入り、四方にあたった。しかし、敵は一気には崩れはしなかった。時に歩卒が二人、鎗を構えて左右より信蕃を突こうとした。信蕃は両手にその鎗をつかみ、勇をもって力戦するといえども、なおも危うかった。家臣の芦田川又左衛門某が走ってきて敵を倒したが、その身も創をこうむった。そして、信蕃はまぬがれることができた。味方の軍勢がこれを見て一時に競って進み出たので、敵は戦い屈して四方に離散した。

《岩村田城を一気に攻略》

城将の大井氏は岩村田城目指して一里半の道程を走り、城中に逃込んだ。信蕃はいったん兵をまとめて追い討ちして城門に至った。大手は南端の黒岩城と称される郭である。現在

写真：岩村田の黒岩城の大手
現在は白山社

黒い色の大岩があるが、そこに城門があったといわれている。現在そこには白山社が建っている。信蕃軍は追討して城門に至った。この時、信蕃に通じていた大井氏の家臣が、城中に火を放った。城主である大井美作守（雅楽助）は。北条氏の勢力を背景に岩村田城主となった人物といわれている。天文年間、大井貞隆が小県郡長窪城で武田信玄に降って以来、信玄の佐久侵入の頃から、岩村田には大井宗家は形をなさず、岩村田城は地侍達が守ってきていた。そこへ、かつての主君大井氏を名乗るが、よく得体の知れぬ大井美作守がおさまったことには、多くの武士が反感を抱いていたといわれている。その者達が信蕃に内応していたのである。三澤小屋へ兵糧を密かに運び入れていた中沢五郎源助久吉・高附六左衛門久利・原庄左衛門長正・原太郎兵衛などである可能性が高い。城内から放火したので、まもなく岩村田城は陥落した。この日、信蕃軍の大勝であった。敵の首を得ること三百余級であった。心のライバルとして意識している真田昌幸を八幡平まで出張させた上に、加勢せずにわざわざ観戦させて、その目の前での完勝で、信蕃は溜飲を下げたにちがいない。真田昌幸は終始兵を動かすこともなく、敵が敗れるのを確認すると本拠の小県郡眞田の砥石城（戸石城）に帰って行った。

この時の真田昌幸の心中はどうであったであろうか。――

写真：八幡平方面から見た千曲川

「さすが芦田殿。武田家中でもその人ありと言われていただけのことはある」、「大井氏をいとも簡単に蹴散らしてしまった。これはなかなか手強いぞ。これから先の芦田氏との関わり方をしっかりと考えねばなるまい」、「軍勢を動かす大将ともあろう者が、兵よりも先に馬を乗り入れて戦うとは、匹夫の勇である。この戦いで強さを見せつけてくれたが、危ないところもあるな」。あるいは、「ともに徳川家康の傘下に入ったが、領地は隣同士である。かれの今後を見極めて、身の処し仕方を考えねばなるまい」――真田昌幸は、この時から三年後の天正十三年（一五八五）七月、徳川軍との間の第一次上田合戦の時に、徳川軍を翻弄し、敗走させたほどの人物である。この時観戦した時でさえ、並の武将とは違うものを得たに相違ない。権謀術数に長けた希代の武将真田昌幸が、不敵な表情を浮かべ、馬上悠々と本拠である砥石城へ帰る後ろ姿が目に浮かぶようである。

　さて、岩村田城を陥落させた信蕃は、家臣**依田勘助**某を岩村田城代として入れた。大井氏を倒したあとの岩村田城を守る武将としては、それなりの重臣でなくてはならない。『寛政重修諸家譜』第三百五十六にある依田氏系譜にある蘆田依田下野守信守の三弟（信蕃の叔父）に**依田勘助信光**なる名前があるが、その人物だろうか。あるいは家臣の**依田勘助但馬**

守元吉（または伴野小隼人？）かは検討を要する。これより大井の家臣はみな信蕃に属した。中澤・高附・原・小池・岩瀬などはそれである。『芦田記』（依田記）によると、岩村田城攻めで信蕃のほかに依田源八郎（次弟信幸）・依田善九郎（三弟信春）・依田左近助（叔父守俊）・依田主膳・奥平金弥（戸田金弥）・依田豊後（石原豊後）が、家康より感状を与えられている。このうち依田豊後を除く六名は、織田信長に信蕃が命を狙われていた時に、家康の援助によって遠州二俣の奥小川に隠棲した主従六名でもある。

《芦田三兄弟の年齢順について》

ここで少々気になることがある。信蕃の次男である康眞の筆による『蘆田記』（依田記）のこの記述で、「家康様より御感状直判頂戴の者、右衛門佐、**依田善九郎、同源八郎**、……」と表記されていることである。右衛門佐は芦田信蕃のことである。依田善九郎は信春、同源八郎は信幸のことである。芦田氏は宗家だけが芦田を名乗り、それ以外は依田氏を名乗ることから、姓の違いは理解できるが、ここで注意しておきたいのは、「信蕃～信春～信幸」の順に記述されていることである。多くの歴史書では、信蕃の次弟は信幸、三弟が信春としているが、ここでは信幸と信春の順番が逆になっている。ちなみに、『寛政重修諸家譜』を繙くと「信蕃～某（善九郎）～信幸」となっている。『蘆田記』（依田記）と、それを基にできている『寛政重修諸家譜』でともに「善九郎～源八郎」という順序になっていることからして、この兄弟の順番が「信蕃～信春～信幸」と解釈されることもかなりある。

しかし、可能性としては、信幸の嫡男肥前守信守が、天正十年の芦田信蕃軍の戦いや戦略の中で、重要な役割を何度も果たしている（むしろ、父信幸よりもその活躍ぶりが目だっている）ことからして、肥前守信守は、十代の半ばすぎの年齢（十六、七歳か）であったと推定されるから、信幸が三弟では若すぎ、その子が活躍するような年齢に達することはない。ちなみに、天正十一年の時点での信蕃の嫡男竹福丸は数え十四歳、妻を迎えたのは兄の信蕃よりも信幸の方が早かった可能性もある。また、岩尾城でともに銃弾によって命を落とした時の信蕃（数え三十六歳）、信幸（数え三十四歳）ということからしても、三兄弟の順番は、やはり、通常理解されている通り「右衛門佐～源八郎～善九郎」、つまり「信蕃～信幸～信春」の順番に収まるのが妥当であろう。

しかるに、少なからぬ歴史書では、次弟と三弟の順番が「善九郎～源八郎」（信春～信幸）となっている。翻って、発想の転換をすると、源八郎信幸ではなく「善九郎信幸」であり、善九郎信春ではなく、「源八郎信春」であった可能性もここでは指摘しておくにとどめたい。

真田昌幸は信蕃軍の戦いぶりを対岸で観戦

写真：西方の八幡平から右へ折れて前方の高台へ

写真：段差を上って段丘の端で信蕃軍を観戦

写真：真田昌幸の勢溜り場（推定）

⑱前山城を攻略し、伴野氏を滅ぼす

一、

前山と申す城、右衛門佐責め取り申す刻、午霜月、右衛門佐も蘆田小屋を罷り出で候て、前山城へ移り、しかと存じ居り申し候。

〈要旨〉

・**前山城**を右衛門佐信蕃が攻め取った時、天正十年（一五八二）十一月、右衛門佐も蘆田小屋（春日城）から出て、前山城へ移ったということを、はっきりと記憶している。

《**前山城と伴野氏**》

前山城は佐久市野沢前山にある山城である。蓼科山の東北に延びる一支脈が佐久平に延び切った先端部に位置する。城の軸は北東から南西に延び、北側は四十mほどの崖である。崖下を西から東へ北沢川が流れている。東側からいくつかの段郭（後世畑と化している）を経て本郭に至る。そこから南西へ一段下がって二ノ郭があり、そこから西下に下がって郭があり、その西に第一堀切がある。その堀切から北方下方を望むと仙翁寺がある。第一堀切から西は三ノ郭へと続く。三ノ郭の西側（外側）には、土塁と第二堀切がある。さらに地山方面へ続く尾根を西方へ六十mほど進むと、**二重の堀切**（第三堀切・第四堀切）がある。城域の東西は三五〇mを越える。その二重堀切の南方下方に水の手があったといわれている。現在その南付近に伴野神社と前山寺（旧泉福寺）がある。また、前山城東下には旧前山小学校跡があるが、そこは伴野氏の前山城館があった可能性が高い。江戸時代にそこには幕府の代官屋敷があったといわれているからである。城の東北に「宿城」と呼ばれる小高い岩山があり、上は平地になっている。これは見張り台の役割を果たしたと思われる。この「宿城」から西方の前山城まで、空堀とその南に沿って土塁がかつてあった。土塁の南方の居屋敷の所を「土手の中」と称している。また、居屋敷の南方にも堀（水堀）があったといわれる。イメージからすれば、前山城の東城下に宿城があったことになる。宿城の東方一帯は湿地帯があったという。宿城は北と南は堀と土塁で防備され、東は侵入を拒む泥田であったことになる。

武田氏は、ここを佐久における有力な基地としている。東方の内山城とともに、山城下には集落が形成され、武田軍の「宿城」として利用されたのである。物流の中核をなすよう

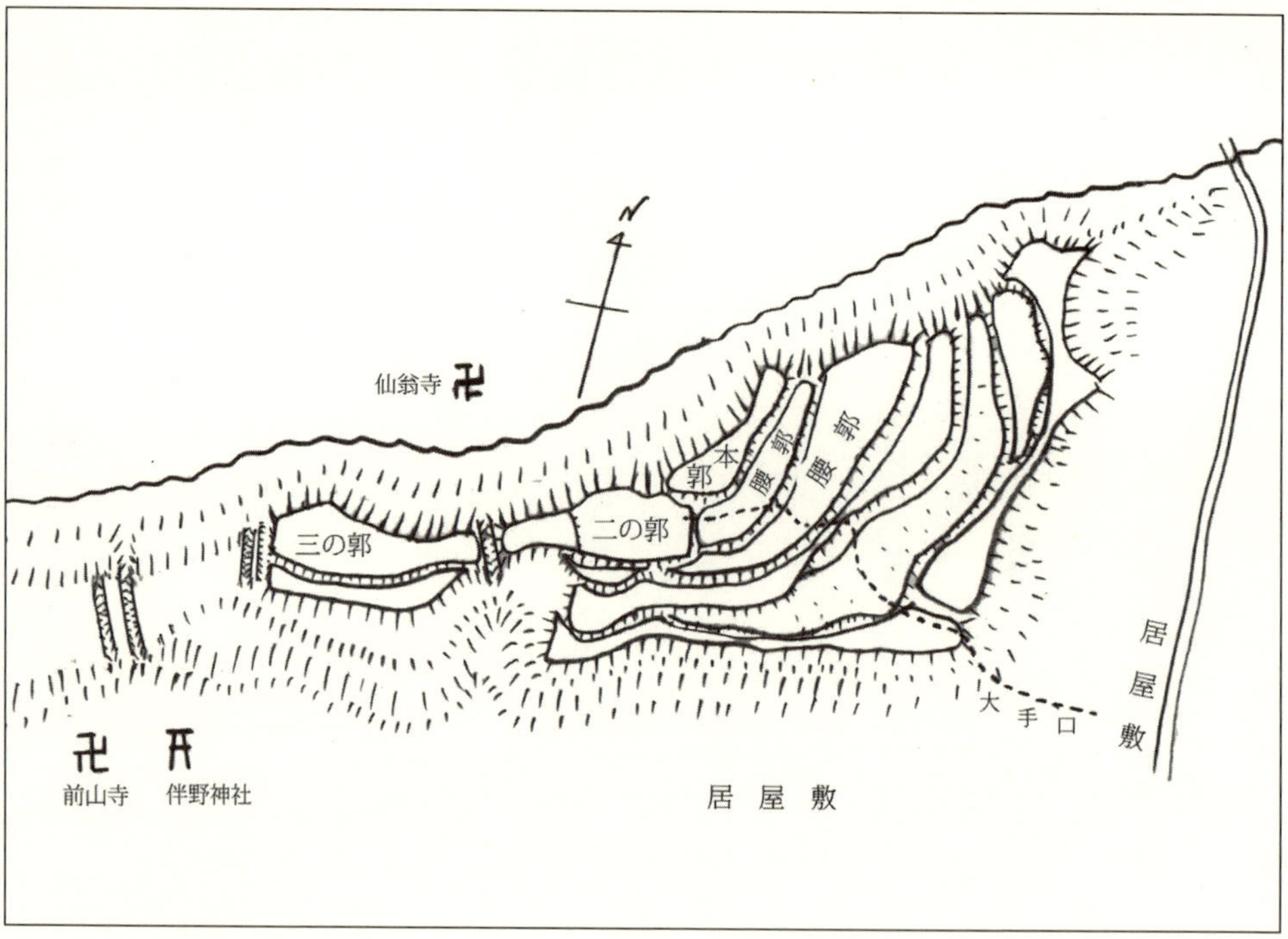

図：前山城縄張り
佐久市前山字城山　（調査）昭和59年10月・市村

な所で、兵站基地としても活用されていた。いわゆる宿城は、前山城のほかには、佐久地方では内山城、稲荷山城（勝間ケ反砦）、海尻城などが知られている。

前山城は、元来、佐久地頭伴野氏の要害城で、その根拠地の野沢城（野沢館）は東方二・五㎞の千曲川西岸に近く平坦地にある。北隣の庄の大井氏との抗争の中で文明年間に要害の地を求めてここに築城した。周囲をみると、千曲川を東から北の防衛線とし、西から南には蓼科山系の北東に延びる支脈上に支城群を配置していた。長坂城（日向城）・虚空蔵山狼煙台・宝生寺山砦・物見塚・前山古城・荒城（新城）・荒山城（新山城、大沢城）などである。また、立地からすると前山城は、佐久平の大部分を展望できる所に位置し、花岡狼煙台・勝間ケ反砦（稲荷山城）・田口城・平賀城・内山城・志賀城・高棚城・平尾城・岩村田城・岩尾城など佐久平の諸城を一望できる。

武田信玄は天文十七年（一五四八）九月に前山城を攻略している。ちなみに、芦田信蕃が現北佐久郡蓼科町芦田にある芦田城で生まれた年にあたる。伴野氏は以後武田の臣下となり、一応は所領や城は安堵されていた。鎌倉以来の小笠原氏の系統の佐久の二大名族（大井氏・伴野氏）の一方であった伴野氏ではあるが、武田臣下になってからは、芦田氏や相木

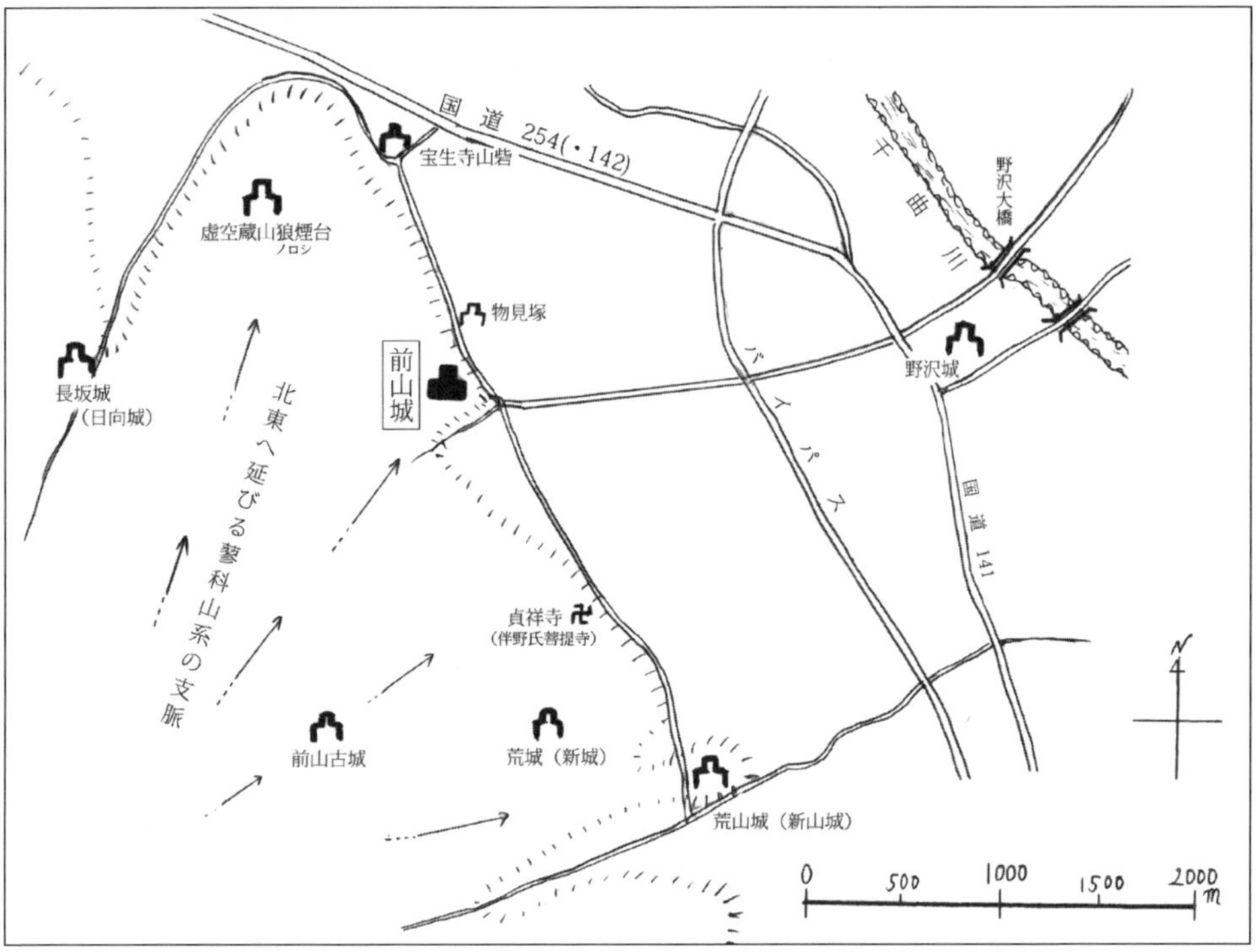

図：前山城と支城群

氏ほど目だった足跡や戦歴は残していない。

天正十年十一月四日、**信蕃**は前山城に**伴野信守**とその子**貞長**を攻めた。（第二次前山城攻め）。攻撃には徳川の柴田康忠・菅沼定利らの加勢もあった。この戦いで城主伴野信守は戦死したものと思われるが、落ち延びて後に病死したという説もある。また、落城の日についても諸説がある。子の伴野貞長は城から逃れて小田原の北条氏を頼って佐久から去った。（貞長の後日の動向については、後方ページ参照）。

「貞祥寺開基之由」によると、小笠原源氏の名門**伴野信守・貞長**の父子は芦田信守に降るを恥とし、武門の意地にかけて前山城に籠り、年寄り・女・子供を城から去らせ、十一月四日の決戦で、自害及び逃亡して、中世佐久郡の名族伴野氏は滅亡した。芦田信蕃は、去る十月二十六日に芦田小屋（春日城）を北条方から奪還し、その後拠点を蓼科山中の三澤小屋から芦田小屋（春日城）へ復していたが、今回前山城を攻略したので、居を前山城に移した。さらに、短日にして田口城へ移ることになる。

岩村田城の攻略に引き続いて、前山城の伴野信守・貞長父子を攻略することが、信蕃の次の攻撃目標となっていたのである。伴野氏は大井氏と並んで鎌倉時代以来、佐久郡における武士の筆頭格として君臨してきた名族であった。特に、芦田氏と伴野氏の間では、かつて、佐久郡根際での領地をめぐる争論があり、武田信玄の裁定を仰いだことがあり、それ以来犬猿の仲である。誇り高き伴野氏が蘆田依田氏の風下に立つことは到底考えられなかったのである。

前山城攻略の過程を詳しくみてみよう。まず、信蕃は三澤小屋へ籠もって、北条氏直や小諸城代大道寺政繁の攻撃に抗しているが、一方、そこからゲリラ的に出ては、北条方についた佐久の土豪（城持ち武将）を攻めている。その一環として前山城をも攻撃してきている。岩村田城攻略以前の時点に遡るが、そこからみてみたい。

《第一次前山城攻め》——天正十年七月

七月十六日、芦田信蕃は、甥にあたる依田肥前守信守（次弟信幸の嫡子）をして、前山城の伴野氏を攻撃している。依田肥前守信守は、当時やっと十代半ばになったばかりの年齢であったと推定される。城下を焼き討ちし、攻め立てたが、落城させるまでには至らなかった。この戦いについて、当時九歳の桜井村の諏訪十という子供が、城中に入ってこの戦いを見ていて、後に彼が語った「諏訪十物語」が、『四隣譚藪』（佐久の江戸中期の郷土史家である吉沢好謙が著わした）の中にあり、その戦いの様子を垣間見ることができる。

伴野家の士、桜井某の子、諏訪十といふ童あり。九歳ばかりの時、桜井村において七月十六日、里童とつれて川辺に遊ぶ。……（家に帰った時、誰もいなかった。もし城に変事があった時には城に来るようにという父の教えに従って城に向かい、敵と城との間に出る。敵の鎧武者に襲われたが、危うくのところで城中にいた伯父に助けられた）。……ややありて四方を見れば、城中白髪の大将有りて下知をなす。諏訪十なほ塀に添て尿をする時に、敵時の声をあげて潮のわく如く鉄砲を打事あられの如し、其矢、諏訪十が前髪を射けずりて戸外の柱に当る。

其際、東の塀に敵大勢付きて曳くや声を出し、数十間に手をかけたり。此時城中に腹巻（鎧の一種）したる女将一人、長刀取りのべ、塀にかかりたる手を縦横にはらへば、しばらくして敵兵皆退散したり。終に其日の戦やみて城外を見れば、田間にむくろあまた伏てあり。首なければかたち箕に似たりとかや。稲も畔も血しほに染まれり。その余、童心にて始終をつまびらかにせずと語る。

この前山城の攻防戦は七月十六日のことであるが、落城までには至らなかった。

ところで、**伴野氏**は、千曲川沿いの西岸（左岸）に平城の野沢城があり、野沢城は平城とはいえ、二重の水堀と土塁に囲まれた館（野沢館）である。**前山城**が西方の蓼科山東端に延びた支脈の一つの突端にある。ここでいう「伴野城」とは、いずれを意味するのかは、はっきりしないが、敵が落としてよこした大石により疵を負ったという者が複数いるので、山城である前山城であろう。また、平城の野沢城では、この頃鉄砲も当然使われていたことであろうから、芦田依田勢の激しい攻撃によって、あまり長く持ちこたえられずに落ちる可能性がある。七月の時の攻防で落とせなかったということは、「伴野の城」とは「前山城」であろう。

この時、依田肥前守信守は、敵が落とした石のために負傷したこともあって、後詰めの北条軍が伴野氏の援軍に到着する前にと、三澤小屋へ退却している。依田肥前守信守は、直後の七月十九日、家康より感状をもらっている。『寛永諸家系圖伝』には次のように載っている。

〈家康の感状〉

今度至**伴野**地相働蒙疵之由、寔無比類儀候。殊二宿城迄悉令放火、数多被討捕之由、尤も候弥馳走候者可為本望候。恐々謹言

七月十九日　**家康**御在判

依田肥前守殿

（訓読）

今度**伴野の地**に至って相働らき、疵をこうむるの由、まことに、比類なき儀に候。殊に宿城までことごとく放火せしめ、数多く討ち捕らるるの由、もっともに候。いよいよ馳走候わば本望たるべく候。恐々謹言

これは、北条氏直が碓氷峠を越えて佐久へ侵入し、蘆田勢は三澤小屋に籠もっていたころのことである。徳川からの援軍を得たこともあり、三澤小屋から出没し、当時十代半ばの若さであったと思われる**依田信守**が、信蕃に主将を任された。「殊二**宿城**迄悉令放火(殊に宿城までことごとく放火せしめ)」とあるので、前山城が「宿城」であったことがここからも判明する。七月十六日の前山城攻城戦の軍功に対して、甲州入りしていた家康が、早速月十九日認めて出した感状である。十六日のことを**信蕃**が書状で、当時甲州市川の陣（通称「御(ご)屋敷(やしき)」）にいた家康に送り、即座に十九日に家康が発行したも

のである。信蕃としても北条から攻められて、三澤小屋に籠城したばかりの、抜き差しならぬ状況にあった時のことである。戦国のこの時代の情報伝達の早さと、家康の素早い対応に驚かされる一件である。

《戦国時代の情報伝達》

また、家康と信蕃の間で飛脚（遣い番、忍者のような役目）を果たす信蕃の家臣や家康の使いの者が活躍していたことが、この裏にあることが想像できる。戦国時代にも、情報戦は大事な役割を果たしていたのである。家康と信蕃の間の飛脚の役目を果たしていたと推定される人物には、次の者が考えられる。

・重田周防（すおう）守國
……天正十年五月二十三日没、信蕃の叔父左近助守俊の妻の弟、遠州二俣の奥小川に信蕃が隠棲していた時に、飛脚（遣い番）の役を果たす。何回目かの遣い番の帰途、織田方に遭遇して討ち死に。

・岩下甚左衛門角弥守胤（もりたね）
……三澤小屋より八ヶ岳山系を経てしばしば新府城へ飛脚を果たす。春日郷の奥に「岩下」という地籍があるが、そこと関係しているか。

・柳沢元目助
……信蕃の妹婿、信蕃の情報網を統括（↑市川武治氏教示）。柳沢氏は修験として、各地にその配下と情報網を持つ。

・乙骨（おっこつ）太郎左衛門
……諏訪郡乙骨の名主、五味氏、三澤小屋籠城中に連絡案内役、八ヶ岳周辺の地勢や情勢に詳しく、地元の名主として家康と信蕃に様々な関わりや役目を果たした。

・石上菟角（とかく）之助
……元今川家臣、遠州二俣城の守城戦の時に信蕃に属す。後に大久保忠世の臣となる。忠世の遣いで三澤小屋の信蕃と連絡役を果たす。

これらの人物の存在なくして、三澤小屋に籠もる信蕃が家康と交信したり、様々な甲信の情報、徳川・北条の「若神子の対陣」の状況を的確に把握し、それに対してすかさず対処するという行動にでることはできなかったであろう。

〈第二次前山城攻め〉——天正十年十一月

依田信蕃が前山城を落とすのは、徳川との和議が整い北条の主力が関東へ去った十一月である。佐久平定のこれまでの経緯からすると、この時の攻城軍の総大将は、依田信蕃であった。しかし、『蘆田記』（依田記）以外で、それを証明する文献は残っていない。かろうじて『武徳編年集成』に、前山城攻略に関して述べられている。

> 去月以来、**伴野刑部**一揆を起し楯籠る信州小縣郡（↑佐久郡が正しい）**前山城**を、菅沼大膳亮定利、柴田七九郎康忠、**依田右衛門佐信蕃**に甲信先方の士を添て攻らる。城兵度々突出合戦す。味方一宮修理、松澤五助、合せ槍を雨宮故十兵衛家次が子平兵衛、市川内膳清成、土屋三郎右衛門、槍下の功名有り。山中主水介行、小幡藤五郎昌忠、崩れ際或は守返し際の功を顕す。川窪與左衛門、三枝平右衛門、先登し、小尾監物、小池筑前等働あり。敵尚防ぎ守ると云々。

徳川からの援将にスポットが当てられ、信蕃は単に先方の将として記述されている。——これを一例として、佐久平定作戦における依田信蕃が、何人かいる徳川方諸将の中で、先方の一武将にすぎなかったということを指摘している歴史家もいるが、賛成はできない。『武徳編年集成』は、江戸時代に幕府方からの視点で編纂されたものであることを知っておく必要がある。文献主義にあまり陥りたくはない。また、芦田依田氏を半ば身内としている者が著わした『三河物語』（大久保忠教著）においてさえも、その内容からは、あくまでも徳川が中心で、信蕃は脇役として記述されている。そういう執筆の姿勢の傾向は避けがたいことではある。しかし、本能寺の変後の佐久平定作戦の動静、佐久の武将（土豪）に対する徳川方としての顔、相手との交渉や投降の勧誘、合戦の実際のどれ一つとっても、信蕃の智略・武略が佐久の諸将の前面（全面）に関係しているのである。

九月以来、**伴刑部**(伴野刑部)が楯籠もっている**前山城**とは、現佐久市野沢前山にある。**依田右衛門佐信蕃**と共に、菅沼大膳亮定利、柴田七九郎康忠が攻めている。菅沼は援軍であり、柴田は軍監である。あくまで主力は依田信蕃の軍勢であり、主体は信蕃であろう。総勢二〇〇〇の軍勢であった。前述の三澤小屋へ籠もった武将の名簿一覧からすると、その各々が五人前後の家人や配下を従えているわけで、ここでいうように総勢二〇〇〇というのは、荒唐無稽な数字ではなさそうである。総攻撃は十一月四日とされているが異論もある。『武徳編年集成』で攻城側の士として他に名前があるのは、列挙してみると次の面々である。

・一宮修理・松澤五助・雨宮故十兵衛家次が子平兵衛
・市川内膳清成・土屋三郎右衛門・山中主水介行
・三枝平右衛門（三枝昌吉の関係か）
・小幡藤五郎昌忠（柴田康忠の臣、岩尾城攻撃にも功、平原宮内の刃傷事件で宮内を成敗）
・川窪與左衛門（川窪新十郎信俊、信玄の異母弟武田信実の子、信玄の甥）
・小尾監物（津金衆）・小池筑前（津金衆）

『武徳編年集成』では、さらに十一月の項で、次のように述べている。

主殿助家忠、**佐久郡勝間ガ反砦**を修築すべき旨、命を蒙る。又柴田七九郎康忠を部将とし、**依田**が兵を魁首として、今日**伴野刑部**が佐久郡**前山城**を攻抜、城主をば石黒八兵衛、是を討捕、刑部は小笠原の庶流にして、數代刑部と稱し、弓馬の譽あり。此時家亡び、其名を失ふ。右寄手、高棚小田井の城をも攻め、是を降し……

写真：前山城（東方から仰ぐ）

松平主殿助家忠は佐久郡**勝間ガ反砦**を修築するように家康から命じられる。徳川直臣で築城の随一の名手である松平家忠によって、**勝間ガ反砦**（稲荷山城）は本格的な縄張りを備えた城に改修された。後日、依田肥前守信守が康國によって「依田四十七騎」を与えられ、守備につくことになる。（稲荷山城こと勝間ケ反砦の本郭のすぐ西側に「肥前郭」と称される比較的大きな郭跡があるが、この砦（城）を依田肥前守信守が主将として守備した時期があることに由来する。

右の『武徳編年集成』の記述によると、柴田七九郎康忠を部将とし、**依田信蕃**の兵を魁首として、伴野刑部の前山城を攻め落とす。前山城主**伴野刑部**を石黒八兵衛が討ち取ったとしている。七月の戦いの時に諏訪十少年が目にした、部下に命令していた白髪の大将とは、この**伴野刑部信守**のことであろうか。伴野氏は小笠原氏の庶流で数代刑部を名乗っていた。弓馬の誉れある家系であったが、この時実質上滅亡した。信守の子伴野貞長二十歳は関東へ逃亡し、小田原の北条氏を頼った。貞長は後に、佐久奪還を複数回試みているが、それについては後述する。落城後、依田信蕃は、前山城を仮の本拠とし、妹婿である柳沢元目助を前山城代に据えた。

後日、いったん逃亡した伴野貞長が奪還に襲ってくることを察知して、翌天正十一年一月二十八日に信蕃自身が前山城に在城し、二月三日、伴野貞長が前山城奪還を期して攻撃してきたが、信蕃はこれを迎え撃ち撃破している（『貞祥寺歴代伝文』）。この時、伴野貞長は討ち死にしたという説もある。しかし、天正十八年（一五九〇）の小田原合戦の前哨戦として行なわれた相木能登守市兵衛と伴野貞長が、相木谷に挙兵し、（芦田依田）松平康國軍と相木城・白岩城・木次原で合戦し、伴野貞長は討ち死にしたことになっているが、その貞長との整合性がつかない、あるいは、後出の貞長は伴野氏一族の別の人物である可能性もある。

その後、家康の指示で、伊那衆の知久氏が前山城代として入っている。依田信蕃自身は、天正十年十一月中には、今後の本拠として適地であるとかねがね思っていた**田口城**の南麓に居館を構えている。前山城は山城ではあるが、これからの佐久郡全体を支配するためには小規模であると判断したのである。前山城から千曲川を挟んで東の対局にある田口城は、がっしりとした山塊の、いかにも防備に優れた山城である。そこは、つい先日まで相木能登守市兵衛の居城であったが、彼はすでに信蕃の勢いに、戦わずして関東へ逃亡してしまっていた。信蕃には、そこを本拠として佐久郡を統治する構想があったのである。

⑲高棚城を策略で降す

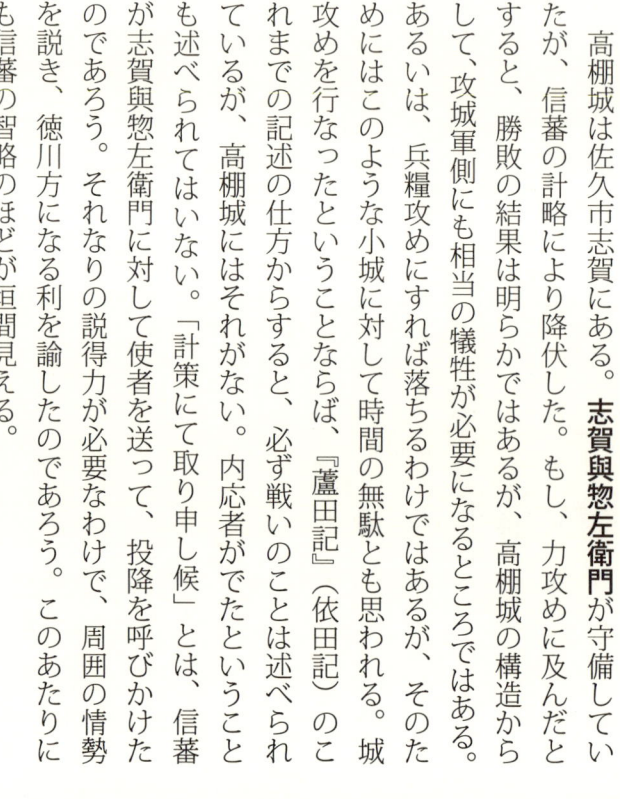

写真：志賀川の支流瀬早谷川から見た高棚城

一、

高棚と申す城計策にて取り申し候。

〈要旨〉

・高棚城を計略で攻略した。

〈注解〉

高棚城は佐久市志賀にある。**志賀與惣左衛門**が守備していたが、信蕃の計略により降伏した。もし、力攻めに及んだとすると、勝敗の結果は明らかではあるが、高棚城の構造からして、攻城軍側にも相当の犠牲が必要になるところではある。あるいは、兵糧攻めにすれば落ちるわけではあるが、そのためにはこのような小城に対して時間の無駄とも思われる。城攻めを行なったということならば、『蘆田記』（依田記）のこれまでの記述の仕方からすると、必ず戦いのことは述べられているが、高棚城にはそれがない。内応者がでたということも述べられてはいない。「計策にて取り申し候」とは、信蕃が志賀與惣左衛門に対して使者を送って、投降を呼びかけたのであろう。それなりの説得力が必要なわけで、周囲の情勢を説き、徳川方になる利を諭したのであろう。このあたりにも信蕃の智略のほどが垣間見える。

それにしても、志賀與惣左衛門は志賀地方にある高棚城、志賀城、笠原城の三つの城のうち、なぜ高棚城に拠ったのであろうか。その謎を解くために、まず、それぞれの城を考察してみたい。

《高棚城～断崖上の天険の要害山城、古式の様相》

高棚城は佐久市志賀にあり、通称「天狗岩」の絶壁の上にあり、難攻不落の城である。志賀の集落のすぐ北側にある「志賀城」から続く尾根をさらに北東へ登った奥にある。志賀川の支流である瀬早谷川に沿って遡ると左手に大天神社の灯籠や鳥居がある。その参道を上方へ登って行くと、道の左右に無数の削平地がある。桑畑などがあった形跡があるが、現在は荒廃している。往時は何らかの防禦施設があった可能性もある。絶壁の直下まで登り詰めると、天狗を祀っている「高棚神社（大天社）」があり、地元の人々の信仰の対象となっている。この社殿のある削平地も郭の一つであった可能性がある。この社殿から上は、登攀がほとんど不可能かと思われる屛風のような断崖が左右に展開している。その後背部の断崖の切れ目をよじ登って上方へ進まねばならない。複数回現地調査をしてみたが、一度目は社殿の左側の岩の間を登ったが、岩がなくて土の急斜面であったが、滑落の可能性がある非常に危険をともなうルートである。以後は社殿と舞殿の間から右側背後の岩壁面に、人ひとりがかろうじて通れるほどの細い棚状の道が延びているのに気づいた。細心の注意を払って一歩一歩上方へ進むと、まず、大天神社上部郭群に辿り着くことができる。この郭群は削平地としては、そのつもりで観察しないとほとんど見落としてしまいそうな、不明瞭で見落としやすい地形である。この郭群の東端には明確な堀切があり、下方へ竪堀となって落ちている。北竪堀二二m、土橋三m、南竪堀二〇mで計四五mの長さがある。堀切から東はやや高く三ノ郭群になる。二ノ郭へは斜めに上方へ登る。二ノ郭は一五m×六〇mの広さがあり、東側は本郭の裾を包むような形状で延びている。本郭は最高所で二九m×三六mの広さである。周囲に土塁が存在した形跡がある。本郭の東方は搦手郭群で削平地が複数ある。さらに東へ若干下がると、東張り出し郭となるが、その付け根にあたる箇所には直径二m、深さ〇・五mほどの大穴の跡と思われる地形がある。狼烟のための穴の可能性がある。東張り出し郭は、左右絶壁の細い尾根上を東方へ幅五m×長さ六〇mほど延び、その東端は城域の末で、自然堀切状断崖となっていて、城域の外部から人が近づくことは不可能である。

高棚城は東西に延びる断崖上に五〇〇m以上に渡って展開するが、削平も不十分で自然地形が多く、天然の自然地形の峻険さに頼り、縄張りや形態は、戦国末期天正年間というよりは、むしろ中世前期の様相を呈する山城である。ここの城域の特異な特徴の一つは、本郭の北方やや下がった、北の断崖上の緩斜面にある。周囲の状況からして、場違いとも感じ

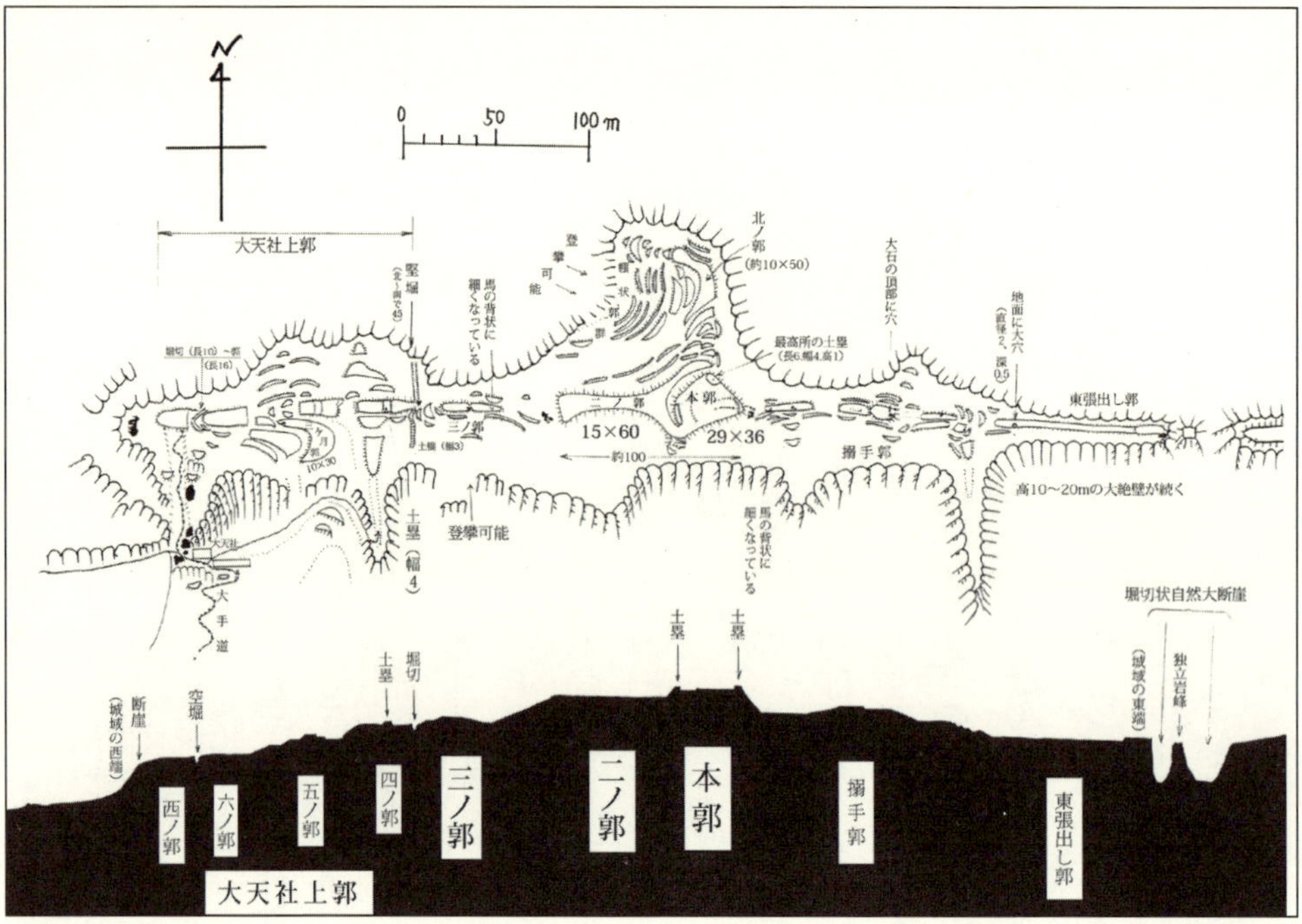

図：高棚城の縄張り
佐久市志賀高棚山　（調査）平成９年 11 月９日・11 月 16 日

られる雛段状の棚状郭群がある。しかも幅もさほどあるというわけではない。防禦用としては、あまりしっくりした落ち着いた様相を呈していない。そこから北方下は佐久市旧東村香坂東地の谷で、登攀がまったく不可能な断崖が連続しているが、断崖に沿って下方を慎重に確かめると、極めて急斜面ではあるが、一カ所だけ登攀の可能性のある場所が、北西方面に存在する。おそらく、そこから寄せ手が登ってくる可能性に対応したのが、棚状郭群であろう。もう一つ考えられるのは、この棚状の郭群は「隠れ小屋」（いわゆる山小屋、避難小屋）的な役割を高棚城が有していた結果の可能性もある。志賀郷方面（南方）からは全くこの階段状の削平地の存在は分からない。一方、佐久市香坂東地方面（北方）からも断崖上にあるため、全く確認できない地形になっている。いよいよ戦禍を逃れて避難する隠れ小屋の存在が推定できる。他の城砦を遠望できるかわりに、佐久平のどこからでも炊煙などは確認されてしまうという欠点もありそうである。踏査してみて遺構全体から受ける印象は、かなり古式の縄張りであるということである。信蕃の時代である戦国時代末期の構築によるものとは想定できそうもない。

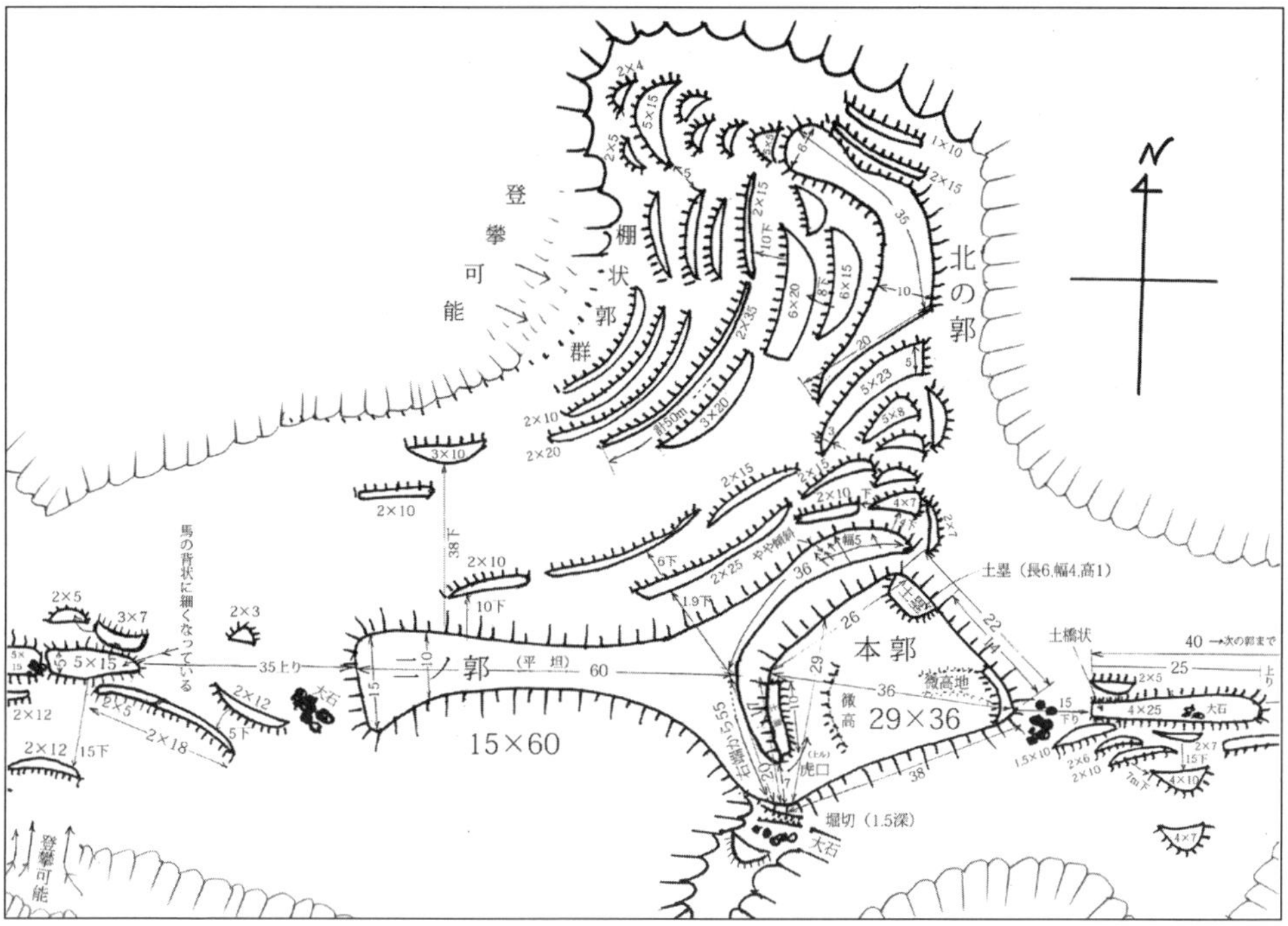

図：高棚城本郭付近
佐久市志賀高棚山　（調査）平成９年 11 月９日・11 月 16 日

佐久市志賀には、ごく近くに高棚城、志賀城、笠原城という山城が併立している。何らかの関係があったと推定されるが、不明のままである。高棚城、志賀城、笠原城の関係を検討する必要がある。歴史上名前が挙げられているのは志賀城と高棚城ではあるが、地元では笠原城こそが「志賀城」であるという伝承もある。武田信玄に滅ぼされた志賀城主が笠原新三郎清繁であることから、笠原城＝志賀城とした可能性もある。

《佐久で最後まで信玄に抵抗した志賀城》

まず、多くの歴史書で一般化されている志賀城についてみてみたい。（地元である佐久市志賀の何人かの人々の認識とは必ずしも一致しないのであるが）佐久市志賀本郷の集落の北方に東西に絶壁が連なる山があるが、その山の尾根に縄張りを展開する山城が「志賀城」と広く認知されている。

天文十六年（一五四七）八月に、武田信玄は**志賀城**に立て籠もる**笠原新三郎清繁**を攻め滅ぼしている。依田信蕃の誕生が天文十七年（一五四八）であるので、その前年にあたる。佐久の諸城を落とした武田信玄は、最後に残る志賀城を慎重に攻めた。信玄の本陣（向かい城・陣城）または、城内の様子を把握する場所は、立地条件からして、志賀城の真南にある五本松城（志賀城よりも標高が高く、東西の尾根に長く展開する志賀城の縄張りを一望のもとに見下ろせる）の可能性がある。そこから志賀城方面へ「城日影（じょうひかげ）」と呼ばれる北斜面が落ちているが、その一支脈の尾根の瘤のように少し高くなっている場所に、金比毘社の石祠があるが、そこには堀切や郭と推定される地形がある。そこを「城日影金比毘羅砦」と仮に命名しておこう。武田軍の志賀城攻めの時に利用された可能性が高い。また、志賀城の北側の谷を隔てて、もう一つ尾根が東方より張り出しているが、その西端には堀切がある郭状の地形がある場所がある。これを仮称「弁天山砦」としよう。これも志賀城の裏（北方）の谷の入り口を窺う陣場の役目を果たしていたと推定される。さらに、その尾根を東方へ辿って志賀城の北方の上小倉に隠れ城（地元の農民などが山上がりして隠れていた山小屋、避難所）ともとれる城塞らしき謎の地形もある。各種城郭研究書にも言及がない。これは「上小倉城」と命名しておきたい。上小倉城もやはり断崖に守られているが、一部急斜面が開けた場所から上ることができる。頂部にはかなり広い削平地がある。しかも、周囲を幅五mほどの土塁で囲まれた楕円形状（長径四五m×短径二五m）の窪地になっている。これと同じような地形をしているのが後年依田信蕃の家族や近臣の縁者などが籠もったと推定される佐久市望月春日郷の奥の尾根上にある「小倉城」である。やはり頂部に窪地があり、その周囲を土塁状地形がめぐっている。くしくも「オグラ」（小倉）という地名まで同じである。付近には段郭や見張り（物見台）とも思われる場所もあり、山小屋の「小屋掛け」するのには適した地形をしている。「山上がり」としての機能があった可能性もあるが、北方（志賀城の裏側）から攻める陣城・対の城としての機能

写真：志賀城

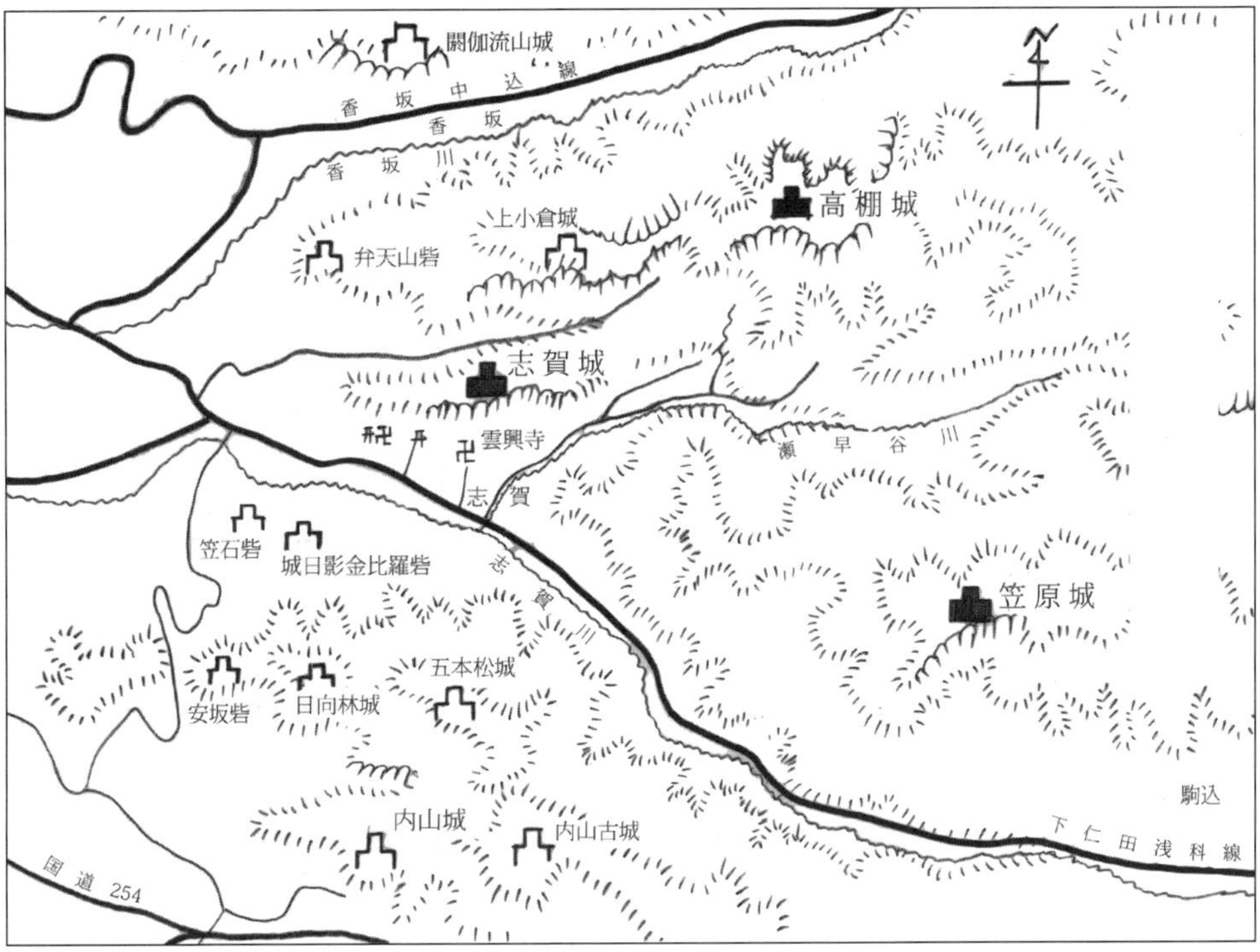

図：志賀の三城と付近の城砦

をした可能性もある。天文十六年の攻防戦の時にどのような役割を果たしたかは不明である。ここでは、課題を提起するにとどめたい。

《武田信玄の志賀城攻め》

武田信玄による天文十六年八月の志賀城攻めについて述べておきたい。志賀城には笠原新三郎清繁と縁続きで、上州甘楽郡菅原城主の高田憲頼が加勢して立て籠もっていた。信玄は七月二十五日から志賀城を包囲し、城攻めにかかった。翌日には早くも、城の北方下にある水の手を押さえた。しかし、城方の戦意は旺盛であった。その間、金井秀景を主将とする関東管領上杉憲政の派遣した後詰めの軍勢が碓氷峠を越えて信州入りし、救援に駆けつけたという報が入った。信玄は攻城軍の中から板垣信方、甘利虎泰、横田備中守高松（たかとし）らをもって碓氷峠から進軍してくる上杉勢を迎撃させた。

これを志賀城攻めの時の別働隊を向けた「**小田井原の合戦**」という。浅間山麓の現北佐久郡御代田町小田井（一部は佐久市）の周辺は、田切り地形（浅間山の火山灰の積もったローム層が長い年月の間に、川の流れによってほぼ垂直に削られ、その底部に水田があることが多いので田切地形と呼ぶ）が大小複雑に入り組んでおり、軍勢を潜ませておいて敵を急襲しやすく、また、混乱した軍勢が逃げ場を失ってとまどう地形が縦横に走っているのが小田井原の特徴である。戦闘のあった場所は、御代田町小田井にある**小田井城**がまず候補として上げられるが、あるいは、現佐久市小田井にある**金井砦**（金井城）であった可能性もある。どちらの場合も、砦に入ったのは関東勢か武田勢かは議論が分かれるところではある。わざわざ小田井「原」の合戦と称するからには、一方が城内に入っていたというよりも、原野での会戦の可能性がある。しかも、わずかな時間で勝敗が決したということからして、これは野戦というしかない。そうなると、武田軍が浅間山麓の

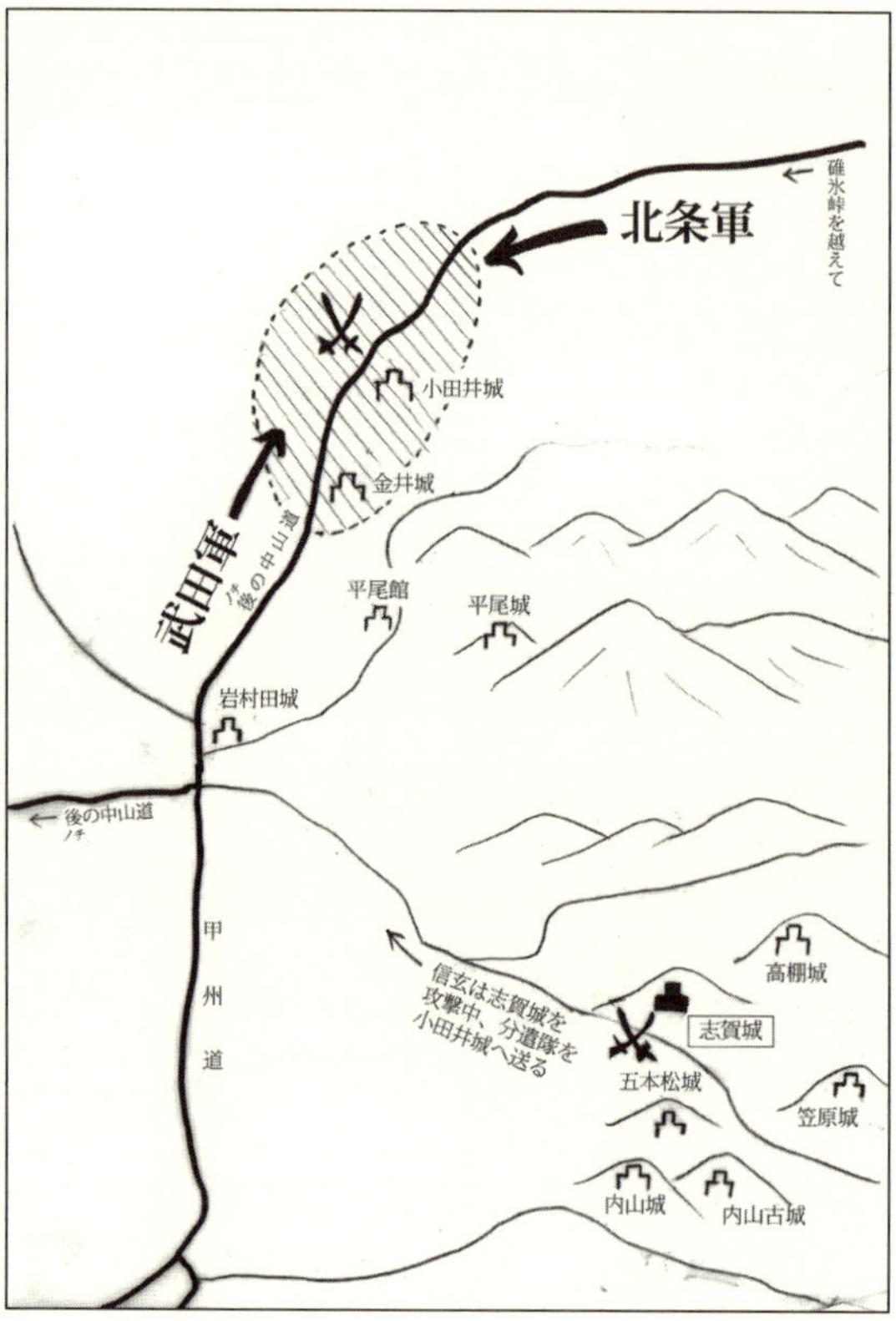

図：小田井原の戦いその1

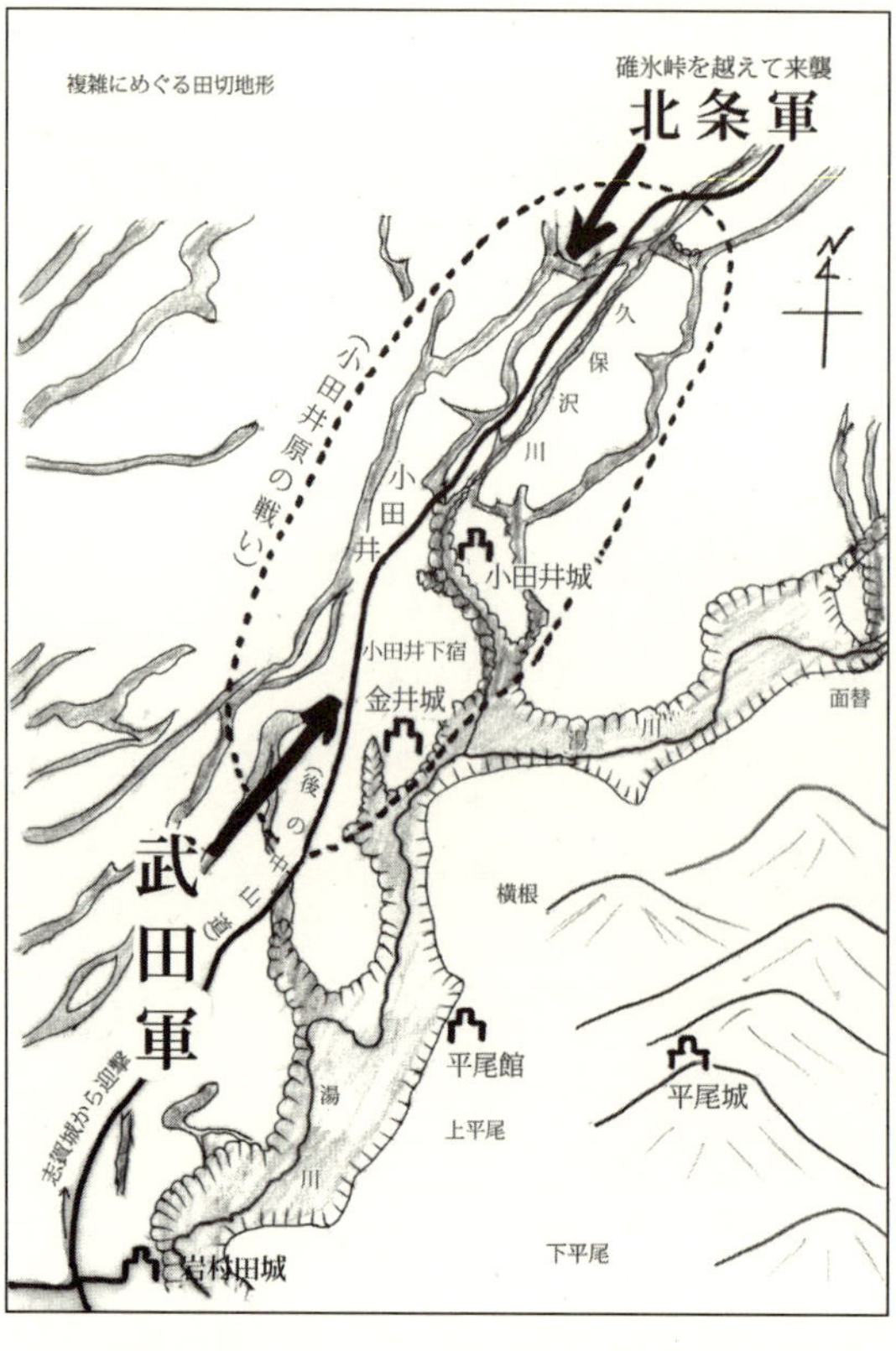

図：小田井原の戦いその2
複雑に巡る田切地形

地形をよく知っていて、その地形を利用して戦ったということが考えられる。田切地形の窪地に隠れていて、進軍してくる上杉管領軍を前後左右から攻撃すれば、一気に崩れるであろう。または、逃げ場の行く先が田切地形に落ち込むしかない平原へ追い込んで、せん滅することもできる。このように推定すると、武田軍には土地に詳しい地元の者が案内役として属していたと思われる。そのため、一気に数刻の戦闘で関東管領軍（上杉軍）の主だった武将が討ち取られ、全体が敗走したのであろう。さらに、上杉軍が破れたのは、軍勢としての統率力に関わることがある。金井秀景が一応は大将となっていたが、関東管領上杉憲政は、上州の諸将を集めた上で、どうやら籤引（くじび）きによって主将を決定したと解説している歴史書もあるほどである。いかにも斜陽の関東管領上杉氏の一端がうかがえる戦いであった。一方、武田の分遣隊は板垣信方・甘利虎泰・横田備中守高松などの歴戦の猛者であった。

小田井原の戦いでは、数刻のうちに関東勢（上杉勢）は、もろくも敗走した。関東管領上杉氏の面目は丸潰れであった。信玄は小田井原の合戦で討ち取った何百という首級を槍の先に突き刺して、志賀城の守備軍から見える場所に曝したという。特に加勢で入城していた上州高田憲頼勢にとっては、その首が顔見知りの武将のものであるので落胆と恐怖に襲われたことであろう。後詰めの救援軍が来ないことを悟り、水も尽き、城から討って出た笠原新三郎清繁はじめ、城将は全滅した。信玄（当時二十七歳）は七月二十五日から志賀城を攻め、翌日には水の手を押さえていたが、ようやく落城したのは八月十一日といわれている。史家によっては「炎天下の攻防戦」と称しているが、日付は旧暦表示であるので、現在の新暦に修正すると、志賀城の戦いは九月七日頃に開始され、九月二十三日頃に落城となったのである。ということは、落

写真：城主笠原新三郎の首塚（供養塔）
志賀城下東南方の水田の中に

写真：山梨県大月市宝林寺にある志賀夫人の墓

写真：佐久市志賀雲興寺にある笠原新三郎清繁の墓

城した時は、まさに志賀城周辺は秋の風が寂しく吹いていた季節である。現在、笠原新三郎清繁の首塚と里伝されている五輪ノ塔が、志賀集落の東の村外れの水田の中に立っている。なお、平成七年に、笠原新三郎清繁が開基で笠原氏の菩提寺でもある雲興寺で新しく墓地を造成する際に、裏山から笠原新三郎清繁の戒名のある墓石が発見され、覆屋（霊廟）の中に納められている。城内に残っていた老人と婦女子は、生け捕りにされ、甲州へ連れ去られ、甲州に縁者があれば金で引き取られ、さもなくば奴隷とされた。信玄に逆らえばこのようになるという見せしめのための残虐的行為と解説される。そういう意味合いはあったかもしれないが、こういう行為はとりわけ信玄に限ったことではない。戦場の奴隷狩り「人取り」には、それに伴う人身売買があった。戦場で捕まえた人々を我がものにする戦争奴隷の習俗が、大陸でも、キリスト教世界でも、イスラム教世界でも、日本の中世でも、普通にまかり通っていた。（『雑兵たちの戦場』藤木久志著参照）。この志賀城攻めにおける武田信玄のみが特別ではなく、戦国時代にはしばしばあったことであることを述べておきたい。「乱暴狼籍」を禁じる「制札」がよく戦国大名から出されていて、それが歴史資料館などで展示されているが、兵による乱暴（暴力行為、強姦、人狩り）や狼籍（財産剥奪、食糧没収、窃盗など）が戦国時代の戦さに際してはつきものであったことを示している。戦場の村落や寺社ではそれを免れるために、金や食糧を勝者となると思われる侵略者に提供し、乱暴狼籍などを禁じる制札を出してもらって保障を得たのである。ちなみに、「義」の心の権化のように言われている上杉謙信は、領民が食料難で困窮している時などは、三国峠や清水峠を越えてしばしば関東へ越山している。その目的に一つに兵による他国での略奪があったといわれている。志賀城の落城により、美貌と才媛の誉れの高かった城主笠原新三郎の奥方は、信玄の重臣小山田信有に二十貫で買われて、その側室とされた。甲州岩殿山城の麓の駒林には、その「囲い屋敷」跡といわれる所（現在の大月市立図書館付近）がある。また、そこから一㎞ほど隔たった大月市七保町葛野大島地区には岩殿山城の鬼門を守る宝林寺があり、その本堂の東に高さ一・三ｍほどの五輪ノ塔があるが、それが志賀夫人の墓といわれている。

《志賀城の縄張り～尾根上に種々の防備が施されている》

　また、悲惨な落城の舞台になった志賀城ではあるが、その縄張りは、佐久地方においては比較的本格的な戦国時代の山城の様相を呈している。土塁・石塁・竪堀・竪土塁・切岸・空堀・堀切・郭群等々、どれを見ても壮大堅固な縄張りである。武田信玄を向こうに回して籠城戦に挑んだ笠原新三郎清繁の心意気が伝わってくる。

　志賀城へは、笠原氏の菩提寺である雲興寺の東からつづらおりに大手道を登る。やがて、断崖に行く手を阻まれるが、やや左へ辿れば道は上方へ延び、二ノ郭の南及び西の腰郭群の下を進む。大手道を攻め上って来た寄せ手の軍勢は、体の右半分を守城側にさらして前進せざるを得ない大手道の構造（右下から斜め左上方向へ上る）になっている。守城勢からすると「右勝手の順の横矢の位置関係」となる。やがて、西ノ郭との境目の堀切へ出る。そこから右折して腰郭を上ると二ノ郭（一六ｍ×五〇ｍ）に出る。その南北にも腰郭が付属している。二ノ郭の東端と本郭方面との間には、大規模な空堀がある。長さ二〇ｍ、実効堀幅九ｍ、薬研堀（やげんぼり）である。その両端は竪堀となって落ちている。それを越えるとかなりの急斜面に段郭がいくつか続き、所々に石積みがある。やがて、本郭の急斜面が迫る。佐久地方の山城に特有の安山岩の平石積みが部分的に施されている。本郭は東西に長く二一ｍ×四〇ｍで最高所（標高八七七ｍ）にある。東西の中ほど南端には土塁の痕跡（長さ一〇ｍ、基底幅三ｍ、高さ〇・五ｍ）が残る。本郭を東へ進むと土塁（長さ八ｍ、幅三ｍ）があり、

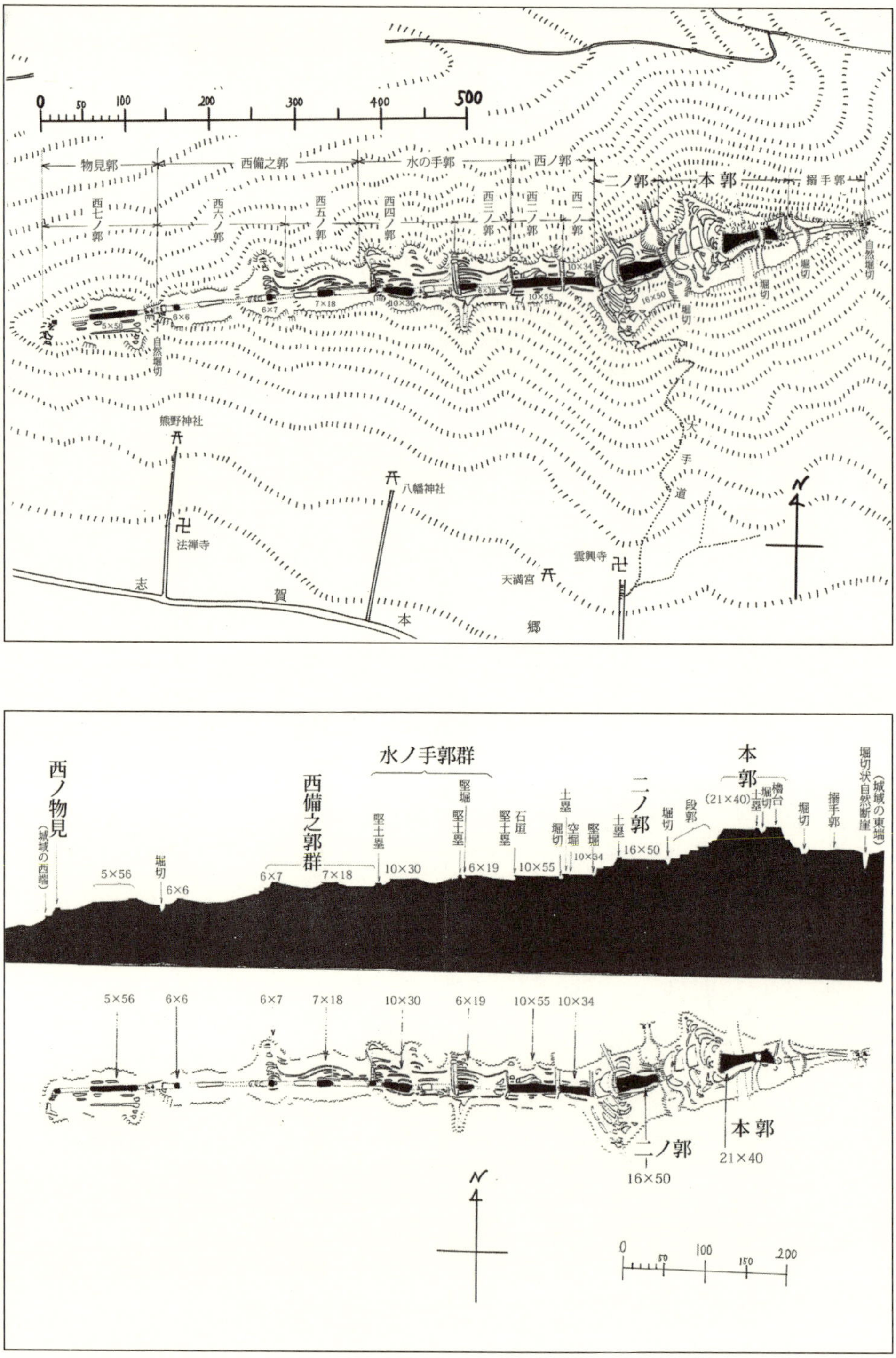

図：志賀城

佐久市志賀本郷　（調査）平成９年 11 月 23 日・11 月 30 日・12 月７日

それを越えると空堀（長さ一四m、実効堀幅一〇m、深さ四～五m、薬研堀）があるが、堀底には土橋（本郭よりも三m低い）がある。その南側は竪堀となって落ちている。空堀の東は大石のある高所で、ここまでが本郭の領域であろう。東奥斜面（搦め手）には二つの小郭が下がり、さらに幅一七mの堀切（両端は竪堀）がある。その堀底にも幅三mの土橋がある。その東外側尾根上には細長い搦め手郭とでも称すべき削平地があり、東端は岩壁の堀切状自然断崖があり、高棚城方面への尾根を断ち切っている。登攀は不可能な地形である。ここが城域の東端である。

一方、大手道を登って尾根へ出てから、本郭方面へとは逆に左折して西方へ向かうと、水ノ手郭群がある。いくつかの歴史書では、水の手は「地山方面から水を引いてきていた」というように解説されているが、現地へ足を踏み入れた人なら一目瞭然であることであるが、地山方面から志賀城へ通じる地形からしても、それはありえない。水の手郭から北方下へ竪土塁（竪石塁と称した方が適当か）と竪堀状地形が下っているが、その行き着くところに、沢水が流れている所がある。志賀城の尾根の裏手にあたり、目に付きにくい箇所ではある。尾根上から北斜面を下り、そこから水を得ていたと推定される。武田軍がまず水の手を押さえたとしている場所は

写真：本郭の北西隅下の平石積みの石垣

ここであろう。この水の手へ下る付近の郭群を「水の手郭群」と命名しておくことにする。尾根上をさらに西へ向かうと、連続する西備え郭群、さらに西端の物見郭へ至る。平石積みが要所要所に見られるのが特徴である。また、竪土塁（竪石塁）や無数の帯郭も特徴的である。尾根上を占める志賀城は、幅はそれほどでもないが、東西は一km以上の城域からなる。少ない軍勢でこの城全体を守備することは極めて困難であると言わざるを得ない。また、現在志賀城の南麓の大手道入り口の雲興寺を西から守るような形で天満宮の鎮座する高台があり、また志賀本郷には八幡社や熊野社があるが、いずれも高みにあり、麓の砦の役目をもっていたものと思われる地形である。志賀城は、「高棚城・志賀城・笠原城」の三つの城の中では、もっとも人工が加えられ、種々の防備が施されており、比較的新しい形態の城で実戦に備えた様相を呈している。やはり、ここが天文十六年（一五四七）に武田信玄によって攻略された城である確率が高い。信玄による志賀城攻撃の軍勢の中に、信蕃の父である芦田下野守信守もいたと推定されるが、文献上では確認できてはいない。しかし、当時の周囲の状況からして、信守が参陣していた可能性は高い。ちなみに、この戦いは信蕃の誕生する一年前のことである。また、余談ではあるが志賀城と芦田依田氏との関係については次のことがある。――下野守信守の弟で岩村田龍雲寺の第五世になった天外大雲大和尚（信蕃の叔父）が、甥信蕃の嫡子である松平康國の菩提を弔うために春日郷に康國寺を開山したことは知られているが、志賀城主笠原新三郎信繁の菩提寺である雲興寺の開山祖として、後年、元禄六年（一六九三）に勧請されたことも付け加えておきたい。現在、雲興寺には天外大雲大和尚の頂相（ちんそう）（像）が安置されている。

写真：天外大雲大和尚（雲興寺蔵）
「大田山実録」より

《笠原城～絶壁上の天険の要害なれど、郭群の連携がなく稚拙な構造》

また、志賀城下から少し東の駒込集落方面へ入った付近には**笠原城**がある。笠原氏初期の山城とも志賀城の詰め城とも考えられる。縄張りはさらに不明瞭であるが、やはり断崖に守られて、天険をいかした山城である。武田信玄に陥落させられた「志賀城」をここに比定する考えもある。現にその山城のある道路端に佐久市観光協会による二カ所の説明板があるが、その説にしたがっている。「駒込」集落入り口の道路端にある説明板の内容を、ここに紹介する。

写真：笠原城

笠原城址
場所……大字志賀字余地ケ入、湯ノ入、荷倉、大窪、地ケ入り、（付ケ字笠原含む）
標高……一〇四七・八米
構造……山城本郭、砦三ケ所、大手門、鉄砲馬場、曲輪三ケ所、井戸二個、物見一ケ所
城主……笠原新三郎清繁、嫡男信繁
城兵……侍大将清水左近丞、城兵五百五十人、城内将軍上州菅原城主高田憲頼父子、侍大将依田左近進兵三百人、上野平井郷関東管領上杉憲政の弓の名人百人
落城……甲斐武田信玄晴信の侵攻により城兵全員斬死し落城
天文十七年丁巳年閏七月十一日
——佐久市観光協会——

なお、右の説明板では、志賀城の戦いの年を「天文十七年」と誤って記入している。地元のこの説明板からも分かるように、地元の人々の伝承では笠原城こそが天文十六年に信玄によって落とされ、殺戮の行なわれた笠原新三郎の「志賀城」であると言い伝えられてきたようである。里伝は時に資料よりも真実を語ることが多いので、このことは大事にする必要がある。確かに南方の県道方面から北方に屏風のように聳える岩山全体を占める笠原城の壮観を望めば、誰しもが圧倒される不思議な景色である。明治時代に編纂された『長野縣町村誌』でも、これを志賀城としているが、現地の尾根上を踏査してみると、東西に延びた高い細尾根に展開する縄張りは、いかにも断片的で古式の様相を示している。城郭の縄張りとしての、それぞれの連携が伺えない。

佐久市駒込集落の入り口の直前で、県道から左端の断崖方面へ上る、車がやっと一台通れるほどの道を進むと、現在笠原氏の別荘(?)がある。その上方には石祠があり、「平成元年十月十八日建立願主三十九代笠原晃」と背面に記されている。また、その隣には一見「不動明王像」とも見える石像がある。これにも裏面に、「平成元年十月十八日、施主三十九代笠原晃建立」と刻まれている。よくみると一つの石に刻まれたその像の姿は、剣の先を上にして右手に垂直に持った武将の姿をしていて、同じ面の左右には小ぶりの、これもやはり武将に見える二人の人物が剣先を下方に向けて立っている。いずれの石像物も笠原新三郎清繁と関わりのある笠原氏の子孫が建立した、鎮魂の石祠と石像であると思われる。ちなみに、建立者が笠原氏「三十九代」となると、一世代約三〇年とすると、新三郎清繁よりもさらに遡り、一〇〇〇年以上昔の遠祖から数えての三十九代目の人ということになる。

その先の細い道を草を分けながら、県道方面から左端に見える断崖の直下まで進むと、十数カ所の小さな不思議な削平地があり、段郭群とも一見思える地形がある。石だらけの状況であるので、かつて畑として使われていた可能性は低い。そこに小屋掛けしていた可能性はある。いつの間にか道は消えている。断崖直下からそのまま「笠原城」の尾根に登攀するのは不可能である。非常な危険を伴う。筆者も複数回調べてみたが、岩場に前後左右の動きが拒まれて進退極まり、遭難を覚悟したこともあるほどである。上方へ上るには、断崖下の急斜面を右手に伝わって横移動した箇所に、唯一正面から登攀可能な箇所がある。断崖の切れ目がある場所である。南面から城内に入るには、その箇所と、城域東端(駒込諏訪神社の手前付近からの道なき道を北へ向かった箇所に、城域

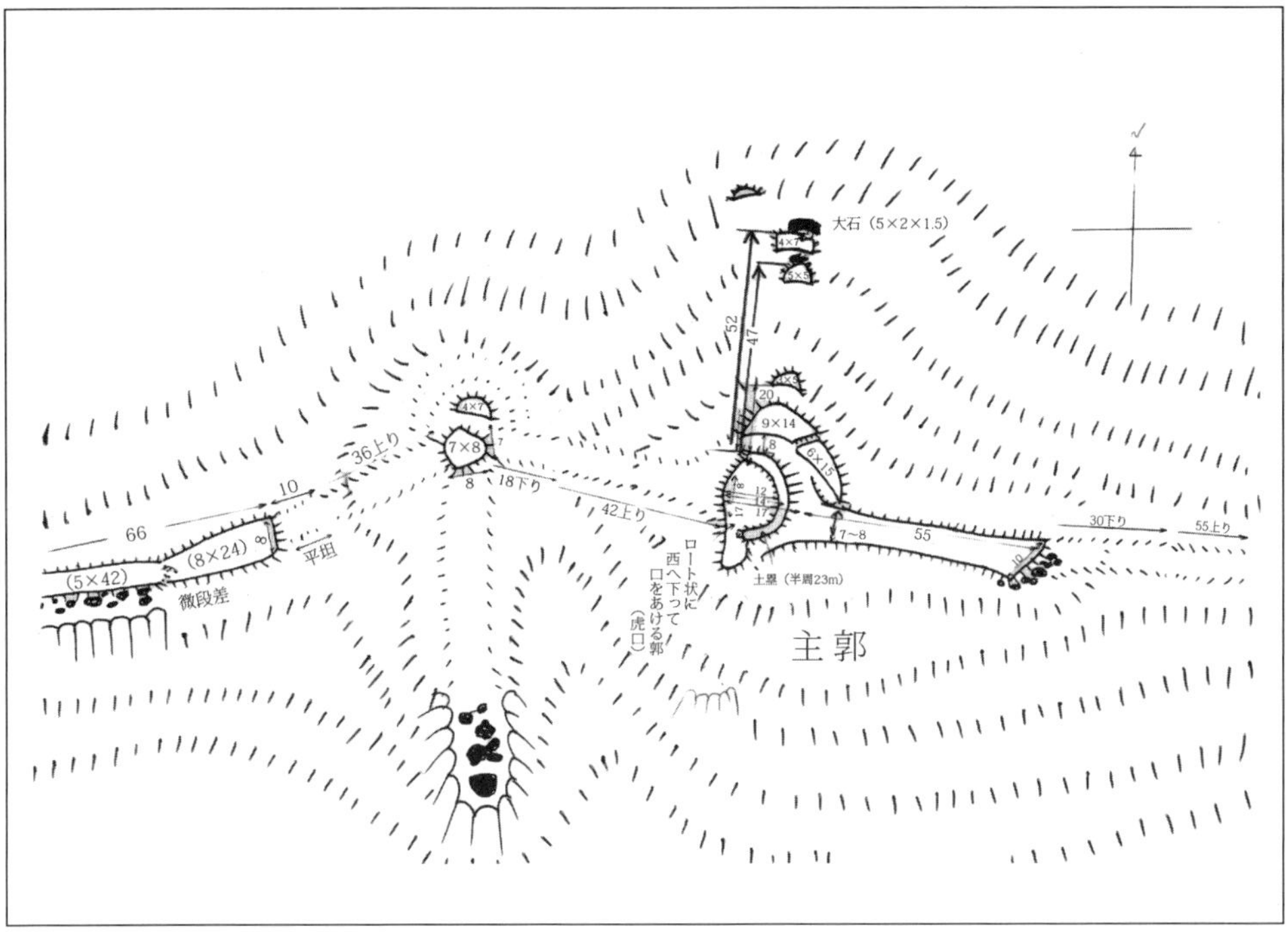

図：笠原城
佐久市志賀駒込笠原山 （調査）平成９年 11 月 22 日

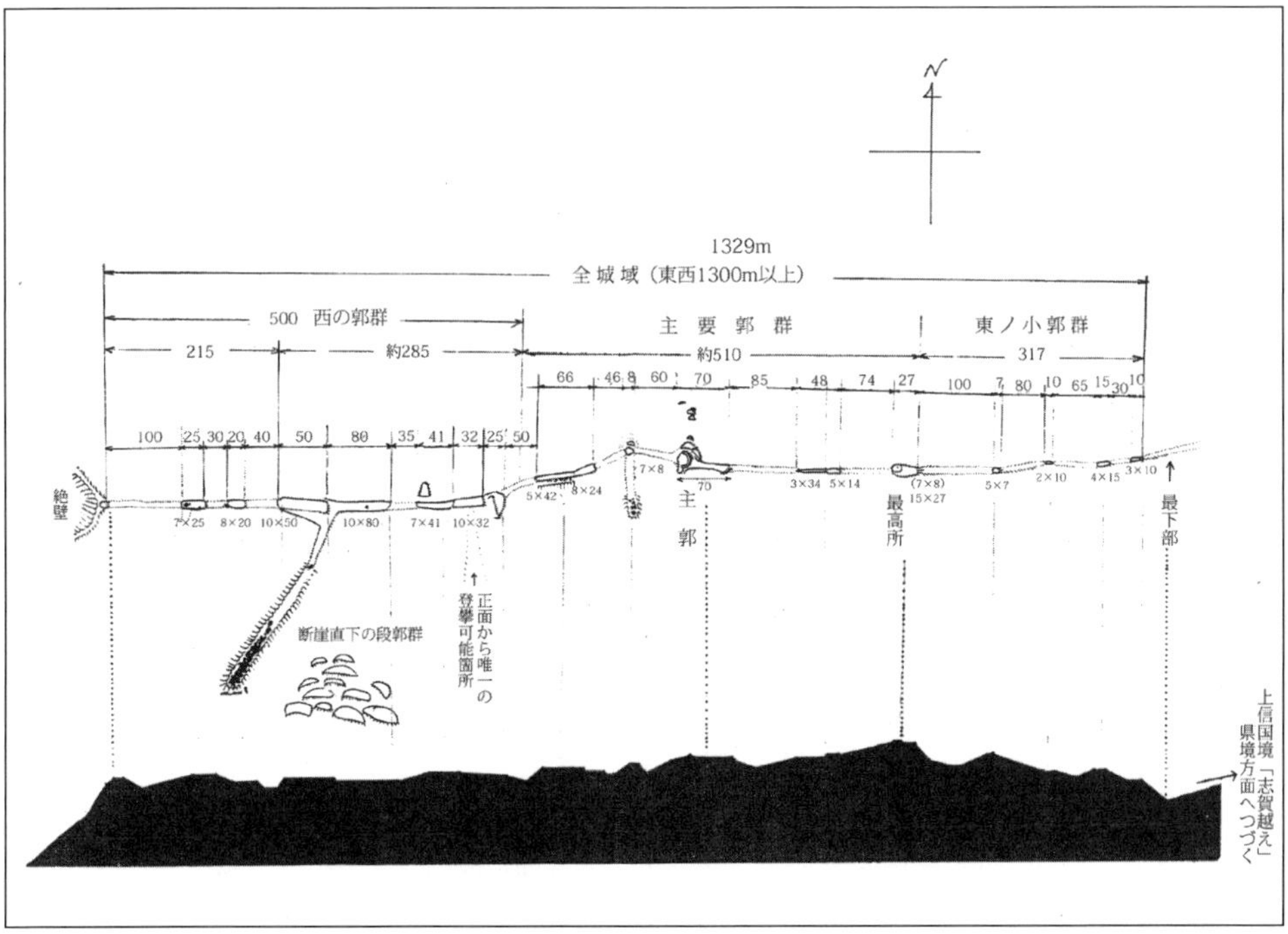

図：笠原城
佐久市志賀駒込笠原山 （調査）平成９年 11 月 22 日

東端）で最も標高が低い尾根へ達し、そこから西方向へ辿るルートである。東端のその地点から城内を見てみよう。多少上り下りしながら四つの東小郭群を経て約三一五m西へ登ると、三角点のある最高所（一〇八七m）へ到達するが、そこは一五m×二七m（その中で七×八mは一段高い）は構造からして主郭ではなさそうである。それより西方へ約二〇五m辿った所に長さ七〇mほどの削平地がある。そこが、道路端の説明板にあった笠原城の標高「一〇四七・八m」の箇所に該当するようである。その西端近くには三日月状（ないしは馬蹄形）に湾曲する土塁状地形があり、それに守られるように径一二m×一七mの半円形（馬出し状）の郭がある。この長さ七〇mほどの削平地から馬蹄形状の土塁のある辺りは、腰郭状の地形もあるので、地域の中枢部である可能性が高い。しかし、全体的にいかにも散発的で郭と思われる削平地の連携性が見えて来ない。佐久市観光協会の説明板にある「鉄砲馬場」(そう呼んでいるが、いわゆる馬場であろうはずがない)に相当すると思われる幅は広くはないが長さのある削平地もある。確かに要害堅固であるが、焦点が定まらない。高棚城よりもさらに時代が遡りそうな構造である。但し、馬蹄形状の土塁と半円状の郭のある箇所だけは、尾根上の山城においては注目に価する珍しい構造をしているのが印象的である。

また、地元の人の話によると、笠原城は志賀城の詰めの城であり、志賀城方面から笠原城の裏側（北西側）を辿って到達できる道があったという。二つの城に関係ありそうではあるが、二つの城の間の山塊（地字「六疋」）が採石によって破壊し尽くされていて、地形が変形し詳細が分からないのが残念である。なお、志賀城下から志賀川の槌ケ崎の奇岩景勝を対岸（右手）に見て、車道を駒込方面へ登ってきて左へカーブを描くように道はさらに東方へ延びているが、そこを曲りきると左手に笠原城の断崖が迫ってくる。その直前の左頭上高みに大石群があり、笠原城の支砦（物見台）として機能したと思われる場所がある。そこには、かつて削平地や畑があった。平成八年に新ルートの道路開削に先だって発掘が行なわれ、建物群の跡や土器・石器などが発見されている。現在は新道路で破壊されているが、一部の地形は残存している。笠原城正面（南面）へ侵入して来る敵を城の西方で見張ったり、すぐ頭の上から攻撃できる位置にある。字「地ケ入」にあるので、仮称「地ケ入砦」としておこう。

《なぜ、志賀与惣左衛門は高棚城に拠ったか》

志賀城の戦いがあってから三十五年も後の戦国時代末期、依田信蕃による佐久平定のための戦いがなされていた天正十

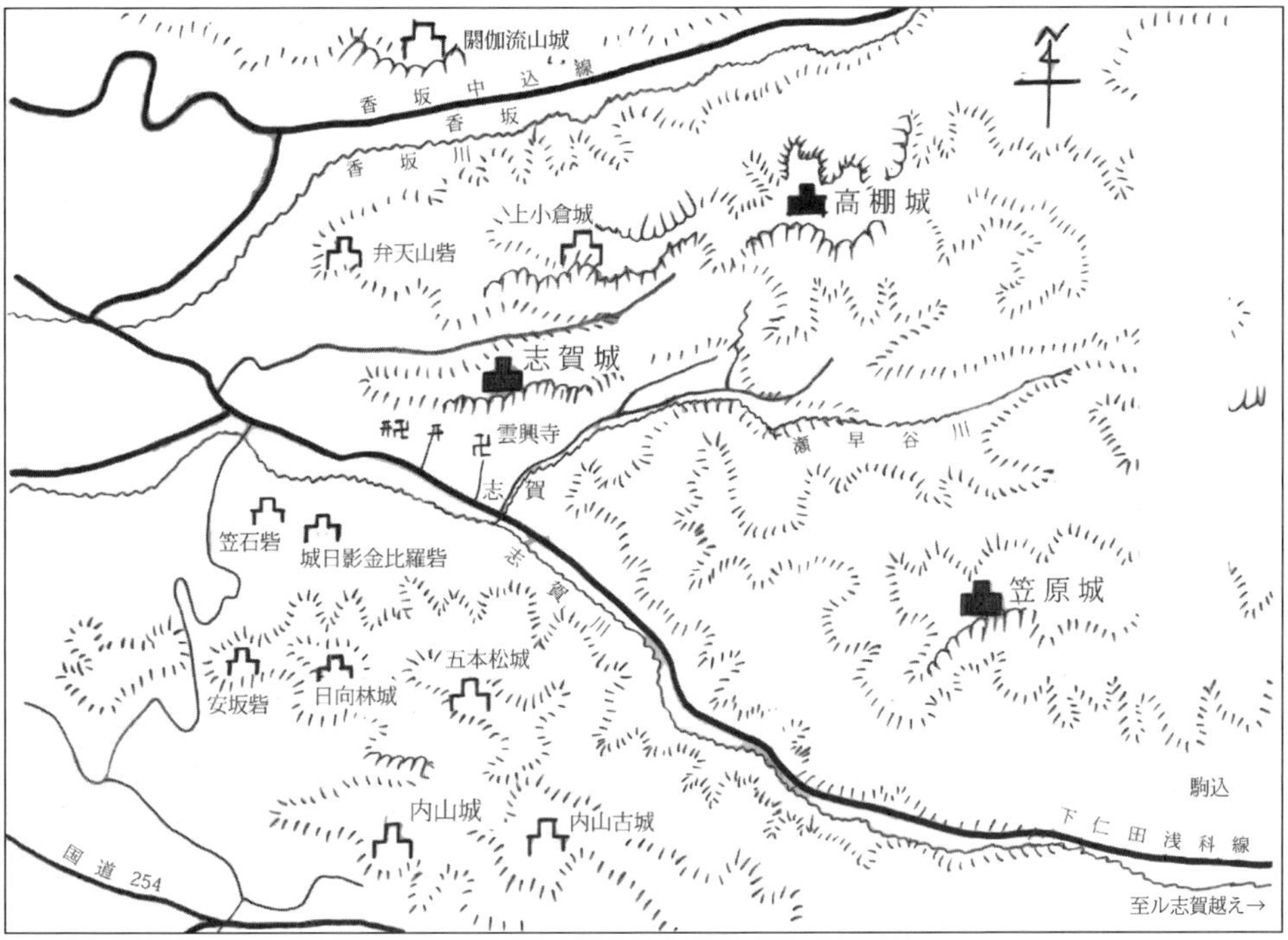

図：志賀城・笠原城・高棚城の位置関係（図は p.293 の再掲）

年（一五八二）に、**志賀與惣左衛門**が拠ったとされている山城の**高棚城**は、周囲が断崖絶壁で、難攻不落の立地である。しかし、天険に頼った縄張りであることはよいとしても、あまりにも稚拙で古式である。戦国末期の天正十年での持ち城の雰囲気はない。

志賀城と笠原城は「志賀越え」で上州へ通じる街道の要衝を押さえる位置にある。一方、**高棚城**は、谷一つ奥まった所に立地し、「逃げ込む、避ける、隠れる、守る」というような意味合いの強い城である。結果的に依田信蕃に投降してきた志賀与惣左衛門が最後に拠っていたのが高棚城というわけである。

志賀郷の主城である志賀城は、あまりにも里（街道）に近く、また城域が尾根の東西に長く延びきっていて、志賀郷の一小土豪にすぎない志賀与惣左衛門の少勢力ではは守りきない。また、笠原城は天険の要害ではあるが逃げ込むには城域の割りには尾根上が狭く、郭の配置も連携性が薄いことから、実用的ではなかった。怒濤の勢いの依田信蕃に対しては、はじめから守り切れないと判断して、その北東奥の天狗岩上の高棚城に一時避難していたのであろう。そして、その間、依田信蕃の動向、佐久の他の城持ち諸将の動向などを見極めていたものと推定される。つまり、詰城的な機能を瀬早谷川の上流谷深く高棚城に求めて、依田信蕃から逃れて避難する（籠城する）城として高棚城を選択したものと推定される。
　そして、自分の力の限界を知り、最後まで抵抗するという選択肢はなかったものと思われる。そこへ信蕃からの投降を勧める使者が来訪したのを好機として、信蕃に属す道を選んだものと考えるのが自然である。

《志賀の三城の特徴》

○志賀城――土塁・石塁・平石積・空堀・堀切・竪堀・竪土塁・竪石塁・土橋・切岸・帯郭・郭配置など、佐久地方においては、比較的本格的な戦国時代の縄張りの様相をしめす。三城のうちで最も人工が加えられており、明らかに一番新しい構造である。城域が東西の尾根上にの要衝を押さえる位置にある。志賀越の交通の要衝を押さえる位置にある。城域が東西の尾根上に一三〇〇mほどに延びているが南北の幅は狭い。小数の守城勢力では、とても守りきれない規模である。
○笠原城――志賀越の交通の要衝を押さえる位置にある。天険の要害ではあるが、東西に長い城域で、馬の背状の尾根で細い。空堀や堀切はない。また、削平地も少なく縄張りが不明瞭である。さらに郭の配置の連携性が薄く、実戦的ではない。三つの城のうちでは一番古式の様相を呈している。但し一カ所ある三日月状馬蹄形土塁とセットになった半円形状の郭がある箇所だけは特異で、注目に価する構造である。里伝では、志賀城から笠原城の北方へ通じていた抜道があったという。詰城的機能をもっていたということであろうか。
○高棚城――谷の奥まった所にあり、「逃げ込む、隠れる」という意味合いが強い場所に位置し、詰城的である。主郭付近を除いて、大部分の郭の削平が不明瞭（または自然地形のまま）であり、人工があまり加わっていない、やや古式な形状である。堀切や竪堀は少ないが見受けられる。全体的に中世戦国時代末期の形状は薄い。ただ、本郭北西下方斜面の細長い階段状帯郭群の存在意味が考えさせられる。

　三つの山城に共通する点は、少数の兵では守りきることが困難とも思える、東西に延びすぎる感のある細い尾根上に立地すること、一方、断崖絶壁上に構築されていて、攻めるには困難を極めることが予想されることなどである。

⑳小田井城攻略、佐久の諸将が信蕃に臣従

一、

小田井と申す城を手に入れ申し候。この頃、城々の小侍ども、あなたより降参仕り候は、一番に**平原善心**、二番に**平尾平蔵**、三番に**大井民部之助**、これは備中子にて御座候**小山田六左衛門**、**森山豊後**、**志賀與左衛門**、**柏木六郎**、**望月卯月齋**。これ等は右知行三千石の株にて御座候。何れも人数二、三百あるいは百余持ちほどの小侍どもに御座候。右の分午の霜月中に皆**右衛門佐**所に出仕申し候。

〈**要旨**〉

・**小田井**城を攻略した。

・この頃、佐久の諸城の城主達が、先方から降参してきた。一番に**平原善心**、二番に**平尾平蔵**、三番に**大井民部之助**、(小山田備中の子である)**小山田六左衛門**、**森山豊後**、**志賀與左衛門**、**柏木六郎**、**望月卯月齋**などである。

・これ等は、知行三千石ぐらいの領主達であった。また、何れも人数二、三百あるいは百余持ちほどの小侍どもであった。右の者達は、天正十年(一五八二)十一月中に皆依田右衛門佐信蕃に出仕した。

《城域が広大すぎて小豪族では守りきれない小田井城の構造》

小田井城は、北佐久郡御代田町小田井字城の内にある。平地(台地上)に立地し、北佐久郡浅間山麓に特有の田切地形(比高二〇～三〇m)を利用した平山城(崖上城)で複郭である。三五〇m×一四〇〇m(解釈によっては四八〇m×一八〇〇m)の規模である。あまりにも広域で、小田井氏のような小土豪の勢力では、とても守備しきれない規模である。おそらくは、城内は居住のほかに耕作地として使われていたものであろう。同じように規模が広域に及んでいる耳取城や平原城(ともに現小諸市)なども、耕作地を抱えていたと思われる。但し、この二城は城内の郭群の配置にしまりがなく、同列の郭が広くいくつも展開し、中枢が明確ではないことから、城主の力が他の城将から抜きんでていたわけではないことが推測される。同様な城郭に上州総社神社もその一郭に含まれる蒼海城がある。それらと比べて小田井城は、広大ではあるが空堀(堀底の形態は箱堀)が意味ありげに走り、やや複雑な形態を示している。しかし、通常の城郭のイメージとは異なり、三ノ郭・二ノ郭・主郭といった機能が不明確である。小

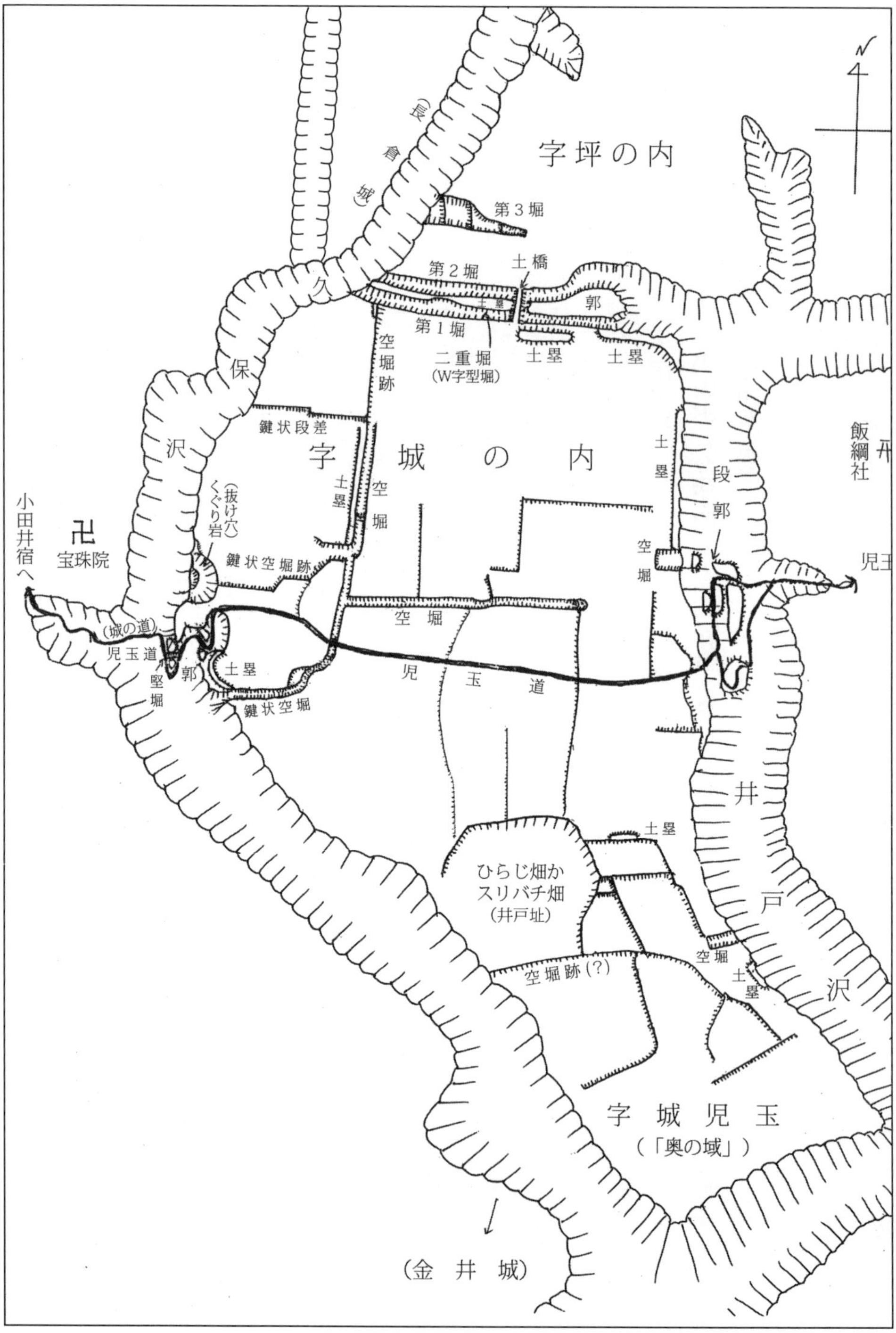

図：小田井城の縄張り
（調査）平成８年（1996）１月21・28日、２月１～４日

田井城は、郭・空堀・二重堀・土塁・堀や土塁の鍵形折れ・土橋があり、特徴的なものとしては、城からの抜道だという伝承がある「抜穴（くぐり岩）」、「スリバチ畑（ヒラジ畑・井戸址）」がある。また特に大手の二重堀は大規模で本格的であり、近隣にはない珍しい形態である。

写真：小田井城の空堀（土橋がある）

『御代田町誌』によると、城主クラスのいた所は、城内最奥部の郭、通称「奥ノ城」であるとしているが、現地に足を運んでみれば一目瞭然のことではあるが、そこは北方の郭よりも一段と低く、主郭として適していない。そこは平尾城方面を見張ったり、南方を遠望する役目をも有する搦め手郭であろう。さりとて、本郭はどこなのか縄張りを見ても判然としない。城の北の字「坪ノ内」方面から、城域の正面の二重堀の土橋を渡りきると、現在の道はそのまま直線的に城内へ入り南へ延びているが、往時にはそのような単純な虎口であったとは思えない。土橋を渡ると左手前方に土塁（長さ四〇ｍ、高さ一・五～二ｍ、幅五ｍ）がある。往時の城内への道は土塁手前を左折して東へ進んだと推定される。土塁上には防護柵ないしは塀が設けられていたであろう。道幅は二・五ｍである。守城側に対して寄せ手は土塁を右手に見て進むので、体を開かねばならない体勢になり、右側から守備兵が横矢（横槍）を入れることができ、他方、寄せ手にとっては攻撃をしかけにくい形態である。四〇ｍほど進むと、土塁は切れて、もう一つの土塁（これも長さ四〇ｍ）が堀の縁に沿って東へ延びている。この二つの土塁の痕跡からして、土塁と土塁の間は「食い違い虎口」であったと推定される。虎口を入ってしばらくすると、現在は右手に道は折れ、西方へ向かい、二重堀の土橋から直接南へ延びている現在の道と合流する。道が「虎口を入ってしばらくすると、現在は右手に道は折れ、西方へ向かい」というように、わざわざ不必要な迂回をしているということは、「往時には、そのように城内へ入っていた」という証拠でもある。現在ではそのように道が入る必要は全くないことからも、そのように言える。二重堀の土橋から直線的に南へ延びている現在の道へ合流する。図に記してはいない。

　二重堀からの現在の直線的に南方へ延びる道（往時は、二重堀からそこまで南への直線的なその道は存在しなかったと推定される）と合流するが、食い違い虎口から入った道は、そこの箇所を突っ切って現在でも南西方向へそのまま延びて

写真：抜け穴「潜り岩」（城外から見る）
昭和 56 年に撮影

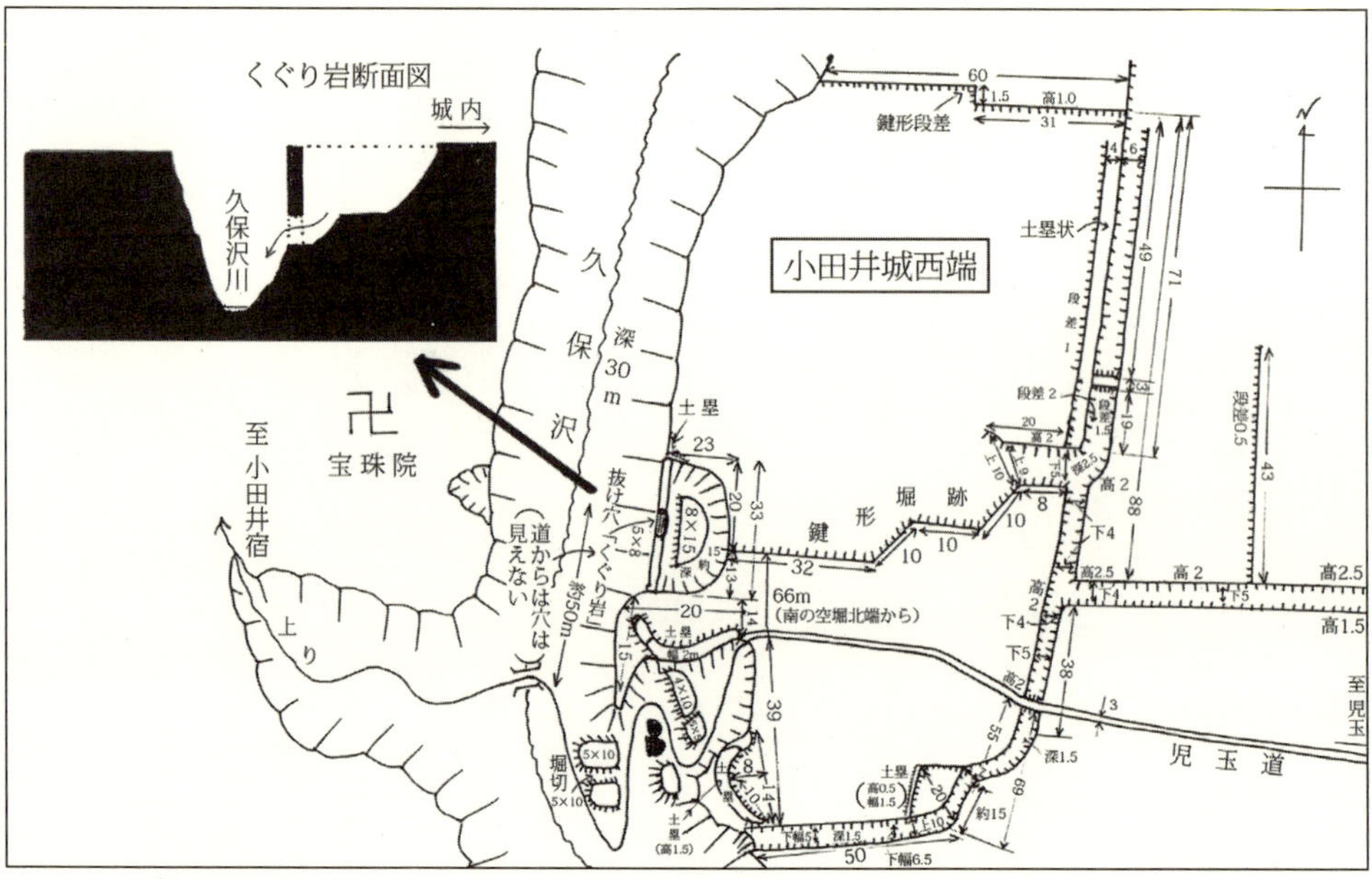

図：小田井城西端

いる農道がある。それを辿ると字「城ノ内」の西端の郭へ至る。その郭の東端は南北に空堀が縦断している。その南北の空堀の北の部分は現在は段差だけではあるが、空堀が破壊された形跡がある。南北の空堀の真中の部分の西上方へ農道は通じ、土塁の上を通っている。その土塁の高みは小田井城内では一番の高所となっている。その土塁とその東下の南北に延びる空堀に守られた西端の郭を小田井城の主郭の候補として挙げておきたい。複数の空堀がそこへ集結しているからでもある。また、前述のように特にその郭の東側の空堀は南北に貫通している。南北の空堀の南の部分は鈎状空堀となっている。また、この郭にはほかにも土塁・鈎状空堀跡・鈎状段差・土橋があり、南西の隅には三日月土塁があって、西方の崖の切れ目から登って来る道（城ノ道）に対して上から攻撃できるようになっている。城域図をみると主郭は西の端に位置しているが、それでも極めて広い区域である。西端には通称「潜（くぐ）り岩」（抜穴）がある。そこから崖下は久保沢の田切地形で、久保沢を横切って西方へ上ると宝珠院があり、中山道小田井宿がある。後世、宝珠院の南から久保沢へ下り、わずか南から城内へ上り、「城ノ道」と呼ばれた児玉道（児玉集落へ通じていた）が城内へ入って、小田井城を東西に横断していたが、往時は小田井宿方面からの間道はあったかもしれないが、城域は横断してはいなかったであろう。字「城ノ内」は極めて広大で空堀（箱堀に見える。往時は薬研堀か）が城域を区切っている中央で東西に延びる空堀の西端が南北に延びる空堀へT字型に接合しているが、その南北に延びる空堀を北上すると、その空堀が左手（西側）に土塁を伴うようになる。その土塁の手前を左（西）へ空堀を上った所は前述で主郭の候補地に挙げておいた郭である。特に土塁（現在その上は農道となっている）の高みは南北の空堀の東側の郭よりも高い。これは、土塁の西方に小田井城の中枢部があるということを示唆している。

それにしてもあまりにも城域が広大すぎて、小豪族ではとても守りきれない城である。天正十年に北条氏の先方である大道寺政繁が一時在城したことがあったが、その時は大軍勢であったと推定されるので、その時のように大軍勢が陣を張ったり、駐屯したりする場合には適していそうである。辺り一帯は現在は耕作地、山林、宅地、工場、道路等で、残存状況はやや不良である。また、城域や近隣に「城ノ内、坪ノ内、城児玉（奥の城）、上小田井、飯綱、長倉、上ノ駅、中ノ駅、下ノ駅、除沢、狐坂」などの城郭関連地名がある。築城者は、小田井氏（尾台氏）で、尾台吉六郎副親（小田井又六郎信親）と言われ、年代は大永年間（一五二〇年代）とされている。天文十三年（一五四四）十二月十三日、武田信玄に攻められ、一族討ち死にしたと伝えられているが、その経緯について少々詳しく述べてみたい。

《信蕃の父芦田下野守信守と小田井城の関わり》

『甲越軍記』に「**小田井誅伐之事**」と載っており、それによると、

> 信州・上州の境碓氷峠のこなた輕井澤より、平尾岩村田へ通路の中間に當って、**小田井**といふ所あり。此處の城主を小田井又六郎と云ふ。渠（かれ）が弟に同苗治郎左衛門といふ者あり。兩人とも武略勇気、人に勝れ由聞こえしかば、晴信朝臣いかにしても此もの兄弟を降参させんと思しかば、先に降参して、味方にある處**芦田下野守**を以て、頻に降参すべきよし勸めらるると雖も、更に承引せざるのみか、決句**芦田下野守**が居る所の、**芦田の城**とは僅かに行程五里餘なるにより、芦田が領分に押し寄せ、民家を放火し、甚だ狼籍せしにより、**芦田下野守**討ちて出で戰ふと雖も、却て、小田井兄弟が爲に度々敗北し、此旨早馬を以て、甲館へ、速に小田井を誅伐せらるべしと勸め奉りしほどに、同月中旬**晴信**公八千餘騎を引率し、信州へ發向せられける。

天文十三年（一五四四）、武田信玄の命により、**芦田下野守信守**（**信蕃の父**、当時十五、六歳か）は**小田井城**の小田井又六郎・治郎左衛門兄弟に武田臣従を説得すべくおもむいた。しかし、それに承知しないばかりか小田井氏は、芦田領に押し寄せ、乱暴狼籍をはたらいた。「小田井誅伐せらるべし」との信守の訴えにより、武田が出兵し、天文十三年（一五四四）十二月に小田井氏を攻め滅ぼした。その詳細が講談風に『甲越軍記』に述べられている。なお、ここで言う「蘆田城」とは、現北佐久郡立科町芦田にある**芦田城**のことである。**下野守信守**が本拠を佐久郡春日城に移すのは、これから数年後に武田信玄が春日城の春日氏を滅ぼした直後の、天文十八年（一五四九）のことである。春日郷（春日城）に本拠を移した時、**源十郎**こと**信蕃**は数え二歳であった。

《信蕃による小田井城の攻略》

その後、小田井城は武田の持ち城であったが、武田氏滅亡後は北条氏の持ち城となっていた。大道寺政繁が一時城将で

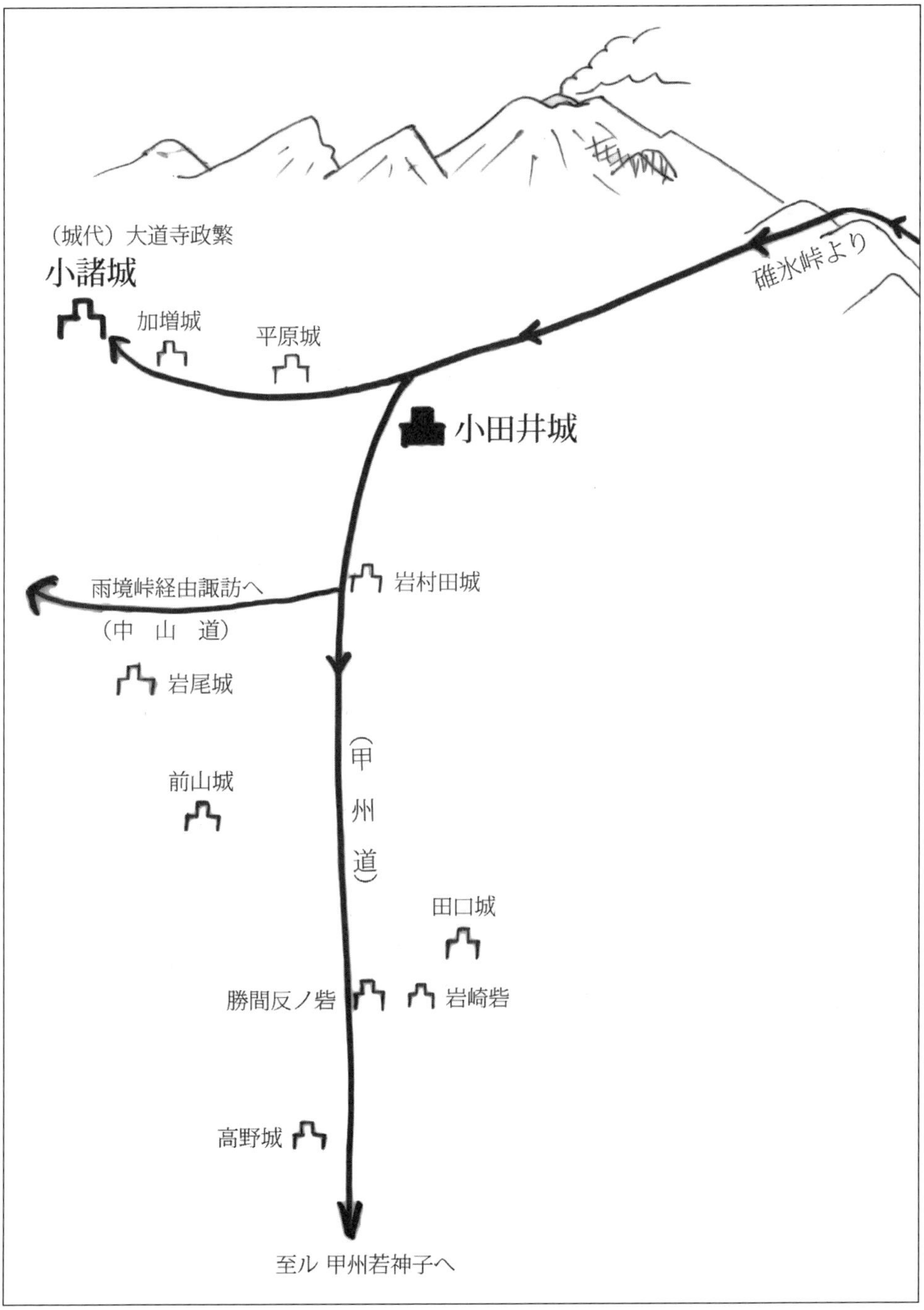

図：小田井城は、北条の兵站の分岐点

あったこともある。『芦田記』（依田記）によると今回依田信蕃が小田井城を攻略したのであるが、具体的には、信蕃の甥（次弟の信幸の嫡子）である**依田肥前守信守**が蓼科山奥の三澤小屋から一隊を引き連れて、小田井城及び加増城（小諸市）を攻め、小田井城将二俣丹波守、加増城将桜井大膳正を討ち取り攻略している。天正十年七月下旬である。その際、平原依田氏の依田又左衛門信盛も孫の源七郎盛繁とともに両城攻略時に功を立てている。子の右近之助昌忠は、元亀三年（一五七二）十一月十六日、遠江国二俣城攻めの戦いで、討ち死にしている。その時、盛繁は九歳であった。小田井城攻略の時には十九歳の若武者であったことになる。もっとも、この時の攻城軍を指揮していた依田肥前守信守（信蕃の次弟源八郎信幸の嫡男）も十代半ばすぎぐらいの年齢であったと推定される。これにより北条方の小諸城将大道寺政繁への上州～碓氷峠～浅間山麓～小諸への連絡路を断ち、その動きを封じ込めている。

小田井城は、また、関東から碓氷峠を越えてくる北条氏の兵站の分岐点でもあった。南へ向かえば小田井城は南佐久から、甲州若神子で家康と対陣している北条氏直軍へ甲州往還が通じていた。また、東山道沿いに雨境峠（役ノ行者越）経由～かじか原（柏原）～棒道～甲州入り～そして若神子へと

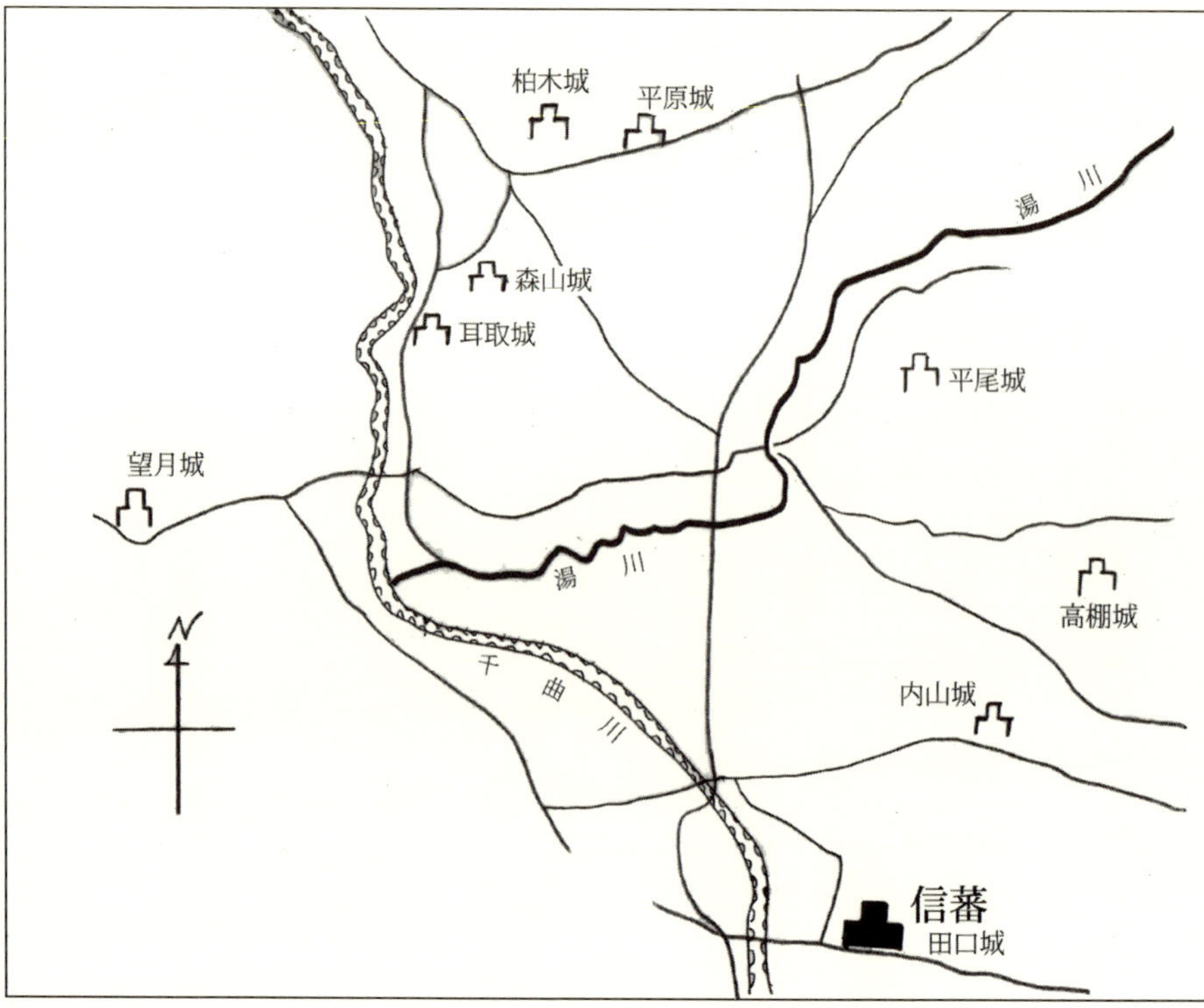

図：天正10年11月末までに信蕃に出仕してきた諸将の城

通じていた。北条方に付いていた小田井城を攻略したということは、それをも遮断したということになる。その後の十月には、徳川へついた甲州勢（津金衆・武川衆・小尾党など）の協力により、現佐久市臼田にある勝間反りの砦（稲荷山城）を押さえた。その際、北条方の軍勢を勝間反砦とは千曲川の東対岸の岩崎砦に破っているが、「北条方」というのは至近距離の田口城に拠った相木市兵衛（依田頼房入道能登守常栄）の軍ということになろう。その上、碓氷峠をはじめ上信国境の諸峠で、兵糧を運ぶ北条軍をゲリラ的に襲ったので、北条の兵站ルートを完全に押さえることとなった。

《佐久の諸将が信蕃に降り、出仕してくる》

先方から降参してきた佐久の諸城の城主達は、**平原依田善心**（全眞）、ここでは又左衛門信盛か、平原依田氏には代を継いで「全眞」を名乗った人物が複数いた可能性がある）、**平尾平蔵**（昌朝）、**大井民部之助**、**小山田六左衛門**（小山田備中の子）、**森山豊後**、**志賀與惣左衛門**、**柏木六郎**、**望月卯月齋**（印月齋）などである。彼らは天正十年（一五八二）十一月中に依田信蕃に出仕してきた。

彼らのうちの何人かは、信蕃が去る六月に徳川への帰属を呼びかけた時に、一度は応じたにもかかわらず、その直後に北条の大軍が信州へ侵攻した時から、北条に従っていた者達である。

・平原善心（全眞）	平原城	小諸市平原字城	――他よりも早く出仕、小田井城攻めに参陣
・平尾平三（平蔵昌朝）	平尾城	佐久市上平尾字秋葉山	――七月十一日に徳川から安堵状を発給されるも、北条に下っていた。
・大井民部之助政成	耳取城	小諸市耳取字古城	――何家もある大井氏の支流
・小山田六左衛門（藤四郎）	内山城	佐久市内山字城下	――高遠城仁科盛信の副将として討ち死にした小山田備中守昌行の子
・森山豊後守俊盛	森山城	小諸市森山字西城	――七月十一日に徳川から安堵状を発給されるも、北条に下っていた。
・志賀與（惣）左衛門	高棚城	佐久市志賀字天狗岩	――信蕃の計策で降伏
・柏木六郎	柏木城	小諸市柏木字古屋敷	――自ら投降？（具体的な言及史料はない）
・望月卯月齋（印月齋）	望月城	佐久市望月字城	――十月二十一日に望月（北条）源五郎が落城した後に城主に復帰していた。

――信蕃に出仕してきた城主達――

写真：森山城（北面、主郭跡に公民館）

写真：平原城（主郭西の箱堀）

写真：高棚城

写真：平尾城　手前足元は平尾館跡

写真：柏木城（南城の北～西面は崖となる）

写真：耳取城（観音堂郭跡に石碑）

写真：望月城

写真：内山城

信濃での徳川の取り次ぎ役、総督的な立場にあったのは、大久保七郎右衛門忠世であったが、その末弟で一緒に佐久へ入り、信蕃の佐久平定の様子を把握していた大久保彦左衛門忠教（ただたか）は、その著書『三河物語』の中で、

> 四方に一里二里の内に、小城屋敷城共に十二、三あり、小諸の城、禰津ごや、望月の穴小屋、内山の城、岩尾の城、耳取の城、相木の城、平原の城、田の口の城、岩村田の城、平尾の屋敷城、あらこの屋敷城、この城々の中へわり入りて、四方へ取りあいて、その内にこなたかなたを引きつけけり。

と書いている。

『三河物語』には、『芦田記』（依田記）で右に挙げた城主の城以外にも言及がある。——小諸城は天正十年十一月の時点では、まだ北条方の大道寺政繁が占拠していた。禰津小屋（小県郡禰津城、城主は禰津昌綱）は真田昌幸が攻略していた。「望月の穴小屋」を攻めたというニュアンスは、若干不可解に思えるかもしれないが、これは北条方に占拠されていた頃の芦田小屋（春日城）をさすものであろう。信蕃の軍勢は、蓼科山の奥の三澤小屋から撃って出て、その望月の穴小屋こと芦田小屋（春日城）を奪還すべく攻めたのである。（奪還成功は十月二十六日のことであった）。岩尾城には大井行吉が北条方で、まだ抗していた。相木城と田口城は城主の相木依田市兵衛が関東へ逃亡して自落している。「あらこの屋敷城」とは佐久市新子田（あらこだ）の田切地形の崖上にあり、台地に立てば平城に見える城で、台地上に空堀が一本施されているだけの単純な構造をしている。あらこの屋敷城は地元では戸坂城（鳥坂城）と称している。その来歴は不明であるが、この天正十年十一月までは、地侍が反徳川で籠もっていたことが分かる。

かくて、佐久の諸将は、天正十年十一月中には、ほとんど芦田依田信蕃に出仕してきたのである。（田口城の相木能登守は上州方面へ逃亡し、野沢城の伴野刑部信守は十一月六日に滅亡し、金井砦の市川某も逃亡し）、この時点で、まだ敵対していたのは、岩尾城の大井行吉と北条の小諸城代大道寺政繁だけとなっていた。

㉑追鳥狩り　〜出仕してきた諸将も譜代の家人並みに

一、

> 佐久郡午霜月に治り、手に立つ敵御座無く候に付て、この中各苦労の由、**右衛門佐**申され振舞い候はんとて、**追鳥狩**仕るにも、譜代の家人並右の侍衆も罷り出、追鳥狩仕る。すなわち、鳥を右衛門佐前にあげ、その料理御座候つる由承り候。その上、褒美と為す金子、紅の糸、甲、その外色々出したく右衛門佐存じ候えども、片恨みいかゞにて、これを各へ出たく候間、鬮（くじ）取り致し候へと申す。鬮の約束にて皆々取り、謹て戴き申され候き、右衛門佐申す様。昨日今日まで互に討ちつ討たれつ敵にて候つるに、この如く譜代の被官並の仕合満足の由、申し候由。

〈要旨〉

・佐久郡は天正十年十一月に治り、さしたる敵がいなくなったので、それまで各々苦労してきたのでと、**依田右衛門佐**信蕃は一同の慰労を兼ねて「**追鳥狩**（おいとりがり）」を催した。臣従してきた諸将をも譜代の家人並みに招待した。

・すなわち、獲物を右衛門佐前にあげ、それが料理されて出された。その上、褒美としての金子、紅の糸、甲、その外色々出したく右衛門佐は思ったが、片恨みしあわないようにと、鬮（くじ）取りでそれぞれ謹んで受け取った。

・右衛門佐は、昨日今日まで互に討ちつ討たれつ敵味方であったのに、このように皆譜代の被官のようであるかのように満足であると言ったとのことである。

《追鳥狩りと田野口館》

十一月中に佐久はほぼ平定され、信蕃は「**追鳥狩り**」を行なった。この『蘆田記』（依田記）の文面によると、その時期は十一月末から十二月頃であろうか。旧暦を西暦に直すと一月中下旬に相当することになる。一年のうちで一番寒さが厳しい時節ではある。

「追鳥狩り（おいとりがり）」とは「山野でキジ等を勢子（せこ）に追い立てさせて、狩ること」である。山野の視界が良好になり、動きやすい冬の季節に多く行なわれることから、「追鳥狩り」という言葉は冬の季語や季題にもなっている。追鳥狩りは狩猟形式での大規模な軍事演習でもある。依田信蕃は諸将を動員して「追鳥狩り」を催すほどの立場になったのである。新規に出仕してきた諸将もこれに随伴し、鳥料理の馳走を受けた。さらに褒美として金子、紅の糸、甲、その他褒美を授かり譜代並の待遇を受けた。その際、信蕃は、籤（クジ）引きで褒美の品物を決めさせている。褒美の軽重、良し悪しについて「恨みっこなし」ということで、籤引きにしたのであろう。現代とは異なって、籤引きには神の意思が働いた結果がでる、と認識する時代であったので、一同ありがたくその褒美を賜ったものと思われる。信蕃にとっては、新規に臣従してきた諸将一人一人への配慮の意味合いもあったと思われる。この辺に、信蕃の意外と細かいところまで気を使う人柄や佐久人らしさが伺える。追鳥狩りの獲物の料理を肴に酒盛りで談笑する一堂に会した武将達の姿を見て、信蕃はさぞ満足であったであろう。当然、徳川からの軍監柴田康忠なども賓客として出席していた可能性もある。佐久のほとんどの武将が自分に臣下の礼をとって目の前にいる。念願の佐久平定をほぼ成し遂げた満足感に浸った瞬間であろう。しかし、人間はそういう時が得てして、次の展開でつまずくもとになるのであるが……。信蕃に従って徳川の臣下となった諸士は、さらに十二月には甲府に至って、徳川家康に閲した。これを「**甲信諸士御目見**（おめみえ）」という。

《甲信諸士御目見え》

信蕃に従って徳川の臣下となった諸士は、さらに十二月には甲府に至って、徳川家康に閲し、各自、本領安堵を得た。『武徳編年集成』巻之二十五、天正十年十二月十一日の項には、「甲信諸士御目見」（こうしんしょしおめみえ）のことが記されている。――「頃日甲信ノ先方ノ士ヲ甲陽古府ニ召テ拝謁ヲ遂サセ忠ノ輕重ヲ糺サレ或ハ全ク本領ヲ賜ヒ或ハ舊地ヲ減ゼラル」。つまり、甲州・信州の先方衆（甲信諸士、武田氏滅亡後、家康のために先方となって北条と戦ってきた甲州と信州の士）を、家康は甲府へ招いて、家康と拝謁（御目見え）させ、忠義の軽重を糺し、本領を安堵したり、旧地を減じたりした。佐久の諸将も甲府へ行き、家康に謁見したのである。芦田依田信蕃が「甲信諸士御目見え」の時、出向いたのか否かということは不明であるが、信蕃はすでに家康臣従の御目見えは済ませており、また、諸将が甲州へ出向いている間の佐久の治安のためもあって、この時、甲州へは行かなかったことも推定される。

かくて、あわただしかった動乱の天正壬午十年は、表向きは比較的平穏に暮れた。

《想像を絶する早期完成～新造の田ノ口館》

「追鳥狩り」をして諸将を招いた信蕃の館は田口館であっ

た。田口城の南麓の日溜まりにある居館で、そこは、現在の佐久市田口にある蕃松院（ばんしょういん）のある所であったと推定される。蕃松院は、依田信蕃の嫡子である**松平康國が開基**となり、父である信蕃の菩提を弔うために、信蕃の法名「蕃松院殿節叟良筠大居士」をとって命名し、信蕃最後の居館あとに建立した寺である。

　現在、蕃松院の裏には信蕃と次弟信幸のものであるとされる二基の五輪塔がある。よく見ると「空・風・火・水・地」

写真：田口館跡の蕃松院

写真：信蕃兄弟五輪塔
平成 22 年に周辺整備

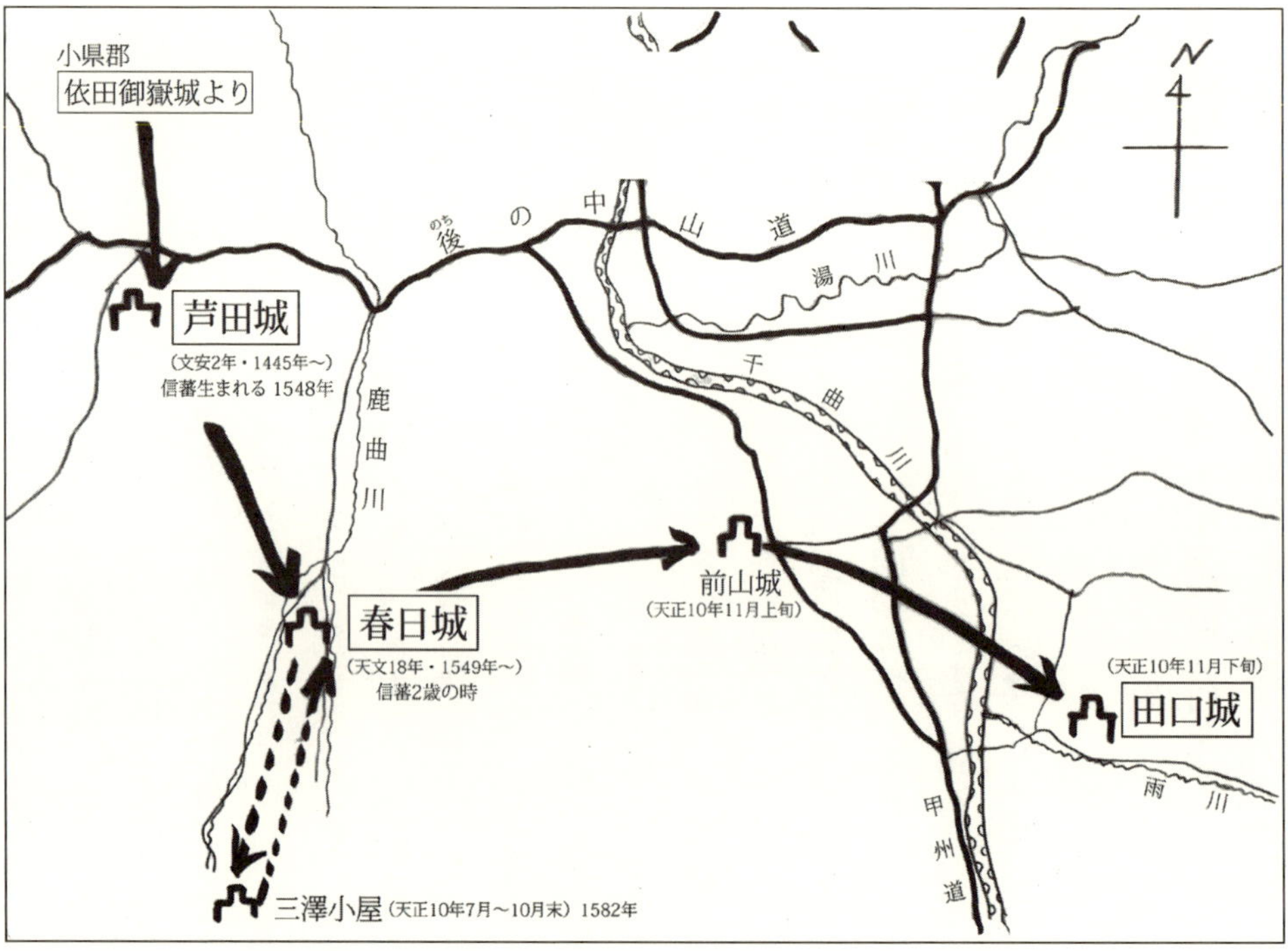

図：信蕃までの芦田氏の本拠地の推移

の五輪の各部分や全体の形や均整が、ややアンバランスである。左側の信蕃のものは「火」輪が宝篋院塔のものに似ている。平成二十二年に、五輪の塔の台石の下から刀が出土したが、信蕃ゆかりの刀である。（口絵の写真参照）この刀についての詳細の検討を待ちたい。

ところで、「追鳥狩り」は前述では「この『蘆田記』（依田記）の文面から素直に解釈すると、その時期は十一月末から十二月頃であろう」と書いた。市川武治氏は『もう一人の真田～依田右衛門佐信蕃』で――「天正十年十二月、信蕃は田口城山南麓へ、大名にふさわしい豪華な館を新築しここに移った」と述べている。十一月六日に前山城の伴野刑部信守を滅亡させ、信蕃はその直後、三澤小屋から出て奪還したばかりの春日城（芦田小屋）から、佐久の中央部に近い「前山城へ移った」と少なかぬ史書で述べられている。前山城は信玄の宿城として使われたこともある戦国時代の佐久の中心ではあったが、戦国大名としての芦田依田信蕃が拠る城郭としては、やや小規模であった。また、伴野氏を滅ぼした直後から信蕃が前山城にいた期間や諸状況からして、信蕃が前山城を本格的に本拠とするつもりであった可能性は低い。信蕃が前山城に拠ったのは、一カ月にも満たないのが事実ではある。信蕃は本拠を千曲川をはさんで南東に位置する、相木依田能登守の逃亡した後の田口城へ移った。山上にあるこの頃の山城は、現代人が想像するような城郭ではなく、おそらく郭も土塁・切り岸・空堀・防護柵程度の構築であったと推定される。問題はその麓にあった田口館である。相木能登守の館がどこにあったのかは不確定ではあるが、おそらく信蕃のそれと同じような場所であったであろう。

中世・戦国時代は、城郭や館は戦いに破れる時、攻め手によって破壊されたり、放火されるばかりでなく、相木能登守のように自落逃亡する場合も、自ら焼き払ってしまうのが常であった。田口城及び館も同様であった可能性がある。相木能登守が信蕃の来襲を恐れて自落し、上州へ走ったのが天正十年十一月六日の前山城落城の頃とすれば、それから一カ月ちょっとしか経過していない十二月に、信蕃の田口山城麓の新田口館が新築されたことになる。現代とは違い、機械も道具も発達していなかった時代に、建築資材の調達・建築に携わる人員の確保等々を考えると、実に驚異的な早さである。おそらく現代人が想像するような立派な館ではなかったであろうが、追鳥狩りに招かれた諸将が居並ぶだけの広さが必要であったであろう。建設が非常に短期日のうちになされているということは、建築を奉行する人物の下、有能な技能集団が必要である。その人物が丸山左衛門太良であると推定でき

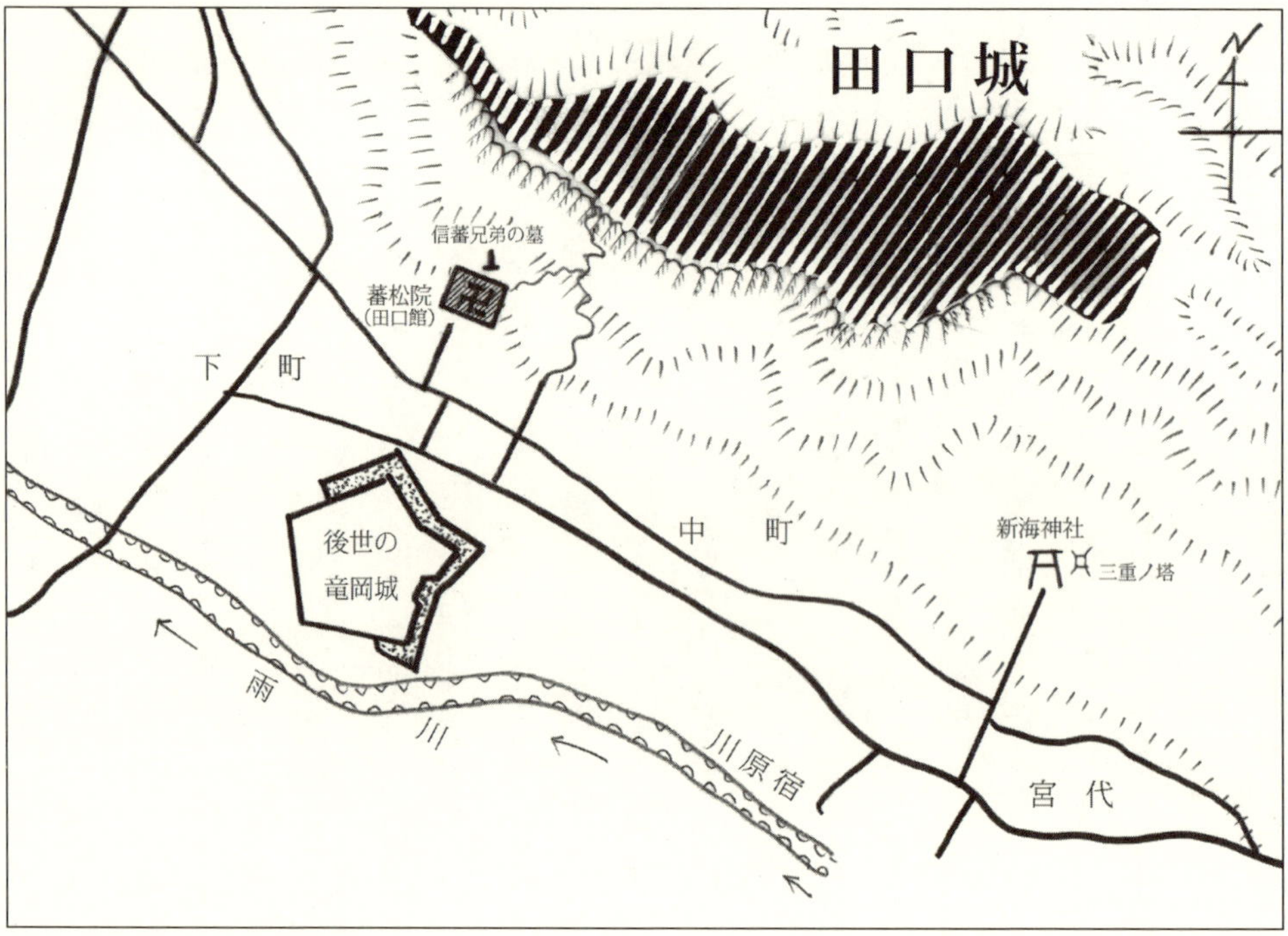

図：田口城と田口館（やかた）
佐久市田口。のちに蕃松院となる。

る。

丸山左衛門太良（たろう）への信蕃の印判状がある。――「佐久郡が思い通りになったら、郡中の大工（の棟梁）を申しつけ、知行五十貫文を与える」という宛行状（あてがいじょう）である。

市川武治氏が指摘しているように、おそらくは、丸山左衛門太郎を中心とした技能集団が、信蕃の命により、田ノ口館の新築工事を担ったものであろう。戦国末期には、情報網伝達に関してもそうであったが、技能集団も我々の想像を越える能力を短期日の間に発揮できたものであろう。戦いに明け暮れる時世柄、戦での本陣の設置、城郭の普請、簡単な防御施設の早期建設、道路や橋の修復、土塁や堀の築造などの全般に渡る工兵技能集団、ないしは雑兵を指揮してそれを担う役が必要であったのは十分に考えられる。芦田依田信蕃に属してそれを担当していたのが丸山左衛門太良であったと推定される。なお、その子丸山内匠助は、天正十七年、信蕃の子の松平康國より、山宮豊後跡百六十一貫文（新海神社社領）を与えられているが、その末裔は二十一世紀の現在でも、佐久市田口新海三社神社の境内近くに在住である。

《田の口城の構造》

蕃松院の東方百メートルほどの所から北の斜面には地元の

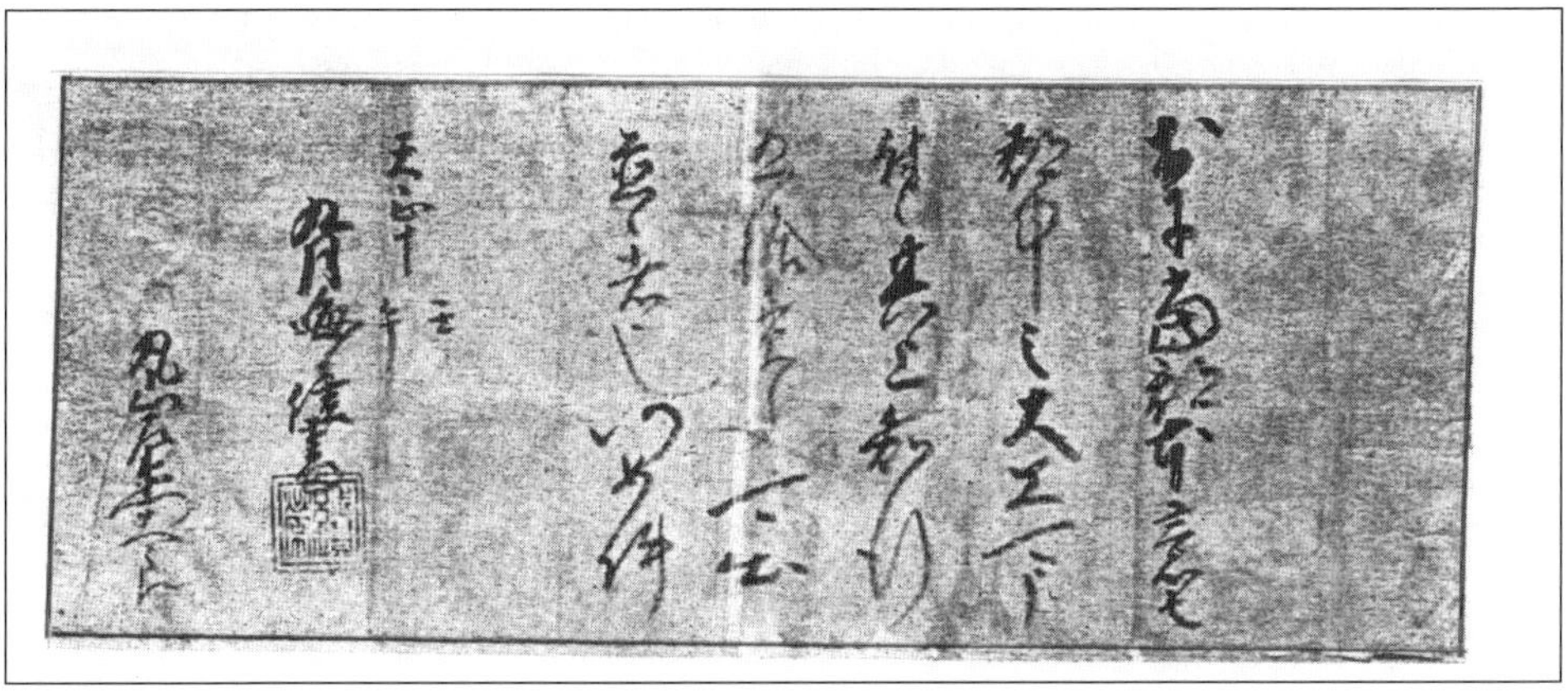

写真：丸山左衛門太良宛ての依田信繁書状と佐久市丸山家文書

当郡の本意に於ては
郡中の大工申し
付くべく候其の上知行
五十貫文出し
置く者也、よって件の如し
天正十壬午
九月晦日　信蕃（角印）
丸山左衛門太良

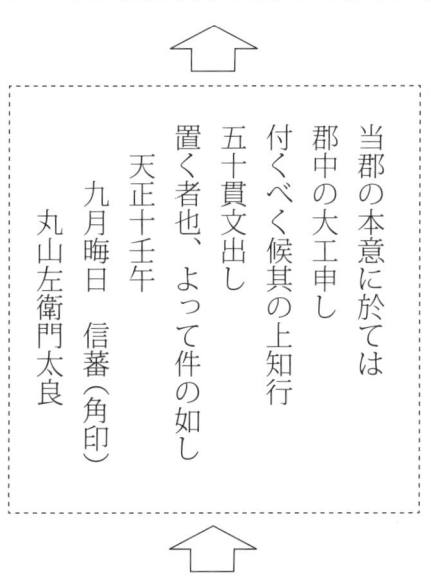

・上記の書面から、芦田（依田）信蕃の印判（角印）は下記の如くであることが分かる。
・文字は「續榮」と読める。
・ちなみに、同じ「續榮」の文字の信蕃の印判（丸印）も紹介する。

写真：続栄　依田信蕃印

人々の墓地のある削平地が何段も登っているが、それらは田口山城へと続く大手道を守る段郭の跡であった可能性がある。墓地をすぎてさらに急斜面を登ると、道が左右に折れる箇所にも、上方から横矢をしかけられる郭跡とおぼしき地形がいくつかある。さらに登ると、やがて屏風状に断崖が連続する真下に出る。突然道がなくなり途方にくれるが、よく見ると、岩壁が湾曲した所を人がやっと通れるほどの幅で、上へ通じる急坂が延びている。そこをすぎると、田口山城の西郭（仮称）へ出る。岩尾城方面を眺望できるのはこの西郭あたりである。後日、天正十一年二月二十日に軍監柴田康忠をともなって岩尾城を一望したのはここであろう。西郭から西方は西尾根郭群を経て、さらに西方へ徐々に下がるが、いくつかの削平地をともない、最終的には現在の県道へ落ちている。

一方、西郭の東端から右方向（東方）へ大手郭、三ノ郭、二ノ郭、副郭（三九×二六m）と進んで主郭（四四×四五m）へ達する。断崖の切れ目から尾根に出た箇所から数百メートル進んで、主郭へ到達するわけで、かなり広大な城郭である。主郭からは前山城、平賀城、内山城なども眺望できる。南の足元には後世江戸末期の龍岡城五稜郭の星型がはっきりと目に入る。北海道函館五稜郭と田口のものと日本では二つしかない。ちなみに西欧中世では五稜郭の集落は珍しくはない。さらに南方には甲斐衆も加わった依田軍が、北条方の軍勢（具体的には相木市兵衛の軍）を破ったという岩崎砦のある山塊が見え、千曲川を挟んだ西側には勝間（かつま）反ノ砦（ぞりのとりで）（稲荷山城）が指呼の間に見える。足下やや東方には新海三社神社がある。その現在ある社殿や三重ノ塔は当時のままで、まさに依田信蕃が田口城の主郭から見たものでもあることを思うと感慨深いものがある。なお、田口城の副郭の北下には何段もの北郭が続く。主郭の東下

写真：田口城の遠景

は「**馬場**」（一〇×九四ｍ）といわれているが、その東方には三条の堀切があり、それに関わっていくつかの削平地がある。田口城全体の尾根の大部分や山頂は、後世になって桑畑や薬用人参畑として開墾されているので、郭や道の細かい部分は、かなり破壊変形している可能性もある。現在はその畑も荒廃し、落葉松林となっている。城の南側はとにかく断崖絶壁の連続で登攀は不可能である。あえて言えば北方面は断崖のない箇所があるが、これも急斜面であり、難攻不落の山城である。田口長能（ながよし）が武田信玄に滅ぼされた後、武田の将として相木市兵衛が守り、その後、依田信蕃が最後に拠った城としては、さすがの規模と構えをもった縄張りである。しかし、これは後日のことではあるが、信蕃は、この山城に腰を据える暇もほとんどないままに、天正十一年二月二十三日にこの世を去ることになるのである。

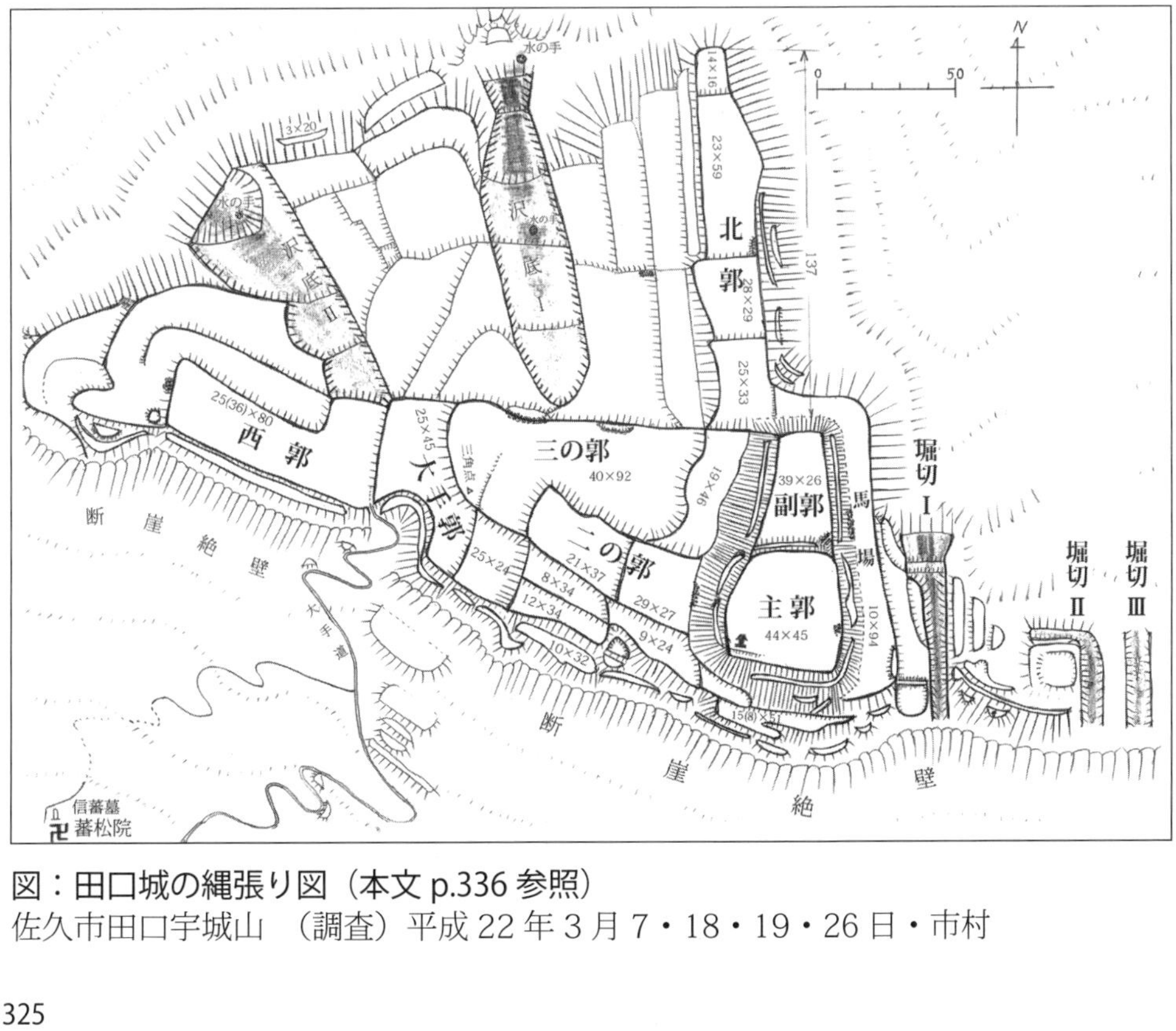

図：田口城の縄張り図（本文 p.336 参照）
佐久市田口字城山　（調査）平成 22 年 3 月 7・18・19・26 日・市村

田口長能・武田信玄・相木市兵衛・芦田信蕃も拝した新海神社社殿・三重ノ塔・
金剛力士像……今も当時の姿

写真：新海三社神社の本殿

写真：三重の塔（隣接して神宮寺があった）

写真：金剛力士像（現在は上宮寺にある）

1400 年（応永 7 年）	……	田口城に拠った田口氏がいた。（『大塔物語』に田口氏の名あり）
1400 年代後半～ 1500 年代中期まで	……	諏訪社御射山神事や新海三社神社に関わって田口氏の複数の人物名あり。
1548 年（天文 17 年）	……	武田信玄により田口長能（ながよし）滅亡。
1550 年頃（天文 20 年頃）	……	信玄の命で相木能登守市兵衛が田口城主となる。
1582 年（天正 10 年）	……	相木能登守市兵衛が北条へ逃れ、芦田信蕃が田口へ。
1583 年（天正 11 年）	……	信蕃の嫡男松平康國が小諸城主となり、その後しばらくして廃城か。

図：田口城主の変遷

㉒新年の祝賀　～信蕃絶頂の時

一、
癸未正月元日、右の侍ども、譜代の者並に、**右衛門佐**大形折紙にて、礼盃も譜代の被官並に候つる由承り候。この年、家康様四十二の御歳に候間、四十三に御祝直しなされ候御心待にて、閏正月に御祝の為、なされ候。御分國その分に御座候。

〈要旨〉

・天正十一癸未年（一五八三）正月元日、**右衛門佐**は追鳥狩りに参加した諸将を、譜代の者並に、大形折紙にて、礼盃も譜代の被官並に行なった。この年は、家康が厄年四十二歳にあたるので遠慮し、（この年は閏年で正月が二度あったため）四十三に御祝い直しする心待で、閏正月に御祝いをした。

《芦田家旧臣名列簿》

右衛門佐信蕃は、天正十一年（一五八三）閏正月、田口城の麓の田口館で、家臣を招いて新年の祝賀を催した。この年は徳川家康が厄年の数え四十二歳にあたっていたので遠慮し、四十三歳にお祝いし直しする心持ちで、閏正月に新年の祝賀の席を開いたのである。服属してきた佐久の諸将（土豪）をも、やはり譜代の者並に大形折り紙にて処遇した。先の追鳥狩りに参加した諸将とほぼ同じ顔ぶれであろう。この頃が依田信蕃のまさに絶頂期であったことは言を待たない。上座に位置した自らの目の前に、佐久の主だった諸将が臣従の意を示しているのである。その時の席順を記したものに『**芦田家旧臣名列簿**』（『もう一人の真田～依田右衛門佐信蕃』市川武治著参照）があるが、それを参考に私見を加えると、

年頭上席……三名

・依田**左近**（信蕃父下野守信守の次弟、**左近助守俊**）
・依田**勘助**（信蕃父下野守信守の三弟、岩村田落城後の城代、信光）
・依田**主馬**（信蕃父下野守信守の六弟）
　→三人とも信蕃の叔父か？『寛政重修諸家譜』参照

騎馬以上……六名

・横田甚右衛門尹松（高天神城の戦いで武田側主将、のち軍監、柏坂峠以来信蕃の下）

・石原豊後守（武田旧臣、石原政吉、書物によっては「依田豊後」とも称す）
・大井河内守（大井満雪（きよ）、小兵衛、耳取大井氏、志賀城攻め先陣、もと箕輪城を守備）
・伴野対馬守（伴野氏の家の通称は「主馬」で、芦田五十騎中のそれは貞吉のこと）
・栗原左衛門
・依田**十郎左衛門**（信蕃叔父守慶、真田昌幸と交渉し味方にするに功あり、外山城主）

一騎衆……約一六〇名〈順不同〉
・平尾平三（平尾城主、平尾依田氏、守芳）・平尾右近（平尾）・依田主膳（信蕃従弟）・平原源助（平原依田氏、源七郎盛繁か）・平原膳心（全真？）・奥平金弥（戸田金弥、長篠以来）・依田兵部（丸子依田氏鞠子兵部ともいう）・平原将監（しょうげん、平原）・望月印（卯）月斎（望月城主）・伴野小隼人（天神林城主、後に依田姓）・森山豊後守（森山城主）・柏木六蔵（柏木城主、六郎）・大井民部丞（耳取城主、政吉、この頃大井総領職）・尾台又九郎（小田井）・志賀与惣左衛門（高棚城主）・柳沢平右衛門（平左衛門、軽井沢発地）
――その他（省略）も入れて、一騎衆は約一六〇名

以上合計約一七〇名の名が『芦田家旧臣名列簿』（佐久市誌刊行会文書）にある由。中には後の「依田五十騎」に含まれると思われる名前もある。

芦田氏は宗家だけが芦田を名乗り、それ以外は依田を名乗ることから、丸子依田氏、平原依田氏、平尾依田氏以外の「依田姓」の場合は、芦田（依田）信蕃にかなり近い親族関係の人物ということもできる。年頭上席の依田左近（左近助守俊）、依田勘助（信光）、依田主馬及び騎馬以上の依田十郎左衛門（守慶）は、いずれも信蕃の叔父である。しかし、ここで意外なのは、**『芦田家旧臣名列簿』**には信蕃の兄弟関係の者の名前がないことである。次弟依田伊賀守源八郎**信幸**、三弟依田善九郎**信春**や、甥の依田肥前守六郎次**信守**、依田源太郎**信政**等の名前の記載がないことでる。それは、あくまでも旧「家臣名簿」であるので、信蕃に極めて近い「家族」として「臣」には敢えて列しなかったとも解釈できる。このことについて市川武治氏によると、その他にも芦田信蕃の近臣の柳沢氏、重田氏など多数の名が漏れているが、これは正月とはいえ、未だ不穏な北条方との関係で、上信国境を警備していた故であろうという。柳沢氏は信蕃の諜報網を担っており、また、柳沢次右衛門の子元目助に信蕃の妹が嫁している関係

がある。重田氏は、重田周防守満の娘が信蕃叔父**左近助守俊**の妻になっている。

「一騎衆」以上が一七〇名であるという数字から、芦田依田軍の動員できる軍勢数を算出してみる。戦国期の着到の軍役は、一騎につき四名の家来が付属することになっているし、それが通常である。一将に四人の家来がつくとすると、「一十四＝五」名が戦国時代の軍勢の最少単位である。それを考慮すると、芦田依田軍は一七〇×五＝八五〇名と推測される。天正壬午十年の頃は、混沌とした時期であるので、員数を減らして一単位四名としても一七〇×四＝六八〇名となる。実質これだけの軍勢が信蕃の傘下に入っていたのである。正月以降も佐久に駐屯する徳川からの軍監柴田康忠の軍勢、援軍である松平家忠、菅沼大膳の軍勢を加えればかなりの勢力になる。いよいよ佐久平定制覇も間近であったのである。

写真：参道沿いの信蕃兄弟の供養塔（本文 p.336 参照）
岩尾城三ノ丸を伊豆・箱根・三島神社の参道が延びる。その左手に沿って空堀があり、写真中央に信蕃兄弟の供養塔が見える。土塁の左上は二ノ丸である。

㉓岩尾城攻めに焦り、狙撃され落命す

一、未の二月廿日に、田の口の城へ右衛門佐上り、並びに柴田七九郎も同道候て、佐久郡一目に見渡し候高き所にて見るに、この程残所無く味方に成り候。小諸一城ばかり敵にてあるに、その外岩尾の小城一つ憎き仕合いに候、明日は責潰し申すべき候間、柴田七九郎には一人も御出し候はで御見物候え、城攻めを御目に掛けるべく由、右衛門佐広言を申され、廿一日には城より降参申すべく様子に付いて、一日相待ち候へども、廿二日には早天に取り巻く。右衛門佐も城際にて馬より下り、足軽旗指より眞先に、右衛門佐塀を乗り候ところを、鉄砲にて押し当て臍下を抜かれ臥す。また、弟の依田源八郎、これも塀乗り候ところをため、章門の急所を右章門前へ打ち抜かれ申し候。惣軍取り巻き候えども、大將右の仕合いにて、廿二日の晩に源八郎先ず相果て、廿三日の未明に右衛門佐相果て申し候。岩尾の次郎は城こらえかねて、関東筋へ出奔仕り候。

〈要旨〉

・天正十一年二月二十日に、**田口の城**へ**右衛門佐**は**柴田七九郎**康忠と一緒に登って、佐久郡を一望に見渡し、この程残る所無く味方に成った。**小諸**一城ばかりが敵である。その外、**岩尾の小城**が一つが残っていて憎いことである。明日は攻め潰してお目にかけるので、柴田七九郎殿には一兵も出さずに御見物願いたい。城攻めを御目に掛け申そうと、**右衛門佐**は広言を申した。

・二月二十一日には城方より降参するような様子であったので、一日相待ったけれども二十二日には早朝から城を取り巻いた。**右衛門佐**も城際にて馬より下り、足軽旗指よりも眞先に、塀を乗り越えようとしたところを、鉄砲にて押し当て臍下を撃ち抜かれ倒れた。また、弟の**依田源八郎**信幸も、塀乗り越えようとしたところを、章門の急所を右章門前へ撃ち抜かれた。全軍は岩尾城を取り巻いていたけれども、大將がこのようになったので、その日は攻撃を中断した。二十二日の晩に源八郎が先ず相果て、廿三日の未明に右衛門佐も落命した。

・岩尾次郎行吉は城を持ちこたえられず、関東方面へ出奔した。

〈**注解**〉

先に加藤四郎兵衛宗月こと芦田康眞が、芦田氏の来歴に関して、徳川尾張家へ第一回目に提出した文書の岩尾城攻めに関する記述になかった内容が、第二回目では三点加えられている。それらは、①田口城へ登っての広言、②信蕃と信幸が体のどこを銃撃されたかという具体的なこと、③岩尾城の城主（岩尾次郎）の名が加えられたことである。

《**「御見物候え、城攻めを御目に掛けるべし」**》

岩尾城攻めのためには、寄せ手の基地としては前山城の方が近く、都合がよいにもかかわらず、ここではかなり離れた田口城へ、軍監柴田康忠とともに登っている。つまり、この時点での依田信蕃の本拠たる城は田口城であったという証拠でもある。

信蕃が、徳川からの軍監である柴田七九郎康忠をともなって登った田口城は、後世の田口城（五稜郭龍岡城）ではなく、蕃松院や新海三社神社の北方に聳える田口山城のことである。田口城へ登るには、田口館跡の裏にある信蕃・信幸の五輪ノ塔のある削平地（墓地）の東辺り（現在の蕃松院本堂の北東上段）から上方へ延びる道があった。昭和の末期頃からは矢竹の群落や薮に覆われ、上方へ進むことができず、また、道も消滅してしまっていた。しかし、つい先年、地元佐久市田口の人々によって遊歩道として復元された。山城へ登るもう一筋の道が蕃松院の東約百メートルほどの所から北方上方へ九十九折りに城に向かって延びている。その登り口からしばらく進むと、少し上方には現在は何段かの墓地のある削平地が続く。要所要所に道の上から横矢を入れて襲いかかるような格好で、小郭の削平地がある。先に述べた信蕃・信幸兄弟の墓から上方へ延びていた道を辿ってきた道筋と途中で合流している。蕃松院の東百メートルほどの所からの道は、近世になって耕作道としても使われていた可能性がある。合流後のきつい大手道を息せききって登りつめ、やがて屏風のような断崖が頭上を遮る。人ひとりやっと通れるような、わずかな隙間を登り切ると、西郭の東端に出る。岩尾城方面の眺望が一番効く場所である。信蕃が柴田康忠とともに田口城に登って岩尾城方面を眺望したのは、このあたりであると考えられる。

佐久平を一望し、——「**小諸**一城ばかり敵にてあるに、その**外岩尾の小城**一つ憎き仕合いに候、明日は責潰し申すべき候間、柴田七九郎には一人も御出し候はで御見物候え、城攻めを御目に掛けるべく由」——、つまり、「小諸城は北条方の大道寺政繁が城代として守っているので敵として手応えあ

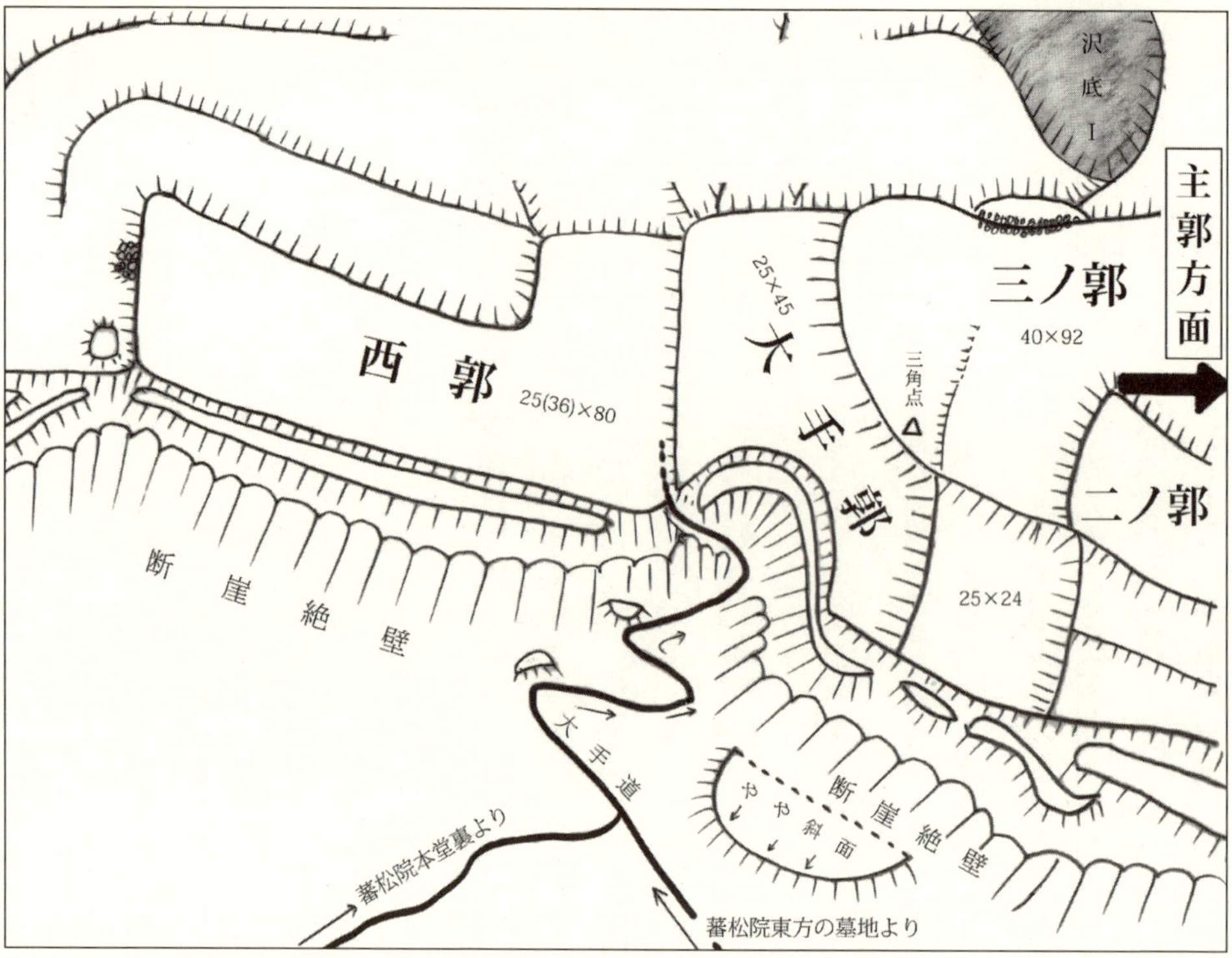

図：岩尾城方面を眺望したと推定される西郭

りそうであるが、そのほかの小城である岩尾城一つまだ残っている。明日は岩尾城を攻め潰してお見せ致すので、柴田殿には一兵たりとも出さずに見物していただきたい」と広言した。

佐久郡の統一を目前にした信蕃の自信のほどがうかがえる。歴史を知るものの後世の結果論ではあるが、この広言の前兆は、すでに「千曲河畔塩名田の戦い」に顕れている。この時は真田昌幸に対して、「千曲川を隔てて軍見物だけしていてもらえばいい」と言って、芦田軍だけで岩村田大井氏との合戦に臨み、勝利したことがあった。戦国の中央舞台で歴戦の経験をしてきたことによる自信と自負からでた言葉であると思われるが、それは往々として、自信過剰と慢心にも変化しやすいものである。しかし、信蕃がそのように言わざるを得ないような、周囲の状況もあった可能性もある。推定にすぎないが、おそらく、それは人間関係であろう。人間が生きていく上で一番悩むことは、人と人との間の関係上のことから生じているからである。特に柴田康忠との人間関係はどうであったのか?信蕃軍の佐久平定の過程には常に、徳川からの軍監として、柴田康忠が在陣していた。七月中旬に、高島城の諏訪頼忠を囲んでいた徳川七手衆（酒井忠次、大久保忠世など）が、柴田康忠に一〇〇〇余の兵を率いさせ、乙骨

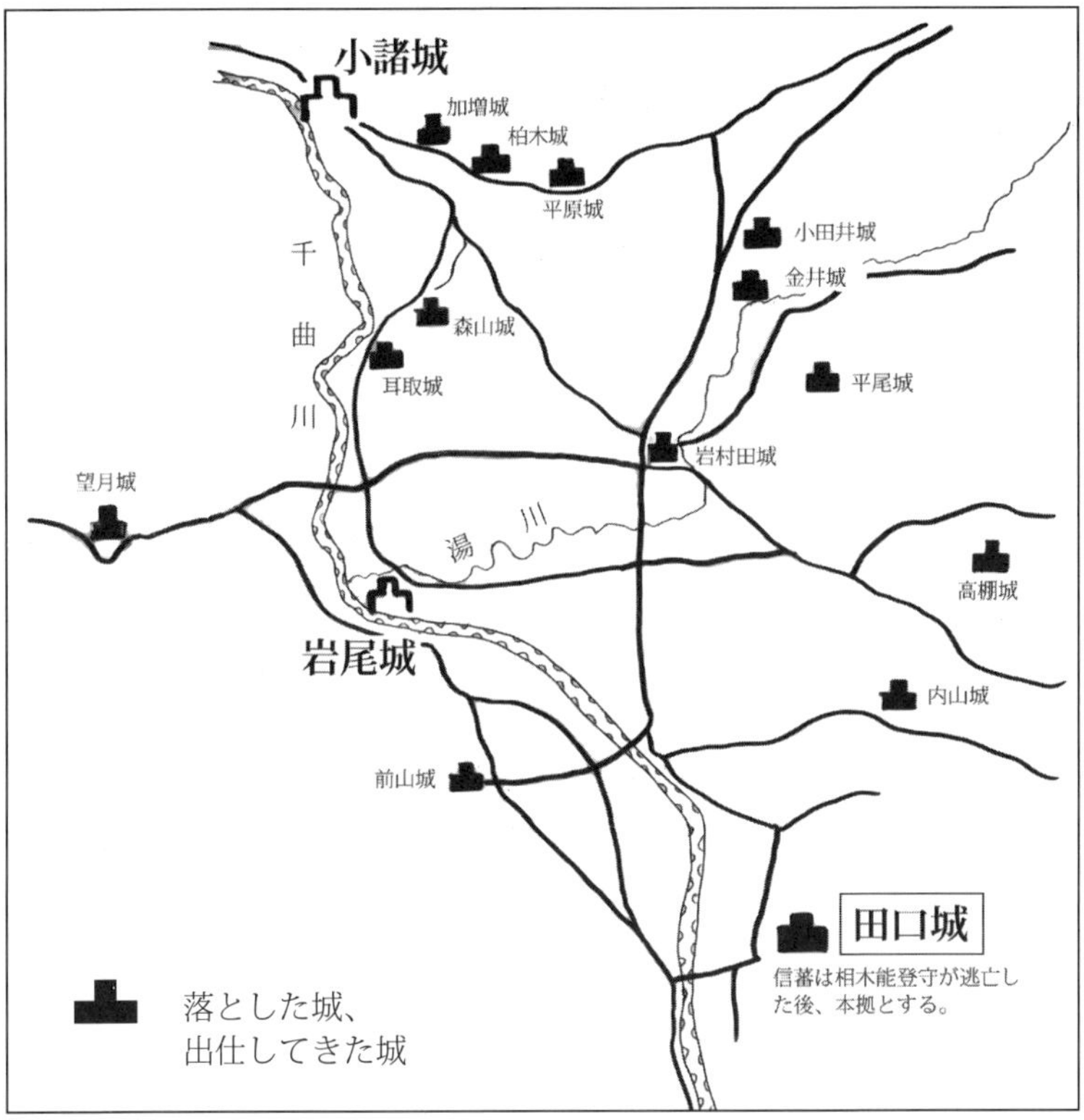

図：残るは小諸城と岩尾城だけ

太郎左衛門の案内で、三澤小屋へ送り込んだ。そのような千人以上の大軍が三澤小屋に滞在できたかどうかは疑わしいが、とにかく、かなりの軍勢を従えて岩尾城攻撃の時にも在陣していたはずである。信蕃の前山城攻略、田口城にいた相木能登守攻め等は、信蕃の譜代の臣だけでは困難であったろう。直接戦いに加わらなくとも、取り巻いていただけで、佐久平定作戦ではかなりの脅威であったはずである。具体的な戦闘では信蕃自身の配下の働きが大きかったと思われる。佐久平定がもう少しで成し遂げられるところまできていた信蕃にとっては、もう軍監柴田康忠とその大軍のことが、少々煩わしくなってきていた可能性もある。信蕃の広言に対して、柴田康忠は軍監として助言をしたと思われるが、そうでなくとも、不快に感じたであろうことは想像に難くない。その後の岩尾城攻めの際には、信蕃は自らの言葉を証明しなくてはならない立場になってしまったのである。そこから来る焦りもあったであろう。

また、信蕃が天正十年の本能寺の変の後に、信州入りした時に、佐久の他の土豪は、ほとんどが北条方であった。徳川方は彼のみであった状況から八カ月余り、その間に、徳川からの支援を得ながらも、先方の責任者として、ほとんど自分一人で佐久をきり従えてきたことになる。また、それ以前には武田信玄・勝頼に認められ、徳川家康・織田信長・今川氏・北条氏・上杉氏等といった超一級の戦国大名との戦いの中での活躍の経験、特に遠州二俣城や駿州田中城での城主としての武略・智略を尽くしての籠城戦の経験など、戦国時代の中央舞台で活躍してきた経験と誇りもあったであろう。また、今は麾下に属することになっている土豪も、もとはと言えば、皆同じ仲間であった。その分、皆から期待され、一方、そねみ、ねたみもあったであろう。佐久の総帥としての自らの姿勢を示すと共に、徳川からの援将（柴田七九郎康忠、大久保忠世、武田旧臣、信州の他郡からの将達）にその実力のほどを目の当りにみせなくてはならない立場になってしまったことも、その遠因であろう。何よりも佐久平定完遂まで、残るは実質的に岩尾城の大井行吉の攻略のみということで、自信過剰気味になっていたとも言える。そして、とうとう「明日一日で、依田軍だけで岩尾城を攻略してみせる」と柴田康忠の前で宣言してしまった。自信にあふれた言葉だが、彼我の戦力差からして勝敗は明らかであると考えていたのであろう。――しかし、去る十一月二日に千曲河原塩名田の合戦において、真田昌幸に「参戦しなくても、戦見物だけしていればいいから」と言って、芦田軍単独での合戦を披露した時と同じような心境であったかと思われる。この時、彼は総大将であるにもかかわらず、前面に出て深追いしすぎて、左右から槍を突きつけられて危うい状態になったことがあったが、岩尾城攻城戦でも、徳川からの援軍勢に、ただ見ているだけでいいと言って、芦田勢だけで力攻めを敢行した上、狙撃されて命を落とすことになるのである。意外と守備側の手強い抵抗にあい、焦って攻めたことが最大の過ちである。一説には攻城第一日目の後、柴田康忠に「一日で依田軍だけで攻略してみせる」という言葉が実現されなかったことをなじられた上での焦りがあったのではないかとも言われている。

いずれの戦の時にも、大将は全体の戦況を見、的確な判断をし、的確な指示を出すことが役目である。岩尾城攻めでの失敗は、大将が突撃隊長や行動隊長のように、自ら第一線にでてしまったことによる。勇敢なことは可としても、「匹夫の勇」では、命を落とすことになってしまう。人間は、物事がうまく運び、もう少しで目的が達成できそうになった時、油断が生じる。また、自信過剰になった時、有頂天になった時に、油断や失敗がありがちである。蘆田信蕃の討ち死には、幾多の苦難をも乗り越えてきた彼も、人間であったということであろう。もし、彼が命を落とさずに、その後の小田原合戦、関ケ原の戦いや大坂の陣に臨んでいたならどうであったであろうか。同じ信州の土豪であった真田氏は、その後大名として幕末まで続いたので、文書も事蹟も多くあり、その存在感や後世の評価が絶大である。天正壬午十年まで伍していた（肩を並べていた）真田昌幸に勝るとも劣らない存在であった芦田信蕃である。その子孫（越前福井藩の高知家〈家老を出せる重臣〉として存続したが）に関する文書や事蹟は、本拠信州佐久から離れたしまったことにも一因があるが、自ずと歴史の表舞台から埋もれていることは、たいへん惜しくも残念なことではある。芦田依田氏の事跡を顕彰することが我々現代人のアイデンティティーにもつながるのではないだろうか。

《足軽旗指より真っ先に右衛門佐、塀を乗り越え候ところを鉄砲にて》

信蕃（右衛門佐）については、「足軽や旗指しよりも真っ先に塀を乗り越えようとしているところを」とは、勇敢そのものではあるが、単なる切り込み隊長的な行動であり、寄せ手の大将らしからぬ行為である。岩尾城の攻略に対して、信蕃がよほど焦っていたことの結果であろう。また、「鉄砲にて押し当て」とは「鉄砲を体に押し当てて」ということなのか「鉄砲でしっかり狙いをつけ」ということなのかは不明であるが、いずれにしても極めて至近距離から狙撃されたことには間違いない。また、「臍下を抜かれ伏す」とは、「臍（ホゾ）」とは「臍（へそ）」のことである。したがって、文字通り「ヘソの下を撃ち抜かれて」ということである。「丹田（たんでん）」とも称される体の部位である。また、信幸（源八郎）については、「これも塀乗り候ところを」「ため」「章門の急所を右章門前へ打ち抜かれ申し候」とあるが、信幸も信蕃に続いて塀を乗り越えようとしたところを、「ためて」（しっかり狙いをつけて）、（左の）脇の下の急所を右脇の下の前へ撃ち抜かれて倒れたことになる。銃弾が心臓付近を貫通したことになる。

一方、信蕃の銃撃について、敵方である岩尾城の守備側からみた『岩尾家譜』という書物には信蕃の名誉を回復するような記述がある。敵方の視点からの記述であるので尚更である。おそらく、それがより真実に

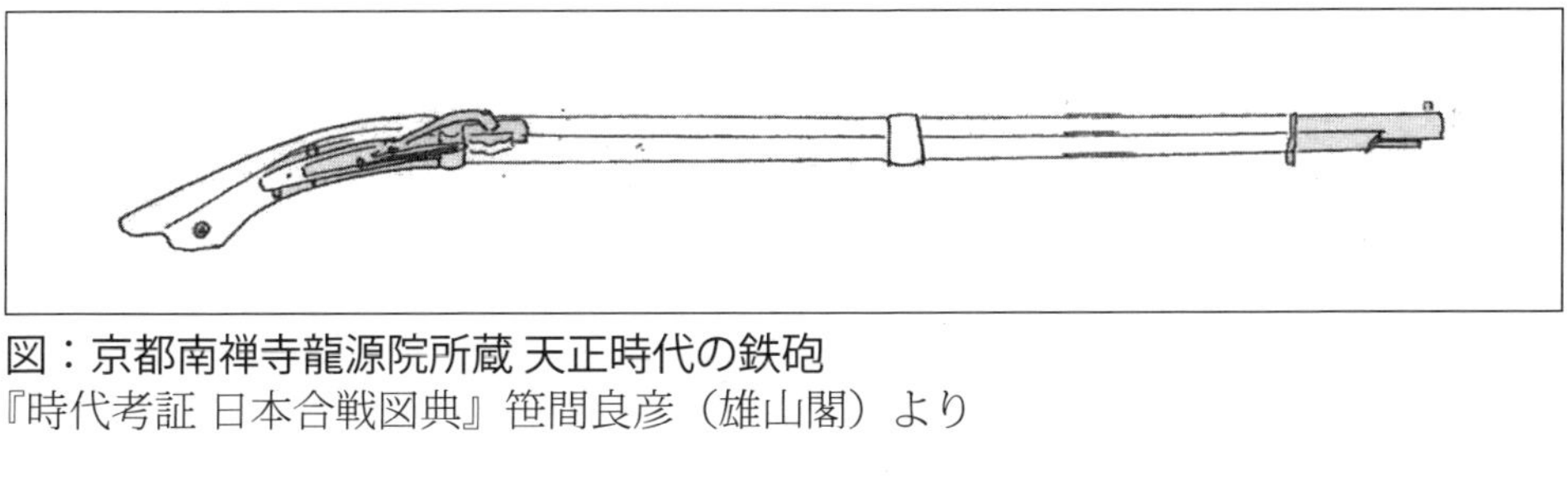

図：京都南禅寺龍源院所蔵 天正時代の鉄砲
『時代考証 日本合戦図典』笹間良彦（雄山閣）より

近いものと推定される。――「躬ら来り、隍（からほり）の際、士卒を指揮す。時に……〈中略〉……浅沼従卒山中嘉助・紺屋武右衛門に令し、匿塀内で各々発砲、信蕃・信幸を倒す」――つまり、さすがに信蕃・信幸兄弟は、「足軽旗指より真っ先に、塀を乗り越し候」というような軽率な行動をした上で銃撃に遭ったのではなく、（おそらく、守城勢からの鉄砲による迎撃が、いったん静まり、戦いが一時落ち着いたので）「空堀の際まで来て、士卒を指揮していた」ところを、大井行吉の重臣浅沼平兵衛が二人の兵に命じて、城内の隠し塀の狭間から、至近距離で信蕃と信幸を狙撃させたのである。向こう見ずに真っ先に塀を乗り越えようとしたわけではないとすると、若干救われた気持ちになる。しかし、大将自らがそういう所に身をさらしたことは、一代の不覚であったはずである。

武田信玄・勝頼、徳川家康への頑なまでの忠誠……、艱難辛苦をたぐいまれな努力と智略・武略によって、責任者として乗り越えてきた戦場……、特に遠州二俣城主、駿州田中城主としての守城戦は、後詰め（援軍）の全く望めない状況で、智略・武略を尽くしての戦いは、四方を敵に囲まれ、絶海に浮かぶ小舟を攻撃から守り抜くようなものであったであろう。天正壬午の動乱の中で、有り余る実力があり、将来を期待されながらも、最後の詰めを誤って、惜しいかな大願成就寸前での頓挫……。依田信蕃は、ある意味で信州「佐久人」の典型の一面をも表わしていると思えてならない。

《岩尾城主大井行吉》

岩尾次郎こと大井行吉は、天文九年（一五四〇）頃の生まれで、岩尾大井氏の五代目である。依田信蕃や真田昌幸ほどには知られてはいないが、武田氏に従い各地を転戦している。川中島の戦い・駿州での薩埵峠の戦い・興津合戦等に参戦したり、上州箕輪城の守備についたりしている。天正十年三月に武田氏滅亡後は、いったん岩尾城に帰ったが、信長の武田旧臣残党狩りの追及を逃れて難を碓氷峠の山中に避けていたという。本能寺の変の後、北条氏が佐久へ侵入した時、その呼びかけに呼応して北条に降り、岩尾城に戻っている。この時四十二歳ほどである。信蕃の六歳年長ということになる。北条氏が若神子の対陣から徳川との和議がなり、関東へ引いた後は、短期間のうちに依田信蕃がほとんど佐久を制覇し、天正十一年二月の時点では、信蕃に対抗する城は、北条から佐久郡を託されていた大道寺政繁のいる小諸城と、自らの岩尾城だけになっていた。しかし、大井行吉は大井氏支族ではあったが、伴野氏や相木依田氏同様に、芦田氏の風下に立つことはプライドが許さなかったものと思われる。北条氏

写真：保渡田城櫓台上から本丸跡（住宅地）を見下ろす

が去った後は立場が逆転し、佐久では孤立無援となってしまったが、「行吉、従者に謂て曰、郡中の諸志尽く信蕃に降る、我は小笠原の裔、何の面目ありて彼が風下に立たん云々」（『長野県町村誌』）と、徹底交戦の構えを見せていた。……〔岩尾城の攻防戦については既述ゆえ省略〕……

二月二十二日の岩尾城攻めで依田信蕃と信幸が、至近距離からの狙い撃ちで銃撃を受け、翌二十三日に命を落として以来、攻城軍は激しい戦闘を繰り返すことはなかったが、守城側の敗戦は目に見えていた。軍監柴田康忠は、三月三日に津金寺（芦田氏の祈願寺でもあった）の僧林鶴と大井行吉の一族である岩尾行教を遣わして、城将大井行吉に開城を勧めた。行吉は、信蕃が戦死し、城側としても一応の面目を保ったことになった上、これ以上の抗戦は無理とみて、三月七日（八日説もある）に開城して、城を去った。彼は、その後、北条勢力下にある上州群馬郡の榛名山麓にある保渡田村に隠棲し、翌年天正十二年六月十七日に病死したといわれている。旧保渡田村には保渡田城跡があり、永禄年間に内藤昌豊の築城になるもので、螺旋状構造をした城郭である。現在本丸南面中央の高さ五mほどの矢倉台跡とその南側の空堀及び東側・北側の堀跡が残る。南側の大手門外には城下町が続いていたという。その城内ないしは城下に隠棲していた場所があった可能性がある。保渡田城は箕輪城の支城のような役目をしていたようである。箕輪城は、岩尾城の攻防戦のころは、大井行吉同様に依田信蕃に抗していた北条氏の小諸城代大道寺政繁に属する城でもあった。大井行吉が徳川陣営の依田信蕃と戦ったということは、北条方に与していたことを意味する。したがって、大井行吉が岩尾城明け渡し後に、北条方勢力下の上州保渡田へ向かったということは、大いにその可能性がある。

また、『武徳編年集成』には「廿三日、岩尾の城主岩尾小次郎城郭を棄て、上洛す」とある。つまり、行吉は京都へ上ったとも言われているが、その可能性は低い。また一説には、信蕃の三弟である善九郎信春が保渡田まで行き、二人の兄の仇を討ったといういい伝えがあるが、これは全く首肯できない。

大井宗家はすでに滅びていたのであるが、この時まで支族は佐久や上野國にいた。岩尾大井氏は大井の支族として行俊（岩尾大井氏始祖入道桃源）～行満～行真～行頼～行吉と五代続いてきたが、しかし、行吉に至って、芦田依田軍を中心とする徳川方との戦いで、天正十一年三月に滅亡することとなったのである。

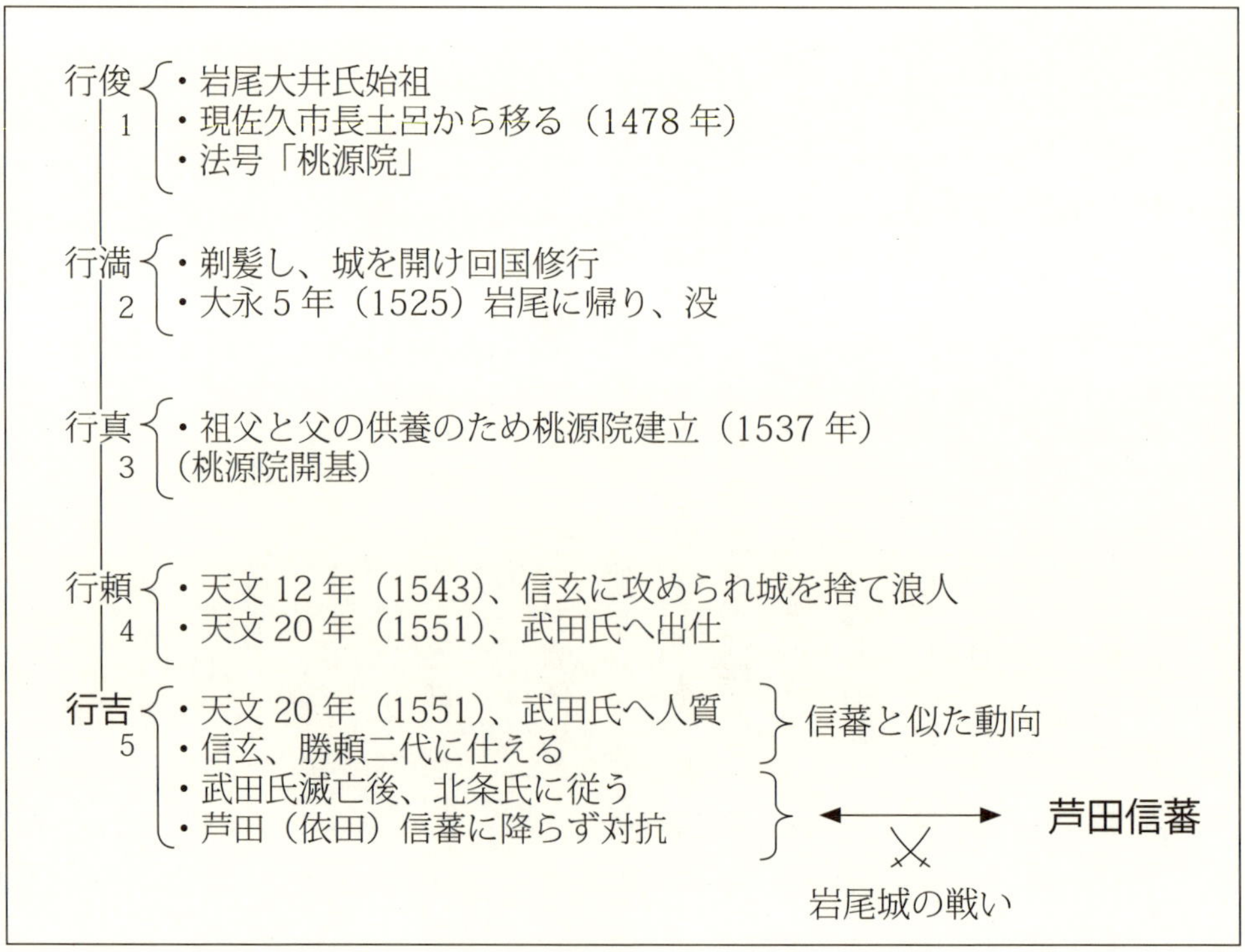
行俊 1
・岩尾大井氏始祖
・現佐久市長土呂から移る（1478 年）
・法号「桃源院」
行満 2
・剃髪し、城を開け回国修行
・大永 5 年（1525）岩尾に帰り、没
行真 3
・祖父と父の供養のため桃源院建立（1537 年）
（桃源院開基）
行頼 4
・天文 12 年（1543）、信玄に攻められ城を捨て浪人
・天文 20 年（1551）、武田氏へ出仕
行吉 5
・天文 20 年（1551）、武田氏へ人質
・信玄、勝頼二代に仕える
信蕃と似た動向
・武田氏滅亡後、北条氏に従う
・芦田（依田）信蕃に降らず対抗
芦田信蕃
岩尾城の戦い

図：岩尾大井氏の系譜（大井氏の一支族）

㉔松平康國、大久保忠世の後見を得て佐久郡仕置きへ

一、

三月に至りて、**大久保七郎右衛門**に仰せ付けられ、**右衛門佐子十四歳**に成り候間、万事七郎右衛門指し引き次第、もっともの由、権現様御意にて、十四歳の**依田竹福丸**を、御名字下し置かれ、**松平源十郎**と名を為し替えられ、七郎右衛門同道にて、未の三月小諸へ参り申し候。これよりして、大久保七郎右衛門後見にて、佐久郡仕置き申し付け候。

〈要旨〉

・天正十一年三月になって、徳川家康より**大久保七郎右衛門**忠世に仰せ付けられ、**右衛門佐子十四歳**であるので、万事七郎右衛門の指し引き次第であったのはもっともである。

・徳川家康の御意で、十四歳の**依田竹福丸**に名字を下さり、**松平源十郎**と名を為し替えられ、七郎右衛門が同道にて、天正十一年三月に小諸城へ入った。これよりして、大久保七郎右衛門後見にて、佐久郡の仕置き申し付けた。

〈注解〉

「前半前段」にある「信蕃遺児の後見大久保忠世」の項と重複する内容が多い。

《信蕃の子竹福丸、松平康國となり大久保忠世を後見として佐久へ帰る》

天正十一年三月に右衛門佐の嫡子竹福丸は十四歳であった。徳川家康は武勇・智略・忠烈の士依田信蕃の死を惜しみ、竹福丸に徳川一門の証である「松平」の姓を与えた。「源十郎」は芦田依田氏総領の名乗りであり、父信蕃も源十郎を名乗っていた。さらに家康の諱である「康」の一文字を授けて「康國」と称させた。ここに戦国大名松平康國となったわけである。家康のこの処置は破格の内容である。家康の甲信制覇に際して、いかに信蕃の果たした役割が大きなものであったかという証でもある。

竹福丸（康國）の生まれたのは、単純計算してみると、一五六九年から一五七〇年（永禄十二年から元亀元年）ということになる。逆算すると、信守・信蕃父子が信玄に従って、駿河遠征に参戦していた時期に誕生したことになる。信蕃が

岩尾城で戦死した時、嫡子の竹福丸（後の松平康國）と次男の福千代丸（後の松平康眞、加藤四郎兵衛宗月）は、証人（人質）として大久保七郎右衛門忠世の居城である二俣城にいた。

かつて信蕃は武田氏からの番手城主として二俣城や田中城を守備し、その時の智略・武略をもった戦いぶりは有能な武将として徳川方に鮮明な印象を与えていた。滅びつつある武田氏の勢力が弱体化した中でも依田信蕃は孤軍奮闘し、やむを得ず徳川方に城を明け渡す時に、直接的には二俣城の時も田中城の時も大久保忠世が関わっており、肝胆相照らすところがあったと思われる。そんな経緯もあり、家康は大久保忠世を松平康國の後見として、天正十一年三月に芦田依田松平氏の本拠地信州佐久郡へ送り込んだのである。さらに大久保忠世は信濃取り次ぎ役で信濃総督的な任務をも帯びていた。康國は家康から「佐久郡の仕置き」を仰せつかったが、数え十四歳という若年であり、後見人である大久保忠世の力添えなくしては果たし得ぬことであった。

依田信蕃

深い関わり

……・二俣城の攻防と城の直接明け渡し相手（忠世）
……・田中城の攻防と城の直接明け渡し相手（忠世）
……・甲州市川大門で主従関係となる（家康・信蕃）
……・信蕃の二俣奥小川の里への隠棲を支援（忠世）
……・甲斐・信濃の諸将を徳川へ引付る工作（信蕃）
……・若神子の対陣への北条の兵站を断つ（信蕃）
……・信蕃の二子を二俣城で証人として庇護（忠世）
……・信蕃の嫡男康國を後見する（忠世）

大久保忠世
（徳川家康）

図：依田信蕃、大久保忠世、徳川家康の深い関わり

㉕佐久郡平定なる

一、
大道寺尾張守、小諸をやがて明け退く。佐久郡中に敵一人も御座無く候き、拙者悴の時分に候て何の途方も御座無く候つれども、家中の年罷り寄り候者ども物語、毎度承り置き申す通り申し上げ候。以上。
寛永二十年未七月日

〈要旨〉

・北条方の**大道寺尾張守政繁**は、**小諸城**をやがて明け退いた。佐久郡中に敵は一人も無くなった。拙者（芦田依田松平康眞、改め加藤四郎兵衛宗月）が子供の時分のことで、何の途方も無かったけれども、家中の年寄どもの物語を、毎度聞いていた通り申し上げます。

寛永二十年未七月日

〈注解〉

大道寺政繁は北条氏から、信州佐久郡の侵略を任され、一時、小田井城を守ったこともあったが、小諸に城代として在城していた。その間に、単独で、あるいは北条氏と共に、依田信蕃の立て籠もる三澤小屋を数回に渡って攻撃している。しかし、慣れない山岳戦であり、ゲリラ的に出没する信蕃軍にその都度翻弄され、何の効果もないまま、徳川氏と北条氏の若神子の対陣は講和となり、北条氏は関東へ退いてしまった。その後、信蕃の佐久平定作戦によって、大道寺政繁は次第に小諸城で孤立していった。また、関東からの後詰めも、信蕃によって碓氷峠から軽井沢、借宿付近で封鎖され、そこから西方の小田井城も加増城も制圧され、糧道にも困窮していた。信蕃は天正十一年（一五八三）二月二十二日の岩尾城の大手方面からの総攻撃の時に、鉄砲による至近距離からの狙撃を受け、翌二十三日の暁近くに落命したが、岩尾城も落ち、残った小諸城で孤立無援となった大道寺政繁は、大久保忠世の後見を得た信蕃の嫡子松平康國の圧力に耐えられず、やがて、関東へ退去していった。小諸城には松平康國が、佐久郡の領主として入城した。大道寺政繁の本拠は川越城であったが、その後、上州松井田城を北条から任され、碓氷筋に対する防備の先端を担うようになる。そして、七年後、小田原合戦で、松平康國もその一翼を担った豊臣方の北国軍の猛攻を受け、松井田城を明け渡すことになる。大道寺政繁は、最期は小田原合戦の責任をとらされ、北条氏政・氏照らと同じく切腹の運命が待っていた。

〈松平康國小諸城へ入り、佐久郡の仕置きをする〉

写真：小諸城大手門

　康國は小諸城へ入城し、佐久郡の仕置きをした。北条勢力は完全に信濃の國から去り、佐久一円が初めて統一されたわけである。徳川家康の配下としての佐久郡の役割は、北条氏への備えであったのは言うまでもない。**康國**は父**信蕃**が家康から諏訪郡を名目上ではあるが宛てがわれていた関係から、それに代わる所領二万石を駿河國志田郡に賜った。本領の佐久郡六万石、甲斐國での二万石と併せて、合計**十万石の大名**となった。

　小諸城主となった松平康國は、同心衆を定め、芦田衆（一六騎）・小室衆（九騎）・与良衆（四騎）・柏木衆（十一騎）・小田井衆（七騎）等、合わせて四十七騎、足軽二百人を付けて、従兄の依田肥前守信守に委ね、佐久郡南部の治安維持のため、勝間反ノ砦（稲荷山城・佐久市旧臼田町城山）に配備した。これを「**依田四十七騎**」と称した。後の天正十八年に弟の松平康眞が、秀吉による家康の関東移封に従って、小諸城から上州藤岡城へ移る際に、従っていった「**芦田五十騎**」の中に、その多くが含まれていたことは想像に難くない。なお、松平康國の直属の者は天正十一年五月二日に、甲州市川に滞在していた家康の陣所に召されて、家康に拝閲している。このことからも、五月までには佐久の平定がほぼ完了したといってよいだろう。

　康國が小諸城主であったのは、天正十一年（一五八三）から天正十八年（一五九〇）までであるが、彼の治世中の天正十四年十二月四日付けの「佐久郡郷村貫高帳」が残されているが、合計「三万八百四貫七百文」である。貫高制であり石高制の数字表示ではないが、佐久郡だけで概ね六万石にはなろう。

《加藤四郎兵衛宗月こと康眞による『蘆田系譜』の提出先》

依田信蕃嫡男の松平康國が大久保忠世の後見を得て、小諸城へ入った頃のことは、『蘆田記』（依田記）の著者である次男松平康眞（加藤四郎兵衛宗月）が、「まだ子供の頃であったので、何の途方もなかったけれども、家中の年寄どもの毎度の話を聞いたことを、ここに記して報告します。」と述べている。康國が小諸城へ入った天正十一年には、福千代丸（康眞）は数え年九歳と推定される。また、文章の末尾に記されている「**寛永二十年未**七月日」とは、一六四三年七月のことで、康眞（加藤四郎兵衛宗月）が『芦田記』（依田記）のこの追記の部分（前半後段）を提出した時である。なお、「七月日」とあり、七月何日かは判然としない。時に、康眞七十歳の頃である。彼の没年は、それから十年後の承応二年（一六五三）八月十八日である。康眞（加藤四郎兵衛宗月）が『蘆田記』（依田記）を誰に提出したのかは、議論の分かれるところではあるが、長野県立歴史館の山崎会理氏によると、江戸幕府へではなく、尾張徳川義直へ提出したのであり、その裏づけの一つとして、次の文書を挙げている。

〔竹腰文書抄〕（『古書雑類』所収）

五月三日之御状、同七日相届、忝拝見仕候、越前より参候御状一通、并宗月老より御内状之寫、是又相届、則御前江申上候、一甲斐・信濃両國權現様御手ニ入申候時、信州為御仕置大久保七郎右衛門殿被指遣候、信州之内ニ而御味方ニ成不申候城々共、甲州・信州先方衆七郎右衛門殿手ニ付候て攻被申候時、信州岩尾と申城ニて蘆田右衛門殿・同弟源八郎殿両人鐵砲ニあたり、討死ニて御座候、右両人之討死被仕候年月日、重而宗月老へ尋ニ可被遣之旨、御意ニ御座候、恐惶謹言

五月廿六日　　堀外記（花押）

山城守様

（訓読）

五月三日の御状、同七日相届き、忝なく拝見仕り候。越前より参り候御状一通、并びに**加藤宗月**老より御内状の写、これまた相届き、すなはち御前へ申し上げ候。

一、甲斐・信濃両国、権現様御手に入り申し候時、信州御仕置きのため、大久保七郎右衛門殿指し遣はされ候。信州の内にて御味方に成り申さず候城々ども、甲州・信州先方衆、七郎右衛門殿手に付き候て攻申され候時、信州岩尾と申す城にて蘆田右衛門殿・同弟源八郎殿両人鉄砲にあたり、討死にて御座候、右両人の討死仕られ候、年月日、重ねて宗月老へ尋ねに遣はさるべきの旨、御意に御座候、恐惶謹言

〈要旨〉

・五月三日の書状が五月七日に届き、ありがたく拝見させていただきました。越前より送られた書状一通、并びに**加藤宗月**（芦田依田松平康眞）老より御内状の写しが、届いたので、御前へ申し上げたところです。

・甲斐・信濃両国を、権現様（家康）が手に入れられた時、信州御仕置き（統治）のため大久保七郎右衛門忠世が信州へ指し遣わされた。

・信州の内で徳川方の味方になっていない城を、甲州・信州先方衆や大久保七郎右衛門が攻めた時、信州岩尾という城にて**蘆田右衛門**と弟**源八郎**両人は鉄砲にあたり、討死した。両人の討死した年月日について、重ねて宗月老へ尋ねに遣はさるべきの旨、御意であられた。

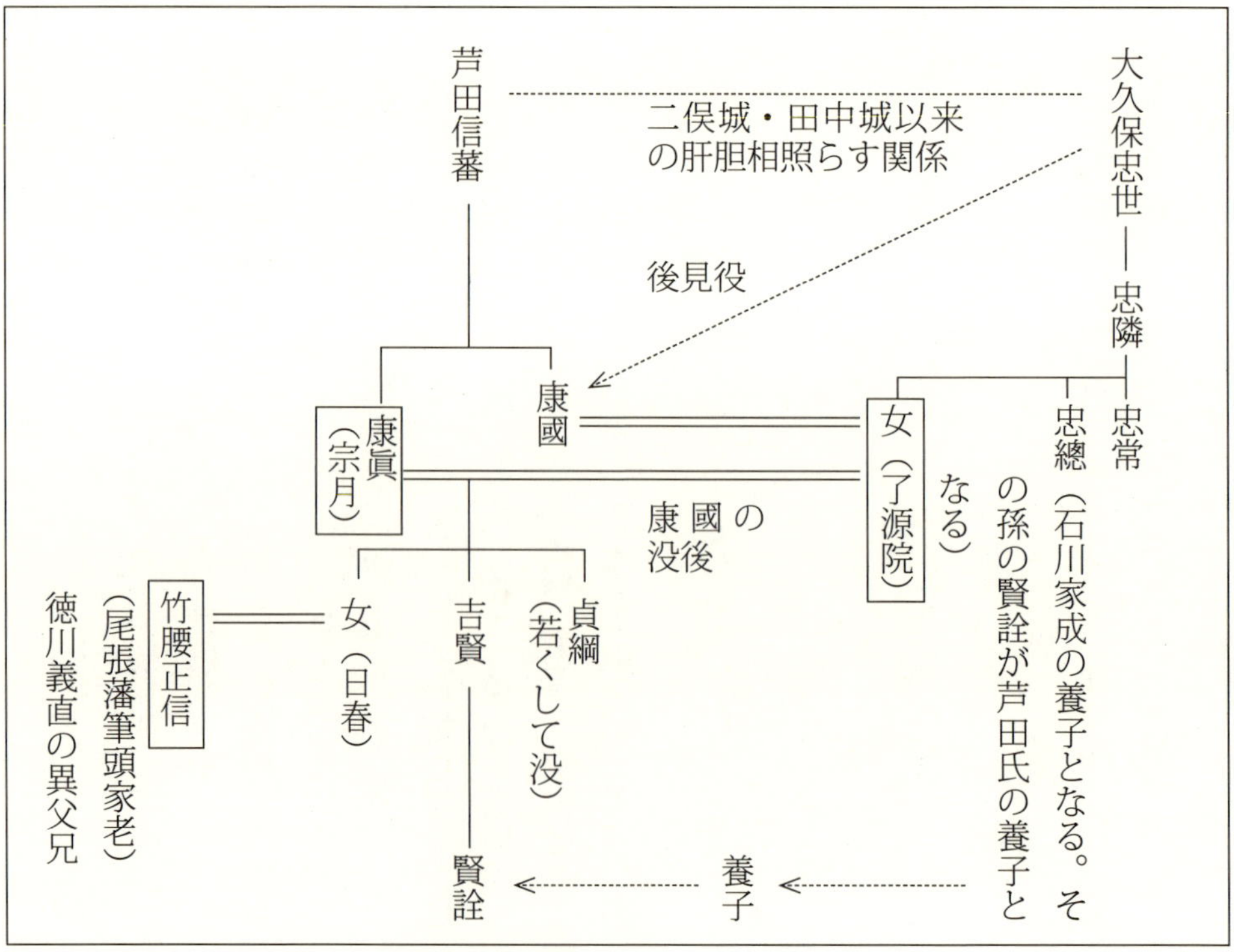

図：芦田氏と大久保氏・竹腰氏との婚姻関係

〈**注解**〉

この文書の中味は**堀外記**の書状案である。堀外記は尾張初代藩主徳川義直の側近として藩主の意向を伝達する立場にあった人物で、有能な学者でもあった。この書状は「尾張徳川義直公が、信蕃戦死のこと（特にその年月日）を問うている」ということを伝えている。

山崎会理氏によると、この書状の宛先の山城守とは徳川義直の異父兄で、尾張藩筆頭家老竹腰山城守正信である。竹腰家は越前芦田家とは、特につながりが深い。正信の正室（日春）は康眞の実の娘である。慶長五年（一六〇〇）に康眞が上州藤岡藩を改易になった時に、大久保忠隣が引き取って養女としていた娘である。康眞（加藤宗月）にとっては、竹腰正信は実の娘の婿にあたる人物であった。

以上のことからしても、宗月が『芦田記』（依田記）を江戸の徳川幕府へ提出したのではなく、**尾張徳川義直**へ提出したという裏づけとなる。ここに名前のある堀外記と山城守（竹腰正信）を通して、徳川義直から注文が出されたり、宗月から書状類が提出されたりして、連絡を取り合っていることを山崎会理氏が『「依田記」成立の背景と由緒書への転換の可能性について』（長野県立歴史館研究紀要第18号、二〇一二年三月）所収）の論文で、書状を紹介しながら具体的に述べている。その論文からご教示いただいたことが大きいことを、ここで改めて強調しておきたい。その内容を分析し、次ページに図示してみた。『芦田記』（依田記）成立の過程が理解できる。

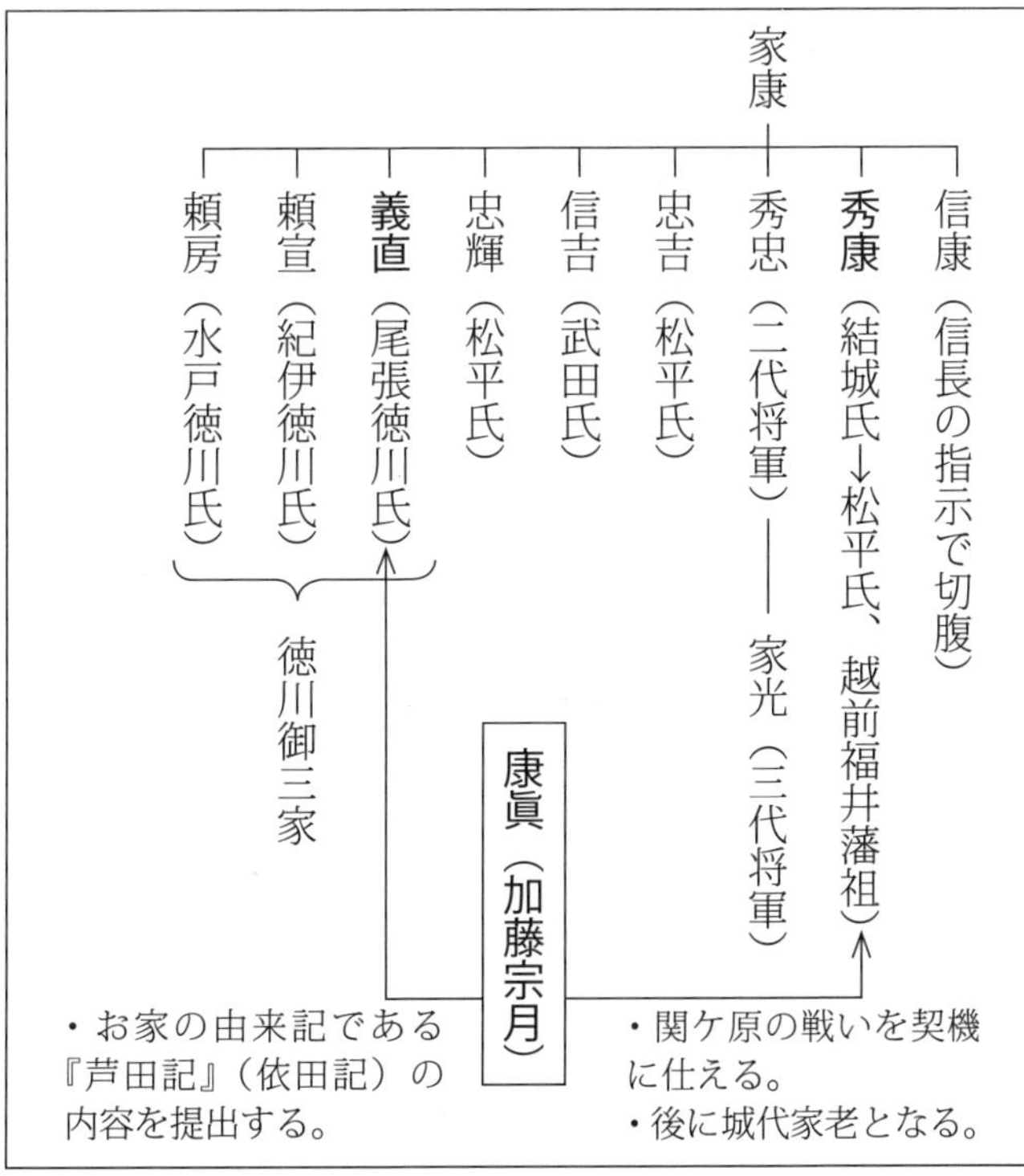

図：徳川将軍家と康眞（加藤宗月）

寛永20年（1643）
堀外記と竹腰山城守正信を仲介とした徳川義直と康眞（加藤宗月）のやりとりから

康眞（加藤宗月）

竹腰山城守正信

堀外記

尾張徳川義直

・芦田依田氏の由来を示す書き付けの提出を求める

・5/3 書き付けを送る（前半**前**段部）

・5/26「信蕃討死の年月日を知りたい」

・7/□信蕃討死の詳細を加えて再提出（前半**後**段部）

・8/1「不審に思っていたことが晴れた。満足である。」

・8/6　納得し、改めて謝礼意を伝える。

・9/3　勝頼の書状と家康、信玄から拝領した古い書物の写しの提出を求める。

・9/20　後半部を加筆提出（所持している書状について書き上げ、その写しを送る

・10/3　徳川義直書状（詳細な書き付けと書状の写しが提出されて満足している旨）

上記から分かるように、「義直→堀外記→竹腰正信→宗月」「宗月→竹腰正信→堀外記→義直」の経路をたどって、注文が出されたり、書状が提出されたりしている。文書は「書き付け」と「御書之写」の２種類である。『芦田記』（依田記）は尾張徳川家初代の義直の求めに応じて、康眞（加藤宗月）が提出した書き上げであり、それをまとめて一つの書物のように作成されたものである。

また、徳川義直が父家康の一代記を知るための史料を、家康の手強い敵方であった過去があり、後に信頼できる忠義の味方となった芦田依田信蕃の足跡に求めた結果ともいえよう。

山崎会理氏は――「記述は徳川史観の視点になっていると思われるが、実際に信蕃と家康とのつながりは深かったので、記述内容に意図的操作は見られず、史実とも大差ないと思われる」と述べている。

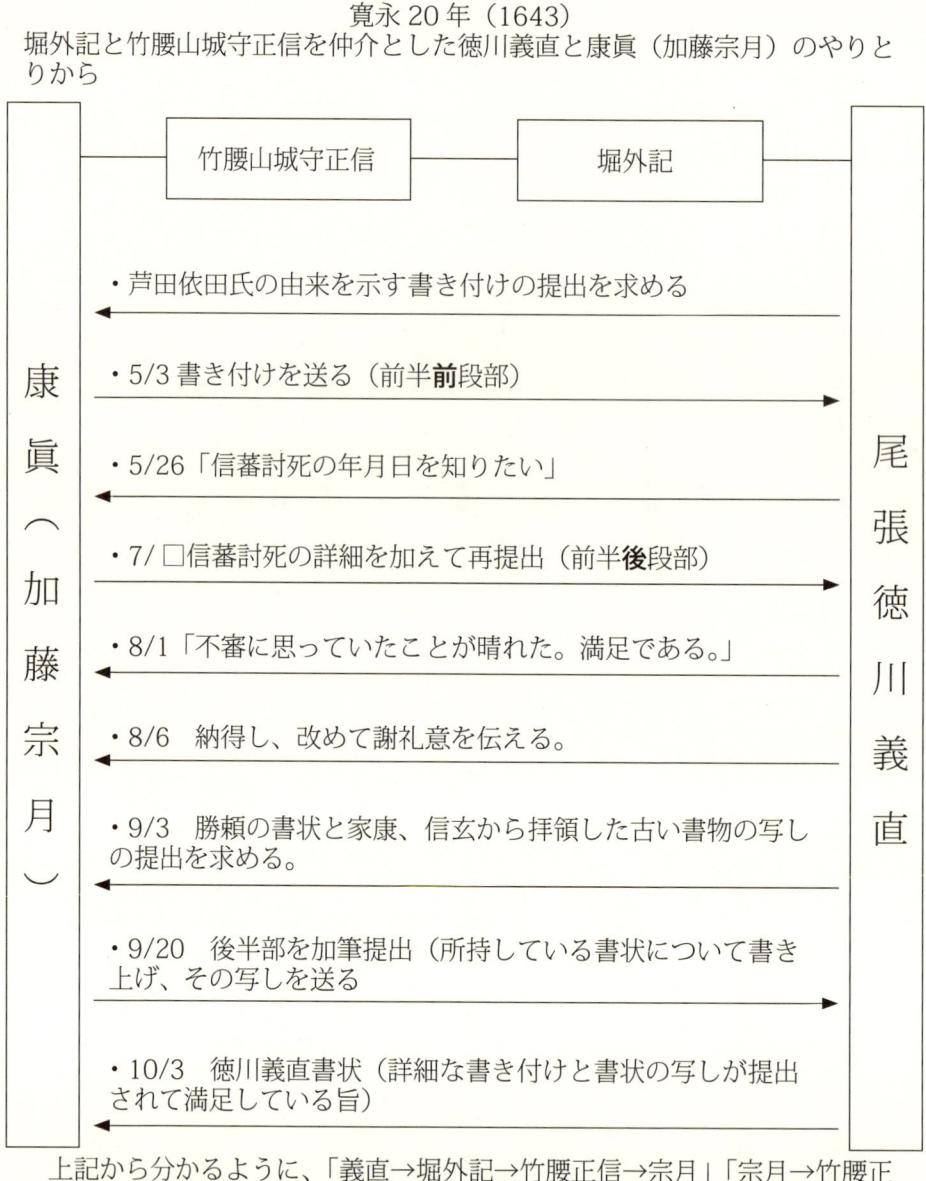

図：「芦田記（依田記）」のできる過程

《『寛永諸家系圖伝』は依田氏（芦田氏）について誤謬が目立つ》

俊舎（としいえ）
次郎左衛門尉
北条家の軍士信州諏訪桑原表へ
出張の時、俊舎、上杉管領に屬して
北条が兵と戦うて討死す。時に五十一歳。

―行信
石見守

―時行
伊勢守

―信貞
備前守
甲州勢に屬して敵地木曾が領内へはたらき
鞍内にて討死にす。時に四十四歳。

―信蕃
松平常陸介、従五位下
信州芦田の城に住す。東照大権現に屬したてまつりて
數度の軍忠あるにより、松平の称号をたまハり、十万
石の地拝領す。其後岩尾の城にて兄弟三人討死にす。

―康國
松平源十郎、修理大夫、従五位下
大權現より御諱の康の字を下さる。
小田原陣のとき、討死にす。

―康貞
平右衛門大夫、従五位下
大權現より、三万石の地を拝領す。

信吉
依田下野守

信幸
伊賀守
大權現の御供いたし信州におもむき、北条が領内岩尾の城をせめたまふとき、兄信蕃・弟信春と一所にて討死

信守
肥前守
永禄五年、上野箕輪の城におゐて北条の兵と戰を決し、大手をうちやぶり、よろひ武者をうちとり、疵をかうふる。其功により黒地のおりかけをゆるさる。そのゝち眞田安房守昌幸、大權現へ御敵となり働き出るの時、昌幸も黒地のおりかけをさし申につき、信守もいよいよ黒地のおりかけをさすへきのむね、大權現、大久保七郎右衛門をもって仰下さる。
大權現御馬を甲州新府に出さるゝとき、信守先手をうけたまハり、三澤小屋にて軍忠をぬきんづ。
天正年中、大權現、眞田と數度御取あひの時、毎度軍功をはげます。其外北条家佐久郡の内かますの城。同郡小田井の城に、櫻井・二俣ならびに雜兵あまたうちとりて、つゐに城をおとす。大權現其郡功を感じたまひて、先祖の本領一万石の地を下さる。其上人質の領分として、駿河國稲葉・大津の二村にて八百石拝領す。信州伴野におゐて宿城を放火して、軍士あまたうちとり、信守疵をかうふるとき、大權現より感状を下さる。
……〈中略〉……大權現、芦田修理大夫康國に命じて、騎馬四十七人・歩卒貳百人信守にあづけらる。〈後略〉

《康眞の提出した『蘆田系譜（蘆田記・依田記）』からみた『寛永諸家系圖伝』の誤り》

徳川幕府の正式な記録とされている『寛永諸家系圖伝』は、徳川三代将軍家光の命で編纂された大名や旗本諸家を収録している家譜集である。当時康眞は幕臣ではなく、越前福井藩の臣、つまり幕府にとっては陪臣となるので、康眞の書いた芦田依田氏の系譜の詳細は、『寛永諸家系圖伝』には採用されていない。また、芦田依田氏としては、信蕃の次弟信幸の嫡子依田肥前守信守の系統が、芦田下野守信守の直系の子孫として記載されている。さらに、前ページの『寛永諸家系圖伝』の芦田依田氏については、左記に挙げるように幾つかの誤りがある。

ア　信蕃の父を依田信貞としている。

イ　さらに遡る祖先が、関東の上杉管領に属していたことになっている。

ウ　歴史上、突然信蕃が出てきて、それ以前とのつながりがまったくない印象を受ける系図となっている。

エ　信蕃について「松平の姓をたまはる」とか、岩尾城にて兄弟「三人討死」と誤記されている。

オ　康國について、小諸城主であった記述がない。

カ　康貞（康眞の別称）に関しては誤りはないが、「松平右衛門大夫、従五位下、大權現より三万石の地を拝領す」と、たった二行あるのみである。藤岡城主であったことが述べられていない。つまり、芦田依田氏の信蕃の系統は、断絶したかのように受け取られる表現になっている。康眞以降の家系については記述がないのは、あくまでも寛永年間の時点までの記述であるからである。

キ　信蕃の弟に「信吉」なる人物がいて、「依田下野守」となっている。これは信蕃の父である芦田（依田）下野守のことであろう。

ク　『寛永諸家系圖伝』が依田氏の宗家として扱っている伊賀守信幸は、実際は信蕃の次弟であるのに、その記述では信蕃の弟「依田下野守信吉」の子となっている。これは世代的にも大きな間違いである。信幸は信蕃に事蹟に関して、兄信蕃と常に行動を共にし、影のように同行している弟である。

ケ　信幸については、記述に大きな矛盾がある。――「北条が領内（信濃）岩尾城をせめたまふとき、兄信蕃・弟信春と一所にて討死」とある。系図で信蕃の「弟信吉の子」、つまり、信蕃の甥であるという内容でしながら、「兄信蕃・弟信春と」と述べているのは矛盾している。

しかも、史実では三弟信春は岩尾城で討ち死にしてはいない。それを証明する文書については記述済み。

コ　肥前守信守について、その記述の始めの事跡の部分は、彼がまだ生まれてもいない永禄五年、上野箕輪の城攻めのことや、その軍功により信玄から黒地のおりかけ（折掛）を許される等、完全に肥前守信守の祖父である下野守信守の事蹟である。

いずれにせよ、『寛永諸家系圖伝』では、芦田依田氏の宗家を信蕃の次弟信幸の嫡子依田肥前守信守の系統（徳川旗本御小姓組）であったとして記載されている。（越前に芦田依田宗家が存在していることに気づかなかったのか、あるいは、陪臣であったが故に確認する必要を感じなかった可能性がある。もっとも、幕臣である家系についての系図伝ということでは、主旨としてはよいが）。

後世の寛政年間に江戸幕府が編集した、大名・旗本・幕臣の「御目見以上」の系譜集成として**『寛永諸家系圖伝』**の続編として一七九八年までの事蹟を記している**『寛政重修諸家譜』**があるが、それには芦田依田宗家である康眞（加藤四郎兵衛宗月）の系統の内容が「巻第三百五十六」に詳しく正確に記述されている。おそらく寛永二十年（一六四三）に康眞の尾張徳川家へ提出した芦田系譜たる『芦田記』（依田記）の内容が取り入れられているのであろう。（徳川将軍家にとっては陪審であるので、康眞の次世代の記述は当然ではあるが、なされていない）。

《筆者・加藤四郎兵衛宗月こと芦田康眞について》

『蘆田記』（依田記）を書き上げた時の康眞の年齢は七〇歳である。当時とすれば極めて高齢である。にもかかわらず、記憶力は確かで、その内容は信憑性も高い。豪胆で忠義心に厚い人柄といい、智略にも長け、細かな人間関係の配慮もできるが、こうと決めたら後に引かないところなど、信蕃の性格を受け継いでいる人物である。惜しむらくは、父子ともに、意外と短慮なところもあったのか、大事な詰めを誤ったところまでも似ている……。信蕃は、佐久平定をほぼ確実にしながら、岩尾城攻めを焦って討ち死にし、康眞は藤岡藩主松平康眞として家康の信任厚い親藩大名として将来を属望されていながら、囲碁の上のいさかいで抜刀殺傷事件を起こして、藤岡藩は改易されている。江戸時代になってから、福井藩城代家老加藤四郎兵衛宗月として、それなりの地位を得た康眞が芦田依田家の由来を精魂込めて書き留めたものが、この『芦田記』（依田記）である。天文・永禄年間から天正・慶長年間を経て、戦国時代の終焉まで至るお家の遠い記憶を覚えている人物は、寛永二十年の時点までには、ほとんどがすでに他界していたことであろう。高齢とはいえ、康眞の圧倒的な気魄が文面から伝わってくる。――気骨の武人加藤四郎兵衛宗月こと芦田康眞については、越前福井での後半生についても、その人となりを示すエピソードが多い。松平秀康に臣従後の詳細については、別の機会に稿を起こすこととして、ここでは『芦田由緒全』から箇条書きで記しておきたい。

・加藤四郎兵衛康寛として大野郡木ノ本（このもと）を領地として与えられ、陣屋を構え、母や内室を引き取り居住する。
・福井城下に屋敷地を賜わる。
・木ノ本に、光徳寺を建立する。（信州芦田↓上州藤岡↓越前木ノ本）
・恩ある主君松平秀康の死後、剃髪し、名を「宗月」と改め、後嗣忠直に引き続き仕える。
・大坂冬の陣に際し琵琶湖西岸（近江国朽木通小原）まで進軍するも、舅大久保忠隣の失脚にともない、出陣を止められ大野城を守備。
・秀康公の墓参りで小栗三助の子から仇討ちで狙われるも、無礼を叱り仁王立ち。その威儀に圧倒され小栗は退去。
・一六二三年に本拠を木ノ本から福井の屋敷（上屋敷・下屋敷）へ移す。六千五十石の知行地。
・總光寺を中興開基し。芦田氏の牌所とする。
・寛永八年（一六三一）～八十歳の没年承応二年（一六五三）までの二十三年間、福井城代であった。

写真：康眞（加藤宗月）の大五輪塔
約四mの高さ。地輪の正面に法名「總光寺殿」が刻まれている。福井市足羽山西墓地の總光寺墓地にある。地震の影響か?空・風輪がやや横を向いている。

3 後半

信蕃の遺志を継いだ康國と康眞

㉖武田氏からの書状は瀧川一益の討ち入りで紛失

一、
先日、古き義、書き付け差し上げ奉り候ところに、大納言様御披見に入り、御不審の義、晴れなされ、御満成りなされ候旨、御意の由仰せ下され、かたじけなき仕合に存じ奉り候。
然らば長篠合戦の後、**依田右衛門佐**、**二股城**五月末より極月まで籠城の時、勝頼公より明け渡し候えと奉書参り候えども、明け渡し申さず。直書参り候はば明け渡すべく申す由、右衛門佐申し張る。直書参り候に付き、明け渡し申し候。この段聞こし召し及ばされ、右の勝頼公の判形今に所持仕り候はば、指し上げ申すべき旨御意の由仰せ下され候。信長公甲州打ち入りに、蘆田切腹仰せ付けらるべきの旨、御書き立て候に付き、**家康**様、**右衛門佐**御隠し置きなされるべき御内意にて、いかにも密々、上下六人にて**甲州市川**より、直ちに**遠州山家**へ遣わされ候時、在所に諸道具持ち置き候を、**瀧川左近**打ち入り、屋内一物も残さず缺所仕り候に付きて、書物道具以下紛失仕る御座無く候。六月に至りて**信長**御果て候て、そのうち**右衛門佐**は、甲信両国家康様御手に入れ候様、才覚仕り候えと仰せつけられ、六人の體にて小諸へ六月十八日に罷り帰り候。六月末には、**氏政**信州へ打ち入り、**新府御対陣**の仕合、蘆田小屋にては毎々主戦ばかりにて罷り在り候。中々道具書物などのせんさく仕るべき日限御座なく候と聞こえ申し候。天正十年七月廿六日の御書、**依田右衛門佐**方への一通書き上げ申し候。この時分の儀、先書に申し上げ候。

〈**要旨**〉
・先日、古きことを書き付けて、差し上げたところ、大納言様が御覧になり、御不審の義が、晴れて、御満足に成りなされたとのことを仰せいただき、かたじけなく存じます。
・長篠合戦の後、**依田右衛門佐**は、遠州二俣城にて五月末より十二月まで籠城の時、勝頼公より明け渡すようにと奉書が届いたけれども、二俣城を明け渡しませんでした。直書が届けられるならば城を明け渡すと、右衛門佐は申し主張しました。とうとう勝頼からの直書が届けられたので、明け渡しました。

・このことを、大納言様（尾張徳川義直公は）お聞きになられて、その時の勝頼公の「判形」を現在所持しているならば、指し出すべき旨をお申し付けなされました。

・織田信長が甲州へ侵入した時に、蘆田（右衛門佐）信蕃に必ず切腹を申し渡す旨が、書き立てのリストに載っていたので、**家康**様は、**右衛門佐**を信長から隠しておく考えで、秘密裏に信蕃は主従六人で**甲州市川**より、直ちに**遠州山家**（二俣奥の小川の里）へ遣わされました。（隠れ棲みました）。その時、在所（春日郷）の居館に諸道具持ち置いてあったのを、小諸城から**瀧川左近**一益が討ち入り、館内には一物も残さず没収されてしまったので、書物や道具以下紛失し、今に残ってはおりません。

・六月に至って**信長**が（本能寺の変で）死に、そのうち**右衛門佐**は、甲信両国が徳川家康様に服属するように、工夫せよと仰せつけられ、主従六人で信州**小諸**へ六月十八日に帰りました。

・六月末には、北条**氏政**（氏直が正しい）が信州へ侵入し、家康様と**新府御対陣**（若神子の対陣）となりました。蘆田小屋（三澤小屋のこと）では絶えず戦いがありました。なかなか道具書物などを詮索する余裕などなかったと聞いております。

・天正十年七月廿六日の書状、**依田右衛門佐**方への一通を書き上げました。この時分のことは、先に提出した書類に述べてございます。

《後半の始め書き》

「先日、古きことを書き付けて、差し上げた」とは、前節の「右の分計にては、委敷聞こし召し分かられ難く候はん間、具に書き付け仕り候」で始まる文章群を提出したことを指す。その結果、大納言（尾張徳川義直公）が御覧になり、御不審の義が晴れて、得心がいったとの仰せいただいたことについて感謝している。つまり、寛永二十年（一六四三）未七月□日に提出した芦田氏の由来書に（「前半後段」の文章）、さらに同年九月二十日に追加提出したのが、これ以下の文章（「後半」の文章）である。この再々提出の文の後半の多くには、この文の提出者である加藤四郎兵衛宗月（蘆田康眞）自身の活躍のことにもかなり言及されている。

　この章で記述する「後半」の内容、康眞が報告内容の証拠として提出した書き出し（写し）を前もって紹介する。

追加して再々提出した部分↑↑報告内容の証拠として書状の

書き上げを提出した。

「先日、古き義、書き付け差し上げ奉り候ところに、大納言様御被見に入り、御不審の義、晴れなされ、御満足成りなされ候旨、御意の由仰せ下され、かたじけなき仕合に存じ奉り候。」

㉖	家康宛行状（信蕃へ）………	家康が信蕃へ佐久郡・諏訪郡を与える旨
㉗	家康書状（信蕃へ）………	前山城の城番は伊那衆に。また、相木城の守備兵を減らす旨を指示
㉘	家康判物（康眞へ）………	「松平」の姓と「康」の諱を授ける旨
㉙	秀吉書状（家康へ→康國へ）………	相木白岩合戦に康國が勝利した報告に対しての感書
㉚	秀吉朱印状（康國へ）……	小田原合戦の際に康國が西牧城を攻略したことに対する感状
㉛	家康書状（康眞へ）………	康國の後継者として康眞を認める書状
㉜	秀吉朱印状（康眞へ）………	佐竹義重が上洛する際には馬と人足を出すように指示
㉝	秀忠書状（康眞へ）………	伏見城の普請を康眞が分担したことに対して慰労する書状
㉞	秀忠書状（康眞へ）………	豊臣秀次切腹を知らせる書状
㉟	家康書状（康眞へ）………	重陽の節句に祝儀を送ったことに対する返礼

「……写し上げ申し候。以上。
御書共凡十通
寛永弐拾年未九月廿日」

以下、後半の書き上げ書状の出だしの部分の内容に関わる説明を何点か加えておきたい。

《武田氏からの信蕃への文書がない理由》

依田右衛門佐は、二俣城にて籠城の時に、撤退するようにという勝頼からの奉書（勝頼の意を受けた重臣が用件を伝える形式の書状）が届いたけれども、直書（勝頼直々による書状）が届けられるまで城を明け渡さなかった。この信蕃の行為と人柄には、愚直にまでも誠実で忠実で、義理堅く、粘り強い佐久人気質が現れている。

康眞（加藤四郎兵衛宗月）が再度提出した芦田氏の由来書（『蘆田記』〈依田記〉）の補正版の内容を、（尾張徳川義直公は）聞いて、二俣城籠城の際の勝頼からの「御判形」（奉書や直書）を現在所持しているならば、証拠の品として指し出すべき旨を申し付けた。しかし、家康に臣従して遠州二俣の奥「小川」の里に隠れ棲んだ時に、佐久の在所である春日城の居館に諸道具持ち置いたままであったのを、織田方に没収されて

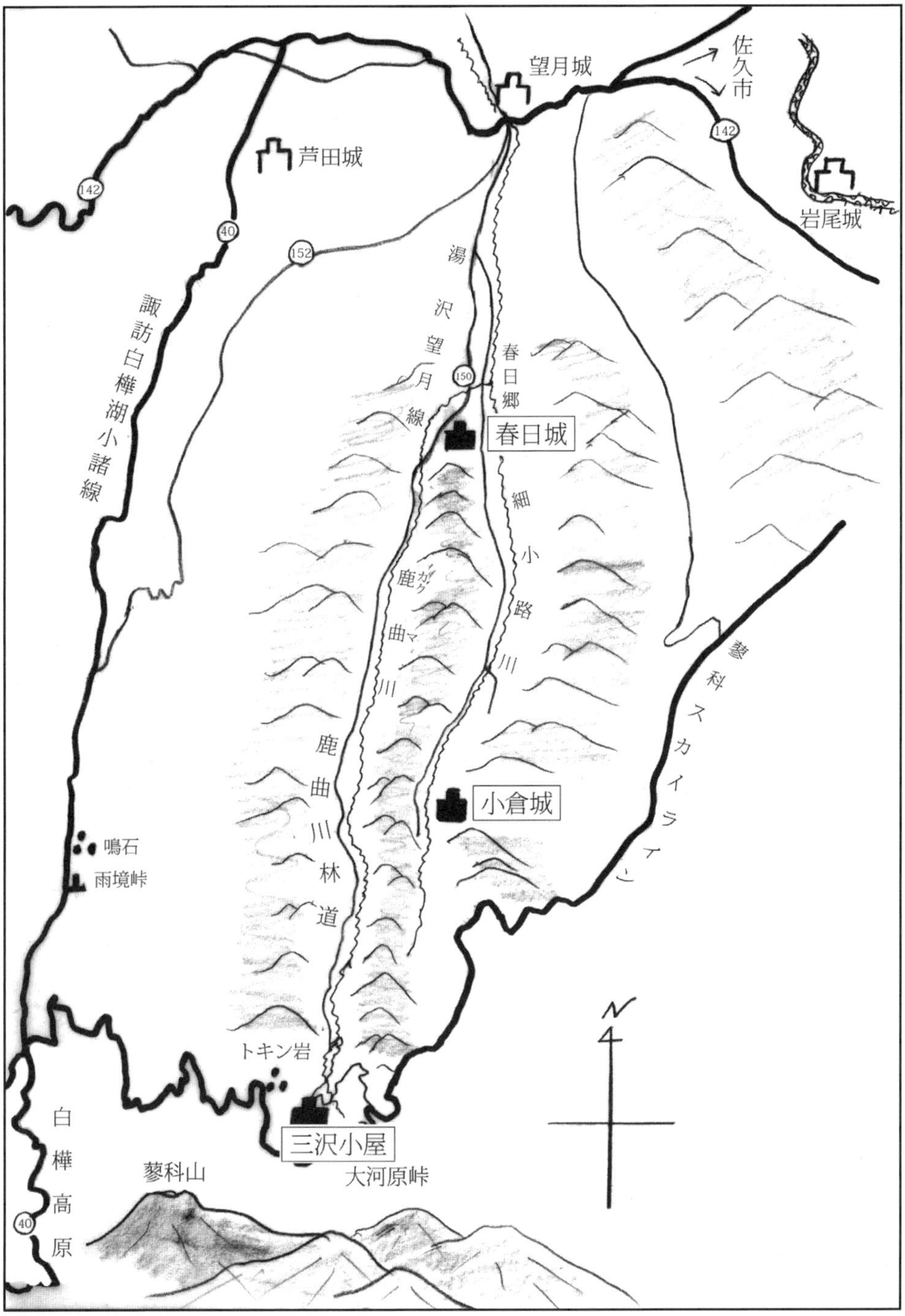
望月城
佐久市
142
芦田城
岩尾城
142
40
152
湯沢望月線
諏訪白樺湖小諸線
春日郷
150
春日城
細小路川
鹿曲川
カク
マ
鹿曲川林道
小倉城
蓼科スカイライン
鳴石
雨境峠
トキン岩
三沢小屋
白樺高原
蓼科山
大河原峠
40
N

図：小倉城～避難小屋か？

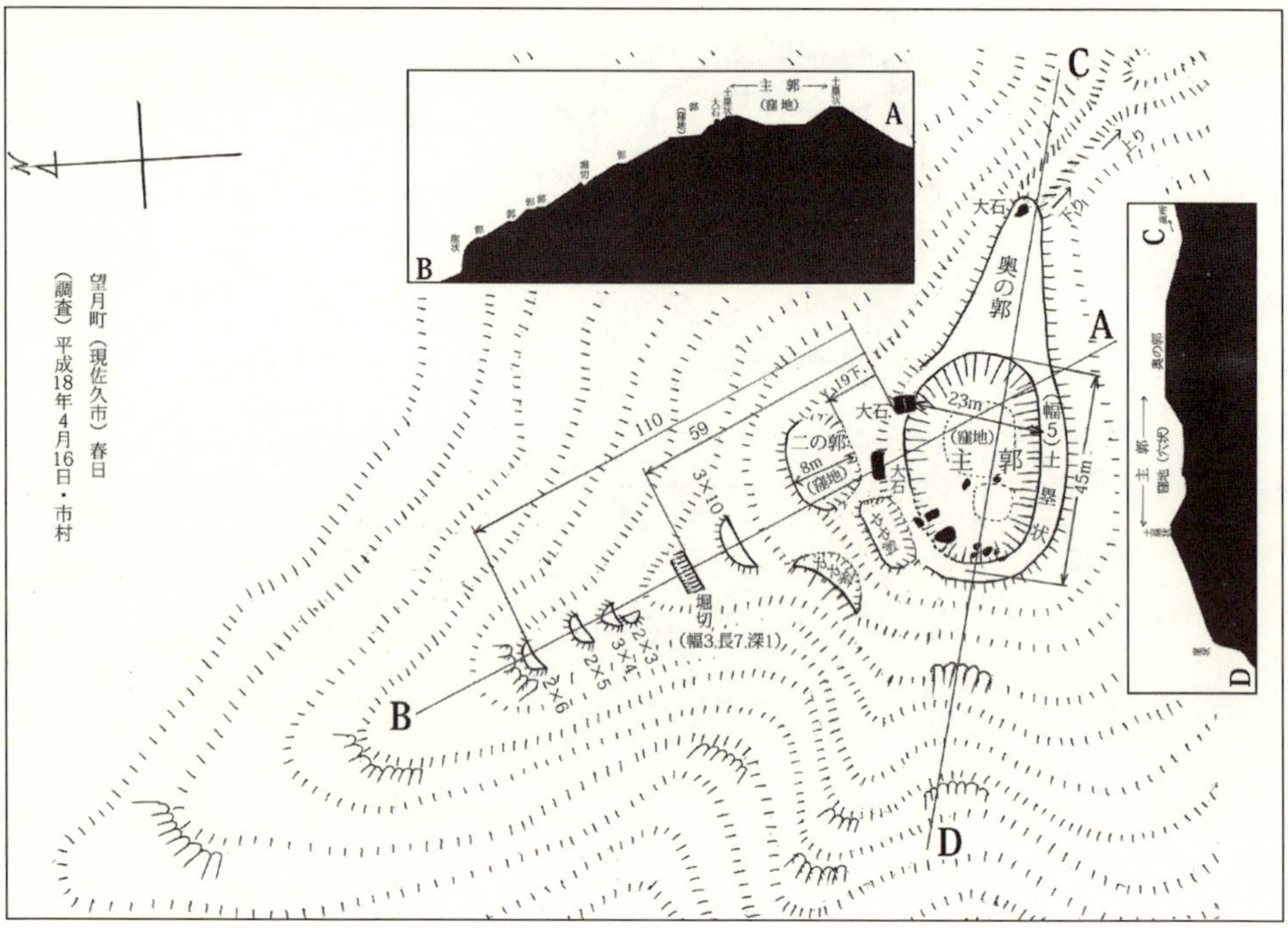

図：小倉城の縄張り図
望月町（現佐久市）春日　（調査）平成 18 年 4 月 16 日

しまっていた。具体的には、信長の臣で佐久郡支配を任されて小諸城にいた**瀧川一益**が、主留守の居館（春日城の麓の春日館）へ討ち入り、狼籍をはたらいたので、書物や道具以下は紛失してしまって、今に残ってはいないと述べている。信蕃の本拠である春日が滝川一益によって蹂躙されてしまったのである。

この時、おそらくは芦田依田氏の一族、近親や臣下の家族などは、いわゆる「山上がり・山入り」（山小屋へ避難）していたと思われる。その候補地の一つとして、春日城の東の沢奥の岩下地籍からさらに南方へ四キロ以上も細小路川に沿って遡って、左手（東）の急斜面を上った所々に断崖絶壁をもった山上の砦～**小倉城**を挙げておきたい。

その本郭と推定される所は、周囲が土塁状地形をしている長円形で、それに囲まれた郭の内部は低く窪んでいる構造である。外部からは見えず、小屋掛けするには適した地形をなしている。ちょうど、前述の志賀城の北方の尾根上にある「上小倉城」に類似した構造である。ここの小倉城は本郭から北へ順に下がって郭が数個存在するが、断崖上の尾根筋で、外部からはなかなか近づけない堅固な構えであるが、削平は判然としない。また、明治十二年に長野県内の各町村が県へ提出した報告をもとにまとめられた『長野縣町村誌』によると、その付近には、茨小屋・産ノ窟・小倉窟などの窟が複数あるという。身を隠し、雨露をしのぐに足るほどの洞窟や岩陰窟がいくつも存在したようである。そのため、いわゆる「穴小屋」城に比定する史家もある。小倉城は調査できたが、窟は判然としなかった。課題である。なお、小倉城は三澤小屋へ移る前に信蕃が、迫り来る北条の大軍により、本拠春日城から逃れて一時的に籠もった山城（砦）であると説明されることもあるが、小倉城は幻の「三澤小屋」のあるという鹿曲川の形成する山系よりも、一沢東の細小路川山系の山上にあるので、位置的にも規模的にもその可能性は低い。

《家康、依田信蕃に佐久郡・諏訪郡を宛てがう》

信蕃は本能寺の変後、佐久へ帰還し、当然春日城へ入ったわけではあるが、北条氏の大軍に攻められ、春日の山奥蓼科山中の三澤小屋へ籠もった。そこから出没しては北条軍に対してゲリラ的な抵抗をしたり、北条方に付いた佐久の諸将を攻撃した。さらに甲州の若神子で家康と対陣している北条軍の糧道を、碓氷峠や上信国境の諸峠で断った。大軍であるがゆえに兵糧が不足した北条軍が家康と講和を結ばざるを得ない状況に追い込んだ。徳川家康から大いにその功を認められている。

「**依田右衛門佐**方への一通とは、天正十年七月廿六日付け、家康から信蕃への宛行状のことである。この「天正十年七月廿六日の**依田右衛門佐**方への一通」は、信蕃への書状で残っている二通のうちの一つで、その写しを書いて提出したわけである。それは、徳川家康が、依田信蕃に佐久・諏訪両郡を与え、戦功を励ました宛行状である。

天正十年七月廿六日、依田信蕃に佐久郡本領并に諏訪を加恩に賜ふ家康書状の内容は、

（解説）

天正十年七月二十六日、家康

写真：小倉城（細小路川より見る）

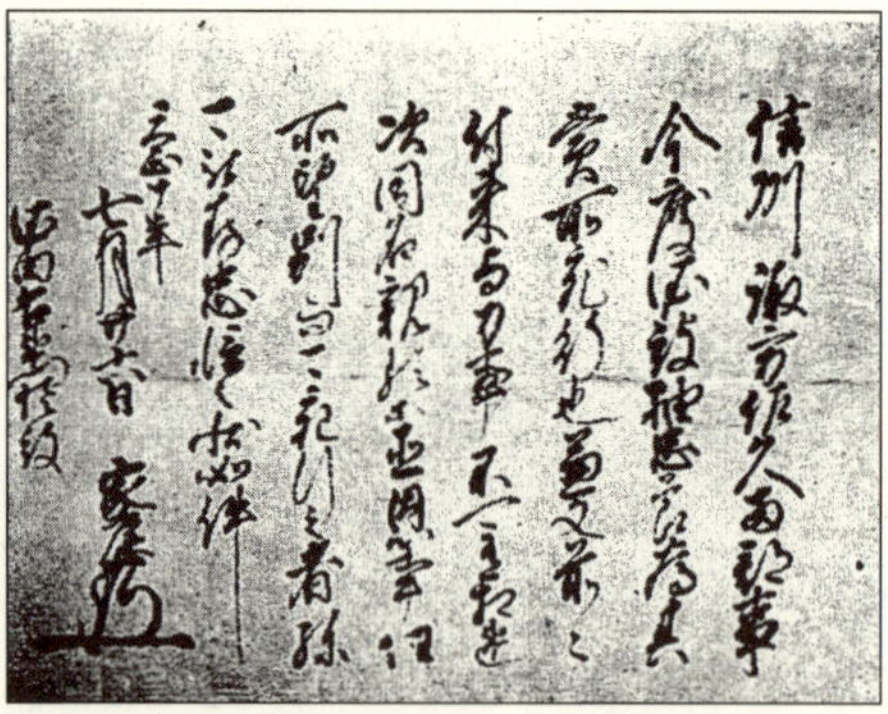

写真：依田信蕃宛徳川家康宛行状
依田家文書（個人蔵、長野県立歴史館寄託）。平成 23 年度長野県立歴史館発行の春季展図録『武士の家宝』から転載

信州諏訪佐久両郡之事、
今度依抽忠節、為其
賞所宛行也。兼又前ゝ
來与力事、不可有相違、
次同名親類等直恩事、任
所望、別而可宛行之者、弥
可被存忠信之状如件、
天正十年
七月廿六日　家康（花押）
依田右衛門佐殿

（訓読）
信州諏訪佐久両郡のこと、
今度忠節を抽んでらるるにより、
その賞として宛行ふところなり。
かねてまた前々ゝ付け來る与力の事、
相違あるべからず。
次に同名・親類等直恩の事
所望に任せ、別してこれを宛行ふべし。
いよいよ忠信を存ぜらるべきの状、件の如し。
天正十年七月廿六日　家康（花押）
依田右衛門佐殿

の依田信蕃に対しての佐久郡、諏訪郡の両郡宛行状である。この中で信蕃の家臣団や親類の保障までも約束している。このことは家康がいかに信蕃に期待しているかが分かる。しかし、未だ佐久郡は北条方が優勢であり、諏訪郡も去就定らずという状況で空手形に等しい。

なぜ、この一通だけが芦田宗家の手元に残ったのであろうか。――それは、それ以前の芦田下野守、芦田信蕃への武田信玄や勝頼からの文書等は、前述のように、信蕃が信長（信忠）の滞在していた諏訪へ行くのを途中で変更し、家康のいる甲斐国市川の陣へ行き、家康の臣下となり、その後、家康の計らいで遠江国二俣の奥小川の里へ隠れ潜んだ時に、織田軍（小諸城主になった滝川一益）によって、本拠春日館が蹂躙され、その時に持ち去られたか焼き討ちにあったかしたからである。右に揚げた七月二十六日付けの家康からの信蕃への宛てがい状は、その後帰還した信蕃が、三澤小屋に籠もっていた時に賜ったものだからである。

《甲州柏坂峠で旗揚げ～佐久帰還～三澤小屋へ籠もって奮戦》

本能寺の変での信長の急死により、信蕃は二俣の奥小川から中道往還とほぼ同じと推定される道筋をたどって甲州入りし、柏坂峠（右左口峠）で旗を挙げ、武田旧臣の徳川方への臣従を募り、まもなく信州へ帰り、小諸城、そして佐久郡春日城へ帰還した。しかし、佐久郡を席巻する北条方の攻撃を逃れ春日の奥の三澤小屋に立て籠り、絶えず戦いが続いたと述べている。この間、神出鬼没で北条軍を襲い、その糧道を断ち、北条氏直をして若神子の対陣から諦めて家康と和睦し、関東へ撤退する原因を作っている。このことについて、家康は大いに信蕃の功を認めているのである。

写真：春日渓谷の奥（蓼科山中腹）
大河原峠から北西を眺める。この視野の範囲内に三澤小屋はあったか？

写真：現代の道路 蓼科スカイラインの大河原峠

信蕃へ家康書状

㉗前山城と相木城の守備兵に関する指示

一、

天正十一未年二月十二日の御書、**依田右衛門佐**方への一通写し上げ申し候。これは**前山**と申す城、**伴野刑部**楯籠もり罷り在り候を、依田右衛門佐午の霜月責め落とし、伴野刑部は夜明けに退去申し候き。頓て前山の城へ右衛門佐移り罷り在り候内に、加勢成られる小番の人数前山へ遣わされ候時分の御書にて御座候。

〈要旨〉

・天正十一未年（一五八三）二月十二日付けの**依田右衛門佐**方への書状一通の写しを提出致します。これは**前山**城に**伴野刑部**が楯籠もっていたのを、依田右衛門佐が天正十年十一月に攻め落とし、城主伴野刑部は夜明けに城から退去致しました。

・そのすぐ後、前山城へ右衛門佐が移り在城しているうちに、徳川からの加勢の小番の兵が前山城へ遣わされた頃の御書（書状）です。

《前山城攻略とその後》

ここでは「依田右衛門佐午の霜月責め落とし、伴野刑部は夜明けに退去申し候」と記述されている。つまり、天正十年十一月七日に信蕃が前山城を落城させたことを述べている。その際、前山城主伴野刑部信守は「夜明けに退去した」となっている。一方『武徳編年集成』では、「今日伴野刑部が（＝の）佐久郡前山城を攻抜、城主をば石黒八兵衛、是を打捕」とあって、城主伴野刑部は討ち死にしたことになっている。いずれが正しいかは明確にはなっていない。『貞祥寺開山歴代傳文』『洞源山貞祥寺開基之由』（貞祥寺所蔵）によると、前山城落城は天正十一年二月三日となっている。――「城主伴野刑部少輔信守并に股肱の臣は奮戦したが力尽き、城に火を放って自害し、嫡男の左京進貞長（二十歳）は城から討って出て、よく戦ったが、城から火が上がるのを見て敗軍の士を集め、再び敵に入って戦死した。一方、貞長は落城時に危機を脱して小田原北条氏を頼ったとも言われている。弟の萬次郎貞信（七歳）は、前山儀助に伴われて武州へ去り、その後の動向は分からなくなった。前山城並びに荒城は灰塵となったが、洞源山貞祥寺は残った」と述べられている。

ここで問題となるのは、前山城の落城を天正十一年二月三日としていることである。伴野氏の菩提寺である貞祥寺に関わる文書に、伴野氏の滅亡の期日がそのように記されているということは、前山城奪還へ向けて伴野氏の何らかの軍事行動があったとも受け取れる。それに符合することとして、芦田信蕃が前もって伴野氏の襲来を察知したのか、それまでの前山城の城蕃柳沢元目助と交替し、信蕃自らが前山城へ入城している事実があるからである。伴野貞長は天正十年十一月七日には逃げ延びていたが、年が明けたこの二月三日の前山城奪還戦で討ち死にしたのだという説もある。

「伴野刑部」と名乗る武将が、その後も前山城奪還を狙っている。天正十八年（一五九〇）の小田原合戦の頃に、相木市兵衛能登守とともに北条の支援を得て、相木谷に侵入したりしているのは事実である。その刑部は、松平康國・康眞軍によって、信州と上州との境の武道峠下の木次原で討ち死にし、現在そこに墓が立てられている。その墓碑銘には伴野刑部は「貞長」となっている。相木白岩合戦の際の木次原で討ち死にしたのは伴野氏のうちの一族の別人が刑部を名乗っていて、その彼が討ち死にしたとする歴史家もいる。可能性との一つに、前山城落城時に七歳で武州へ逃れていた萬次郎貞信が、九年後の天正十八年（一五九〇）に、数え十五歳になって伴野刑部を名乗り、旧地奪還を目指して相木市兵衛能登守と共に佐久へ侵入したとも考えられる。

少々複雑になるが、「伴野刑部」と名乗る伴野氏の武将が二人ないしは三人この時代に次々と名乗ったということになろうか。しかし、いづれも芦田信蕃またはその子松平康國・康眞によって滅ぼされ、伴野氏の再興は叶わなかった。前山城攻城戦の詳細については既述の項を参照されたい。

天正十一年二月十二日付で、家康から信蕃へ下された書状は、左記のものである。

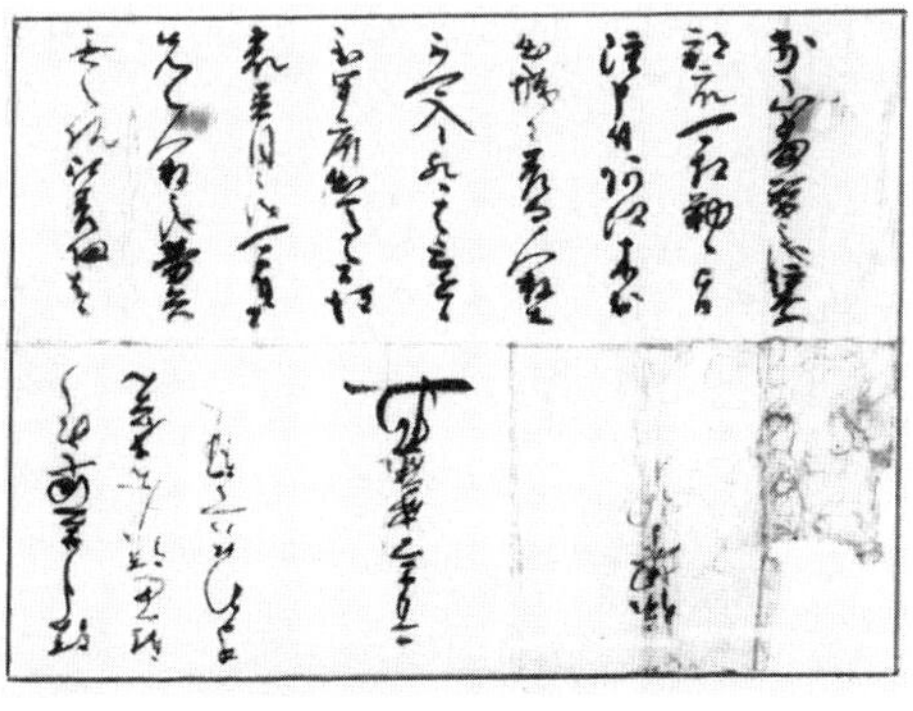

写真：徳川家康書状『依田家文書』（個人蔵、長野県立歴史館寄託）
平成23年度長野県立歴史館発行の春季展図録『武士の家宝』から転載

前山番替之儀、伊奈
郡衆可相勤候旨
雖申付、阿江木於出
城者差而人数者
不可入候歟、其上近日
至甲府出馬候間、彼
表置目之儀可有候間、
先之人数之儀勢兵
無之様被差帰尤候、
諸事柴田七九郎
被遂談合、才覚
専肝候、恐々謹言、
二月十二日　家康（花押）
依田右衛門佐殿

写真：家康（花印（かおう））

（訓読）

前山番替の儀、伊奈郡衆相勤むべく候の旨申し付くると雖も、阿江木出城に於ては、差して人数は入るべからず候か。その上近日甲府に至り馬を出し候の間、かの表置目の儀あるべく候の間、先の人数の儀勢兵無之これなき様差し帰され尤に候。諸事柴田七九郎と談合を遂げられ、才覚専肝に候、恐々謹言。

〈解釈〉

「前山番替之儀、伊奈郡衆可相勤候旨雖申付」とは、前山城の番替えをするという指示である。「徳川からの加勢の小番の兵が前山城へ遣わされた」という意味である。もう一歩となった佐久平定の成就に向けて、信蕃には前山城の守備にこだわらないようにという配慮からくるものであろう。番替えで入れ替わって入ってきたのは、下伊那からの**知久頼氏**である。知久氏は現下伊那郡喬木村上久方の神之峰（かんのみねじょう）城を本拠とする土豪である。同じ下伊那の下条氏や小笠原氏とともに、家康に臣従していたのである。

信蕃が、前山城に伴野氏を滅亡させたのは、天正十年十一月六日である。前山城落城に関しては通例そのように理解されている。その後、いったん信蕃自身が前山城へ入ったが、その後、自らは本拠を田口城下の田口館へ移し、前山城へは姻戚関係にあり、信蕃の情報網を握っていた柳沢元目助を城番として入れていた。しかし、二月の初旬には伴野信守の子である貞長が前山城奪還に来襲するという動きを知り、自らが前山城へ入ることもあった。今回、その前山城の守備に、家康は下伊那郡の知久氏を城代として充てるという書状である。

写真：相木城（北相木村、坂上城）

〈佐久高野町の守備と相木城攻略〉

天正十一未年（一五八三）二月十二日付けの**依田右衛門佐**への書状の内容は、十二日に先だって、甲州先方の士**三枝土佐虎吉**が、信州佐久郡高野町を北条方の攻撃から守り、阿江木の砦を攻め落としたことについて、**依田信蕃**は家康より尊翰を賜わった。ここでいう北条方とは相木勢のことである。

写真：高野城

阿江木の砦（相木城）は、現在の南佐久郡北相木村坂上にある崖上の城で、現在は村の中心部となっている。坂上集落の標高は一〇三四mで、北相木川の河谷の中で、やや広い台地を利用して築城したもので、川が大きく曲がって城の東・南・西を流れており、一〇mから数十mの断崖になってい

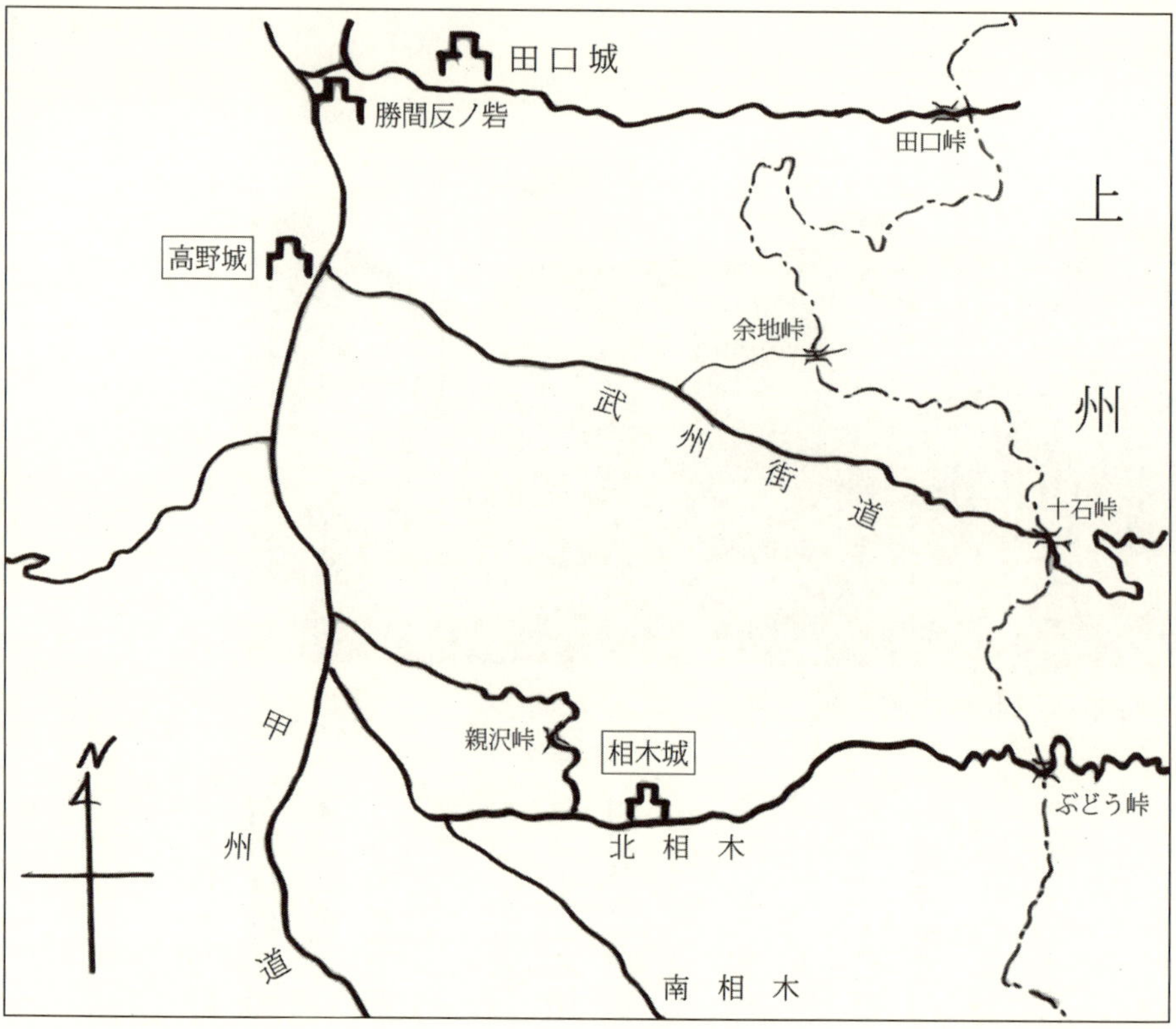

図：相木城と高野城の位置関係

る。山と川を利用した自然の要害で、相木氏の根城であった。相木氏の館跡は字殿村にあり、付近には御門・西の丸・馬場地・空堀・御門向などの関連地名が残っている。相木氏の本来の拠点は南相木であったが、この頃には栂峠や武道峠を越えて上野国や武蔵国へ通じる街道の通る交通の要衝である北相木に中心が移っていたようである。その相木城に相木氏の一族が、地元の支えもあり、依田信蕃軍に対して抵抗を示していたのである。当主相木市兵衛入道能登守(常栄依田頼房)はすでにこの時点では、本拠としていた田口城から上州へ逃れ、さらに小田原の北条氏のもとにいたが、相木氏の一族は本貫の地である相木にいたのである。

北条氏に属するその相木一党が、佐久平定のために甲州からやってくる徳川勢の進路の要衝である高野町を押さえようとして、佐久郡高野町を何度も襲撃している。相木勢が襲撃したという「高野町」とは、現南佐久郡佐久穂町大字高野町であるが、その襲撃した場所は高野城であろう。高野城の縄張りは自然地形の舌状台地そのものを総体としており、五〇m×一五〇mほどの城域である。台地は北東（比較的要害の地、本郭があった）から南西（居館などがあったと推定される）方向に延びている。自然地形を巧みに利用した平山城である。三枝虎吉は、それ以前からあった城に修築を加え、堅固な城にして守備についていたのであろう。相木勢の来襲を撃退したばかりでなく、相木氏の本城（相木城）を攻め、自軍のかなりの被害を被りながらも、落としたのである。

三枝虎吉は信蕃が主将として駿州田中城を守備していた時の副将格の武将である。武田氏の滅亡後、織田信長の追及から逃れて、信蕃と同じように家康によって匿われていた。本能寺の変後、家康の指示によって信州佐久へ入り、信蕃の指揮下に入っていたのである。この文書では、「阿江木城（相木城）の守りはあまり兵が必要ないから、人数を減らすように」家康から信蕃への指示である。

これ以前に、依田信蕃は阿江木（相木）能登守を佐久郡田口城に攻めて、上州へ逃亡させ、これを落としている。今回落とした相木氏の本城である相木城には当主である相木能登守はすでにいなかったのである。主なき城を守っていた人々こそ哀れである。討たれたり、上州へ逃亡したり、山上がりした（山小屋へ逃げて隠れた）者もいたであろうと推定されるが、多くは農民であり、各々の残兵の追及はあまり厳しくなかったであろう。収まった相木城に信蕃は甥の依田肥前守**信守**に守備させていた。その阿江木（相木）城の守備兵の数を、家康が、そんなに必要ないからと減らさせているわけである。

《書状の家康の言葉を心に銘記すべきであった》

二月十二日の書状の末尾で家康は信蕃に「諸事柴田七九郎と談合を遂げられ、才覚専肝に候」と付け加えて促している。家康がこの書状を発した、その十日後の二月二十二日に、信蕃は岩尾城の攻城を焦って前面に立って軍勢を指揮していて、狙撃され、翌日の早朝に没することになる。「軍監の柴田七九郎康忠と相談して専ら才覚せよ」という家康の指示を守っていれば、岩尾城攻撃において討ち死にには至らなかったものをと惜しまれる。柴田康忠は、岩尾城攻撃は、正面からの力攻めはせずに、持久戦に持ち込み、兵糧が尽きるのを待つように助言した可能性もある。しかるに、信蕃は二月二十日に康忠を伴って、田口城から岩尾城を眺めやり、「明日は芦田勢だけで一挙に攻め潰して見せるので、観戦さえしてもらえば結構」と豪語してしまうのである。あとで思えば、この心情はすでに、岩村田大井氏と千曲河畔塩名田の戦いの時に、真田昌幸に対して言った言葉と一致するのである。兵糧攻めなどの慎重な作戦で臨もうとしていたかもしれない柴田康忠の入る余地がないほどに、この時の信蕃は高揚（過信）していたのであろうか……。

――「**諸事、柴田七九郎と談合を遂げられ、才覚専肝に候**」――一番、忠誠を尽くしている対象の徳川家康のこの書状の言葉も心に入らなかったのであろうか……、そもそも「軍監」とは主君の代理として派遣され、一軍の将の戦いぶりを「監」し、指導助言をする立場の武将のことを意味し、その言葉は主君の言葉として受けとめねばならないはずである。結果論ではあるが残念である。信蕃は、先の家康の言葉を心に銘記すべきであった。

《柴田七九郎康忠》

芦田信蕃の軍監として派遣された柴田康忠は、家康の従兄で、天文七年（一五三八）生まれ、没年文禄七年（一五九三）である。信蕃よりちょうど十歳年長であるので、佐久に関わった時は数え四十六歳ということになる。

　彼は三河一向一揆の鎮圧時の戦功で、家康から「康」の諱字を与えられた。永禄年間の遠江攻略後、家老に列せられた。三方ケ原の戦い、長篠の戦いでも先鋒として軍功があった。天正十年の本能寺変後の家康による甲斐経略の際には、武田旧臣の多くを従えた。十月に信濃國政法沙汰を命ぜられ、諏訪高島城を本拠として、信濃経略に尽力している。信蕃の軍監として行動を供にしたのは、この時のことである。家康が天正十八年（一五九〇）の小田原合戦後に関東移封になってからは、上総國で民政にあたり、その後、武蔵國で五千石を与えられた。

写真：相木川から相木城（坂上城）のあった段丘を南方から仰ぐ
東方へ通じる道があり、白岩～木次原～ぶどう峠（武道峠）を越えて、上野国へと至る。城域には御門（みかど）、殿村、西丸、馬場、空堀、坂上等の城関連地名がある。

康眞へ家康判物（はんもつ）

㉘「松平」の姓と「康」の諱を授ける旨

一、

> 天正十四年戌年四月十五日、拙者儀、**家康**様御前に於て、前髪を御自身はやさせられ、御腰の物拝領、**松平**の御名字並**康**と申す御一字下され候。御證文の写し一通指上げ申し候。

〈要旨〉

・**天正十四年**（一五八六）戌年四月十五日、拙者は、徳川**家康**の御前にて、前髪を家康自身が、整えて下さり、御腰の物（刀）を拝領した。そして、**松平**の御名字と「**康**」の諱を下された。御證文の写しを一通提出致します。

《元服し、徳川親族たる「松平」の姓と、家康の「康」の偏諱を賜る》

拙者とは、『芦田記』（依田記）の著者である加藤四郎兵衛宗月こと芦田・依田・松平康眞のことである。父依田信蕃の忠節を深く感じた家康は、先年（天正十一年三月）その嫡子竹福丸（松平康國）に、そして今回、天正十四年四月十六日に次男福千代丸（松平康眞）に、「松平」の姓と「康」の諱を授けた。

康眞は天正二年生まれなので、この時、数え十三歳であった。生誕の年である天正二年（一五七四）十一月十一日より、翌年の十二月二十四日まで、父芦田信蕃は遠江国二俣城を主将として守備している。『寛政重修諸家譜』によると康眞は、佐久郡春日城で生まれた。多くの歴史書では、康眞の母は加藤氏の出とされている。また、佐久郡立科町茂田井在住で、芦田氏の末裔の一人である土屋武司氏のご教示によっても母は加藤氏であるという。康眞が越前福井藩主松平秀康の家臣となって以降、姓を「加藤」に変えているが、それは母の実家の姓であるということになっている。幕府の公式記録である『寛政重修諸家譜』によると、母は「大炊助某が女（むすめ）」とある。信蕃の項にも室は「跡部大炊助某が女」とあるので、康眞の母は「跡部氏」出身ということになる。しかし、p.51-53で既述のように、康眞の実母（信蕃の前妻）が加藤氏で、継母（信蕃の後妻）が跡部氏であったと解釈したい。

この書状について康眞は『蘆田記』（依田記）で、「天正十四年戌年四月**十五日**」としているが、左記に掲げるごとく家康からの證文によると「**十六日**」が正しい。それは、徳川家康判物で、松平新六郎が家康の「康」の「一字を拝領した」内容である。以後、松平新六郎康眞（康貞・康寛）」と名乗った。

写真：徳川家康判物（依田家文書、個人蔵、長野県立歴史館寄託）
『武士の家宝～かたりつがれた御家の由緒～』（平成23年度長野県立歴史館より転載）

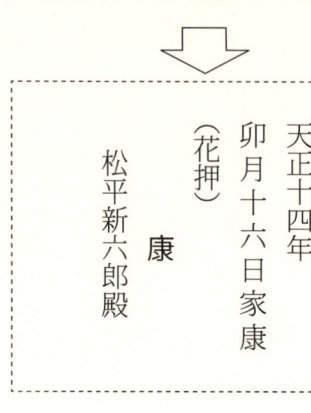

天正十四年
卯月十六日家康
（花押）
康
松平新六郎殿

芦田信蕃の次男福千代丸（新六郎）が元服した時に、家康から「康」の字を賜った証としての家康からの判物である。

判物（ハンモツ）とは、文書の発給者である大名が、自ら判（花押）を据えた文書という意味である。感状・所領安堵・特権の給与・承認など、永続的な効力を付与すべき文書に用いられた。この判物は、芦田家の宝物であった。

『寛政重修諸家譜』の依田康眞の項には、このことについて次のように述べられている。

> （天正）十四年四月十五日、康眞を御前にめされ、みてづから首服をくはえられ、御稱號を賜り、仰によりて**新六郎康眞**となのる。このとき佐々成政が帯せるところの**來國俊の刀**をたまはり、汝其武勇にならひ、よろしく忠勤を勵むべしと仰下され、のち御かたはらに勤仕す。

「御腰の物拝領」とは、佐々成政が所有していた「來國俊」の刀であったことが分かる。——佐々成政とは織田信長の武勇の誉れ高い家臣で、越中一国を与えられ富山城主であった。本能寺の変後、秀吉に対抗し、家康と組もうとして厳冬の針ノ木越え〈ザラ峠越え〉をしたことで有名である。後に秀吉によって肥後国を与えられたが失政を秀吉に咎められ憤死した。

右の徳川家康判物では「卯月**十六**日」となっている。正式にはこの期日が正しいと思われる。しかし、『寛政重修諸家譜』ではその期日を「十四年四月十**五**日」としている。「十五日」としたのは、その原本たる康眞の記述した『芦田記』（依田記）に「四月十**五**日」とある記述（誤記？）にしたがって、『寛政重修諸家譜』が書かれたからであると推定される。

去る平成二十三年に長野県立歴史館春季展『武士の家宝〜かたりつがれた御家の由緒〜』が発行されたが、その一七ページには、この「徳川家康判物」と「脇差」の写真が掲載され、説明が加えられている。

なお、『寛政重修諸家譜』のこの文には「……のち御かたはらに勤仕す」とあるのは、康眞が徳川方への証人（人質）として、大久保忠世の二俣城にいたのを、家康が浜松城で元服させ、その後しばらくの間、人質の身ながら家康の近習として康眞を仕えさせたことを意味している。

証人（人質）として幼少期から過ごした康眞（及び兄の康國）の人質としての前半に関しては、別ページで紹介するが、ここでは天正十年六月の本能寺の変の直後からみてみたい。上州・武州境の神流川の戦いに破れた滝川一益が、小諸城を六月二十三日（二十六日とも）に出発し、本領である伊勢国長島へ西走する時に連れ去った佐久・小県の証人の中に、芦田信蕃の二人の男子（竹福丸と福千代丸）や真田昌幸の母がいた。一益は証人を引き渡すのを条件に、木曽義昌の領内である木曽を無事通過した。兄弟は六月下旬から人質として木曽におかれたわけである。

やがて八月になって、甲斐国から信濃国一円を勢力下に納めようとしていた徳川家康が、この人質に関して行動を起こした。『古今消息集』（『信濃史料』所収）によると、

急度啓達候、仍而今度結失忍田佐久郡并小縣之人質之儀、此方へ於て御返者、可為本望候、左様ニ候ハヾ、御誓詞被懸御意、其上拙者も以神名、彼等迎可進之候、然者、従信長被進候御知行方之儀、聊以不可存相違候、其付而貴所江逆意之者共、是非拙身出馬申、可逐御本意候、如此申談上、巳來疎略申間敷候、委細具御報待入存候、恐惶謹言、

八月九日　　徳川家康（御書判）

木曾殿

（訓読）

急度啓達候、よって今度結失忍田**佐久郡并びに小縣の人質**の儀、この方へ御返しに於ては、本望たるべく候。左様ニ候は

ば御誓詞御意に懸けられ、その上拙者も神名を以って、彼等の迎これを進むべく候。然らば、信長より進められ候御知行方の儀、聊かつて相違を存ずべからず候。それに付いて貴所へ逆意の者ども、是非拙身出馬申し、御本意を遂ぐべく候。かくの如く申し談ずる上は、巳來疎略申すまじく候。委細具に御報待入り存じ候。恐惶謹言。

天正十年八月九日発行の徳川家康書状案である。**木曽義昌**に佐久・小縣両郡の人質を還すべきことを求め、併せて、信長が木曽義昌へ与えた知行を安堵し、共に敵に当る用意があるということを述べている。

また、『木曾舊記録』(『信濃史料』所収)によると、家康の書状に対して、ただちに、木曽義昌が左記のように返信を送っていることが分かる。

乃木雲辱拝覧仕候、然巴、其表永々御對陣、御摸様如何、可承奉存候、信長公領知仕候處ニ、聊不可存相違之旨御掟之趣、不肖之義昌別而祝著之至奉存候、爾來無二之蒙御懇命度、起請文を以申上候、為逆意之於有之者、御出馬も可被下旨、辱奉謝候、此節甲州之餘黨諏訪・伊奈徘徊罷在候由、出勢相働可申と存知候、猶使者口上申含候、恐惶謹言、

月　日　　　　　　木曾伊豫守

　　　　　　　　　　　　義昌

源家康殿御幕下

（訓読）

乃木雲辱なく拝覧仕り候。然らば、その表永々御対陣、御模様如何、承はるべく存じ奉り候。信長公より領知仕り候ところに、聊かも相違存ずべからざるの旨御掟の趣、不肖の義昌別して祝着の至に存じ奉り候。爾來無二の御懇命を蒙りたく、起請文を以つて申し上げ候、逆意をなすの者これあるに於いては、御出馬も下さるべき旨、辱なく謝し奉り候。この節甲州の余党諏訪・伊那徘徊罷りあり候の由、勢を出し相働き申すべくと存じ候。なほ使者の口上に申し含め候。恐惶謹言、

木曽義昌書状案である。『信濃史料』では、この文書の期日を(天正十年)八月九日としている。家康の書状を受け取った後、即日に返書を出していることになる。まず、家康に北条氏直との若神子の対陣についてご機嫌伺いを述べた後、信長から拝領した領地を家康から安堵されたことに、改めて謝意を示している。家康に忠節を尽くすことを起請文をもって

表わす旨を述べている。敵対する者があったら家康が出馬してくれる約束をしてくれていることにも感謝している。また甲州の武田旧臣が諏訪・伊那で動きを見せている様子なので、（家康とともに）働くつもりであることを伝えている。しかし、この書状では、「佐久・小県の人質の返還」については、直接触れてはいない。「なほ使者の口上に申し含め候」という言葉で書状を締め括っている。使者の口上で申し含める予定であったことはどのようなことであろうか。

以上の書状のやりとりの後、『尾張徳川文書』（『信濃史料』所収）によると、木曽にいた佐久・小県の人質について、家康がどう動いたかが分かる。

為**蘆田人質**可請取、小笠原掃門大夫使者木曾へ指越候、彼人質歸路無㠯大儀候、有馳走、送以下可被申付之候、恐々謹言

九月十七日　　　家康（花押）

奥平九八郎殿

鈴木喜三郎殿

図：人質としての康眞

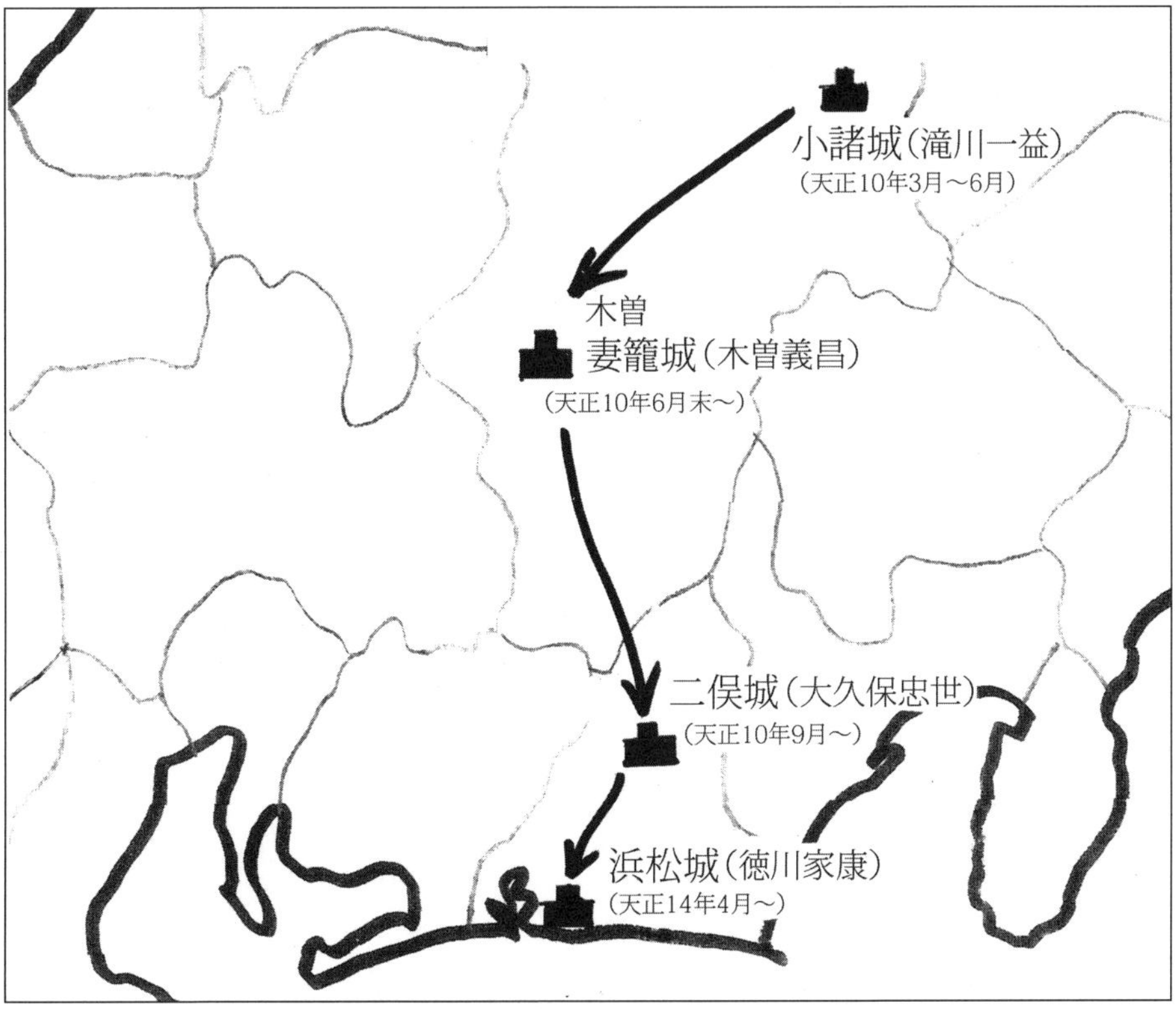

（訓読）

蘆田の人質請け取るべきため、小笠原掃部（かもん）大夫の使者木曾へ指し越し候。かの人質の帰路異儀なく候様馳走ありて、送以下これを申し付けらるべく候。恐々謹言

この徳川家康書状では、家康が小笠原信嶺の使者を木曾義昌の許に遣わし、佐久郡**蘆田の人質**（信蕃の二子、竹福丸と福千代丸）を受け取らしめんとしているわけである。また、家康は奥平信昌と鈴木重次に、その帰路の便宜を図らしているのである。

この天正十年九月十七日頃以降から、信蕃の二子、竹福丸と福千代丸（後の松平康國と松平康眞）は、芦田依田信蕃の家康への臣従の証人（人質）として徳川方に引き取られていたのである。具体的には家康の重臣で信蕃とは肝胆相照らす人間関係でもあった大久保七郎右衛門忠世の居城となっていた二俣城にその身はあったのである。奇しくもそこは、祖父芦田下野守信守と父右衛門佐信蕃が、天正二年（一五七四）十一月頃から翌三年（一五七五）十二月二十四日までの一年二カ月あまりに渡って城主として徳川に敵対して守った因縁のある城であった。

右の一連のことから判明するように、福千代丸は徳川方への人質として、天正十年九月から二俣の地で生活していたわけであるが、天正十四年四月十五日に、家康によって松平康眞として元服したのである。その間、父信蕃は天正十一年二月二十三日に岩尾城攻めで討ち死にし、兄竹福丸は家康によって松平康國となって父の死の直後に、大久保忠世の後見のもと、信州佐久の平定の旗印として小諸へ一足早く天正十一年三月に向かったのである。福千代丸は、それから三年も大久保氏の居城二俣城にいたことになる。元服後、福千代丸の康眞は後の天下人徳川家康の浜松城でそば近くで仕え、しばらくの間薫陶を受けたのである。

後に、家康が康眞のことを取り立てたり、その行く末を気遣っているが、父信蕃の忠勇ゆえもあるが、康眞という人物を家康がかっていた証拠でもある。つまり、康眞は家康の覚えも高かったことが推測される。その証拠として、後年慶長五年（一六〇〇）正月、旗本小栗三助某を囲碁の勝負の末に、抜刀して斬り殺してしまったにもかかわらず、家康が康眞を改易（上州藤岡藩領地没収）とお家断絶としながらも、高野山蓮華定院に蟄居していた康眞の命までは求めなかったことからも分かる。さらに、関ケ原の合戦後、康眞が家康の次男結城（松平）秀康の家臣になることを許していることからもうかがえる。それのみならず、「公」には喧嘩の上の抜刀殺

人事件を許さなかった家康ではあるが、「私」的には康眞を見捨てはしなかった驚くべき事実がある。

それを紹介しよう。康眞が改易になった時に、その娘は康眞の舅（室である了源院の父）である大久保忠隣が養女として引き取って育てたのであるが、後に尾張徳川家の筆頭家老竹腰正信に正室として嫁ぐ時に、家康自らがその仲介役を果たしていることである。『長野県立歴史館研究紀要（第十八号）』で山崎会理氏が述べていることであるが、『芦田系譜』（国立公文書館）の記述に、竹腰正信との婚礼について、次のように記されているという。――「慶長年中、康寛公（康眞）越前へ御動座ノ後、東照宮御媒ヲ以テ竹腰正信卿へ嫁シ玉フ」――。

家康は康眞の家臣としての人物を認めていたことが分かる。また、家康にそうさせるほどに、康眞の父芦田依田信蕃の家康への寄与度（貢献度）があり、家康がそれを高く評価していたからでもあろう。

《康眞の名乗りは、多様にある》

名前

① 幼名は……福千代丸、新六郎

② 元服後は……家康の諱（いみな）である「**康**」を授かる。

「**康眞**」↓康寛・康貞・康勝・康直・康正」、特に上州藤岡では異名が多い。幸平、（幸正）としている歴史書もある。

③ 越前福井藩に仕えてからは……四郎兵衛（しろうびょうえ）

④ 藩主松平秀康没後は……宗月（そうげつ（しゅうげつ））

姓

① 姓は、蘆田（芦田）、依田……蘆田宗家のみ「蘆田」で、近親といえども他は「依田」姓

② 元服して徳川氏の一族としての待遇で……「松平」

③ 上州藤岡藩を改易となり、家康の次男松平秀康に仕え、「松平」をはばかって、母親の実家の姓である「加藤」を称す。（『寛政重修諸家譜』によると「母は大炊助某が女」とあるが、この人は継母であろう）。

④ 後に、越前福井での二代目の吉賢が寛文七年（一六六七）に姓を「蘆田（芦田）」と複す。

官途名

・右衛門大夫（だいぶ）

家康経由で康國へ、秀吉書状

㉙相木白岩合戦に康國が勝利した報告に対しての感書

一、

天正十八年寅年、小田原御陣の時、家康様へ秀吉公よりの御書一通写し申し上げ候。この義委細申し上げず候えば、御合点参りかね申すべきかと存じ候。つぶさに申し上げ候。この阿江木と申すは所の名にて御座候、持主は依田能登守と申し候。彼能登守、田の口と申城に罷り在り候つるところに、前山の城右衛門佐きびしく攻め取り申し候威勢に恐れ、田の口城を明け退く。関東へ浪人仕り候。八、九年浪人分にて、小田原に罷り在り候ところ、秀吉公氏政と手切に罷り成り候。小田原へ御出陣を承り、氏政へ内意申す。信州佐久郡阿江木谷へ、彼浪人の依田能登守、伴野刑部両将にて働き掛け申し候。譜代の主にて候故、阿江木の者どもことごとく、能登守に一味仕り、敵に罷り成り候通り、三月十五日の申の刻に告来申すに付き、兄にて候松平修理大夫康國並に拙者打ちつれ、小諸を即刻に乗り出、一騎がけに田舎道三里程参り候えば、勝間と申城へ参着。十六日の早朝に人数を調え候て、そつとう坂と申す山を打ち越え、敵合近く参り候えば、日暮、半時程足軽迫め合い御座候うちに、旗の色も見え申さず候程に、夜に入り申す付きて、その夜は篝を焼き、その所に夜を明かし、暁より取り掛け申し候えば、白岩と申す小城に籠り申し候を、則乗り崩し、平村と申す所に敵を追い詰める。敵、とって反し、敵味方入り乱れて合戦御座候。それより、山の繁みへ敵逃げ上り候ところを、先手の者追掛け申し候えば、木立の内に鯨波（かちどき）をどっと上げ申し候に付きて、木立の内にて取って返し、味方崩れ候かと存じ、拙者馬より下り立ち、鑓取り持ち掛け申し候えば、また、味方より押し返し、残らず追い討ちに仕り、上州野宗谷と申す所まで、ことごとく追い討ちに仕り、分捕り高名仕り候、能登守は何と逃げ延び候やらん。首も見え申さず候。刑部をば討ち取り申し候。この仕合拙者はじめて為す働きの一つ書を仕り、修理大夫方より夜通しに家康様へ注進仕り候ところ、則秀吉公より家康様へ御書御座候。この御書御感状にて候由、家康様御意にて頂戴。今に所持仕り候を写し上げ申し候。

〈要旨〉

・天正十八年寅年（一五九〇）、**小田原合戦の時**、**家康**様へ**秀吉**公よりの書状一通の写しを提出致します。この件について、詳しく申し上げませんでしたので、ご合点いただけなかったと存じますので、これからつぶさに申し上げます。

・この**阿江木**というのは所の名であります。領主は**依田能登守**と申しました。**能登守**は、**田口城**に居城していましたが、**前山城**を右衛門信蕃が厳しく攻め落とした威勢に恐れをなして、**田口城**を明け退き逃亡し、関東へ浪人しました。

・八、九年間、浪人分で**小田原**（北条）にいましたが、豊臣**秀吉公**が北条**氏政**と手切れになり、秀吉公は小田原へ出陣しました。阿江木（依田）能登守は北条**氏政**へ内通していました。信州佐久郡**阿江木谷**へ、もう一人佐久から小田原へ逃亡して浪人していた**伴野刑部**と両将にて、阿江木谷で挙兵を働き掛けました。阿江木能登守は譜代の領主であったので、阿江木の者どもは、ことごとく、能登守に一味し、徳川方（松平康國）の敵になりました。

・三月十五日の申の刻（今の午後三時）に、その知らせが届いたので、私の兄である**松平修理大夫康國**と拙者（松平康眞）は、共に居城の**小諸城**を即刻に出発し、一騎がけに田舎道を三里程進むと、**勝間**という城へ到着しました。

・三月十六日の早朝に軍勢を調えて、**そつとう坂**と申す山を越え、敵が近くまで出てきていたので、日暮の半時程（一時間ほど）足軽の迫め合いがありましたが、暗くなってきて旗の色も見えなくなってきて、夜になったので、その夜は篝を焼き、その所に夜を明かしました。三月十七日、暁より攻撃を仕掛けて、（阿江木能登守と伴野刑部が）**白岩という小城**に立て籠もっていたのを、すぐに乗り崩し、**平村**という所に敵を追い詰めました。

・敵も、とって反し、敵味方入り乱れて合戦しました。山の繁みへ敵が逃げ上ったところを、先手の者が追掛けると、敵は、木立の内に鯨波（ときの声）をどっと上げて、木立の内にて取って返しました。味方が崩れるかもしれないと思い、拙者（康眞）は馬より下り立って、鑓を手にして戦いました。また、味方より押し返し、崩れかかる敵を残らず追い討ちにし、上州**野宗谷**という所まで、ことごとく追い討ちにし、分捕り高名を仕りました。

・阿江木**能登守**は何とか逃げ延びたのであろうか、討ち取った多くの首の中に、その能登守の首はございませんでした。伴野**刑部**をば討ち取りました。この合戦は、拙者（康眞）の初陣でした。

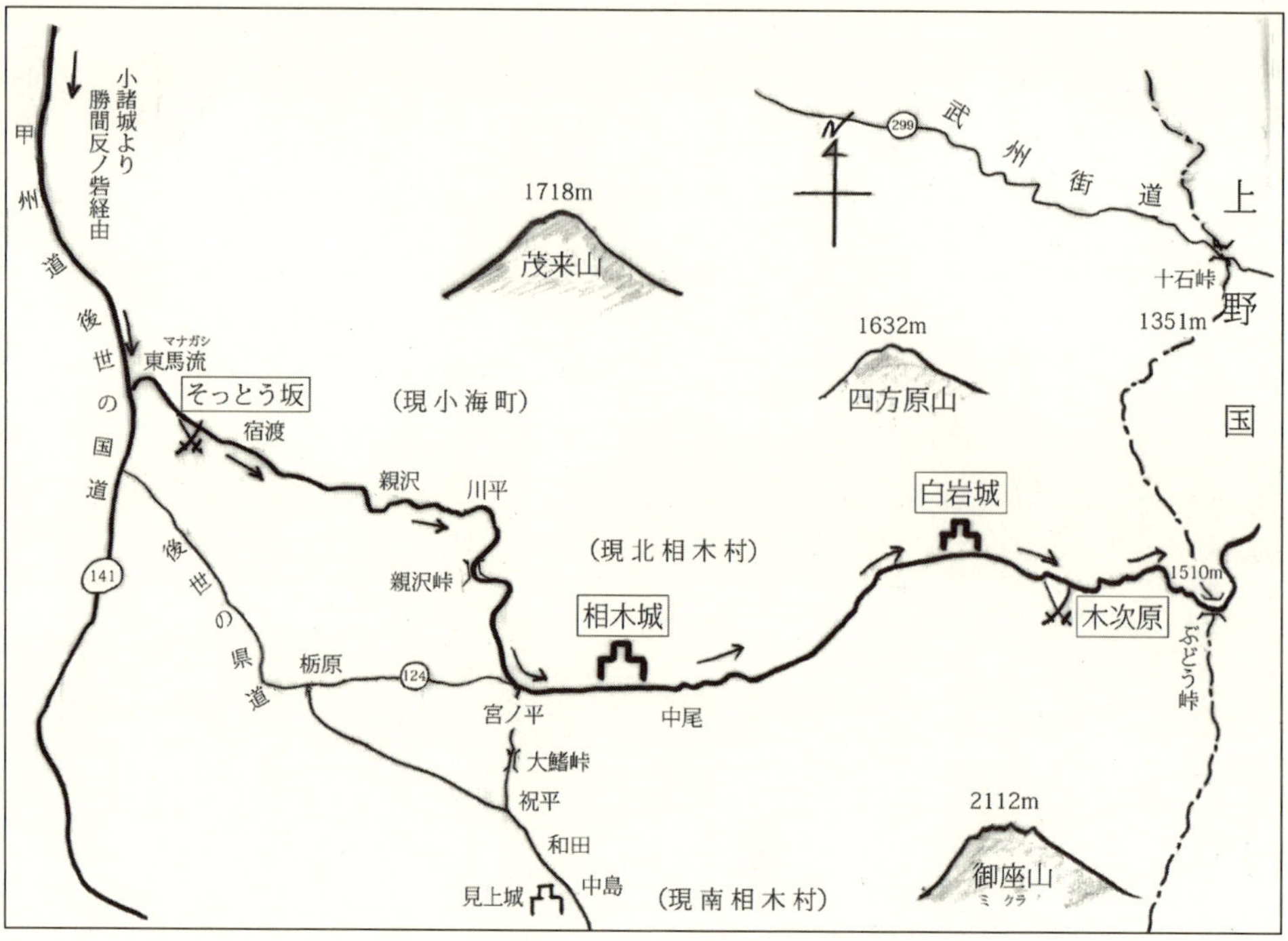

図：相木・白岩合戦

・この合戦の勝利を書にしたためて、兄である**松平修理大夫**康國より、夜通しに徳川**家康**様へ注進（報告）致しましたところ、ただちに豊臣**秀吉公**より家康様へ御書がありました。この御書は感状でありました。家康様のおはからいで頂戴し、拙者（康眞）が現在でも所持しておりますのを、写して提出致します。

○概略

北条氏領の上州に逃げた相木氏は、その後小田原の北条氏を頼って行き、その食客となっていた。同じ頃、前山城主伴野信守の子である伴野刑部貞長も北条氏の食客になっていた。天正十八年（一五九〇）、**依田能登守**（相木市兵衛能登守常栄頼房）と**伴野貞長**は、北条氏と豊臣氏・徳川氏が不和になった時、信濃が手薄になった隙をはかって、豊臣・徳川方についている佐久へ後方攪乱を企てて、北条氏の支援を受けて北相木に来て旧臣千余人を集めて挙兵した。小諸城の依田信蕃の子の**松平康國・康眞**の兄弟は急遽兵を率いて相木に攻め込み、**白岩や木次原**で合戦が行なわれた。伴野氏・相木氏の連合軍は敗れて、伴野貞長は討ち死にした。二十八歳であったとも言われている。依田能登守は上州に逃れた。

〈相木・白岩・木次原合戦の詳細〉

前山城主の子で小田原の北条氏を頼って佐久を去った伴野貞長と、田口城主の依田（相木）能登守は、いつの日かまた故郷の佐久へ帰りたいと願っていた。ところが、天正十七年（一五八九）十一月、北条氏が真田氏に属する上野国名胡桃城（なぐるみじょう）を攻めとってしまったことから端を発して、豊臣秀吉に口実を与えることになり、秀吉は全国の大名に命じて、天正十八年に小田原城を攻めさせた。この時、信濃が手薄になったのを好機として、**伴野貞長**と**依田能登守**（相木氏）は北条氏の支援を受けて、現在の南佐久郡北相木村に帰って兵を挙げた。相木の人々は旧領主であるので八百余人がこれに応じ、伴野氏の旧臣を加えて千余人が**相木城**に立て籠もったといわれる。また、北条氏からの三百の支援があったとも言われている。相木谷の人口からして、また、伴野氏旧臣を、加えたとしても、そのような多数の軍勢の数は一概には信じがたいところではある。

　これに対して、小諸城の依田信蕃の子の**松平康國**は兵を率いて、天正十八年（一五九〇）三月十五日に小諸城を発ち、現在の佐久市臼田にある勝間反ノ砦（稲荷山城）に到着し、そこで、兵が集結するのを待った。従兄弟の依田肥前守信守は当時、依田四十七騎なる軍団を率いて勝間反ノ砦に常駐していたが、その依田肥前守の軍勢と合流する。（三月十四日に小諸城を発ち、岩村田城で一泊したという説もある）。

　三月十六日、さらに進軍途中に土豪や地侍に急遽出陣を先触れしてあったため、軍勢が続々と集まってきて出陣態勢が整った。夕刻、康眞を先頭に相木へ向かって出立し、東馬流（ひがしまながし）（現南佐久郡小海町）に達した頃には兵力もかなりな数になった。東馬流から宿渡（しゅくど）に登る「うとう坂（卒頭坂（そっとうざか））（ケットウ坂〈長野県町村誌〉）」まで来ると、かすかに敵の旗印が見えてきた。先手の足軽隊の小競り合いがあったが、夜陰が迫ったため、双方が兵をおさめ、篝火を焚いて野営した。

　十七日、寅ノ下刻（午前五時）に出発し、相木谷へ攻め入った。**相木城**をまたたく間に陥れた。敵は退き、**白岩の砦**に拠った。康真は陣頭に立って指揮し、この砦も瞬く間に落とした。敵は相木谷を上州との国境の武道峠方面へ逃れたが、康國・康真軍はとうとう**平林（木次原）**に敵を追いつめた。「平林＝木次原」は断言できるのか？　少々疑問の余地はある。

　連合軍が敗れて伴野貞長はじめ三百八十余人が戦死し、旧領の佐久の地へ帰ろうとした二人の夢は絶たれた。**依田能登守**は上州**倉賀野**に逃れた。**伴野貞長**は二十八歳であった。白岩の戦いに出てくる依田能登守は、能登守の二代目の人であろうと推定される。この戦いの様子は『芦田記』（依田記）『寛

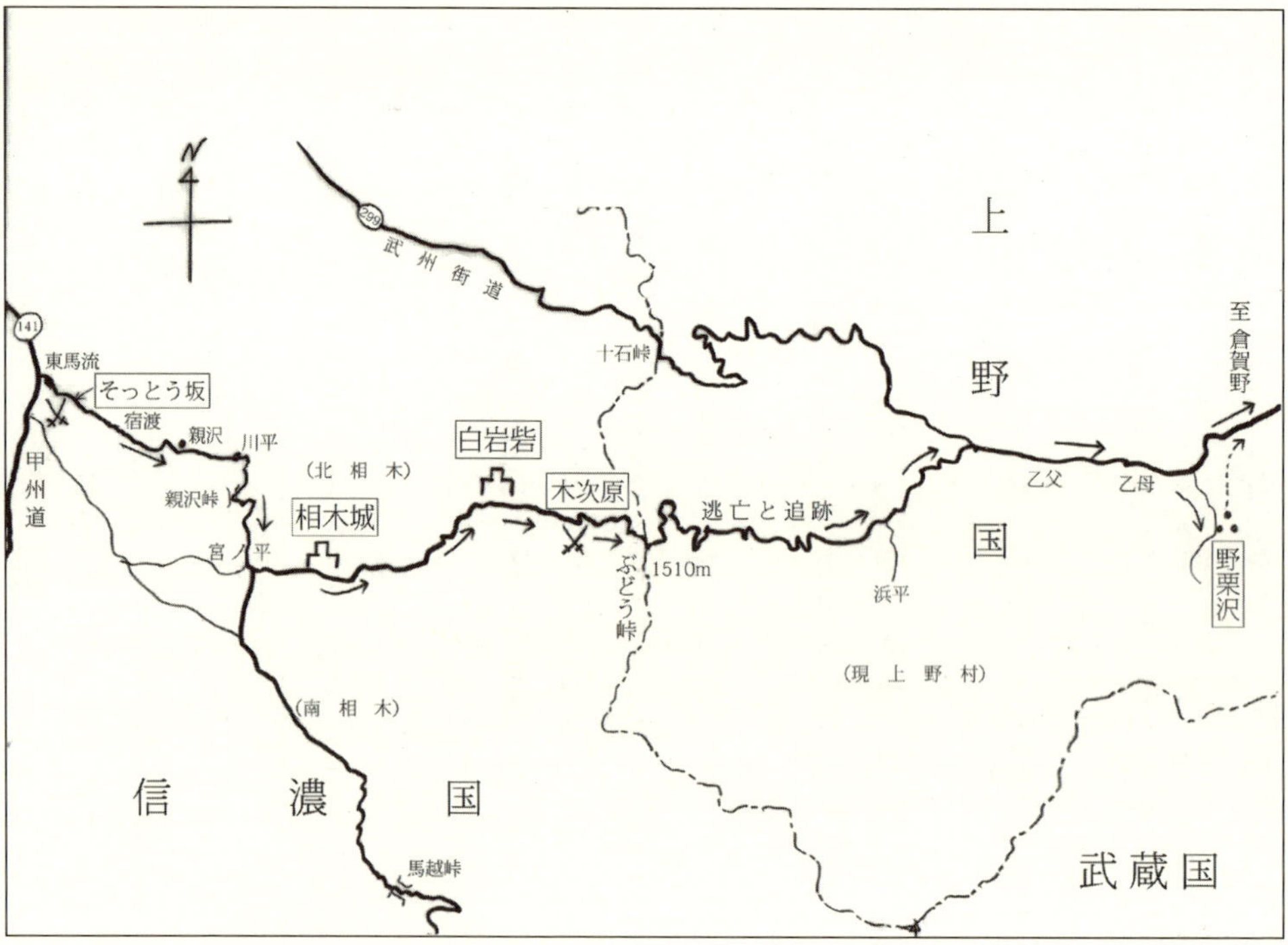

図：相木・白岩合戦の逃亡と追跡

政重修諸家譜三百五十六清和源氏依田』にある。また、この時、「上州**栗谷**（**野牢谷、野宗谷**）と申す所まで悉く追討に仕り、分捕高名仕り候」とあるが、そこは上信国境の武道峠を越えてから東へ下った、群馬県甘楽郡上野村「**野栗沢**」であると推定される。地域内のほとんどの家が「黒沢」姓で同族・親類で結ばれている。なお、蛇足ではあるが「分捕高名仕り候」とあるように、戦国時代の戦では敵の所持する物（武具や金目のもの）や敵方の民家の財産などを略奪することは、日常茶飯事であった。文面からするとこの時もあるいは、そういうこともあったかもしれない。

《木次原の戦いでのエピソード》

明治十年十月に佐久郡芦田村から長野縣へ提出された村誌で、『長野県町村誌』（明治時代のものを合本して昭和十一年に発行され、昭和四十八年に復刻されたもの）に、「松平右衛門大夫康眞の越前福井裔孫家傳曰」ということで、芦田氏三代（信守～信蕃～康國・康眞）の事蹟が記載されているが、康國・康眞の関する文章に、「木次原の戦い」の様子が臨場感をもって語られているので、平易な現代語訳にして、ここに紹介しておきたい。

……（前略）……**平林**に敵を追い詰め、入り乱れて戦う。足軽の松井弥五郎は疵を蒙り起き上がれなくなった。これを見た祢津左仲がこれを見て、斬ろうとした。**康眞**がそれを戒めて「松井は疵負って伏している。汝はこれを討つのか」と言うと祢津は去って行った。後に松井は疵が癒えても足腰が立たなかった。大久保忠隣が小田原城主だった時、松井は天守閣の番を勤めていたが、康眞が所用があって小田原を訪れると、這って出て、命の恩人ですといって涙を流して康眞を拝んだ。依田主膳は敵と組討ちをしたが、敵は豪勇の士であったので倒されて、刀で刺し殺されそうになった。その時森長蔵が走って来て、この敵を斬った。そして、主膳は起き上がってこの敵を討った。そして、二人はその首を争った。康眞は「主膳は数度の軍功が既にある。なぜ討ち取った敵の首を争うのか。速やかに長蔵に授けよ。」と言って、長蔵に首をとらせた。と、その時突然敵一騎が康眞めがけて駆けつけ、斬りかかってきた。康眞が刀を抜いてこれを斬ろうとすると、布下伊勢が大声で「刀を抜かないで下さい。馬上から敵を討とうとするとご自身も危ないです！」と叫んだので、康眞は馬から降りた。そして、側近が前へ出てこの敵を討った。その時、敵が山上に勝鬨を発して、急に攻撃してきた。康眞は歩兵三十人と鑓を揃えて待ち、布下伊勢と杉原善兵衛がこれに従った。そこへ懸川晴左衛門尉と黒澤甚三郎が鉄砲を持って逃げてきた。康眞がこれを見て「無用の鉄砲など何の益があろうか。速く捨てよ。」と叱責した。

　押し寄せた敵の側面から、先方の士、奥平金弥・伴野小隼人・平尾平三・依田長左衛門らが頭に立ち、指揮して横鑓を突き立て敵を攻め立てた。敵は狼狽して深い林の中へ逃げた。康眞は士卒に先んじて自ら進んで攻撃した。敵は大いに敗れて、上州の**野栗谷**（群馬県多野郡上野村**野栗沢**）へ遁れた。追討して三百八十餘の首をとった。

〈この文章にはいくつかの情報が入っているので、箇条書きにすると〉

ア　相木城・白岩城・木次原合戦に、芦田依田松平康國・康眞の軍勢にいた武士祢津左仲・依田主膳・森長蔵・布下伊勢・杉原善兵衛・懸川晴左衛門尉・黒澤甚三郎・

奥平金弥・伴野小隼人・平尾平三・依田長左衛門がいる。

イ　当時とすれば当たり前のことではあるが、戦とは命のやりとりであり、勝者は敗者の首を取ることが戦功の証となっていたこと。……追討して三百八十餘の首をとったことが大勝利の証となった。家康を経由して秀吉から感状を授かる。

ウ　騎馬武者もいざ戦闘となるときは、馬から下りて戦った。……「馬上から敵を討とうとすると、ご自身も危ない！」という言葉がそれ表わしている。馬に乗っていては身動きが機敏でなくなり、敵の攻撃の標的となる。また、当時の日本の馬は馬高せいぜいポニー程度であったとされている。

エ　鉄砲（火縄銃）は、敵と距離がある場合は威力を発揮するが、接近戦（白兵戦）になれば役にたたなかった。

オ　芦田康眞は初陣であったが、彼の性格が描写の中に表れている。

……「松井は疵を負って伏している。汝はこれを討つのか」「士卒に先んじて自ら進んで攻撃した」

松平康國・康眞勢は、敵将**伴野刑部**を討って首も挙げている。一方、相木能登守は逃走して上州に遁れている。相木能登守は上州**野栗谷**の**斉藤某**宅に身を潜めた後、**倉賀野**の**九品寺**（くほんじ）でしばらくを過ごし、その後相木氏は浪人をしていたが、江戸時代の寛文十一年（一六七一）浅右衛門の代になって、奥州磐城の内藤能登守に二百石の知行で召し抱えられたという。さらに延亨四年（一七四七）、内藤氏が九州の延岡に転封になったのに伴い、現在でもそこで子孫が相木氏を名乗っているという。

『相木市兵衛依田昌朝と武田信玄』（平成十二年、信毎書籍印刷）で依田武勝氏は、その先祖相木依田氏について、次のように語っている。――江戸に住んでいた相木小右衛門依田孫市郎が、貞享四年（一六八七）九月に相木依田氏系図を持ち、佐久郡相木（現南相木村）に帰郷した。その子である依田孫市が南相木初代名主となった。三代目名主の勝右衛門は相木・小海の杣棟梁として、杣職人を総動員して欅材を伐り出し、善光寺再建のために千曲川を利用して、善光寺に運んでいる。延べ七千人の名前のある帳簿が現存している。相木依田氏は、その後も杣棟梁や名主として継続し、現当主の武勝氏へとつながっている。

話は戻るが、この相木谷での戦いでは、康國は三百の兵で本陣を後方に敷いていた。康眞の一隊だけでもって敵を討っている。『寛政重修諸家譜』の康國の項によると、この戦いの締め括りは次のように記されている。

この日、敵將伴野を討取、其餘首三百八十餘級をえたり、康國は、はじめより本陣にありて、三百餘騎を率ゐ、備をたてゝ敵を待、しかるに康眞が一隊の手にて敵すでに離散す、よりて本陣の兵を動かさず、凱歌を唱へて軍を小諸にかへし、合戰勝利のむねを東照宮の台聽に達するのところ、すなはち注進状をもって豊臣太閤の陣營にをくらせる、十八日太閤より注進状の趣具に披見し、粉骨のはたらき神妙たるのむね、東照宮に書を贈らる。

〈豊臣秀吉書状と戦国末期の情報伝達の早さ〉

両軍とも、少なくとも兵力は数百はあったと推定され、（蘆田依田）松平康國は、相木白岩合戦を圧勝している。これは、佐久における戦国時代の最後の戦闘であった。康國と康眞は小諸城に帰り、勝利のことを家康へ報告する。家康は書状をもって駿河國田中城にいた秀吉の陣に送った。秀吉は書状をもって家康に感謝。家康はこの感書を康國へ送っている。この内容は「信州牢人の討ち取りと対面の件について」の豊臣秀吉書状であり、直接的には宛先は徳川家康へである。

一昨日十六、芳墨令被見候、并**松平修理大夫注進状**趣具相達候、信州牢人原阿江木白岩江取籠候處、早速追拂、三百八十余討捕之由、尤之仕合ニ候、粉骨之動神妙旨、能々松平ニ可被加詞候、随而今日十八至田中城相着、明日府中迄可打越候、一両日令逗留、三枚橋江可被移御座候、然者其間清見寺ニ可為一泊候条、可有其意候、猶期對面入候、
謹言
三月十八日　秀吉（花押）
駿河大納言殿

（訓読）

「一昨日十六（日）芳墨被見せしめ候。並びに松平修理太夫注進状、趣を具し（内容をよく知り）相達し候。信州牢人ばら阿江木（相木）白岩へ取り籠るの処、早速追い払い、三百八十余討ち取るの由、最もの仕合わせに候。粉骨の働き神妙の由、よくよく松平に詞加えらるべく候。随って今日十八日田中城に至り相着し候の間、府中まで打ち越すべく候。一両日右に逗留し三枚橋へ移らるべく御座候。然らばその間、

清見寺に一泊なさるべきの条、その意あるべく候。猶対面を期し入り候。謹言。

三月十八日（天正十八年）　**秀吉**（花押）

駿河大納言殿（**家康**殿）

この相木谷における合戦の経緯と、秀吉による書状（感状）の出されるまでの経緯をみると、戦国末期の時代の情報伝達の驚異的な早さに認識を新たにさせられる。

①　三月十五日　相木谷に相木氏・伴野氏挙兵の報、康國と康眞が小諸城発、勝間反砦着

②　三月十六日　そっとう坂を越え、敵と緒戦

③　三月十七日　相木城攻略、白岩合戦、平村（木次原）合戦。直後に、康國より家康へ注進

④　三月□□日　家康より秀吉へ上申……秀吉は小田原へ進軍中で**駿州田中城**に到着

⑤　三月十八日　秀吉より家康へ書状（感状）

⑥　三月□□日　秀吉からの書状（感状）が、家康より康國のもとへ、

十七日に**康國**から注進状が**家康**へ、そして、遅くとも十八日には家康からの上申が駿州田中城に到着した秀吉のもとへ届けられている。今日と違って交通手段も、飛脚による伝達しかなかった時代に、小諸城（相木の現地としても）から甲州経由で駿州田中城へ短期日に届けられている事実には驚嘆するしかない。『芦田記』（依田記）の記述にしたがって整理すると以上のようになる。しかし、前述の三月十八日付けの秀吉の駿河大納言（家康）への書状（判物）の中で、――「**一昨日十六**、芳墨令被見候、并松平修理大夫注進状趣見相達候……」と述べていることから、相木城攻略・白岩合戦・木次原合戦の期日は「三月十六日」以前となる。こちらは同時代資料である。康眞による『芦田記』（依田記）の日付は記憶違いによる誤りであることの可能性が高い。そうであったとしても、想像を絶する早さである。二十一世紀の今日の視点に立っても、驚くべき情報伝達の早さの現実に認識を新たにせざるを得ない。

《現地調査からの考察》

〔**そっとう坂**〕

東馬流（ひがしまながし）から千曲川右岸に沿ってしばらく遡ると新馬流橋の東へ出る。新馬流橋から続く道を東へ進むと、かなりな上り坂になる。その中腹の集落名を示す標識が目に入った。なんとそれは、「**卒頭**（そっとう）」であった。（**卒道**（？）と表記することもある？）。「寛政重修諸家譜」の康國に関わるところにある

写真：千曲川（手前）から東側の峠状地形が卒頭坂

「**そっとう坂**」はここにあたる可能性が高い。ここを登り切って南東へ進むと宿渡、親沢、川平を経て親沢峠、さらに北相木へ通じる。卒頭の集落のある所は千曲川付近から眺めると、やはりV字形をなしており、東へ抜ける道が通っていても不思議ではない地形をなしている。なによりも、ここには現に「卒頭」なる地名が今日にもある。また、康國・康眞の率いる一隊と相木軍が遭遇して最初の小競り合いをした可能性が高い地形を呈している。

〔白岩〕

「**白岩と申小城**に籠申候を則乗り崩し」（蘆田記）、「**白岩の舊塁**による、ときに弟康眞みづからすゝみてこれをせむ、敵士卒を指揮して挑み戰ふといえどもかなはず、舊塁を捨てたゞちに走る」（寛政重修諸家譜〈三百五十六清和源氏〉依田康國）。相木城（坂上城）の詰城は北東の山嶺上にある丸岩城である。したがって、白岩城とはこれとは別ものである。また、相木城（坂上城）でもなさそうである。相木谷を東へ進むと「白岩」という集落がある。ここは南方の御座山（みくらやま）と北方の四方原山方面へ通じる道との四つ辻を形成している。その辻は白岩集落の中ほどにあり、北方から小川が相木川へ流れ込んでいるが、その橋の付近から北方を眺めると、四方原山の山頂直下の岩壁が白く光っている。それが「白岩」なる地名の由縁であろうか。

一方、この白岩集落へ入る直前のすぐ西で橋を渡るが、その橋の名は「黒岩橋」である。「白岩」へ入る橋が「黒岩」という名前が付いている。不思議に思って、周辺を調べると、なんとその橋のすぐ下流、北方の対岸の絶壁の色が「黒」である。よく見るとそれに並ぶようにして、「白」い色の岩膚がある。「白岩」集落の白と「黒岩」橋の黒は、この岩の色から命名された可能性がある。

写真：白岩集落北の神社周辺（候補地）

写真：旧白岩分校跡（候補地）

それにしても、「白岩」には「旧塁」ないしは「小城」が存在したということであるが、**相木市兵衛（依田能登守）・伴野刑部貞長**が相木衆と籠もったという白岩城はどこにあったのであろうか。現地調査をしてみたが、特定できていない。ここでは候補地を二つ挙げておきたい。まず、白岩集落の北にある神社周辺である。南と北に川があり、北東から尾根が張り出してきており、社殿を守るように郭状地形の痕跡が若干伺える。二つ目は、旧白岩分校跡の木工所「夢工房」（？）があるが、その辺りから東方にかけての地籍である。白岩地区の西からの入り口、現在の黒岩橋から相木川を見下ろすと、川が岩盤を深くえぐってS字形に激流が淵となって流れているが、このS字形に縁取られた絶壁上の台地にある。

〔木次原〕

相木依田能登守と伴野刑部貞長は、いったん**相木城**で兵を挙げたが、松平康國軍の襲来で、相木谷の奥の**白岩城**へ逃れ、そこをも撤退し、上野国境武道峠方面へ逃れ、**木次原**で最期の合戦をしている。その場所は、『芦田記』（依田記）等は**平村（平林？）**としている。佐久市岩村田の吉沢好謙が江戸時代に著わした『四鄰譚草』では「**平澤**」としている。――地元北相木村では、その場所は「**木次原**」であるとされている。もっとも、「木次原」なる地名は、開墾された江戸末期になって使われるようになった地名である。以前は「屋敷平」という地名であったようである。

「屋敷平」が、いつから「木次原」と呼ばれるようになったのかを調べてみると――**木次周蔵**がこの地を開墾して、新田を作ってから「木次新田」と呼ばれたが、現在は「木次原」と呼ぶようになったようである。嘉永五年（一八五二）、木次周蔵等が現在「木次原」と称されている原野の開墾を願い出、安政六年（一八五九）、木次原の開拓はほぼ完成（一町四反余り）した。以上のことから、「**木次新田**」なる呼称は安政六年（一八五九）頃、つまり江戸時代の末期からであることが分かる。現在は数軒のみ残る。もっとも、案内標識によると、古代人の遺跡もこの辺りで発掘されているようである。道路沿いに野菜畑があり、夏はキャベツが育てられている。その辺一帯で、戦国時代の末期に佐久地方における最後の戦闘が展開されたのである。付近には別荘が

写真：木次原

何軒かある。谷を少し奥へ入ると「長者の森キャンプ場」があり、その他テニスコート等の保養施設がある。

〔伴野貞長（刑部）の墓〕

北相木村白岩区木次原にある。武道峠へ通じる車道が左へ大きく曲がって上っている直前、まっすぐに進むと「長者の森」方面へ通じる道になる。この分岐点から約二百五十メートルほど進むと、右側に「伴野刑部の墓」なる標識が出ている。そこに止まって右下を覗くと、檜林の中に白い説明板と墓石が見える。高さは百三十五センチで昭和二年二月建立（再建）である。墓碑銘は、

〈表〉　伴野刑部貞長墓　天正十八年三月戦歿
　　　　　　　　　　昭和二年二月再建立
〈裏〉　法名全弓院一張良箭居士
　　　栃木県那須郡芦野町石工梅津仙三

写真：伴野貞長の墓

信濃國の小笠原氏の分流伴野氏は、佐久においては鎌倉時代以降、勢力を張ってきた名族である。去る天正十年十一月、依田信蕃の攻撃によって当主伴野刑部信守は前山城に滅び、その子で伴野氏最後の伴野刑部貞長も、ここ相木谷を東へ上り詰める「ぶどう（武道）峠」の下、木次原に眠っている。法名に「全弓院一張良箭居士」に弓馬の家小笠原氏の流れをくんでいるというニュアンスが感じ取れる。建立者の名前は不明であるが、墓碑銘を刻んだ石工が、栃木県（下野國）那

須郡芦野町の者であることから、調べれば、何か手がかりが得られるかもしれない。

なお、既述したことではあるが、一説によると、伴野刑部貞長は、天正十年十一月六日に前山城が落城した時に上州へ逃れたが、依田信蕃からの前山城奪還を企て、上州から侵入し、天正十一年二月三日に前山城に向かったが、再来を予測していた依田信蕃によって討ち取られているという。(貞祥寺文書)。七年後のこの天正十八年の相木谷への侵入で木次原の合戦で討ち死にした伴野刑部なる人物は、伴野一族の別の人物が刑部を称していたとも言われている。(『藤岡市史』ではこの人物を伴野貞慶としている)。順に三人の刑部がいたことになる。伴野刑部信守、伴野刑部貞長(信守の子)、伴野刑部貞慶(?)。ちょうど相木市兵衛が複数存在したのと同じである。当時とすればめずらしいことではない。

木次原の刑部の墓が右手に存在する自動車道を上方奥へ進むと、「長者の森キャンプ場」へ至る。今から四三〇年ほど前に、ここで信州佐久の最後の壮絶な合戦が繰り広げられたことを思うと、沢川のせせらぎも木の葉の揺れも、時代を超えて人という存在の営みの意味を考えさせられる。

写真：バス停「卒道」(南佐久郡小海町)
康國・康眞軍は、ここを越えて、相木谷へ攻め入った。

康國へ、秀吉朱印状

一、

天正十八年寅年卯月廿九日、秀吉公より**松平修理大夫**方への御書一通写し差し上げ申し候。

㉚上州西牧城攻略への秀吉からの感状

〈要旨〉

・天正十八年寅年卯月廿九日（一五九〇年四月二十九日）、**秀吉**より**松平修理大夫**方への御書一通の写しを提出致します。

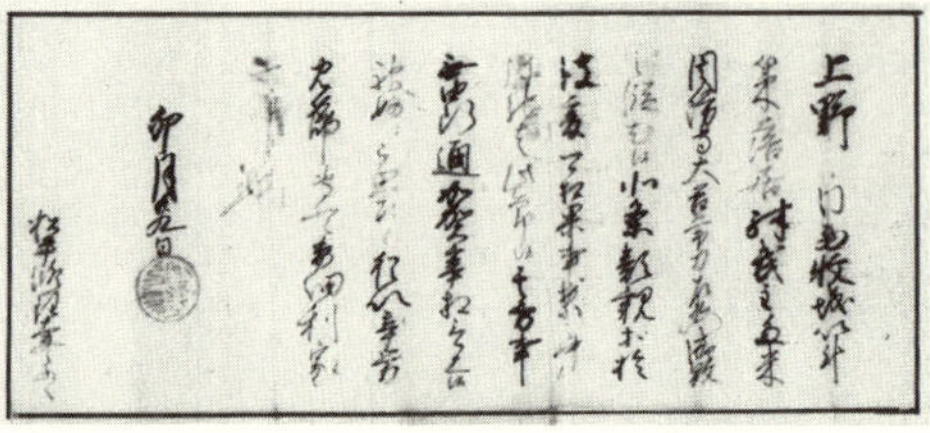

写真：「依田家文書」（個人蔵、長野県立歴史館寄託）
平成23年度長野県立歴史館発行の春季展図録『武士の家宝』から転載

〈西牧城を攻略に対する秀吉から康國へ朱印状〉

天正十八年寅年卯月廿九日付けの書状は、

上野之内**西牧城**、以計策落居、殊城主多目周守、大谷帯刀左衛門成敗之段尤候、北條親類等於彼爰可相果事案之中候、弥馳走此時に候、忠節専一に候、委細ハ利家可申候也

卯月廿九日　**秀吉**朱印

松平修理大夫とのへ

（訓読）

上野の内、**西牧城**、計策を以って落居。殊に城主多目周守、大谷帯刀左衛門成敗の段尤もに候。北條親類等かれここにおいて、相果べきこと案の中に候。いよいよ馳走の節に候。忠節専一に候。委細は利家申すべく候也。

写真：豊臣秀吉
『定本 徳川家康』（本多隆成著）より

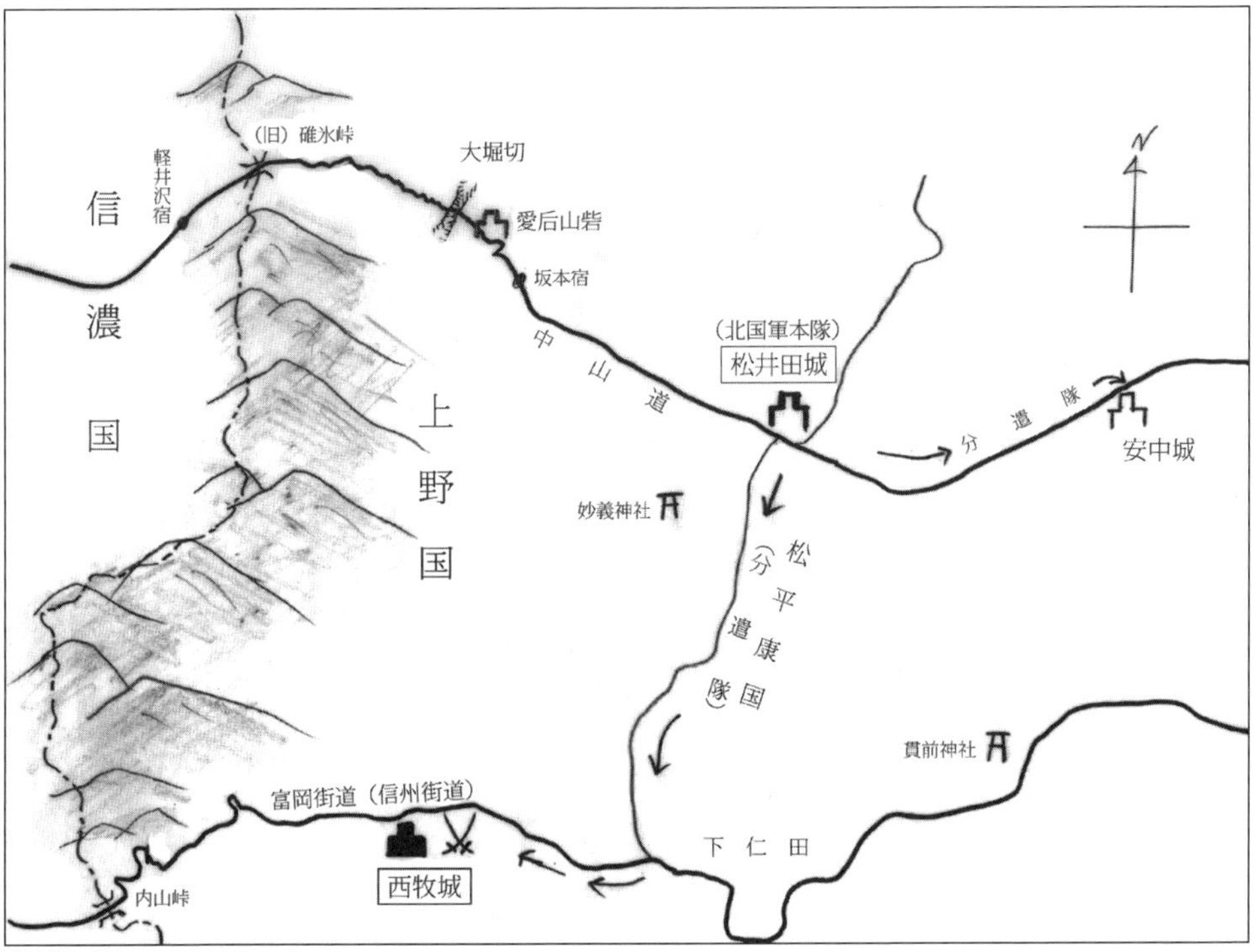

図：西牧城の攻略

（廿九日以前）、上州**西牧の城**に、**多目周防守長宗（長定）及び大谷帯刀左衛門嘉信**が、四百餘の軍勢で立て籠もったが、**松平修理大夫康國**がこれを攻陥し、城将をはじめ九十三人を討ち取った旨を、家康に注進した。家康はさらにそれを秀吉へ伝えた。秀吉は家康を通して感状を康國に賜った。これが、その秀吉からの松平修理大夫康國宛の天正十八年（一五九〇）四月二十九日付けの書状である。「委細ハ利家可申候成」（委細は利家申すべく候也）という文言は二つの意味に受け取れる。

一つは「この書状の内容についての詳細は、北国軍の主将である前田利家が口頭で伝える」という意味であり、もう一つは「陣中のことは全て前田利家の指示に従うように命じた書状」である。後者の場合は、今までの松井田城攻めの際に、主将前田利家や副将上杉景勝の指示に対して、康國が必ずしも従わず、攻撃を強行したり、独断で攻撃したりしたことについて、暗に苦言を呈しているようにも読み取れる。

《西牧城（西牧砦）攻略の概略》

天正十八年（一五九〇）四月十四日、北条方の**多目（米）周防守長宗（長定）**・**大谷帯刀左衛門嘉信**が四百の兵で上野国西牧城(幽崖城)を守っていたが、松井田城攻めの北国軍（前田・上杉軍）からの分遣隊として分かれた**松平康國**の軍勢がこれを攻めた。たちまち外郭を破ったが、城兵が城内から厳しく鉄砲を放ってきて、守りはかなり固かった。そこで城中に使いを遣わし、次のように開城を迫った。――『北條方の諸城は降参したり、敗れて逃亡した城が多い。もし、徳川に降参して開城し、忠義を尽くせば、必ずや本領を安堵しよう』。――城将は心を許し、和を乞うて降参した。しかし、なお多目・大谷の両将が叛逆の機をうかがっていたので、これを成敗した。

このことを**松平康國**は**徳川家康**の陣営に報告する。家康がこのことに関して文書を**豊臣秀吉**に送ったところ、『康國が計略をもって多目・大谷等を成敗したのは、神妙である。ますます忠節を尽くすべし』という感状を太閤秀吉から与えられる。それがこの朱印状である。

《康國軍が攻略した西牧城の構造》

西牧城（さいもくじょう）（**西牧の砦**）通称「**幽崖城**」あるいは「**藤井の塁**」ともいう。現群馬県甘楽郡下仁田町西牧（さいもく）。横間の西、字目明（めあけ）石（いし）の南対岸にある。城域の大まかな状況を観察するには、国道二五四号線を内山峠から下仁田町へ下って、橋の手前右二軒目の民家の所で車を止め、道路の左側（東側）へ二〇mほど登って、墓地の付近で振り返って道路の向こう南方を見ると、市野萱川（いちのがやがわ）を隔てて、屹立する険しい山の手前の狭い河岸段丘を利用した西牧城の下郭（主郭）の概略が見える。

城跡へ達するには、国道二五四の橋を渡り切った辺りから横間集落へ入り、右に曲がって小川の向こうへ渡ればよい。大手から西に向かう。北に市野萱川の十mに及ぶ河崖がある。地元の人の通称「**くるわ**」（郭、曲輪）は、下郭（主郭）のことである。全城域の形態のイメージは、ほぼ三角形である。大手は東であり、大手虎口は「食違い構造」を示し、「内枡形」様の部分がある。外囲いの石垣や郭の石垣は今も残っている。本郭虎口は東西中央にある「坂虎口」で「馬出し」を備えていた。郭群は後世いずれも畑として耕作されていた形跡がある。現在は一部は山林となり多くは耕作放棄地となりつつある。そんな中で、郭の境の段差や石積みは印象的である。東と南には渓流があり。今の横間集落一帯は、城下の屋敷であったといわれている。（表屋敷、裏屋敷の地名あり）。

西南は急傾斜の山塊が迫っている。南側の山上は物見郭であるが、詰めの郭も兼ねていたようである。物語山から続く尾根の突端に築かれている。下郭から標高差は百二十mに及ぶ。約十八m四方の平地となっている。筆者は登攀を試みたが、急峻で崩壊しやすい崖の途中で道を失い、一度目はそ

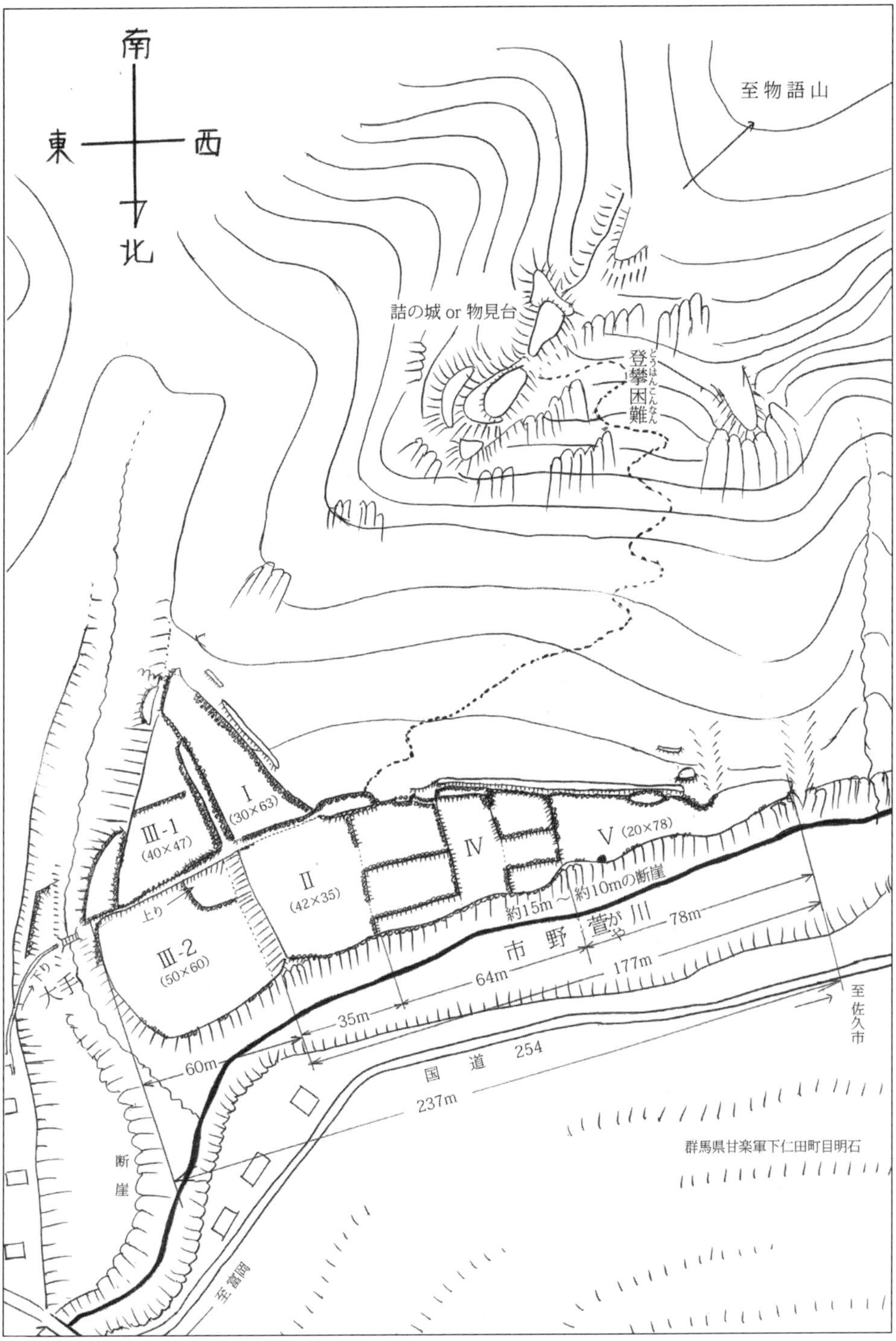

図：西牧城縄張り（幽崖城）

群馬県甘楽郡下仁田町目明町（調査）平成 18 年 2 月、22 年 3 月（市村）

こへ到達することができなかった。上への道に迷いやすく、尾根の物見郭へ到達することは非常に危険で困難である。

《小田原合戦の松井田城攻めの分遣隊としての西牧城攻略》

話は前後するが、松井田城攻略の戦いは三月十五日、碓氷峠方面の戦いから開始された。大道寺勢は、まず碓氷峠の刎(はね)石山(いしやま)の北西の大堀切で小田原合戦の別働隊である北国勢（前田利家・上杉景勝・芦田依田松平康國・真田昌幸等）を迎え撃った。しかし、圧倒的な数の軍勢に、たちまち守りは破られ、さらに下方の愛宕山城をも放棄して、松井田城へ退却せざるを得なかった。松井田城攻めの時に上杉景勝が入った坂本の陣城というのは、この愛宕山城と推定される。遺構を見ると、基本的にこの山城は碓氷峠から侵入してきた軍勢が、坂本宿及び松井田方面に対して睨みを利かす構造をしている。

写真：碓氷峠の大堀切（左右方向に落ちている）
中央の峠道は極めて細く土橋状になっている。手前が松井田勢側

写真：北方から仰ぐ松井田城

写真：碓氷峠下方の刎石山（坂本宿より見る）

　前田利家を総大将とした北国軍による松井田城の最初の総攻撃は三月二十日から行なわれた。なかなか落城させることができなかった。寄せ手の諸将は協議し、松井田城に対する後詰めを断つため、近隣の諸城を先に攻略すること

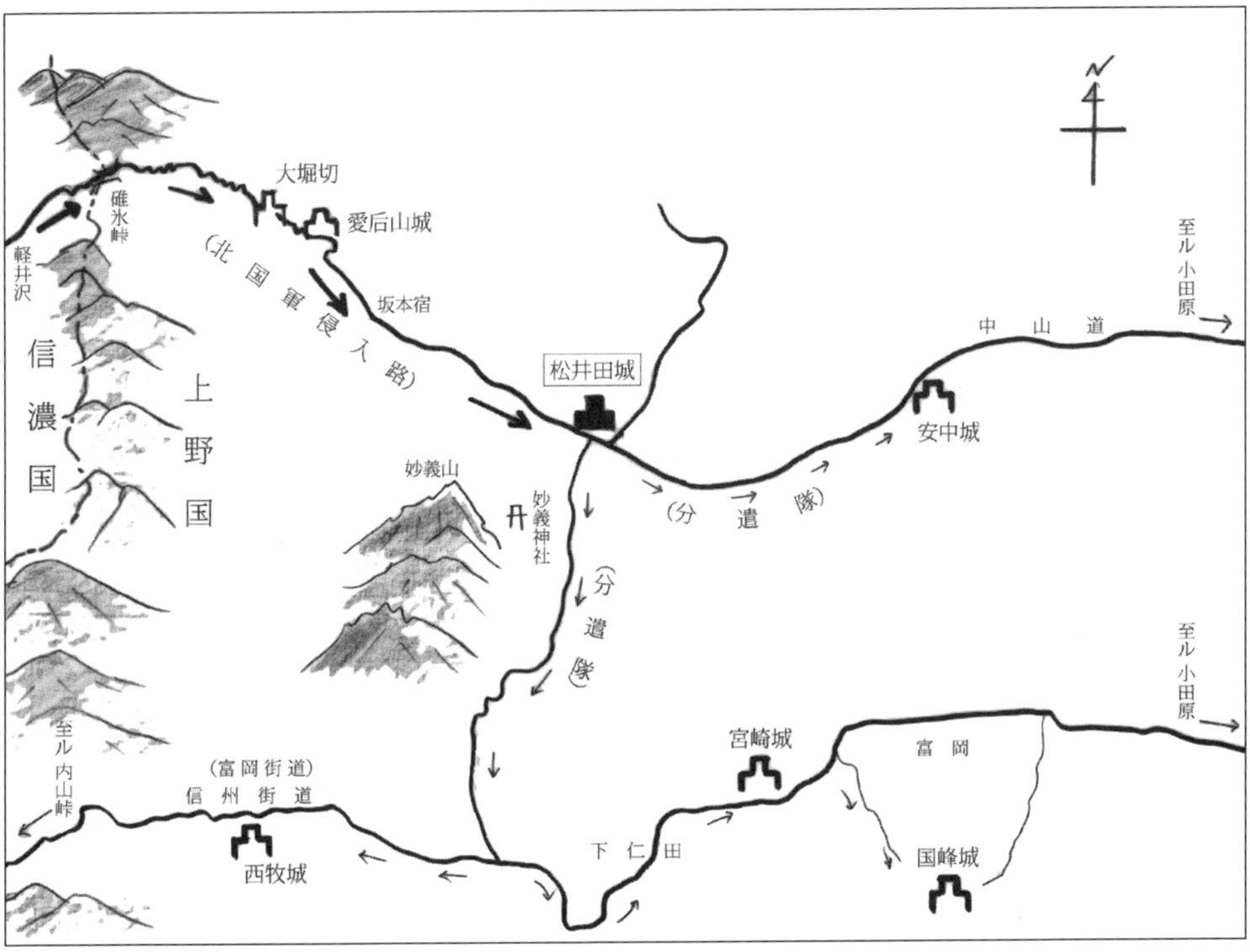

図：松井田城と支城郡

にした。松平康國、藤田信吉などの軍を分遣隊として向けた。――安中城（すぐに攻略落城で、ものの数ではなかった）、宮崎城（国峯城の属城、藤田信吉が攻略）、國峯城（すぐに落城）。

そして、**松平康國**が攻めた**西牧城**は松井田城の南を固める支城であるが、四月十四日に攻略したのである。その功績に対する秀吉から感状が与えられたのである。松平康國が石倉城の受け取りの際に、總社でだまし討ちに遭い横死したのは、この朱印状が発行された四月二十九日よりも以前の四月二十六日である。この書状の時点で秀吉は、まだ康國の死を知らなかったことになる。

また、去る三月十六日、十七日の相木谷における合戦の時の、康國から家康を経由しての注進と、秀吉からの感状発信の驚くべき素早さと比べると、今回は随分と日数を要していることになる。それだけ（間に立つ家康や）秀吉にとっては特別な緊急性を要する事項ではなかった可能性がある。今回の小田原北条攻めの戦いにおいては、関心の大きな戦局は、東海道方面や関東一円に広がっていて、中山道（後年の名称）方面のみではなかったからかもしれない。

郭群は国道二五四の向こう、市野萱川を隔てて山麓にある。

国道二五四

写真：国道 254 方面から見た西牧城（さいもくじょう）

写真：１の郭（主郭）下の二重石垣

写真：市野萱の支流の小川を隔てて大手道が続く。左右に郭群

康眞へ、家康判物

㉛康國の後継者として康眞を認める書状

一、同年五月十一日、**家康**様より拙者方への御判形写し、差し上げ申し候。四月中旬に**上州松枝城**を竹把にて、前田筑前守並びに景勝、眞田、**蘆田**、四手をもって仕寄せ御座候中に、**修理大夫**、拙者、塀近く諸手に勝れ責め寄せ候き。さりながら、その時の書物御感状は御座無く候。その後、上州**石倉**と申す城を請け取りに参り候て、罷り在り候内、陣屋の内に於て、気違候様なるもの御座候て、思い掛けも御座無く、**修理太夫**康國相果て申し候。跡式拙者に下し置かれ、繼目の御判の写し指し上げ申し候。

〈要旨〉

・前半は上州松井田城攻め、後半は石倉城攻めでの松平康國の横死のことを述べている。後者に関する書状は残っているが、前者（松井田城攻め）に関するものは出されなかったのかどうか、今日存在していない。

・同年五月十一日、**家康**様より拙者（松平康眞）への御判形をいただきましたが、その写しを提出致します。

・四月中旬に**上州松枝城**を鉄砲よけの竹把にて、前田筑前守（前田利家）並びに上杉景勝、真田昌幸、**蘆田**（松平康國）、四手をもって攻めていたが、**修理大夫**と拙者（康眞）は、塀近くまで、他の軍勢よりも進んで攻め寄せました。しかし、その時の書物や御感状はございません。

写真：徳川家康
『定本 徳川家康』（本多隆成著）より

・その後、上州**石倉城**を請け取りに出向いていましたが、陣屋の内に於て、気違いのような者がいて、思い掛けも無く、**修理太夫八**相果ててしまいました。芦田依田松平氏の跡式は拙者（康眞）に下し置かれ、継目の御判の写しを提出致します。

○松井田城の攻城戦

《碓氷峠に備える北条方の松井田城の構造》

松井田城は群馬県碓氷郡松井田町（現安中市）の市街の北側に東西に続く尾根上に築かれている。松井田新堀の北裏にあった極めて大規模な山城で、現在、国道十八号線から山路を大手まで自動車で行かれる。主軸尾根西半の本城と東半部の安中曲輪とからなる複合城郭（「一城別郭」の関係）である。さらに本城（大道寺郭）は東の本丸・西の二之丸からなっている。この二つ郭は「一城別郭」の関係である。安中曲輪は東御殿郭・東二之丸からなっている。さらに、この二つ郭の関係も「一城別郭」の関係である。松井田城は二重の意味で「一城別郭」の縄張りである。大道寺郭の方が構造が複雑であり、一方、安中曲輪はやや古式の縄張りである。小田原合戦の時に大道寺政繁が拠ったのはここ大道寺郭であろう。東麓に高梨子の総郭、西南麓に居館址が構えられている。古碓氷道・東山道が城の北側を通り、中山道は城の南側を通過している。松井田城は要衝碓氷峠に備える重要な城であった。そこを任されていたのが北条の重臣大道寺政繁であった。

・主軸尾根西半部の本城と東半部の安中曲輪となからなる「一城別郭の構え」からなる複合城郭である。
・西から「二ノ丸、大道寺郭（本丸）」、「東御殿郭、東二ノ丸」と連なっている。

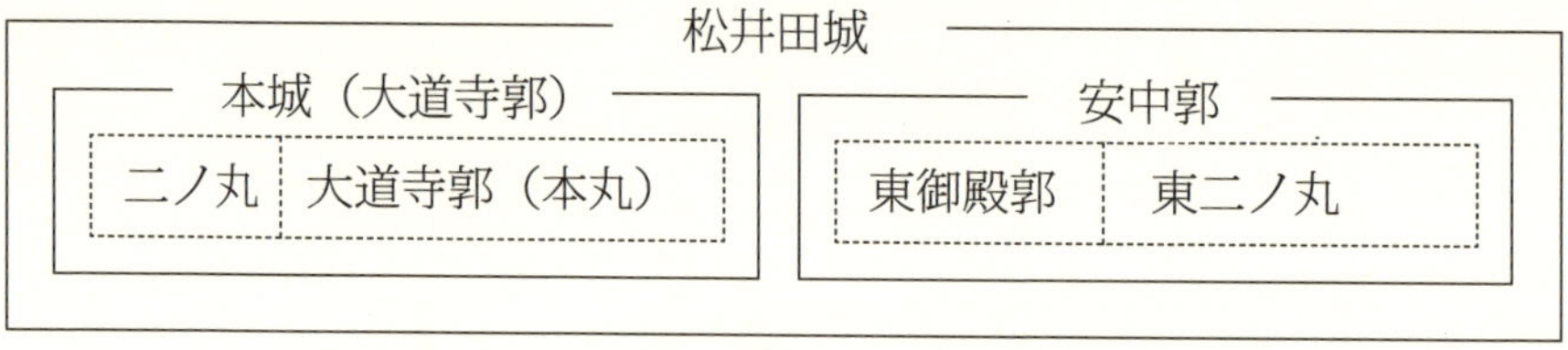

図：松井田城（構造概念図）・二重の意味で「一城別郭」の構造。

《小田原合戦の北国勢の一翼を担った松平康國》

天正十七年十一月二十四日、豊臣秀吉は北条氏に宣戦布告した。十八年（一五九〇）、前田利家、上杉景勝を始め北国勢は、真田昌幸（信幸）、**松平康國**、毛利勝永、小笠原信嶺の信州勢を加えた数万で、碓氷峠へ諸隊が集結した。まず、碓氷峠方面で三月十五日に緒戦が行なわれている。

『上野志』によると「大道寺政繁は二千の兵を率い、「跳ね石」の上に出、尾根道を掘り切って備えを立てたというが、この「跳ね石」は、碓氷道を一の字山から東南に向かって突出した尾根の末端で、政繁の作った大堀切りの跡は、尾根の端から一二〇〇mほど西（軽井沢側）へ寄った所にある。この付近の尾根は上幅数ｍにすぎず、両側は比高百メートルの急斜面で、そこを峠道が通っているのであるから、少兵力で大軍を阻止しやすい所である。ここを最初の前進基地とし、しばらくの間、敵の進撃を停滞させ、敵を坂本に迎え討つつもりであったのであろう。現況は人がやっと一人通れるほどの細尾根（土橋状）が、上幅一・〇～一・五ｍ内外、長さは五ｍである。人工が加えられたと推定されるが、他は自然地形を利用したものであろう。堀切の西側は急峻でかなり深いが、東

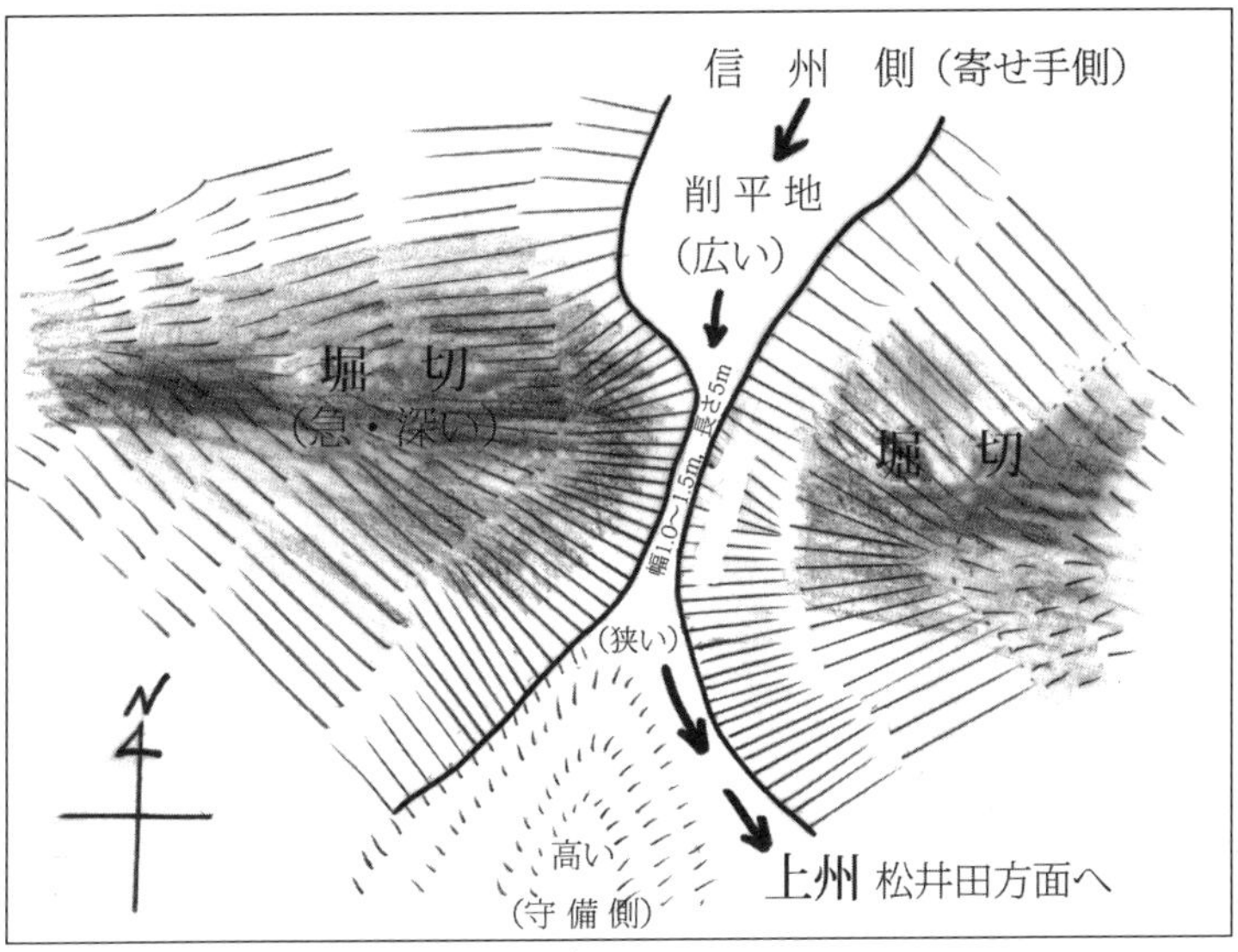

図：碓氷峠の大堀切
（調査）平成 25 年 4 月 8 日・市村
天正 18 年（1590）に大道寺政繁が北国軍を一時的にくい止めるために作ったとされる。手を加えて土橋状に幅 1.0 ～ 1.5m、長さ 5m の細尾根にしたものと推定されるが、自然地形を利用したものである。

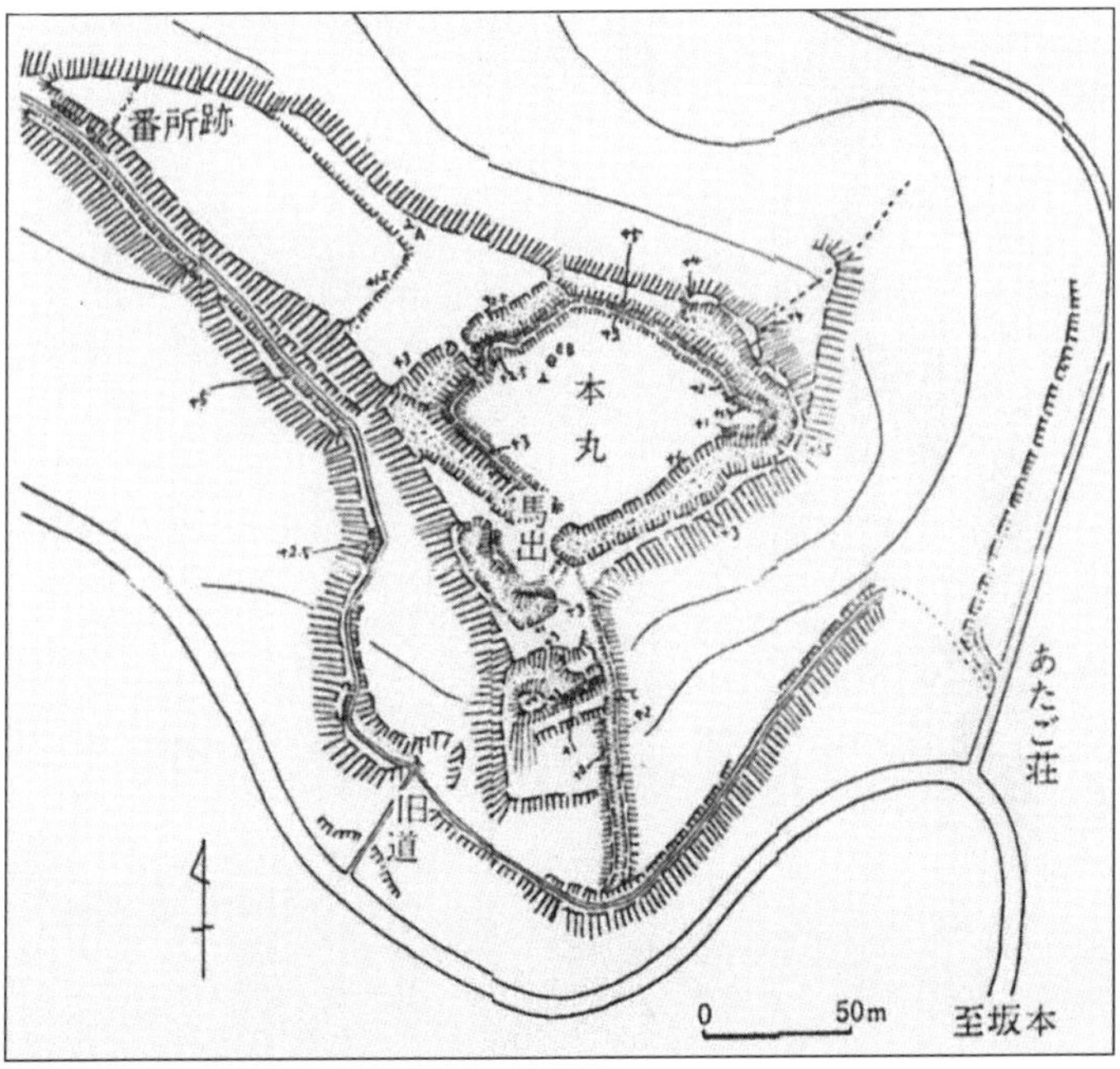

図：愛宕山城と碓氷道（図）
「日本城郭体系 4」より

側は一五mほど緩斜面が続き、その先は自然地形で急に落ち込んでいる。左右とも下方は竪堀状である。峠道は堀切の北西（信州側、攻撃側）は広い削平地を形成している。南東側（上州側、守備側）は狭いが、通過してくる北国勢勢に対して、防御側の立場からすると「右勝手の順の横矢の位置関係」になるような高所がある。大道寺勢はここで食い止めようとしたのである。しかし、寄せ手の北国勢は予想よりも速く山の手を回り、松井田に向かう態勢を示したので、大道寺勢は多勢に無勢でいたしかたなく撤退した。刎石山から一番の急峻の難所「刎石坂」を下って、旧松井田町坂本まで比高七〇mの尾根には愛宕山城（碓氷城）があり、すぐ南下を通過する碓氷道を守る、あるいは遮断する役目をもった城であったが、その守備も防ぎ切れず、たちまち大道寺軍は松井田まで退却し、松井田城に籠城にしたのである。

『上野志』によると、大堀切をはさんでの戦いで、北国勢は、芦田（松平）、真田勢が正面から松井田勢を圧し、小笠原勢が北に迂回し右側背を脅かし、景勝も藤田能登信吉、安田上総介順易の両隊を繰り出し、芦田・真田勢に協力したので、松井田勢は「跳ね石」を放棄して、一挙に松井田に退き、信州三組衆（松平・真田・小笠原）がそれを追撃して、松井田城を包囲した。城兵は三千余、寄せ手は総勢三万余とも言われている。そして、三月十六日付けで秀吉は、正式に前田利家をこの方面の大将に任じた。

しかし、この記述の内容には疑義がある。――松平康國隊が大堀切での戦闘に参加するのには時間的に無理があるからである。小諸城主松平康國に、相木能登守と伴野刑部の連合軍が相木谷に蜂起したという第一報が入ったのが『芦田記』（依田記）によると「三月十五日」である。それを受けた時に康國が小諸城にいたということは、三月十五日の大堀切での戦闘が行なわれた北国軍の中には康國勢は加わっていなかったことになる。『寛政重修諸家譜』の康國の項では、――「十八年三月、康國小田原陣におもむかむとて兵馬を整え、不日に小諸を発せむとす。ときに、先年武田家滅亡の後、相木市兵衛（また依田能登守ともいふ）某、伴野刑部某、……〈中略〉……舊領相木（また阿江木）谷に来り……〈中略〉……この事小諸に告来るにより、速やかにこれを誅すべしとて、弟康眞とともに単騎にて小諸を發し、十五日勝間の城にいたり……〈後略〉」とある。

まさに、その三月十六日、松平康國は信州佐久郡北相木の相木城に立て籠もって反旗を挙げた相木依田能登守及び伴野刑部を攻め、白岩城へ退いたのをさらに攻め崩し、上野の國へ逃れようとするのを追い、上信国境の「ぶどう峠」西下の通称「木次原」で合戦し、伴野刑部の首級を挙げ、上野の國へ逃れた相木依田能登守などの残党を野宗谷（野栗谷）まで追っている。三月十五・十六・十七日には、松平康國軍は前田利家を大将とする北国軍に加わるどころか、相木谷での戦闘の最中であったのである。したがって、芦田依田松平康國の松井田城攻城軍へ実際に加わったのは、それ以降の、おそらくは早くても三月二十日以降のことと推定される。あるいは、相木谷での不穏な動きを察していた康國は、家康経由で秀吉と相談し、まずは、相木谷の敵に備えることが先決という指示により、北国軍に加わることを遅らせていた可能性もある。あるいは、はじめから北国軍に加わっていたのが事実であるならば、相木谷での掃討戦は三月十五日以前に行なわれたのであろうか。もし、そうであるならば、松平康國隊が両方の戦いに関わることは可能であるが……。

諸隊の集結が終わった三月十六日、秀吉は次のように前田利家をこの方面の大将に任じている。小田原合戦の北国軍の動きについて述べている『松井田町誌』に載っている、『国初遺言』によると、

関東御陣之節上様被仰出候事
一、羽柴筑前守利家北陸道之大将
　　右に申付人数
一、越後喜平次景勝　一、丹羽五郎左衛門
一、木村常陸守　一、真田伊豆守
右加賀筑前守利家下知次第人数仕立合戦可仕者也

これによると、松平康國の名がない。また、信州衆の小笠原氏、毛利氏もない。意外にも丹羽長秀（五郎左衛門）、木村定光（常陸守）の名がある。後者の二人は箕輪城攻めをした形跡があるが、松井田城攻めの軍勢の中には、多くの史書には名がないので意外ではある。三月十六日の時点では、松平康國は別働隊としての戦働きの任を与えられていたことになる。それが、相木谷における相木能登守と伴野刑部の掃討戦であったと推定できる。相木谷の戦い（相木城、白岩城、木次原の戦い）で北条側の勢力（相木氏、伴野氏）を撃破した（三月十七日）直後から、松平康國は前田利家率いる北国勢に加わったのは、おそらく三月二十日頃であり、第一次松井田城総攻撃には、かろうじて間に合ったのではなかろうか。

——松井田城攻めのことが記されている諸戦記のうち『松井田落城記』『関八州古戦録』では松平康國が、三月十日より以前から前田・上杉等の北国軍と行動を共にしているように記されているが、それは誤りであろう。

但し、松平康國が松井田城攻めに参加していたことは、『埼玉県史（資料編6）』所収の同時代資料である『榊原康政書状写』（松平義行氏所蔵文書）によっても明らかである。それは家康の四天王の一人であった榊原康政が加藤清正へ送った天正十八年六月十八日付けの下記の書状の中に次のように

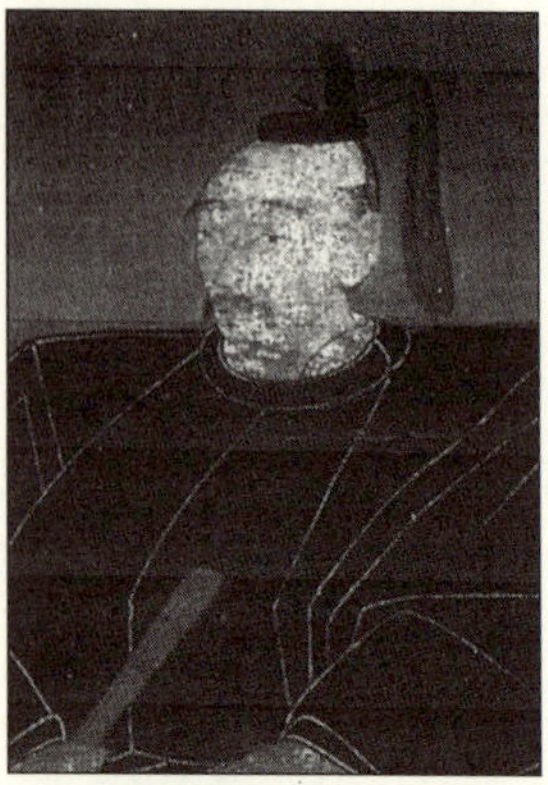

写真：前田利家画像（北国軍総大将）
『戦国1000人』（小和田哲男監修）より

写真：上杉景勝画像（北国軍副将）
『定本 徳川家康』（本多隆成著）より

遠路御使札、本望至極候、仍、家康江御帷子五被進候、一段祝着被存候、能々相心得、可申入之旨候、并我等方へ御帷子二贈給、忝存候、然者、當御陣（↑小田原）之様子、定而雖可被及聞食候、御望之由候間、拙者見及候分、大概書付進之候……〈中略、小田原の陣の様子を記述した後〉……、北國出勢事、羽柴筑前守（前田利家）・長尾喜平次（上杉景勝）為始、信州**蘆田**・眞田、都合其勢五万餘、上州臼井之麓松井田城、押詰等破塀埋掘之間、楯籠大道寺則降参、申助命候、……〈後略〉……

天正十八年六月日　榊原式部大輔
康政
加藤主計殿
御報

述べられているからである。

榊原康政が加藤清正への返礼の際に、清正の求めに応じて、小田原合戦の戦況を述べている中に松井田城攻めのことが記されており、北国軍に松平康國の存在がある。

《第一次松井田城総攻撃》三月二十日頃

松井田城攻囲軍の布陣は、４０４ページの上図で示すように大将の前田利家が西南西の松井田西城（現金剛寺）の総司令部に、副将の上杉景勝が城南の現不動寺に、真田信幸の陣は碓村神社の付近（『寛政重修諸家譜』では城東）に、上杉の客将藤田能登信吉は北東の呼子坂方面に、そして**松平康國**軍は『寛政重修諸家譜』によると城北の打越平に陣取った。『寛政重修諸家譜』の康國の項では、「打越平（城北の地）に陣し」としている。これは碓村神社、新井村辺りであろう。碓村神社は松井田町高梨子字碓貝戸一四九〇番地にある。現在、老人福祉施設「うすいの里」のすぐ隣に位置する。神社由緒には「城を松井田小屋に築いた時に、水利に乏しく、ここに神を祭って水を求めた」とある。松井田に伝わる『松井田城落城書』の絵図では、高梨子川の南で、新井村もしくは碓村神社辺りに**「依田」の陣**がある。地名学でいうと「打越」という地名は中世渡河地点の遺名であることを考えると、北方城下の高梨子川（九十九川）を渡った（つまり「打ち越した」）地点とは、まさに碓村神社付近が合致する。おおよそ、「信州勢は城北の新井、国衙(こくが)に陣取った」といえそうである。

わずか二千の城兵を討つのに五万からの大軍が長期戦の構えであった。松井田城が難攻不落の古今の名城であったからであろう。三月二十日、寄せ手は総攻撃をかけた。この第一次総攻撃で落城させることができなかった攻城軍は、碓氷川の南、陣馬原、八城などに陣して持久戦に入った。寄せ手の諸将は協議し、松井田城に対する後詰めを断つため、近隣の支城から落とそうと、松平康國、藤田信吉などの軍を分遣隊として向けた。

松平康國は相木白岩城とその一連の戦いを終結したのが三月十六日（ないしは十七日）であるので、その直後に松井田城の攻撃に加わるのには、かなりの強行軍であったものと推定される。この第一次総攻撃の際の松平康國・康眞兄弟の奮闘ぶりが『寛政重修諸家譜』の康國の項に載っているので、それを現代語訳してみると、

諸手は竹把を持って頻りに進んだ。けれども城兵は鉄砲を射って厳しく防いだ。諸勢も敢えて進む能わず、日を経ること十日ばかり。

時に**康國**・**康眞**は諸手に先だって自ら竹把を持って城に迫ること僅かに六七歩、弾丸が飛び来たって、康眞が羽織の袖を貫いた。けれども、膚は犯さなかった。利家はこれを見て、軍使を馳せ、かくのごとく

一偏に進めば、多くの士卒を損なう。ただ諸手が約を守り、日を定めて城を落としたい。まず攻め口を退くがよいと言わせた。けれども康國はこれを聞かず、おおよそ城攻めの法は一歩を進むのをもってよしとする。わが党はまだ退くと言う令を知らないと言って、ますます軍を進めた。利家が使いを馳せること七八回におよび、ついに太閤が自ら与えるところの軍令を兄弟に示して、漸（ようや）くこれをとめた。康國はやむなく、竹把を退くこと十歩ばかりにおいて兵を整えた。

このへんに、戦闘において豪勇一途に勇猛果敢に戦う、しかし、ある意味では頑固な、そして不用意な、信蕃譲りの芦田氏の性格の傾向が伺えるといえば、言いすぎであろうか。天正十一年二月二十二日に、信蕃・信幸兄弟は岩尾城攻めで焦って、鉄砲で狙い撃ちされて命を落としている。今また康國・康眞兄弟は、総大将前田利家の忠告に耳を傾けずに、松井田城攻めを敢行しつづけたのである。

また、「松枝城（松井田城）に竹把（たけたば）にて前田利家、上杉景勝、真田、**芦田**の四手にて仕寄せ、康國・康眞兄弟の軍勢は諸手に勝る」という意味のことをのべているのはこのことを指すのであろう。

松井田城は容易には落城しなかったが、この間に、分遣隊は松井田城の後詰めをする可能性のある周囲の支城をいくつか落としている。松平康國の芦田依田隊は西牧城を落城させている。また、藤田信吉らは、甘楽郡に向かって宮崎城・国峰城等を落としている。

図：竹把で銃弾を防ぐ

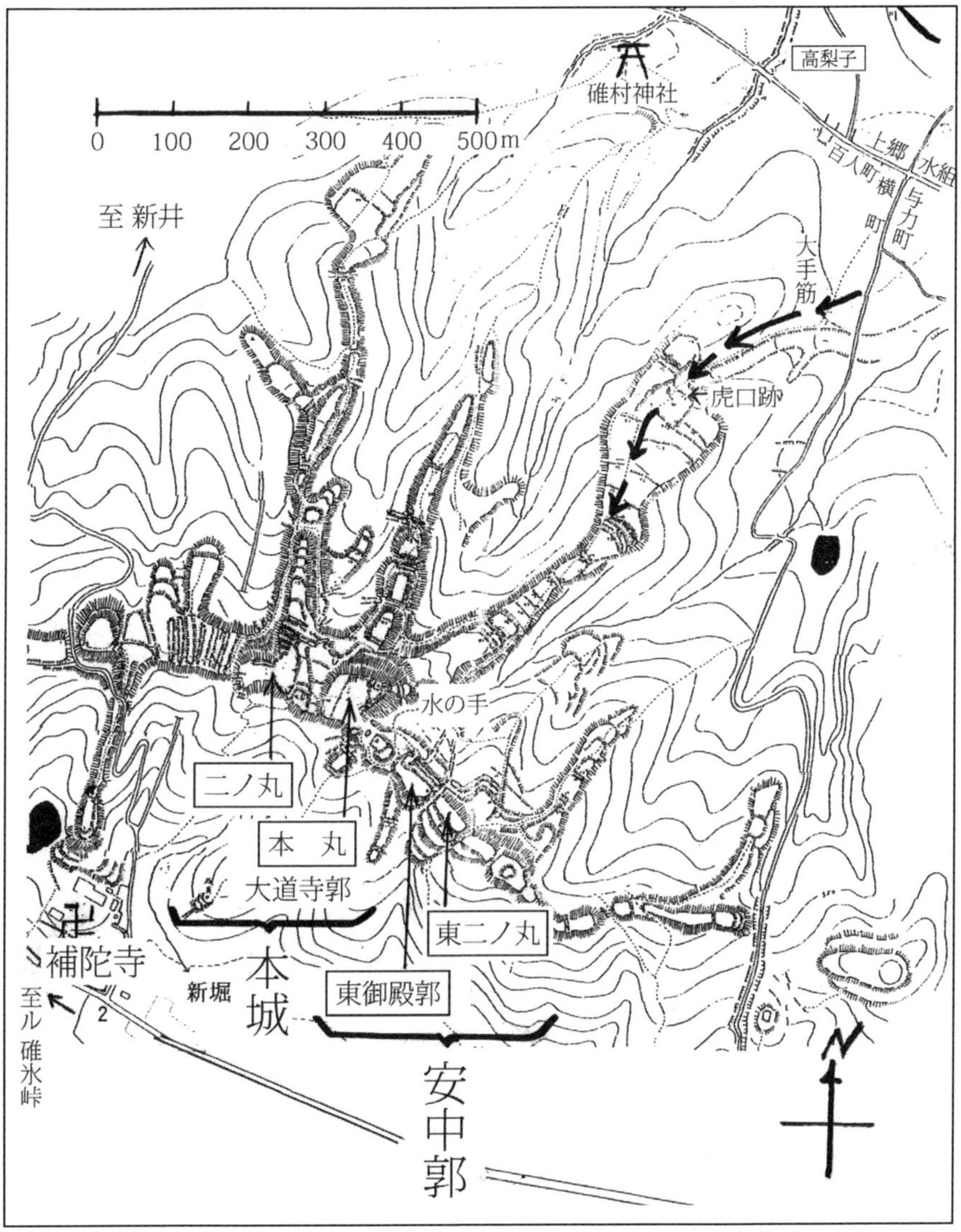

図：松井田城縄張り図
「上州の城（下）」（上毛新聞社）の図を利用

《第二次松井田城総攻撃》

四月二十日頃

寄せ手は、やがて「水の手」を奪い、総軍が四月二十日、第二次総攻撃を開始した。この頃の布陣は４０４ページの下図で示すように、第一次とは異なり、前田利家の本陣は松井田城の南東八城に、上杉景勝は西北の新井方面、直江兼続は城西の尾根上に、松平・真田・小笠原・毛利の信州勢は、北方の高梨子にあって城の大手に臨んだ。なお、寄せ手の包囲陣の位置については異説もある。このように松井田城の戦いは、三月二十日頃の第一次攻撃から、四月二十日頃の落城まで、一カ月かかっている。四月二十日に前田利家が総攻撃を令し、四月二十二日に政繁は降伏して城を明け渡した。城将の大道寺政繁は、降伏後、北国勢

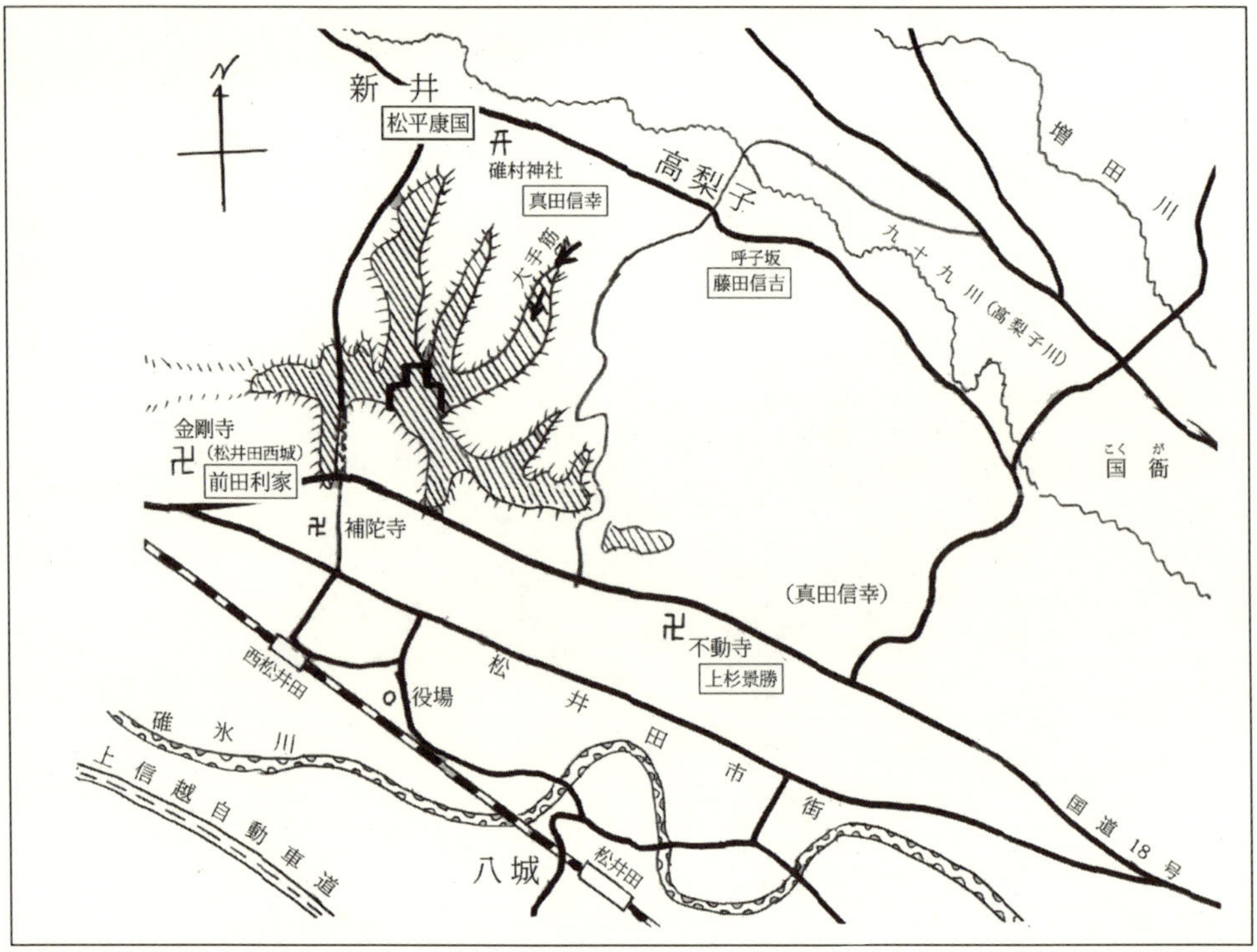

図：第一次松井田城総攻撃（3 月 20 日頃〜）

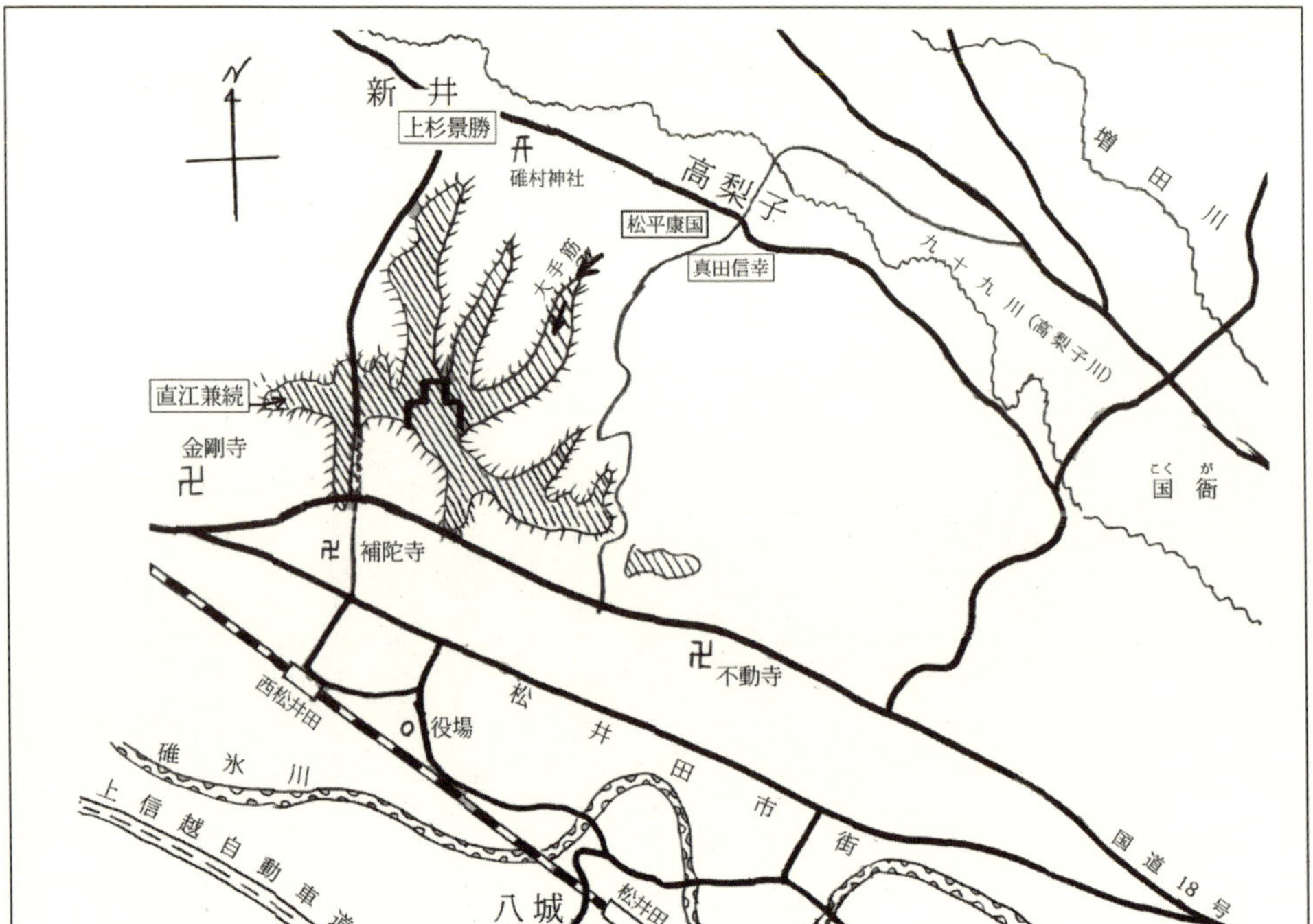

図：第二次松井田城総攻撃（4 月 20 日頃〜）

の案内に立って、北条氏に属する関東の諸城の攻略に向かった。しかし、小田原合戦終結後、戦争責任者の一人として自刃させられた。松井田城攻略後、松平康國は、いよいよ運命の石倉城に向かったのである。

○松平康國、石倉城攻めの際に横死

《石倉城の地勢と構造》

――石倉城の位置：群馬県前橋市石倉町利根川をはさんで厩橋城（前橋城）の対岸で東西に向かい合う位置にある。現在は群馬県庁（厩橋城の跡にある）の高層ビルが利根川を隔てて東の対岸に聳えている。上州で北条方に付いた城は、松井田城・國峰城・箕輪城・白井城・厩橋城・館林城のような各地の中心城郭と、西牧城・石倉城のような戦略要点であった。石倉城は厩橋城と箕輪城との繋ぎの城であり、ここを攻略するということは、利根川を挟んで厩橋城攻撃の対城（たいのしろ）と変わる城でもあった。**松平康國**は西牧城を落とし、今回も**石倉城**を攻める役割を担ったのである。

石倉城は利根川崖端に本丸をおき、半同心円状の四郭からなる構造である。四重の堀と土塁とがあった。西面外堀などは、八〇〇ｍにわたり一直線に延びていて、もう一工夫が不足している。ひいて上

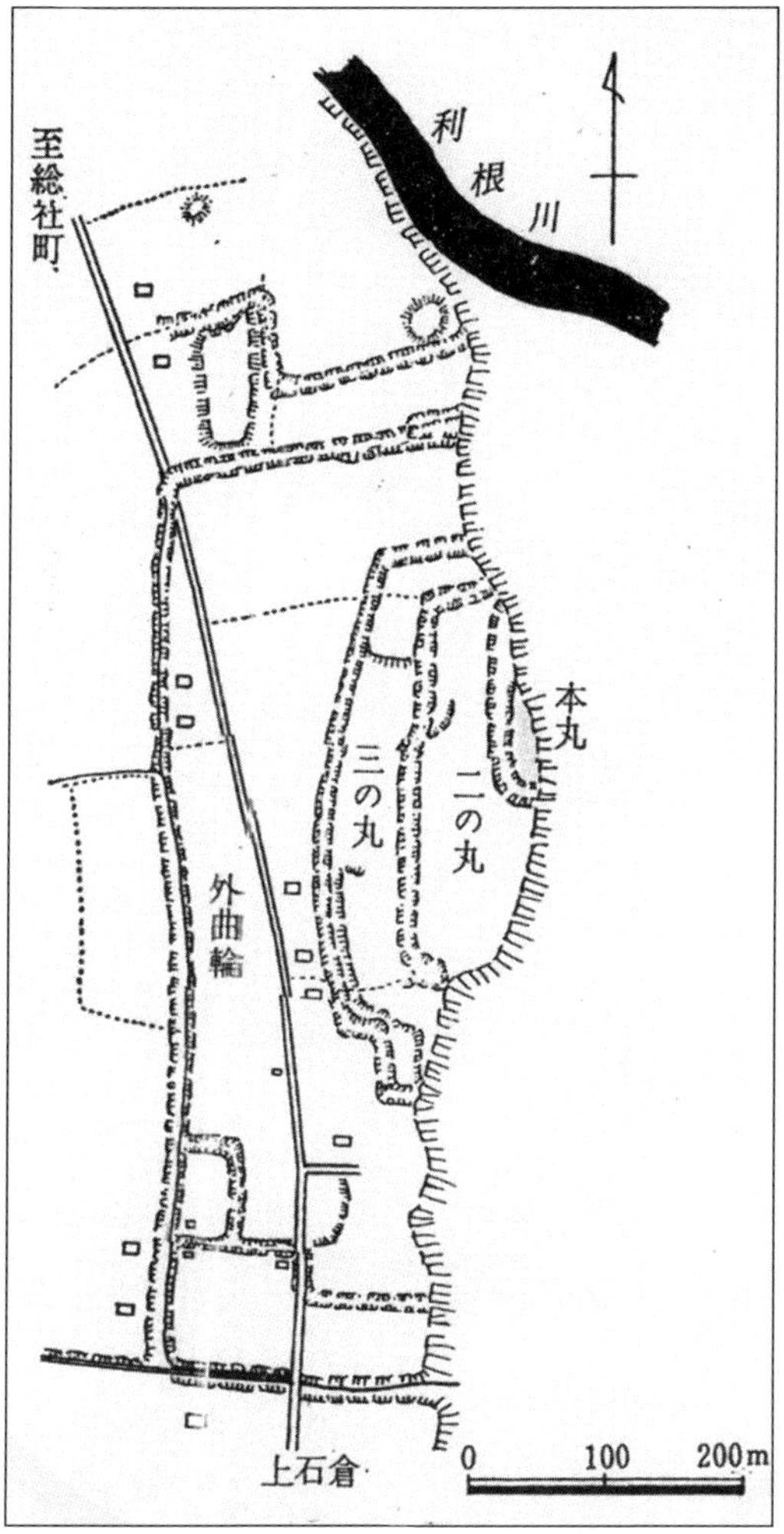

図：石倉城の縄張り（図）
「前橋市史」（第一巻）より、利根川に削られて石倉情の東端は大きく変形し、本丸はほとんど残っていない。

げれば、二ノ丸外側の堀の北寄りに、また三ノ丸外側の堀では、南端にそれぞれ「折れ（おれ）」がある。その付近に虎口が開いていた推定される。

石倉城の本丸跡は前橋競輪のための駐車場の一部になっている。二の丸跡に「二の丸公園」があり、公園の北東隅に「石倉城」なる石碑と石の説明板、縄張り図の略画の説明板がある。現在、城跡一帯は住宅街と化し、ほとんどの堀跡は道路となっている。総曲輪はだいたい、南限は現在の群馬大橋西の道路、北限は現在の中央大橋西の道路であり、城跡の外のすぐ北西に隣接して「大山古墳」がある。総曲輪の西端の堀は現在は大型道路で交通量のかなりある「総社石倉線」になっている。そして、東限は当然であるが利根川を望む段丘崖であるが、長年の浸食により、削られている。本丸の段丘東下は現在は高崎商業高校専用の野球場などがある広い河川敷のグランドになっている。ちょうど、野球場の北西隅のバックネットのある所から見上げる段丘上のやや北側が本丸にあたる。利根川の流れが当時とだいぶ変わっているようである。

《石倉城攻略後、城の請け取りで松平康國が遭難》

天正十八年（一五九〇）、**松平康國**は北条方に属する上州の石倉城を攻めた。城方が康國に降伏したので、本陣を**惣社**に移した。惣社の現在の総社神社のある所である。この時、事変が突然起き、主将松平康國は命を落とすことになる。その経緯については、諸説あるが、それをいくつかの文献で比較検討してみよう。

(1)**『蘆田記』（依田記）**は既出であるが、再掲してみよう。

——「上州石倉と申す城を請け取りに参り候て、罷り在り候内、陣屋の内に於て、気違候様なるもの御座候て、思い掛けも御座無く、修理太夫康國相果て申し候。」

……つまり、陣屋の内で、気違いのような者がいて……思いもかけず命を落とした」と曖昧な表現である。

(2)『寛政重修諸家譜』

○**康國**の項

——「其後同國石倉城を攻。城主某城を避て降る。これより総社の地に陣す。則神社あり、これを本陣とす。ここに**長根縫殿助某**（庶

写真：総社神社

流内記信福が貞亨をよび今の呈譜に、上野國石倉の城主金井淡路に作る）といへるものあり。もと上野國の住人にして武田家へつかへ、のち北條につかふ。頃日また康國が隊下となる。康國これを郷導とし、かつ軍事を議るに、多く其利をえたり。二十六日（嫡流系圖二十七日とす。今内記信福が家よりたてまつれる貞亨譜、前田利家が書翰にしたがふ）彼を本陣にまねきて軍議をなし、饗膳茶會を催す。康眞もまた其席に列す。ときに石倉城中に闘争あり、諸陣おほいに騒ぎて彼場にゆく。康眞も事をとはむがために、下陣に往て從士を呼。よりて康國が左右わづかに一兩輩のみ。このとき縫殿助某俄に狂氣し、白刃を振て康國を斬。康國つゐにこれがために命を殞す。年二十一。嶺嶽良雪。康國寺と號す。信濃國春日村に葬る。

○**康眞**の項

――総社に陣す。二十六日、長根縫殿助某狂氣して兄康國を殺害す。ときに康眞は下陣にありしが、この騒動を聞き、走りて社壇にゆかむとす。内蔵助が從者□間にかくれてこれをうかゞふ。康眞が僕竹若といへるもの急に來りて彼を斬。康眞彼が刀に觸て左手に傷受くといへども、内藏助が從卒十餘人と奮戰す。家臣等すなはちはせ來り、つゐにこれを鏖にす。

○**善九郎**の項

――四月二十七日康國長根縫殿助某を饗し、茶會をもよほす。善九郎も其席にあり。ときに縫殿助俄に狂氣し康國を殺害す。善九郎走りより長根と組で壇下に轉び、つゐにかれを刺て仇を報ず。

○**依田信政**の項

――四月康國総社にをいて横死のとき、信政も其席にありて小林左馬允を討取、創をかうぶる。二十七日利家書を贈りてこれを賞し、醫をして其創を問しむ。

(3)『武徳編年集成』

――上州名倉（↑石倉が正しい）ノ城主寺尾左馬助モ降ヲ乞ケレバ城ヲ受取ベシトテ信州佐久小縣（↑小縣は誤り）ノ郡主松平修理大夫康國（本氏依田）總社ニ屯ス時ニ長根ノ城主長根縫殿助（本氏小林氏）モ康國ニ降テ陣所ニ來ル、御當家ノ本多三彌正重ハ一向亂ニ賊徒ニ與シ遂ニ江州ニ走リ蒲生氏郷ニ属シ又當時前田利家ニ隋ヒ總社ヨリ十六町隔テ陣取シガ渠（かれ）士卒喧嘩メ騒動シケレバ諸陣ヨリ馳来ル康國ガ弟新六郎康貞（＝康眞）其場ニ往ント乗馬并ニ從者ヲ呼シガ長根ハ其身誅セラルカト恐怖メ康國ガ陣營に書状ヲ認テ在シヲ後ヨリ是ヲ斬ル康國モ脇指ヲ抜テ長根ヲ突ケルガ其身重疵故忽死亡ス時ニ康國ガ伯父（↑叔父が正しい）依田善九郎馳合セ縫殿助ヲ討捕新六郎康貞ハ頻ニ長根ガ従士等ト戰テ十餘輩ヲ斬伏即此趣キヲ神君ヘ注進ス

長根縫殿助が降伏し部下となって康國の近くにいたが、康國は彼を本陣に招いて軍議をし、その後、茶会を開いた。この時石倉城中において争いがおき、大騒ぎになって、皆が城に行き、康國のそばには長根ともう一人がついているだけとなった。この時、長根は急に刀をふるって松平康國に襲いかかり、このために**康國**は斬られて死亡した。年は二十一歳。後に北佐久郡春日の康國寺に葬られた。この砦を守っていたのは北条方の寺尾左馬助、小林左馬允であったという説もある。また、直後にその仇を討ったという人物にも諸説がある。

《石倉城での事変とその結末》

――『寛政重修諸家譜』三百五十六には康眞の項で、この石倉城での事変について、先のページで触れたが、ここでもう一度取り上げる。

〔**康眞**〕
二十六日、**長根縫殿助**某狂氣して兄**康國**を殺害す。ときに**康眞**は下陣にありしが、この騒動を聞き、走りて社壇にゆかむとす、内藏助が従者□間にかくれてこれをうかゞふ、康眞が僕竹若といへるもの急に來りて彼を斬。康眞彼が刀に觸て左手に傷受くといへども、内藏助が従卒十餘人と奮戰す、家臣等すなはちはせ來り、つゐにこれを鏖にす。康眞この始末を東照宮に告たてまつるのところ、五月三日（↑十一日）御書をたまわり、康國が跡職前蹤のごとく康眞に賜ふのあひだ、人數を散さずして利家が下知にしたがふべしと仰せ下さる。この月手創療養のため小諸にかへる。

弟**康眞**は、一族の**依田肥前守信昌**（信政）等と共に長根（寺尾）や側近の従者をことごとく倒した。依田肥前守**信昌**とは（依田肥前守**信守**）のことではなく、その実弟で後に信守の養子となった依田肥前守**信政**のことである。なお、康國が遭難した時、走り寄って長根と組んで壇下に轉び、ついに彼を刺して仇を討ったのは、康國の叔父（信蕃の三弟）である**善**

九郎信春であると、『寛政重修諸家譜』の善九郎の項では述べられている。また、仇を討ったのは**依田昌種**（伴野が本姓）であるという説もある。

いずれにせよ、康國遭難の時に駆けつけて、長根（または寺尾）とその従者達を討ち果たしたのが、名前のあがっている松平康眞（康國の弟）、依田信春（康國の叔父）、依田信政（康國の従兄弟）、依田昌種（康國に近い家来）らの面々であったということであろう。

《康眞の侍医、戸丸導寛の墓》

石倉城攻めの惣社での事変で、手に傷を負った松平康眞であったが、その傷の看病を献身的にして、その結果自らが命を落とした侍医の戸丸導寛の墓が、藤岡市山崎の大神宮山砦のある丘陵の北東中腹に東向きに立っている。（因に、大神宮山は、康眞の祖父信守・父信蕃が砦を築いた形跡もある。藤岡芦田城ゆかりの芦田神社が「神明社」となって、現在祀られている）。

戸丸導寛の墓碑

（表）
戸丸導寛之墓
源朝臣芦田眞信書

（裏）
維時明治廿二年
己丑三月廿五日建之

・祭主は緑野郡高山庄江原郷根岸村戸丸清人、つまり、芦田家の侍医であった戸丸導寛の子孫である。

右側に立つ無塔塔が戸丸導寛の初期の墓である。戸丸導寛は芦田松平康眞（康貞、康寛）の侍医として、信州から随従していた。兄芦田松平康國が石倉城で不慮の死を遂げた時、康眞は一気に城を攻め落とし、仇を討ったが、傷を負った。導寛の寝食を越えた懸命の治療で、康眞は間もなく平癒したが、導寛は病に倒れ、あえなく亡くなってしまった。康眞は彼を篤く弔い、芦田神明宮のある城南の山へ葬って無縫塔の墓石を建てた。現在は、大神宮山の北東の中腹に、小さな無縫塔（高さ約四十五㎝）と、その脇に墓碑（高さ約一・二ｍ）が建っている。ちなみに康眞は「康寛」とも称したので、戸丸導寛は「寛」の一字をもらっていたことになる。

明治二十二年にこの

写真：戸丸導寛の墓碑（左）と墓（右の無縫塔）

墓碑銘を書いた源朝臣**芦田眞信**とは、芦田氏の子孫の一人で、明治維新以降藤岡に住し、芦田町で私塾「芦田塾」を開いたりした文化人、知識人であり、「眞信」は号である。「東岳」とも号した。本名を**芦田武彦**という。康眞が越前福井へ移転した後の子孫にあたり、伊勢国松阪に住んで何代かの子孫である。幕末に上州高崎藩に招かれ藩学校の長となったが、明治になってから父祖と所縁のある藤岡に住んだ。また藤岡芦田城の艮（うしとら）鬼門鎮護の寺である金光寺（こんこうじ）にも彼の筆になる石碑が建っている。――この芦田**眞信**の四男**誠之**（しげゆき）が、明治維新後、福井から父祖の地である佐久へ帰還していた芦田宗家の養子に入り、その子孫が芦田氏の菩提を弔い、宗家を継承していることをここに記しておきたい。

写真：石倉城の空堀跡は道路、右は本丸

写真：二ノ丸は公園化している

写真：石倉城から群馬県庁を臨む
利根川の東対岸に群馬県庁（厩（うまや）橋城の跡）

《前田利家の感状の依田源三と謎の地名「恵旗」》

話は前後するが、康眞の兄松平康國が、石倉城攻めの時に総社でだまし討ちに遭い横死した翌日付けの前田利家からの感状がある。——前田利家の**依田源三**への感状の日付が四月二十七日であり、事変があったのは、この前日（四月二十六日）となっている。つまり、事変によって康國が没した翌日に、早くも発給されたものである。

『諸家感状録群馬県史資料編7‐3621』より

> 昨日者、於**恵旗**ニ、不慮ニ**松平修理太夫**殿御果口惜次第ニ候、然処ニ貴所無比類御働、被蒙疵ヲ、**小林左馬允**被討留候義、弥御肝入候、猶期面上之時候、恐々謹言、
>
> 四月廿七日　　**利家**書判
>
> **依田源三**殿

依田源三とは、誰のことであろうか。（蘆田・依田）松平康國にかなり近い人物であることは明確である。感状の中に「然処ニ貴所無比御働、被蒙疵ヲ」とあることからして、康眞は左手にかなり重い傷を負っていることから源三とは康眞のことである可能性がある。しかも、ここでは**北国軍の総大将**たる前田利家が感状をわざわざ発しているほどであるので、遭難した康國の弟の**康眞**に対してであることが考えられる。『上州の城』（上毛新聞社）は、この説をとっている。

ところが、『寛政重修諸家譜』巻第三百五十七の依田信政（信蕃の次弟信幸の次男、康國の従兄弟）の項に——「四月康國惣社にをいて横死のとき、信政も其席にありて、小林左馬允某を討取、創（きず）をかうぶる。二十七日、利家書を贈りて、これを賞し、醫をして其創を問しむ」とあることから、前田利家の感状の宛先の「源三」は、**依田信政**に比定している説もある。一方、蘆田依田松平氏当主である康國が命を落としたことによって、「ナンバー2」たる康眞にも、同じような書状（感状）が与えられないことはない。それを考えると、やはり、「依田源三」なる人物がだれであるかは特定できない。しかも、ここでは、康國をだまし討ちした人物を**小林左馬允**としている。これは**長根縫殿助**の別名であろうか。——長根縫殿助といい、寺尾左馬助といい、小林左馬允といい、各戦記それぞれといった観がある。

「**恵旗**」という地名については、手を尽くして調べてみたが、いまのところ謎のままである。『寛政重修諸家譜』では、——「石倉城を攻。城主某城を避て降る。これより惣社の地に陣す。則神社あり、これを本陣とす」とあり、ここで**長根**

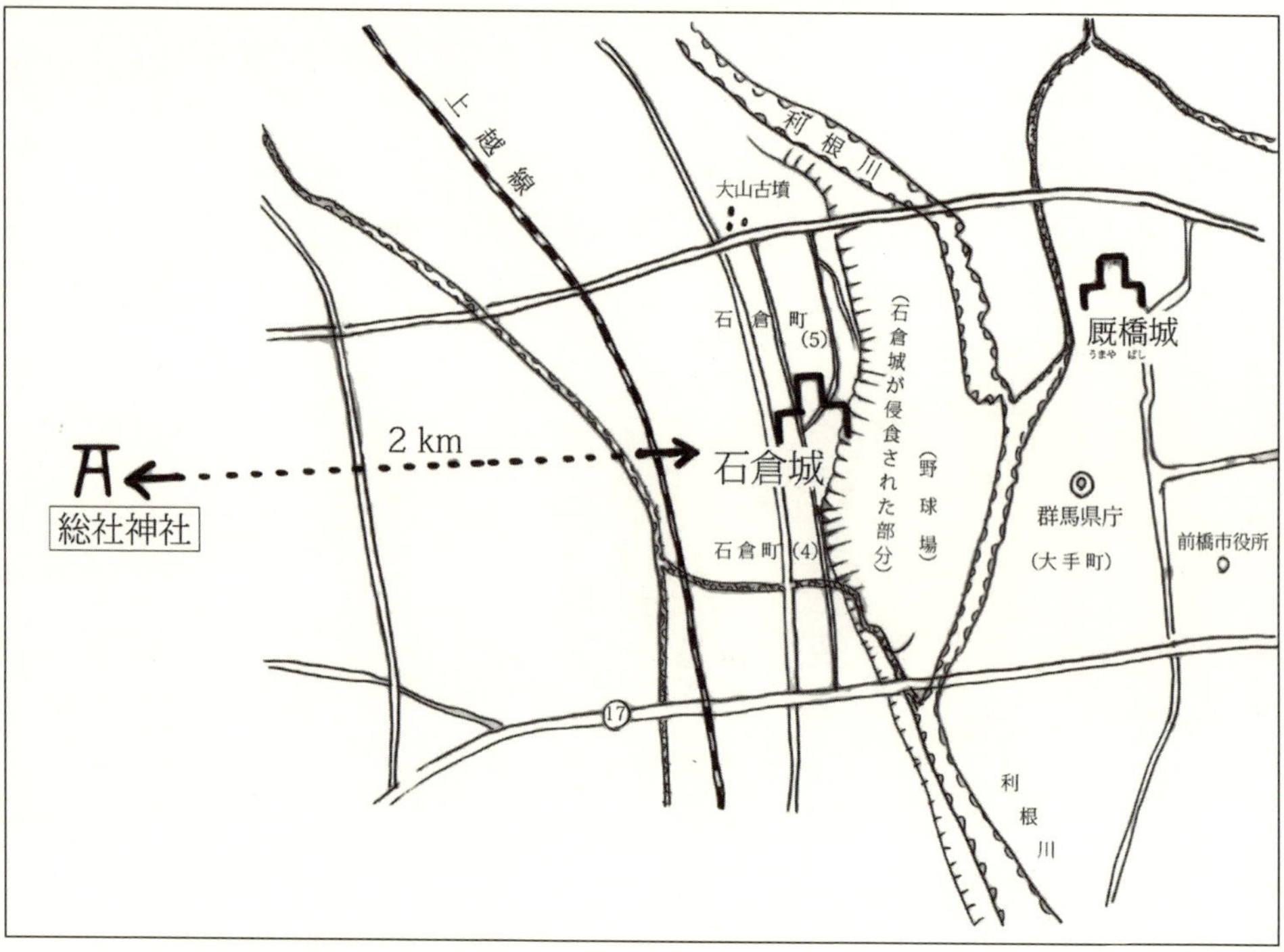

図：石倉城攻略、総社神社で遭難

縫殿助某にだまし討ちに遭っている。他の歴史書もみな同じである。そこは、石倉城の近くの**惣社神社**である。古くは蒼海城の郭内でもあった。**善九郎信春**が「走りより**長根**と組んで壇下に轉びつゐにかれを刺して仇を報ず」とあり、また、「時に康眞は下陣にありしが、この騒動を聞き、走りて社壇にゆかむとす」とあるのは、まさに神社の様子を表している。とにかく、事変が起こった場所は神社であるのである。

しかし、前田利家の感状では、「昨日者、於**恵旗ニ**」とあり、松平康國の遭難を「恵旗において」と述べているので、この場所の調査が必要である。群馬県での歴史書では「恵旗」とは「江木」であるとしている。江木という地名は前橋市及び高崎市や藤岡市に「江木」はあるが、いずれも石倉城や康國の本陣である総社からは遠方であり、この事変の舞台としては可能性が低い。「恵旗」とは「エキ」「エギ」「ケイキ」「エバタ」「エハタ」のいずれか、あるいは他の地名なのか？――『上州の城』（上毛新聞社）一七七ページは、「恵旗は小幡で利家の石倉誤認と思われる」と述べている。つまり、「恵旗」とは「小幡（オバタ）」のことであると述べているのである。康國が横死した場所を利家が誤って「小幡（恵旗）」と認識していた結果だと述べている。いずれにせよ、「恵旗」という地名は検討を要する。または、遭難の地について『寛政重修諸家譜』

や康眞、蘆田氏（依田氏）の文書が誤っているのであろうか。

《松平康國の死に関わる異説》

康國の死については、石倉城を扱った上州の物語的歴史書には、康國は石倉城勢との戦闘中に、敵に囲まれて落命したと述べられているものもある。

寄せ手（芦田・依田・松平康眞）の立場から書いたものと、城方の立場から書いたものとが、あまりにも違っていることには驚きを感じざるを得ない。

『上毛伝説雑記』の「石倉記」によると、

——石倉又落城の事天正十八年徳川家より討手として宮崎石倉へ馳向ふと聞きて、迚（とても）叶ひ難醫しと思ひ、老人妻子を前日に落し、身軽に成りて強戦せんと思ひ定め、先ず原、金尾、總社、高井の勢、都合五百余騎は、井野川河原に出張し防戦せんとす。滝口筋には上滝、萩原、向、六供、堀廻りの勢都合五百余騎出張し、備を立て待ち居たる所へ、宮崎（↑西牧が正しい）を亡し、勝に乗じたる勇兵等、九月三日（↑まず、この月日に大きな齟齬あり）大将松平修理大夫康國を跡に残し置き、先備えの一千騎一屯に成つて鯨波（とき）を作り、無二無三に切て懸ると雖も、原、金尾の猛兵共に手痛く攻め立てられて、散々に敗北せし処へ、翌日**大将修理大夫（＝康國）**馳せ著き、懸れ懸れと下知せらるれば、一同切つて懸るを、後詰の總社勢馳せ向ひ戦へば、叶はじとや思ひけん、色めき渡るを見るより早く、滝口出張の勢どもに、一屯に成りて火花を散らし強戦し、寄手余多討取られれば、大将修理大夫叶はじとや思ひけん、僅に二三騎にて落行かんとせし処を、追詰め馬より引落し首を取り、勝鯨波（かちどき）揚げて引取りけり。然るに其夜半過に、修理大夫の**舎弟新六郎（＝康眞）**、宮崎（↑芦田松平勢は宮崎城の攻略とは直接関係はなかったはず）より馳著き、城兵の勝傲つて油断し、熟睡し伏したる処へ押寄せ、鯨波を揚げければ、城兵驚き目を覚まし、出で戦ふと雖も、寄手は千余騎、城兵は僅かに百騎に足らぬ小勢なれば、叶はじと思ふ処に、總社、上滝の勢助力して防戦し、日暮れければ城中に引入る。翌未明に寄手の勢攻入ると雖も、昨日の手痛き戦に恐れけん、暫し戦ひて、皆外郭へ引退き、城中にては四方の門を閉ぢ、切腹せんと衆皆心を合せ待つ処に、同八日寄手一攻に攻落さんと進寄り、門の扉を打破り、馳入らんとする処に、城兵門を開いて切つて懸り、寄手を二三町追退けぬと雖も、遂に叶はず、城に火を懸け、城兵残らず切腹しぬ。（中略）同十一日兄修理大夫が遺跡相違無く相続仕るべきの旨の安堵を給はる御墨附下さるとなり。其後**石倉次部**が妻子は、次部が子は母方の星野氏を名乗り、慶長に至つて秋元家に仕官す。……

『高崎市史』（通史編二、中世、第一編）はこの「石倉記」によったのであろうか。この粗筋にさらに輪を掛けて、次のように述べている。――「豊臣軍と後北条軍による戦闘も引き続いており、四月二十六日には惠旗〈高崎市江木〉で、豊臣軍の依田康國が討ち死にし、後北条軍では小林左馬允が討ち死にしている」――と惠旗を高崎市江木町に推定している。ちなみに、「江木」という地名は、前橋市（赤城山南麓に位置する）・高崎市（井野川支流貫堀川中流域）・藤岡市（下日野）にそれぞれ存在するが、どちらの江木も、松平康國が横死した場所としては、いかにも不自然である。芦田氏や他の史書の述べている内容と全く異なっている。しかし、どうもこれは、敗れし者の面子を重んじた、事実の歪曲にも思える。

『上毛古戦記』（山崎一著）は次のように述べている。

――多くの戦記が「寺尾左馬助は石倉の砦を守っていたが、詐って降り、城を明け渡すと欺いて、康國と砦内で対面中、これを刺殺した。弟康寛（康眞）と依田筑後守昌種は直ちに攻め入って、左馬助を討ち取り、砦を占領したといっている。徳川家康は康國の父信蕃が討ち死にして以来、兄弟をいたわり、彼らに康の一字を名乗らせたほどで、康國の討ち死に対し、これを粉飾し、相手方を悪し様に記すことは、当時当然のことであったかもしれない。――

なお、『上州の城』（上毛新聞社）一七七ページでは、「惠旗は小幡で、利家の石倉誤認と思われる」と述べている。しかし、いずれにせよ前田利家の依田源三への書状に「昨日者、於恵旗ニ、**不慮ニ松平修理太夫殿御果**口惜次第ニ候」とあるということは「康國が不慮の事変で命を落とした」ということであり、合戦での落命ではないことを示唆している。

それでもなお、地名「惠旗」については説明がつかない。更なる検討を要する。前述のように、上州前橋近辺に「江木（エギ）」なる地名が三カ所もあるが、地名学的に「エギ」とはどういう特徴のある所を表わすのか、その解明によっても、何か分かる可能性もある。

《康眞、兄康國の跡職（あとしき）を家康より許さる》

甲州若神子（わかみこ）の北条との対陣における糧道遮断、佐久平定に際しての父依田信蕃の家康に対する忠勇を家康は高く評価し、その嫡子松平康國の死を残念に思い、その上で、父や兄と変わらぬ康眞の壮雄を知っていたからであろう。徳川家康は、**松平康國**の遺領を相違なくその弟康眞に賜った。五月十一日に、**家康**より松平康眞へ授けられた御判形は、

> 修理大夫跡職之事新六郎申付候条、人数等不散様、堅可申付候、然者、其元陣中之儀、**羽柴中将**殿任差圖、可走廻候也、
> 五月十一日　家康（花押）
> 松平**新六郎**殿

（訓読）
修理大夫跡職のこと、新六郎に申し付け候の条、人数等を散ぜざる様、堅く申し付くべく候、然らば、その元陣中の儀、**羽柴中将**殿の差図に任せ、走り廻るべく候なり。

写真：徳川家康
『定本 徳川家康』（本多隆成著）より

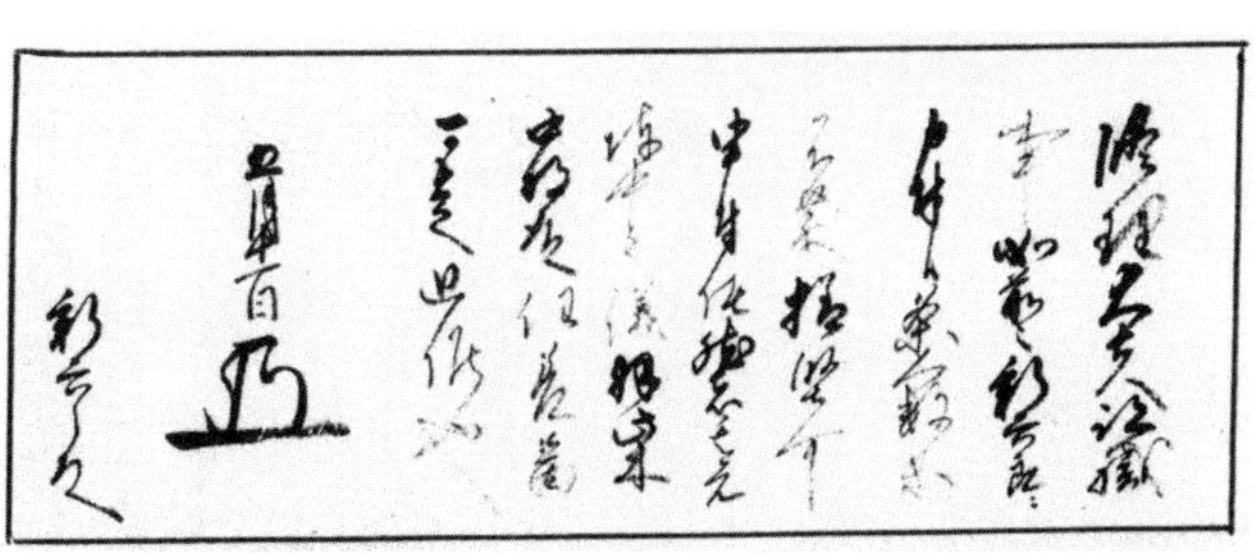

写真：「依田家文書」（個人蔵、長野県立歴史館寄託）
平成23年度長野県立歴史館発行の春季展図録『武士の家宝』から転載

家康から新六郎（康眞）が、兄の後継として認められた天正十八年五月十一日付けの徳川家康判物、修理大夫康國の跡職を許す旨の書状である。――「然者、其元陣中之儀、羽柴中将殿任差圖、可走廻候也」（しからば、其元〈康眞〉は羽柴中将の指図に任せ、走り回るべく候）とあるので、康眞の直接の上官は羽柴中将（上杉景勝）であったことが分かる。

康眞は、（この後、石倉城で兄康國をだまし討ちにした長根殿助の従者十余名を成敗した時の怪我の治療のために、いったん小諸城へ帰り）、再び小田原合戦の北国隊の一翼を担うべく、鉢形城・八王子城・筑井城（津久井城）へと転戦している。**羽柴中将**とは、上杉景勝のことであるが、ちなみに、前田利家は羽柴筑前守とも称していた。

《康眞、手の疵回復後に関東戦線へ再出陣》

康國の落命後、康眞は五月十一日に兄松平康國の後継者として認められる。そして、手の疵の回復するのももどかしく、六月中旬小諸を出発して再び碓氷峠を越えて関東へ出兵し、北条攻めの連合軍に加わった。『寛政重修諸家譜』の康眞の項には、

> （天正十八年）六月中旬小諸を発して**武蔵鉢形**に陣し、東照宮の令を待、下旬本多忠勝・平岩親吉・鳥居元忠等とともに、**相模國筑井城**をせむ、城主内藤某和を請て降る。

武蔵國鉢形城城主北条氏邦は手勢一千余人を率いて、三月二日に小田原城に入り、鉢形城には留守の軍勢が守っていた。後詰めも期待できず兵糧が少なくなり、兵の疲労も激しくなり、六月十四日には降伏し城は落ちた。康眞が攻城軍に加わったのは事実のようであるが、到着期日から判断すると、実働はほとんどなかったと思われる。しかし、康眞が不在中にも依田松平軍本隊は参軍していた可能性が高いので、叔父依田善九郎信春や従兄弟依田肥前守信守が軍を指揮して寄せ手の一翼を担っていたと推定される。

康眞はさらに進んで八王子城を攻撃し、落城させる一翼を担い、相模国筑井城（津久井城）を本多忠勝等と共に攻め、北条方の内藤氏を攻略している。『諸家感状録』（鳥居伊賀守家所蔵、信濃史料所収）には、次のように述べられている。

> 筑井城之儀、早ゝ可請取候由上意候間、急度請取置候、然者、矢たて・兵粮以下能ゝ志らへ肝要候、委細杉浦藤八郎口上相含候也、
>
> 徳川家康（御書判）
>
> 三月廿五日
>
> 本多中務大輔殿
> 平岩七之助殿
> 戸田三郎左衛門殿
> 鳥居彦左衛門尉殿
> **松平新六郎殿**

徳川家康が筑井城（津久井城）を落とした寄せ手の五名の武将に同城を請取らせているが、本多忠勝・平岩親吉・鳥居元忠というような家康側近の壮ゝたる武将の名がある。彼らに伍してその中に松平新六郎（康眞）の名がある。なお、日付が「三月廿五日」となっているが、これは小田原城陥落の直前のことであるので、正しくは「天正十八年六月廿五日」が正しい。

写真：鉢形城の空堀

写真：津久井城（筑井城）、手前は相模川の城山ダム

ところで、『決戦！　八王子城』前川實（揺籃社）によると、松平康國（↑康眞が正しい）が四〇〇〇の勢力で、六月二十三日の**八王子城**落城当日、豊臣・北陸勢の中で、八王子城の大手口から攻め入っている。これは右に述べた筑井城の攻略の直前ということになる。八王子城落城のすぐ後に筑井城を開城させたことになる。

その後、康眞はさらに転戦して**大磯城**の攻撃にも加わっている。小田原合戦における一連の依田松平軍の動きをまとめると左記のようになる。

① 相木谷で相木能登守と伴野貞長を破る。
② 碓氷峠を越え北国軍に加わる。
③ 第一次松井田城攻撃
④ 西牧城攻略

⑤　第二次松井田城攻撃で落城させる。
⑥　石倉城を落とし、総社で康國が横死
⑦　康眞、疵治療のために小諸城へ
⑧　康眞、康國後継を認められる。
⑨　再び関東へ進軍し、鉢形城攻め
⑩　八王子城攻め
⑪　津久井城攻め、城を請け取る。
⑫　大磯城攻め

やがて、七月五日に北条氏は小田原城を明け渡し滅亡した。かつて、上杉謙信や武田信玄の包囲攻撃を籠城戦によって撃退した北条氏もあまりにも強大な秀吉軍によって、支城・枝城が次々と落とされ、なすすべもなかったのである。やがて康眞は関東へ移封された徳川家康に従って、親藩大名として佐久郡小諸城をあとにし、上野国藤岡へ移ることになるのである。

《康眞、康國の跡を継ぎ小諸城主に、佐久郡春日に康國寺を開基する》

右衛門大夫康眞に関する『越前福井裔孫家傳』（寛永二十年）には、次のように記されている。

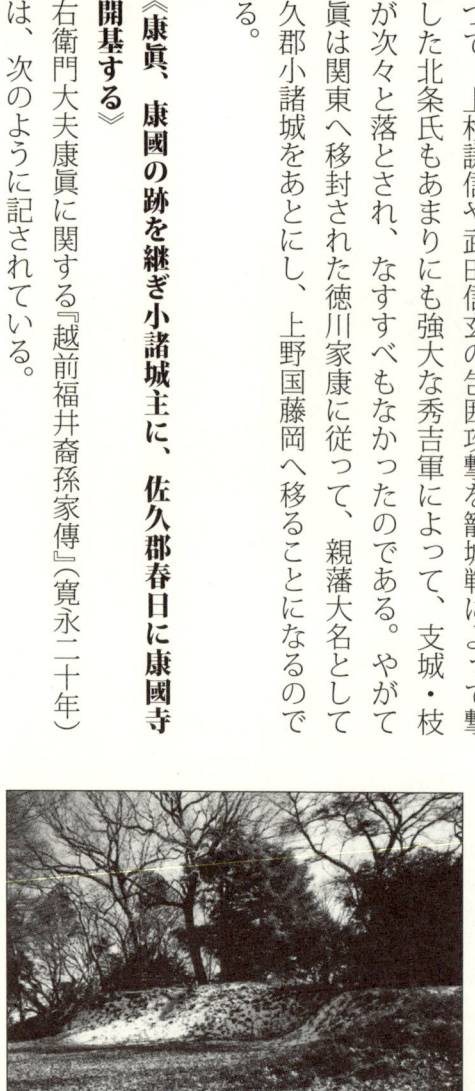

写真：津久井城（筑井城）本丸

写真：八王子城（松平康眞はこの方向から攻撃した）

写真：小田原城総曲輪の大土塁

写真：秀吉の石垣山一夜城の二ノ丸（向うは本丸）

「……後、上州石倉城受け取りの節、陣中に狂人の如きものありて康國を討つ。よりて春日に葬し、法名康國寺殿嶺嶽良雪と號過す。康眞一寺を創立して康國寺と稱し、田二十餘石を附す。家康則康眞を以て兄康國の嗣となす」。

――**家康**は康國の弟の新六郎康眞に兄康國の跡を継がせ、佐久の領主小諸城主とした。康眞は祖父下野守信守・父右衛門佐信蕃の春日館跡に、兄康國・法名「康國寺殿嶺嶽良雪大居士」から名をとって、康國寺を建立した。開山は岩村田の名刹龍雲寺第五世も務めた天外大雲(祖父下野守信守の四弟、康眞の大叔父)であった。しかし、康眞が小諸城主であった期間はきわめて短日であった。秀吉は小田原合戦後の知行割りで、家康を関東へ移封したのである。家康の臣であった信濃の諸将は、それに従って関東に移った。

小諸城の松平康眞は上州松井田城にいったん移ったが、その年のうちに正式に藤岡に移封となった。佐久十万石（正確には佐久郡六万石、甲州二万石、駿河二万石の計十万石）から藤岡三万石と減少したが、家康の全家臣の中では石高は、高い方から六番目であった。このことは、徳川の一族「松平」を名乗る大名として、芦田依田氏がいかに家康から認められていたかがうかがえる。これもいつに家康の甲斐・信州進出に際しての父依田信蕃の軍功によるものであろう。

写真：康國寺（佐久市旧望月町春日）
後方に春日城

写真：康國の墓
左は室「良雪」の墓、室は藤岡での戒名「了源」と異なる。

《芦田・依田・松平康真の藤岡移封時における家康勢力下大名の知行割り》

徳川家康が豊臣秀吉から与えられた旧北条領は、伊豆・相模・武蔵・上野・下総・上総の六カ国と下野の一部である。後に、関ヶ原の戦い後には、領地はさらに広がることになるのであるが。その際、徳川家の三河以来の宿将、一門、親族はすべて遠くに配している。各方面敵と思われる旧勢力に対して、徳川家の宿将に高禄を与えて、その方面に備えさせた。特に徳川の四天王である井伊直政、榊原康政、本多忠勝に、

	大名	国	城	石高
①	井伊直政	上野国	蓑輪城	120,000 石
②	本多忠勝	上総国	大多喜城	100,000 石
②	榊原康政	上野国	館林城	100,000 石
④	大久保忠世	相模国	小田原城	40,000 石
④	鳥居元忠	下総国	矢作城	40,000 石
⑥	**松平康眞**	**上野国**	**藤岡城**	**30,000 石**
⑥	真田昌幸	上野国	沼田城	30,000 石
⑥	平岩親吉	上野国	厩橋城	30,000 石
⑥	酒井家次	下総国	臼井城	30,000 石

図：徳川臣下の高知行の大名

それぞれ十万石以上の高知行を与えながらも、江戸からかなり遠い地域に配している。四天王の一人酒井忠次は晩年は家康から疎んじられ、すでに引退し、息子の家次の代になっていることもあり知行は少ない。

芦田依田康真（松平康貞）は、家康に従って関東へ配され、小諸城六万石（甲斐二万石、駿河二万石と合わせて計十万石）から、**藤岡藩三万石**として転封（てんぽう）となったが、高禄で遇された方である。家康麾下の三十四大名中の六番目タイの高禄であった。『武徳編年集成』天正十八年八月の条によって整理してみると、次のようになる

〈伊豆国〉　韮山城　内藤信成　一万石
〈相模国〉　小田原城　**大久保忠世**　四万石
〈武蔵国〉　岩槻城　高力清長　二万石
騎西城　松平康重　一万石
川越城　酒井重忠　一万石
松山城　松平家広　一万石
本庄城　小笠原信頼　一万石
羽生城　**大久保忠隣**　一万石
忍城　松平家忠　一万石
東方城　松平康長　一万石

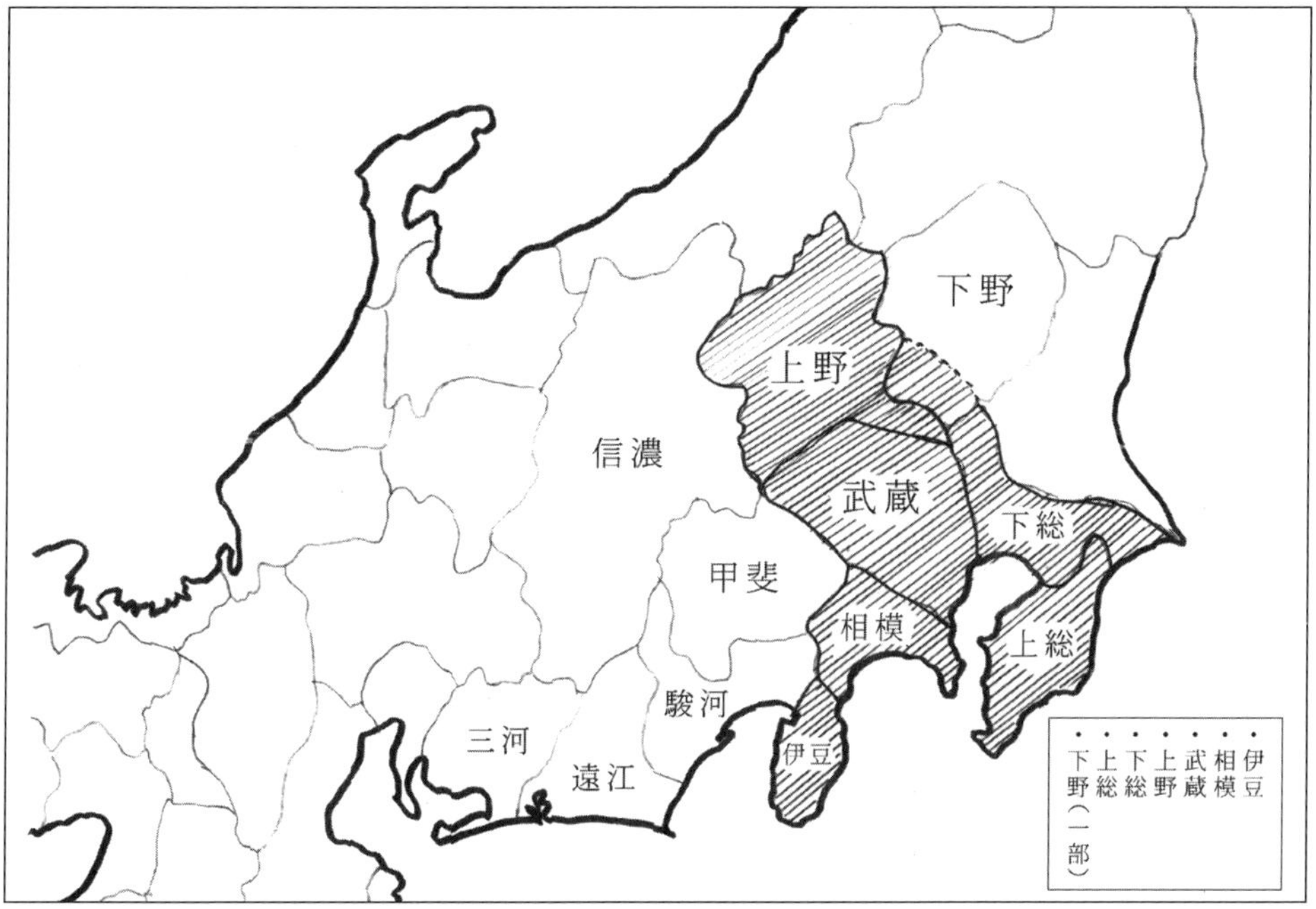

図：秀吉によって家康は関東へ、臣下の諸将も従う

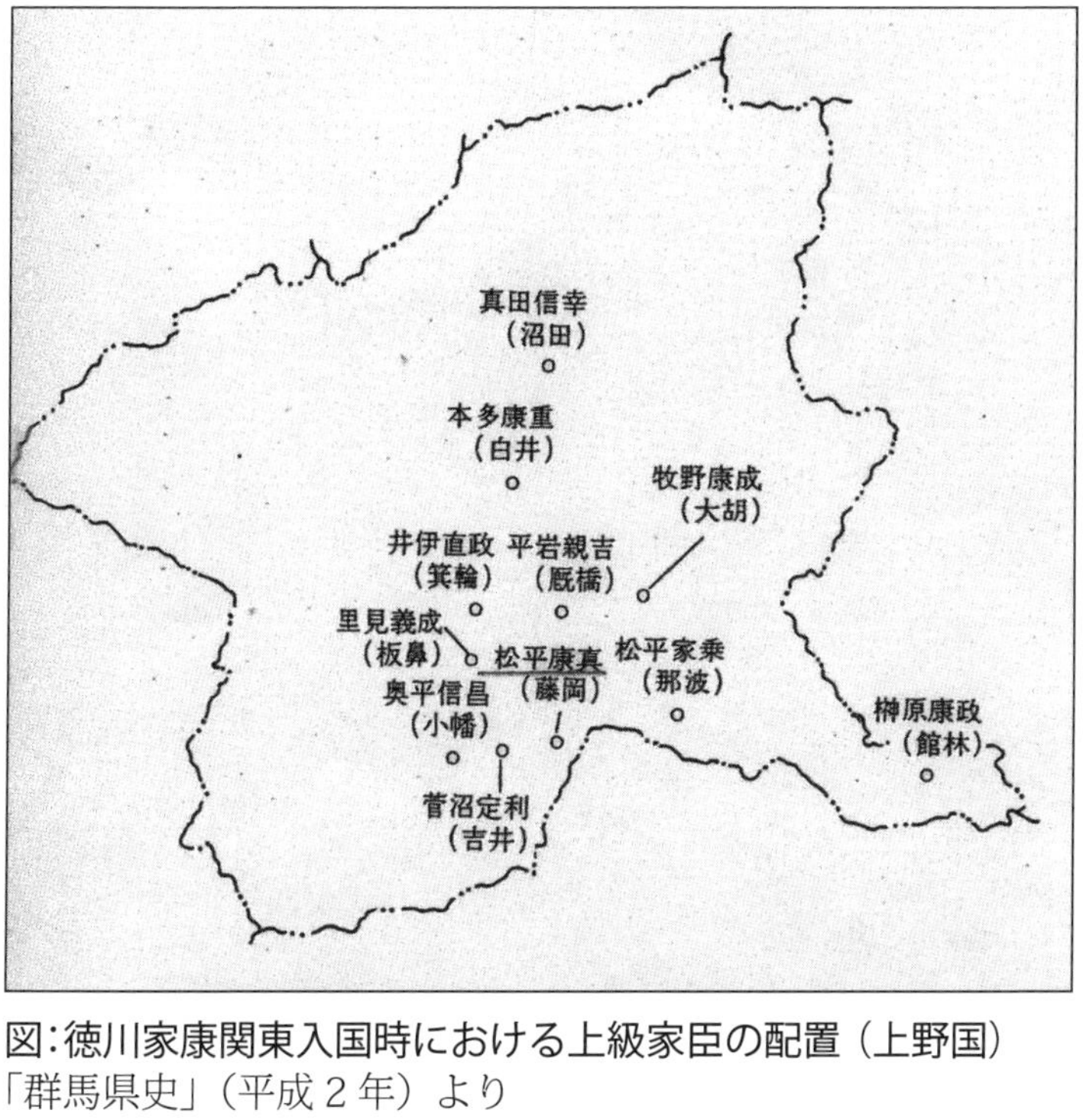

図：徳川家康関東入国時における上級家臣の配置（上野国）
「群馬県史」（平成２年）より

〈上野国〉

深谷城　松平康忠　一万石

館林城　**榊原康政**　十万石

藤岡城　**松平康貞**　三万石

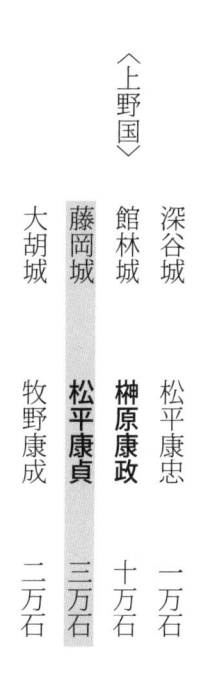

大胡城　牧野康成　二万石

沼田城	真田昌幸	三万石
厩橋城	平岩親吉	三万石
箕輪城	井伊直政	十二万石
白井城	本多康重	二万石
那波城	松平家乗	一万石
小幡城	奥平信昌	二万石
吉井城	菅沼定利	二万石
阿保城	菅沼定盈（みつ）	一万石
〈下総国〉		
多古城	保科正光	一万石
佐倉城	三浦義次	一万石
臼井城	**酒井家次**	三万石
古河城	小笠原秀政	二万石
守谷城	菅沼定政	一万石
矢作城	鳥居元忠	四万石
関宿城	松平康元	二万石
〈上総国〉		
鳴戸城	石川康通	二万石
岩富城	北条氏勝	一万二千石
佐貫城	内藤家長	二万石
久留里城	大須賀忠政	二万石
大多喜城	**本多忠勝**	十万石

写真：良信寺

松平康眞が祖父芦田下野守信守（法名「仁徳院殿月桂**良信**大居士」）の菩提のために藤岡に建立。

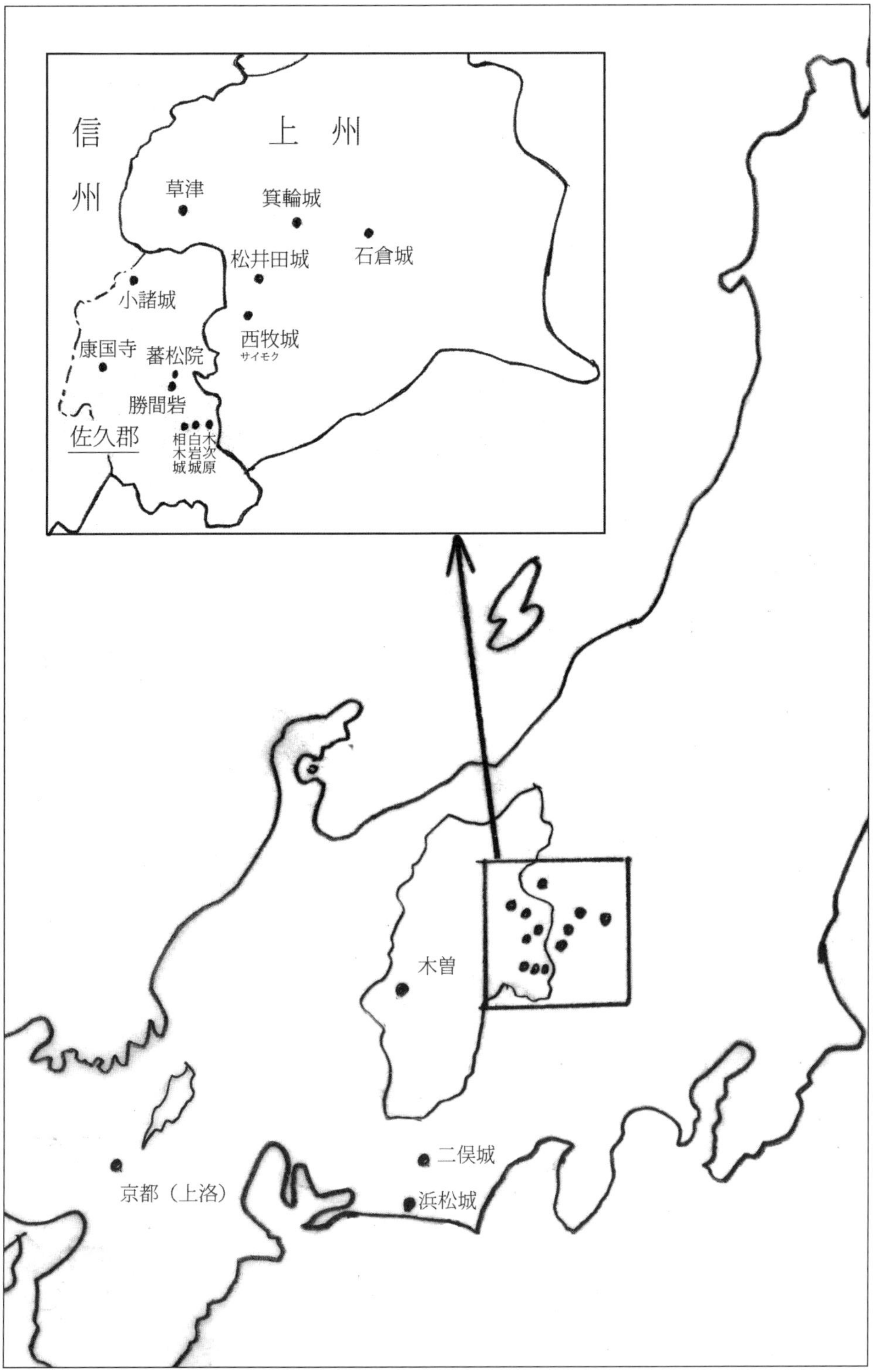
信
州
上　州
草津
箕輪城
石倉城
松井田城
小諸城
西牧城
サイモク
康国寺
蕃松院
勝間砦
佐久郡
相木城
白岩城
木次原
木曽
二俣城
浜松城
京都（上洛）

図：康國の足跡（図版）

康眞へ、秀吉朱印状

㉜佐竹義重の妻子が上洛するに際しての指示

一、

同年八月朔日、秀吉公より拙者方へ御書一通。これは別儀御座無く候えども、惣て古き書物ども、写し上げ申すべき由御意の旨に候間、この如くに御座候。

〈要旨〉

・同年八月一日、**秀吉**より拙者（芦田依田松平康眞）への御書が一通あります。これは別儀は無いけれども、惣て古き書物どもの写しを提出すべきであるとのことなので、提出致します。

〈注解〉

天正十八年（一五九〇）八月一日付けで、家康の麾下である**松平新六郎**（**康眞**）へ秀吉からの書状である。『武徳編年集成』巻之三十九、天正十八年八月大の記述によると、下記の如くである。

なお、長野県立歴史館へ寄託された「依田家文書」（豊臣

〈武徳編年集成より〉

朔日、神君武州豊島郡江戸城に遷り玉ふ。俗間に江戸御打入と稱す。八州悉く寛仁を仰き恩恵に懐き恰も火の燥るに就き水の濕る倚るが如く忽靡き從ひ奉る。秀吉、神君の麾下**松平康貞**に書を投ぜらる。

佐竹義重并妻子令上洛候條伝馬百疋人足三十人申付領分、領中□可送付候、宿等入念可令馳走候也

天正十八年八月朔日

（秀吉朱印）

蘆田

松平新六郎殿

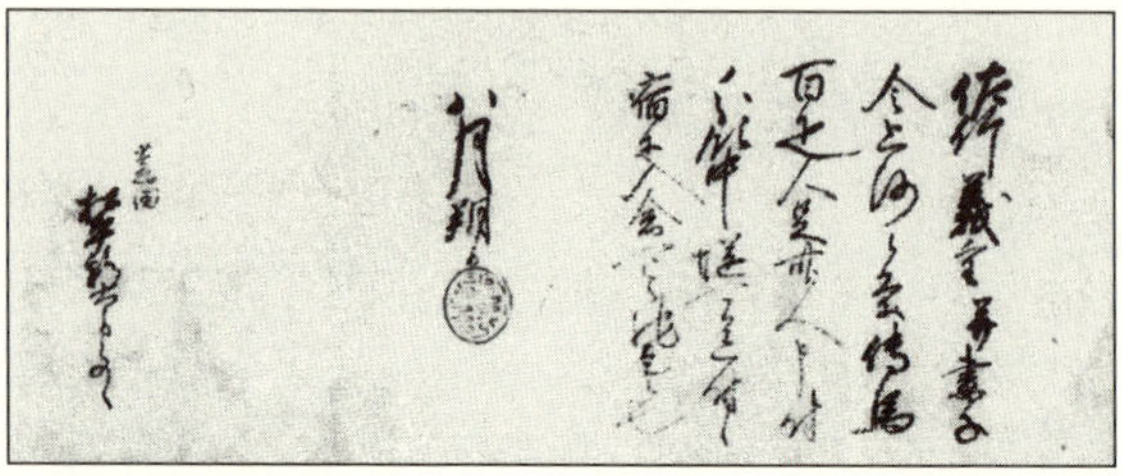

写真：秀吉朱印状、依田家文書（個人蔵、長野県立歴史館寄託）

平成23年度長野県立歴史館発行の春季展図録『武士の家宝』から転載

写真：豊臣秀吉

『定本 徳川家康』（本多隆成著）より

秀吉朱印状、天正十九年）の実物（『武士の家宝～かたり継がれた御家の由緒～』p.18に写真掲載）では、「天正十八年」の文字はなく「八月朔日」だけであり、また「松平新六郎**殿**」ではなく「**蘆田**松平新六郎**とのへ**」となっている。

《佐竹義重》

佐竹義重は、常陸国太田を本拠地とする戦国大名で、「鬼義重」の異名で恐れられていた。常陸統一を進め、東北では蘆名・伊達氏、関東では北条氏らと覇権を争い、佐竹氏の全盛時代を築いた人物である。会津蘆名家へ次男義広を養子として送り込み、佐竹・蘆名連合を結成したが、天正十七年（一五八九）の摺上原（すりあげはら）の合戦で、伊達政宗に敗れる。その結果、北条・伊達同盟の挟撃に遭うことになったが、佐竹義重はその窮地を脱するため、天下人の座についていた豊臣秀吉を頼るという離れ業を演じた。天正十八年（一五九〇）の小田原合戦の際には、佐竹軍は北条攻めの大軍に加わった。小田原合戦後の豊臣時代の文禄四年（一五九五）には、嫡男の義宣が減封され、同じ常陸国水戸へ転封となり、さらにやがて、佐竹氏は秋田久保田に転封となる。

《秀吉からの書状を受けた時点での松平康眞の領地は佐久か上州か》

ここでは、佐竹義重とその妻子が上洛するので、自領を通過する時には、馬百匹、人足三十人を出すように、そして宿の準備等も入念に馳走（接待）するように、秀吉が松平新六郎康眞に申しつけている書状である。これは、新しく臣下となった佐竹義重が、人質として京へ上る妻子を伴って、碓氷峠経由で行く途中のことであろう。この時点での「領分中」つまり、松平康眞の領分（自領）はどこであったのか、微妙なところである。天正十八年（一五九〇）の康眞の系譜をまず確認してみることにする。

四月二十六日　兄松平康國が石倉城でだまし討ちに遭い落命。直ちに康眞等が仇を討つ。

五月　康眞、手創療養のために小諸へ帰る。戸丸導寛が献身的な看病をする。

五月十一日　家康、康眞に兄康國の跡、（芦田依田）松平氏の家督を継がせ、一層の戦功を励ます。

六月中旬　康眞、小諸を発して、武蔵國鉢形城攻撃に陣し、家康の命令を待つ。（鉢形城攻めに参戦）

六月下旬　康眞、本多忠勝・平岩親吉・鳥居元忠らとともに、相模國筑井城を攻める。城主内藤某、和を請うて降る。

六月二十五日　康眞、この日、家康の命で筑井城を請け取る。

□月□日　康眞、大磯城の攻撃に加わる。

七月五日　（小田原城落城、北条氏滅びる）

七月十三日　（小田原在城の豊臣秀吉、知行割りを発令し、家康に北条旧領の関東を与え、家康配下の信濃諸大名を関東に移す）（佐久は仙石秀久の領地となる）

七月　康眞、小諸城を退去し、仮に上野國松井田城に入る。

八月一日　康眞、秀吉より佐竹義重とその妻子の上洛に際して、自領を通過する時には、馬百匹、人足三十人を出すべく朱印状を受ける。

八月　家康が江戸へ「御入国」ののち、封地を改め、康眞は、上野國緑埜郡・武蔵國榛沢郡の二郡の内で三万石（「藤岡藩三万石」）を与えられ、藤岡に移封

十一月　祖父芦田下野守信守・父右衛門佐信蕃の上野国での旧領を与えられ入部したが、さしあたり旧居浄法寺に仮住居する。

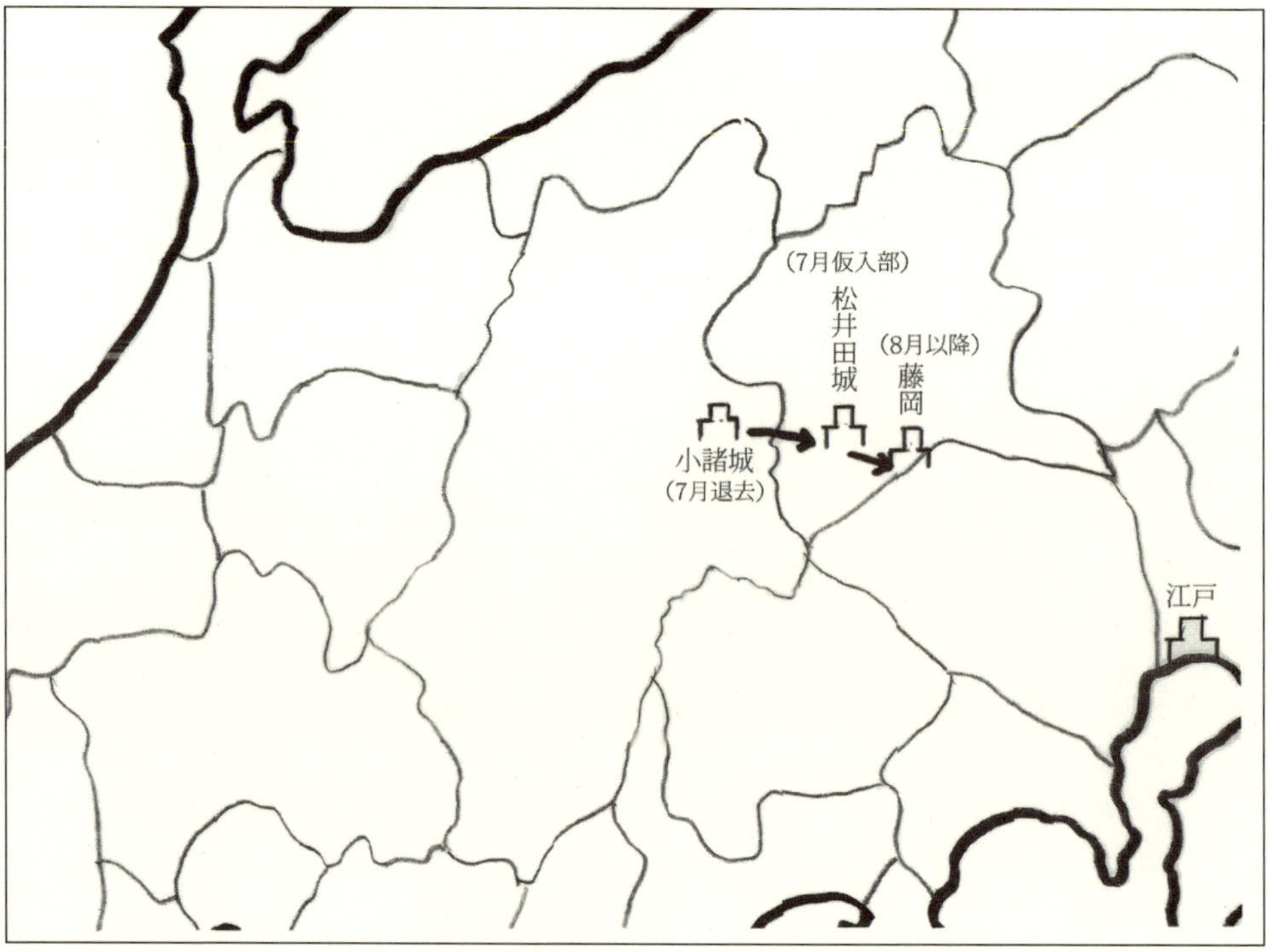

図：家康の関東入りにともない康眞移封

十一月　　　家臣清水久三郎に縄張りを命じ、築城に取りかかる。
天正十九年一月十九日　　仙石秀久、小諸城へ入る。
四月中　　康眞、まだ竣工に至らぬ新城（芦田城）へ移る。

この経過をみてみると、天正十八年八月朔日（一日）の時点での康眞の「自領」とはどこのことを指すのかは微妙なところである。『寛政重修諸家譜』ように、「七月に小諸城を退去し、仮に上野國松井田城に入った」とするならば、未だ上州での領地は定まっていないと解釈すべきであろうか。「自領を通過する時には、百匹、人足三十人を出すように」とのことであるが、ここで「自領」とはどこを意味するのかは判断が分かれるところである。碓氷道を通過し、碓氷道（後世の中山道の道筋）を、佐竹義重と人質として京都へ向かう奥方一行が、上野國松井田城近辺の西毛地方を通過する時のことを指すのか、信濃國小諸領を通過する時なのかは、このピン・ポイントの時点での松平康眞の「自領」とはどこか判断が難しい。ちなみに仙石秀久が小諸城へ入ったのは、翌天正十九年一月である。

写真：父祖の緑野郡鬼石町浄法寺の浄法院に仮住居する

康眞へ、秀忠書状

㉝伏見城の普請を康眞が分担したことに対しての慰労

一、

文禄三年午八月廿二日の御書は、**伏見御普請**之時、**秀忠**様より拙者方へ下し置かれ候を一通写し上げ申し候。この年十月に諸大夫に仰せ付けられ、右衛門大夫に罷り成り候。これは八月の御書故、新六郎と御座候。綸旨の儀、御写し上げ申し候に及び申さず御座候間、その儀御座無く候。

〈要旨〉

・文禄三年午（一五九四）八月廿二日の御書は、**伏見御普請**の時、**秀忠**様より拙者（康眞）方へ下し置かれた一通で、その写しを提出致します。

・同年十月に諸大夫に仰せつけられ、**康眞**は**右衛門大夫**（うえもんだいぶ）となった。これは八月の書状であるので、宛名は「新六郎」と記されていました。

・綸旨（りんじ）のことは、写し上げるには及ばずということなので（写し上げる必要はないということであるので）提出は致しません。

写真：二代将軍となった徳川秀忠
『定本 徳川家康』（本多隆成著）より

《秀吉の京都伏見城の普請にたずさわる》

『寛政重修諸家譜』の康眞の項には「（文禄三年）三月台命により伏見城の經營を助く」とある。ここでいう「文禄三年午（一五九四）八月廿二日の御書」とは、徳川秀忠書状で、内容は豊臣秀吉の京都での拠点である伏見城普請の件についてである。

徳川秀忠が依田（松平）康寛（康眞）に伏見城の普請の労をねぎらっている。

このことが載っている『依田家文書』を次ページに挙げる。

（包紙）「台徳院様、伏見御城普請之節御内書、松平右衛門大夫康寛頂戴
　文禄三年八月廿二日」
長〻於其元御普請付而、苦労察入候、何比可為出來候哉、弥無油断被入精尤候、恐々謹言
八月廿二日　秀忠（花押）
松平新六郎とのへ

（訓読）
長々その元に於て御普請に付いて、苦労察し入り候。何比（いつころ）出来たるべく候か。いよいよ油断無く精を入れられ尤もに候。恐々謹言。

　伏見城普請に携わっていた康眞に対して徳川秀忠が、その働きをねぎらい、完成はいつになるのかを尋ねている。松平康眞は、他の大名と分担で、伏見城の普請の役目を果たしている。そのことを徳川秀忠が慰労している書状である。康眞が、徳川麾下の大名として伏見城の普請に参加していたことは、この徳川秀忠の心配りのある書状の内容からも分かる。

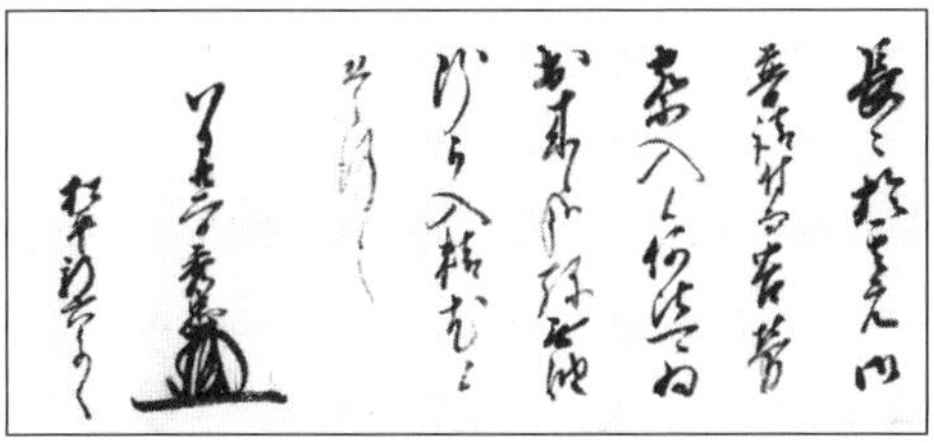

写真：徳川秀忠書状「依田家文書」（個人蔵、長野県立歴史館寄託）
平成23年度長野県立歴史館発行の春季展図録『武士の家宝』から転載

　豊臣秀吉は、大がかりな普請を行なうことが好きで、いつもどこかで大普請が実施されていた。伏見城の建築を考え始めたのは文禄元年（一五九二）からであろう。朝鮮出兵（文禄の役）の最中、秀吉は肥前名護屋から普請の指図をするほどであった。伏見は直接大坂城と舟運で結ばれる交通の要所であった。城は指月（しづき）の丘に選地された（**指月伏見城**）。本格的に築城工事を始めたのは文禄三年（一五九四）の二月初め頃からで、二十五万人を使役したという記録もある。助役は朝鮮遠征の諸大名を除く全国の大名が命ぜられた。知行高一万石につき二〇〇人の夫役が割り当てられた天下普請であった。三万石の康眞の藤岡藩は六〇〇人が夫役についたことになる。築城には①地取り（城地の選定）、②縄張・経始（城の構築の設計）、③普請（土木工事）、④作事（建築工事）の四つの要素が必要であるが、康眞が担当したのは、具体的には「普請」とあるからには、郭・石垣・土塁などを造成するいわゆる土木工事であろう。秀吉の一声で、伏見城に豪華絢爛たる桃山文化の粋が結集されたのである。この秀忠書状

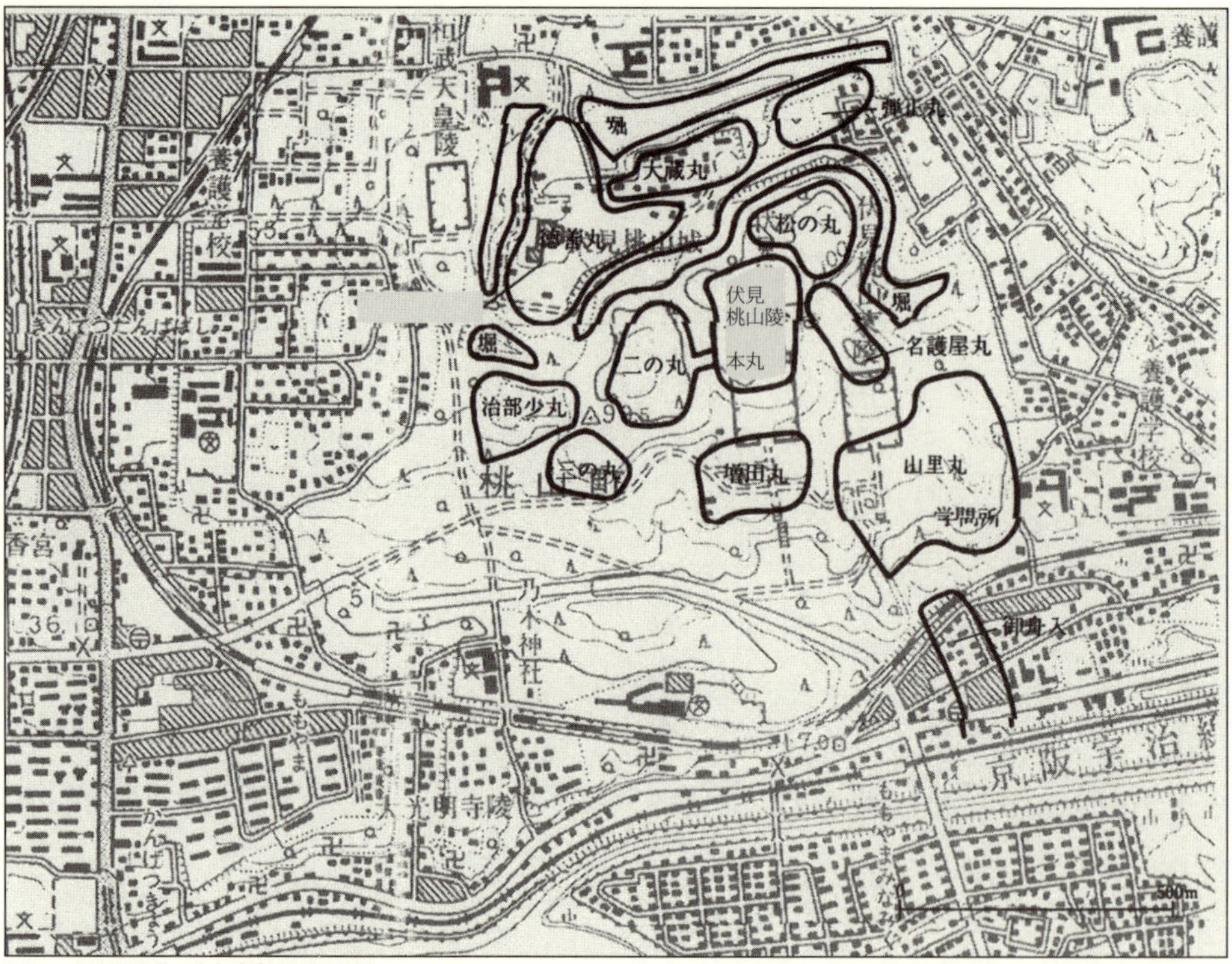

図：伏見城（木幡伏見城）
『築城（覇者と天下普請）』西ヶ谷恭弘監修より

が出された文禄三年八月には完成間近であったと思われる。十二月には、秀吉は大坂城からお拾（ひろい）（後の秀頼）を伴って引っ越しているので、その時には完全に完成はしていなかったとはいえ、すでに一応の工事は終わっていることになる。人力だけが頼りであった当時のことを考えると、想像を絶する築城の早さである。翌文禄四年、秀次を自殺させた後、聚楽第を破却し、そこから運んだ資材をも合わせて、伏見城の工事はさらに細部に渡って進められていった。なお、この伏見城は慶長元年、一五九六年に完成したが、その年に大地震によって崩壊した。

秀吉は、再びそこから五町ほど東北よりの木幡山（こばたやま）に以前よりも大規模な城郭を再建した（**木幡伏見城**）。家康は山里郭及び船入り場の修復を受け持った。康眞は家康の命を受けて、山里郭を経営（修復）した。その山里丸は本丸の南東にある広い郭である。秀吉の木幡伏見城は慶長二年（一五九七）五月に完成した。秀吉が修復なった伏見城を巡見し、康眞の経営の功が抜群であると賞した。要するに康眞が、指月伏見城と木幡山伏見城の前後二度の伏見城築城普請に出役したことが分かる。秀吉が慶長三年（一五九八）八月に没したのはその伏見城である。また、豊臣氏が滅びるまで家康が晩年ほとんどを過ごしたのも、家康・秀忠・家光ともに将軍宣下を受けたのも、ここ伏見城であった。安土桃山時代と称される時代の象徴としての伏見城は、その後役割を終えた。なお、現代の伏見城の復興模擬天守の位置は、木幡山伏見城の北西隅に位置する郭跡に建てられたものである。現在、木幡山伏見城の主要部には、明治天皇の伏見桃山御陵があり、一般の進入はできない。

《康眞、従五位下・右衛門大夫となる》

『芦田記』（依田記）の本文に「これは八月の御書故、新六郎と御座候」とある。したがって、この文禄三年八月二十二日付けの康眞宛の文書では、「松平新六郎」とあるが、十一月三日以降からは「松平**右衛門大夫**」となる。

『寛政重修諸家譜』の康眞の項では――「文禄三年三月台命により、伏見城の經營を助く。五月晦日太閤より助造の労を慰せられ、帷子(かたびら)二領、胴服一領を与えらる。十月従五位下に叙し右衛門大夫と稱す」と記されている。なお、「この年十月に諸大夫に仰せ付けられ、右衛門大夫に罷り成り候」とあるが、正しくは十一月である。文禄三年十一月三日付けの口宣案（口宣とは天皇の命を受けた職事〈蔵人頭〉が口頭でその日の政務担当の公卿に伝えたもので、職事の手控えを口宣案と称した）によると、康眞に対して官位従五位下を与え、同日の別の口宣案では、右衛門大夫の役職を与えている。長野県立歴史館寄託の「依田家文書」の文禄三年の口宣案二通には、（平成二十三年度長野県立歴史館春季展『武士の家宝〜かたりつがれた御家の由緒〜』p.19とp.44によると）、左記の如くである。

上卿今出川中納言
文禄三年十一月三日宣旨
豊臣康真
宣叙**従五位下**
奉
蔵人右中辦藤原光豊

上卿今出川中納言
文禄三年十一月三日宣旨
従五位下**豊臣**康真
宣任**右衛門大夫**
奉
蔵人右中辦藤原光豊

⇧同日に宣旨されたものであるが、順序からすれば、まず、右側に掲げた内容で、康眞に**従五位下**の官位を与え、その後に、左側に掲げた内容で、**右衛門大夫の役職**を与えたという形式をとっていることになる。

この二つの書状（「綸旨の儀」）とは、御写し上げ申し候に及び申さず御座候間、その儀御座無く候」ということで、康眞は、その書き上（写し）を尾張徳川公へ提出はしなかった。

なお、康眞に対して「**豊臣康眞**」と記されている。これは徳川家康の一族としての松平姓を名乗っていた康眞に対して秀吉が一目おいていた証拠になろう。

ちなみに、秀吉は天正十四年（一五八六）に豊臣姓となった。その後、弟秀長、甥秀次、前田利家、上杉景勝、宇喜多秀家、蒲生氏郷、直江兼次などの重臣達にも、豊臣姓を与え、「羽柴氏」を名乗らせていた。（豊臣授姓）。信州では松平康眞のほかに須田満親も授けられた。前ページの口宣案にある通り、芦田（依田）信蕃の子の康眞が、「豊臣」の姓を授かったという事実は、ここに改めて強調しておきたい。

幼名	竹福丸、福千代丸
幼少からの通り名	源十郎、新六郎
諱（いみ名）	信守、信蕃、康國、康眞
受領名	下野守、常陸介
官途名	右衛門佐、修理大夫、右衛門大夫
官位	従五位下（元来は六位の蔵人まで昇殿を許されていた。）

図：武士の名前（芦田氏を例に）

康眞へ、秀忠書状

㉞豊臣秀次切腹に際しての秀忠と康眞の書簡のやりとり

一、文禄四未年七月廿六日、秀忠様より拙者への御書一通。これは関白殿御切腹の時、拙者は江戸に罷り在り候に付いて、江戸への御書にて御座候。

〈要旨〉

・文禄四（一五九五）未年七月廿六日、徳川秀忠様より拙者（康眞）への御書一通があります。これは関白殿御切腹の時、拙者は江戸にいたので、江戸への御書です。

《徳川秀忠と松平康眞の間の主従としての緊密さ》

徳川秀忠書状で、江戸にいた康眞宛のものである。内容は不慮の儀（秀吉の後継者とされていた関白豊臣秀次自害）について記した書状である。これは、江戸にいた康眞が豊臣秀次が切腹（自害）させられたという報を受けてすぐに、京都にいた徳川秀忠に使者を送ったことに対して、秀忠が返答書として送った書状である。

写真：徳川秀忠
『定本 徳川家康』（本多隆成著）より

（包紙）「台徳院様秀次御傷害之節
御内書　松平右衛門大夫康寛頂戴
文禄四年七月廿六日」
今度不慮之儀出来付、早速使者被指上、祝着候、即
静謐被仰付候間、心安可被存候、尚様子治部少輔可
申候也、
七月廿六日　　秀忠（花押）
松平右衛門大夫殿

写真：豊富秀次
『国民の歴史　天下人』（岡本良一著）より

（解読）

包み紙に「台徳院様（徳川秀忠）より、豊臣秀次御切腹の節に御内書を松平右衛門大夫康寛が頂戴した」と記されている。

今度不慮の儀出来に付いて、早速使者指し上（のぼ）され、祝着に候。すなはち静謐仰せつけられ候の間、心安く存ぜらるべく候。なほ様子治部少輔（大久保忠隣）申すべく候なり。

七月廿六日　　秀忠（花押）

松平右衛門大夫殿

『信濃史料』（第十八巻p.135）では、治部少輔を石田三成としているが、ここは大久保忠隣が正しいと推定される。豊臣秀次が秀吉の勘気を受けて切腹させられた経緯を、徳川秀忠の命を受けて、松平康寛（康眞）に説明する役目は、「治部少輔」となっているが、同じ「治部少輔」でも、やはりここは康眞の後見人でもある大久保忠隣が相応しい。次項（文禄五年九月八日付けの家康からの書状）では、猶大久保治少輔可申候」（大久保治少輔が申すであろう）と記述されている。

《秀吉の後継者関白秀次の自害》

豊臣秀次は、秀吉の姉の「とも」と三次吉房の間の子である。天正十二年（一五八四）の小牧長久手の戦いの際の三河侵攻作戦の総大将として長久手で大敗し、秀吉に叱責されたことがあったが、その後は彼なりに身を慎み戦功もあった。具体的には翌年の天正十三年の四国攻めの功により、近江八幡の領主となった。秀次は領主として交通の要衝である近江八幡の特徴を生かし、水運を発達させるなど優れた治世の手腕も伺える。また、天正十八年の小田原攻めの功により、織田信雄の旧領たる尾張及び北伊勢を加えて百万石の大大名となった。天正十九年、愛児鶴松を失って傷心の秀吉は、その年の十一月に甥の秀次を養子に迎え、後嗣者に定めた。十二月には、秀次は秀吉から関白を譲り受けた。公家

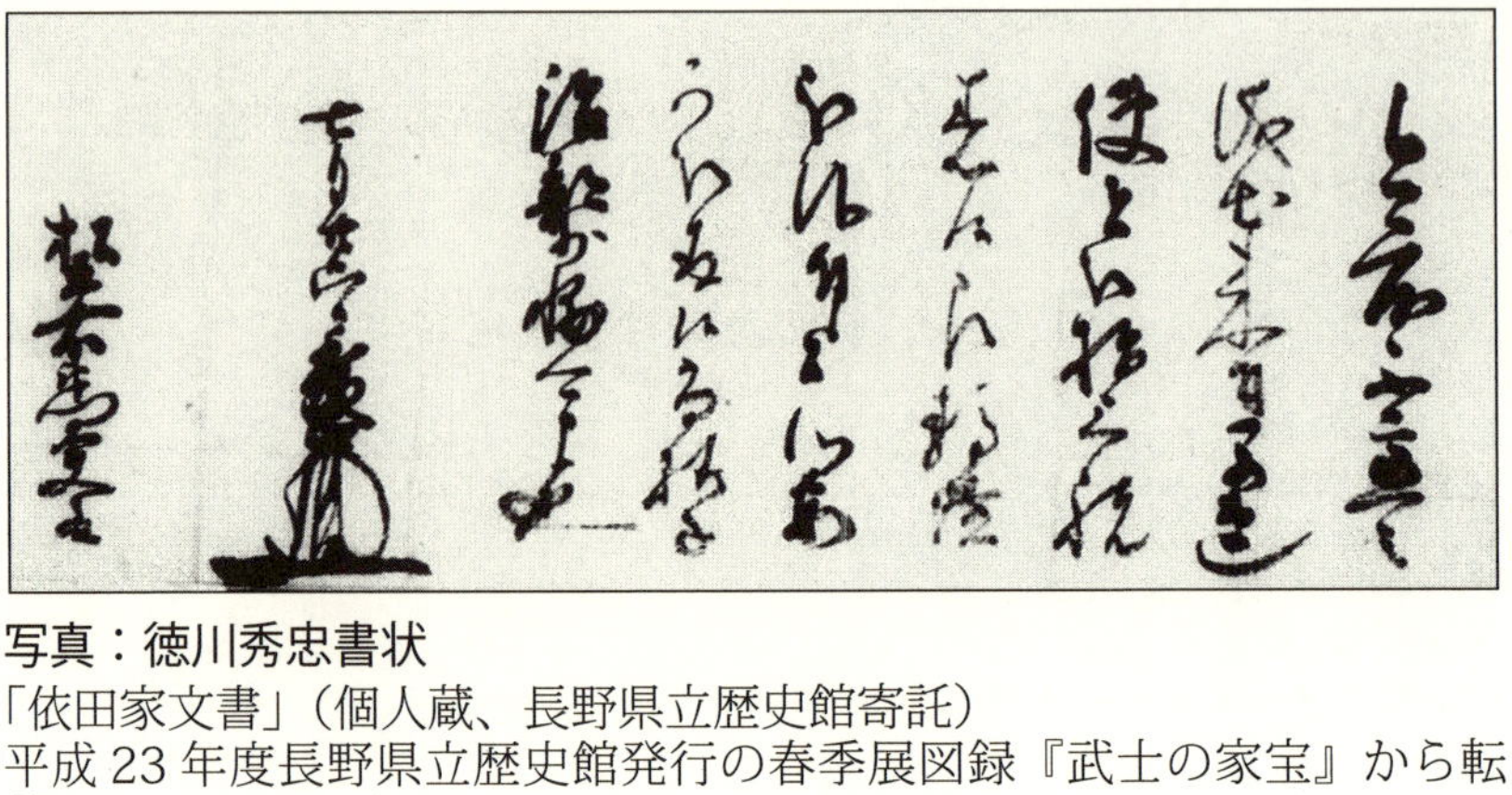

写真：徳川秀忠書状
「依田家文書」（個人蔵、長野県立歴史館寄託）
平成23年度長野県立歴史館発行の春季展図録『武士の家宝』から転載

と交わることも多くなったこともあって、教養を高めるために、努めて学問にも精を出していた。

ところが、文禄二年（一五九三）八月に秀吉と淀殿との間に「お拾い」（秀頼）が生まれると、関白秀次の立場は非常に微妙なものになってきた。秀次は秀吉から疎まれ始めた。秀次は、関白の地位を奪われるのではないかという疑心暗鬼に陥る。秀次は、次の展開を考えて与党大名を増やそうとした。しかし、正親町上皇が亡くなったにもかかわらず、関白の秀次は、精進潔斎を怠ったり、潔戒の場所である比叡山で狩りをしたり、粗野な行為もあったということから、摂政関白をもじって「殺生関白」などと言われているが、これは多分に秀吉側が秀次を悪し様に言った可能性もある。文禄四年（一五九五）七月、朝廷に莫大な金銀を献上したことも秀吉を刺激することとなった。それが、秀吉への謀反という風聞ともつながって、いよいよ秀吉の疑いの気持ちを増幅した。

文禄四年七月八日、とうとう秀次は関白左大臣の官職を剥奪され、高野山へ追放された。そして、同月十五日に自刃させられた。秀次の妻妾は全て京都三条河原にて首を討たれた。しかし、秀次が本当に秀吉に対して謀反の意を抱いていたか否かは疑わしい。秀吉もやはり人間でわが子に天下を譲りたい気持ちのほうが勝ってしまったのであろう。

《康眞と徳川秀忠の情報（書状）のやりとり》

秀忠から康眞への書状の日付は、文禄四年（一五九五）七月二十六日である。それまでに至る情報のやりとりについて、順を追ってたどってみると、

①（高野山）秀次の自害……文禄四年（一五九五）七月十五日
↓
②（江戸）江戸滞在中の康眞が秀次自害の件を知る。康眞が秀次自害について、京都にいる秀忠に使者を送る。
↓
③（京都）秀忠が、その返答書を康眞へ記す。（七月二十六日）
↓
④（江戸）康眞が受け取り、拝読。詳細を大久保忠隣から聞く。

秀次自害（七月十五日）から康眞を経て秀忠が返書を発行する（七月二十六日）までに、わずか十日ほどしか要していない。関白秀次自害の情報の伝達及び秀忠書状の経路は、「高野山→江戸（康眞）→京都（秀忠）→江戸（康眞）」である。

高野山～江戸～伏見（京都）との間の距離と当時の交通手段を考えると、当時とすればかなりの早さである。このことからも、徳川家と芦田依田松平康眞の関係の緊密さが伺える。康眞は、松平氏を名乗らせてもらっていることもあり、徳川氏の麾下として、徳川家康・秀忠にかなり近い家臣（親藩大名）として遇されていたことの証左といえよう。

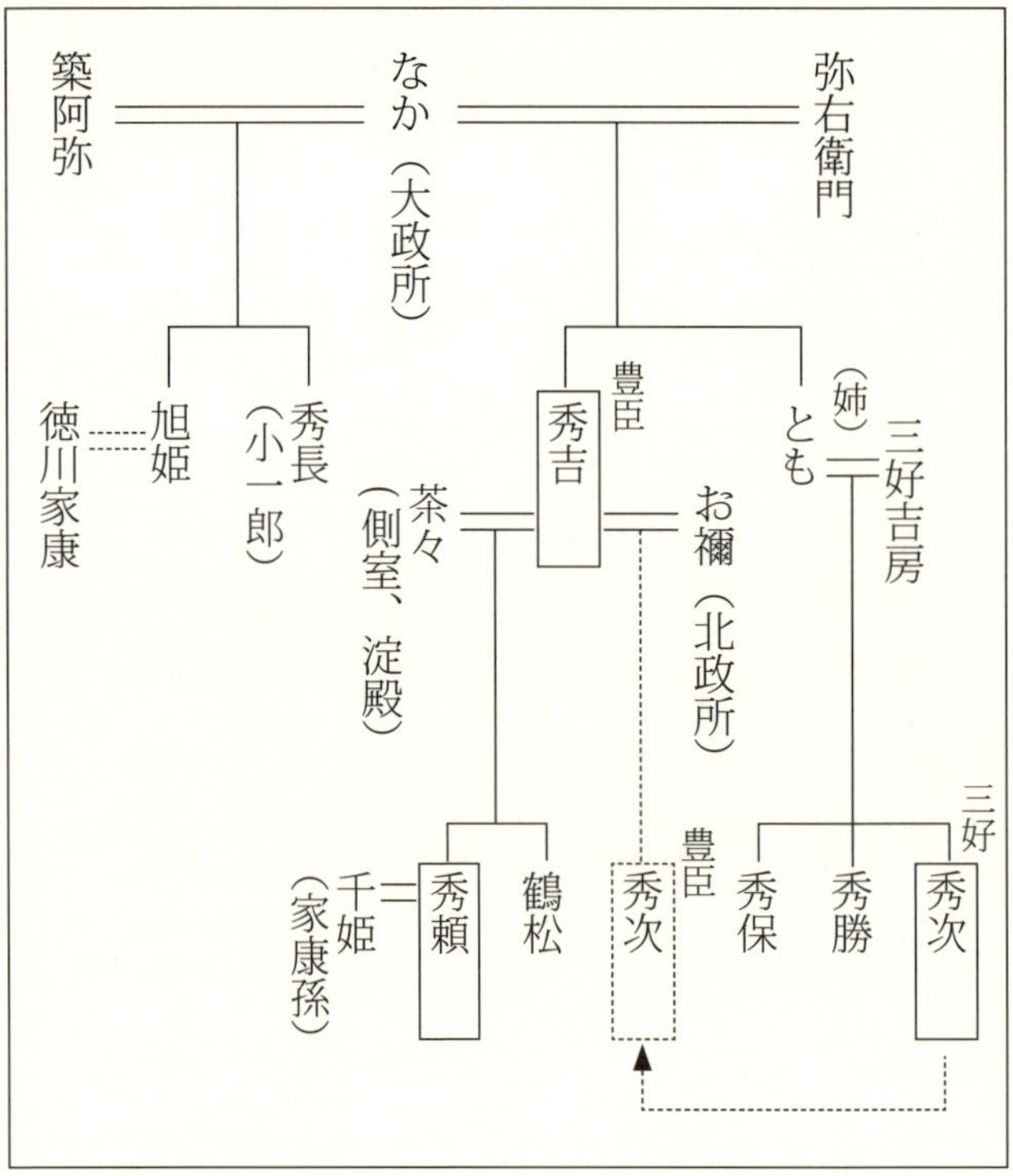

図：豊臣氏家系図

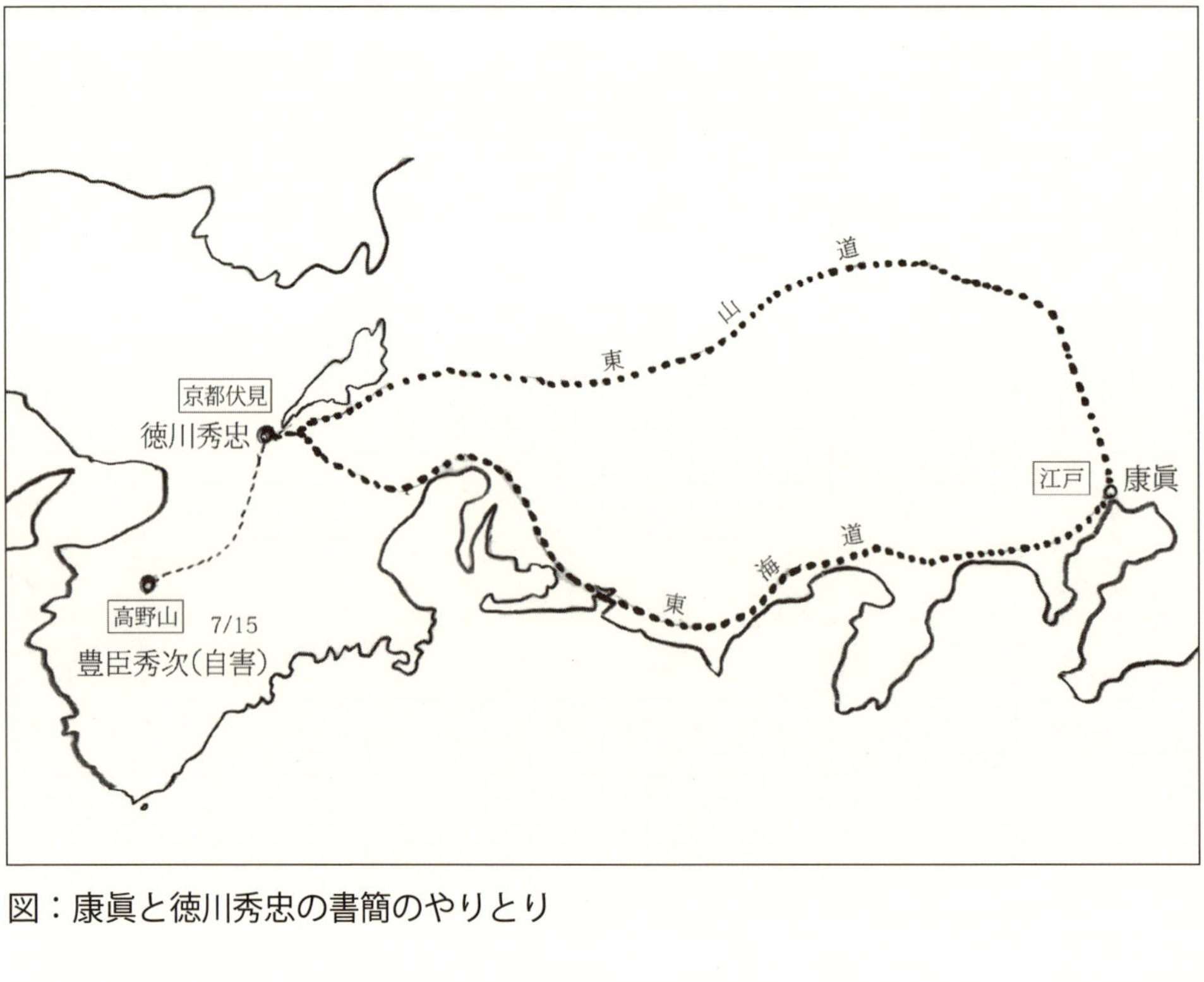

図：康眞と徳川秀忠の書簡のやりとり

康眞へ、家康書状

㉟重陽の節句に康眞が祝儀を送ったことに対する返礼

一、

文禄五年申九月八日に、家康様より拙者方への御書一通写し上げ申し候。以上。

〈要旨〉

・文祿五年（一五九六）申九月八日に、徳川**家康**様より拙者（康眞）宛の御書一通の写しを提出致します。以上。

〈注解〉

康眞宛の徳川家康書状で、内容は、康眞が重陽の節句の祝儀を送ったことに対する返礼である。

写真：徳川家康
『定本 徳川家康』（本多隆成著）より

（包紙）「権現様御内書文祿五年九月八日重陽之御祝儀獻上之節、松平右衛門大夫康寛頂戴」
為九日之祝儀小袖一到来、猶大久保治部少輔可申候、謹言、
九月八日　家康（朱印）
松平右衛門大夫殿

（解読）包み紙に「権現様（家康）の御内書を、文祿五年九月八日に重陽の節句の御祝儀を獻上した時に、松平右衛門大夫康寛が頂戴した」と書状の中身について上書きがある。
九日の祝儀の為小袖一つ到来した。なお、大久保治部少輔が申すであろう。謹言、
九月八日　家康（朱印）
松平右衛門大夫殿

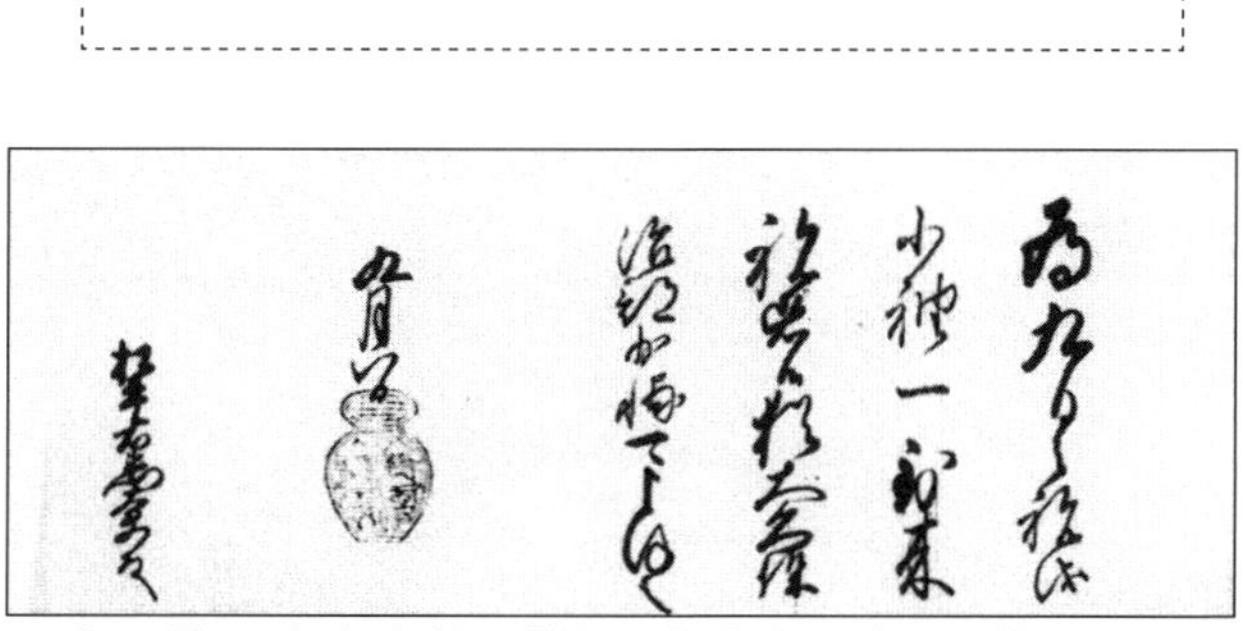

写真：徳川家康書状、「依田家文書」（個人蔵、長野県立歴史館寄託）
平成23年度長野県立歴史館発行の春季展図録『武士の家宝』から転載

家康からの書状を包んである紙に、書状の由来が記されている。松平康眞が徳川家康に重陽の節句の祝儀として小袖を献上したところ、この日（文禄五年、一五九六、九月八日）に、家康からの答謝があった。さらに、口上を「大久保治部少輔（大久保忠隣）が申すであろう」と付け加えている。大久保治部少輔忠隣は松平康眞にとっては、室（妻）の父である。また、忠隣の父（大久保七郎右衛門忠世）は、康國・康眞の後見者として、天正十年（一五八二）以来、ずっと芦田依田松平氏を支えてきた人物である。奏者の役目を忠隣がすることに、その関係の近さが表れている。

なお、松平康眞は、徳川秀忠にも重陽の節句の祝儀を送っており、それについての秀忠からの返礼の書状もある。

（包紙）「文禄五年台徳院様御内書」
為重陽之祝儀小袖一重到来、猶酒井右兵衛大夫可申候、謹言、
九月八日　秀忠（花押）
松平右衛門大夫殿

（解読）包み紙に「文禄五年、台徳院様（秀忠）の御内書」と上書きがある。

為重陽の節句の祝儀の小袖一つ到来した。なお、酒井右兵衛大夫が申すであろう。
九月八日　秀忠（花押）
松平右衛門大夫殿

秀忠からの書状を包んである紙に、書状の由来が記されている。家康へのほかに秀忠にも康眞は重陽の節句の祝儀として小袖を送っていることが分かる。この答礼の奏者としては、秀忠の側近である酒井右兵衛大夫が当てられている。

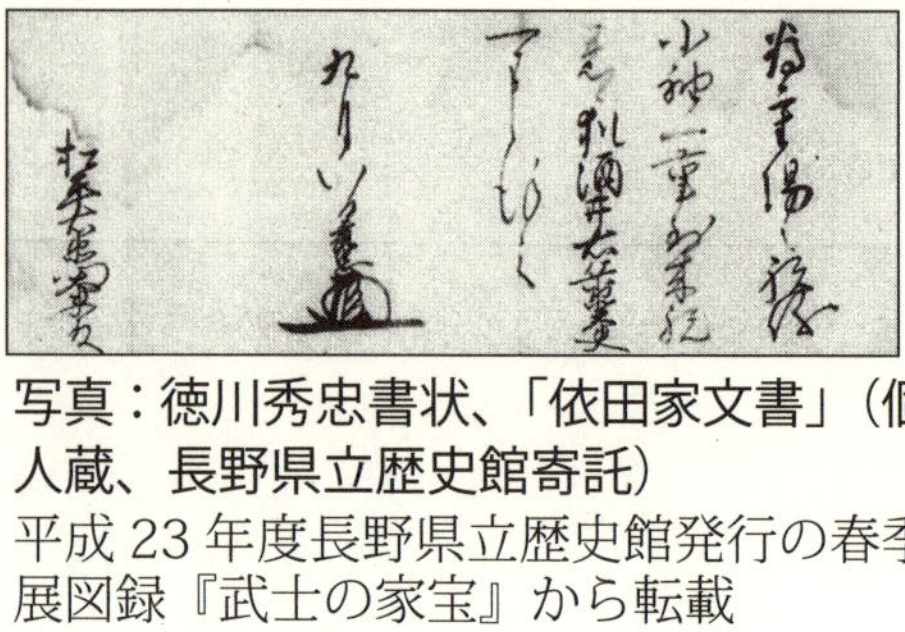

写真：徳川秀忠書状、「依田家文書」（個人蔵、長野県立歴史館寄託）
平成 23 年度長野県立歴史館発行の春季展図録『武士の家宝』から転載

写真：徳川秀忠
『定本 徳川家康』（本多隆成著）より

《松平康眞と徳川家》

臣下としての松平康眞の徳川家との関わりの深さを、『寛政重修諸家譜』『芦田記』（依田記）、『信濃史料』などにより、

関東移封後から関ヶ原の合戦前後の、**豊臣秀吉**、**徳川家康・秀忠と康眞**との関係から、時系列にしたがってまとめてみると左記のようになる。

○天正十九年（一五九一）

・康眞、九ノ戸（くのへ）の乱鎮圧に出陣した家康に従って、奥羽地方に転戦

――水沢城での「康眞軍は手を引くべし」という上杉景勝の言葉を拒否し、「家康が自分を水沢城の備えとして遣わしたのだから、家康の下知がなければ、たとえ関白秀吉の命令を受けた景勝の指示であってもしたがえない」として、頑として受け付けず、後に改めて家康の命令があってから兵を収めたことなどは、頑固一徹、主君の命令以外は拒否するという父信蕃、兄康國以来の芦田・依田氏の気骨が表れている場面である。

――九ノ戸の乱の直後、家康の命によって、康眞は「三のはざま」「岩手沢」の道路を改修したり、一揆勢の立て籠もった「名生（めふ）の城」の破却（城割り）をした。

○文禄元年（一五九二）

・康眞は、家康の新たな根拠地である江戸城の西城（西ノ丸）や本城（本丸）の普請の一環を担った。このことに対して秀忠より慰労の書状を賜った。

・朝鮮出兵で家康が渡海するための御座船の帆柱の用材を、九州名護屋に運送するために武蔵国三田谷御嶽山のご神木を伐り出した。しかし、歴史が語っているように、結果として家康は朝鮮半島へ渡海しなかった。

○文禄二年（一五九三）

・十月、先に江戸城の経営（築城）に助力した諸将を家康が召して酒食を給い、手ずから茶を點じて下さったが、康眞もその列にあった。

○文禄三年（一五九四）

・康眞は、家康の上洛に供奉し、伏見城で秀吉に謁見し、小袖一襲を献じた。

・秀忠の命令で伏見城の築城にも参画し、秀吉より帷子（かたびら）二領、胴服一領を受けて慰労される。

・康眞は。二条城築城を命じられ、隠居郭や本郭を経営す

写真：水沢城址（奥州市役所）

る。そのことで秀忠より書状を受ける。

・豊臣秀次が太閤秀吉を聚楽第に饗し、家康も出席したが、従った者の多くは中へ入ることができなかったが、康眞は入ることを拒んだ門番を叱責した。家康に続いてかろうじて中へ入られた二人のうちの一人であった。

写真：多摩川より望む、三田谷御嶽山

・秀吉の命により、従五位下、右衛門大夫に任ぜられる。
・十一月に本拠藤岡へ帰る。

○文禄四年（一五九五）
・藤岡を出発し、草津の駅で秀忠の上洛を迎え、供奉して京都へ入る。
・秀吉が家康の聚楽での館に来臨があり、康眞も同列の諸将と共に謁した。その後家康・秀忠から御内書を賜る。

○慶長元年（一五九六）
・秀忠が石川康道邸に来た時に、康眞は予め先に行って、お迎えした。

○慶長二年（一五九七）
・前年地震により伏見城が破壊されたが、家康は山里郭及び船入場の修復を受け持った。康眞は、家康の命令を受けて、山里郭を経営（修復）した。
・秀吉が修復なった伏見城を巡見し、康眞の経営の功が抜群であると賞す。
・秀吉が伏見城の向嶋の亭に菜園を設け瓜（うり）を育てたが、家康を饗応した時に、諸将にも自ら瓜を採って与えた。康眞は病で欠席していたが、秀吉は、康眞に与えよと言って瓜を託してよこした。家康も、康眞の病の具合を尋ね、薬を服するように指示があった。
・**康眞は、家康・秀忠父子に重陽の祝儀を献じ、その答謝をそれぞれから受ける。（本項の書状がそれにあたる）**
・康眞は、病気が治り、藤岡への帰途、上洛する秀忠に会い、拝謁すると、病のことを尋ねられ、懇ろな言葉をかけられた。

○慶長三年（一五九八）
・（太閤豊臣秀吉の死去）。

○慶長四年（一五九九）
・秀忠が大久保忠隣邸を訪れ、御謡初めがあり、康眞も御相伴した。
・康眞は伏見に行き、家康の命令で伏見城大手の櫓を守った。石田三成が家康を狙っているという巷説があったためである。
・康眞の後に佐久郡小諸城へ入った仙石秀久の家人が盗賊をし、百二十人が磔にされた。家康は「康眞はよく自分の家人を扶持しているので、そういうことはない」と信頼の言葉をかけてくれた。
・大坂において三成が家康を狙っているという巷説があった。康眞は、この時伏見にいて腫物を患って起きることもままならぬほどであったが、大坂の家康の館まで馬を走らせ、家康に拝謁した。家康は、康眞が苦痛に耐えて馳せ参じたことを喜んだ。

豊臣秀吉　徳川家康
石田光成　徳川秀忠

写真：康眞が関わった人々
写真は『定本 徳川家康』（本多隆成著）より

ここまで、大名としての松平康眞は、順風満帆であった。親藩松平氏を名乗り、徳川の身内として遇され、また、よく忠勤を尽くした。天正十八年（一五九〇）に藤岡城へ転封となったが、それから約十年、藤岡城下を整備し、従兄弟の依田肥前守信守、信政や佐久以来の芦田五十騎を中心とする家臣にも恵まれ、治政も安定していた。家康・秀忠にも、さらに秀吉にも認められ、ここまで述べてきたエピソードからも、その律儀な忠烈ぶりは、父右衛門佐信蕃を彷彿させるものがあった。

その活動範囲も祖父下野守信守・右衛門佐信蕃・兄修理大夫康國よりもさらに広範囲となった。本拠は上野国藤岡であったが、徳川に従い江戸～京都・伏見～大坂へと広がっていた。前述のような行動ができたのは、大名であったこともあり、

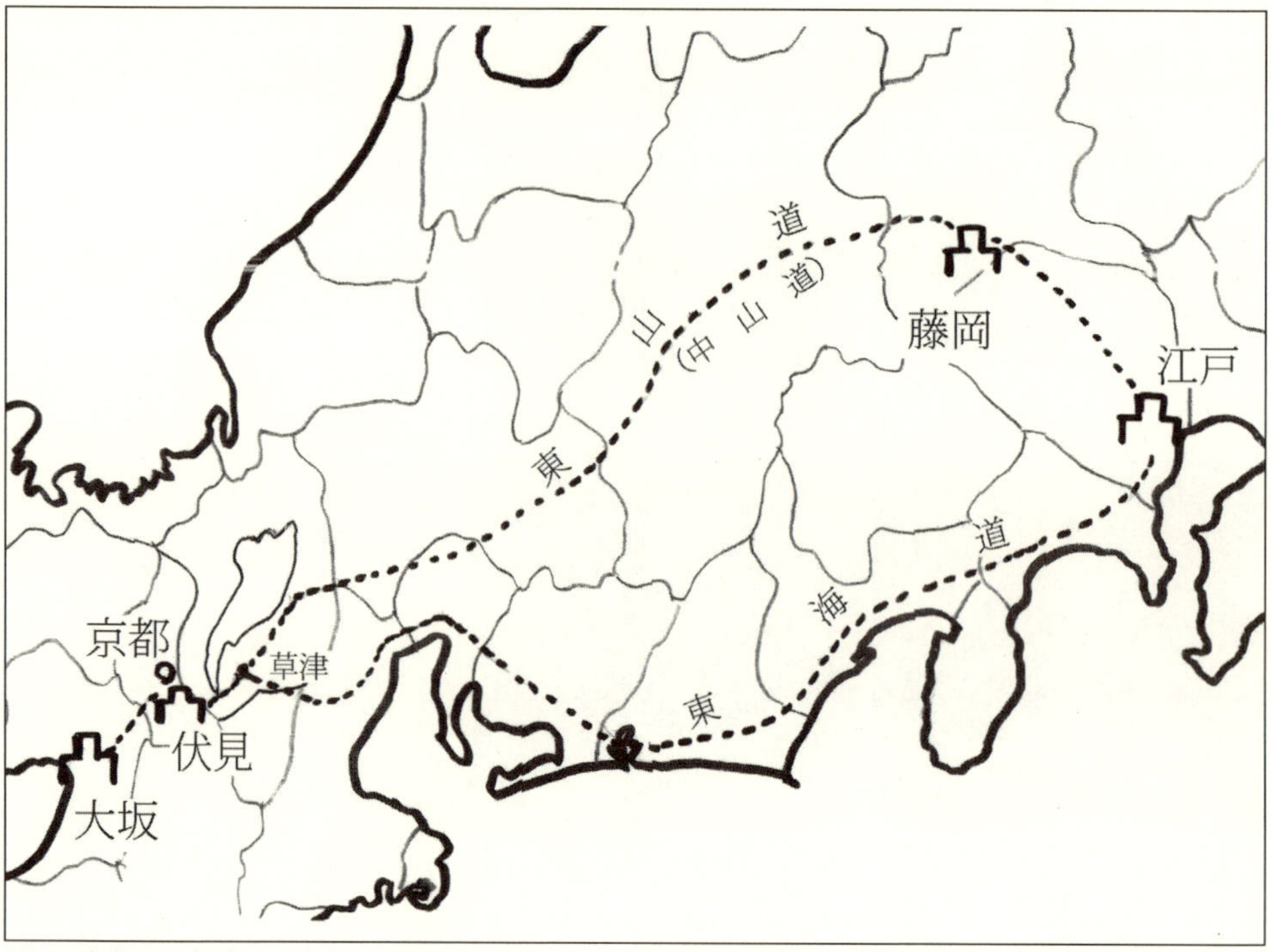

図：康眞は家康・秀忠、秀吉と関わって、江戸〜伏見（京都）〜大阪にたびたび滞在した

芦田松平屋敷が江戸のみならず伏見城下にもあった可能性が高い。康眞は天正二年（一五七四）生まれであるので、この時点で数え二十六歳の青年大名であった。時の為政者達からも信頼され、将来が約束された大名の一人であったと推定できる。

そして、天下にとっても康眞にとっても運命の年となる慶長五年（一六〇〇）が明けた。天下を二分して戦われた関ヶ原の合戦が行なわれる年である。その正月、豊臣秀頼のいる大坂城に滞在することが多くなっていた徳川家康に従って、大坂に滞在していた時に、康眞の運命を変える最大のつまずきが勃発したのである。

○慶長五年（一六〇〇）

・康眞は、家康のお共で大坂へ行き、宿舎で碁の勝負から、旗本小栗三助を斬り、高野山の蓮華定院に蟄居する。

・藤岡藩三万石は改易、領地没収、お家断絶となる。

・康眞は、石田三成方の宇喜多秀家から仕官の誘いがあったが応じなかった。

・関ヶ原の戦いの時に、会津の上杉景勝の押さえとして下野國小山に在陣中の結城秀康（徳川家康次男・後の松平秀康）へお預けとなった。松平の姓をはばかって、「松平康眞」を「加藤四郎兵衛康寛」と改め、その家臣となる。

写真：康眞が謹慎蟄居した蓮華定院

・関ヶ原の戦いの後、越前福井へ國替えとなった秀康に従った。はじめは食客扱いであったが、勤勉実直な康眞の性格と行動が認められ、後に福井藩城代家老として仕えた。

以上見てきたように、蘆田・依田・松平康眞の人柄や忠勇の臣従ぶり、徳川家康・秀忠、豊臣秀吉との直接的な関わりから、康眞という武将が、その存在を認められていた状況が判明する。主に『蘆田記』（依田記）や『寛政重修諸家譜』から、その内容を整理してみたが、康眞サイドからの情報であるが、彼がいかに中央の武家社会の中で、とりわけ徳川家康・秀忠父子に「松平」康眞として認められ、彼自身もそれに相応しくあるべく生きてきた様子が分かる。それだけに、自ら招いた結果とはいいながら、関ヶ原の戦いの前夜ともいえる時機に、急転直下、改易領地没収となる事件を起こしてしまったことは、康眞にとっては痛恨の極みであり、また非常に残念なことである。

《芦田・依田氏三代の共通点》

康眞の誠実で律儀な性格も行動も、まさに父依田信蕃、兄松平康國のそれと極似している。戦いにおける豪胆さ、主君に対する絶対的な忠誠心と、大義名分にそぐわない時には、たとえ相手が大物であっても簡単には従わない頑固一徹さがある。そして、いかなる艱難辛苦にも耐えぬき、智勇を発揮して、かなりの功績を上げながら、もう一歩のところで、生来の短慮さや佐久人らしい人のよさ（詰めの甘さ、抜け目のない生き方や柔軟性にやや欠ける？）から、命を落としたり、それまでの全てを失ったりしている。歴代の蘆田・依田氏宗家の当主の生き方は、同じ佐久人として、驚嘆と共感と哀愁を覚えざるを得ない。

蘆田下野守信守～依田信蕃～松平康國・松平康眞と続く系譜は、この時点では、同じ信州真田氏よりも、ある意味では中央武家社会では、通っていたところも十分あったのに、康眞の改易という事件で頓挫してしまったことは惜しいとしかいいようがない。

《加藤四郎兵衛宗月こと蘆田依田康眞のその後》

康眞が仕えることができた結城秀康（家康の次男）は松平秀康となり、福井藩祖となった。主君秀康の没後、康眞は加藤四郎兵衛宗月と称した。ちなみに、「宗月」とは、佐久郡芦田城の本郭に芦田家の守護神木ノ宮として祀られている芦田孝玄の戒名「清涼院殿**宗月**良曠大居士（清涼院殿**秀月**良眩大居士とも）の中の「宗月」をとって、康眞は自らを**加藤宗月**と名乗ったとも考えられる。木ノ宮明神は上州藤岡では芦田大明神（神明社）となって祀られている。また、「宗月」「秀月」からすると、「そうげつ」と筆者は読んできたが、もしかしたら「宗月」は「しゅうげつ」と称した可能性もある。

加藤宗月こと康眞が尾張徳川義直の求めに応じて前後三度にわたって提出した『蘆田記』（依田記）の内容は、寛永二十年（一六四三）である。時に宗月は七十歳であった。八十歳まで生きたので、没する十年前ということになる。提出した時点で、自らの四十四年前の二十六歳までのことをまとめ上げていることになる。兄康國や自らのことまでの**芦田依田三代（信守～信蕃～康國・康眞）の記憶**をたどっていることになる。当然、幼い頃や父祖の事蹟については、見聞きしたものや家臣から伝え聞いてきた内容もあるはずである。その記憶力や気魄には驚嘆を覚えざるを得ない。七十歳の老人が、先祖から自らの若き日の二十六歳までのことを含めて語っている内容であるので、ひとつひとつのことの年号や細部には、もしかしたら記憶違いや誤りがあるかもしれないが、その語っている内容は、真実に限りなく近いものであるといってもよいであろう。

なお、加藤四郎兵衛宗月こと芦田依田康眞は、越前福井へ行ってからも、その豪胆で、誠実で、忠勇で、頑固なエピソードや足跡は数多くある。改易の原因となった碁の勝負での事件のことや、越前福井以降の芦田氏のことについては、またの機会の筆にその場を残しておきたい。なお、芦田氏は、江戸時代を通じてその後も何人かが福井藩家老職を務め、子孫は二十一世紀の現在まで連綿と続いており、その宗家もしっかりと受け継がれている。芦田下野守信守から現在までの宗家の系図は、次のようになる。なお、○内の数字は越前福井藩での代を示す。

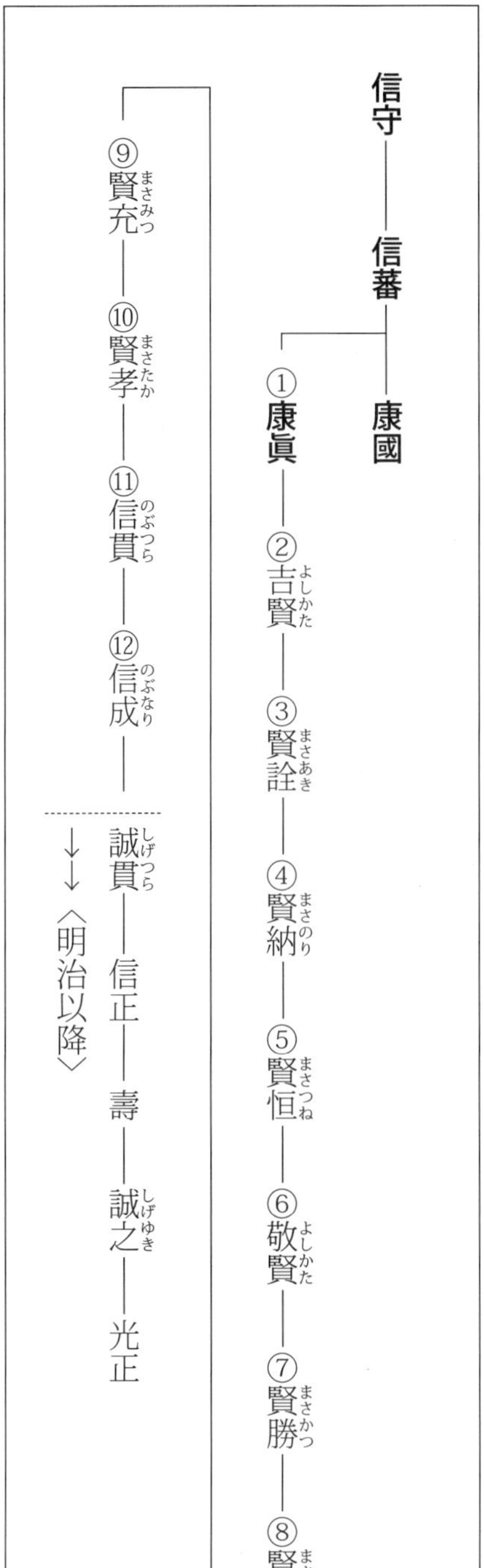

図：宗家の家系図

○御書共凡十通
寛永二十年未九月廿日

〈要旨〉

・いただいた御書、十通を提出します。**寛永二十年未九月廿日**——『蘆田記』（依田記）の本体は、ここまでで終わっている。

《康眞が提出した芦田氏の由来書の裏付け（証拠）となる文書》

徳川家康・秀忠、豊臣秀吉から信蕃・康國・康眞の三代が受領した宛行状・判物・朱印状等の書状、十通の書き上げ、写し上げを尾張徳川家の求めに応じて、芦田氏の由来『芦田記』（依田記）の裏付け（証拠）として、以上、述べてきたように寛永二十年（一六四三）未九月二十日に提出した。

その十通を一覧表にしてみると左記のようになる。

№.	文書	発給者	受領者	年月日	内　容
1	判物	徳川家康	信蕃	天正十年七月二十六日	佐久・諏訪郡を宛てがう旨
2	書状	徳川家康	信蕃	天正十一年二月十二日	前山城の城番、相木城兵数
3	判物	徳川家康	康眞	天正十四年四月十六日	「松平」の姓と「康」の諱を授ける旨
4	書状	豊臣秀吉	康國	天正十八年三月十八日	相木白岩合戦勝利への感状
5	朱印状	豊臣秀吉	康國	天正十八年四月二十九日	西牧城攻略の感状
6	判物	徳川家康	康眞	天正十八年五月十一日	康國の後継者として康眞を認める
7	朱印状	豊臣秀吉	康眞	天正十八年八月一日	佐竹氏上洛に馬と人足を出す
8	書状	徳川秀忠	康眞	文禄三年八月二十二日	伏見城の普請を慰労する
9	書状	徳川秀忠	康眞	文禄四年七月二十六日	豊臣秀次切腹について
10	書状	徳川家康	康眞	文禄五年九月八日	重陽の節句祝儀に返礼

この時点で、芦田依田氏宗家に伝わっていた御書（書状）は、そのほとんどが康國・康眞時代のものである。前述の通り、その理由は次のような経緯からである。——祖父芦田下野守信守や父依田信蕃に武田氏や家康から与えられた文書等は、天正十年（一五八二）、信蕃が武田遺臣を切腹させるという信長の「武田氏遺臣狩り」から逃れて、甲州市川の家康の本陣にて家康の臣下となり、遠州二俣の奥小川の里へ隠れ棲んだ時に、主の留守の本拠地佐久郡春日城・春日館が滝川一益の軍勢によって狼籍蹂躙され、奪われたり焼かれたりしたからであると推測される。

以上が、松平の姓を返上した**芦田（依田）康眞**（当時は越前福井藩城代家老であり、母方の姓を名乗り、**加藤四郎兵衛宗月**と称していた）が、寛永二十年（一六四三）未九月二十日付けで尾張徳川家へ報告提出したものである。康眞七十歳の時である。彼は、この後十年生き、承応二年

（一六五三）八月十八日に八十歳で没している。康眞は福井市總光寺の中興開基でもあり、芦田氏の墳墓は現在は、總光寺の足羽山（あすはやま）西墓地にある。

元来、『芦田記』（依田記）は、まとまった語りで最初から存在したものではなく、尾張徳川義直の要求に、その度に宗月が書付けをもって応じてきた文書の集合体であったのである。『芦田記』（依田記）成立の過程を山崎会理氏は、前述の論文で日付を追って述べている。筆者なりに解釈整理して図示したものが本書三四六ページの図である。

写真：總光寺
康眞こと加藤四郎兵衛が中興開基。福井での芦田氏の菩提寺。

昭和二十三年六月二十八日の福井大地震を経て、都市計画のため總光寺の墓地も含めて、昭和二十七年頃、多くの寺院の墓地が、寺の周辺から足羽山へ移転を余儀なくされた。蘆田（芦田）氏の大五輪塔は地震の後、いくつかが整理破棄されてしまって、十一基存在したうち、現在は三基のみであるのは残念である。真中の五輪塔が最大で、台座まで含めると約四ｍの高さがある。墓石正面にはごく薄い彫りながら「總光」の文字が判読できる。康眞の法名「**總光寺**殿孤岸良月大居士」であることが判明する。整理廃棄されたいくつかの五輪塔にあったと思われる戒名が、この三基の四方の面に順不同に新しく彫られた形跡がある。なお、芦田氏の墓地のすぐ下段の墓地には越前福井真田氏（真田昌輝の子信正が始祖）の墓もあるのは、不思議な縁ではある。

《福井での蘆田（芦田）氏》

康眞は松平秀康の家臣となり、大野郡**木ノ本**（このもと）に陣屋を構え、重臣加藤宗月として五千石の領地を賜った。**陣屋跡**は現在、杉本敏憲氏の宅地となっている。石垣や水堀が往時を偲ばせる。間口約六十ｍ、奥行き約八十五ｍである。康眞は自らが開基となって、ここ木ノ本に**光徳寺**（父祖の地信州佐久郡芦田村、上州藤岡のそれに続き三つ目の光徳寺となる）を建立した。この光徳寺の旧境内地は春日山の山懐にあり、現在の境内地（清滝川沿い）に移転したのは昭和四十年頃である。古い山門が移転されているが、重厚でかなり立派なものである。

康眞は大坂の陣の時に出陣して途中まで行ったが、少し前に改易となった妻の実家大久保忠隣の縁者ということもあって、参陣が許されず、一揆に備えるためということで大野城代を仰せつかっている。大野城は木ノ本から福井城へいく途中に位置する。

やがて、元和九年（一六二三）、康眞は福井城下に屋敷を構えることになるが、**上屋敷**は足羽川に面しており、福井城

写真：加藤宗月こと康眞の木ノ本陣屋跡（現杉本氏邸）
写真上は遠景、写真下は石垣と水堀跡。

写真：光徳寺旧山門（現光徳寺に移転）

の南側を防御する出丸的な役目を果たす位置にあった。大阪城の真田信繁（幸村）による真田出丸と同じような趣旨をもった存在である。現在は福井市中央二丁目で、佐佳枝ポンプ場のある辺りで、旧地名は小道具町である。**下屋敷**は城の鬼門艮（ウシトラ）（北東）を守る位置にあった。旧地名「下地蔵」にあり、現在のJR北陸本線の高架線をはさんで、宝永一丁目四番地・六番地、日之出五丁目三番地の辺りに相当する。福井藩における二代吉賢は姓を**蘆田**（**芦田**）に戻した。歴代の芦田氏は、康眞と同じく知勇に優れ、豪胆かつ誠実な人物が多かった。福井城が災害に遭った時など、修築復旧するまでの間、福井藩主が芦田屋敷にしばらく滞在することもあるなど、藩主からの信任も厚かった。福井藩芦田氏は家老を輩出する高知格の家柄とされ、江戸時代を通して芦田氏の当主の六名が福井藩の家老を勤めている。①康眞、②吉賢、③賢詮、④賢納、⑩賢孝、⑪信貫（○内の数字は何代目かを表わす）。また、芦田氏が関係する寺院は康眞が中興開基となった菩提寺の總光寺のほかに芦田氏の祈願寺乗国寺、経圓寺（教圓寺）もあった。幕末時の当主は十二代信成であったが、父信貫に先だって彼は明治十一年に福井で没した。

　翌明治十二年（一八七九）に、すでに隠居していたが、十一代信貫が福井を去り、父祖の地信州北佐久郡芦田村へ戻った。その時、芦田氏の旧臣が旧主の帰還を大いに歓迎したといわれている。

写真：芦田上屋敷絵図（芦田下野屋敷遠見之図より）

写真：芦田上屋敷（足羽川の向う）

写真：芦田下屋敷跡

写真：福井における芦田氏墳墓（總光寺の足羽山西墓地）

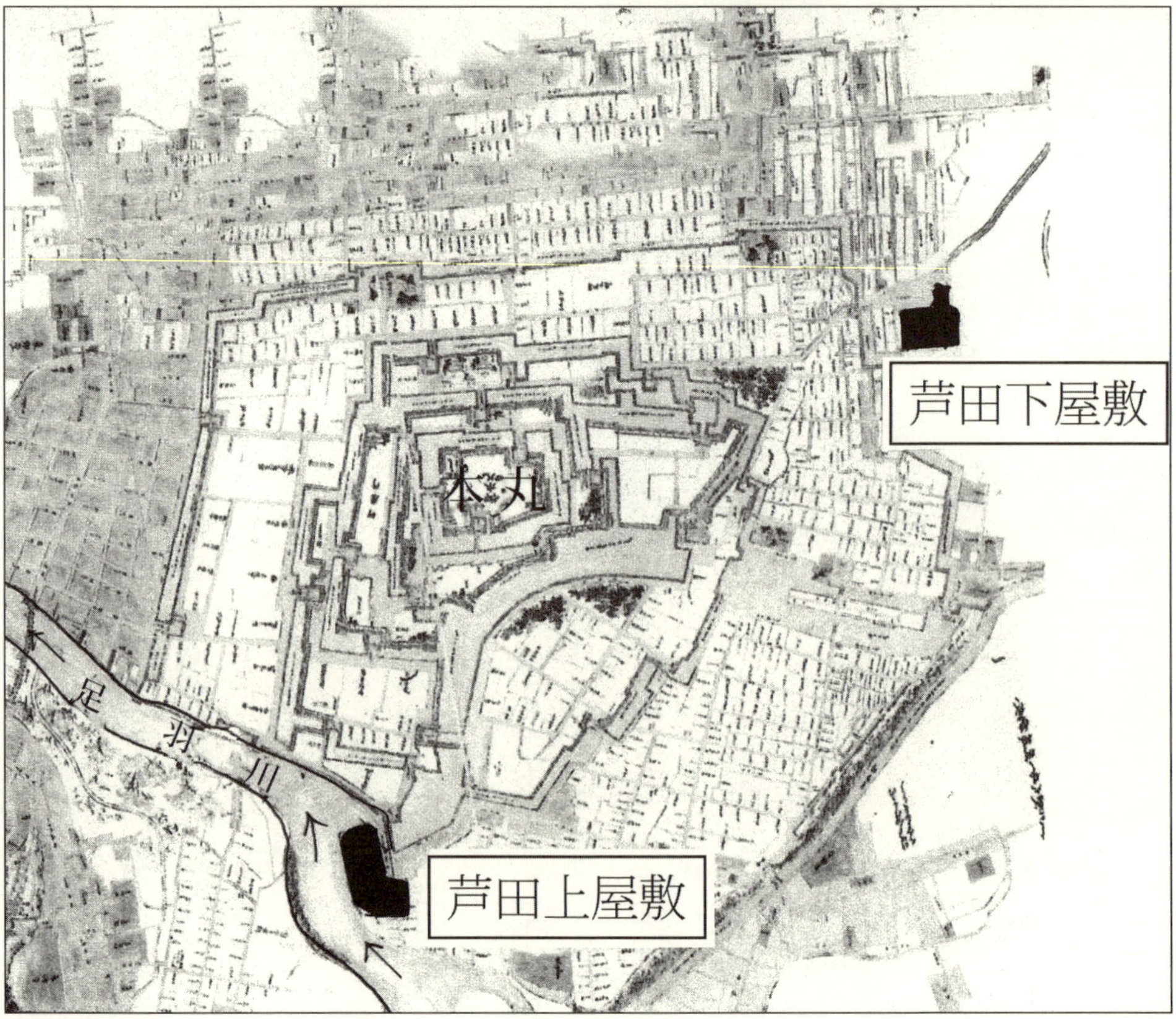

図：福井城
「福井城下絵図」（福井御城下之図、正徳４年）参考

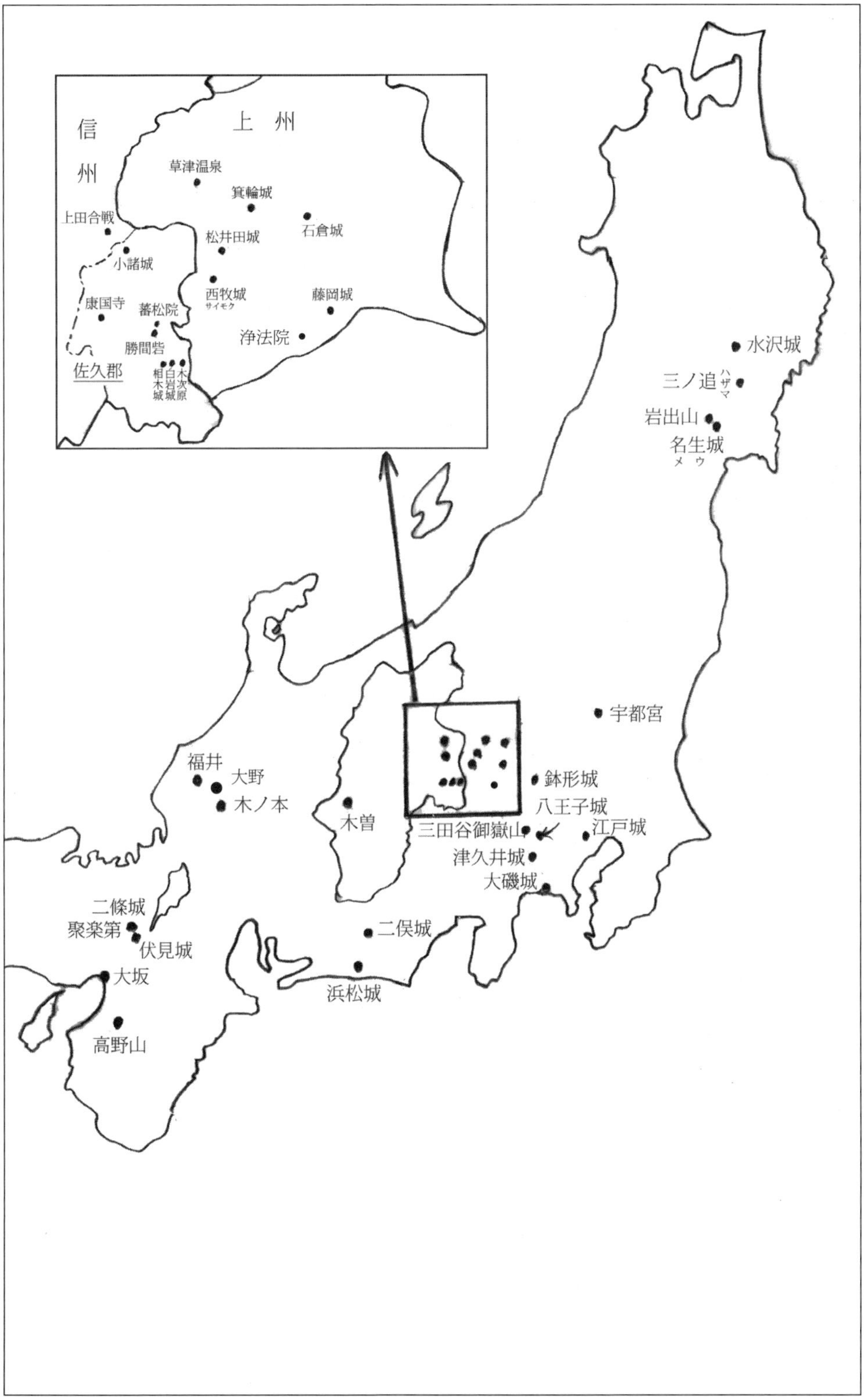
信州
上州
草津温泉
箕輪城
上田合戦
石倉城
松井田城
小諸城
西牧城
サイモク
藤岡城
康国寺
蕃松院
浄法院
勝間砦
佐久郡
相木城
白岩城
木次原
水沢城
三ノ追
ハザマ
岩出山
名生城
メウ
宇都宮
鉢形城
八王子城
三田谷御嶽山
江戸城
津久井城
大磯城
福井
大野
木ノ本
木曽
二條城
聚楽第
伏見城
大坂
高野山
二俣城
浜松城

図：康眞の足跡

奥書 〈誤り多し〉

（「私に追加」として、「奥書」が加筆されているが、写本によって様々である）

〇私に追加

（↑後述するように、誤謬が数多くあるので注意を要する部分である）

信州佐久郡大井庄蘆田城主**依田備前守**信常子

信守

依田肥前守（イ蘆田下野守）

始め武上の堺**御嶽城**に住む。また、駿州**蒲原城**に住む。武田信玄に属す。数功あり。また、遠州**二股城**を守る。天正十年神君に属し奉る。

同年六月十九日卒

信蕃

源十郎依田右衛門佐常陸介

神君に仕え奉る。

天正十一年二月廿二日、**岩尾城**攻城の時討死年廿三

信吉　善九郎　依田伊賀守

信春　依田源八郎
兄信蕃と同時に討死

康國　松平竹福　源十郎　修理大夫
御称号及び御一字　上州**藤岡城**に住む。
天正十八年月日　**石倉城**に於て横死

康貞　福千代　新六郎　右衛門大夫
天正十四年四月十五日、御前に於て元服。御一字及び御称号、御腰物を賜る。
文禄三年十月叙任。後年出奔し、高野山に入り、剃髪、**加藤宗月**と号す。
越前福井に住む。

〈注〉・右の文章の末尾の「私に追加」以降は、『**蘆田記**』（**芦田記**）に記されている文面である。誤りが数多くある。
・なお、『**依田記**』の末尾は次ページに掲げるようになっている。『依田先祖記』の末尾の内容もこれに近い。

一、
文祿五年申の年、九月八日に家康様より拙者方への御書壱通写し上げ申し候、
寛永弐拾年
未ノ九月廿日
祖父下野守信守
依田常陸介信蕃
同弟善九郎
同源八郎
依田竹福丸
年十四歳の時、権現様より御名字下され、康と申す御字下れ候、
権現様より
松平源十郎に被成、

〈註解〉

〔信守〕

イ　信守のところに「依田備前守信常」子とあるが、信守の父は「依田備前守信常」ではなくて通常は、「依田備前守義玄（よしはる）」である。したがって、ここは「依田備前守義玄」としたい。

ロ　また、信守のところに「依田肥前守」とあるが、肥前守信守とは信蕃の甥（信蕃の次弟信幸の嫡子）の名である。信蕃の父の名は「依田下野守」が正しい。また、彼は「蘆田（芦田）下野守信守」の名で、武田信玄の麾下で数多くの合戦で功をなした。信濃先方衆の侍大将として、信玄に関わる書物にしばしばその名が載っている。

ハ　信守の項に「始め武上の堺御嶽城に住む」とあるが、ここだけでは本当の本拠地が信州佐久郡芦田郷または春日郷であることが書いてない。また、確かに武州（埼玉県）と上州（群馬県）の境で武州側に聳える御嶽城（みたけじょう）を守備していたが、館は境の神流川（かんながわ）の上州側にあった。その候補地は緑野郡鬼石町浄法寺の浄法院の辺りか、保美の城戸（しろど）にある芦田川屋敷跡と推定されている。いずれにせよ、御嶽城を守備して現在の藤岡市域にいたのは、永禄九年から十一年（一五六六～一五六八）頃の足掛け三年間ほどである。この時に信守とともに信蕃も行動をともにしていた。本拠地佐久芦田郷や春日郷は身内の信頼できる者に任せていたのであろう。

ニ　「駿州蒲原城に住む」とあるが、たしかに信守・信蕃父子が信玄の駿河遠征に従い、蒲原城に城番として守

備していたことはあるようであるが、「住む」という表現よりは「在城した」というニュアンスであろう。

ホ　「天正十年神君に属し奉る」とあるが、これに該当するのは信蕃である。

ヘ　「同年六月十九日卒」とあるが、信守が没したのは二俣城を守備していた時で「天正三年六月十九日卒」（一五七五）が正しい。

〔信蕃〕

ト　信蕃の項で「**岩尾城**攻城の時討死年廿三」とあるが、「三十六歳」である。彼が没した時に、嫡男で後の康國は数えで十四歳であったことからして、とうていその父である信蕃の「二十三歳」は、ありえない。

チ　信蕃の二人の弟は信幸と信春である。現在、長野県・山梨県・群馬県・静岡県及び福井県の史書の中では、次弟・三弟の順番や名前が交錯しており、いずれが正しいか判断が難しい。ちなみに、『寛政重修諸家譜』では次弟が善九郎で三弟が源八郎となっている。この奥書では、次弟が「**信吉**善九郎依田伊賀守」、三弟が「**信春**依田源八郎」とあるが、筆者は次弟「**信幸**源八郎依田伊賀守」、三弟「**信春**善九郎」という説をとりたい。（その証拠は信春の項からも判明する）。

〔信幸〕

リ　徳川幕府の視点からすると、芦田依田宗家は、信蕃の次弟信幸の徳川家旗本御小姓組の家系によって受け継がれている。一六〇〇年（関ヶ原の戦いのあった年）の一月、松平康眞（信蕃の次男）が旗本小栗三助を斬るという事件で上野国藤岡藩を改易になった後、信幸の嫡男依田肥前守信守と継子信政（実は信守の弟で養子）が、藤岡に残っていた芦田旧臣をまとめ、事後処理を行なった。その後、幕府直臣旗本となった。そのため、幕府が編纂した『寛永諸家系圖伝』では、依田信蕃の嫡流としては、「信幸――信守――信政」の家系が依田氏の嫡流として扱われていた。もっとも、後世の『寛政重修諸家譜』では、宗家は「信蕃――康國――康眞」の家系に修正されている。それは、康眞、のちの加藤四郎兵衛宗月が尾張徳川義直へ提出した『依田記』の内容が採用されたものと推定される。

〔信春〕

ヌ　ここでは、次弟・三弟ともに「兄信蕃と同時に討死」

と述べられている。また、傾向として上野国〈群馬県〉での史書の多くは、その説を採用している。しかし、岩尾城で鉄砲で狙撃され討ち死にしたのは、**信蕃**と次弟の**信幸**の二人である。**信春**がその後も生存していたという事実は左記に挙げられることでも明白である。また、『寛政重修諸家譜』で「善九郎」という名乗りで後世までも生存したことになっているのは信春である。

① 信蕃の嫡男松平康國（信春からすると甥にあたる）に仕え、重臣筆頭にあった。（『信濃史料叢書』所収の高野山蓮華定院文書）

② 松平康國が上州石倉城で遭難して命を落とした時に、その直後に相手を討ち取った康國方の武将中に、その名が見える。『武徳編年集成』によると「時に康國が叔父善九郎馳せ合いてたちまち長根を討ち」とある。また『寛政重修諸家譜』でも、「善九郎走りより長根と組で壇下に轉び、つゐにかれを刺て仇を報ず」とある。

ル　信州佐久岩村田の龍雲寺の由来記『大田山実録』に――小諸城主芦田下総守の**叔父**で、後に龍雲寺第五世中興の**天外大雲**となり、慶長六年に退いてからは、かつての芦田依田氏の本拠地佐久郡春日村に康國の菩提を弔うため康國寺開山となったと記されている。また、元和元年十二月二十三日に八十三歳で遷化した――と記されている人物は信春に当ると解釈されている。天外大雲は信春ではないことは後述するが、彼が岩尾城の戦い以降にも生存していたという証左にもなる。また、江戸時代十八世紀中葉に編纂された佐久の吉沢好謙の『四鄰譚薮』（信陽雑志）や瀬下敬忠の『千曲之真砂』（『信陽雑記』）にも同じ趣旨のことが述べられている。

市川武治氏は、その著書『もう一人の真田～依田右衛門佐信蕃』の中で、「善九郎の大雲禅師は、元和元年（一六一五）十二月二十日、八十三歳で遷化しているが、信蕃死亡時の年齢から、三弟として計算すれば二十歳ぐらいの差が生じてしまう」と述べている。

遷化した年齢（八十三歳）から逆算すると、天外大雲の生誕は一五三二年になる。長兄である信蕃が一五四八年の生誕であることからして、計算が合わない。

ヲ　天外大雲は小諸城主松平康國・康眞の**叔父（信春）**ではなく、**大叔父**である。「元和元年（一六一五）没の八十三歳」「生誕が一五三二年」とすると、依田信蕃（一五四八）よりも一世代前の人物の可能性が高い。そこで、もう一度『寛政重修諸家譜』をみると、信蕃の父下野守信守には三人の弟がいて、そのうちの一人について「天外大雲和尚信濃国岩村田の龍雲寺に住す」と記されている。つまり、信蕃の叔父（康國や康眞の大叔父）である。その人物ならば、**天外大雲**の没年齢が合致する。『大田山実録』や『四鄰譚薮』『千曲之真砂』の記述は誤りである。

〔康國〕

ワ「御称号及び御一字」とあるのは、父芦田依田信蕃の忠節と功績を重んじた徳川家康が、親族扱いとして「松平」の姓を与え、「康」の一字を名乗ることを許したのである。芦田依田竹福丸は、松平康國となったのである。

カ「上州藤岡城に住む」とあるが、明らかな誤りである。小田原合戦後、秀吉により家康が関東へ移されたが、それに伴って家康麾下の多くの大名も関東に移封された。天正十八年（一五九〇）に小諸藩主（芦田依田）松平氏は上州藤岡城へ移封となったが、康國はその年の四月に没しており、藤岡城に移ったのはその家督を継いだ弟の康眞である。

ヨ「天正十八年月日」となっていて、ここでは上州石倉城での横死の月日が不明であるが、正しくは「天正十八年四月二十六日」である。

〔康眞〕

タ「御一字及び御称号」とあるのは、父芦田依田信蕃の忠節と功績を重んじた徳川家康から、兄康國と同じように、親族扱いとして「松平」の姓と「康」の一字を授かったのである。しかも「家康の御前に於て元服」「御腰物（刀）を賜わった」ということは、家康によって信蕃の遺児がいかに大事に扱われていたかが推測される。

レ「後年出奔し、高野山に入り、剃髪、**加藤宗月**と号す。越前福井に住む。」について康眞は天正十八年（一五九〇）から慶長五年（一六〇〇）まで、上州藤岡城主としてあったが、関ケ原の戦いの行なわれる年の正月、家康に伴って大坂へ行き、宿舎で旗本の小栗三助と囲碁をし、その時の口論がもとで、三助を斬り殺してしまった。ことの重大さに、康眞は高野山へ行って謹慎し、沙汰を待った。藤岡藩は改易となり、家臣は主を失ってしまった。元の本拠地信州佐久へ戻った者、武士を捨てて帰農した者、他の藩へ移った者等あったと思われるが、幕府直臣旗本となった者もいる。康眞の従兄弟の依田信政（兄肥前守信守の家督を継いだ）

が旗本として二千石を受領して、その家系が江戸時代を通じて残ったことからして、藤岡藩の改易に伴う諸々の手続き等を依田信守・信政が執り行なった可能性が高い。

　家康は康眞の生命までは問わなかった。ひたすら謹慎していたが、やがて関ヶ原の合戦が勃発し、家康の次男の結城秀康のもとに預けられた。秀康は越前福井へ封じられ松平秀康となった。そのもとで、康眞は食祿五千石を与えられた。「松平」の名をはばかって、母方の姓を名乗り、「加藤四郎兵衛宗月」と称した。もともと、豪傑膚で胆力があり能力のある人物であったため、やがて越前福井藩の城代家老までになった。その子孫は元の姓「蘆田（芦田）」に復し代々藩の重役を勤め、何人かは家老になっている。そして、明治になり現在まで子孫は綿々と続いている。このことの詳細については、他稿に待ちたい。

《「私に追加」について》

以上からも明確なことは、「私に追加」として、蘆田依田氏の系図を『蘆田記』（依田記）の末尾に加えたのは、著者の康眞ではないであろう。康眞であるならば、このような多くの誤りはしないはずである。現存する複数の『蘆田記』（依田記）は全て写本である。多くは芦田氏（依田氏）に関わりある人物であったと思われるが、歴史の事実をよく知らない後世の何人かの人物が写し取った過程で、私見や思惑が追加されて、いつの頃からか、この「私に追加」の部分が書き加えられ、変容され、誤りをも生じるに至ったものと推定される。「私に追加」の部分は、読み取る上でかなりの注意が必要であると警鐘を鳴らす研究者も少なくない。

　ちなみに、本書で扱った『蘆田記』（依田記）――主として「信濃史料叢書第（下巻）所収」の『**蘆田記**』、「新編信濃史料叢書第八巻所収、小県郡長門町清水佐左衛門所蔵本」に拠る『**依田記**』にしても、いくつかあるもののうちの一つにすぎないわけであることを心得ておきたい。

参考

芦田（蘆田）について

筆者は芦田を「アシタ」と呼んで（発音して）きた。幼い頃から同じ北佐久郡でもあり、父などの大人の間でなされている会話で「アシタ」という音声を耳にしてきたからである。なんとなく地名であるらしいことは理解していたが、それが北佐久郡立科町芦田や芦田信蕃の「芦田（アシタ）」であることが分かってきたのは、ずっと後のことである。

芦田氏（依田氏）と縁のある群馬県藤岡市周辺では芦田（蘆田）のことを「アシタ」と発音している。芦田（アシタ）氏、芦田（アシタ）の殿様、芦田（アシタ）町、芦田（アシタ）通りである。いずれも「アシタ」と発音している。

一方、芦田氏の地元である長野県北佐久郡立科町では「芦田」の地名が今に残るが、二十一世紀の現在では「アシダ」と発音している。以前は「アシタ」と発音していたようであるが、旧国鉄（?）がバス停を設置した際に「アシダ」とし、切符も「アシダ」としたことから、地元の人々もそれに倣って「アシダ」と発音するようになったらしいということであ

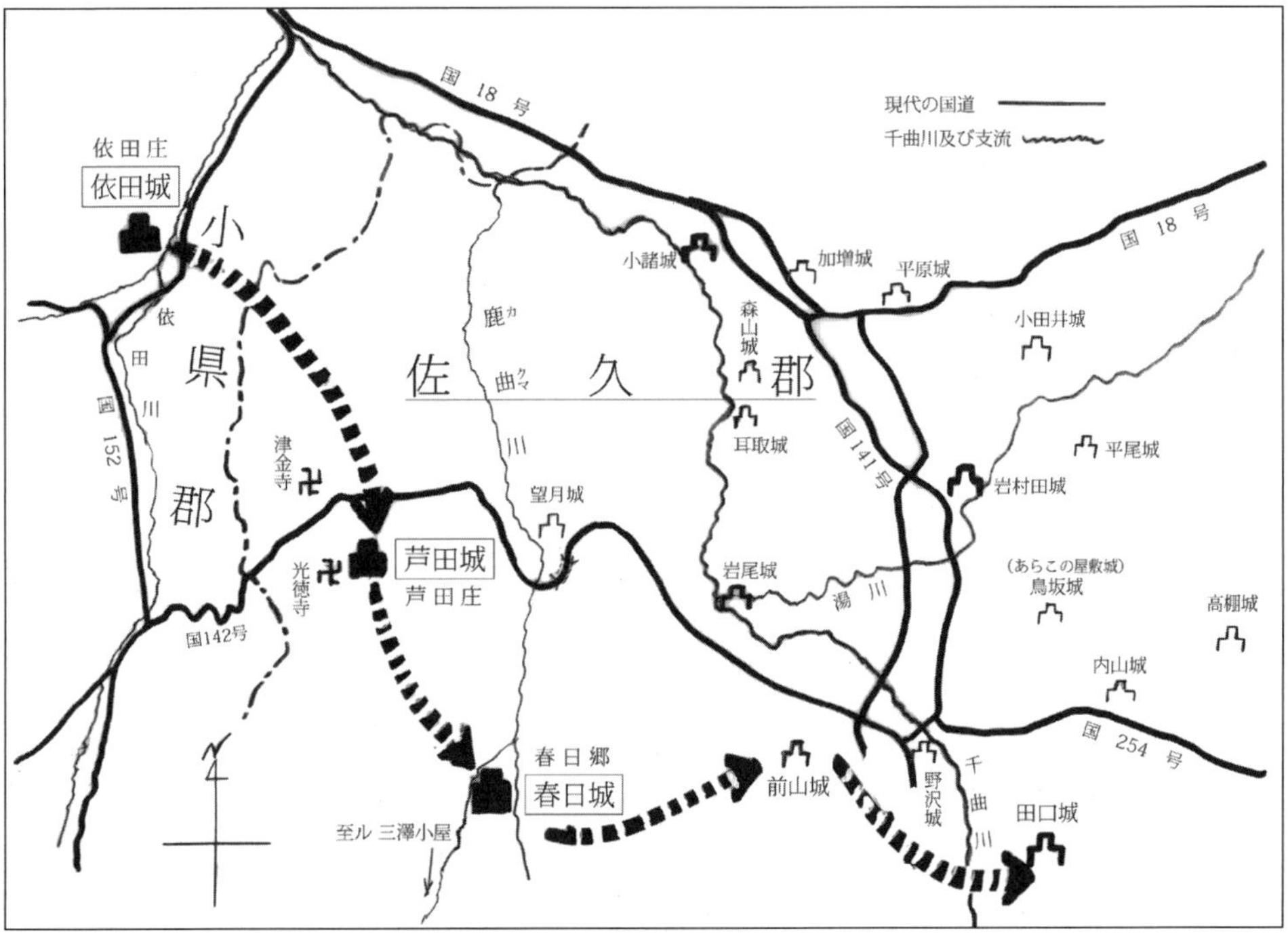

図：芦田依田氏の佐久郡進出と諸城（〜信蕃まで）

る。年配の方々にお聞きすると「昔はアシタと言ってきたが、いつの間にかアシダになってしまった」という場合が多い。立科町としても、文化財保護委員会などで正式に議論された経緯があるとのことであるが、外部からの発音が定着してしまい、とうとうそれを追認したような形のようである。したがって芦田信蕃も「アシダ・ノブシゲ」と称されるようになってしまっているようである。もっとも「信蕃」は親しみを込めて「シンパン」という呼び方が通りがよいようではあるが。

　言葉というものは時代につれて変遷していくものとは分かってはいるが、しかし、筆者はあくまでも芦田（アシタ）にこだわりたい。特に地名や人名はその土地、地元の風土、風俗習慣に根差したものであるからである。それを、外部の人や公共機関によって変更されるのには、違和感を覚える。ちなみに、「カルイサワ」が「カルイザワ」になり、さらにアクセントまで変わってしまったことと同じである。

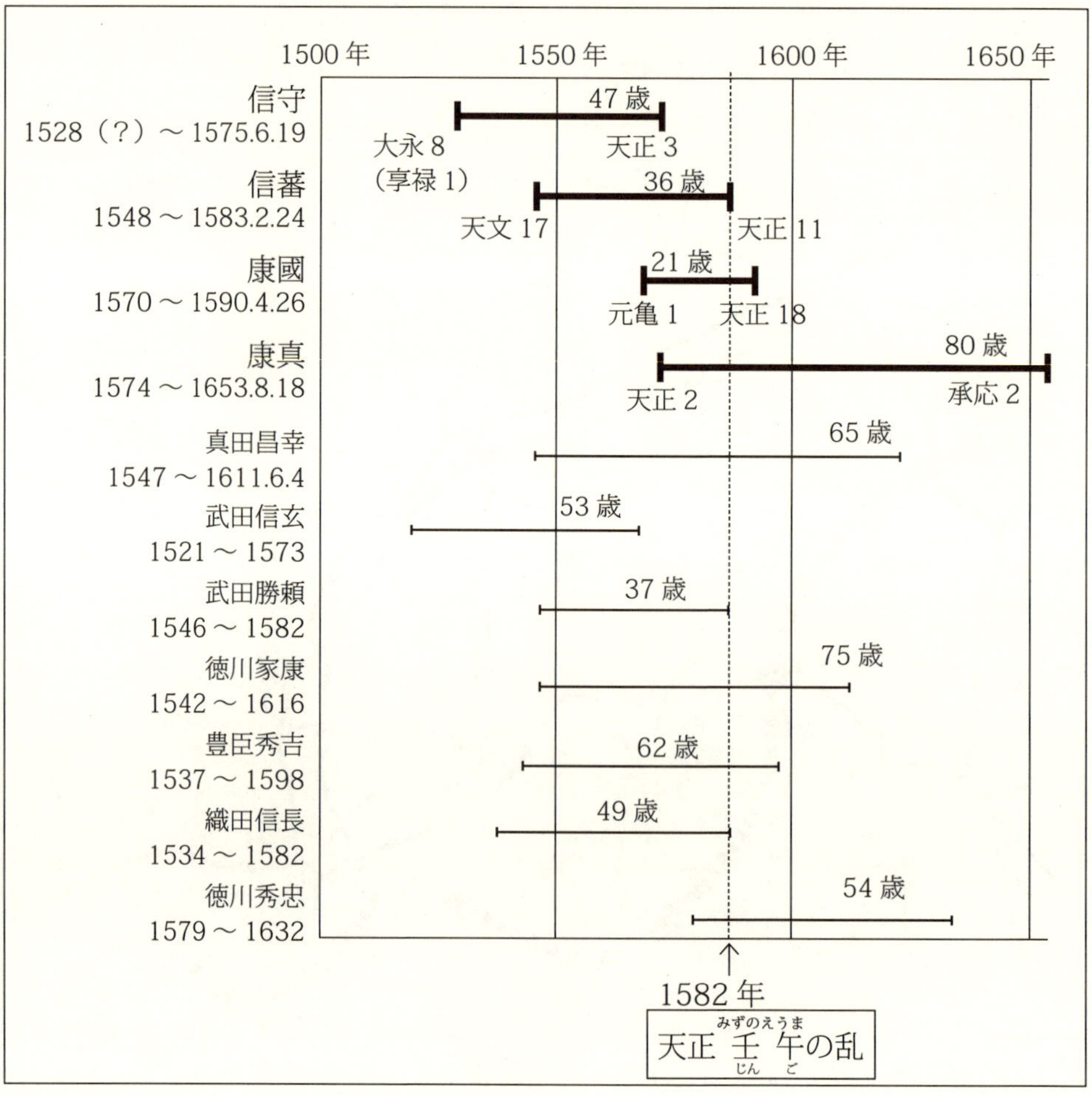

図：芦田（依田）三代と同時代の主な武将

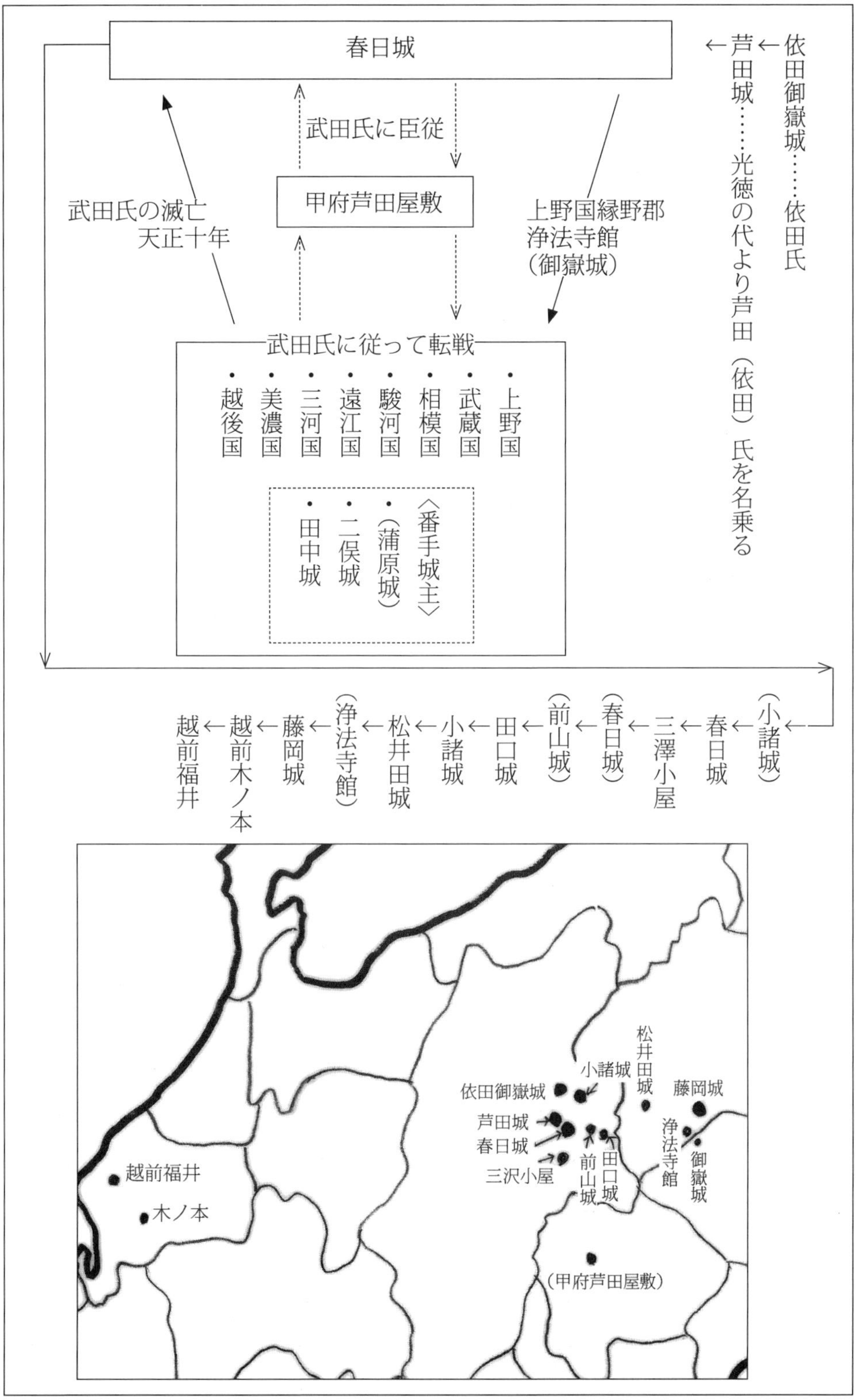

図：芦田依田氏の本拠と変遷

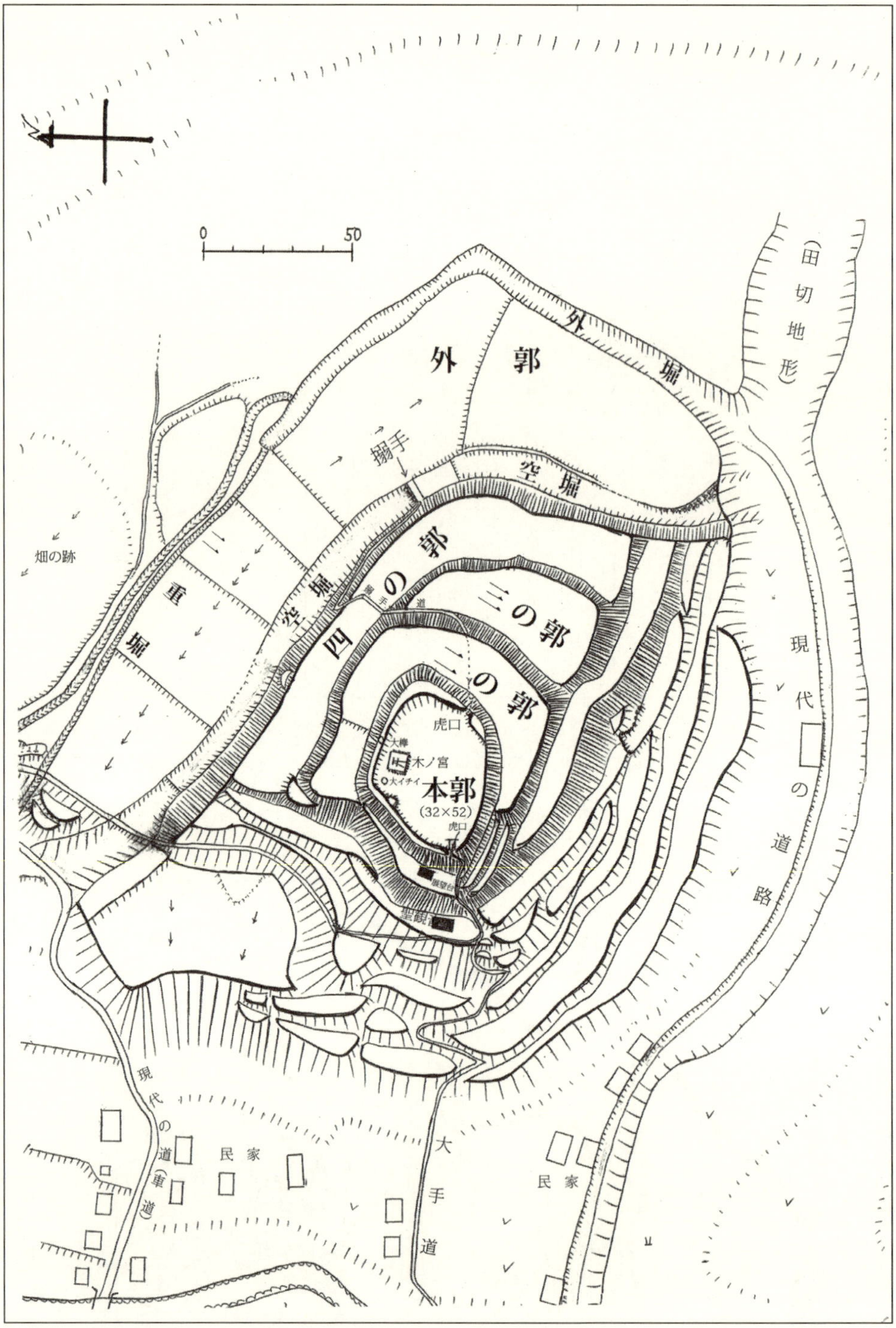

図：芦田城（搦手と記した方面が大手の可能性もある）
北佐久郡立科町茂田井字木ノ宮
（調査）平成 22 年 3 月 22、23、26 日・市村

蘆田記（依田記）原文

――はじめに――

『**蘆田記**』（信濃史料叢書〈下巻〉所収）、『**依田記**』（新編信濃史料叢書第八巻所収・小県郡長門町清水佐左衛門所蔵本に拠る）、『**依田先祖記**』（神奈川県湯河原町黒木氏の芦田川家所蔵本・小諸市立図書館所蔵本）を照合した。

一　依田常陸介一代の儀、御聞被成度由被仰越候得共、誰も耳定と不存候、我等承候通書付申候、常陸介義、天文七年戊申年出生、若名源十郎、其後右衛門佐、又天正九年に常陸介に成被申候、名乗は信蕃に御座候。

一　歳十二の頃、諏訪高島の城に信玄公への證人に居申候。其後年月覺不申候へ共、武蔵の内上野境**御嶽の城**に居被申候、我等為には祖父下野守信守被致在城候節、常陸介も彼地へ被參、父子一所に二年が間在城候由、家老の者近年迄其物語仕候、上野の我等知行の内、淨法寺と申所に罷在候時、御嶽奉尊事家老共物語仕候、**御嶽**と**淨法寺**と同前に御座候、城は御嶽、町は淨法寺にて御座候得共、城の根に川御座候間、城は武蔵の内、町は上野の内淨法寺にて御座候

一　其後信玄公、今川氏眞為退治、駿州進發の時、祖父にて候依田下野守信守、同常陸介信蕃、**かんはら**に父子共に在城かと聞え申候。下野父子の者、先年**さつたの濱**にて、父子共に粉骨を立曷候故駿州退治のよし、古者共申候得共、久敷義にて候間、年月は覺得不申候、駿河崩れ氏眞浪人被成候年の義に御座候歟と存候、駿河崩れの牢人に、今在世の衆可有御座候、其元にて御尋可被成候。

一　其後信玄公、信長為退治、元亀三年壬申年打て御上り候時、先**味方ケ原にて合戦**御座候、其時分**常陸介**は、證人心**信玄公旗本に居被申候**、是廿五の年にて可有之候。信玄公は東海道、是大手備と聞申候搦手は我等祖父**下野守信守**、美濃口を打て上り被申候。美濃の内上村と於申所、祖父下野守信守被致合戰、打勝て敵の大將**明智宗叔**を討取被申候、宗叔人數五千にて御座候、信守七百の人數にて勝利を得候旨、信玄公への注進の飛脚、大手口に於て味方ケ原信玄公、軍に御勝候吉左右の飛脚と、兩方途中にて逢申候、大手搦手共に同時分の合戰、日も三日とも違い申さず候かと聞え申し候。

一　甲戌年より亥年迄、祖父下守、親にて候**常陸介信蕃**、**父子共に**遠州二股に在城、亥年に至て五月廿二日に**長篠の**

合戦、信長公家康公御勝、武田勝頼公打負甲斐國へ引退、其上家康様は直に二股の城御責め候はんとて押寄、五ケ所向城、南録方山、辰巳鳥羽山家康様御本陣、東あくらの山、北みなはらの山、西たうとうみの取手、是は和田ケ島とも申候、五月末より御攻被成候。六月十九日に祖父**下野守信守は病死**、其より**常陸介信蕃**其儘城持堅、十二月廿三日迄七ケ月城持詰罷在候後は、兵粮無之、浜松近邉迄城中より足軽を出し、夜討ち強盗亂捕夜々御座候へども、兵粮杯は左様の時城中へ入候義不罷成候。五月より十二月迄の内の間兵粮盡果候へ共、軍兵への気付に候とて、常陸介謀に、土俵を三百餘申付藏に詰置、城中下々の者に見せ置、兵粮に事闕候義は有間敷の間、心安存候へと申候へば、軍兵力を得、十一月時迄、甲斐の勝頼公より、二股の城を明渡、甲斐國へつぼみ候様にと、両度申候へ共、**常陸介**被申は、其脇々の奉書の分にては如何に候へば、**勝頼公**の御直書にて無之ば、明渡申義如何之由両度申候得ば、三度目に勝頼公の御直書參候により、十二月中旬扱の談合候て、家康公よりは大久保新十郎殿、榊原小平太殿、何も無事にて證人（人質）に御越候、又我等親の方よりは、弟依田善九郎、同源八郎、両人證人に參、廿三日に城相渡候はん約束に候つる所に、二十三日少雨降候に付、**常陸介**被申様は、雨降にては蓑笠にて見苦敷候間、雨降に付、常陸介被申様は、雨降りにては蓑笠にて見苦敷候間、雨晴候而廿四日廿五日成共と被申候而、城を出不被申候、是を**家康**様御感被成候由承候。其上二十四日天氣晴、城相渡二股川の邉にて、互いに人質返し、歸陣被申候。

一　其後**常陸介**は、**遠州高天神**に被致在城、其内毎日毎夜の陣は無際限候間不及記候。

一　天正六年の頃は、越後の景勝と北条三郎殿と取合に成候時、勝頼公より三郎殿へ常陸介加勢に参申候、小田の濱と申所にて無比類鑓、其上景勝を追崩追討、數多討取被申候事。

一　天正八年辰歳より午年に至て三ケ年、**駿州田中**に在城、此内度々攻合の軍數多の義に候間、三ケ間の内不及記候。然る所午年の春、**勝頼**為退治**信長**公出馬、**木曾**心替故早速信州落居、信長公**信州高遠**まで打入候砌、**家康**様**穴山梅雪齋**より内通被申候、駿府江尻邉まで御先手を入、家康様御發向之砌迄、常陸介信蕃田中城持詰被罷在候に付て、家康様より、勝頼滅亡に極り候上はいつを期すべきとの御斷にて、不及是非**田中城大久保七郎右衛門殿**へ相渡申候、其節山本帯刀為御使、すでに木曾穴山両臣を初、信長公へ一味被致、其外も甲斐へ心替りの砌、常陸介只今迄田中城持詰被居候事、敵ながら神妙の旨御感思召、其上累年信蕃手柄をば御存候間、御家中召抱られ度御内存、御懇に被仰候へ共、未だ國の落付も無之時分故、先信州小諸へ三月十四日歸宅、

森勝藏小諸に被居候に付、**常陸介**勝藏と對面被申、其上信長公へ御禮可申に付て、小諸を出諏訪に**城介**殿（信忠）御座候の間、先城介殿へ御禮可申と存候へ共、途中まで**家康**様より御飛脚被下、城介殿へ出仕無用、信長より甲斐國大名切腹可被仰付書立參、**依田常陸介**切腹一の筆に書付候間諏訪へ參候事相止、夜通に**甲斐國市川**へ參、**家康**様に御目見仕候様にと、御飛脚被下に付、即市川にて御目見仕、直に山路をしのぎ、**遠州二股の奥に小川**と申處に、上下六人にて隠居被申候。其後六月二日、信長御果の由、家康様より御飛脚被下、本多弥八へ一通**常陸介**へ一通御書被下置候。其御書に、此度明智信長御父子を奉殺候、其折節和泉境為御見物、家にて候間、早速常陸介甲斐並信州へ參、兩國共に家康様御手に入候様に引付可申と御書に付て、則甲州衆引付可申とて、二股を出、甲州へ上下六人にて被參、甲州入口**柏坂**（柏イ崎）の峠に**鐘の旗**を立て候へば、**柏坂**（柏イ崎）の麓五里三里の間旗を見て蘆田殿の旗にて候と見知、横田甚右衛門始迎に出、甲州衆悉常陸介に禮を申、其より人數三千に成、其後信州小諸へ六月廿日頃に被參候。其時**瀧川左近**上野國にて氏政との合戰打負、信州小諸に被居に付、瀧川左近に**常陸介**も對面、其後**春日**と申在所へ被參。瀧川左近六月廿三日に小諸を立、木曾路をさして尾州長島へ落申候。其跡へ氏政の先手信州へ打入、小諸へ大導寺尾張守入替り居被申候。家康様と氏政と御取合に成、氏政七萬の人數にて臼井口（碓氷口）を進發、就其常陸介は、春日山の奥三澤小屋と申處へ籠居られ候、蘆田小屋と申は此事にて御座候。氏政は蘆田小屋責候はんとて、役行者と申山越を諏訪郡へ打入、かぢか原と申所を通、甲斐國みの原に陣を取、家康様は甲斐國新府中に被成御座候。小田原衆と新府御對陣の様子は、其元の衆委敷可有御覧候、其内常陸介は蘆田小屋に籠り、氏政關東よりの運送の兵粮人馬、蘆田小屋より討取、氏政との陣の續難成候間、氏政も開陣、其未の正月蘆田小屋より常陸介討出、岩村田へ働、此時常陸介も采配取て馬を入追散し、家中の者共も存之通家康様の御感状取申候、其時は眞田安房守も上田より出合、筑摩川をへだて軍見物、其時常陸介と對面にて御座候。是より相續高棚と申小城、小田井と

申小城、其外四五ケ所の城を取て、殘る小侍共常陸介へ出仕禮申候、大井民部介、小山田六左衛門、平尾平藏、平原善眞、森山豐後、志賀與三左衛門、柏木六郎、望月卯月齋、其まゝ家中の者に成申候。田の口と申城は、阿江木能登守居申候、常陸介威勢に恐れ、田の口の城明渡申候。其時小諸大道寺尾張守、扨又岩尾城岩尾主居申候、此兩所より外、佐久郡に敵一所も無之候間、岩尾城者ほとぬけに可罷成を、二月廿二日無理責に岩尾城を責候とて、常陸介自身一の先を仕、自身塀を乗所を、内より鐵砲にて押當打、弟の依田源八郎も右同前鐵砲にて打れ、先源八郎廿二日の晩に相果、常陸介落命。

一　甲斐信濃兩國權現様御手に入候時、**大久保七郎右衛門**被差遣、信州の内味方に成不申城々共之義御手に入候様御書付御座候、先以此事左様にて無御座候、佐久郡城々共は、午十月末より極月中旬迄之内、**依田右衛門佐**責落し又は敵降參にて出仕申納候。大久保七郎右衛門被遣候義、翌年三月の事に御座候、是は右衛門佐討死の後、拙者兄其節十四歳にて御座候故、萬事**七郎右衛門**申付候。

一　右の分計にては、委細難被聞召分候はん間、具佐に書付仕り候。天正十年壬午秋より、依田右衛門佐計策を以、眞田安房守引付申候、此義信州にて眞田安房守大名と申。殊に先年の時分、武田信玄公使番、其節は眞田喜兵衞武邊の行をも見聞申候儀に御座候故、右衛門佐も其所を存寄、眞田をさへ引付味方へ付候はゞ、殘侍共手にたつ義にて御座無候間、其處を存、先眞田方へ午の秋、津金寺と申出家を遣し、眞田對面、具に右衛門佐方へ返事御座候、其に就二度目に、依田十郎右衛門と申す者を眞田へ遣わし、弥和談に仕、三度目に眞田安房守自身、蘆田小屋之麓まで參候、右衛門佐も蘆田小屋より罷り出、眞田に對面仕、直々良久敷談合御座候、其時右衛門佐申様、家康様へ深く存寄候はゞ、起證文を以申上可然と、好被申候へば、眞田尤もと同心仕候。則證文を上申候、此時眞田望に、恐れ乍ら家康様御起證文申請度由申に付、右衛門佐方より眞田上申候起證文を乍持、新府へ使を越、眞田之望之段をも申し上げ候所、家康様殊之外御満足成せられ、家康様の御起證文を眞田に下され候、是を持右之使新府より罷り帰り候、扨右衛門佐手前の起證文をも相添、眞田方へ為持遣申候、眞田別而忝く存じ奉り候、御起證文再三頂戴拝見仕り候由申し候、其時眞田に一郡下さるべき由御約束にて御座候つる由承り及び候、其後下されず候とて、眞田御不足を存じ候に付きて、右衛門

一 佐申す様、拙者手前は諏訪郡拝領申す、眞田には下されず候得ば、最前御約束の筋目捨り申し候間、右衛門佐手前へ拝領申し候諏訪郡を差し上げ申し候、此替地には上野にて適地を下され候へば、私伐平申すべきに御座候。眞田も御味方に罷成候驗にと申、右衛門佐と申合、**岩村田**と申地を攻取候はんと申、**眞田**は**八幡平**と申所に陣を取、**筑摩川**の左に人数を立ならべ罷在候。右衛門佐は筑摩川を打越、**鹽名田**と申所に越上げ、則川にて濡候人数を集、夫より**岩村田**へ働、其川口に敵突てかゝり候所、右衛門佐自身眞先に馬を入乗崩候、人数二三百も討取申候様に承申候。其時家康様より御感状直判頂戴の者、**右衛門佐**、依田善九郎、同源八郎、家中の者には、依田左近之助、依田主膳、奥平金弥、依田豊後、此者共に御座候。其まゝ眞田も上田へ罷歸、右衛門佐も人数を入、其後頓にて**岩村田**の者共降參仕、岩村田右衛門佐手に入申候に付て、名代に依田勘助と申者を指置申候。

一 **前山**と申城、右衛門佐責取申刻、午霜月右衛門佐も蘆田小屋を罷出候て、前山城へ移り、しかと存居申候。

一 **高棚**と申城計策にて取申候。

一 **小田井**と申城を手入申候。此頃城々の小侍共、あなたより降參し候は、一番に**平原善心**、二番に**平尾平蔵**、三番に**大井民部之助**、是は備中子にて御座候、**小山田六左衛門**、**森山豊後**、**志賀與左衛門**、**柏木六郎**、**望月卯月齋**、是等は右知行三千石の株にて御座候、何れも人数二三百或いは百餘持ほどの小侍共に御座候。右之分午の霜月中に皆右衛門佐に出仕申候。

一 佐久郡午霜月に治り、手に立敵無御座候に付て、此中各苦勞之由、**右衛門佐**被申振舞候はんとて、追鳥狩仕にも、譜代の家人並右の侍衆も罷出、追鳥狩仕、則鳥を右衛門佐前にあげ、其料理御座候つる由承候、其上為褒美、金子、紅の糸、甲、其外色々出度右衛門佐存候得ども、片恨いかゞにて、是を各へ出度候間鬮（くじ）取致候へと申、鬮の約束にて皆々取、謹て戴き被申候き、右衛門佐申様、昨日今日迄互に討つ討れつ敵にて候つるに、如此譜代の被官並の仕合満足之由申候由。

一 癸未正月元日、右の侍共譜代の者並に、**右衛門佐**大形折紙にて、禮盃も譜代の被官並にを候つる由承候。此年家康様四十二の御歳に候間、四十三に御祝直し被成候御心待にて、閏正月に為御祝被成候、御分國其分に御座候。

一 未の二月廿日に、田の口の城へ右衛門佐上り、並柴田七九郎も同道候て、佐久郡一目に見渡し候高き所にて見るに、是程残所無く味方に成候、小諸一城計り敵にてあるに、其外岩尾の小城一つ憎き仕合に候、明日は責潰し申すべき候間、柴田七九郎には一人も御出し候はで御見物候へ、城攻を御目に掛けるべく由、右衛門佐廣言を申され、廿一日には城より降參可申様子に付て、一日相待候へ共、廿二日には早天に取巻、右衛門佐も城際にて馬より下り、足輕旗指より眞先に、右衛門佐塀を乗る所を、鐵砲にて押當臍下を抜れ臥、又弟の依田源八郎、是も塀乗候所をため、章門の急所を右章門前へ打抜苦申候、惣軍取巻候へども、大將右の仕合にて、廿二日の晩に源八郎先相果、廿三日の未明に右衛門佐相果申候、岩尾の次郎は城怺え兼て關東筋へ出奔仕候。

一　三月に至りて、大久保七郎右衛門に仰せ付けられ、右衛門佐子十四歳に成り候間、萬事七郎右衛門指し引き次第尤もの由、權現様御意にて、十四歳の依田竹福丸を、御名字下し置かれ、松平源十郎と名を為し替えられ、七郎右衛門同道にて、未の三月小諸へ參り申し候。是よりして大久保七郎右衛門後見にて、佐久郡仕置申し付け候。

一　大道寺尾張守小諸をやがて明け退く。佐久郡中に敵一人も御座無く候き、拙者悴之時分に候而何之途方も御座無く候つれ共、家中の年罷寄候者共物語、毎度承置申通申し上げ候以上

寛永二十年未七月日

一　先日古き義書付指上候所に、大納言様御被見に入、御不審の義被為晴、御滿足被為成候旨御意之由被仰下、忝仕合に奉存候。然らば長篠合戦の後、依田右衛門佐二股城五月末より極月迄籠城の時、勝頼公より明け渡し候へと奉書參候へども、明け渡し申さず。直書參候はば明け渡すべく申す由、右衛門佐申張る。直書參候に付き、明け渡し申し候。此段聞こし召し及ばされ、右之勝頼公之判形今に所持仕り候はば、指し上げ申すべき旨御意之由仰せ下され候。信長公甲州打ち入りに、蘆田切腹仰せ付けらるべきの旨、御書き立て候に付き、家康様右衛門佐御隠置きなされるべき御内意にて、いかにも密々、上下六人にて甲州市川より、直ちに遠州山家へ遣わされ候時、在所に諸道具持ち置き候を、瀧川左近打ち入り、屋内一物も残さず缺所仕り候に付きて、書物道具以下紛失仕る御座無く候。六月に至りて信長御果て候て、其うち右衛門佐は、甲信兩國家康様御手に入れ候様、才覚仕り候得と仰せつけられ、六人の體にて小諸へ六月十八日に罷り帰り候。六月末には、氏政信州へ打ち入り、新府御對陣の仕合、蘆田小屋にては毎々主戦計りにて罷り在り候。

中々道具書物などのせんさく仕るべき日限御座なく候と聞こえ申し候。天正十年七月廿六日の御書、依田右衛門佐方えの一通書き上げ申し候。此時分の儀、先書に申し上げ候。

一　天正十一未年二月十二日の御書、依田右衛門佐方への一通写し上げ申し候。是は前山と申す城、伴野刑部楯籠もり罷り在り候を、依田右衛門佐午の霜月責め落とし、伴野刑部は夜明けに退去申し候き。頓て前山の城へ右衛門佐移り罷り在り候内に、加勢成られる小番の人数前山へ遣わされ候時分の御書にて御座候。

一　天正十四年戌年四月十五日拙者儀、於**家康**様御前、前髪を御自身はやさせられ、御腰物拝領、松平の御名字並康と申御一字被下候、御證文之寫一通指上申候。

一　天正十八年寅小田原御陣の時、家康様へ秀吉公より之御書一通寫上申候、此義委細不申上候へば御合點參兼可申歟と存候、具申上候。此**阿江木**と申は所の名にて御座候、持主は**依田能登守**と申候、彼能登守**田の口**と申城に罷在候つる所に、**前山の城**右衛門佐きびしく攻取申候恐威勢、**田の口城**を明退、關東へ牢人仕候、八九年牢人分にて**小田原**に罷在候處、**秀吉公氏政**と手切に罷成候、小田原へ御出陣を承り、**氏政**へ内意申、信州佐久郡**阿江木谷**へ、彼牢人の**依田能登守**、**伴野刑部**両將にて働掛申候、譜代の主にて候故、阿江木の者ども悉く能登守に一味仕、敵に罷成候通三月十五日の申刻に告來申に付、兄にて候**松平修理大夫康國**並拙者打つれ、**小諸**を即刻に乗出一騎□に田舎道三里程參候へば、**勝間と申城**へ參着、十六日の早朝に人數を調候**而とう坂**と申山を打越、敵合近苦參候へば日暮、半時程足輕意迫合御座候内に、旗の色も見え不申候程に夜に入申に付て、其夜は篝を焼其所に夜を明し、曉より取掛申候得ば、**白岩と申小城**に籠申候を則乗る崩し、**平村**と申所に敵を追詰、敵取て反し、敵味方入亂れて合戰御座候、其より山の繁みへ敵逃上り候所を、先手の者追掛申候へば、木立の内に鯨波（かちどき）をどっと上申候に付て、木立の内にて取て返し、味方崩候かと存、拙者馬より下り立、鑓取持掛申候得共、又味方より押返し不殘追討に仕、上州□谷と申所迄悉く追討に仕、分捕高名仕候、**能登守**は何と逃延候やらん首も見不申候、**刑部**をば討取申候、此仕合為始拙者働の一ツ書を仕、**修理大夫**より夜通しに**家康**様へ御書御座候、此御書御感状にて候由、家康様御意にて頂戴、今に所持仕候を寫上申候。

一　天正十八年寅年卯月廿九日、**秀吉公**より**松平修理大夫**への御書一通寫差上申候。

一　同年五月十一日、**家康**様より拙者方への御判形寫差上申候、四月中旬に上州松枝城を竹把にて、前田筑前守并景勝、眞田、**蘆田**、四手を以仕寄御座候中に、修理太夫、拙者、塀近く諸手に勝れ責め寄候き、乍去其時の書物御感状は無御座候。其後上州石倉と申城を請取に參候て罷在候内、陣屋の内に於て、気違候様成もの御座候て、思掛も無御座修理太夫相果申候、跡式拙者に被下置継目の御判寫指上申候。

一　同年八月朔日、**秀吉公**より拙者方へ御書一通、是は別儀無御座候へ共、惣て古き書物共寫上可申由御意之旨に候間如此に御座候。

一　文祿三年、午八月廿二日の御書は、**伏見御普請**之時、秀吉様より拙者方へ被下置候を一通寫上申候。此年十月に諸大夫に被仰付、右衛門大夫に罷成候、是は八月の御書故、新六郎と御座候。綸旨之儀、御寫上申候に及不申儀御座候間、其儀無御座候。

一　文祿四年未七月廿六日、**秀忠**様より拙者への御書一通、是は**關白殿御切腹之**時、拙者は江戸に罷在候に付て、江戸への御書にて御座候。

一　文祿五年申九月八日に、**家康**様より拙者方への御書一通寫上申候、以上。

御書共凡十通

寛永二十年未九月廿日

——《なお「奥書」は pp.452-454 参照》

あとがき

　時あたかも、ＮＨＫの大河ドラマ「真田丸」が話題となっている。戦国時代末期、かの真田氏に勝るとも劣らない一族が信州佐久から発して、武田信玄・勝頼・徳川家康・今川氏・北条氏・上杉氏さらには織田軍や豊臣秀吉と関わって、抜き差しならぬドラマを展開したことは、あまり知られていない。その活躍は信濃・甲斐・上野・駿河・遠江・武蔵・相模・美濃・越後・越前の歴史に足跡を残している。本書の語っているのはその『芦田氏三代』の歴史でもある。そのつもりで訪れれば、山梨県、群馬県（藤岡市）、静岡県（旧天竜市、藤枝市）、福井県（福井市、大野市）などでは芦田依田氏の事蹟がそれぞれの地域の関係者によって大事にされ守られてきていることを知ることができる。しかし、地元の佐久人の多くは**芦田信蕃**の存在すら知らない人が多い。かの真田昌幸と伍していた芦田信蕃とその一族が歴史上のページに存在していたことを認識することが、郷土のアイデンティティーを考える上で大事ではないだろうか。

　また、芦田氏もその一部ではあるが、「依田氏」の分布も長野県内ばかりでなく、山梨県・群馬県・静岡県などに、それぞれの祖先のルーツを大事にしながら歴史を遡って現代を考え、未来に向けての動きが感じられることをも、ここに記しておきたい。

　本書は「アシタ・シンパン」として語られることの方が多い**芦田（依田）信蕃**（のぶしげ）の事蹟を中心に、父芦田下野守信守、二子である松平康國・康眞に関わる事柄を、『蘆田記』（依田記）の記述に沿って解説したものである。

　信蕃と筆者との関わりの最初は、中学校一年の時に美術の先生が（授業の展開から脱線して）熱っぽく語ってくれた芦田信蕃兄弟が岩尾城攻めの際に、銃で狙撃されて落命した場面の記憶である。そのことは忘れていたのであるが、新米教師としての夏休みに、『信濃史料』を職員図書の書棚から手にして開いたページに「芦田信蕃が佐久へ帰還して小諸城へ入った」ことを記述した箇所があったことが「信蕃」との再会であった。不思議にも筆者の心の底流にいつしか信蕃が潜むことになった。一方、その学校の校歌の出だしに「♪……鷹巣根山の松風に、残る古城の物語……」とあったことや、子どもの声に誘われて校区にいくつかある山城に登ったこと、教員住宅から眺める山の尾根に山城の段郭が見えたこと等が、その後、筆者が中世山城址に興味をいだく原点となった。そして、今から四十年ほど前に、当時学生であった筆者の弟が、城や中世史に関する本をもっていたことや、帰省するたびに二人で佐久の山城へ登ったことなどがきっかけとなって、佐久や長野県内の教員としての赴任先で、山城址を巡り、縄張り図を作成することが趣味となった。その中で必然的に「信蕃」に関わることも多かった。

しかるに、五十歳をすぎて南信地方へ単身赴任となった。家へ帰る距離よりも名古屋や静岡県へ行く距離の方が短い位置にあったことから、休日等を利用して岐阜県や静岡県等の信蕃ゆかりの場所（地域・城・図書館）を訪れるようになった。その中で、ある意味で彼の事蹟が、長野県内よりも県外で多く見出せることが分かってきた。退職後に巡ったのが山梨県・群馬県・静岡県・福井県・新潟県・東北地方の芦田依田氏に所縁のある所であった。十五回を数える教員時代の引っ越し、長野県内の東西南北にわたる赴任先の数々、その間に関わっていただいた人々……全ての縁（えにし）のおかげで今日に至っている。以上のような五十数年の迴逅の年月を経て、少しずつ記述し蓄積してきた資料を整理まとめたものが本書となっている。したがって、部分部分の執筆年代も前後しており、叙述の細かいニュアンスも少しずつ変化している可能性もあることをお許しいただきたい。

また、具体的にはその間に図書館で資料を提供して下さった係の方、筆者の視界が開けるきっかけを下さった資料館や歴史館の方、郷土史家の方、訪れた寺院のご住職様、田畑で腰を伸ばして説明して下さった方、現地での不躾な問い合わせに丁寧に応えて下さったゆきずりの方、等々……数え切れない方々に教えていただきました。特に芦田宗家の現当主である芦田光正氏には貴重な資料をご提示いただき、貴重なご助言をいただいたことに感謝いたします。

そして、株式会社悠光堂の代表取締役佐藤裕介氏、編集の進行管理を担当して下さった冨永彩花氏、制作を担当して下さった三坂輝氏には出版にあたって並々ならぬ助言とご足労をいただきました。関わって下さった全ての方々に、深い感謝の意を表したいと思います。

なお、まったくの私的興味から始まった本書の内容は、先達からみればまだまだ足りないところが多々あるかと思います。誤りや修正すべきところ、また、筆者の思いもつかなかった事実など、ご指摘・ご教示いただければ幸甚です。

平成二十八年（二〇一六）七月

——炎天の候

市村　到

ご協力いただいた方々——順不同、敬称略

・芦田光正・芦田光代・土屋武司（立科町）・依田武勝（佐久市）・増田友厚（佐久市）・黒木和美（旧姓芦田川、神奈川県湯河原町）・荻原興造（旧望月町春日）・武者靖治（藤岡市）・依田初雄（高崎市）・長田一幸（大月市）・中倉茂（山梨県旧市川大門町）・中谷良作（旧天竜市）・坪井俊三（旧天竜市）・周防孝堂（旧天竜市）・依田博之（静岡県松崎町）・近藤二郎（静岡県松崎町）・杉本敏憲（福井県大野市）・掛川喜四郎（旧望月町春日）・小林勇（旧望月町春日）

《ご協力いただいた寺院》

・蕃松院（佐久市田口）・光徳寺（立科町芦田）・康國寺（佐久市春日）・光徳寺（群馬県藤岡市）・光徳寺（福井県大野市木ノ本）・總光寺（福井市）・灌渓寺（静岡県藤枝市）・天竜寺（群馬県藤岡市）・天陽寺（群馬県藤岡市）

《資料館、博物館など》

・長野県立歴史館・上田市立博物館・山梨県立博物館・大野市歴史博物館・藤枝市郷土博物館・天竜市内山真龍資料館・福井市立郷土歴史博物館

《図書館》

・県立図書館（長野・群馬・山梨・静岡・福井・新潟）・市立図書館（佐久市・小諸市・上田市・松本市・諏訪市／藤岡市・高崎市・前橋市・安中市・富岡市／大月市・塩山市／天竜市・浜松市・藤枝市・富士市・掛川市・御殿場市・沼津市／大野市／新井市・村上市／恵那市／八王子市・青梅市／本庄市・東松山市／仙台市・大崎市・栗原市）・町村立図書館〈長野県〉軽井沢町・御代田町・立科町・望月町・臼田町・富士見町／〈群馬県〉箕輪町・鬼石町・松井田町・上野村・南牧村／〈埼玉県〉神川町・児玉町・寄居町／〈山梨県〉市川大門町・中道町・増穂町・櫛形町・鰍沢町・美郷町／〈静岡県〉蒲原町・由比町・大東町・浅羽町・韮山町／〈岐阜県〉上矢作町・岩村町／〈神奈川県〉愛川町・城山町／〈愛知県〉設楽町・東栄町

《執筆に際して、特にご教示、ご示唆いただいた文献》

・『もう一人の真田～依田右衛門佐信蕃』市川武治（櫟）・『武士の家宝～かたりつがれた御家の由緒～』平成二十三年度長野県立歴史館春季展・『「依田記」成立の背景と由緒書への転換の可能性について』山崎会理（『長野県立歴史館研究紀要第十八号』所収）・『信濃史料』・『寛政重修諸家譜』

参考文献

《長野県》

・『長野県史』・『北佐久郡志』・『南佐久郡志』・『立科町誌』・『望月町誌』・『佐久市史』・『臼田町誌』』・『御代田町誌』・『佐久町史』・『八千穂町誌』・『北相木村誌』・『南相木村誌』・『南牧村誌』・『北御牧村誌』・『東村誌』・『小諸市誌』・『上田市誌』・『丸子町誌』・『武石村誌』・『諏訪市誌』・『富士見町誌』・『茅野市誌』・『信濃史料叢書』・『信濃史源考』 小山愛司・『信濃國岩村田龍雲寺史』・『大田山実録』・『諏訪神使御頭日記』・『神使御頭之日記』・『諏訪史料叢書』・『長野縣町村誌』・『史料綜覧（巻1）』『千曲之真砂（信濃雑記）』 瀬下敬忠・『四鄰譚藪（信陽雑志）』 吉澤好謙・『小諸砂石抄』・『千曲川之浅瀬』 平林富三・『春日城跡（発掘調査）』 佐久市教委・『諏訪史蹟要項』 諏訪史談会・『図解山城探訪』 宮坂武男・『たてしなの地名』 立科町教委・『町の地名、史跡、伝説』 立科町教委・『貞祥寺開山歴代傳文』・『洞源山貞祥寺開基之由』・『蘆田八箇略誌』 金子詮寅原著・『北佐久郡石像文化財集成』 岡村知彦・『歴史の道調査報告書（大門道）』・『乙事の歴史』・『乙骨太郎左衛門覚書』・『岩尾家譜』・『尾張徳川文書』 信濃史料所収・『木曾舊記録』 信濃史料所収・『龍田遺跡～芦田家菩提寺光徳寺跡の調査』 立科町教委・『長国寺殿事蹟稿』 信濃奇勝録所収・『真田史料集（第二期戦国史料叢書2）』 新人物往来社・『シリーズ藩物語～小諸藩』 塩川友衛・『武田氏の信濃支配』 笹本正治・『南佐久郡古城址調査』 信濃教育会南佐久部会・『諏訪十物語』 四鄰譚藪所収・『甲越信戦録写1』（宮尾袈裟信氏蔵）・『定本佐久の城』 井出正義ほか編集・『信濃合戦譚』 高橋武児・『信濃武士の決断～信長・秀吉・家康の時代』 長野県立歴史館・『信州佐久郡之内貫之御帳』（『佐久郡貫高帳』）・『春日居館跡』 佐久市教委

《山梨県》

・『山梨県史』・『甲府市史』・『市川大門町誌』・『中道町史』・『須玉町史』・『高根町誌』・『増穂町誌』・『鰍沢町誌』・『塩山市史』・『上九一色村誌』・『大月市史』・『甲斐国史』 大日本地理大系所収・『武田三代記』・『甲州古文書』・『山梨鑑』・『甲州文庫史料』・『甲陽軍鑑』・『甲陽軍鑑大成』・『武田三代軍記』・『甲斐志料集成』・『甲斐國志』・『甲斐国社記・寺記』・『誠忠舊家録（仁）』・『峡中家歴鑑』 米山信八・『続峡中家歴鑑』 米山信八・『甲斐国歴代談』・『武田氏の栄光と滅亡』・『新甲斐国志』・『中道往還』 山梨県教委・『高白斎記（甲陽日記）』・『妙法寺記（勝山記）』・『大月市御所遺跡』 山梨県教委・『名城岩殿山

城と小山田氏』・『小山田氏と岩殿山城』鈴木美良・『山梨姓氏録』山寺和夫・『依田姓の歴史とあゆみ』山梨依田会・『ふるさと人名録』山梨新報社・『依田長安一代記』国立史料館編・『ふるさと・いちかわ』市川中学校PTA著・『山梨史跡めぐり』山梨日日新聞社・『史談武田落』土屋節堂・『武田史蹟』土屋節堂・『古府之図』甲府略志所収・『古府中村絵図』・『貞享三年丙寅年御直圖』

《群馬県》

・『群馬県史』・『藤岡町史』・『藤岡市史』・『芦田町町誌』・『松井田町誌』・『安中市誌』・『高崎市史』・『新編高崎市史』・『前橋市史』・『碓氷郡志』・『群馬郡誌』・『箕輪町誌』・『多野藤岡地方誌』・『群馬県中世史料所在目録』群馬県史編纂室・『群馬県の中世城館跡』群馬県教委・『上州路〜史跡編』・『箕輪軍記』・『上州箕輪城大正史』・『石倉記』・『松井田落城記』・『松井田落城書』・『上毛古戦記』山崎一・『上州合戦記』山崎一・『群馬の古城』山崎一・『続群馬の古城』・『上州の城』上毛新聞社・『上州故城塁記』上野志料集成所収・『上州治乱記』黒川真道編・『群馬県古城塁址の研究』・『群馬県史料集』・『上野国郷帳集成』・『上野名跡誌』・『上州の諸藩』山田武麿編・『上野人物誌』・『上州の苗字と家紋』・『群馬県小字名索引』明治十四、地理雑件・『大日本宝鑑上野名蹟図誌』明治三十四・『改訂関八州古戦録』中丸和伯校注・『群馬県姓氏家系大辞典』・『上野国寺院明細帳2(群馬郡)』・『上野人物志』岡部福蔵・『校注加沢記』萩原進・『上毛伝説雑記』・『依田家譜』長源寺蔵・『諸家感状録』群馬県史資料編所収・『国初遺言』松井田町誌所収

《静岡県》

・『静岡県史』・『天竜市史』・『藤枝市史』・『藤枝市史研究』・『富士市史』・『浜北市史』・『浅羽町史』・『蒲原町史』・『由比町誌』・『由比町の歴史』・『由比町史私考』梅島鉄次郎・『駿河志料(一)』・『駿国雑志』・『駿河記』・『天竜市歴史年表』・『地方史静岡(第二十号)』・『図説駿河・伊豆の城』・『図説遠江の城』・『静岡県古城めぐり』小和田哲男他・『静岡県の城物語』小和田哲男・『北遠の城』浜松市生涯学習課・『二俣城史』大場亀吉・『遠州高天神記』・『松平記』・『駿河の武田氏』藤枝市郷土博物館特別展・『広報ふじえだ』平成三年・『武田・徳川攻防の推移』大塚勲(地方史静岡第二十六号所収)・『駿藩各所分配姓名録』池沢政太郎編・『壬生の里』天竜市地方史研究会報1〜4号・『小川地誌』溝口昇・『ふるさと古城の旅』水野茂・『浜松御在城記』永井随庵・『焼津・藤枝・島田・

榛原歴史散歩』杉原元衛・『藤枝・岡部・大井川の寺院』藤枝志太仏教会・『現代語訳田中藩史譚』池田盈進・『伝記依田左二平之生涯』土屋要作・『依田善六翁』廣沢夢人・『静岡県松崎町大沢依田家調査報告書』伊豆学研究会・『蒲原城総合調査報告書』静岡県教委・『浜松の城と合戦～三方ケ原合戦の検証と遠江の城』地方紙静岡第二十号・『駿州蒲原城攻め』（信玄公合戦伝図）・『日本戦史』旧陸軍参謀本部編・『三方ケ原の戦い』小和田哲男・『藤枝市郷土博物館資料』

《福井県》

・『福井県史』・『福井市史』・『大野市史』・『大野市史～地区編』・『福井県大野郡誌（全）』・『足羽町誌』・『松平文庫』・『越藩史略』・『片聾記』・『続片聾記』福井郷土叢書・『福井藩史話』森恒救・『国事叢記（上）』・『越藩史略』井上翼章編・『越前人物誌』福井謙三郎・『福井城下之図』正保・正徳年間・『福井市街全図』明治十九年・『済生会病院周辺の歴史』・『上庄のあゆみ』・『越前国若狭地誌叢書』・『福井城下ものがたり』舟沢茂樹・『福井藩史事典』鈴木準道・舟沢茂樹・『若狭墓碑めぐ里』原橋重吉・『福井城跡Ⅳ～発掘調査報告書』福井市文化財保護センター・『越前福井裔孫家傳』

《岐阜県》

・『岐阜県史』・『上矢作町史』・『岩村町史』・『恵那郡史』・『恵那市史』・『中津川市史』・『山岡町史』・『遠山塚史』・『遠山塚由來書』・『遠山来由記』・『あんじゃない』昭和六十二年、第三号、上矢作町・『串原村誌』・『上矢作の石仏』・『木の実峠』服部造酒夫・『美濃國諸旧記』

《新潟県》

・『新潟県史』・『新井市史』・『村上郷土史』・『越佐史料』・『北越軍談』上杉史料集所収・『松隣夜話』上杉史料集所収・『上杉三代日記』・『上杉景勝のすべて』花ケ前盛明・『図解にいがた歴史散歩（新井・中頸城1）』・『上杉史料集』井上鋭夫（新人物往来社）・『甲越軍記・烈戦功記』（歴史図書社）

《埼玉県》

・『埼玉県史』・『本庄市史』・『神川町誌』・『上里町史』・『寄居町史』・『新編武州古文書』・『埼玉の古城址』中田正光・『榊原康政書状寫』埼玉県史所収

《神奈川県》

・『津久井町史』・『城山町誌』・『愛川町郷土誌』愛川町教委・

『小田原北条記』江西逸志子原著・『三増合戦史料集成』愛川町教委・『新編相模国風土記稿』・『北条五代記』

《東京都》

・『八王子市史』・『八王子物語』・『青梅市史』・『激戦！八王子城』前川實（揺籃社）・『よみがえる滝山城』（揺籃社）・『青梅歴史物語』・『多摩丘陵の古城址』田中祥彦

《宮城県》

・『宮城県史』・『栗原郡誌』・『栗原町誌』・『古川町史』・『玉造郡誌』・『岩出山町史』・『仙台領内古城・館』仙台宝文堂

《岩手県》

・『水沢市史』・『南部諸城の研究』・『二戸郡・九戸郡古城館趾考』

《その他》

・『寛永諸家系圖伝』・『寛政重修諸家譜』・『武徳編年集成』・『戦國遺文』柴辻俊六・黒田基樹編（東京堂出版）・『武家事紀』・『武徳編年集成』・『武徳大成記』・『當代記』・『信長公記』・『落穂集』・『依田氏（芦田）の参・遠・駿における事蹟について』天野信直・『戦国期依田芦田氏の考察』柴辻俊六（『信濃』所収）・『武田信玄〜知られざる実像』小和田哲男（講談社）・『武田信玄大事典』柴辻俊六・『武田武士の系譜』土橋治重（新人物往来社）・『武田氏の研究』戦国大名論集（吉川弘文館）・『戦国武田氏領の展開』柴辻俊六（岩国書院）・『甲州武田家臣団』土橋治重・『武田家臣の系譜の研究について』服部治則（武田氏研究第十号所収）・『越相同盟と武田氏の武蔵侵攻』柴辻俊六（武田氏研究第二十二号所収）・『駒沢史学（三十九・四十号）』駒沢史学会・『群馬県小字名索引』明治十四、地理雑件・『関八州古戦録』中村和伯校注・『関東百城』大多和晃・『家忠日記』・『新編藩翰譜』・『武田・徳川、攻防の推移』大塚勲（地方史静岡第二十六号）・『武田・徳川両氏の攻防と城郭』小川隆司（『藤枝市研究第二号』所収）・『藩史大事典』中部編・『関東古戦録』槇島昭武原著・『関東百城』大多和晃・『関八州古戦録』槇島昭武・『関東合戦記』伊禮正・『徳川実紀』（『国史大系』38所収）・『竹腰文書抄』（『古書雑類』所収）・『譜牒餘録』・『三河物語』大久保彦左衛門原著・『三河後風土記』（『物語日本史大系』所収）・『家忠日記』（『増補續史料大成』所収）・『國史大辞典』（吉川弘文館）・『家康の臣僚（武将篇）』中村孝也（図書刊行会）・『徳川実紀』・『続徳川実紀』・『常山紀談』・『系図纂要』・『天正壬午乱』平山優（学研）・『蓮華定院文書』（『信濃史料叢書』所収）・『生島足島神社起請文』・『北条氏の

駿河防衛と諸城』黒田基樹（『武田氏研究』〈武田氏研究会〉所収）・『戦国武田の城』中田正光（有峰書店新社）・『城郭の見方・調べ方ハンドブック』西ケ谷恭弘（東京堂出版）・『城館調査ハンドブック』千田嘉博・小島道裕・前川要（新人物往来社）・『相木市兵衛依田昌朝と武田信玄』依田武勝（信毎書籍印刷）・『武田騎馬軍団秘史』依田武勝（叢文社）・『定本徳川家康』本多隆成（吉川弘文館）・『詳細図説徳川家康』小和田哲男（新人物往来社）・『浜松の城と合戦』城郭遺産による街づくり協議会（サンライズ出版）・『松平家忠日記』盛本昌弘（角川選書）・『三方ケ原の戦い』小和田哲男（学研）・『風林火山、信玄の戦いと武田二十四将』（学研）・『歴史探訪武田信玄』（吉川弘文館）・『武田信玄、風林火山の大戦略』（学研）・『武田信玄の生涯』（大日本印刷）・『武田信玄を歩く』土橋治重（新人物往来社）・『武田信玄のすべて』磯貝正義（新人物往来社）・『時代考証 日本合戦図典』笹間良彦（雄山閣）・『図説日本戦陣作法事典』笹間良彦（柏書房）・『戦国の村を行く』藤木久志（朝日選書）・『土一揆と戦国の城を行く』藤木久志（朝日選書）・『雑兵たちの戦場』藤木久志（朝日新聞社）・『中世武士の城』斎藤慎一（吉川弘文館）・『築城―覇者と天下普請』西ケ谷恭弘（理工学社）・『城と館を掘る・読む』佐藤信・五味文彦（山川出版社）・『日本地名大辞典〇〇県』・『日本歴史地名体系〇〇県の地名』平凡社・『角川日本地名大辞典〇〇県』・『〇〇県姓氏・家系大辞典』・『日本古代中世人名辞典』・『日本城郭大系・〇〇県』・『日本地名辞書』吉田東伍・『姓氏家系大辞典』（角川書店）・『〇〇県の地名』（『日本歴史地名大系22』角川書店）・『寺院神社大事典』（平凡社）・『古今消息集』（内閣文庫蔵）・『三百藩家臣人名辞典3（福井藩）』・『姓氏・地名・家紋総合事典』丹羽基二（新人物往来社）・『国民の歴史～天下人』岡本良一（文英堂）・『戦国1000人』小和田哲男監修（世界文化社）

〈おことわり〉

左記のページの長野県立歴史館寄託の文書は、本来は「折り紙」で、文字の部分の下方に同じスペースの余白が存在していますが、本書のページ紙面の関係で、下方の余白の部分はカットしてあります。

p.368, p.389, p.415, p.424, p.429, p.434, p.437, p.438

著者プロフィール
市村　到（いちむら　いたる）

昭和23年（1948）生まれ
昭和46年（1971）3月信州大学教育学部英語科卒業
昭和46年〜平成21年（2009）3月まで38年間、長野県各地11校に勤務する。
小学校・中学校／東信・中信・北信・南信／小規模校・大規模校／市街地・山間地・僻地／全てを経験したことが何よりの宝。
主に英語教育・国語教育に携わる。下伊那郡下條小学校長、上田市上田第一中学校長、佐久市臼田中学校長。佐久史学会員。
現在、農業を営むかたわら冬は山城址調査を趣味としている。

〒389-0204 長野県北佐久郡御代田町豊昇357
Tel.Fax. 0267-32-4333

戦国三代の記
真田昌幸と伍した芦田（依田）信蕃とその一族

2016年9月16日　初版第一刷発行

著　者　市村 到
発行人　佐藤 裕介
編集人　冨永 彩花
発行所　株式会社 悠光堂
〒104-0045 東京都中央区築地6-4-5
シティスクエア築地1103
電話　03-6264-0523　FAX　03-6264-0524
http://youkoodoo.co.jp/
制作　三坂輝プロダクション
デザイン　Ash design
印刷　明和印刷株式会社

ISBN978-4-906873-78-4　C3021